住房和城乡建设行业信息化发展报告（2022）
新型城市基础设施建设与发展

《住房和城乡建设行业信息化发展报告（2022）
新型城市基础设施建设与发展》编委会 编

中国建筑工业出版社

图书在版编目（CIP）数据

住房和城乡建设行业信息化发展报告.2022.新型城市基础设施建设与发展／《住房和城乡建设行业信息化发展报告（2022）新型城市基础设施建设与发展》编委会编. — 北京：中国建筑工业出版社，2022.11
ISBN 978-7-112-28046-9

Ⅰ.①住… Ⅱ.①住… Ⅲ.①住宅建设-城乡建设-信息化-研究报告-中国-2022 Ⅳ.①F299.2

中国版本图书馆CIP数据核字（2022）第181455号

本书共9章内容，以新型城市基础设施建设与发展为主题，多维度深入解读和呈现当前我国新型城市基础设施建设与发展应用现状，系统总结城市信息模型（CIM）平台、智能化市政基础设施建设、智能化城市安全管理、智慧城市基础设施与智能网联汽车协同发展、城市综合管理服务、智慧社区、智能建造与建筑工业化协同发展的信息化应用场景、应用流程、应用效果和应用案例。通读此书，可以帮助读者了解新型城市基础设施建设现状、趋势和前景展望，归纳分析信息技术与新型城市基础设施建设技术深度融合的应用模式，指导城市基础设施建设、保障城市安全运行、治理城市、改善民生、支撑城镇化高质量发展，提高城市基础设施体系化建设水平。

本书适合住房和城乡建设行业政府及管理部门、科研院所、企事业单位及个人阅读使用。

责任编辑：刘瑞霞　梁瀛元
责任校对：张辰双

住房和城乡建设行业信息化发展报告（2022）
新型城市基础设施建设与发展

《住房和城乡建设行业信息化发展报告（2022）
新型城市基础设施建设与发展》编委会　编

*

中国建筑工业出版社出版、发行（北京海淀三里河路9号）
各地新华书店、建筑书店经销
北京鸿文瀚海文化传媒有限公司制版
北京君升印刷有限公司印刷

*

开本：787毫米×1092毫米　1/16　印张：32　字数：797千字
2022年11月第一版　2022年11月第一次印刷
定价：**198.00**元
ISBN 978-7-112-28046-9
（40162）

版权所有　翻印必究
如有印装质量问题，可寄本社图书出版中心退换
（邮政编码 100037）

《住房和城乡建设行业信息化发展报告（2022）新型城市基础设施建设与发展》编委会

主 任 委 员：

尚少岩　于　静

副主任委员：

张光明　康　颖　王曦晨　孙璟璐

杨　滔　龚道孝　付　明　张永伟

郝　力　马　虹　贾　宁　蒋学红

刘　宇　胡颖华　李雯娟　邓夏扬

夏兰亭

编　　　委：（按姓氏拼音排序）

陈　立　陈立忠　狄晓靓　葛　元

谷春泉　郭　祎　韩　青　侯龙飞

胡春波　李洪艳　李陇清　李　洋

林　峰　林满满　刘　丹　刘　谦

马牧野　彭进双　薄德阳　尚治宇

谭　琼　王连宝　王　赛　吴　刚

吴江寿　吴强华　向　磊　肖　婧

谢建家　胥方涛　徐　翔　许丽媛

薛晓卿　杨新新　杨永娟　于　涤

张卫玲　张长隆　赵荐雄　赵小龙

赵　滢　周长青　周　浩

《住房和城乡建设行业信息化发展报告（2022）新型城市基础设施建设与发展》编写组

主　　编：
于　静　张光明

副 主 编：
康　颖　王曦晨　孙璟璐　杨　滔　龚道孝
付　明　张永伟　郝　力　马　虹　贾　宁
蒋学红　刘　宇　胡颖华　李雯娟　邓夏扬
夏兰亭

编写组成员：（按姓氏拼音排序）

蔡诗瑶　曹　兵　曹　巍　曹　政　陈桂龙
陈　立　陈立忠　陈奇志　陈顺清　陈伟锋
陈扬伟　陈詠辉　陈智慧　陈智勇　崔　明
戴雨卉　狄晓靓　董毓良　冯俊国　冯霄鹏
高　峰　高　雷　高长伟　葛　元　谷春泉
郭　杰　郭巧洪　郭廷坤　郭　祎　郭源泉
韩　畅　韩　青　韩　项　何　锦　何　旭
侯风巍　侯龙飞　胡春波　胡环宇　胡　杰
胡青雨　黄伟胜　黄　阳　纪　纲　冀昊良
江青龙　姜　立　康胜田　柯　杰　雷　俊
李　斌　李洪艳　李陇清　李明海　李荣梅
李　舒　李夏晶　李　旭　李　洋　林阿鹏

林　峰	林满满	刘　丹	刘　刚	刘会勇	
刘金超	刘　菊	刘　隽	刘路慧	刘　娜	
刘　谦	刘思杨	刘文智	刘子路	柳　旺	
龙德云	马　龙	马牧野	苗力元	庞有炜	
彭进双	浦贵阳	溥德阳	齐安文	邱向成	
尚治宇	宋宇震	苏　陆	苏世龙	孙　博	
孙红春	孙建龙	谭露露	谭　琼	谭　啸	
唐伟平	陶咏志	田　颖	万　磊	汪建球	
汪正兴	王德新	王　东	王　芳	王洪臣	
王洪凯	王金城	王九妹	王连宝	王良平	
王　萍	王　赛	王雅倩	吴安定	吴　迪	
吴　刚	吴建忠	吴江寿	吴　军	吴强华	
吴向东	吴自成	向　磊	肖承伟	肖　婧	
谢　丹	谢　刚	谢建家	邢丽云	胥方涛	
徐国春	徐　琥	徐万明	徐　翔	许丽媛	
许人文	薛晓卿	杨　静	杨新新	杨永娟	
于　涤	余楚光	余俊泓	袁　钏	袁　浩	
臧海兴	詹慧娟	张　顿	张　东	张菲斐	
张国彤	张　璟	张　妮	张　琦	张思远	
张炜博	张卫玲	张　希	张希忠	张亚欧	
张玉鑫	张云飞	张长隆	赵荐雄	赵明明	
赵　倩	赵小龙	赵旭东	赵艳辉	赵　滢	
郑国江	周长青	周冬平	周国志	周　浩	
周　茜	周　朔	朱　强	邹笑楠	左　权	

《住房和城乡建设行业信息化发展报告（2022）新型城市基础设施建设与发展》编写单位

主编单位：
住房和城乡建设部信息中心

参编单位：（按编写章节排序）
清华大学建筑学院
青岛理工大学
广东省建设信息中心
浙江省住房和城乡建设厅信息宣传中心
杭州市城乡建设委员会
贵州省住房和城乡建设厅信息中心
成都市规划编制研究和应用技术中心
成都市大数据中心
成都市住房和城乡建设局
中国联合网络通信集团有限公司
广联达科技股份有限公司
北京数字政通科技股份有限公司
中国信息通信研究院
奥格科技股份有限公司
易智瑞信息技术有限公司
北京构力科技有限公司
中国城市规划设计研究院

中国航天科工集团第三研究院
华为技术有限公司
河北省住房和城乡建设厅信息宣传与档案中心
河北工大科雅能源科技股份有限公司
深圳环境水务集团
阿里云计算有限公司
清华大学合肥公共安全研究院
安徽省住房和城乡建设信息中心
合肥市城市生命线安全工程监测中心
北京辰安科技股份有限公司
中国电信股份有限公司
中国电动汽车百人会
北京万集科技股份有限公司
希迪智驾（长沙智能驾驶研究院）
腾讯云计算（北京）有限责任公司
百度智能驾驶事业群组
北京四维图新科技股份有限公司
新石器慧通（北京）科技有限公司
中国移动通信集团有限公司
北京赛目科技有限公司
蔚来汽车
城市运行管理服务平台专家工作组
四川省建设科技发展与信息中心
全国智能建筑及居住区数字化标准化技术委员会
海纳云物联科技有限公司
鲸灵科技股份有限公司
扬州市房屋产权和交易管理中心

浙江大学
中电信数智科技有限公司
嘉兴市住房和城乡建设局
苏州市吴江区住房和城乡建设局
中建科技集团有限公司
国泰新点软件股份有限公司
上海益埃毕建筑科技有限公司
上海平行宇宙网络科技有限公司

前　言

习近平总书记指出，运用大数据、云计算、区块链、人工智能等前沿技术推动城市管理手段、管理模式、管理理念创新，从数字化到智能化再到智慧化，让城市更聪明一些、更智慧一些，是推动城市治理体系和治理能力现代化的必由之路。在住房和城乡建设领域，新型城市基础设施建设（以下简称"新城建"）是创新的关键，也是时代的先机。"新城建"可以带动上下游产业链的发展，扩大居民社区消费，激发新的经济增长点，形成发展新动能。

《"十四五"新型基础设施建设规划》提出要加强信息基础设施建设，结合推进新型城镇化，推动交通、物流、市政等基础设施智慧化改造。《"十四五"数字经济发展规划》要求，有序推进基础设施智能升级，打造智慧共享的新型数字生活，深化新型智慧城市建设，提升城市综合管理服务能力，因地制宜构建数字孪生城市。《"十四五"住房和城乡建设科技发展规划》要求，在城市基础设施数字化网络化智能化技术应用方面，要以建立绿色智能、安全可靠的新型城市基础设施为目标，推动5G、大数据、云计算、人工智能等新一代信息技术在城市建设运行管理中的应用。

2022年是国家"十四五"规划实施的第二年，也是国家"构建以国内大循环为主体，国内国际双循环相互促进"新发展格局显现成效的一年。我国城市发展进入到了城市更新重要时期，住房和城乡建设部以《中华人民共和国国民经济和社会发展第十四个五年规划和2035年远景目标纲要》提出的城市更新为新引擎，全面推动城市高质量发展，以"新城建"为新支点，加快构建城市新发展格局。

早在2020年8月，住房和城乡建设部会同有关部门印发《关于加快推进新型城市基础设施建设的指导意见》（建改发〔2020〕73号），加快推进基于数字化、网络化、智能化的新型城市基础设施建设。指导意见印发后，住房和城乡建设部先后在21个城市开展了两批"新城建"综合试点工作，相关业务司局也先后印发《关于开展城市信息模型（CIM）基础平台建设的指导意见》（建科〔2020〕59号）、《关于加快建设城市运营管理平台的通知》（建办督〔2020〕46号）、《关于推动智能建造与建筑工业化协同发展的指导意见》（建市〔2020〕60号）、《关于印发绿色社区创建行动方案的通知》（建城〔2020〕68号）、《住房和城乡建设部办公厅 工业和信息化部办公厅关于组织开展智慧城市基础设施与智能网联汽车协同发展试点工作的通知》（建办城函〔2020〕594号）等一系列指导性文件，推动"新城建"重点领域的工作。同时，还组织开展了城市信息模型（CIM）基础平台建设、智能市政、智能建造等一系列专项试点。试点工作开展以来，"新城建"有序推进，落地了一批可观可感的新型城市基础设施建设项目。

今年《住房和城乡建设行业信息化发展报告（2022）新型城市基础设施建设与发展》（以下简称《报告》）以新型城市基础设施建设与发展为主题，多维度深入解读和呈现当前我国新型城市基础设施建设与发展应用现状，系统总结城市信息模型（CIM）平台、智能化市政基础设施建设、智能化城市安全管理、智慧城市基础设施与智能网联汽车协同发展、城市综合管理服务、智慧社区、智能建造与建筑工业化协同发展的信息化应用场景、应用流程、应用效果和应用案例。

今年《报告》的编写紧紧围绕部重点工作，结合行业专家及有关单位建议，聚焦"新城建"的内涵、实践，数字化建设和改造技术成果，从形式到内容，变化显著、亮点纷呈，具有以下特点：

一是具有鲜明的时代特征。《报告》从当前时代特点出发，以"新城建"对接"新基建"，提高城市承载能力和管理服务水平，以引领城市转型升级发展为总体目标，在新的领域、新的地区、新的方式、新的主体、新的内涵的大背景下，阐述了"新城建"政策背景、工作意义和主要任务。《报告》为推动城市建设模式更加绿色低碳、智能、合理增添了新动能。

二是全领域呈现"新城建"发展情况。《报告》通过问卷调研，总结介绍"新城建"七大领域的建设现状。多维度深入解读、全领域呈现当前我国"新城建"发展现状、政策措施、标准体系，内容极为丰富。

三是全景式展现"新城建"实践成果。《报告》整体呈现当前我国新型城市基础设施建设与发展应用现状，系统总结"新城建"概念体系、关键技术，全面汇总"新城建"七大领域的信息化应用场景、应用效果和应用案例。

四是全领域带头人共同撰写。《报告》由住房和城乡建设部信息中心牵头，联合部分省厅领导、"新城建"相关领域专家、住房和城乡建设行业软硬件服务提供商及优秀企业共同编写，参与单位近60家，参与人员近200人。本次《报告》由专家多轮讨论形成撰写提纲，针对行业状况进行问卷调查，邀请行业专家执笔，执行主编多轮审查把关，广泛征求行业意见后进行修改，既包含理论，也包含应用案例。

本次《报告》为住房和城乡建设行业从业者提供"新城建"权威解读，并为"新城建"的深入开展提供借鉴和指导，能够为住房和城乡建设行业提升城市治理水平做出积极贡献。

目 录

第1章 概述 1
  1.1 "新城建"的政策背景 1
  1.2 "新城建"的概念 2
  1.3 "新城建"工作的重要意义 2
  1.4 "新城建"的主要任务 2
    1.4.1 推进城市信息模型（CIM）平台建设 2
    1.4.2 实施智能化市政基础设施建设和改造 3
    1.4.3 协同发展智慧城市与智能网联汽车 3
    1.4.4 建设智能化城市安全管理平台 3
    1.4.5 加快推进智慧社区建设 3
    1.4.6 推动智能建造与建筑工业化协同发展 4
    1.4.7 推进城市综合管理服务平台建设 4

第2章 新型城市基础设施建设现状及发展趋势调研与分析 5
  2.1 概述 5
  2.2 新型城市基础设施建设现状 8
    2.2.1 新型城市基础设施建设基本情况 8
    2.2.2 新型城市基础设施建设各领域应用情况 15
  2.3 新型城市基础设施建设存在问题和期望 20
    2.3.1 新型城市基础设施建设存在问题 20
    2.3.2 对新型城市基础设施建设与发展的期望 23

第3章 城市信息模型（CIM）平台 24
  3.1 概述 24
    3.1.1 定义与目标 24
    3.1.2 国内外发展状况 26
    3.1.3 国家与地方政策要求 28
    3.1.4 CIM作为新城建的信息底座 31
  3.2 CIM的架构体系与标准支撑 32
    3.2.1 国家-省-市三级架构体系 32
    3.2.2 平台架构体系类型 35
    3.2.3 数据标准体系 37
    3.2.4 安全与保障标准 43
  3.3 CIM的关键技术要点 48
    3.3.1 实时感知与计算技术 48
    3.3.2 多源异构时空数据融通技术 50

3.3.3	跨行业模拟仿真技术	55
3.3.4	高逼真可视化技术	65

3.4 CIM 的应用场景 68
- 3.4.1 用户类型 68
- 3.4.2 规建管审批 70
- 3.4.3 一网统管 71
- 3.4.4 数字经济 72
- 3.4.5 城市安全 76

3.5 CIM 的应用案例 79
- 3.5.1 南京南部新城 CIM 平台 79
- 3.5.2 基于 CIM 的福州滨海新城规建管一体化平台 86
- 3.5.3 广州市城市信息模型（CIM）基础平台 95
- 3.5.4 南京市城市信息模型（CIM）基础平台 110
- 3.5.5 杭州市 CIM 基础信息平台 119
- 3.5.6 厦门 BIM 规划报建系统 125
- 3.5.7 中新天津生态城 CIM 平台 129

3.6 小结 131
- 3.6.1 思考 131
- 3.6.2 CIM 的模型本质 132
- 3.6.3 CIM 对城市实时动态运行的响应 133
- 3.6.4 CIM 平台建构的两个驱动原则 134
- 3.6.5 CIM 平台是城市动态运行的建构骨架 136
- 3.6.6 结语 138

参考文献 138

第 4 章　智能化市政基础设施建设 141
4.1 概述 141
- 4.1.1 智能化市政基础设施建设背景与意义 141
- 4.1.2 智能化市政基础设施建设内涵与特点 143
- 4.1.3 智能化市政基础设施建设现状与问题 145
- 4.1.4 智能化市政基础设施建设发展战略 151

4.2 智能化城镇供水设施建设 154
- 4.2.1 智能化城镇供水设施建设内涵 154
- 4.2.2 智能化城镇供水数据采集 156
- 4.2.3 智能化城镇供水信息平台 160
- 4.2.4 智能化城镇供水设施应用成效 169

4.3 智能化城镇排水设施建设 170
- 4.3.1 智能化城镇排水设施建设内涵 170
- 4.3.2 智能化城镇排水数据采集 173
- 4.3.3 智能化城镇排水信息平台 181

  4.3.4 智能化城镇排水设施应用成效 190
 4.4 智能化城镇燃气设施建设 191
  4.4.1 智能化城镇燃气设施建设内涵 191
  4.4.2 智能化城镇燃气数据采集 194
  4.4.3 智能化城镇燃气信息平台 201
  4.4.4 智能化城镇燃气设施应用成效 209
 4.5 智能化城镇供热设施建设 210
  4.5.1 智能化城镇供热内涵 210
  4.5.2 智能化城镇供热数据采集 213
  4.5.3 智能化城镇供热信息平台 216
  4.5.4 智能化城镇供热设施应用成效 223
 4.6 智能化城镇综合管廊建设 224
  4.6.1 智能化综合管廊设施建设内涵 224
  4.6.2 智能化综合管廊数据采集 228
  4.6.3 智能化综合管廊信息平台 231
  4.6.4 智能化综合管廊设施应用成效 239
 4.7 智能化市政基础设施建设典型案例 240
  4.7.1 深圳市自来水可直饮智慧平台 240
  4.7.2 广州市智能化排水管理平台 243
  4.7.3 十堰市燃气安全监管平台 248
  4.7.4 承德市智能化供热管理平台 250
  4.7.5 河北省智慧供热信息化平台 254
  4.7.6 哈尔滨市智能化供热管理平台 257

第5章 智能化城市安全管理 259
 5.1 概述 259
  5.1.1 城市安全发展现状 259
  5.1.2 城市安全管理政策部署 260
  5.1.3 国际城市安全发展趋势 260
  5.1.4 城市安全管理的创新思路 261
 5.2 城市安全运行监测预警技术 261
  5.2.1 城市安全运行综合安全评估技术 261
  5.2.2 燃气管网相邻空间燃气监测技术与装备 264
  5.2.3 供水系统安全运行监测技术与装备 264
  5.2.4 基于管中雷达的地下空洞检测技术与装备 265
  5.2.5 黑臭水体监测预警溯源技术与装备 266
  5.2.6 桥梁健康安全监测预警技术 267
  5.2.7 建筑消防物联网监测预警技术 267
 5.3 城市安全运行监测管理平台建设 268
  5.3.1 总体架构 268

5.3.2 工程数据库设计 ································· 269
　　5.3.3 监测感知网设计 ································· 269
　　5.3.4 应用平台设计 ··································· 270
　　5.3.5 基础支撑系统设计 ······························· 271
　　5.3.6 城市安全运行监测运营体系 ······················· 271
　　5.3.7 城市安全运行管理平台建设的建议 ················· 272
5.4 城市安全产业分析 ······································ 273
　　5.4.1 城市安全产业发展现状 ··························· 273
　　5.4.2 城市安全产业发展趋势 ··························· 273
　　5.4.3 城市安全产业发展建议 ··························· 274
5.5 应用案例 ·· 274
　　5.5.1 安徽省省级城市生命线安全工程监管平台 ··········· 274
　　5.5.2 合肥市智能化城市安全管理平台 ··················· 277
　　5.5.3 "智慧安全佛山" ································ 280
　　5.5.4 烟台市城市安全管理平台 ························· 281

第6章 智慧城市基础设施与智能网联汽车协同发展 ············ 284

6.1 概述 ·· 284
　　6.1.1 双智协同发展内涵 ································ 284
　　6.1.2 双智协同发展必要性 ······························ 284
　　6.1.3 中央和地方政策措施 ······························ 287
　　6.1.4 国外发展情况 ···································· 289
6.2 双智背景下的智慧城市基础设施 ·························· 291
　　6.2.1 内容与范畴 ······································ 291
　　6.2.2 交通基础设施 ···································· 291
　　6.2.3 新型能源基础设施 ································ 295
　　6.2.4 定位基础设施 ···································· 297
　　6.2.5 信息通信设施 ···································· 300
6.3 "车城网"平台 ··· 303
　　6.3.1 "车城网"平台价值 ······························ 303
　　6.3.2 平台架构与功能 ·································· 304
　　6.3.3 数据与接口 ······································ 307
　　6.3.4 运营与服务 ······································ 310
　　6.3.5 安全与保障 ······································ 311
6.4 车城融合应用 ·· 312
　　6.4.1 自动驾驶出租车 ·································· 312
　　6.4.2 智能公交 ·· 314
　　6.4.3 无人配送 ·· 316
　　6.4.4 智慧物流 ·· 318
　　6.4.5 智慧泊车 ·· 321

	6.4.6 智能交通管理	325
	6.4.7 重点车辆管理	328
6.5	城市案例	330
	6.5.1 武汉新能源与智能网联汽车基地	330
	6.5.2 广州智能网联汽车示范运营	332
6.6	双智协同发展趋势与建议	335
	6.6.1 发展趋势	335
	6.6.2 发展建议	336

第7章 城市综合管理服务 ································ 338

7.1	建设城市运行管理服务平台	338
	7.1.1 概述	338
	7.1.2 城市运管服平台标准解读	338
	7.1.3 城市运管服平台典型案例	352
7.2	打造适应未来城市发展的"一网统管"模式	358
	7.2.1 "一网统管"的推广背景	358
	7.2.2 "一网统管"的核心内涵	359
	7.2.3 "一网统管"的典型实践	360
7.3	数字经济背景下的城管数字化转型探索	365
	7.3.1 数字化转型的关键要素	365
	7.3.2 数字经济的数字化转型经验	366
	7.3.3 特大城市数字化转型实践	367

第8章 智慧社区 ································ 373

8.1	概述	373
	8.1.1 智慧社区的概念	373
	8.1.2 智慧社区建设基础	374
	8.1.3 智慧社区现状	375
8.2	智慧社区标准体系	377
	8.2.1 智慧社区标准化现状	377
	8.2.2 智慧社区标准体系研究	380
8.3	智慧社区关键技术	386
	8.3.1 智慧社区物联网技术	386
	8.3.2 区块链	392
	8.3.3 智慧社区综合服务平台	393
	8.3.4 智慧社区信息安全	396
8.4	智慧社区建设运营模式	398
	8.4.1 政府建设运营	399
	8.4.2 政企合作建设运营	400
	8.4.3 政企银合作建设运营	401
8.5	智慧社区案例	403

  8.5.1 嘉兴市智慧社区项目 ··· 403
  8.5.2 湖南长沙"跃进未来"智慧社区项目 ······························· 408
  8.5.3 苏州市吴江区智慧房产监管平台 ································· 412
  8.5.4 鸡西鸡冠区智慧社区项目 ······································· 415
  8.5.5 陕西｜5G 移动通信技术赋能新型社区 ···························· 416
 参考文献 ·· 420

第9章 智能建造与建筑工业化协同发展 ······································ 421
 9.1 概述 ·· 421
 9.2 智能设计 ·· 421
  9.2.1 定义 ·· 421
  9.2.2 应用场景 ·· 421
  9.2.3 应用价值 ·· 423
 9.3 智能生产 ·· 423
  9.3.1 定义 ·· 423
  9.3.2 应用场景 ·· 425
  9.3.3 应用价值 ·· 426
 9.4 智能施工 ·· 428
  9.4.1 定义 ·· 428
  9.4.2 应用场景 ·· 428
  9.4.3 应用价值 ·· 443
 9.5 智能建筑维保 ·· 444
  9.5.1 定义 ·· 444
  9.5.2 应用场景 ·· 445
  9.5.3 应用价值 ·· 445
 9.6 智能监管 ·· 446
  9.6.1 定义 ·· 446
  9.6.2 应用场景 ·· 446
  9.6.3 应用价值 ·· 460
 9.7 应用案例 ·· 462
  9.7.1 中建科技智慧建造平台在长圳项目的应用 ························· 462
  9.7.2 泰州市住建局项目全过程协同平台 ······························· 467
  9.7.3 钢结构加工企业全生命周期管理实践 ····························· 468
  9.7.4 北京安贞医院通州院区智慧建造项目 ····························· 477
  9.7.5 基于 CIM 的信息化资产运营平台 ································ 487

第1章 概述

1.1 "新城建"的政策背景

2020年4月17日,习近平总书记主持召开中央政治局会议,强调要坚定实施扩大内需战略,并对积极扩大国内需求作出工作部署、提出明确要求。

为认真贯彻习近平总书记关于推动智慧城市建设和城市治理现代化的重要指示,贯彻落实党中央、国务院关于实施扩大内需战略、加强新型基础设施和新型城镇化建设的决策部署,2020年8月11日,住房和城乡建设部会同中央网信办、科技部、工业和信息化部、人力资源社会保障部、商务部、银保监会印发《关于加快推进新型城市基础设施建设的指导意见》(建改发〔2020〕73号),加快推进基于数字化、网络化、智能化的新型城市基础建设,以"新城建"对接"新基建",提高城市承载能力和管理服务水平,引领城市转型升级。

2021年3月出台的《中华人民共和国国民经济和社会发展第十四个五年规划和2035年远景目标纲要》中明确提出实施城市更新行动。这是以习近平同志为核心的党中央站在全面建设社会主义现代化国家、实现中华民族伟大复兴中国梦的战略高度,准确研判我国城市发展新形势,对进一步提升城市发展质量作出的重大决策部署,为"十四五"乃至今后一个时期做好城市工作指明了方向,明确了目标任务。实施城市更新行动的主要任务中明确提出"推进新型城市基础设施建设,加快推进基于信息化、数字化、智能化的新型城市基础设施建设和改造,全面提升城市建设水平和运行效率。"

随后出台的一系列政策文件中,包括工信部等十部门印发《5G应用"扬帆"行动计划(2021—2023年)》(工信部联通信〔2021〕77号),《国务院关于印发"十四五"数字经济发展规划的通知》(国发〔2021〕29号),《"十四五"国家信息化规划》,中共中央办公厅 国务院办公厅印发《关于推动城乡建设绿色发展的意见》等重要的指导性文件中都有关于推动新型城市基础设施建设的内容表述,推动新型城市基础设施已经成为"十四五"时期促进城市高质量发展,推进新阶段、新理念和新技术应用的重要内容。

指导意见印发后,住房和城乡建设部先后在21个城市开展了两批新型城市基础设施建设综合试点工作,先后印发《住房和城乡建设部 工业和信息化部 中央网信办印发关于开展城市信息模型(CIM)基础平台建设的指导意见》(建科〔2020〕59号),《关于加快建设城市运营管理平台的通知》(建办督〔2020〕46号),《住房和城乡建设部等部门关于推动智能建造与建筑工业化协同发展的指导意见》(建市〔2020〕60号),《住房和城乡建设部等部门关于印发绿色社区创建行动方案的通知》(建城〔2020〕68号),《住房和城乡建设部办公厅 工业和信息化部办公厅关于组织开展智慧城市基础设施与智能网联汽车协同发展试点工作的通知》(建办城函〔2020〕594号)等一系列指导性文件,推动新城建重点领域的工作。

1.2 "新城建"的概念

新型城市基础设施建设,简称"新城建",是立足城市发展新形势,以城市提质增效为引领,以应用创新为驱动,充分运用"新基建"发展成果,面向城市高质量转型发展需要,以新一代信息技术赋能城市建设与管理,构建提升城市品质和人居环境质量、提升城市管理水平和社会治理能力的数字化城市基础设施体系。重点推进城市信息模型(CIM)平台建设,实施智能化市政基础设施建设和改造,协同发展智慧城市与智能网联汽车,加快推进智慧社区建设,推动智能建造与建筑工业化协同发展,以及推进城市综合管理服务平台建设等任务。

1.3 "新城建"工作的重要意义

城市是我国经济社会发展的重要引擎,也是扩大内需的主要战场。城市为新一代信息技术提供了最广阔的应用场景和创新空间。加快推进"新城建",有利于充分释放我国城市发展的巨大潜力,迅速落地实施一批"新城建"项目,带动有效投资,培育新的经济增长点,形成发展新动能;有利于更好适应居民消费新趋势,激发居民消费潜力,建设强大的国内市场;有利于加快转变城市开发建设方式,整体提升城市建设水平和运行效率,建设宜居城市、绿色城市、安全城市、智慧城市、人文城市,不断增强人民群众的获得感、幸福感、安全感。

1.4 "新城建"的主要任务

1.4.1 推进城市信息模型(CIM)平台建设

通过深入总结试点经验,在全国各级城市全面推进 CIM 平台建设,打造智慧城市的基础平台。完善平台体系架构,加快形成国家、省、城市三级 CIM 平台体系,逐步实现三级平台互联互通。夯实平台数据基础,构建包括基础地理信息、建筑物和基础设施三维模型、标准化地址库等内容的 CIM 平台基础数据库,逐步更新完善,增加数据和模型种类,提高数据和模型精度,形成城市三维空间数据底板,推动数字城市和物理城市同步规划和建设。全面推进平台应用,充分发挥 CIM 平台的基础支撑作用,在城市体检、城市安全、智能建造、智慧市政、智慧社区、城市综合管理服务,以及政务服务、公共卫生、智慧交通等领域深化应用。对接 CIM 平台,加快推进工程建设项目审批三维电子报建,进一步完善国家、省、城市工程建设项目审批管理系统,加快实现全程网办便捷化、审批服务智能化,提高审批效率,确保工程建设项目快速落地。

1.4.2 实施智能化市政基础设施建设和改造

组织实施智能化市政基础设施建设和改造行动计划,对城镇供水、排水、供电、燃气、热力等市政基础设施进行升级改造和智能化管理,进一步提高市政基础设施运行效率和安全性能。深入开展市政基础设施普查,全面掌握现状底数、明确智能化建设和改造任务。推进智能化感知设施建设,实现对市政基础设施运行数据的全面感知和自动采集。完善智慧海绵城市系统。加快智慧灯杆等多功能智慧杆柱建设。建立基于CIM平台的市政基础设施智能化管理平台,对水电气热等运行数据进行实时监测、模拟仿真和大数据分析,实现对管网漏损、洪涝灾害、燃气泄漏等及时预警和应急处置,促进资源能源节约利用,保障市政基础设施安全运行。

1.4.3 协同发展智慧城市与智能网联汽车

以支撑智能网联汽车应用和改善城市出行为切入点,建设城市道路、建筑、公共设施融合感知体系,打造智慧出行平台"车城网",推动智慧城市与智能网联汽车协同发展。深入推进"5G+车联网"发展,加快布设城市道路基础设施智能感知系统,对车道线、交通标识、护栏等进行数字化改造,与智能网联汽车实现互联互通,提升车路协同水平。推动智能网联汽车在城市公交、景区游览、特种作业、物流运输等多场景应用,满足多样化智能交通运输需求。加快停车设施智能化改造和建设。依托CIM平台,建设集城市动态数据与静态数据于一体的"车城网"平台,聚合智能网联汽车、智能道路、城市建筑等多类城市数据,支撑智能交通、智能停车、城市管理等多项应用。因地制宜构建基于车城融合的电动车共享体系,建设完善充换电设施,推行电动车智能化管理,鼓励电力、电信、电动车生产企业等参与投资运营。

1.4.4 建设智能化城市安全管理平台

以CIM平台为依托,整合城市体检、市政基础设施建设和运行、房屋建筑施工和使用安全等信息资源,充分运用现代科技和信息化手段,加强城市安全智能化管理。系统梳理城市安全风险隐患,确定智能化城市安全管理平台指标体系和基本架构,加快构建国家、省、城市三级平台体系,实现信息共享、分级监管、联动处置。结合推进城市建设安全专项整治三年行动,深化智能化城市安全管理平台应用,对城市安全风险实现源头管控、过程监测、预报预警、应急处置和综合治理,推动落实城市安全政府监管责任和企业主体责任,建立和完善城市应急和防灾减灾体系,提升城市安全韧性。

1.4.5 加快推进智慧社区建设

深化新一代信息技术在社区建设管理中的应用,实现社区智能化管理。以城市为单位,充分利用现有基础建设智慧社区平台,对物业、生活服务和政务服务等数据进行全域全量采集,为智慧社区建设提供数据基础和应用支撑。实施社区公共设施数字化、网络化、智能化改造和管理,对设备故障、消防隐患、高空抛物等进行监测预警和应急处置,对出入社区车辆、人员进行精准分析和智能管控,保障居民人身财产安全。加强社区智能快递箱等智能配送设施和场所建设,纳入社区公共服务设施规划。推动物业服务企业大力发展线上线下社区服务业,通过智慧社区平台,加强与各类市场主体合作,接入电商、配送、健身、文化、旅游、家装、租赁等优质服务,拓展家政、教育、护理、养老等增值服务,满足居民多样化需求。推进智慧社区平台与城市政务服务一体化平台对接,推动"互联网+政务服务"向社区延伸,打通服务群众的"最后一公里"。

1.4.6 推动智能建造与建筑工业化协同发展

以大力发展新型建筑工业化为载体,以数字化、智能化升级为动力,打造建筑产业互联网,对接融合工业互联网,形成全产业链融合一体的智能建造产业体系。深化应用自主创新建筑信息模型(BIM)技术,提升建筑设计、施工、运营维护协同水平,加强建筑全生命周期管理。大力发展数字设计、智能生产和智能施工,推进数字化设计体系建设,推行一体化集成设计,加快构建数字设计基础平台和集成系统;推动部品部件智能化生产与升级改造,实现构件的少人或无人工厂化生产;推动自动化施工机械、建筑机器人、3D打印等相关设备集成与创新应用,提升施工质量和效率,降低安全风险。坚持标准化设计、工厂化生产、装配化施工、一体化装修、信息化管理和智能化应用,大力发展装配式建筑,推广钢结构住宅,加大绿色建材应用,建设高品质绿色建筑,实现工程建设的高效益、高质量、低消耗、低排放,促进建筑产业转型升级。

1.4.7 推进城市综合管理服务平台建设

建立集感知、分析、服务、指挥、监察等为一体的城市综合管理服务平台,提升城市科学化、精细化、智能化管理水平。加快构建国家、省、城市三级综合管理服务平台体系,逐步实现三级平台互联互通、数据同步、业务协同。以城市综合管理服务平台为支撑,加强对城市管理工作的统筹协调、指挥监督、综合评价,及时回应群众关切,有效解决城市运行和管理中的各类问题,实现城市管理事项"一网统管"。

第 2 章 新型城市基础设施建设现状及发展趋势调研与分析

为了全面、客观地反映我国新型城市基础设施建设发展现状，《住房和城乡建设行业信息化发展报告（2022）》编写组对全国新型城市基础设施建设七大领域在实践中的应用现状进行了调查，并将其结果作为本章的主要内容。对于调查不能覆盖的部分，借鉴了其他来源的数据；对于没有其他数据可借鉴的部分，采取了根据感性认识进行定性描述的方法。

本次调查旨在了解住房和城乡建设行业对新型城市基础设施建设的认识、新型城市基础设施建设的状况、新型城市基础设施建设在实践中的应用情况及面临的挑战，题目涵盖了新型城市基础设施建设七大领域。调研方式包括定向调研、微信推送收集等，本次调研自2022年4月启动，历时一个月时间，共收到有效问卷321份。编写组对调研结果进行总结、归纳、分析，探究信息技术与新型城市基础设施建设深度融合的应用模式，提高城市基础设施体系化建设水平。

2.1 概述

从单位类型上看，本次问卷调查覆盖政府或行业主管单位、行业协会/学会/专委会、建设/投资/开发单位、测绘/勘察/设计单位、施工/项目管理单位和咨询服务机构等不同性质的单位共321家。具体来看，受访对象中来自新一代信息技术/IT服务商的占比最大，达26.48%；其次是来自施工/项目管理单位，占比25.55%；来自测绘/勘察/设计单位的占比10.28%，来自政府或行业主管单位和咨询服务机构占比较为相近，分别为9.97%和8.72%；还有7.48%的被访对象来自建设/投资/开发单位，来自科研及教育机构和行业协会/学会/专委会的占比较小，分别为4.67%和2.18%；仅有0.62%的被访对象来自材料/设备供应商，如图2-1所示。可见，参与本次调查的被访对象更多来自施工/项目管理单位和新一代信息技术/IT服务商，并覆盖了一定量的政府或行业主管单位，体现了一定的行业代表性。

从被访对象从事岗位来看，中层管理者占比最高，为33.96%；其次是技术研发人员，占比29.91%；高层管理者也占据一定比例，达14.02%；还有5.61%的被访对象是行政人员，如图2-2所示。这表明，本次调研既涉及专业技术人员，又涉及管理人员，具有一定的全面性。

从工作年限来看，被访对象中从业时间为1—3年的人数为45人，占比14.01%；从业时间为3—5年的人数为56人，占比17.45%；被访对象从业时间5—10年的占比22.74%，从业时间为10年以上的被访对象人数最多，达147人，占45.79%，如图2-3

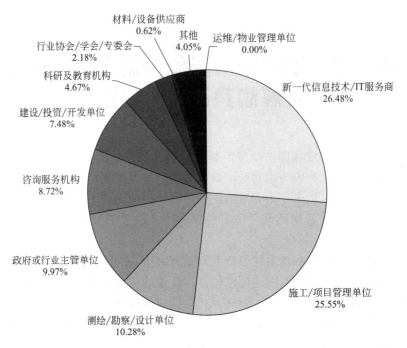

图 2-1 被访对象所在单位类型

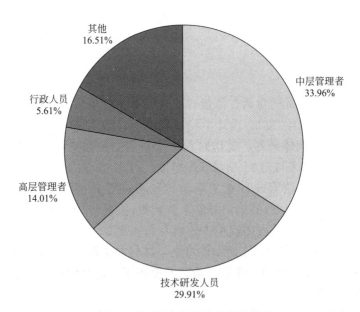

图 2-2 被访对象所从事的岗位情况

所示。这意味着,参与本次调研的被访对象都有着丰富的工作经验,近七成的被访对象从业时间超过五年,体现了一定的专业性。

调查显示,49.22%的被访对象工作/业务与"新城建"密切相关(70%以上的工作/业务与"新城建"内容相关);28.04%的被访对象工作/业务与"新城建"有关联且关系相对紧密(40%~70%的工作/业务与"新城建"内容相关),还有19.31%的被访对象工

2.1 概述

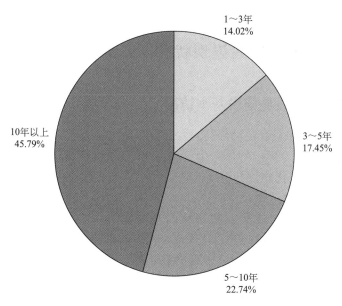

图 2-3 被访对象从业时间

作/业务与"新城建"有关联但关联不大（10%～40%的工作/业务与"新城建"内容相关），仅有3.43%的被访对象工作/业务与"新城建"基本不相关（不超过10%的工作/业务与"新城建"内容相关），如图2-4所示。可见，大部分被访对象工作/业务与"新城建"关联紧密，本次调研有着较强的针对性。

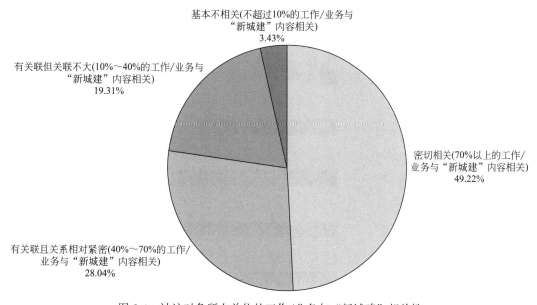

图 2-4 被访对象所在单位的工作/业务与"新城建"相关性

7

2.2 新型城市基础设施建设现状

2.2.1 新型城市基础设施建设基本情况

2020年8月，住房和城乡建设部会同六部委印发的《关于加快推进新型基础设施建设的指导意见》（建改发〔2020〕73号）中首次提出"新城建"概念，即对城市基础设施进行数字化、网络化、智能化建设和更新改造，并明确七大建设内容，"新城建"拉开了建设序幕。

2020年10月—2021年11月，我国分两批确定了共21个试点城市（区），标志着"新城建"由概念转向落地实施，开启"以点带面"新阶段。在住房和城乡建设部2021年工作计划中，又重点提出要"立足城市发展新形势，加快推进'新城建'。以'新城建'对接'新基建'，带动有效投资和消费，全面提升基础设施运行效率和服务能力，推进城市现代化"。

现阶段，多地公布"计划书"，"新城建"稳步有序地推进，不断取得良好建设成效，加快向全国推广。调查显示，目前绝大部分被访对象学习了解"新城建"内容的主要方式为"在政策发文的相关部委官网搜索"，占比75.39%；"在自媒体平台学习"的被访对象占比也较多，达70.41%；"通过纸质书籍、报纸或刊物"和"单位统一组织学习活动"学习"新城建"内容的被访对象分别占51.40%和43.30%，如图2-5所示。可见，被访对象正通过多种途径学习了解"新城建"相关内容，同时这种学习了解主要趋于自身主动性，更多的是自主性学习。

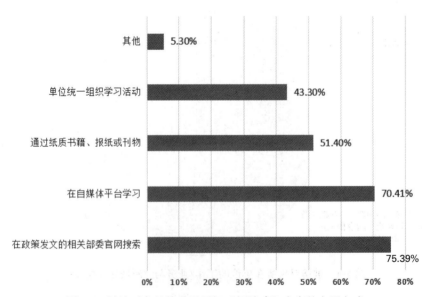

图2-5 被访对象目前学习了解"新城建"内容的主要方式

新型城市基础设施建设重点推进城市信息模型（CIM）平台建设，实施智能化市政基

2.2 新型城市基础设施建设现状

础设施建设和改造,协同发展智慧城市与智能网联汽车,加快推进智慧社区建设,推动智能建造与建筑工业化协同发展,以及推进城市综合管理服务平台建设等任务。调查显示,城市信息模型(CIM)平台建设是被访对象所在单位最为关注的"新城建"内容,占比82.55%;其次是智能化市政基础设施建设,占比60.44%;关注智慧社区建设和城市综合管理服务平台建设的单位较为相近,分别占54.83%和50.78%;还有的单位重点关注智能建造与建筑工业化协同发展、智能化城市安全管理平台建设内容,分别占48.91%和48.60%,32.40%的被访对象所在单位主要关注智慧城市基础设施与智能网联汽车协同发展,如图2-6所示。这表明,被访对象所在单位对"新城建"所涉七大领域内容都较为关注,由于CIM平台可以在城市体检、城市安全、智能建造、智慧市政、智慧社区、城市综合管理服务,以及政务服务、公共卫生、智慧交通等领域深化应用,因此得到更多关注。

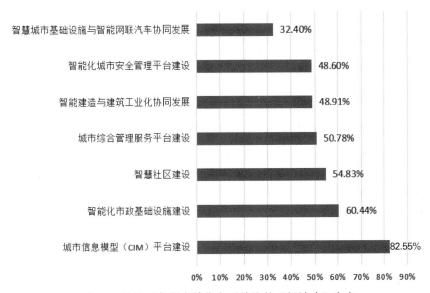

图2-6 被访对象所在单位主要关注的"新城建"内容

在国家大力推进"新基建"的形势下,以"新城建"对接"新基建",既能提升城市基础设施运行效率和服务能力,满足人民群众美好生活需要;又能推进一批"新城建"项目落地,带动有效投资,激发消费潜力,促进扩大内需,引领城市转型升级,提升城市治理体系和治理能力现代化。调查显示,绝大部分被访对象认为"新城建"可以推动城市提质增效,促进城市高质量发展,占82.24%;超过半数的被访对象认为"新城建"可以"转变城市开发建设方式,整体提升城市建设水平和运行效率"和"提高城市治理水平,让人民群众在城市生活得更方便、更安全、更舒适",分别占63.86%和63.55%;还有48.60%的被访对象认为"新城建"可以"充分释放城市发展潜力,带动有效投资,培育经济发展增长点";认为"新城建"可以"适应并带动消费升级新趋势,强化国内市场"的被访对象占比较少,为19.31%,如图2-7所示。这意味着,被访对象对于"新城建"所发挥的作用给予充分肯定,并认为"新城建"发展将对城市治理水平、城市开发建设方式、城市整体发展等多个方面提供助力,全方位推动城市高质量发展,最终培育经济发展增长点。

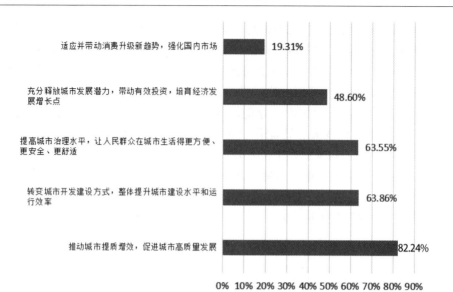

图 2-7 被访对象认为"新城建"发展的主要作用

2020 年,住房和城乡建设部在重庆、福州、济南等 16 个城市开展首批"新城建"试点;2021 年,"新城建"试点扩容,增至 21 个市(区)。调查显示,大部分被访对象所在单位目前"新城建"业务主要集中在城市信息模型(CIM)平台建设方面,占 74.14%;排在第二位的是智能化市政基础设施建设,占比 55.14%;还有被访对象所在单位目前"新城建"业务主要集中在智能化城市安全管理平台建设、城市综合管理服务平台建设和智慧社区建设,分别占 45.17%、44.24% 和 40.19%;36.76% 的单位目前"新城建"业务主要集中在智能建造与建筑工业化协同发展,25.55% 的被访对象所在单位目前"新城建"业务主要集中在智慧城市基础设施与智能网联汽车协同发展方面,如图 2-8 所示。这一调查结果实际上也与目前各单位主要关注的"新城建"内容相符,一定程度上代表了目前"新城建"的主要发展方向。

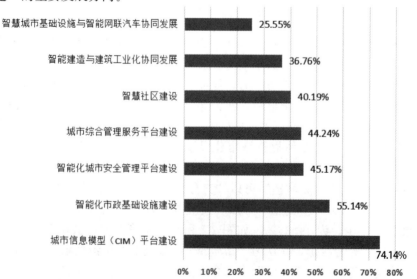

图 2-8 被访对象所在单位目前"新城建"业务主要集中分布情况

2.2 新型城市基础设施建设现状

随着第二批"新城建"试点城市相继出炉,全国各地都在积极探索"新城建"建设发展。调查显示,绝大部分被访对象所在单位基于"社会服务需求"开展"新城建"业务,占比78.19%;其次是基于"模式和机制改变"而开展"新城建"业务,占69.16%;还有42.37%的单位基于"提升效率"开展"新城建"业务,基于"政府指令"和"提升决策水平"等原因而开展"新城建"业务的单位分别为37.69%和28.04%,还有2.18%的单位因为其他原因而开展"新城建"业务,如图2-9所示。这表明,大部分单位开展"新城建"业务的底层原因都是出于自身业务需求,更多的是一种自发性选择;同时,由于开展"新城建"业务可以为单位带来效率、决策等各方面的切实变化,也驱使"新城建"业务的不断推进。

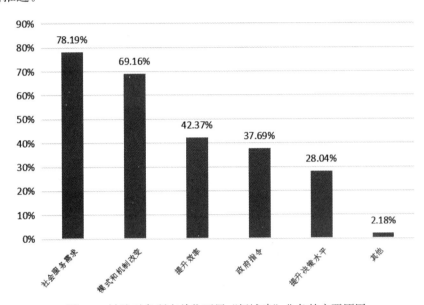

图2-9 被访对象所在单位开展"新城建"业务的主要原因

"新城建"业务的具体实施需要相关部门配合开展,针对目前被访对象所在单位已实施的"新城建"业务开展情况,调查显示,大部分单位成立专门的组织落实实施,占64.17%;超过半数的单位设有专职岗位,占52.96%;48.91%的单位与外部合作形成临时组织实施"新城建"业务,还有7.79%的单位通过其他方式开展"新城建"业务,如图2-10所示。可见,被访对象所在单位在开展"新城建"业务时更倾向成立专门的组织或者设立专职岗位,这也表明被访对象所在单位在开展"新城建"业务时具有更多的主动性,并试图掌握更多的主导权。

加快推进"新城建"不仅需要组织保障,同时也需要通过制定相关发展规划,来进一步指导"新城建"的落地实施。目前,"新城建"初步形成了国家、省、市三级政策体系。国家层面密集出台相关政策,指导和推动"新城建"的落地实施和有序发展。省市层面尤其是试点城市积极响应和贯彻落实国家政策顶层设计,制定并发布"新城建"试点工作方案、三年行动计划和专项计划等,进而加快推进项目落地建设。针对被访对象所在单位制定"新城建"发展规划和实施情况,调查显示,部分单位已有长期稳定的"新城建"专项规划、建设和投入,占比25.23%;部分单位制定"新城建"专项规划,有部分实施和投

第 2 章 新型城市基础设施建设现状及发展趋势调研与分析

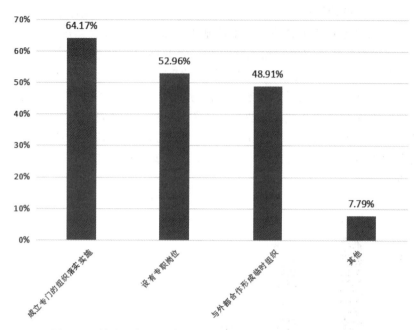

图 2-10 被访对象所在单位已实施的"新城建"业务开展情况

入,占比 26.48%;还有一部分单位在其他规划中涉及"新城建",并有部分实施和投入,占比 22.12%;还有的单位制定了"新城建"专项规划,但并未开展实施,占 10.9%;9.35%的单位在其他规划中涉及"新城建",但未开展实施建设;仅有 5.92%的单位对"新城建"没有任何规划部署,如图 2-11 所示。这表明,目前"新城建"缺少长期稳定的发展规划,虽然已经制定相关"新城建"规划,但具体的实施和投入情况还有待推进,"新城建"从规划、投入到实施仍有较大发展空间。

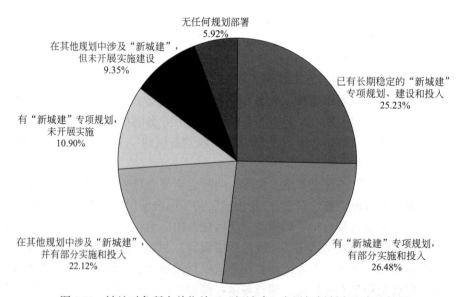

图 2-11 被访对象所在单位关于"新城建"发展规划制定和实施情况

2.2 新型城市基础设施建设现状

具体调查结果显示，40.19%的被访对象所在单位近三年内取得了与"新城建"相关的实际项目成果，26.48%的单位近三年内取得了与"新城建"相关的科研成果，50.47%的单位近三年内没有取得与"新城建"内容相关成果，如图2-12所示。可见，大部分被访对象所在单位在近三年内或多或少的取得了与"新城建"内容相关的项目成果或科研成果，这也表明"新城建"发展有了一定的落地应用。

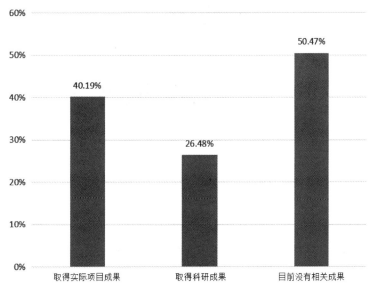

图2-12 被访对象所在单位在近三年内（2019—2021年）期间所取得的与"新城建"内容相关项目成果或科研成果情况

2021年3月出台的《中华人民共和国国民经济和社会发展第十四个五年规划和2035年远景目标纲要》中明确提出实施城市更新行动，其中实施城市更新行动的主要任务中明确提出"推进新型城市基础设施建设，加快推进基于信息化、数字化、智能化的新型城市基础设施建设和改造，全面提升城市建设水平和运行效率。"针对被访对象所在单位在"十四五"期间已获取或拟开展的与"新城建"相关的项目情况，调查显示，部分单位在"十四五"期间已开展或拟开展与"新城建"相关项目，占39.88%，22.43%的单位在"十四五"期间已获取或拟达成与"新城建"相关主要科研成果，还有49.53%的单位在"十四五"期间暂时没有规划开展"新城建"相关项目，如图2-13所示。可见，超过半数的被访对象所在单位将"新城建"相关项目列入"十四五"规划中，这也意味着"十四五"时期，"新城建"项目将加速落地，加快释放城市发展的巨大潜力，带动有效投资，并将成为"十四五"期间新的经济增长点。

"新城建"需要汇聚跨部门、跨区域业务数据资源，实现各业务系统的数据交换、各种资源的重组和整合、业务系统互联互通以及信息跨部门跨层级共享共用，最终推动业务协同有序开展，为城市数字孪生提供立体、实时的大数据保障。针对被访对象所在单位业务协同与数据资源共享情况，调查显示，45.48%的单位构建数据共享平台，实现跨组织、多部门互通互联的数据共享；17.45%的单位构建数据共享平台，但缺乏统一标准，不同部门之间部分数据共享；14.02%的单位构建数据共享平台，但缺乏统一标准，尚未实现数据共享；还有10.28%的单位缺乏统一的技术和平台，不同部门数据经协调可基本互联

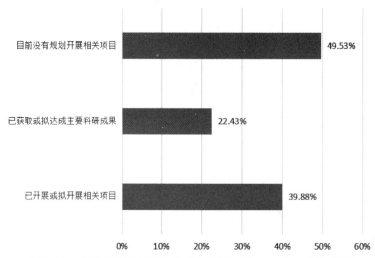

图 2-13　被访对象所在单位在"十四五"（2021—2025 年）期间
已获取或拟开展的与"新城建"相关的项目情况

互通；4.98%的单位缺乏统一的技术和平台，不同部门数据经协调部分共享；7.79%的单位缺乏统一的技术和平台，尚未实现数据共享，如图 2-14 所示。这表明，超过七成的被访对象所在单位建立了数据共享平台，但目前相关标准还有待完善，部门之间的数据共享有待深化。

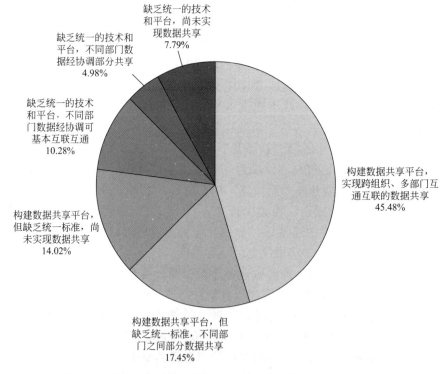

图 2-14　被访对象所在单位实现业务协同与数据资源共享的情况

2.2 新型城市基础设施建设现状

"新城建"落地实施不仅需要业务协同与数据资源共享，还需要标准规划保驾护航，通过构建相关体系，建设系列标准，只有做好程序化、标准化才能推动"新城建"发展达到理想的效果。调查显示，15.89%的被访对象所在单位曾牵头参与标准编制，20.56%的单位曾参与标准编制，大部分被访对象所在单位从未参与过标准编制，占63.55%，如图2-15所示。这意味着，目前"新城建"相关标准制定仍需不断完善，需要行业各界群策群力大力协同积极推进"新城建"标准建设。

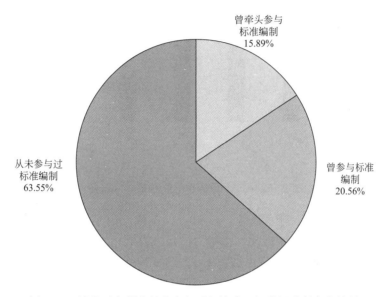

图2-15 被访对象所在单位参与"新城建"相关标准制定的情况

2.2.2 新型城市基础设施建设各领域应用情况

新型城市基础设施建设是以城市提质增效为引领，以应用创新为驱动，面向城市高质量转型发展需要，旨在提升城市品质和人居环境质量、提升城市管理水平和社会治理能力的基于数字化、网络化、智能化的新型城市基础设施体系。包括但不限于以下几个领域：即全面推进城市信息模型（CIM）平台建设、实施智能化市政基础设施建设和改造、协同发展智慧城市与智能网联汽车、建设智能化城市安全管理平台、加快推进智慧社区建设、推动智能建造与建筑工业化协同发展、推进城市综合管理服务平台建设。

其中，城市信息模型（CIM）平台作为智慧城市的数字底座，为"新基建"和"新城建"提供了基础平台。在城市信息模型（CIM）平台建设方面，调查显示，被访对象所在单位都不同程度地开展了一些应用场景，将CIM平台应用到施工管理的单位占比最多，为47.66%；其次是城市管理，占比44.24%；还有单位将CIM平台应用到工程项目审批和施工图审查方面，分别占41.34%和34.89%；20.56%的单位在竣工验收中应用CIM平台，还有14.02%的单位在招商引资环节应用CIM平台，11.21%的单位将CIM平台应用于其他方面如图2-16所示。

智能化市政基础设施建设可对城市供水、排水、供电、燃气、热力等市政基础设施进行升级改造和智能化管理，可以有效提升市政基础设施的运行效率和安全性能。在智能化市政基础设施建设方面，调查显示，排在第一位的是智能化城市交通设施建设，占比

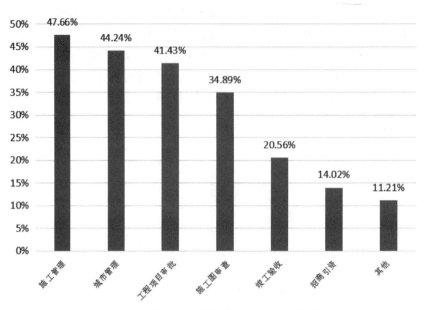

图 2-16 被访对象所在单位 CIM 应用场景

43.93%；其次是智能化城市排水设施，占 40.5%；第三位是智能化城市供水设施建设，占比 38.63%；还有的单位在智能化城市电力设施、智能化城市燃气设施和智能化城市供热设施等方面展开建设应用，分别占 28.04%、22.12%和 10.9%；17.13%的被访对象所在单位在其他智能化市政基础设施方面展开建设应用，如图 2-17 所示。可见，被访对象所在单位目前智能化市政基础设施建设基本覆盖供水、排水、电力、燃气、供热、交通等市政基础设施全领域，但目前主要集中在供水、交通和排水等领域，其他方面市政基础设施智能化建设应用还有待进一步深化。

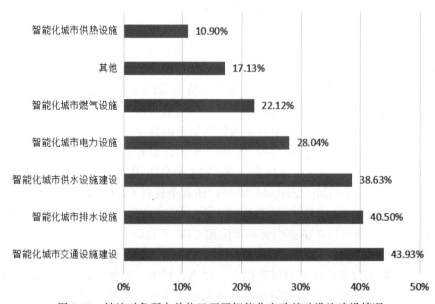

图 2-17 被访对象所在单位已开展智能化市政基础设施建设情况

2.2 新型城市基础设施建设现状

2021年9月,国务院安委办、应急管理部下发通知,部署加强城市安全风险防范工作,推广城市生命线安全工程经验做法,要求切实提高城市防控重大风险与突发事件的能力,从本质上提升城市安全治理现代化水平。随着我国对城市安全发展的重视程度逐步加强,利用数字化技术等科技手段可以进一步提高城市安全管理能力。调查显示,被访对象所在单位在城市风险防控方面都做了相关工作,有的单位近三年开展了城市风险评估,占33.96%;有的单位完成城市安全运行监测管理平台设计和立项,建有燃气、供水、排水、桥梁等监测感知网,均占35.83%;30.22%的单位实现城市安全运行监测管理平台常态化运营(场所、机构和队伍等),18.69%的单位在城市风险防控方面做了其他工作,如图2-18所示。这表明,被访对象所在单位在城市安全管理方面已初步形成风险评估、平台设计、后期运行的安全风险处置机制,推动城市安全发展更具韧性。

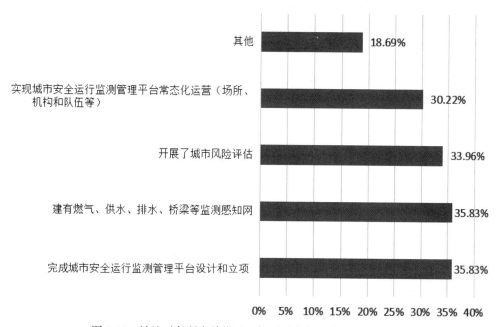

图2-18 被访对象所在单位近三年开展城市风险防控工作情况

2022年7月,住房和城乡建设部、国家发展改革委印发《"十四五"全国城市基础设施建设规划》,提出推动智慧城市基础设施与智能网联汽车协同发展。推进城市通信网、车联网、位置网、能源网等新型网络设施建设。针对智慧城市基础设施与智能网联汽车协同发展情况,调查显示,部分被访对象所在城市目前智能网联汽车应用集中在智慧公交领域,占比41.43%;30.84%的被访对象所在城市目前智能网联汽车主要应用在智慧泊车领域,还有的城市目前智能网联汽车主要应用在无人配送、智慧环卫和自动驾驶出租车领域,分别占20.25%、17.45%和16.2%;6.23%应用于其他方面;还有部分城市目前智能网联汽车尚无应用,占36.14%,如图2-19所示。可见,目前智能网联汽车应用场景日渐丰富,并且主要集中应用在公共服务领域,但在商业应用领域方面仍有较大发展空间,需要加快商业运营步伐,形成商业模式,推动项目的可持续落地。

在城市综合管理服务方面,调查显示,超过半数的被访对象所在单位搭建市级城市运行管理服务平台,占比达63.24%;搭建省级城市运行管理服务平台和搭建县级城市运行

第 2 章 新型城市基础设施建设现状及发展趋势调研与分析

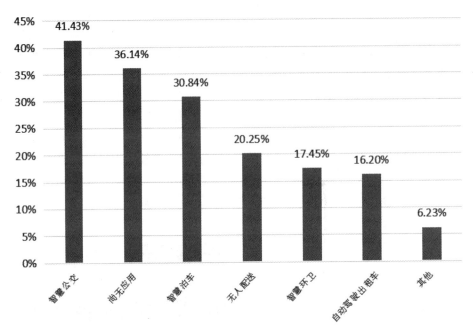

图 2-19 被访对象所在城市目前智能网联汽车具体应用场景

管理服务平台的单位占比相差不大，分别为 33.96% 和 32.4%；还有 20.87% 的单位实现部、省、市、县平台联网安全运行，如图 2-20 所示。这意味着，绝大部分被访对象所在单位都建立了城市运行管理服务平台，提升城市科学化、精细化、智能化管理水平，但目前实现四级平台联网运行的城市占比较少，未来还需加快打通平台壁垒，实现平台互联互通、数据同步、业务协同，使城市运行管理服务平台在服务市民生活、保障城市运行方面发挥更大效能，实现城市管理事项"多级联动""一网统管"。

智慧社区作为基层治理的最基础单元，在整个治理体系中发挥着奠基性作用。智慧社区是构成智慧城市的基本单元，社区智慧化服务则是智慧社区的具体实现路径。调查显示，被访对象所在单位在社区智慧化服务方面，排在第一位的是智慧物业，占 55.45%；第二位是智慧安防，占比 50.16%；其次是智慧防疫，占比 33.96%；还有的单位实现了智慧消防和智慧停车与充电，分别占比 24.61% 和 20.56%；实现智慧家居和智慧医疗与养老的单位占比较为相近，分别为 11.84% 和 11.21%；8.10% 的单位实现了重点人员关爱，还有 10.59% 的单位实现了其他方面的社区智慧化服务，如图 2-21 所示。可见，智慧社区中的智慧物业、智慧安防等已达到了较高的普及度，这也是因为物业和安防是社区服务的基础组成部分，也是智慧社区建设的必经之路。同时由于近年来疫情影响，疫情防控成为社区工作的一项重点内容，利用智能化手段实现精准防疫也成为社区智慧化服务的重要内容。此外，医疗、消防、家居等领域的社区智慧化服务也在稳步发展，智慧社区建设正在不断推进。

2020 年，住房和城乡建设部联合有关部委相继印发了《关于推动智能建造与建筑工业化协同发展的指导意见》《关于加快新型建筑工业化发展的若干意见》，提出围绕建筑产业高质量发展的总体目标，以大力发展建筑工业化为载体，以数字化、智能化升级为动力，形成涵盖科研、设计、生产加工、施工装配、运营等全产业链融合一体的智能建造产

2.2 新型城市基础设施建设现状

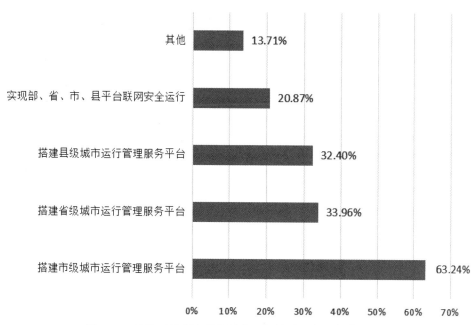

图 2-20　被访对象所在单位城市运行管理服务平台建设情况

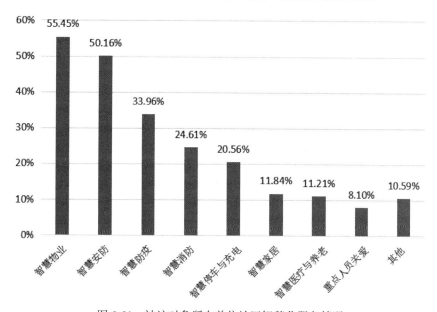

图 2-21　被访对象所在单位社区智慧化服务情况

业体系。当前，智能建造基础关键技术已逐步成熟，新技术理论与应用场景层出不穷，为全面推进智能建造与新型工业化协同发展提供深厚的基础。

在智能建造与建筑工业化方面，行业内的企业已经展开了多维度、多业务场景的智能化应用探索。调查显示，被访对象所在单位在标准化设计环节实现智能化应用占比最多，达 49.84%；智慧工地和数字化项目管理分列二、三位，分别占 42.99% 和 42.06%；还有的单位在协同设计、参数化设计和数字化交付等关键业务场景实现了智能化应用，分别为 38.01%、34.27% 和 32.40%；在建筑可视化运维、建筑智能运维（空间管理、安全管理、设备管理、能源管理、巡检管理、综合管理）、性能化设计和装配式建筑施工等关键业务场景实现智能化应用的单位相差不多，分别占 27.73%、26.17%、25.23% 和 24.30%；20.56% 的单位实现了设备全生命周期管理智能化应用；此外，还有单位在智能审图、设备能耗管理、质量追溯管理等关键业务场景实现智能化应用，分别为 18.69%、18.07% 和 18.07%；在部品设计、生产环节，实现部品深化设计和部品生产管理智能化应用的单位分别为 14.02% 和 10.59%；被访对象所在单位在设备智能化加工、部品存储与运输管理和无人生产工厂等业务场景的智能化应用较少，均未超过 10%；还有 5.3% 的单位在其他关键业务场景实现了智能化应用，如图 2-22 所示。这表明，被访对象所在单位已经在产业中的多个关键业务场景中实现了智能化应用，涉及设计、生产、物流和施工等多个环节。

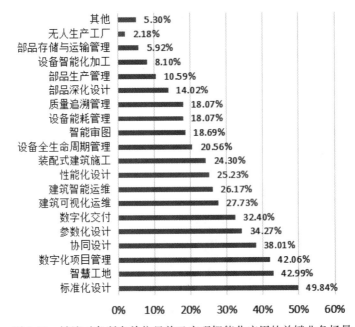

图 2-22　被访对象所在单位目前已实现智能化应用的关键业务场景

2.3　新型城市基础设施建设存在问题和期望

2.3.1　新型城市基础设施建设存在问题

经过一段时间的探索推进，新型城市基础设施建设扎实有序推进各项工作，各省市正在发挥"新城建"撬动内需的重要支点作用，一些可观可感的试点项目先后落地见效。当然，推进新型城市基础设施建设是一个复杂而艰巨的过程，涉及面广、层次多，目前还存在多种问题。调查显示，目前"新城建"发展面临的主要问题排名第一的是"专业人才缺失的问题"，占比 57.32%；"投资资金不到位的问题"和"机制体制不健全的问题"排在第二、三位，分别占 55.76% 和 54.52%；此外，"标准规范不完善的问题"和"科学技术不成熟的问题"也被认为是目前"新城建"发展面临的主要问题，分别占 47.04% 和 37.69%，如图 2-23 所示。

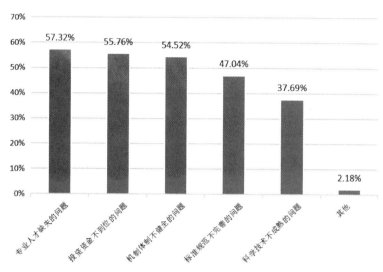

图 2-23　被访对象认为目前"新城建"发展主要面临的问题

可见，目前"新城建"发展主要在人才、资金、机制体制、标准规范四大层面面临挑战。

（1）人才支持。缺乏训练有素的专业人才是当前推进新型城市基础设施建设面临的主要问题所在，新型城市基础设施建设相关领域发展较快，人才需求增长迅猛，相关专业人才的缺口较大，人才的缺口不仅体现在数量上，也体现在质量上，新型城市基础设施建设相关领域中缺少高端人才，进而导致后续技术创新、研发能力受到限制。因此，培养、吸引专业高端人才是进一步推进新型城市基础设施建设需要解决的首要问题。一是要加大相关人才培育力度，建立"新城建"人才培养和发展的长效机制，打造高层次人才培养平台；二是要鼓励政府机构、行业企业和科研单位培养领军人才、专业技术人员，创新人才激励机制，加强人才流动与管理；三是要与教育行业深化合作，共建"新城建"相关课程和培训体系，为"新城建"发展提供专业人才保障。通过产学研一体化工作，建立"新城建"专业人才体系。

（2）资金投入。一方面，新型城市基础设施建设前期往往需要较多的研发成本，"新城建"所依赖的 5G、人工智能、区块链等新一代信息技术大部分是高精尖技术且更新速度快、迭代周期短，前期投入大、资金回收慢，投资不确定性风险较大，影响社会资本进入新型城市基础设施建设的积极性；另一方面，近年来受内、外部环境影响，宏观经济运行面临诸多挑战，叠加减税降费因素，政府财政收入增收压力大，各级政府对新型城市基础设施建设的增量投资受限。因此，各级政府需要加大对"新城建"的财政资金支持力度，积极争取国家专项资金支持及各类试点、示范、配套项目，加大社会资金引入力度，探索政府投资与社会投资的合作机制，积极与相关企业、金融机构等开展合作，引导和鼓励社会资本参与"新城建"投资与运营，形成多元化的"新城建"资金保障体系。

(3) 机制体制。新型城市基础设施建设不仅仅是实施一批试点项目，而是以城市为单位推进城市规划、建设、运行、管理、服务现代化的系统工程，需要各领域共同协作来构建跨部门、层级、区域的共享与协同机制。因此，要加强统筹，做好顶层设计，建立住房和城乡建设、发展改革、财政、交通、水利、工信、民政、广电、能源等多部门统筹协调的工作机制，并出台具体政策措施，形成工作合力，推动区域、城市群、城乡基础设施共建共享。

(4) 标准规范。目前，多地政府相继出台了新型城市基础设施建设的相关政策和指导意见，但缺乏全国范围内统一的标准规范，指导实践的具体标准尚不充足。对此，需要不断推进新型城市基础设施建设标准规范编制工作，加快建立健全全方位、多层次、立体化标准规范体系框架，研究制定关键性、基础性国家和行业标准，鼓励支持研究制定新型城市基础设施建设方案指南，促进新型城市基础设施建设的互通融合。

推进新型城市基础设施建设当前还面临着诸多实际困难和实践挑战，"新城建"发展要推动产、学、研、用、政、资的有效协同，同步构建核心技术自主可控、产业链融合高效、产业生态循环畅通的"新城建"产业体系。针对目前推动"新城建"发展需要解决的问题，调查显示，排在第一位的是"国家政策的引导和落地"，占比66.04%；其次是"标准规范的健全"，占53.89%；认为需要解决"应用软件/平台的成熟和适用性""跨部门、层级、区域的业务协同与数据共享"和"技术体系的完善"等问题的被访对象占比相近，分别为44.24%、42.68%和42.06%；还有15.89%的被访对象认为目前"新城建"发展需要解决"投入成本的控制"，如图2-24所示。这表明，"新城建"发展不仅需要国家层面的政策支持和相关部门的引导落地，还需要相关软件平台的支撑以及数据的协同打通。总结而言，推动"新城建"发展需要从政策引导、技术平台支撑、标准体系构建、资金成本投入多个方面共同发力，从而确保"新城建"落地应用，这实际上也与上述目前"新城建"发展存在的问题相呼应。

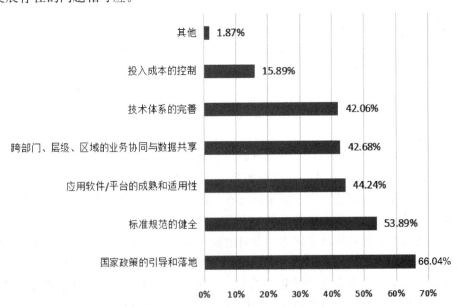

图2-24 被访对象认为推动"新城建"发展需要解决的问题

2.3.2 对新型城市基础设施建设与发展的期望

发展"新城建"是我国经济发展由高速增长阶段进入高质量发展阶段的必然选择，也是提升城市品质，增强居民获得感、幸福感、安全感的使命担当。调查显示，66.36%的被访对象所在单位在未来将开展城市信息模型（CIM）平台建设，43.30%的单位将开展智能化市政基础设施建设，还有的单位在未来将开展智能化城市安全管理平台建设、智慧社区建设和城市综合管理服务平台建设，分别占32.40%、31.46%和30.22%；28.66%的单位将开展智能建造与建筑工业化协同发展，16.20%的单位则将开展智慧城市基础设施与智能网联汽车协同发展，如图2-25所示。

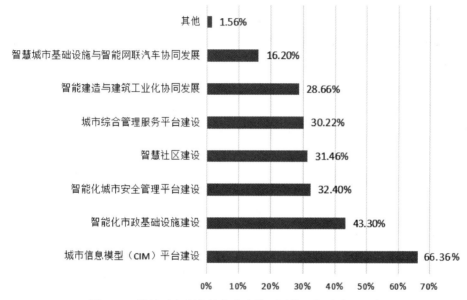

图2-25 被访对象所在单位未来将开展的"新城建"业务

第3章 城市信息模型（CIM）平台

3.1 概述

3.1.1 定义与目标

作为 BIM 的自然演变，CIM 的概念在十多年前悄然出现，以应对更大的城市范围的挑战。城市规划和设计面临着巨大的挑战，因为构成城市世界的各种利益相关者和各种系统的复杂性以及它们之间的动态互动；联合国可持续发展目标和联合国人居署《新城市议程》阐明了当代社会（迫切）要实现的可持续发展目标。因此，城市规划者需要从数据和证据中寻找支持智慧城市发展的支持。为了实现这一愿景，必须收集、分析和可视化有关物质、生态、物质资源、社会、交通和其他城市系统的信息，以使公民和专业人士能够在这一领域做出明智的决策。随着数字中国及智慧社会的战略提出，以及智慧城市和三维城市模拟等理论和技术的发展，CIM 的概念引发讨论[1-5]。2021年3月，《中华人民共和国国民经济和社会发展第十四个五年规划和2035年远景目标纲要》第十六章中提出，要"完善城市信息模型平台和运行管理服务平台，构建城市数据资源体系，推进城市数据大脑建设。探索建设数字孪生城市"，明确提出了数字城市建设中要重点发展城市信息模型平台与数字孪生城市，CIM 建设成为国家城市治理体系和治理能力现代化的目标和方向之一。

理解 CIM 的概念，才能更有效地开发 CIM。总体来看，CIM 概念的出现与两方面的发展有较大关系：一是建筑信息模型（Building Information Modeling，BIM）及其相关的智能建筑或智能设施，二是三维信息城市或三维数字地球[6]。在这种背景之下，CIM 的一方面是以服务未来城市发展为前提，面向未来数字孪生城市的虚实融合而进行的理论探索，构成学术定义；另一方面，则是从技术工程角度出发，以信息化平台项目实践和 BIM 等技术发展支撑，构成了 CIM 的工程定义。

1) 学术定义

数字孪生是一组虚拟信息，从微观原子角度到宏观几何角度，全面描述真实或潜在的物质世界；任何用于建造该物质真实的信息，都可以从数字孪生中获取。CIM 作为数字孪生城市的支撑系统，实现了城市信息的全覆盖、全时空的融合、分析、预测，实现城市治理模式从二维到三维的转变。三维的城市模型一直是城市规划与设计所关注的核心之一，也常常被视作城市的一个重要维度。比如中外城市展览馆之中都突出了三维效果的城市模型，而且多重维度的信息极其复杂关联也作为部件附于这些城市模型，这一直是城市复杂科学及其应用的方向[2,7-8]。甚至在游戏领域，《模拟城市》（SimCity，城市建造模拟游戏）也在某种意义上，帮助游戏爱好者从更为综合的角度认识和理解三维城市的规划、建设、管理和运营。

2015年,吴志强院士将CIM解释为城市智能模型(City Intelligent Model),认为城市智能模型在城市信息模型的基础上进一步赋予了智能(Intelligent)目标,其内涵不仅是指城市信息模型中海量数据的收集、储存和处理,更强调基于模型解决发展过程中的问题[9]。Hubert Lehner等将CIM视作城市尺度的数字孪生体,期望CIM可以实现数字模型和物理实体之间的智能交互[10]。这些都推动了CIM学术概念的形成,也为政府出台CIM的解释提供支撑。2021年6月,住房和城乡建设部出台的《城市信息模型CIM基础平台技术导则》(修订版)中将CIM(City Information Model)定义为"以建筑信息模型(BIM)、地理信息系统(GIS)、物联网(IoT)等技术为基础,整合城市地上地下、室内室外、历史现状未来多维多尺度信息模型数据和城市感知数据,构建起三维数字空间的城市信息有机综合体。"将CIM落脚到"三维数字空间的城市信息有机综合体"就是对学术定义的概括。

随着CIM相关研究的不断推进,人们对CIM的期望已经超出三维信息综合体的概念,希望其不仅可以记录和分析现状并发现问题,还能基于三维模型分析和模拟未来,并且具备提高人与人之间、人与机器之间交互的能力。"城市信息建模是指所有参与者和利益相关者在城市规划过程中使用交互式数字技术,共同实现智慧城市的愿景:一个可持续、包容、健康、繁荣和参与的城市。""CIM由来自不同知识领域的可互操作(开源)工具生态系统组成,用于数据处理、城市分析、设计、建模、模拟和可视化。这些工具通过共享的本体连接到一个语义丰富的集成城市模型,该模型基于开放标准,位于一个多尺度、多时态的数据库中,集成了广泛的(大型)代表城市特征、系统和过程全方位的开放数据源。"[11]

本报告中认为CIM是数字化再现真实城市的方法,记录、分析、模拟城市的历史现状未来、地上地表地下,实现城市运营管理的参与者与利益相关者之间的交互,支撑城市规划建设管理全生命周期以及数字经济、社会服务各方面的城市信息综合体。

2)工程定义

2017年,雄安新区在物理城市大规模建设开始前就启动了包括CIM平台在内的数字城市支撑系统建设。随着灵境技术、人工智能、大数据等技术进步以及雄安新区带动的CIM建设热潮。从技术和工程领域CIM平台的讨论也逐渐增加。CIM所包含的不仅仅是工具和数据,还是一种以可互操作和互动的方式使用技术来为智能城市做出决策和规划的实践。为了实现这一目标,所有利益相关者、规划者和决策者之间的沟通和协作至关重要,可能需要使用不同的系统和软件。2000年,Billen提出CIM是城市尺度的3DGIS模型,由建筑物、植被、交通网、公共设施和通信网络构成[12]。随着BIM的成熟与应用,CIM逐渐发展为BIM与GIS结合,例如Isikdag等首次提出将BIM模型导入到ArcGIS平台中,服务于火灾应急响应。BIM用于表示建筑物在设计、建造和运营全过程中使用和创建的信息[13],通过信息的共享,为整个建筑生命周期的决策提供可靠的信息。BIM将设计和建设的信息融入单体建筑或市政的三维部件之中,这些信息与施工和运营中的财务、进度、专业协同、维修等密切相关,成为智能建筑或智能设施的基石。不少研究认为:各种BIM的集合就构成了城市级别的信息模型,可为城市的规划、建设与管理提供信息化支撑;而这些BIM的集合也与地理信息系统(GIS)和物联网(IoT)相融合,构成了

"工程意义上"的 CIM[14]。技术发挥着重要作用,与智能城市和数字城市设计和规划相关的学科(例如数字孪生、BIM、大数据、地理信息系统(GIS),规划支持系统(PSS))与 CIM 概念密切相关。

因而,从工程项目的角度出发,结合《城市信息模型 CIM 基础平台技术导则》(修订版)中提出的关键技术,可以认为 CIM 是以建筑信息模型(BIM)、地理信息系统(GIS)、物联网(IoT)等技术为基础,整合城市地上地下、室内室外、历史现状未来多维多尺度信息模型数据和城市感知数据,与城市体检、城市运管服系统协同,聚焦城市现代化治理、数字经济发展、公民幸福生活的多场景信息系统。

3) 建设目标

实现"数据的开放流通":构建数据标准,打通数据"烟囱",构建创新的数据更新模式。以国家标准、行业标准为基础,充分考虑已有数据资源基础和相关标准,建立区县和社区的数据更新共享的流通机制。打造一套空间编码,跨越行业"沟壑"。探索建立最小空间单元的赋码关联与管理,一码贯穿土地批、征、补、储、查、供、用、登的全过程,打通规划、土地、建设、管理等多个业务流,实现项目信息一码归集、企业服务一码证明、公众服务一码查询。

实现"管理的敏捷决策":一方面基于物联感知系统和平台的数据分析以及模型构建,通过系统的深度学习能力的建设,辅助城市复杂决策。另一方面强化 CIM 平台的服务能力,以数据服务为基础,拓展面向政府、企业、公众多用户的"一键直达"便捷服务,方便用户从移动端依法查询调用平台数据、办理业务、申请服务等,实现民生服务的普惠化与便捷化。

实现"经济的共享共荣":抓住新的经济增长极,拥抱数字经济。CIM 为城市提供基础二三维空间数据服务,在数据汇聚、共享与更新机制下,使数据在业务应用中流转起来,赋能市局及各版块的业务应用,实现数据增值,同时为企业招商决策提供丰富详实的信息,促进城市传统产业数字化转型以及新基建、无人驾驶等新兴行业发展,助力数字经济与创新发展。

实现"业务的创新协同":以城市空间的应用场景为出发点,整合不同专业、不同条线、不同流程的数据,将数据采集并重组、搭建分析与仿真模型、迭代标准,推动应用创新,构建基于业务的创新协同应用。

3.1.2 国内外发展状况

1) 欧洲发展状况

欧美在建筑信息模型(BIM)、地理信息系统(GIS)等软件技术方面处于领先水平,城市信息模型(CIM)概念最早由欧美学者提出,他们希望将发展成熟的 BIM 技术应用到城市这一层级。因此,CIM 平台在欧洲各国主要是基于 BIM 模型开展建设,根据英国建筑规范组(National Building Specification,NBS)对 BIM 标准的制定,CIM 属于 BIM 在第二水准阶段的拓展应用,即 BIM 的协同工作流。例如,2015 年英国政府在 BIM 第二阶段成功实施的基础上,提出了以 CIM 发展为核心的数字建筑英国国家战略,输出数字化能力,分享全球建筑业变革红利。此外,基于 CIM 平台的数字孪生城市在欧洲发展迅速,欧盟在 2019 年建立的"欧洲城市数字孪生"项目,计划用三年时间,选取不同智慧城市发展阶段的三座城市进行开发和测试，以数字孪生技术助力欧洲城市的智慧化决策制定[15]。

利用CIM技术探索智慧城市建设比较成功的欧洲城市是芬兰的赫尔辛基（Helsinki）。赫尔辛基市很早就开展了三维城市建设，最早可追溯到20世纪80年代中期。近年来，为支持城市数字化、智慧化发展，启动了赫尔辛基3D+的城市资产采集项目，主要内容包括城市基础设施创建、具有属性信息的城市三维模型等，项目为期三年，耗资约10亿欧元，需要对超过500km^{2}开展测绘工作，采集600多个地面控制点，并且需要管理和共享大量的数据[16]。该项目主要运用CityGML格式生产三维城市语义信息模型，模型精度达到10cm，主要应用于城市数字化运维、建筑光照分析、交通模拟、可视化仿真和模拟等领域。

2）美国发展状况

美国因其联邦制度，对于建立城市信息模型（CIM）平台的需求不大；且美国城镇化已趋于稳定，基本没有新建城市的条件，而在既有老旧城市中运用CIM技术的实施难度较大。因此，CIM基础平台在美国的研究和发展受限。但是，美国的智慧城市建设仍处于全球领先水平，指导美国智慧城市建设的《白宫智慧城市行动倡议》《智慧互联社区框架》《白宫城市数字化转型行动倡议》等政策文件中一些建设理念和技术手段类似CIM平台，仍然值得学习和借鉴。

例如，纽约于21世纪初提出旨在促进城市信息基础设施建设、提高公共服务水平的"智慧城市"计划，并于2009年宣布启动"城市互联"行动。此后，纽约决定把握信息、数据、物联网等新兴技术带来的机遇，以科技创新驱动智能化城市发展。目前已建成一套智能化、覆盖全市的智慧交通信息系统，建立全市下水道电子地图[17]，清晰显示市内下水管道和相关设施，采取多种方式实现公共数据开放和共享，从而持续优化城市数据治理水平与服务创新能力，形成数据驱动智能城市运行的良好循环。洛杉矶推动可持续性和数据科学的研发，并采用物联网、大数据之类的技术来改善市民生活质量，将技术解决方案推广到社会问题，将来自物联网设备的感知数据整合到公共资源中。

3）东南亚发展状况

在2018年第32届东盟峰会上，新加坡总理李显龙提出了建设东盟智慧城市网络（ASCN）的倡议。ASCN被看作一个跨国智慧城市合作平台，希望10个东盟成员国的26个城市通过该平台实现城市智慧化和可持续发展，这些城市包括河内、新加坡、雅加达、普吉岛等东南亚城市。下面简要介绍CIM平台在新加坡的发展状况。

新加坡于2014年起开始推动"智慧国家（SmartNation）"计划，愿景是打造"全世界第一个智慧国家"。2015年，新加坡总理办公室国家研究基金会（NRF）与达索系统公司合作"虚拟新加坡"（Virtual Singapore）项目，覆盖范围超过718km^2，投资约5亿元人民币。项目运用该公司的3DEXPERIENCity平台建设包含语义及属性的实景整合的3D数字城市模型，该平台具有静态和动态的城市数据和信息，配备丰富数据环境和可视化的操作平台。"虚拟新加坡"提供具有可视化、可分析、可操作能力的平台来反映、扩展和改进真实世界，并管理数据、流程和人员，推进城市的可持续发展；利用不同公共部门的数据，以及人口、气候等传统和实时的数据结合城市内真实场景，应用于环境和灾难管理、基础设施、房屋管理分析、规划制定和辅助决策、预测城市未来等场景，以此发展智慧城市，提高新加坡城市规划、治理智慧化水平。

4) 国内发展状况

我国对城市信息模型（CIM）概念研究和CIM平台建设探索起步较早，吴志强院士在2005年上海世博园区的规划设计中研制的上海世博园区智能模型成为我国CIM平台建设研制的出发点[5]。2018年11月，住房和城乡建设部将北京城市副中心、广州、南京、厦门、雄安新区列为"运用建筑信息模型（BIM）系统进行工程建设项目审查审批和城市信息模型（CIM）平台建设"首批5个CIM平台试点[18]，探索CIM平台在工程审批、国土空间规划和城市治理等方面的应用价值，从实践中累计CIM平台建设经验。这标志着城市信息模型（CIM）平台在我国由概念研究正式进入建设探索阶段，对我国CIM平台建设工作起到了重要的推动作用。

目前我国CIM平台建设尚处于起步阶段，各级政府、科研学界、企事业单位等正积极探索新试点、新经验、新技术、新模式，标准建设、平台搭建、平台应用等工作正在全面展开。据统计，自2020年9月以来，住房和城乡建设部办公厅公开征求意见或陆续发布的CIM相关行业标准共9项。2020年9月，住房和城乡建设部印发《城市信息模型（CIM）基础平台技术导则》，对CIM、CIM基础平台等概念给出了明确定义，对CIM基础平台总体架构、功能组成、平台数据体系和维护管理等做出了明确说明，成为指导和规范我国CIM基础平台建设的重要文件；2022年1月，住房和城乡建设部发布全国首个CIM行业标准《城市信息模型基础平台技术标准》，对CIM基础平台架构与功能、CIM数据库、建设运维等内容进行了详细规定，对国家级、省级、市级CIM基础平台的建设内容、平台管理和运行维护提出了明确要求。技术导则和技术标准的发布，对于规范我国CIM基础平台建设和运维、进一步加快各地CIM基础平台建设提供了有力的技术支撑，为各地开展CIM基础平台建设提供了简明有效的技术参考。

通过对各地城市信息模型（CIM）基础平台建设相关的招标项目统计，截止到2021年底共收集到153个CIM平台相关建设项目，项目投资金额约8.9亿元，建设内容涵盖不同尺度的CIM基础平台建设、标准建设、第三方测评以及智能化审批、安全监管等CIM+应用开发。从各省招标项目数量上来看，广东省建设力度最大，其次是山东省、江苏省和浙江省。从各地建成的CIM基础平台来看，广州作为首批试点城市，率先开展了CIM平台建设工作，2020年12月广州市CIM基础平台基本建成，建设内容包括城市级CIM平台标准体系、三维现状模型和CIM平台应用拓展等，形成了全市"一张三维底图"[19]，实现了与部级平台的互联互通。其他试点城市同样开展了许多有益探索，取得了一系列工作成果。例如，北京城市副中心CIM平台作为数据支撑平台，实现了多项目的统一管理和监控；雄安新区以创新、协调、绿色、开放和共享为理念，推行CIM技术，实现对建设项目的全生命周期管理；南京市依托CIM平台，实现了对工程建设项目智能化审批，提高了审查效率与精准度；厦门市CIM平台构建了统一的空间底座，推动实现了政府、企业、公众协同共治的格局。

3.1.3 国家与地方政策要求

1) CIM的政策背景

十九大报告中提出，"建设科技强国、质量强国、航天强国、网络强国、交通强国、数字中国、智慧社会"的战略思想。近年来，习近平总书记对于建设"网络强国、数字中国、智慧社会"做出了重大战略部署。2018年底中央经济工作会议以来，党中央高度重视新型基础设施的建设。2020年3月，习近平总书记在视察杭州市城市大脑项目时指出，"运用大数据、云计算、区块链、人工智能等前沿技术推动城市管理手段、管理模式、管理理念创新，从数字化到智能化再到智慧化，让城市更聪明一些、更智慧一些"[20]。2020年8月11日，住房和城乡建设部等7部门印发《关于加快推进新型城市基础设施建设的指导意见》（建改发〔2020〕73号），明确指出信息化、数字化、智能化的新型城市基础设施建设是实施扩大内需战略的重要抓手，也是推动城市提质增效、促进城市高质量发展的重要路径。

在此背景下，城市信息模型（CIM）平台作为现代城市的重要新型基础设施和智慧城市的基础支撑性平台，是提升城市建设管理的信息化、智能化和智慧化的重要途径，是提升城市治理能力现代化的必经之路，也是贯彻落实"网络强国、数字中国、智慧社会"战略部署的重要支撑，并将为智慧城市和数字孪生城市创造出高性能、智能化、多方位的应用情景，具有广阔的发展前景。[21]

2）国家政策要求

自2018年住房和城乡建设部设立首批5个CIM平台试点地区以来，为规范全国各地CIM基础平台建设工作，推进智慧城市建设，自然资源部、住房和城乡建设部、国家发展和改革委员会等多部委陆续发布政策文件，将CIM作为新一代信息基础设施，提出推动CIM基础平台建设，支持城市规划建设管理多场景应用，推动城市开发建设从粗放型外延式发展转向集约型内涵式发展等。

2019年12月，全国住房和城乡建设工作会议部署2020年工作总体要求中提出："加快构建部、省、市三级CIM平台建设框架体系"，首次提出CIM平台三级建设体系。2020年6月，住房和城乡建设部、工业和信息化部、中央网信办印发《关于开展城市信息模型（CIM）基础平台建设的指导意见》（建科〔2020〕59号），提出了CIM基础平台建设的基本原则、主要目标等，要求建设基础性、关键性的CIM基础平台，构建城市三维空间数据底板，推进CIM基础平台在城市规划建设管理和其他行业领域的广泛应用，构建国家、省、市三级CIM基础平台体系，逐步实现各级平台互联互通。2020年9月，国务院办公厅印发《关于以新业态新模式引领新型消费加快发展的意见》（国办发〔2020〕32号），提出要推动城市信息模型（CIM）基础平台建设，支持城市规划建设管理多场景应用，促进城市基础设施数字化和城市建设数据汇聚。[22]

2021年3月，《中华人民共和国国民经济和社会发展第十四个五年规划和2035年远景目标纲要》中提出："完善城市信息模型平台和运行管理服务平台，构建城市数据资源体系，推进城市数据大脑建设"，以数字化转型整体驱动生产方式、生活方式和治理方式变革，为我国社会数字化转型指明了方向。2022年3月，住房和城乡建设部印发《"十四五"住房和城乡建设科技发展规划》（建标〔2022〕23号）、《"十四五"建筑节能与绿色建筑发展规划》（建标〔2022〕24号），两份文件中共10次提及城市信息模型（CIM）平台，提出"十四五"时期突破城市信息模型（CIM）平台关键核心技术及装备，开展基于城市信息模型（CIM）平台的智能化市政基础设施建设和改造、智慧城市与智能网联汽车协同发展、智慧社区、城市运行管理服务平台建设等关键技术和装备研究。

通过梳理中央相关部委政策文件、指导意见等，可以发现：CIM基础平台以国家正在开展的工程项目审批制度改革为契机迅速发展；以 CIM 基础平台为手段，化解新型城镇化建设过程中遇到的"城市病"已成共识；CIM 基础平台是智慧城市跨行业融合的基石和底板，对于智慧城市建设和城市精细化治理具有突出作用[21]。

3）地方政策要求

2020 年 3 月，重庆市住房和城乡建设委员会印发的《2020 年建设科技与对外合作工作要点》通知中指出，重庆将以数据赋能治理为核心，打造基于 BIM 基础软件的 CIM 平台，并逐步拓展城市级应用，建设基于数字孪生的新型智慧城市 CIM 示范项目。在《关于统筹推进城市基础设施物联网建设的指导意见城市提升动态》中提出：加快平台研发，全力打造 CIM 平台，并依托 CIM 平台，集成、分析和综合应用全市各类城市基础设施物联网数据。完善标准体系，强化跨行业、跨部门统筹，协调推进 CIM 平台标准体系建设。

2020 年 9 月，厦门市"多规合一"工作领导小组办公室印发《厦门市推进 BIM 应用和 CIM 平台建设 2020—2021 年工作方案》。开展 CIM 关键技术专题研究，参照自然资源部信息化总体建设方案要求，研究 CIM 空间大数据相关应用机制及关键技术，探索 CIM 平台产学研联动创新发展新机制，并在 CIM 试点片区试点示范；开展 CIM 平台应用试点后评估，评价 CIM 平台应用试点推进工作，并总结试点成果和经验；研究编制 CIM 应用相关标准。参考国际标准，逐步制定 CIM 平台数据、分类编码和存储等标准或导则，研究制定 CIM 平台数据交换规则。

2021 年 3 月，北京市经济和信息化局发布的《北京市"十四五"时期智慧城市发展行动纲要》中指出，北京基于"时空一张图"推进"多规合一"。探索试点区域基于城市信息模型（CIM）的"规、建、管、运"一体联动。

到 2025 年，将北京建设成为全球新型智慧城市的标杆城市。建立全市统一的地理编码体系，构筑全市统一时空底座。积极探索建设虚实无缝、融合交互的城市数字孪生体，打造高精度三维地图实景基础服务。

2021 年 1 月，深圳市人民政府公布的《深圳市人民政府关于加快智慧城市和数字政府建设的若干意见》中提出：为贯彻网络强国、数字中国、智慧社会的决定部署探索"数字孪生城市"，深圳市强调依托地理信息系统（GIS）、建筑信息模型（BIM）、城市信息模型（CIM）等数字化手段，开展全域高精度三维城市建模，加强国土空间等数据治理，构建可视化城市空间数字平台，链接智慧泛在的城市神经网络，提升城市可感知、可判断、快速反应的能力。

2021 年 7 月，湖北省住房和城乡建设厅印发的《关于开展城市信息模型（CIM）平台建设试点工作的通知》中指出，湖北省将在 2021 年完成试点区域 CIM 平台建设顶层设计，启动 CIM 基础平台和城市市政基础设施综合管理信息平台建设；2022 年，完成 CIM 基础平台建设，基于 CIM 基础平台部署 CIM+应用，实现市县 CIM 平台与省级 CIM 平台的数据共享、业务协同；2023 年，试点区域 CIM 平台基本建成，为智慧城市和数字住建有效提供三维数字底座支撑，赋能"数字建设、数字城管、数字住房、数字建造"，为全省 CIM 平台建设提供可复制可推广的经验。

2022 年 5 月，四川省住房和城乡建设厅发布《2022 年全省城市建设与管理工作要点》，探索推进"新城建"，启动建设省级和省会城市信息模型（CIM）基础平台，构建城市三维数据底板，打造智慧城市基础平台；依托城市信息模型（CIM）基础平台，加快城市"生命线"工程建设，推进市政基础设施智能化改造，推广多功能杆、智慧水务、智慧燃气等新型智慧城市公共服务领域物联网应用。

截至目前，我国各省级行政区均发布过有关推动 CIM 基础平台建设的政策文件，纷纷将 CIM 基础平台作为"十四五"时期建设的关键内容。通过梳理各地方政策文件、指导意见等，可以发现：各地 CIM 基础平台建设还处于初期探索阶段，缺乏建设标准、数据标准和安全运维标准等标准体系指引；各地均把 CIM 基础平台作为建设智慧城市的重要技术支撑手段，并依托 CIM 基础平台拓展其在国土空间规划、城市治理、交通管理、工程管理、市政基础设施等领域的应用；在各地"十四五"规划文件中，CIM 基础平台建设任务与各个地方的发展问题相结合，对城市数字化和智慧发展做出了具体部署。

3.1.4 CIM 作为新城建的信息底座

1）CIM 与数字孪生城市的关系

数字孪生（Digital Twin），2002 年由美国迈克尔·格里夫斯（Michael Grieves）教授在美国密歇根大学的课堂上首次提出；数字孪生技术最早由美国国防部应用于航空领域，通过在数字空间建立真实飞机的模型，感知模型状态，以此分析和评估飞机性能，此后广泛应用于工业制造领域。数字孪生城市（Digital Twin Cities）便起源于工业领域的数字孪生，是基于 3S 空间信息技术、物联网（IoT）技术、人工智能（AI）技术、三维模型、建筑信息模型（BIM）以及城市信息模型（CIM）等多种技术构建起来的新型智慧城市，具备物理城市与数字城市的精准映射、数字城市的深度洞察、数字城市与物理城市的虚实交互、数字城市对物理城市的智能干预四大特征，这一概念在我国最早应用于河北雄安新区规划建设[23]。

数字孪生城市是在实体城市的基础上，在虚拟世界形成的一套平行的数字化成果，是 CIM 平台建设的理论和技术基础[23]。首先，从数字孪生城市理念出发构建 CIM 平台，是目前我国推进 CIM 平台建设的一大应用探索方向。其次，数字孪生城市的核心要素是数据，包括城市模型数据、地理数据、感知数据等多源数据，只有汇集融合多源异构数据，才能真正发挥数字孪生城市的价值。因此，CIM 平台对数据强有力的汇集作用，能够为数字孪生城市提供关键数据和属性信息，成为其建设的数据底板和基础操作平台[24]。最后，CIM 平台是数字孪生城市建设的核心，数字孪生城市要实现与真实城市的精准映射，需要通过 CIM 平台表达和管理城市三维空间，展现城市运行状态，实现与物理实体城市的有机互动和城市的全生命周期管理。

2）CIM 与其他空间信息系统的关系

近年来，我国陆续开展各类城市信息化项目或平台建设，例如实景三维、时空大数据云平台、城市大脑、国土空间基础信息平台等，积累了一定的数据基础和建设经验[25]，旨在将信息化、数字化融入城市建设发展中。实景三维是对人类生产、生活和生态空间进行真实、立体、时序化反映和表达的数字虚拟空间，是新型基础测绘标准化产品，为经济社会发展和各部门信息化提供统一的空间基底。实景三维与 CIM 平台具有明显差别。从出发点来看，CIM 是源于对城市管理的需要而生，实景三维则是为自然资源的需要而建，具有基础性和通用性两大特点，服务于各行各业。对于其他信息底座，是作为构建 CIM

基础平台的数据基础。CIM基础平台对接时空大数据云平台、国土空间基础信息平台、"多规合一"业务协同平台等，集成共享时间基础、规划管控、资源调查等相关信息资源，形成统一的城市时空信息底座，服务于各类政府管理和智慧应用场景。

3）CIM与新城建的关系

新型城市基础设施建设（以下简称"新城建"），首次提出于住房和城乡建设部等七部委印发的《关于加快推进新型城市基础设施基础设施建设的指导意见》（建改发〔2020〕73号）中。"新城建"对接新型基础设施建设，引领城市转型升级，具有信息化、数字化和智能化的特点。"新基建"是以应用创新为驱动的信息数字化城市基础设施体系，是实施扩大内需战略的重要抓手，是推动城市提质增效、促进城市高质量发展的重要路径；有利于充分释放我国城市发展的巨大潜力，加快转变城市开发建设方式，满足人民群众美好生活需要。

全面推进城市信息模型（CIM）平台建设是"新城建"提出的七项重点任务之一，要求深入总结试点经验，在全国各级城市全面推进CIM平台建设，打造智慧城市的基础平台。城市信息模型（CIM）基础平台是"新城建"的关键性和基础性数字化底座，为"新城建"提供底层驱动能力。充分发挥CIM平台的基础支撑作用，对促进"新城建"其他六项重点任务也有协同发展和统筹管理的作用[26]。比如，建立基于CIM平台的市政基础设施管理平台，能促进市政基础设施智能化建设和改造；依托CIM平台，打造智慧出行"车城网"，支撑智能网联汽车应用；以CIM平台为依托，建设智能化城市安全管理平台等。同时，"新城建"激发城市新动能，为CIM平台建设发展提供了最广阔的应用场景和创新空间，推进CIM平台与其他产业发展互促共进，促进城市级海量数据处理及储存、多源传感信息融合等CIM相关核心技术取得创新，带动提升CIM平台基础能力提升。

3.2 CIM的架构体系与标准支撑

3.2.1 国家-省-市三级架构体系

CIM平台分为国家、省和市三级平台，三级平台应执行统一标准规范，实现网络联通、数据共享、业务协同。CIM平台建设应遵循"政府主导、多方参与，因地制宜、以用促建，融合共享、安全可靠，产用结合、协同突破"的原则，统一管理城市信息模型数据资源，提供各类数据、服务和应用访问接口，满足业务协同、信息联动的要求。每一级平台有建设的重点和独特的架构，形成具有一定共识的架构体系。

1）国家与省平台架构

2022年，住房和城乡建设部发布行业标准《城市信息模型基础平台技术标准》，CJJ/T 315—2022，规定国家级和省级平台架构应一致，平台架构如图3-1所示。

设施层：包括国家及省级的计算存储以及传输硬件设备及网络资源。

数据层：应建设至少包括CIM成果管理、业务系统数据、资源调查数据、工程建设项目等类别的CIM数据资源体系。

服务层：提供数据汇聚与管理、场景配置、数据查询与可视化数据共享与交换、分析应用、运行与服务、平台开发接口等功能。

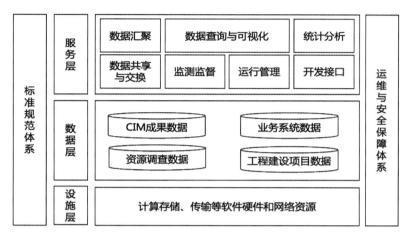

图 3-1 国家级和省级平台架构

2) 市级平台架构

《城市信息模型基础平台技术标准》CJJ/T 315—2022 规定市级平台架构如图 3-2 所示。

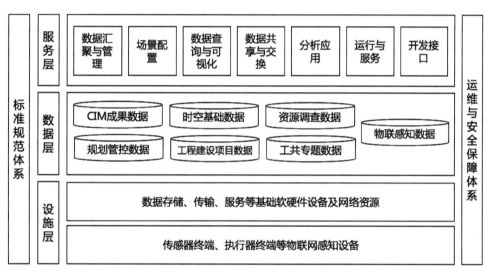

图 3-2 市级平台架构

设施层：应包括物联感知设备和基础软硬件设备及网络资源。

数据层：应建设至少包括 CIM 成果管理、规划管控数据、时空基础数据、工程建设项目数据、资源调查数据、公共专题数据和物联感知数据等类别的 CIM 数据资源体系。

服务层：提供数据汇聚与管理、场景配置、数据查询与可视化数据共享与交换、分析应用、运行与服务、平台开发接口等功能。

技术规范体系：应建立统一的标准规范，指导 CIM 基础平台的建设和管理，应与国家和行业数据标准与技术规范衔接。

运维保障体系：应建立运行、维护、更新与安全保障体系，保障 CIM 基础平台网络、数据、应用及服务的稳定运行。应按照国家网络安全等级保护相关政策和标准要求建立信息安全保障体系。

3) 三级联动架构

国家-省-市三级 CIM 平台的建设，横向省、市平台需实现同相关各委办局信息资源共享，纵向实现国家-省-市三级 CIM 基础平台互联互通，要构建部、市、区三级 CIM 基础平台建设框架体系，作为智慧城市操作系统的基础平台，三者间的共享衔接关系如图 3-3 所示。平台须纳入充分利用工程建设项目各阶段信息模型审查（备案）成果，共享整合城市时空基础数据、资源调查与登记数据、规划管控数据、公共专题数据、物联网感知数据等信息资源。

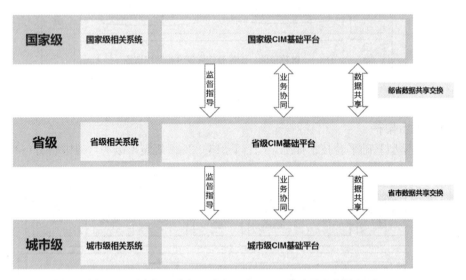

图 3-3　国家级、省级、市级三级 CIM 基础平台衔接关系

国家、省、市三级平台之间应包括监督指导、业务协同和数据共享，具体协同如图 3-4

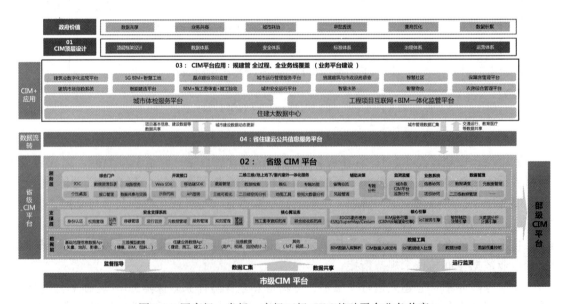

图 3-4　国家级、省级、市级三级 CIM 基础平台业务共享

所示。监督指导包括工作反馈、监督通报、舆情监测和应急管理等;业务协同包括专项行动、重点任务落实和情况通报等;数据共享主要指国家级、省级、市级平台应与同级政务系统进行数据共享,以及实现跨平台的数据共享,包括各类业务数据,以及相关政策法规、规范性文件的共享等。

3.2.2 平台架构体系类型

1) 区县级别类型

区县级别CIM平台建设按照市级一体化建设,市、区县、镇街三级分布式应用与服务架构,横向上联通各相关单位,纵向上联通市、区、镇三级,并接入其他行业数据中心,通过注册、发布、调度和监控,形成物理分散、逻辑集中的分布式一体化数据、应用管理与服务机制。

区县级别CIM平台架构同样包括设施层、数据层、服务层、技术规范体系和运维与安全保障体系;其中数据层要提供市级数据库和区县数据库之间以及区级数据库和镇街级别(园区与社区)数据层的数据共享和交换,如图3-5所示。

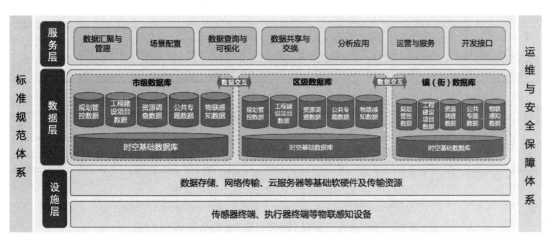

图3-5 区县级别以及镇街级别(园区与社区)CIM平台架构图

2) 园区级别类型

园区CIM平台侧重园区的人、车、物的管理,需要更精细化的物联感知和更贴近园区活动的应用架构,因而分层更为精细,如图3-6所示,具体分为五层:

第一层次(物理园区客观事物):客观事物宜包含建筑和构筑物、基础设施、智能设备、网络与计算存储设备,其中基础设施智能化、智能设备网络与计算存储设备是建设智慧园区的物质基础。

第二层次(静态模型):通过数字孪生技术构建园区静态模型,至少包含建筑模型、设施模型和智能设备模型。结合实际条件对建筑、设施和智能化设备建立分级模型,形成园区CIM1至CIM4级的数字底板,级别越大越精细、定位精度越高,宜符合如下规定:

(1) 建筑模型CIM1级可用楼盘表或台账简单表达,CIM2级可用含楼盘表信息的房屋栋"白模"直观表达,CIM3级可用含楼盘表信息的房屋栋单元"标模"表达,CIM4级可用含楼盘表信息的分层分户"精模"精细表达。

第3章 城市信息模型（CIM）平台

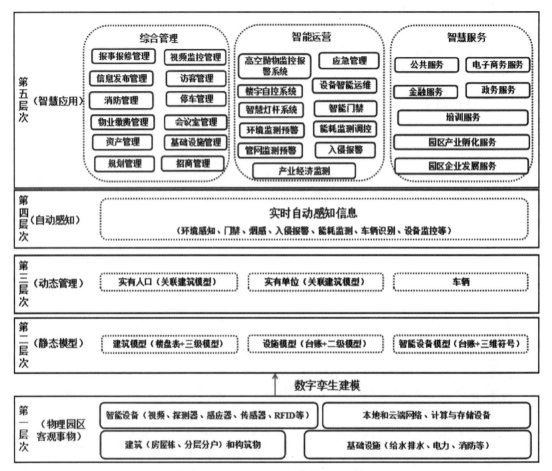

图 3-6 基于 CIM 的智慧园区总体框架图
（资料来源：全国智能建筑及居住区数字化标准化技术委员会（SAC/TC426），
基于城市信息模型（CIM）的智慧园区建设指南，2021年9月）

（2）设施模型 CIM1 级和 CIM2 级可用台账记录设施信息，CIM3 级可用定位的点状或线性符号表达，CIM4 级可用具有准确位置的三维模型表达。

（3）智能化设备 CIM1 级和 CIM2 级可用台账记录设备信息和状态，CIM3 级可用关联设施或建筑的定位点表达，CIM4 级可用具有准确位置的三维符号表达。智能化设备监测的视频可在 CIM4 级与三维模型无缝融合，其他监测数值与三维模型关联定位展示。

第三层次（动态管理）：管理园区的实有人口、实有单位和车辆，人口和单位可关联房屋栋模型和套模型反映动态的居住情况，宜动态管理车辆进出和停放情况。

第四层次（自动感知）：自动监测感知园区环境卫生、公共场所安全、设施设备运行状态和建筑能耗，信息实时汇聚、关联第二层次的模型，并可将模型中智能设施设备的状态变更自动同步到对应的物理设施设备。

第五层次（智慧应用）：面向公众、园区企业、服务者和管理部门各类角色，提供针对性的智慧化应用，宜包含综合管理、智能运营、智慧服务三大类共性业务应用，宜可扩展园区个性化业务应用。不同的园区定位有不同的个性服务需求，各类园区应根据自身发

3.2 CIM的架构体系与标准支撑

展的侧重点搭建个性化应用体系。

3）社区级别类型

社区级CIM的精细度与园区类似，同样强调对物联感知设备系统的建设，但应用场景更偏向社区运维和服务生活在社区的人，因而同样分为五层结构，如图3-7所示，前四层建设与园区一致，第五层次（智慧应用）具体如下。

第五层次（智慧应用）：面向社区居民、服务者和管理部门各类角色，提供针对性的智慧化应用，宜包含监测运维、社区治理、社区管理和社区服务四大类共性业务应用，宜可扩展社区个性化业务应用。

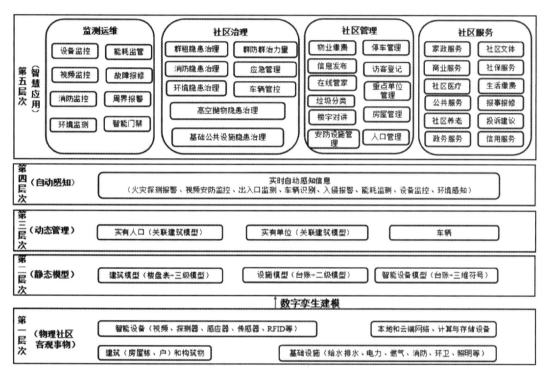

图3-7 基于CIM的智慧社区总体框架图
（资料来源：全国智能建筑及居住区数字化标准化技术委员会（SAC/TC426），
基于城市信息模型（CIM）的智慧社区建设指南，2021年9月）

3.2.3 数据标准体系

1）数据分类

（1）CIM数据库

数据是CIM平台建设的重要核心，CIM平台数据涉及规划、住建、市政、公共管理等多个领域，各行各业的数据类型、表达形式、数据体系各不相同。CIM平台数据资源包括时空基础数据、资源调查数据、规划管控数据、工程建设项目数据、公共专题数据、物联感知数据等。各类数据由各地的大数据（政务服务数据管理）、规划和自然资源、住房和城乡建设、行政审批、生态环境、交通运输、统计、林业园林、气象等部门进行收集汇聚，各个城市以具体应用情况对接不同的部门进行接入汇集。各类数据基于统一的标准规范、统一的数据基准接入。

① 时空基础数据

CIM平台建设的基础是能够从多个维度完整地描述结构复杂的城市系统，丰富的城市信息是必不可少的，这些城市信息来源于各类数据，包括行政区数据、测绘遥感数据及三维模型。

行政区：主要包括国家级、省级、地级、县级、乡级及其他行政区等数据。这类型数据都是矢量数据，精度较高，坐标信息准确，便于空间分析计算，特别是网络分析。这类基础地理数据常用于城市基础信息底图制作，为城市规划、建设与管理提供了数据支撑。

测绘遥感数据：主要包括数字正射影像图和倾斜影像等栅格数据。数字正射影像图是同时具有地图几何精度和影像特征的图像，具有精度高、信息丰富、直观真实等优点，成为城市底板数据的重要组成部分之一。倾斜摄影技术的出现，大大降低了城市三维数据生产的人工成本和时间周期，推动了三维数据的大范围推广及应用，为智慧城市建设提供了丰富的数据基础。在倾斜摄影数据的高性能加载、对象化管理及专业空间分析方面实现了众多技术创新。

三维模型：包括栅格数据数字高程模型及各类三维信息模型，如建筑三维模型、水利三维模型、交通三维模型、管线管廊三维模型、植被三维模型、其他三维模型等。数字高程模型是在二维数字地形图的基础上增强了空间性，使数字地形图更加丰富化、三维化，即将被研究的自然地理形态通过横向和纵向的三维坐标表现出来，充分地将制图区域反映出来，同时表达了空间立体性。CIM基础平台的建设应支持各类型的数据接入，如3DMAX，并支持多种模型格式导入，如osg、obj、flt、wrl、dae等。

② 资源调查数据

资源调查数据按调查对象分类，包括国土调查、耕地资源调查（耕地资源、永久基本农田）、地质调查（基础地质、地质环境、地质灾害）、水资源（水系水文、水利工程、防汛抗旱）、房屋建筑普查（房屋建筑、照片附件）和市政设施普查（道路设施、桥梁设施、供水设施、排水设施、园林绿化、照片附件）等各类地理国情普查数据，将城市公共服务设施、地下空间现状数据等纳入。资源调查数据多以矢量数据的形式存储，部分照片附件等以电子文档形式存储。该类专项数据作为业务辅助分析的基础数据，通常应用于项目规划阶段的分析研究，对方案是否合理进行预先研判。

③ 规划管控数据

规划管控数据包括三条控制线（生态保护红线、永久基本农田、城镇开发边界）以及规划成果数据等，如城市总体规划数据、土地利用总体规划数据、国土空间规划数据、中心城区城市规划数据、中心城区控制性详细规划数据、土地整治规划数据、绿地规划数据、矿产资源规划数据、道路规划数据、电力规划数据、防洪规划数据、人防规划数据、水资源规划数据、三水规划数据、铁路专项规划数据、燃气专项规划数据、消防专项规划数据、综合交通规划数据、热力专项规划数据、环卫专项规划数据等多项综合规划数据和专项规划数据。

④ 工程建设项目数据

工程建设项目数据是CIM基础平台构建的重大组成部分，按照项目审批四大环节，数据细分为立项用地规划许可数据、建设工程规划许可数据、施工许可数据和竣工验收数据。用地规划阶段以策划项目信息、协同计划项目、项目红线、立项用地规划信息和相关报建批文、证照材料为主，其余阶段以对应的工程建设项目 BIM 数据和相关审批批文、证照材料为主。

涉及不同项目类型全周期的规划、建设和运维数据，由于区域范围较小、聚焦信息较细，因此重点依靠 BIM 模型数据来实现对工程建设项目信息的表达及描述，数据粒度可以细化到工程内部的一个机电配件、一扇门。基于 BIM 技术，人们可以从一个整体城市视图，快速定位到一个项目、一个单体，甚至可快速查找到一个零部件的生命周期信息，从而获取所有相关数据。因此，可以说 BIM 是信息化平台建设的重要组成部分以及核心技术支撑。在 CIM 平台中，由于 BIM 数据体量较大，需要着重关注 BIM 数据接入、性能优化以及 BIM+GIS 相关能力支撑等方面。

⑤ 公共专题数据库

公共专题数据库涉及常用城市要素的属性信息，包括社会数据（就业和失业登记、人员和单位社保）、实有单位（机关、事业单位、企业、社团）、宏观经济数据（国内生产总值、通货膨胀与紧缩、投资、消费、金融、财政）、实有人口（自然人基本信息）等主要关联行政区的结构化数据以及以矢量数据呈现的兴趣点数据（具体分类和编码可参考《地理信息兴趣点分类与编码》GB/T 35648—2017）、地名地址数据（地名、标准地址）等。

⑥ 物联感知数据

物联感知数据主要为各种信息采集设备、各类传感器、监控摄影机等获取的数据，包括建筑监测数据（设备运行监测、能耗监测）、市政设施监测数据（城市道路桥梁、轨道交通、供水、排水、燃气、热力、园林绿化、环境卫生、道路照明、垃圾处理设施及附属设施）、气象监测数据（雨量、气温、气压、湿度等监测）、交通监测数据（交通技术监控信息、交通技术监控照片或视频、电子监控信息）、生态环境监测数据（水、土、气等环境要素监测）、城市运行与安防数据（治安视频、三防监测数据、其他）等。支持 CSV、TXT、JSON、GeoJSON 等多种常用数据格式，支持 Socket、HTTP、JMS、Kafka 等主流数据传输协议。

（2）城市信息模型分级分类

城市信息模型根据精细度可分为十级，每级模型主要内容、特征、数据源精细度应符合表 3-1 的规定。

城市信息模型分级　　　　　　　　表 3-1

模型参数	模型分级						
	CIM1 级	CIM2 级	CIM3 级	CIM4 级	CIM5 级	CIM6 级	CIM7 级
要素构成	承载省域、城市群主要信息的空间对象	承载市域主要信息的空间对象	承载城市主要信息的空间对象	承载城市建设专业领域信息的空间对象	承载城市功能系统信息的空间对象	承载城市运维信息的空间对象	承载精细表达城市状态的空间对象
表达精度	满足区域要素识别需求	满足市域空间占位粗略识别需求	满足城市主要对象真实感识别需求	满足建设专业领域细节识别需求	满足功能系统细节识别需求	满足设施设备构件细节识别需求	满足城市动态细节高精度识别需求

续表

模型参数	模型分级						
	CIM1级	CIM2级	CIM3级	CIM4级	CIM5级	CIM6级	CIM7级
位置精度	最高相当于1:50000比例尺地形图的几何位置精度	相当于1:25000～1:5000比例尺地形图的几何位置精度	相当于1:2000～1:500比例尺地形图的几何位置精度	绝对精度优于1:500比例尺地形图的位置精度,相对精度优于20cm	绝对精度优于1:500比例尺地形图位置精度,相对精度优于10cm	绝对精度优于1:500比例尺地形图位置精度,相对精度优于10cm	绝对精度优于1:500比例尺地形图位置精度,相对精度优于1cm
属性信息深度	满足查询定位需求	满足分类统计需求	满足分类统计需求	满足城市建设专业领域管理需求	满足城市主要功能系统管理需求	满足城市设施设备运维管理需求	满足城市实时动态感知和管理需求
关系信息深度	连接关系	连接关系	连接关系	连接关系、组成关系、控制关系	连接关系、组成关系、控制关系	连接关系、组成关系、控制关系	连接关系、组成关系、控制关系

2) 数据目录

数据资源目录（表3-2）是实现CIM数据资源共享和业务协同的基础，是各部门之间信息共享的依据。

CIM数据资源目录 表3-2

门类	大类	种类	类型	约束
时空基础数据	行政区	国家行政区	矢量	C
		省级行政区	矢量	C
		地级行政区	矢量	M
		县级行政区	矢量	C
		乡级行政区	矢量	C
		其他行政区	矢量	C
	测绘遥感数据	数字正射影像图	栅格	C
		可量测实景影像	栅格	C
		倾斜影像	栅格	C
		数字高程模型	栅格	C
	三维模型	水利三维模型	信息模型	C
		建筑三维模型	信息模型	M
		交通三维模型	信息模型	C
		管线管廊三维模型	信息模型	C
		植被三维模型	信息模型	C
		其他三维模型	信息模型	O

续表

门类	大类	种类	类型	约束
资源调查数据	国土调查	土地要素	矢量	C
	地质调查	基础地质	矢量	C
		地质环境	矢量	C
		地质灾害	矢量	C
		工程地质	矢量	C
	耕地资源	永久基本农田	矢量	C
		耕地后备资源	矢量	C
	水资源	水系水文	矢量	C
		水利工程	矢量	C
		防汛抗旱	矢量	C
		水资源调查	矢量	C
	房屋普查	房屋建筑	矢量	C
		照片附件	电子文档	C
	市政设施普查	道路设施	矢量	C
		桥梁设施	矢量	C
		供水设施	矢量	C
		照片附件	电子文档	C
规划管控数据	开发评价	资源环境承载能力和国土空间开发适宜性评价	矢量	M
	重要控制线	生态保护线/永久基本农田/城镇开发边界	矢量	C
	国土空间规划	总体规划	矢量	C
		详细规划	矢量	C
		专项规划	矢量	C
公共专题数据	社会数据	就业和失业登记	结构化数据	C
		人员和单位社保	结构化数据	C
	人口数据	人口基本信息	结构化数据	C
		人口统计信息	结构化数据	C
	法人数据	机关	结构化数据	C
		事业单位	结构化数据	C
		企业	结构化数据	C
		社团	结构化数据	C
	兴趣点数据	引用现行国家标准《地理信息兴趣点分类与编码》GB/T 35648	矢量	O
	地名地址数据	地名	矢量	C
		地址	矢量	C
	宏观经济数据		结构化数据	C
		空调	结构化数据	C
		办公设备	结构化数据	C
		电梯扶梯	结构化数据	C
		照明	结构化数据	C

第3章 城市信息模型（CIM）平台

续表

门类	大类	种类	类型	约束
工程建设项目数据	立项用地规划许可数据	策划项目信息（未选址）	结构化数据	C
		协同计划项目（已选址）	矢量	C
		项目红线	矢量	M
		立项用地规划信息	结构化数据	M
		证照信息	结构化数据	M
		批文、证照扫描件	电子文档	M
	建设工程规划许可数据	设计方案信息模型	信息模型	C
		报建与审批信息	结构化数据	M
		证照信息	结构化数据	M
		批文、证照扫描件	电子文档	M
	施工许可数据	施工图信息模型	信息模型	C
		施工图审查信息	结构化数据	M
		证照信息	结构化数据	M
		批文、证照扫描件	电子文档	M
	竣工验收数据	竣工验收信息模型	信息模型	C
		竣工验收备案信息	结构化数据	M
		验收资料扫描件	电子文档	M
物联感知数据	建筑监测数据	设备运行监测		C
		能耗监测		O
	市政设施监测数据	按城市道路、桥梁、城市轨道交通、供水、排水、燃气、热力、园林绿化、环境卫生、道路照明、工业垃圾、医疗垃圾、生活垃圾处理设备等设施及附属设施分类		C
	气象监测数据	雨量监测		O
		气温监测		O
		气压监测		O
		相对湿度监测		O
		其他		O
	交通监测数据	交通技术监控信息		O
		交通技术监控照片或视频		O
		电子监控信息		O
	生态环境监测数据	河湖水质监测		O
		土壤监测		O
		大气监测		O
	城市安防数据	治安监控视频		C
		三防监测数据		C
		其他		C

基于数据资源有序汇聚和高效管理的需求，有必要形成以金字塔形式大中小类的分层管理的数据资源目录，CIM平台提供数据目录服务，将所有存储方式集中起来，提供统一的数据操作和访问入口，帮助用户轻松找到所需数据。数据管理人员为单位内部各部门分配资源目录的使用权限，单位内部各部门的工作人员根据权限获取资源目录展示内容，在获取的资源目录基础上可以再次编排权限之内的资源目录的展示目录，以满足客户的定制化需求。例如可以根据"访问量、时间、名称"等不同维度查看数据资源，基于该目录组织，系统提供数据资源的查询、数据浏览及元数据浏览等管理。

3) 数据结构

随着数据采集技术的迅速发展，多源数据的产生为CIM数据的集成与应用带来了新的挑战，标准体系的建立也是CIM平台建设及应用过程中的重要核心。I3S标准是专门为Web、移动和云设计的高性能、高可伸缩性使用大型三维数据的OGC标准，包括OGC Indexed 3D Scene Layer（I3S）规范和基于该规范的三维数据格式规范Scene Layer Package（SLPK）规范。

I3S标准使用层次化的、基于节点的空间索引结构组织信息，其中每个节点可以包含具有相关几何、纹理和属性的要素。数据存储格式规范采用JSON和二进制格式存储数据文件、索引文件和属性文件等。I3S标准支持多种类型的数据，包括单体建筑、倾斜三维模型、点、点云和BIM五大类型的三维数据，通过从数据组织、多细节层次、实例化存储、实例化绘制、单体化、GPU等技术实现海量数据支持和高效加载，呈现高效的客户端符号渲染和样式。I3S标准有良好的兼容性，可提供跨Web、移动和桌面客户机兼容的结构，支持云和服务器，同时具备可伸缩性，支持大场景图层，如具有全球范围和许多精细特征的场景。

3.2.4 安全与保障标准

1) 标准制定情况

随着CIM技术的迅速发展和应用领域的持续拓展，新一代信息技术与城市建设加速融合，城市海量精细化的数据汇聚与应用为推动城市高质量发展带来巨大经济价值和社会价值的同时，也带来数据泄露、恶意软件、漏洞攻击等安全风险，直接威胁国家安全、经济运行和社会稳定。CIM平台作为城市运行的操作系统，全方位提升其安全保障能力是重中之重[27]。

近年来，我国安全保障体系建设稳步推进，先后出台实施一系列法律法规、政策文件和标准规范[28]。在法律法规方面，出台了《数据安全法》《网络安全法》《关键信息基础设施安全保护条例》等，对促进信息安全产业发展进行了总体布局，为有效应对CIM安全威胁和风险提供了法治保障。在政策文件方面，国家部委发布《网络安全审查办法》《贯彻落实网络安全等级保护制度和关键信息基础设施安全保护制度的指导意见》等，助推CIM领域供应链安全及网络安全风险防范能力提升。在标准规范方面，现有信息系统和数据安全国家标准已成体系。已发布多项标准如《信息安全技术 网络安全等级保护基本要求》GB/T 22239—2019、《信息安全技术 数据安全能力成熟度模型》GB/T 37988—2019等，规范与有序推进平台的建设、管理和运维全过程安全防护，有效增强CIM安全保障能力，标准内容如表3-3所示。

第3章 城市信息模型（CIM）平台

CIM 平台应符合的信息安全保障相关标准　　　　表 3-3

序号	标准名称	标准内容	标准应用
1	《计算机信息系统 安全保护等级划分准则》GB 17859—1999	计算机信息系统安全保护能力等级及划分准则	平台建设安全等级划分
2	《信息安全技术 网络安全等级保护基本要求》GB/T 22239—2019	网络安全不同等级保护对象的安全通用要求和扩展要求	平台安全等级保护的规划设计与建设实施
3	《信息安全技术 信息系统通用安全技术要求》GB/T 20271—2006	信息系统安全所需要的安全技术的各个安全等级要求	按照等级化要求进行系统安全的设计与实现
4	《信息安全技术 网络基础安全技术要求》GB/T 20270—2006	网络系统所需要的基础安全技术的各个安全等级要求	
5	《信息安全技术 数据安全能力成熟度模型》GB/T 37988—2019	数据生命周期的安全控制措施、通用控制措施、能力成熟度评估模型	数据全生命周期安全
6	《信息安全技术 个人信息安全规范》GB/T 35273—2020	开展收集、存储、使用、共享、转让、公开披露、删除等个人信息处理活动的原则和安全要求	数据采集安全
7	《公共安全重点区域视频图像信息采集规范》GB 37300—2018	公共安全重点区域视频图像信息采集部位和采集种类、技术要求和采集设备要求	
8	《公共安全视频监控联网系统信息传输、交换、控制技术要求》GB 28181—2016	公共安全视频监控联网的互联结构，传输、交换、控制的基本要求和安全性要求，以及控制、传输流程和协议接口等技术要求	数据传输和交换安全
9	《物联网 信息交换和共享》GB/T 36478	物联网系统之间进行信息交换和共享的通用技术要求、元数据要求、数据接口要求	
10	《信息安全技术 物联网数据传输安全技术要求》GB/T 37025—2018	物联网数据传输安全分级及其基本级和增强级安全技术要求等	
11	《信息技术 云数据存储和管理 第1部分：总则》GB/T 31916.1—2015	云数据存储和管理应用接口通用要求	数据存储与备份安全
12	《信息技术 备份存储备份技术应用要求》GB/T 36092—2018	信息处理设备中数据备份与恢复的应用要求	
13	《信息安全技术 云存储系统安全技术要求》GA/T 1347—2017	云存储系统的安全功能要求、安全保障要求及等级划分要求	
14	《信息安全技术 信息系统安全运维管理指南》GB/T 36626—2018	安全运维策略、安全运维组织的管理、安全运维规程和安全运维支撑系统等	平台安全运营维护
15	《信息技术服务 运行维护 第一部分：通用要求》GB/T 28827.1—2012	运行维护服务能力模型以及运行维护服务组织在人员、资源、技术、过程方面的条件能力	

安全标准规范是支撑和保障 CIM 建设与发展的重要基石，是实现技术安全和安全管理的重要手段。我国 CIM 安全保障标准整体处于发展初期，面对 CIM 安全风险，需不断完善安全保障标准体系：一是关键数据安全标准亟需制定，如 CIM 数据分级分类、重要

3.2 CIM的架构体系与标准支撑

数据保护等,加强数据安全保障,有序推动高质量数据要素集聚、流通和开发利用;二是健全 CIM 安全测评规范,明确自主可控 CIM 平台安全测试验证规则,以评促建,以评促用,推动 CIM 平台向高质量、高可靠的良性方向发展。

2)安全保障架构

以平台安全建设运行为核心,以国家安全标准规范为依据,融合关键技术、安全管理、运维保障能力,构建 CIM 安全保障体系架构,如图 3-8 所示,支撑 CIM 平台网络、数据、应用、服务的稳定运行。分为:安全战略保障、安全技术保障、安全管理保障、安全运营保障。

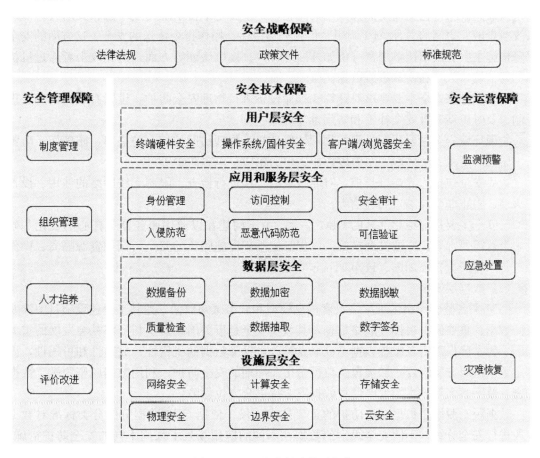

图 3-8 CIM 安全保障体系架构

3)安全战略保障

安全战略保障通过法律法规约束、政策文件指导、标准规范引领,为 CIM 建设运行提供安全战略支撑。应聚焦 CIM 规划、设计、建设、运营、维护、应用等全生命周期的安全保障要求与责任,结合行业特性和区域特征,出台针对性的 CIM 安全战略保障措施,鼓励开发具有自主知识产权的安全产品,有效解决 CIM 安全保障领域的痛点、难点、堵点问题,推动 CIM 建设运营规范化和高质量发展。

4)安全技术保障

《城市信息模型(CIM)基础平台技术导则》中提出 CIM 平台总体架构,包含设施层、数据层、服务层、应用层、用户层。参考平台架构，打造涵盖设施层安全、数据层安全、应用和服务层安全、用户层安全的多维度的安全保障模型，采用多种安全防护手段为CIM安全保障体系提供基础的技术支撑。

（1）设施层安全

对于设施层来说，需要关注网络安全、计算安全和存储安全、物理环境安全、边界安全、云安全等方面。

网络安全包括架构安全和传输安全。从架构上需要保证网络设备的业务处理能力满足业务需求，且关键硬件设备具备冗余，保证系统可用性。同时根据不同网络区域的重要程度进行隔离。从传输上需要保证数据的完整性，主要是平台系统与上下游相关的其他部件系统或者网元之间的各种API调用、信息采集传递、操作指令传送的安全。这方面的安全保障措施主要有通信接口加密（例如TLS加密）、接口认证等方面，避免攻击者通过机机间的通信接口入侵和窃取敏感数据。

计算和存储安全主要要求对计算和存储设备进行物理安全防护、设置有效的密码管理机制、及时更新升级安全补丁和防病毒软件等。

物理环境安全主要要求机房的物理位置选择、物理访问控制、防盗窃、防破坏、防雷击、防火、防水、防静电、温湿度控制、电力供应、电磁防护等。

边界安全包括边界端口受控、对非授权的链接进行检查、限制无线网络的使用、设置防火墙、阻止非受控端口的通信等。

云安全主要指虚拟化部署的CIM平台，由于构建在以通用服务器为核心的云化基础设施上，需要部署相应的安全措施，以保障云基础设施底座的安全，例如资源隔离、操作系统数据库安全扫描加固、Hypervisor安全监控等。

（2）数据层安全

CIM平台整合城市多维度多尺度信息模型和城市感知数据，尤其工程建设项目中涉及人防数据、重要经济目标等战略信息，其数据安全是事关国家安全与经济社会发展的重大问题。为了确保涉密及敏感数据不被泄露篡改，保障数据的机密性、完整性和可用性，应制定数据分级分类制度，加强覆盖数据全生命周期的安全防护，利用数据脱密脱敏、数据加密、数字签名等技术为重要信息数据安全提供全方位保障。

数据脱密脱敏是数据安全防护的重要技术手段。依据CIM数据分级分类标准对数据字段进行安全分级，不同安全级别的数据在不同的应用场景下采用不同的安全防护措施。其中，涉密数据应按要求进行脱密处理，针对不同的数据脱密场景，如数据治理、应用程序调用、运维操作等，制定满足应用场景需求的数据脱密规范，并采用相应的数据脱密处理技术和工具，以保障涉密信息资源安全。当前，数据脱敏技术主要包括静态脱敏、动态脱敏、隐私保护等，静态脱敏技术将敏感数据从生产环境中抽取并脱敏导出至目标存储介质，通常采用屏蔽、变形、替换、随机等脱敏算法，对原始数据进行扰乱，一般用于非实时访问的数据脱敏。动态脱敏基于代理技术实时筛选解析SQL语句匹配脱敏条件，对敏感数据进行屏蔽、遮盖、变形等处理，可支持实时运维管理、应用访问等场景。隐私保护主要通过匿名化技术、假名化技术、去标识化技术等对个人隐私数据进行变形处理，保护隐私数据与个人信息主体的对应关系。

数据加密技术是基于密码学对重要数据进行编码转化为密文的防护方法，以确保重要数据被非法获取后，还能保证数据内容不被非法分子读取，可用于数据全生命周期的存储、传输、使用等环节的安全防护。当对涉及关键权责的数据（如交付数据、变更数据、合同、审批文档等）进行操作时，可以采用数字签名与证书措施保证身份可信。为避免已发布数据被滥用和篡改的风险，可在数据文件中增加用于身份识别的水印，或者采取其他版权保护措施，以确保文件的来源不遭到修改与滥用。

同时，除技术手段外，也应采取安全管理措施对数据安全进行保障，比如制定明确安全管理责任、制定安全策略和方针、定期组织数据安全合规性评估、建立完善的数据安全管理制度等。

（3）应用和服务层安全

对于应用和服务层安全来说，需要关注应用账号的身份和访问控制、安全审计、入侵防范、恶意代码防范以及可信验证等方面。

通常，每个应用系统会配置多个不同类别、不同权限等级的用户账号。尤其对CIM的一些应用来说，同时面向政府、行业与广大社会公众提供服务，为了避免非法访问越权访问，保障应用系统的安全，需要对应用系统实施严格的身份管理和访问控制，清晰地定义每个用户的角色（例如系统管理员，普通外部用户）、认证方式（例如双因素认证，生物特征认证）和访问权限，做到基于角色的访问控制（不同级别账号可用可见的操作命令和功能菜单不一样）。另外，在用户账号和身份数据的添加、修改、删除上，进行严格规范的管理，同时对账号的访问操作实施例行的监管和审计。

同时应用和服务应该针对可能的入侵进行防范，比如关闭不需要的系统服务和端口、限制允许接入的终端范围、对数据进行有效性验证、采用可信验证机制对入侵和病毒行为进行识别等。另外，为了避免软件的缺陷漏洞被恶意利用，还需要通过应用软件系统定期的漏洞扫描和安全加固措施，保障业务安全。

（4）用户层安全

对于用户层来说，主要从终端的底层软硬件和上层应用客户端/浏览器两个方面保障安全。例如，终端内置特殊的安全芯片，作为终端标识、通信加密密钥和安全可信根的载体，另外通过调试接口物理关闭、物理写保护等措施防范针对终端的底层物理攻击。同时，通过安全启动、完整性校验等措施确保终端的系统固件和操作系统安全。为了保障终端业务的安全，可以对数据进行端到端的加密，防止终端的数据被窃听或篡改，避免因为数据内容的泄密篡改对CIM业务应用带来破坏或者重大的安全事故。另外，可采取对终端的应用软件实施漏洞扫描、安全加固等措施，避免因为应用软件的漏洞导致终端被入侵破坏。

5）安全管理和运营保障

随着CIM建设落地全面加快，安全管理工作面临越来越严峻的形势和挑战。从总体上看，当前CIM安全管理尚处于起步阶段，仍面临制度体系不健全、组织建设不完善、高端人才缺失、评价机制不科学等问题，需从制度管理、组织管理、人员培训、评价改进等方面全方位加强安全管理保障工作，支撑CIM高质量发展战略目标。在制度管理方面，建立切实可行的安全防护规章制度，根据数据分级分类制定相应的安全保密方案，形成体系化的理论指导和制度保障；在组织建设方面，明确安全管理的领导机构和责任部门，建立安全管理岗位，完善组织架构，落实安全责任制。在人才培训方面，通过安全教育培训等形式强化人员安全意识,筑牢安全思想防线。在评价机制方面,针对 CIM 安全的痛点问题,建立科学合理、可操作性强、具有高度导向性的评价指标体系,对 CIM 安全功能、安全漏洞、自主知识产权等方面进行全方位评价,引导和促进 CIM 安全保障体系建设。

除了有效的安全管理措施外,周密完善的运营管理和安全监控响应也是安全保障的重要手段。通过对 CIM 平台系统、网络、数据、运行状态的监测维护,建立安全预警和应急机制,提高突发事件防范和应急处置能力,保障 CIM 平台持续、稳定、安全、可靠和高效运行。

3.3 CIM 的关键技术要点

3.3.1 实时感知与计算技术

1)感知场景及感知设备分类

(1)感知场景分类

2014 年国家智慧城市标准化总体组发布了《中国智慧城市标准化白皮书》,第一次明确指出我国智慧城市标准体系,也为智慧城市应用场景分类提供了划分依据。智慧城市应用场景通过多维度展现城市建设内容,应用场景以分级分类的方式对场景进行统一管理,基于多维度、多领域要求,以重点领域和主要业务结合的方式给出一级、二级分类,根据设计要求和分类说明来确定更深层级分类。

一级分类应遵循城市客观发展和运行规律,能够覆盖城市各管理部门的城市功能领域,具有全面性兼顾城市运行特点和重点。一级分类以引导性和代表性为原则,突出智慧城市的本质和特征,应注重智慧城市建设的质量与成效,易记、易抓、易控、易显、简明扼要地体现智慧城市建设推进的范围。一级分类有城市共性支撑、城市综合管理与服务、民生服务、城市治理、产业经济、生态宜居六大类。

(2)感知设备分类

根据 2021 年 3 月北京市大数据工作推进小组办公室发布的"北京新型智慧城市感知体系建设指导意见",参考常见感知设备,本书将感知终端按技术特点大致分为视频监控设备、传感器、定位设备和射频识别设备等,基于感知数据的形式和特征,感知体系可按照城市影像(视频监控)和城市脉搏(传感、定位、射频识别)两类分别开展设计和管理。

城市影像(视频监控)类感知体系依托"雪亮工程"进行统筹管理。

城市脉搏(传感、定位、射频识别)类的感知体系建设,按照社会安全、城市管理、城市交通、自然环境、大气生态等行业进行划分,由各行业主管部门牵头统筹开展行业感知体系建设。

2)感知系统架构

由设备层终端设备发起设备的注册申请,通过平台验证后接入。平台采集通过注册申请的终端设备数据,对数据进行解析并存储。平台通过终端设备采集的信息进行分析和管理,并向平台外部应用和大数据平台提供数据服务。感知系统架构和各子系统关系如图 3-9 所示。

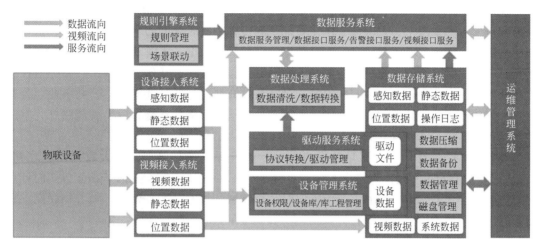

图 3-9 感知系统架构

(1) 数据处理组件

如图 3-9 所示，数据处理根据应用需求采用不同技术组件进行存储和大数据处理。

Hadoop：Hadoop 实现一个分布式文件系统（Hadoop Distributed File System），简称 HDFS。HDFS 有高容错性的特点，用来部署在低廉的（low-cost）硬件上；而且它提供高吞吐量（high through put）来访问应用程序的数据，适合那些有超大数据集（large data set）的应用程序。

Spark：Apache Spark 是专为大规模数据处理而设计的快速通用的计算引擎。Spark，拥有 Hadoop Map Reduce 所具有的优点；但不同于 Map Reduce 的是 Job 中间输出结果可以保存在内存中，从而不再需要读写 HDFS，因此 Spark 能更好地适用于数据挖掘与机器学习等需要迭代的 Map Reduce 的算法。

kafka：Apachekafka 是一个分布式的基于 push-subscribe 的消息系统，它具备快速、可扩展、可持久化的特点。

redis：redis 是一个 key-value 存储系统。和 Memcached 类似，它支持存储的 value 类型相对更多，包括 string（字符串）、list（链表）、set（集合）、zset（sortedset—有序集合）和 hash（哈希类型）。

(2) 设备数据生成

设备库是所有物联网平台设备的集合，其对接入物联网平台的所有设备进行分组，用户可以根据分组情况查看接入平台中的设备。同时，可根据设备名称、设备编号、所属项目、所属行业等字段进行设备的搜索。搜索出的设备信息可以点击查看设备详情信息，可查看设备厂家、出厂日期、出厂编号、制造单位等台账信息，可按照时间的维度查看该设备实时采集参数的变化趋势，另外，还可查看该设备的巡检记录、保养记录、检修记录、报警记录等信息。

(3) 全文检索数据生成

对于平台的文本字段，经过必要的融合后发送给全文检索系统，建立全文索引，作为物联网平台全文检索的基础。

3）感知数据与实时计算

感知信息主要是城市物联网信息，通过物联网智能感知的具有时间标识的实时数据，其内容至少包括采用空、天、地一体化对地观测传感网实时获取的基础时空数据和依托专业传感器感知的可共享的行业专题实时数据，以及其元数据。实时获取的基础时空数据包括实时位置信息、影像和视频，行业专题实时数据包括交通、环保、水利、气象等监控与监测数据，以及面向城市公共服务的基础设施相关数据，包括公共安全、公共事业、公共服务、公共环境监测和保护等物联网设备所产生的信息，例如智能井盖、智能路灯、智能抄表、环境监测等物联网数据。

实时计算一般都是针对海量数据进行的，并且要求为秒级。由于大数据兴起之初，Hadoop 并没有给出实时计算解决方案，随后 Storm，Spark Streaming，Flink 等实时计算框架应运而生，Kafka，ES 的兴起使得实时计算领域的技术越来越完善，随着物联网、机器学习等技术的推广，实时流式计算将在这些领域得到充分的应用[29]。

实时计算的三个特征：

（1）无限数据：无限数据指的是一种不断增长的，基本上无限的数据集。这些通常被称为"流数据"，而与之相对的是有限的数据集。

（2）无界数据处理：一种持续的数据处理模式，能够通过处理引擎重复地去处理上面的无限数据，是能够突破有限数据处理引擎的瓶颈的。

（3）低延迟：延迟是多少并没有明确的定义。但我们都知道数据的价值将随着时间的流逝降低，时效性将是需要持续解决的问题。

现在大数据应用比较火爆的领域，比如推荐系统在实践之初受技术所限，可能要一分钟，一小时，甚至更久实现用户推荐，这远远不能满足需要，我们需要更快地完成对数据的处理，而不是进行离线的批处理。

3.3.2 多源异构时空数据融通技术

1）多源异构时空数据类型

CIM 平台的建设涉及数据的汇聚融合，数据是一切分析的基础，不断累积的历史数据，爆发式增长的实时数据，不同来源、不同结构的数据，如何对多源异构数据进行融合显得尤为重要。CIM 数据库包括基础地理数据、三维模型数据、BIM 模型、新型测绘数据、图像、视频、多源传感器数据、属性信息等多源异构数据，其中 BIM 模型格式如 rvt、dgn、ifc、fbx 等，三维模型格式如 3ds、wrl、obj、stl、dae，新型测绘数据格式如 osgb、osg 等，其他数据格式如 shapefile、csv、zip、pdf、jpg、mpk、gpk、tpk、mmpk、vtpk 等，这些数据格式多样，几何精度不一致，还存在跨度大、数据不确定性问题，因此需要研究多层次通用空间数据标准、建立数据存储标准，实现多模态数据的融合表达。

2）异构数据质检、存储与调用技术

（1）数据质检

数据质量管理对数据在计划、获取、存储、共享、维护、应用和消亡过程中每个阶段可能引发的各类数据质量问题进行识别、度量、监控和预警，并通过改善和提高组织的管理水平，使数据质量获得进一步提高。

多源异构数据汇聚主要通过各平台和系统的数据接口、拷贝等方式实现多部门数据及

IoT数据等多源异构的各种实时/非实时、结构化/非结构化数据的接入管理和信息资源的整合，对汇聚治理之后的数据进行质量检查，使建库数据更为准确。多源异构数据检查应包括完整性、规范性和一致性，检查内容应符合如下规定：

① 二维要素应检查几何精度、坐标系和拓扑关系，应检查其属性数据和几何图形一致性、完整性等内容；

② 三维模型应检查包括数据目录、贴图、坐标系、偏移值等完整性和模型对象划分、名称设置、贴图大小和格式等规范性；

③ BIM数据应检查模型精确度、准确性、完整性和图模一致性，规范模型命名、拆分、计量单位、坐标系及构件的命名、颜色、材质表达。

数据质量检查从方法上分为三种：

① 自动脚本核查：每日自动执行核查脚本，输出核查报告，对出现质量问题的数据生成告警；

② 手动脚本核查：对于不太常用的核查项，或者每日执行对集群性能有较大影响的脚本，采用手动执行；

③ 人工检查：应用中发现数据问题，采取前两种方法都无法定位的问题，进行手动核查，手动核查过程中总结出的规则可以固化下来形成脚本加入到自动核查脚本中。

（2）数据存储与调用

随着城市的信息化发展，CIM数据呈现爆发性增长，海量城市大数据融合需要丰富的存储机制与多类型存储引擎的支撑，CIM平台的多源数据融合应提供多种数据存储机制，为各类数据的高效存储及数据调用提供技术支持。

① 数据库技术

数据库可以分为关系型数据库（relational database）和非关系型（NoSQL）数据库，关系型数据库是指采用了关系模型来组织数据的数据库，以行和列的形式存在，以便于用户理解。非关系型数据库是分布式的，一般不保证遵循ACID原则，即原则性（Atomicity）、一致性（Consistency）、隔离性（Isolation）、持久性（Durability），这四种原则保证在事务过程中数据的正确性。

关系型数据库具有容易理解、便于使用、易于维护的特点，二维表结构是非常贴近逻辑世界的一个概念，关系模型相对网状、层次等其他模型来说更容易理解。通用的SQL语言使得操作关系型数据库非常方便，丰富的完整性大大减低了数据冗余和数据不一致的概率。关系型数据库主要包括PostgreSQL、MySQL、Oracle、SQLServer等主流关系型数据库，以及阿里OceanBase、华为GaussDB等新型数据库。

非关系型数据库用于存储文档、图片等非关系类型数据，具有易扩展、高容量、可灵活、高可用等特点。NoSQL数据库种类繁多，数据之间无关系，便于扩展，具有非常高的读写性能，尤其在大数据量下，同样表现优秀。新技术的发展给城市空间数据存储与管理提出了新的挑战。物联网、移动互联网和云计算技术及应用的蓬勃发展，使得空间数据在数据量和应用模式上发生了转变。此外，传感器技术的发展，使采集数据的空间分辨率和时间分辨率显著提高，导致所获取的数据规模成指数级快速上升，面对动辄以TB，甚至PB计的数据，给城市时空数据的存储和处理带来巨大的压力。基于分布式NoSQL数据库，实现分布式存储和分发，解决了海量城市大数据的技术难题。分布式非关系型数据库的主要代表为 MongoDB、Elasticsearch、HBase 等。

② 数据库存储

传统 GIS 处理的多为静态数据，主要通过文件存储引擎，如 UDB、Shapefile、CSV、GDB 等方式进行存储。在空间大数据时代，GIS 平台不仅需要接入传统测绘所支持的数据（如矢量数据和影像数据），也需要接入新型测绘数据（如倾斜摄影模型、BIM 模型等相关数据）。同时，随着技术手段的发展，动态数据越来越多。特别是随着移动互联网的高速发展，产生了大量的手机信令数据、移动社交数据、导航终端数据等，这些数据 80% 都包含地理位置，类别繁杂且数据变化越来越快。其中，很多城市时空大数据还具有模态多样、杂乱无章、标准不统一、时空尺度不统一、精度不统一等特点。面临着不断累积的数据存量和持续增加的数据增量，用户面临的数据量已经从 GB 级、TB 级向 PB 级发展。如何存储和管理如此庞杂的数据，成为空间大数据应用的首要问题。这就需要对传统空间数据引擎进行扩展，也需要通过实现对分布式文件系统、分布式数据库的支持来提升对空间大数据的存储和管理能力。

基于大数据时代对数据存储提出的高要求，数据的存储量越来越大，存储从集中式又逐步发展出分布式，分布式存储可以粗浅地看作是若干集中存储的组合。面向大量的数据，目前通常采用分布式统一存储系统技术，提供对象、文件、块存储等多种形式，为各类业务提供基础支撑。分布式存储方案以成本低、可扩展性好等优点逐渐在各领域应用，目前主流方案有 VMware、vSAN、Geph、GlusterFS 等，相比于传统集中式存储，分布式存储具有高性能、高可扩展性、硬件廉价和管理一致性好的特点。随着 CIM 系统纳入越来越多的数据，以及采用多部门、多层级的构架，分布式存储是大势所趋。

(3) CIM 高效调用技术

CIM 作为表达和管理城市三维空间的基础平台，涉及与"城"相关的所有应用空间，这一属性说明 CIM 基础平台会随着城市发展、技术进步而不断演进，数据和功能需要不断更新。这要求平台本身需具备迅速响应数据更新与灵活改进的能力。

① 空间索引技术

CIM 平台作为市级乃至省级的基础信息平台，数据量非常大。CIM 高效空间索引技术解决数据调用、数据更新、数据关联计算等问题。根据数据的特点，二维矢量数据、影像地形数据往往采用金字塔或网格划分的方式建立空间索引，这些技术相对来说比较成熟。三维模型（包括倾斜摄影模型）则按片区、网格、建筑栋等方式建立逐层逐级索引，并与一标三实数据建立关联关系。BIM 模型除了其三维的建筑栋的特征，还具备丰富的建筑内部细节，故还需建立楼层-空间-构件的多级索引。

② 多级缓存技术

多级缓存技术用以解决 CIM 服务器并发访问压力，提高 CIM 平台加载效率。CIM 平台的三维数据一般都会采用轻量化、多级 LOD 等方式建立瓦片数据服务，其目的是在一定通量、一定带宽的情况下快速加载和渲染三维场景。CIM 平台的多级缓存技术是云边端一体的缓存技术，多级缓存技术也往往伴随分布式存储、负载均衡、数据时效更新等技术问题，需综合考虑。

③ 微服务技术

CIM 平台建立之初就需要设计一个可拓展、可灵活迭代的生态环境，要具备开放的服务模式和自我造血的运行机制。

微服务作为软件开发技术-面向服务的体系结构（SOA）架构样式的变体之一，凭借其组件化、灵活可拓展的特征[30]，成为CIM基础平台底层架构搭建的重要支撑之一，满足CIM基础平台组件与数据的快速增加与迭代更新需求。

微服务是一种基于模型的开发方法，微服务将业务拆分为一系列职责单一、细粒度的服务单元，每个服务单元运行在各自的进程中，服务之间采用轻量级的通信机制进行通信。这些服务围绕业务能力构建，并且可通过全自动部署机制独立部署，可使用不同语言开发，可利用不同数据进行存储，从而形成一个最小限度的集中式服务管理。以微服务形式发布各种功能与应用，可有效降低平台结构的复杂度，增加各类功能调用的灵活性，其允许后续功能开发与原平台功能服务实现有机耦合、灵活部署，从而适应技术发展更新与业务应用场景迭代的需求，推动平台升级拓展。

基于微服务架构的CIM基础平台遵循数据资源与应用分离的原则，其应用层从接口服务层请求数据、呈现结果，不进行任何计算，系统的所有计算、统计、分析、数据挖掘等功能均在服务器端由业务逻辑层完成，前端只负责可视化。通过这样的微服务架构，能够大幅度减少应用层的负载，显著降低系统耦合性。

同时，在微服务架构下，由于各服务模块之间相互独立，每个服务可使用不同语言进行独立开发，可以很容易地部署并发布到生长环境里隔离且独立的进程内部，而不用协调本地服务配置的变化，影响其他服务模块和设计，极大地提高了部署效率和服务扩展性，增加了系统灵活性。

3）异构数据计算与融合技术

CIM基础平台的建设首先要考虑多源异构数据的融合。正如前文所写CIM数据格式多样，几何精度不一致，还存在跨度大、数据不确定性等问题，如何规范数据建设标准、如何统一数据存储和表达逻辑、如何建立数据关联、如何高效调用数据是多源异构融合的根本问题。高质量的数据融合是建设CIM基础平台的重要保障，可从统一时空基准、统一数据格式标准、实现多源数据精准融合、多源数据智能语义融合等方面着手[31]。

统一时空基准：多源异构数据需要在统一的坐标系下进行展示，CIM平台数据应采用2000国家大地坐标系（CGCS2000）或与之联系的城市独立坐标系，高程基准应采用1985国家高程基准。只有把不同来源、不同坐标的数据加工处理到统一的基准下，才能确保坐标一致性和地理位置信息的正确展示。通过坐标转换、空间配准、同名点匹配等技术为多源数据融合提供支撑。

统一数据格式标准：针对多源异构的城市空间数据服务发布与共享，需要采用统一的数据格式标准，将分散、零乱、标准不统一的数据整合到一起，构建数据仓库。首先进行数据清洗，根据数据质检的流程进行清洗，接着进行数据转换。将不同业务系统的相同类型的数据统一，将业务系统数据按照数据仓库粒度进行聚合，进行规则的计算，在ETL中将不同的企业按不同的业务规则、不同的数据指标计算好了之后存储在数据仓库中，以供分析使用。具体来说，对矢量数据、栅格数据、倾斜摄影模型、人工建模数据、BIM模型、点云数据、影像等各类数据进行整合，为多源地理空间数据在不同终端（移动端、浏览器、桌面端）中的存储、高效绘制、共享与互操作提供技术支撑。在CIM平台建设中，三维数据可以采用I3S、S3M、3D-Tiles等标准；矢量、栅格数据等采用WMS、WMTS、

WFS、WCS 等标准。

多源数据精准融合：在统一的空间坐标、数据格式标准基础上，多源异构的数据需要在统一的空间地址和编码上进行衔接和匹配，形成统一的城市空间资产。在 DEM 和 DOM、BIM 与 GIS、倾斜摄影模型与 GIS、激光点云与 GIS、BIM 与倾斜摄影、物联感知数据与 GIS 等各类数据的融合上，建立信息资源统一的时空框架，做到空间定位、编码一致并在 CIM 平台中建立起有机联系，实现多源信息的准确集成与定位关联是平台建设的重点。通过对数据的镶嵌、压平、挖洞、剪裁等技术处理实现数据的平滑衔接和精准匹配，模型单体化、轻量化等都是提高多源数据精准融合的关键技术。

多源数据智能语义融合：有些 CIM 数据在数据生产后并未挂接或具备属性信息。如可利用 AI 智能识别技术等手段对倾斜摄影数据进行实体识别，实现模型单体化、轻量化等性能，提高多源数据精准融合。

CIM 数据融合的最大的技术挑战在于 BIM 与 CIM 的融合。BIM 数据量大、结构复杂、专业性强，一般需要对数据进行轻量化处理。同时，为了能最大程度还原 BIM，BIM 数据融合也应保留 BIM 模型的属性、几何和语义信息。对此，建立 BIM 数据库，建立高效的空间索引，建立 BIM 计算引擎是 BIM 融合的关键技术。

4）多源 BIM 融合技术

目前市面上拥有数十种不同类型的 BIM 设计软件或插件，为 BIM 应用的各个专业和领域服务。因此，也产生了各种类型的 BIM 模型数据格式，比如 rvt、dgn、ifc、fbx 等。各种类型的数据格式对 BIM 模型数据的应用造成了非常大的困难，所以无差异的 BIM 模型融合与轻量化变得尤为重要。统一多种 BIM 软件数据格式，确保系统不受 BIM 建模软件、版本、授权、人数、地区等因素的限制，保证数据的完整、互通、可控和安全，用于支撑 CIM 平台建设和 CIM＋全生命周期的应用。

BIM 多源数据融合，指将规划、地质、建筑、市政等不同专业的建模人员按照不同的建模规范、信息深度或同一专业基于不同 BIM 设计软件所建立的 BIM 模型进行数据融合、规范化；开放性的多源数据 XDB，完全兼容自主知识产权的国产 BIM 基础平台 BIMBase，基于自主三维图形内核 P3D，解决行业信息化领域"卡脖子"问题，实现核心技术自主可控；重点实现图形处理、数据管理和协同工作，由三维图形引擎、BIM 专业模块、BIM 资源库、多专业协同管理、多源数据转换工具、二次开发包等组成；在满足大体量工程项目的建模需求的同时，实现多专业数据的分类存储与管理及多参与方的协同工作，支持建立参数化组件库，具备三维建模和二维工程图绘制功能。已经建立了 BIM 报建培训、考试及认证机制，形成完整的训考支撑体系，培养行业 BIM 设计能力，涵养国产 BIM 软件生态环境并切实提升 BIM 成果质量与报建效率。目前已有建筑、电力、化工等多个行业基于 BIMBase 平台实现的完全自主 BIM 技术形成的多项软件产品推向市场，包括多专业建模及自动化成图、结构分析设计、装配式建筑设计、绿色建筑分析、铝模板设计等全国产 BIM 应用软件，逐步带动整个工程建设行业的 BIM 应用与数字化建设能力。

不同格式 BIM 数据融合可以分为以下 5 个步骤（图 3-10）：

① 获取模块。用于获取各待融合数据，并提取各所述待融合数据的图形数据及属性数据；

② 语义转换规则确定模块。用于根据各待融合数据的数据类型，分别从预设语义库

中获取与所述待融合数据对应的语义转换规则；

③ 格式转换模块。用于根据所述各待融合数据的图形数据的格式类型，分别将各所述图形数据按照语义转换规则，转换为各标准图形数据；

④ ID 标识列表建立模块。用于分别建立各所述标准图形数据与各所述属性数据的 ID 标识列表；

⑤ BIM 数据生成模块，用于将各所述标准图形数据进行数据融合，并根据所述 ID 标识列表生成 BIM 数据。

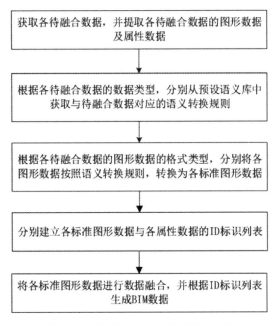

图 3-10 不同格式 BIM 数据融合步骤

3.3.3 跨行业模拟仿真技术

1) 模拟仿真场景类型

仿真模拟是通过数据建模、事态拟合，进行某些特定事件的评估、计算、推演，为方案设计、平台建设提供参考[32]。运用仿真模拟技术，在 CIM 基础平台中可进行城市生长模拟、建筑单体生长模拟、城市积水仿真、天气变化仿真、港口物流模拟、重大安防活动模拟、重大灾害模拟等，全面准确地模拟突发事件发生情况下态势要素的变化，为城市设计规划、管理、应急救援等制定科学决策。应急事件发生时，平台可根据位置坐标、物联网监控数据实时调取各种消防措施、管网详情等信息，模拟事件发生现场情况，计算最优逃生路线。

仿真模拟主要包括空间类模拟仿真，流程类模拟仿真，空间-流程综合类模拟仿真。仿真模拟技术正向网络化、虚拟化、智能化、协同化方向发展，基于面向对象的仿真技术、智能仿真技术、分布交互仿真技术、虚拟现实仿真技术等是仿真技术发展的主要趋势。面向对象仿真是将面向对象的方法应用到计算机仿真领域中，以产生面向对象的仿真系统，该方法从人类认识世界模式出发，使问题空间和求解空间相一致，提供了更自然直观,且具可维护性和可重用性的系统仿真框架。智能仿真是以知识为核心,以人类思维行为作背景的智能技术,引入整个建模与仿真过程,构造智能仿真平台,智能仿真技术的开发途径是人工智能与仿真技术的集成化。分布式交互仿真是通过计算机网络将分散在各地的仿真设备互连,构成时间与空间互相耦合的虚拟仿真环境,可以在逼真的视景和操作模拟环境中,进行人机交互度很高的仿真实验和演练。虚拟现实仿真技术是现代仿真技术的一个重要研究领域,是在综合仿真技术、计算机图形技术、传感技术等多种多学科技术的基础之上发展起来的,其核心是建模与仿真,通过建立模型,对人、物、环境及其相互关系进行本质的描述,并在计算机上实现。

利用仿真模拟技术可将城市的基本数据完整详尽地呈现出来,从建筑单体、社区到城市级别的模拟仿真,可支撑城市应急、城市规划、绿色建筑、智慧社区、智慧管网、城市体检、城市实时运行管理等典型场景应用。

2)基础空间模拟技术

(1)日照模拟

用户可自主动态模拟可视区域内模型一年四季、不同月份、不同日期的一天 24 小时的日照变化,显示真实时间日照情况下系统的光影变化,且可操作时间变化来模拟三维模型在系统上显示光照不断变化的效果,如图 3-11 所示。

可调整参数

① 日期:可根据日期范围,根据地球光照规律模拟四季光照。

② 时间:可选择 24 小时任意时间,模拟不同时间段的光照及阴影变化。

③ 模拟:可自定选择日期、时间,也可按照日期段自动播放模拟。

图 3-11 日照模拟

(2)河道流向模拟

结合河道地形地貌,以及河道水体整体的起伏形态,模拟河道水流方向,可根据不同流域段监测的流速、水质进行动态调整,如图 3-12 所示。

可调整参数:

① 水流颜色;

② 水波纹方向；
③ 涟漪大小；
④ 水波倒影。

图 3-12 河道流向模拟

（3）管道流向模拟

结合管道流体，模拟真实的管道流向，如：地下管线中雨水管线，模拟水流在水压驱动下，真实的水流方向，如图 3-13 所示。

图 3-13 管道流向模拟

（4）轨迹模拟

通过接入 IOT 轨迹数据，模拟行人、车辆、无人机、船舶等交通设备工具的运动轨迹状态，包括：行人轨迹模拟、车辆行驶轨迹模拟、无人机飞行轨迹模拟、船舶航行轨迹模拟。船舶航行轨迹模拟如图 3-14 所示。

图 3-14　船舶航行轨迹模拟

（5）时空演变

基于历年遥感影像及倾斜摄影数据的采集，对数据进行网格化处理，进行不同时间维度的对比分析，可根据时间尺度，模拟时空数据（社会、经济、人口健康、军事、环境、生态、地质、地理等）在指定时间区间内，持续性的演变规律（表征、测度、状态、概率等），标识不同年份的重点区域的变化范围，如图 3-15 所示。

图 3-15　时空演变

3.3 CIM的关键技术要点

（6）水质迁移模拟

基于预测目标、水文、水力等形成的水污染数学模型，获取不同土地利用类型面积的精确数据，提取流域水系，明确地表径流去向，将空间分析技术与水质模拟的功能进行集成，实现水质数值模拟结果的可视化显示，表达污染物在时间和空间上的扩散规律，提高水质模型的预测模拟能力以及迁移过程，同时在水体迁移的过程中，实现水质数值模拟结果的可视化显示；还可叠加污染源空间分布图，方便生态管理部门在流域范围内对各类污染源进行控制和管理，如图3-16所示。

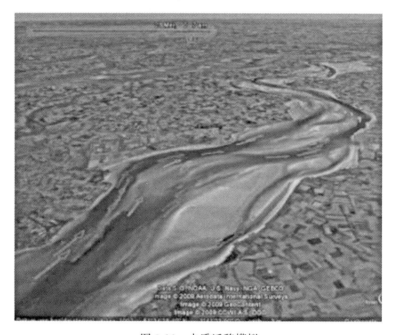

图3-16 水质迁移模拟

（7）滑坡/泥石流模拟

基于地形数据（包含滑坡体的上表面）进行网格化处理，通过地质结构（土密度、滑面的黏着力、摩擦系数、土壤黏性系数等）、坡度、地标标高、滑动范围、滑动面等相关因子，结合滑坡数学算法模型、滑坡运动模型计算三维运动过程，直观感受滑坡的运动路线、滑动距离以及危害范围和堆积方式，实现山体滑坡、泥石流等相关自然灾害场景的动态模拟，给周边的工程建设提供重要参考依据，如图3-17所示。

（8）水污染扩散模拟

基于三维空间，改善了二维水污染缺乏地形地貌环境，表达结果不够形象直观的情况，增加全空间定位信息，实现多尺度空间上的定性、定量分析，结合仿真数学模型计算结果和分布式面源污染扩散数学模型，实现不同等级水类的污染扩散演进的过程模拟，可实现定点污染统计、水污染浓度统计、点污染浓度查询，达到面源污染"源头发生量-过程截流量-入水体量"的三量计算，精准刻画径流路径的空间差异对污染物输移过程的影响，动态模拟水污染扩散的过程，如图3-18所示。

（9）湖泊/水库蓄水模拟

采用分区平面模拟方法，根据地势高低和水体的重力特征将湖泊/水库蓄水划分为若

第 3 章 城市信息模型（CIM）平台

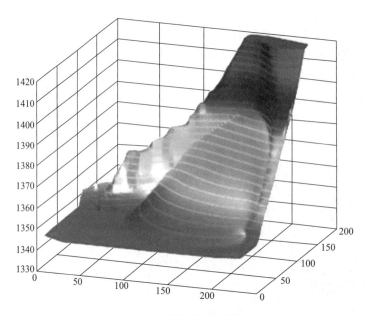

图 3-17 滑坡/泥石流模拟

图 3-18 水污染扩散模拟

干个小区，根据不同频率的流量过程结合数学算法模型，对湖泊/水库蓄水进行动态可视化模拟，并可对蓄水后的淹没范围进行分析计算和高亮显示。

（10）水体富养化模拟

根据湖泊富养化综合评价模型和评价结果（中营养、轻富营养、中富营养、富营养、重富营养），结合空间分析计算研究区域富营养化的综合指数，使空间分析与定量分析相结合，反映各项指标在研究区域内的空间变化以及局部的变化情况，客观评价水体的营养状况，为水体治理修复、改善生态环境提供辅助支撑，如图 3-19 所示。

（11）藻类水华模拟

根据基于总氮、总磷、化学需氧量、高锰酸盐指数、叶绿素、溶解氧、浊度、酸碱

3.3 CIM的关键技术要点

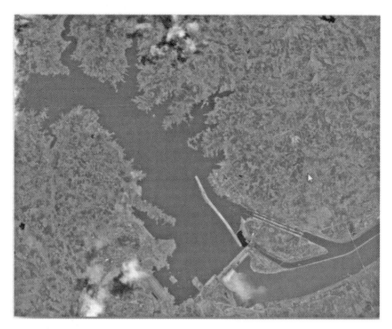

图 3-19　水体富养化模拟

度、水温、光照、风速、风向、降雨共 13 个参数提供的数学算法模型，对蓝藻水华程度进行分级评价（小型、中型、大型、重大、特大 5 个级别），结合水质实时数据监测及预测结果，模拟水体中蓝藻类在 24 小时区间内水华浓度与态势，准确获取水体中物质含量与分布区域，为湖泊环境保护与治理提供模拟支撑，如图 3-20 所示。

3）交通模拟仿真技术

虚拟仿真技术是对多种技术统称，交通仿真可以清晰地辅助分析预测交通堵塞的地段和原因，对城市规划、交通工程和交通管理的有关方案进行比较和评价。

宏观交通仿真对系统所包含的要素、行为、实体及相互作用的细节程度描述得很粗略，缺乏对道路纵

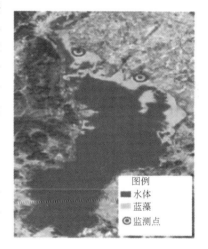

图 3-20　藻类水华模拟

横断面变化和交通控制与管理特点变化的考虑。其模型的灵活性和描述能力有限，主要应用于交通规划。最具代表性的是英国道路与交通研究所的罗伯逊于 1967 年开发的道路交通流仿真软件 TRANSYT，该软件主要用于确定定时交通信号参数的最优值。

中观交通仿真对系统所包含的要素、行为、实体及相互作用的细节程度的描述比宏观具体。其模型主要应用于反映路网动态特性的研究，适用于大、中、小型路网的仿真。较为常见的模型主要有 INTEG-RATION、DYNASMART、DYNAMIT 等国外仿真模型和国内目前正在开发的 DYNACASTIM 模型。

微观交通仿真精细到单个车辆，追踪每个车辆的移动过程，用一些相对简单但比较真

实的仿真模型来模拟车辆在不同道路和交通条件下的路网运行的情况,并将结果以动态图像的形式显示出来。其模型主要用于模拟微观道路几何参数,车辆运行情况等细节。

4) 应急模拟仿真技术

运用模拟仿真技术,可构建事故灾害的情景和现场环境,通过人机交互方式,来训练应急救援人员,传播应急救援知识,并实现对应急救援能力的评估。通过智能化的后台编写,可以任意设置突发事故/事件类型及发生地点、时间、气象条件、交通状况以及灾情变化等参数;通过情景式演练,集成模拟仿真、地理信息(GIS)、卫星定位等多项先进科技,基于事故发生后的时间轴及地理空间,真实再现事故发生后应急处置及救援过程。能够实现多部门、多角色沉浸式协同参演,使所有参演部门及人员均完全沉浸于事故发生后紧张的应急处置与救援过程中。

(1) 城市内涝灾害风险推演

事件模拟——提供数字孪生 CIM 底座,集成城市内涝灾害推演过程所需的要素和变量,如地形地势、建筑高程、天气系统、土壤植被、管道分布、经济和人口等,由于内涝推演平台数据运算的复杂性和全面性,对 CIM 基础平台提出了更高的数据集成标准。

趋势推演——区别于传统的预警监测模式,内涝推演平台通过紧密结合推演要素进行基于数学模型的演算(即 WCA2D 耦合 SWMM 模型),由于数据量庞大且时空离散,往往需要结合高性能计算中的并行计算和分布式计算,根据推演模型和高性能计算平台得出相应的物理受灾范围。

智能决策——结合物理受灾范围和人口、行业、经济等社会数据自动计算出城市每一寸微小网格对应的内涝灾害推演情况和风险等级,为决策者在分配灾害应对的人力、设备等资源要素时提供科学的辅助依据。同时,内涝推演平台支持"设计-验证-反馈-再设计"灾害整治闭环,通过反复推导验证不同内涝灾害整治方案的预期效果,辅助城市决策者以最小的经济成本与环境成本作出更为科学、合理的决策,提升城市内涝治理水平。

(2) 开闸泄洪模拟

基于 BIM 模型可模拟大坝闸门开关效果、泄洪水流喷射效果。可通过物联网接入水坝闸门的实时开启高度、水流速度、流量等参数,调整泄洪的水流量模拟大小、闸门开启高度等,可通过水位监测设备接入水位高度,根据泄洪进度实时模拟湖泊/水库/河流的水位变化,如图 3-21 所示。

(3) 人流密度分析

通过互联网大数据分析,将人流热力图加到应急管理中,为人员救援、疏通提供数据支撑。结合人口分布情况、周边事件动态分析区域内不同时间节点的人口密度及历史变化情况,生成三维热力图和可视化人口数据。

(4) 淹没分析

在不考虑淹没范围的通透性和连通性的情况下,根据 DEM 的高度信息模拟区域内等水平的覆盖情况:当前监测水位是否超内涝警示水位、路面水深是否支持车辆行走等。模拟降雨在一定区域内汇聚的水位,是否超内涝警示水位,区域内随水位增长的淹没变化趋势。支持设置淹没覆盖的颜色、淹没初始高度、淹没结束高度等,如图 3-22 所示。

(5) 疏散模拟

疏散模拟结合信息模型(CIM)基础平台的 BIM 模型中建筑物构件的尺寸、材质、

3.3 CIM 的关键技术要点

图 3-21 开闸泄洪模拟

图 3-22 淹没模拟

物理特性（如保温材质的热传导率、比热容以及电阻率等）等信息，模拟整个建筑物在紧急情况下的人流疏散情况，也可以模拟各种预先设置的疏散方案。通过模拟结果进行优化，得到最佳疏散方案，如加载逃生路径、设置疏散人数等参数，得到疏散时间、疏散轨

第3章 城市信息模型（CIM）平台

迹、疏散口人数曲线图和区域人数变化曲线图进行可视化和可度量的疏散模拟计算和仿真，确保在安全疏散时间内有效疏散人群，实现个体或群体行为过程的动态模拟，形成人员安全、迅速疏散的最优解。

5）其他创新技术

（1）空间智能技术（GeoAI）

人工智能（Artificial Intelligence，AI）用于空间信息领域的分析、方法和解决方案，称为地理空间智能（Geospatial AI），简称为 GeoAI[33]。

近年来，随着类神经网络、数据挖掘、物联网、大数据分析、人工智能与深度学习的技术不断发展与强化，许多智能化方法可用于数据分析。空间信息作为一个整合各领域的学科，通过这些智能化的方式，分析时间与空间的变迁，解决以往较为困难的问题，扩展了更多的应用可能性。在人工智能与深度学习下的空间信息科学，除了能够自动智能地识别地理数据的对象之外，更为重要的是找出对象之间的关系，以及对象与空间的模式，形成规则，强化后续学习的准确率。GeoAI 通过数据整理和清洗、AI 算法、计算框架、建模和自动化处理框架等过程实现空间智能的应用，为空间环境系统提供强有力的支持，可以更准确地洞悉、分析和预测周围环境。在智能化分析过程中，GeoAI 结合大量的数据，比如卫星影像、无人机影像、点云、要素数据、自然语言、视频等，各类数据处理后形成样本数据，对样本进行管理和训练，通过机器学习（如分类、聚合、预测）和大量深度学习，得到训练模型，进而对模型处理的结果进行处理、分析和预测，实现目标检测、对象分类、实例分割和图像分类等，也能够洞悉空间分布规律，预测事物的空间变化情况等[34]。

当前，AI 与 CIM 基础平台的结合包括基于图片视频的物体识别、智能识别三维模型、智能识别影像数据、基于 AI 的 BIM 智能审查技术等。比如，常见的基于深度学习识别倾斜摄影建筑（图 3-23）、通过遥感影像直接拉伸白膜（图 3-24）。

图 3-23 基于深度学习识别倾斜摄影建筑

（2）CIM 混合引擎

CIM 混合引擎是一个能将物理世界虚拟化、数模一体化、运维可视化的 PaaS 平台。它以三维全景智能方式实现物与物、物与人、人与人之间的互联互通及协同作业，并且打破了传统各行业、各子系统间的数据壁垒，用数据孪生真实物理城市和行业，并通过融合

图 3-24 识别遥感影像建筑并拉伸白模

物联网,对其"风、火、水、电"等智能化系统的规、建、管、服等全生命周期进行有效监测和管控。

CIM 混合引擎在数据汇聚展示的能力上,支持大规模海量时空数据的高效加载及渲染,兼容主流 BIM、GIS、loT 多源异构数据及通信协议,从根本上解决了城市领域在数据层面、模型层面以及业务层面的技术难题。

CIM 混合引擎在业务支撑能力上,支持各主流软件厂商的结构化数据和非结构化数据,采用"一模到底"及一体化的开发思维将城市的三维空间信息、业务流、数据流等有机结合在一起,支持一网通管,有效汇聚各领域数据,给行业赋能,改善用户体验,提高城市治理现代化水平。在此基础上,将人工智能与大数据结合,积极参与到以数字化基础设施为代表的"新基建"和"新城建"中。

CIM 混合引擎采用自主可控技术架构,兼容并蓄,具备韧性的自我发展能力。

3.3.4 高逼真可视化技术

1) 可视化格式与端口转换技术

三维模型和场景数据自动导入 UE4 的方法,以大幅提高制作 VR 内容的效率,缩短制作周期，直接降低成本，减少在三维软件里处理物体坐标的重复操作，实现在三维软件一键批量自动化处理，快速把模型、坐标、方向、大小信息准确导入 Unreal Engine4 中[35]。

在 Unreal Engine4 中，读取三维模型数据文件和三维数据信息文件，还原每一个模型的中心点坐标、方向和缩放比例。

在三维软件中，将三维模型、场景数据生成可输出的三维模型数据文件和三维数据信息文件，包括以下步骤：

（1）清理三维软件场景中的冗余数据；

（2）根据场景、模型数据生成 FBX 格式的三维模型数据文件和 XML 格式的三维数据信息文件。

清理三维软件场景中的冗余数据，包括：

（1）解锁解冻所有模型；

（2）清理垃圾数据；

（3）配置 UV 和 UV 通道；

（4）检索是否有丢失的贴图灯光信息；

（5）分离所有多维子的材质球；

（6）合并相关材质的模型。

根据场景、模型数据生成 FBX 格式的三维模型数据文件和 XML 格式的三维数据信息文件，包括以下步骤：

（1）根据三维软件的初始位置设定角色初始位置；

（2）根据三维软件的物体坐标，在 Unreal Engine4 中还原物体坐标位置；

（3）根据模型的大小体积，在 Unreal Engine4 给物体增加碰撞；

（4）根据三维软件的摄像机坐标，在 Unreal Engine4 中相对应的坐标添加摄像机；

（5）根据制作生产提供的方案，在 Unreal Engine4 中给场景配置最优的世界环境参数；

（6）根据制作生产提供的方案，在 Unreal Engine4 增加灯光体积和环境球。

三维数据信息文件包含三维软件场景中模型 ID、名字、中心点坐标、方向和缩放比例。还包括根据三维模型数据文件和三维数据信息文件内描述的模型体积，在 Unreal Engine4 中给模型增加碰撞，具体包括：（1）读取三维模型数据文件，并导入到 Unreal Engine4 项目中；（2）读取导入的三维模型数据文件和三维数据信息文件中记录的模型在三维空间中的坐标信息，对应地放置到关卡视图中；（3）放置计算模型的长宽高信息，并通过计算得出最长边的值，与预设的临界值进行比较，筛选出符合添加碰撞的模型，通过 Unreal Engine4 引擎提供的内置接口，把模型的碰撞属性设置成带碰撞，并保存模型资源。

2）可视化下基础编辑技术

收集通用的城市各类构筑物部件，包含但不仅限于建筑信息模型、城市设计模型、城市基础设施、公安防控设施等模型，实现 CIM 部件通过拖放的方式放入场景中进行城市规划设计、城市更新模拟和场景模拟，部件具备编辑功能，并可进行关键指标计算分析。例如采用各类族库和构件坞，建立具有分类编码的部件类模型清单并提供服务；在 CIM 数据场景搭建的过程中使用部件库中资源快速植入丰富场景，如图 3-25、图 3-26 所示。

3.3 CIM 的关键技术要点

图 3-25　部件管理

图 3-26　部件编辑

3）高逼真渲染技术

高逼真渲染技术是指采用光影渲染、光线追踪、物理引擎等技术实现动态天气、动态模型、动态水流、昼夜/四季变换、物理碰撞等比拟现实的效果。CIM 应用中，由轻量化数据处理的成果，需要基于客户端进行三维场景构建和渲染展示，这就需要高逼真高性能三维模型渲染引擎，技术采用动态调度渲染策略，实现不同区域模型、不同 LOD 层级模型的实时动态切换，应用实例化渲染技术、批次合并渲染技术等，进一步提升渲染性能，

67

最终实现城市范围内海量三维空间模型数据的加载、渲染和流畅展示，如图 3-27 所示。具体包括：

LOD 动态调度：根据实时可视化范围，实现动态、高效的空间模型资源请求和调度机制，通过动态加载、可见性剔除、LOD 调度、优先级绘制等算法和策略，针对不同区域的 BIM 模型、GIS 影像、矢量数据等进行加载及卸载处理，只渲染对当前可视域有视觉贡献的各个空间对象；针对视域中各个空间对象视觉贡献度，实现不同 LOD 等级模型的实时动态加载/卸载，合理控制渲染内容及内存负荷，实现高效的空间模型调度和流畅展示。

实例化渲染技术：根据轻量化数据提取的实例化信息，通过共享几何渲染数据以及各实例的转换矩阵信息实现实例化模型的渲染，降低 GPU 计算负荷。

批次合并渲染技术：针对同材质的模型对象，采用合并渲染批次，加速渲染效率，并实现对合并对象的单体化解析以满足各类针对单构件的业务需求。

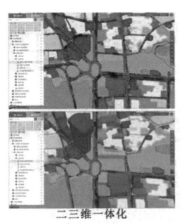  

二三维一体化　　　　　　地上地下一体化　　　　　　室外室内一体化

图 3-27　高逼真渲染效果

4）云渲染

云渲染技术往往与高逼真渲染技术相结合。由于高逼真渲染需要 GPU 显卡实现图形加速与实时渲染，同时需要大量计算、内存或存储，所以消耗资源比常规渲染模型更大。

云渲染（Cloud Render）是指云计算在渲染领域的应用，即用户将本地执行渲染任务的应用程序提交到云端服务器运行，利用计算机集群进行运算和操作，完成渲染后将结果画面回传至用户终端。相较于本地渲染，云渲染支持多任务渲染模式，且不占用本地终端资源。利用云端计算机集群计算能力和图形渲染能力，可以快速返回渲染结果，缩短制作周期，提升渲染效率。

3.4　CIM 的应用场景

3.4.1　用户类型

CIM 用户针对城市运行有作用的各类主体，从当前服务情况以及不同的服务需求，聚焦主要的用户为各级政府、企事业单位和所有公众,如图 3-28 所示。

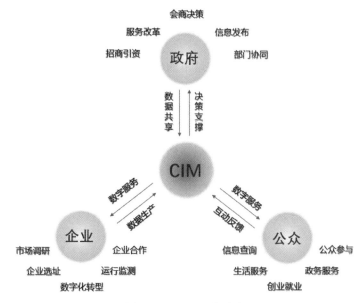

图 3-28　CIM 用户分类

1) 各级政府

政府是城市管理的主要参与者与决策者,也是智慧城市建设的主体。在城市管理与服务的过程中,政府也需要借助新技术,实现管理模式的创新与管理效率的提升。在以往电子政务的基础上,一方面,CIM 为城市精细化决策提供数据底板。通过将城市方方面面进行三维建模与可视化,增强数据的汇聚融合,打通政府各部门之间的数据壁垒,实现城市的实时监督预警与业务的线上会商;另一方面,为科学决策提供理性工具。通过将城市多源异构的数据进行汇聚后结合业务逻辑、业务流程梳理出指标体系,借助算法模型实现各类指标的自动计算和城市运行的模拟仿真,从而辅助政府各部门和领导实现更加科学的决策。

2) 企业

企事业单位是城市运行过程中的重要主体,也是各类新技术的开拓者与实践者,企业的活力和创新能力直接影响城市的活力与对外吸引力。CIM 首先可以加强企业之间的信息互通,在信息层面形成合作生态圈。利用 CIM 可以为相同产业链上的企业提供沟通和合作平台,降低信任成本,政府背书,增加企业集群效应。第二,CIM 推进企业新兴业务发展。部分企事业单位在完成自己业务主责的同时,利用 CIM 发展无人机开发、无人驾驶研发、BIM 建模制作、可视化渲染提升等,也可以将这些技术资源与 CIM 结合,作为 CIM 生态圈中的一员来提供产品和技术,同时 CIM 的发展也为企业的发展壮大和转型升级提供了很好的契机。第三,为企业为政府之间沟通搭建低成本、高效率、可视化的桥梁。一部分企业为了更好地投入到城市建设发展中,也需要和政府合作进行项目投资或项目建设,企业在投资选地时,需要向政府了解土地的基本情况及土地周边的现状情况,以便企业投资决策;在项目方案设计阶段,企业也需要了解政府对该地块的管控要求,从而更精准地进行方案设计;在项目建设过程中,企业需要了解地下管线等信息,以便企业进行安全施工。通过政府将城市地上地下进行三维可视化建模，汇聚土地、交通、设施、人口等多源数据，可以提供给有需要的企事业单位更好地进行投资决策、项目申报、项目建设和企业转型升级。

3) 公众

城市的整体发展是人的个体的集成。城市的生活幸福度最终也落实到公众的感受和体验。公众是城市中生活和生产的重要主体，也是各类政府服务的对象。公众在生活生产过程中有信息查询、创业就业、不动产登记等各方各面的需求，一方面希望可以通过政府官网进行相关政策和信息的查询，让公众对城市的发展情况和决策有知情权；另一方面，对于政府的很多重大项目和规划，公众也有很强烈的参与意愿，希望可以通过相关渠道直观地了解城市规划和项目的建成效果，这不仅仅需要文字信息的展示和查询，如果能够将文字或图像变成三维可视化的模型，可以大大提升公众的理解力和参与感，满足对公众生活服务的立体化需求，提升公众参与感与幸福感。

3.4.2 规建管审批

1) 规划报建审查审批

对 BIM 模型进行指标自动化计算，具有轻量化模型显示、线上审查审批、一键导出项目审查报告等功能。通过审查的 BIM 模型及数据无缝接入城市管理（CIM）平台，提升报建审批质量及效率，为智慧城市提供建筑模型和数据，助力建设领域的数字化、信息化、智能化发展。

该功能一般服务于规划管理部门，用于核发工程规划许可证，主要实现经济技术指标的自动化审查；具体可实现用地性质、用地红线、总用地面积、建设用地面积、绿地面积、容积率、总建筑面积、计容积率建筑面积、建筑基底面积、建筑最高高度、建筑最高点海拔高度、公共配套设施面积、地上/地下标准机动车车位、地上/地下充电桩车位、地上/地下货车车位、地上/地下无障碍车位、地上/地下机械车位、自行车泊车位、住宅户数等经济技术指标的自动审查。

报建审查场景的应用最为广泛，效果也较为显著。致力于帮助政府提高信息化监管能力，建设绿色化审批管理系统，借助信息化手段实现规划指标自动审核，开创审批提速新模式，进一步提高服务水平，为工改提质增效。通过计算机审查，减少人工审核偏差，打造指标和模型联动显示，通过三维可视化效果打破沟通壁垒，缩短审批周期的同时提高审批质量，提高城市设计水平。

2) 施工图审查系统

使用行业通用、统一、开放的标准数据格式，规整了多源 BIM 模型，利用云端引擎在网页端进行模型浏览与智能审查，智能审查范围包含建筑、结构、水暖电 5 大专业消防、人防、装配式、节能 4 大专项，覆盖 64 本规范，832 条条文等全国审查要点及强条。利用 BIM 技术和三维模型的先天优势，基于结构化自然语言构建了领域规则库，快、全、准、省地检查出 BIM 设计模型违反重难点规范条文的部分，自动生成审查报告。

智能审查范围包含建筑、结构、水暖电 5 大专业消防、人防、装配式、节能 4 大专项。如建筑消防，可快速判断模型中防火分区、疏散距离的设计是否满足规范限值；对于结构专业，可自动检查出配筋不足、抗震构造违反强条等安全性问题。针对节能专业，对热工性能、窗墙比、气密性等进行绿建和节能计算审查。快、全、准、省地检查出全专业BIM设计模型违反重难点规范条文的部分，提升设计人员、审图人员的工作效率。

3）联合验收系统

基于BIM进行联合验收，增加BIM模型上报、审批、辅助现场验收、城建档案移交的系统。具有BIM模型可视化，模型、图纸、验收材料关联浏览，根据AI、计算机图形计算等辅助快速定位验收要点素的特点，利用BIM技术辅助传统的验收方式，来提升验收效率。

现行的建筑工程验收依托于传统纸质版二维图纸和相关验收档案文件，在验收过程中不易快速掌握验收内容具体范围和构件表达方式，完成验收后的资料均为纸质版存档，后期查找困难，且与现场实体构件对应性差，部分资料存在与现场实施时效性不统一的问题，也有资料遗失无法及时补填的缺陷。

增加BIM模型的竣工报审接口，建立相关的规范制度，对竣工资料与竣工模型进行管理，使其具备能够通过三维模型进行竣工验收的能力，并且通过平台的支持，减少传统二维竣工验收过程中简单重复的工作，最终通过数字化、智能化技术提升竣工验收工作质量。

实现竣工验收阶段基于BIM的智能审批，主要是以WEB端为内业工作操作平台，移动端为现场验收操作平台，实现设计阶段BIM模型和竣工验收阶段三维模型比对，变更参照，资料关联；竣工工程实景数字化交付，探索实现基于BIM的竣工验收。

3.4.3 一网统管

随着社会的进步、经济的发展、产业结构的变化，传统的城市管理模式与手段将在解决中国特色社会主义新时代的社会主要矛盾工作中显得乏力，因此依托新技术、新方式，打造地方特色性的智慧城市新模式是当前城市治理工作的重要目标。

CIM基础平台是在城市基础地理信息的基础上，建立建筑物、基础设施等三维数字模型，表达和管理城市三维空间的基础平台，是城市规划、建设、管理、运行工作的基础性操作平台，是智慧城市的基础性、关键性和实体性信息基础设施[36]。CIM基础平台能够实现城市运行过程中各种数据、信息的快速汇聚、高效治理、跨部门共享，它与智慧城市建设有着紧密的联系，既是智慧城市的数字底座，同样也是基础性操作平台。同时，城市运行"一网统管"又是智慧城市体系下，政府和城市管理者能够高效处置一件事的关键性抓手，存在着非常鲜明的"数据赋能管理、数据驱动决策"特征，因此CIM基础平台同样也与"一网统管"紧密相连。

2021年9月，住房和城乡建设部发布《关于进一步加强城市基础设施安全运行监测的通知》，提出"建设安全运行监测系统。各地要加快燃气、供水、排水、供电、热力、桥梁等管理信息系统整合，依托城市信息模型（CIM），在城市运行管理服务平台上搭建城市基础设施安全运行监测系统，积极推进智能化感知设施建设，全面掌握城市基础设施运行状况，对管网漏损、防洪排涝、燃气安全等进行整体监测、及时预警和应急处置，推动跨部门、跨区域、跨层级应用，实现城市基础设施从源头供给到终端使用全流程监测'一网统管'"。

同年12月，住房和城乡建设部办公厅发布《关于全面加快建设城市运行管理服务平台的通知》，指出市级城市运行管理服务平台要以网格化管理为基础，综合利用城市综合管理服务系统、城市基础设施安全运行监测系统等建设成果,对接城市信息模型(CIM)基础平台,实现对全市城市运行管理服务工作的统筹协调、指挥调度、监督考核、监测预警、分析研判和综合评价,推动城市运行管理"一网统管"。

在上海市住房和城乡建设管理委员会发布的《上海市城市运行管理信息系统建设经验做法》中同样提到了,上海在打造城市运行"一网统管"新模式时,着力推进了包括基础地理信息、建筑物模型和各类基础设施等城市治理各要素的"一图汇聚"。将建筑信息模型(BIM)、地理信息系统(GIS)和物联网(IoT)等多项技术统一集成,作为数字孪生城市建设的基础,探索形成以CIM为核心的涵盖城市规划、建设和运营管理全生命周期的应用平台和应用场景。

以CIM基础平台作为新型数据底座,全面推进城市运行"一网统管",是实现城市治理能力和治理体系现代化的重要手段。

以住房和城乡建设部颁布的《城市信息模型(CIM)基础平台技术导则》(修订版)为基准、《城市信息模型基础平台技术导则》为指南,同时借鉴上海等城市建设经验,打造以CIM基础平台为城市统一数字底板的城市运行"一网统管"新模式。能够实现建筑物、道路、地下管线等静态模型数据以及移动、物联感知、城市运行等实时动态数据的全面接入、可视化展示,同时消除各部门、各单位间的数据壁垒,打通数据共享发布渠道。在此基础上,不断探索并实现多种"CIM+应用"建设,促进城市智慧化应用体系升级、管理理念及模式创新,真正实现城市运行"一网统管",最终赋能城市的精细化治理。

3.4.4 数字经济

1)城市更新

城市更新的目的是改善城市面貌和居民的生活环境,它是一项社会公共事业,核心在于提升整个区域的居住环境和公共配套,是对城市现存环境中内部功能、建筑、空间、环境进行的必要的调整和改变,如图3-29所示。主要体现在以下三个方面:一是从人文生

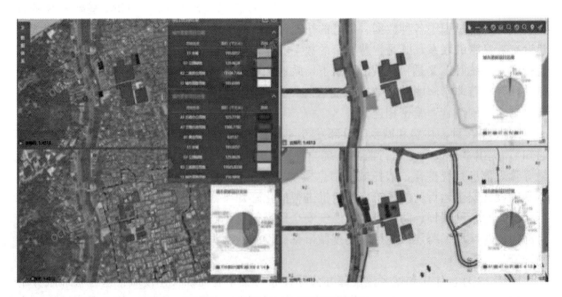

图3-29 CIM+城市更新示意图

活角度来看，实现居民从物质满足到精神丰盈。二是从城市发展角度来看，盘活土地价值，为城市挖掘空间的服务力。三是从居住环境来看，对居住环境进行调整，是城市居民生活升级的需要，是实现人与空间良性互动的途径，更是城市发展的要求。开发老旧小区更新项目管理系统，促进老旧小区外墙保温、电梯加装工程项目落地，激发老旧小区的新活力，使这项重要的民生工程真正落到实处。

（1）老旧小区改造

改造建筑信息查询。通过 CIM 平台服务建立出改造建筑信息名片，在平台中将建筑模型分为 3 类旧改建筑，用颜色区分，如红色代表改造类，黄色代表完善类，绿色代表提升类。同时，在建筑模型上标记城市信息名片卡，其中卡片包括信息有建筑年份、有无电梯、楼层数、户数、业主意愿等重要信息集，同时在 CIM 平台中明确建筑的位置，使建筑所处的区域和重要程度一目了然。还能对特殊建筑进行区分，如重要文物建筑吊脚楼、寺庙、礼堂等，起到对文物建筑的保护作用和规划作用。

规划改造设计。首先，基于 CIM 平台，利用三维可视化技术展示小区与周边小区的不同之处，以及缺少的综合公共服务、老旧小区配套设施资源、市政基础设施等问题，帮助人民群众了解自身小区的不足；其次，利用 CIM 平台进行改造小区的改造内容分类，划分改造区域以及改造进程跟踪，以广泛征求群众意见，辅助改造规划执行；最后，利用 CIM 平台多元化信息分析能力建立人员流动分析图，对改造小区内的广告位进行推广，辅助推进招商引资，以获得部分改造资金。

（2）构建筑物更新管理

基于市级 CIM 基础平台，盘点目标范围在建筑物年限、土地使用情况、公共服务设施状态、交通环境设施能力等城市更新所面临的突出问题和短板，实现城市更新专题图层、老旧小区微改造图层、城市更新图层叠加分析，推动城市结构优化、功能完善和品质提升，辅助科学有序实施城市更新行动。

（3）危旧房屋监测

依据《农村危险房屋鉴定技术导则（试行）》（建村函〔2009〕69 号）开展房屋危险性评定，将评定为 C 级或 D 级的列为农村危房改造对象。基于 CIM 平台实现对农村危房的可视化展示，实时动态监测以及智慧化监管。在暴风、雨雪季节及时预警，并报告给相关职能部门，及时采取措施确保所有保障对象住房安全。

（4）危旧房屋改造

农村危房改造要求因地制宜，采用符合当地实际的改造方式，原则上 D 级危房应原址拆除重建，C 级危房应修缮加固。基于 CIM 平台，可对危房改造施工现场远程监控，对扬尘、噪声等环境指标实时监测，对现场人员、材料、执法、巡检进行线上管理，全周期监管危旧房屋改造进程。

（5）多维评估

基于 CIM 基础平台，结合人口、交通、设施、用地布局等客观因素对城市发展建成环境进行多维评估，实现城市发展潜力提升区域识别与更新项目位置推荐。建设内容包括以下内容：多维画像分析，围绕用地效益、人口分布、交通运行、公服设施、更新成本等多个维度，提供用地分析、人口分析、交通运行分析、公服设施配置分析、更新成本估算、备选地块推荐等功能，实现对城市发展建成环境的多维评估。地块潜力评估；支持用户通过筛选产权性质、用地性质、用地面积等条件，识别城市更新的备选地块；针对备选地块，支持用户依据用地效益、人口分布、交通运行、公服设施、更新成本等要素进行筛选、设定权重和综合分析，实现根据不同条件对城市更新备选地块进行综合比较和判断。

(6) 更新决策

基于 CIM 基础平台，对更新项目及设计方案进行综合管理，通过数字模拟手段分析项目建成对城市人口、交通、经济、公服设施配套等带来的影响，围绕项目选址、项目规划设计条件、项目设计方案等环节辅助项目全流程科学决策。建设内容包括不限于以下内容：辅助选址，支持上传或绘制预选址红线；结合地块控规要求、特征画像、项目需求信息等，提供合规性分析、合理性分析、备选地块排序等功能，实现项目前期选址阶段对地块适宜性的综合评价，辅助有意向的建设项目快速落位。方案影响评估，基于 CIM 基础平台，针对项目设计方案，提供交通流量影响分析、搬迁安置人口影响分析、公服配套设施影响分析等功能，评估项目建成后对城市人口、交通、设施等方面带来的影响，实现更新项目设计方案比选和辅助决策。

通过了解既有的 CIM 技术与城市更新领域的实际需求，基于当前的技术环境，将 CIM 探索应用在更新工作中的以下几个方面中最具实践与探索意义。在提升项目编审效率的同时规避行政风险。CIM 可在一定程度上完成数据采集、分类、公示工作并形成数据记录，确保基础数据高效、准确、公正，为相关利益方构建透明、坚实的方案协商基础。保障方案编制与方案实施协调、统一。可进一步在编制过程中深化方案分析、论证视角，保障最终方案的经济可行性。在实现数据管理和资金预判的基础上，CIM 可进一步协助政府开展基础数据监管、建设数据统计、固定投资监管等工作，通过实时掌握数据变化情况，更有效、更科学地管理更新项目，同时对突发事件提供应对措施。

2) 园区可视化招商

园区初期开发建设过程中，重点工作聚集在产业招商。将 CIM 与园区招商相结合，基于园区 CIM 三维数字模型，以二三维一体化方式，融合园区优势资源，可有效展示园区区位、园区规划、产业布局、公共配套设施、产业载体、生态环境等信息，并与园区招商业务系统打通，实现招商过程呈现、招商空间资源管控、招商成果及优势展现、已入驻企业运行分析等功能，有效助力园区对外招商宣传推介，大幅提升招商效率，如图 3-30 所示。

(1) 园区总体展示

基于园区 CIM 模型，以二三维一体化方式可视化呈现园区总体规划、产业规划、控制性详细规划、交通/管线/公共服务设施等专项规划以及城市设计等园区未来发展规划前景，同时对园区区位、概况及产业价值点结合空间位置进行直观展示。

(2) 项目及配套

以招商空间+业务视角，基于 CIM 平台将园区在建/拟建的待招商项目位置、概况、项目周边医疗、教育、养老、便民等生活配套和相关产业链企业等生产配套情况等进行充分的展示，基于 CIM 三维地图将招商关键要素信息进行集成化、可视化展现，推动招商业务落地、实施，吸引客户入住。

3.4 CIM的应用场景

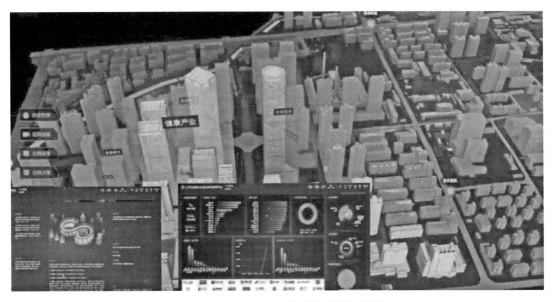

图 3-30 CIM+园区可视招商场景示意图

（3）政策及服务

可根据待招商产业客商的不同需求提供特色化招商优惠政策。在CIM+应用平台中链接相应的政策，支持实时提供政策详情和申报条件查阅。在平台运营阶段专题中具备集中展示各类型招商优惠政策的渠道，包括人才类型、科技类型、土地类型、本地特色类型等政策。

（4）地块辅助招商

基于CIM平台结合规划用地指标、区域交通条件、市政设施成熟度、产业规划等指标的综合判定，满足对于招商地块进行可视化辅助选址的功能，实时展示地块空置或者存在招商意向等状态及相邻地块周边配套分析。

（5）产业载体招商

基于CIM展示待招商的产业载体楼宇位置，展示楼宇名称、建筑面积、楼层数、建筑年代、房屋租售情况等信息，以全面了解待招商楼宇的信息；同时支持以全景图像或模型的方式，展示楼宇的室内外环境状况、房间分布、已被租售的房间等，可直观了解待招商楼宇、房源的实际内部布局、装修以及周边配套设施等；基于CIM/BIM模型，对招商楼宇整体信息、入驻企业信息以空间视角进行分层分析，从而实现招商楼宇各类型经济指标及入驻企业信息的实时展示、过程跟进及招商项目统计、分析等功能，辅助招商决策。

CIM+园区可视化招商，为园区对外宣传推介和招商提供了直观在线化的展示手段，可以对园区未来前景、产业价值点、重点招商项目、产业优惠政策、招商楼宇进行可视化的集成展示，为园区招商引资、重点项目对接提供支持，可全面提升园区招商工作的效率、效果，并对外树立园区良好的品牌形象。

3.4.5 城市安全

快速的城市化进程，带来了交通拥堵、环境问题、城市内涝等"城市病"，严重制约了现代城市可持续发展。尤其是近几年各大城市发生的路面塌陷事故，可以说每一次都触痛我们的神经。针对2020年1月西宁路面塌陷事故，李克强总理在青海西宁考察时强调："各地要举一反三，认真排查整治城市公共设施安全隐患，解决好历史积累的问题，确保新建工程质量。城市建设既要'面子'又要'里子'，地上要建好，地下设施也要建好，群众有安全感才有幸福感。"城市道路塌陷事故暴露出城市地下基础设施规划建设管理方面存在不足，特别是在安全管理上短板突出。那么应对这些问题，如何采取行之有效的方式去避免，是我们每个城市规划、建设、管理者都深刻思考过的问题。

我国城市基础设施运行监测工作仍存在统筹力度不够、监测手段模式落后、预警处置机制不健全等突出问题，城市基础设施领域重特大事故时有发生。

住房和城乡建设部2021年9月30日印发《关于进一步加强城市基础设施安全运行监测的通知》，通知要求"各地要加快燃气、供水、排水、供电、热力、桥梁等管理信息系统整合，依托城市信息模型（CIM）在城市运行管理服务平台上搭建城市基础设施安全运行监测系统。对管网漏损、防洪排涝、燃气安全等进行整体监测、及时预警和应急处置。"

依托城市级CIM的数据接入、资源承载、可视化展示和大数据分析能力；通过物联网、云计算等技术手段，构筑5G+4G/Cat.1+NB-IoT的泛在物联网络，通过部署在城市各点位的各类传感器、视频摄像头，建设城市深度感知的神经网络，打造"动态感知、全域智能、高效协同、精确指挥"的城市安全运行管理平台。为日常城市运行保障提供服务，从而把城市运行安全风险有效降低，将城市管理服务效率有效提升，激发科技为城市经济社会转型发展提供动力，为"城市大脑"的建设奠定基础。

城市安全运行包含"燃气、供水、排水、供电、热力、桥梁"六大领域。本文以燃气安全监管为例。

随着城市快速发展，建筑物、地下管线不断增多，这些都给城市燃气管网的检测带来了新的挑战。燃气管网的安全性直接关系到人们的生命财产安全，也关系到社会的稳定。我国已经开始使用计算机技术检测城市燃气管网的安全性，提高了检测的准确性。城市燃气管网的运行和检测是一项系统工程，需要国家和相关部门共同努力，不断提高城市燃气管网的安全性。

1) 燃气安全监管应用监管对象

设备主要包含三类：一是有限空间内燃气管理设备，有限空间是指封闭环境内的空间，通常有窨井、管廊、封闭罐体等场景；二是居民住宅内燃气管理设备，指普通居民住宅内的燃气使用场景，通常会安装无线的燃气浓度监测设备，及时发现燃气泄漏事件，保障人民生命财产安全；三是工商贸经营场所中燃气管理设备，主要是指工厂、商场、贸易场所等会出现大量人口流动和聚集的环境，该类环境下通常需要实时监测可燃气体浓度，防止出现大面积的燃气中毒、起火、爆炸等恶性事件。

2) 燃气安全监管应用功能

CIM+应用城市安全监测系统实现城市部件自动巡检功能、缩减故障处理时间、提升管理效率、提高窨井安全运行保障能力。保障窨井的安全运行，提高市政管理的信息化、智能化水平,适应智慧城市建设的行业应用发展需要,解决目前存在的"马路陷阱"这一城市顽疾。

(1) 大屏监控中心

建设燃气安全监测平台大屏展现功能,包括地图展示、设备统计、设备分类、报警走势等功能,如图 3-31 所示。地图展现平台全部设备点位信息,可将不同设备设置于不同图层,通过勾选的方式展现相应的图层,点击点位可显示设备的详细信息,包括设备所属产权方、安装位置、安装时间及设备状态等信息;两侧统计信息可按照设备的类别、数量、增长数量、报警信息及报警处理情况等多种维度进行展现,并可根据用户实际需求进行定制化开发。

图 3-31 大屏监控中心

(2) 燃气监测

实时监测设备采集的数据,根据不同的场景,采集数据类型进行分类。

监测的数据一般包含燃气浓度,有毒有害气体,管道压力数据等,可根据设备 ID 查看设备所在位置,将设备位置展示到 CIM+应用城市安全监测系统中。

典型场景分为:告警管理、查询统计、巡检维护,下文分别介绍。

告警管理:设备采集的数据根据配置告警规则,系统自动判断是否为告警数据,当产生告警数据时,系统及时进行告警通知以便快速为告警指派人员进行故障处理。同时可以查看历史告警以及处理过程结果,如图 3-32 所示。

查询与统计告警时间的数据并进行分析。例如系统根据选择时间进行数据统计。统计该时间范围内的告警总数,告警未处理数量,告警处理中数量,告警处理结束数据,按照不同场景不同类型以柱形图的方式展示,如图 3-33 所示。按照处理开始、处理中、处理结果以饼状图的方式展示。报警处理时长根据不同的场景不同的类型以折线图的方式展示。

第3章 城市信息模型（CIM）平台

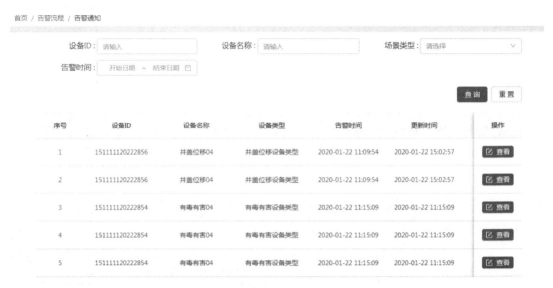

图 3-32 告警通知

图 3-33 告警情况统计

巡检维护指提供查询所有设备当前状态功能，可以查看每个设备的详情，根据设备名称、设备 ID、设备类型进行筛选查询。系统提供设备在线监测功能，实时监测设备的当前状态，在线/离线。根据区域、设备类型进行巡检，每次巡检后生成记录，可以查看每次监测的设备数量及状态，如图 3-34 所示。

序号	巡检时间	巡检耗时/秒	巡检设备数	正常设备数	异常设备数	正常设备占比	操作
1	2020-02-01 13:18:16	65	6120	1685	4435	27.53%	Q详细
2	2020-01-21 10:39:14	71	6991	1690	5301	24.17%	Q详细
3	2020-01-20 11:43:02	1	0	0	0	100%	Q详细
4	2020-01-20 11:42:57	1	73	0	73	0%	Q详细
5	2020-01-20 11:42:51	7	580	3	577	0.52%	Q详细
6	2020-01-20 11:42:40	2	218	1	217	0.46%	Q详细
7	2020-01-20 11:42:30	58	6117	1686	4431	27.56%	Q详细
8	2020-01-20 11:41:11	55	6988	1690	5298	24.18%	Q详细
9	2020-01-20 09:24:06	46	6987	1690	5297	24.19%	Q详细
10	2019-12-31 15:06:20	23	1724	319	1405	18.5%	Q详细

图 3-34 设备状态维护

3.5 CIM 的应用案例

3.5.1 南京南部新城 CIM 平台

1）平台设计背景

南京南部新城位于南京市秦淮区南部，是南京南部的战略门户，面积约 9.94 平方公里，临近高铁南站，具备人流、物流、信息流和资金流的集聚条件。从南部新城管委会的角度出发，南部新城智慧城市建设是管委会的重要职责之一，通过城域物联感知的建设可以大幅度提升市政基础设施的智慧化程度，同时也为管委会通过城市运营中心对南部新城进行全方位的感知和管理提供必要的数据支持。从企业的角度出发，智慧化的市政基础设施和智慧应用的建设为企业提供了方便、高效的入驻基础。从民众角度出发，城市运营中心为其提供了安全、可靠的生活环境，智慧应用则进一步地提升了民众的幸福感和获得感。结合相关规划文件、试点建设要求、专项规划要求和智慧城市使用对象的需求，对智慧南部新城建设愿景、城域物联感知、智慧应用需求及发展契机和优势进行了分析。

2）平台设计目标

南部新城定位为"枢纽经济平台、人文绿都窗口、智慧城市典范"。针对南部新城智慧城市建设的特点，通过创新智慧城市建设模式，推进新型智慧城市建设和智慧产业融合发展，创造智慧城市建设模式、管理模式的先进经验和品牌标杆，促进智慧城市可持续发展。联通数字科技有限公司于 2019 年 12 月中标南部新城智慧城市项目，中标金额 5.09亿元，联通数科提供建设、运营、管理的一体化服务，政府按需购买。南部新城项目包括20 多项应用，9.8 平方公里规划 3 万多个智能终端。

3) 平台总体方案

基于CIM数据库，构建CIM平台，在城市基础地理信息的基础上，建立建筑物、基础设施等三维数字模型，面向全域范围按需提供数据、功能、接口、交换共享、入口门户和运维管控等在线服务，以实现CIM资源一体化管理、标准化共享及可视化展示，同时提供可扩展的开发接口，实现平台与其他系统的数据交换与使用。界面如图3-35所示。

图3-35　CIM基础平台界面

(1) 数据中心建设

CIM数据资源包括业务数据、二维数据、三维数据以及BIM数据，并根据业务场景不同，支撑从宏观到微观、从静态到动态的业务场景应用。南部新城采用数据中台模式，通过信息资源中心库建设覆盖采集汇聚、数据融合、数据分析、数据服务等，形成南部新城的数据融合中枢。围绕规建管养业务数据、CIM数据、物联感知数据进行数据的汇聚、融合、增值，消除"信息孤岛"，盘活全量数据，通过公共数据支撑规、建、管、养等业务运行融合，用数据驱动业务应用创新，为跨部门、跨系统、跨行业的数据应用赋能，如图3-36所示。

(2) 基础平台

基础平台提供主要支撑智慧城市的场景以及相关的功能操作，包含基础场景工具、应用展示类、分析模拟类等相关通用功能。资源目录包括了基础现状数据：遥感影像（航拍，卫片，倾斜，土方），现状精模，地下管线；规划管控数据：城市三维模型，控规图；专题数据：BIM建筑模型、规划、水务。其中给水、排水（雨、污）管道分布实现对南部新城地下管线情况一目了然（图3-37），通过倾斜摄影技术，对南部新城全域土场情况做到可视化监管（图3-38）。通过将道路、井盖、管廊等建筑信息模型通过在CIM上展示，

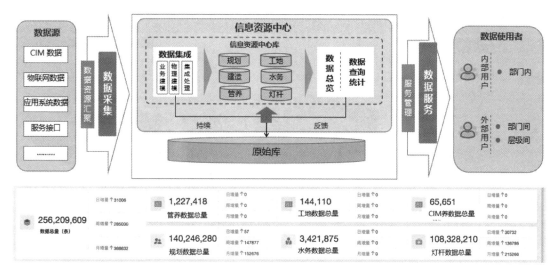

图 3-36　南部新城信息资源中心库（数据中台）

验证了在施工阶段各类建筑信息模型的准确性，从根本上解决三维数据统一的问题。

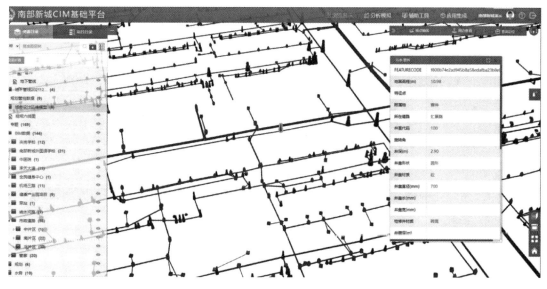

图 3-37　地下雨水污水管线分布图

（3）设备管理平台

建立联通物联网 DMP 设备感知平台（图 3-39），基于水务、工地、环保、灯杆、管养等各个业务应用系统（图 3-40），将物联终端数据进行统一接入、汇聚，实现快速开发，高效运维。

（4）基于 CIM+的智慧应用建设

基于 CIM 平台主要有规划、建造、运管 3 大智慧应用场景。

智慧规划应用场景。根据南部新城整体规划特点，基于 CIM 平台的规划时空一体化管理，聚焦规划大数据集、规划成果专题，以模型、图表、图片、视频等多元化的形式体

第3章 城市信息模型（CIM）平台

图 3-38 无人机倾斜摄影三维模型现状图

图 3-39 DMP 设备管理-功能架构

现南部新城的规划历程，为规划管理、招商提供有效手段，实现规划成果及规划设计模型的综合展示、城市生长动态展示及综合分析，如图 3-41 所示。

智慧建造应用场景。依托 BIM 模型进行对工程进度进行模拟和管控，通过模型实时反映出建造进度，着重智慧工地（图 3-42）和智慧环保（图 3-43）两大应用场景。通过"天、地、人、车"全方位管控，打造网格化管理、无人机巡检、土方管理、疫情防控、渣土车管理"多维度、多场景"整体联动管养模式。打造环保一张图，实现区域环保可视化、可量化、全流程管控模式。

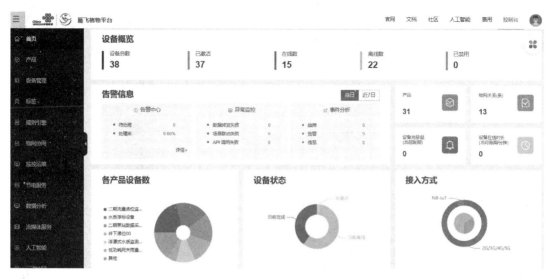

图 3-40　DMP 设备管理-智慧水务等

图 3-41　通过 CIM 平台动态展示城市生长变化

智慧运管应用场景。汇聚各类基础设施数据建立智慧管养应用,结合智能终端实现基于 CIM 的三维可视化实时监控,提供可视化、智能化的实时场景,制定科学有效地养护和管理方案,实现智慧化高效运管。智慧水务系统,实现水务监测、预警、预报、预测的可视化管控,解决水质易受外源污染影响的问题。智慧管廊系统,对接包括给水、排水、电力、燃气等各类专业管线本体的压力、流量、温度等实时运行状态监测(图 3-44)。智慧环卫系统,对城市环境卫生管理涉及的"人、车、事、物"进行全过程实时监管,从而帮助合理设计规划环卫管理模式(图 3-45)。智慧灯杆是城市新型公共基础设施和新基建的重要载体,通过高效集约物联网感知终端,提供终端数据与应用服务,支撑多元化场景应用。

4) 创新点与社会影响

(1) 创新模式下的服务建设管理办法

基于政府购买服务的创新模式,发布了《南部新城智慧城市建设服务管理办法》。办法明确了各项目参建单位的工作职责,制定了需求形成、应用建设、服务采购、资金拨付等环节的实施和审批程序,确定了例会、档案管理、专家论证等工作制度,并对实施过程

图 3-42 智慧工地

图 3-43 智慧环保

中的风险防控提出要求。通过制定管理办法，优化了服务建设流程、加强了资源整合、规范了项目管理，为项目落地提供制度保障。

3.5 CIM 的应用案例

图 3-44 智慧管廊

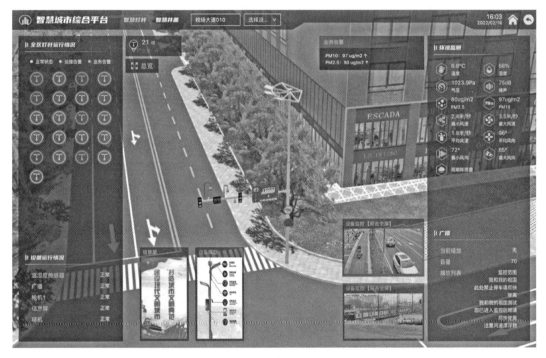

图 3-45 智慧环卫

（2）以 CIM 为核心，1+1+1+1+3 的建设体系

具体指"一套标准规范、一套数据、一个平台、一个数据中心、三方面应用（智慧规划、智慧建造、智慧运管）"。当前，南部新城通过率先实践验证市区两级 CIM 基础平台建设模式，初步实现 CIM 定制化服务能力建设。同步启动《南部新城建筑信息模型数据编码标准》《南部新城建筑信息模型交付标准》等 CIM 相关标准的编制。

5) 技术难点及未来设想

南部新城 CIM 平台在技术和创新两方面都取得一定创新。技术创新方面，目前南部新城以 CIM 平台、物联网平台为核心，通过网络接入各种物联感知终端，将所有的业务数据接入到智慧城市数字底座中，供后续开发各种 CIM+应用。通过智慧城市数字底座，

85

将软硬件进行了解耦合。该架构具备非常强的扩展性、规范性、开放性、兼容性和可移植性，为南部新城智慧城市的持续建设打下了坚实的基础。

模式创新方面，南部新城智慧城市建设最大创新点在于政府购买服务模式开始智慧城市建设，在政府购买服务的基础上，南部新城管委会招募第三方单位共同参与建设，补充专业领域能力、提供优势资源，形成以政府为主导，以第三方单位为主体，以购买服务为主线的智慧城市建设模式。

未来，南部新城管委会及联通物联网将继续推进智慧规划、智慧建设和智慧运管等创新应用，形成物联到数联、智联三联一体的新型智慧城市建设体系，实现新城建设与数字城市同步推进，一张蓝图绘到底、一张蓝图干到底、一张蓝图管到底。大幅度提升市政基础设施的智慧化程度，为南部新城管委会提供全方位感知和管理的数据支持，实现南部新城"绿色、平安、科技、高效"的建造智能化管理目标。

3.5.2 基于CIM的福州滨海新城规建管一体化平台

1）平台设计背景

作为按照"数字中国"示范区目标打造的智慧新城，福州滨海新城位于闽江口区，是国家级新区"福州新区"的核心区，规划面积188平方公里，其中核心区面积86平方公里，规划人口130万。滨海新城定位福州中心城区的副中心，不仅承载着福州发展的战略重任，也承载着打造"数字福建"，乃至"数字中国"示范区重大目标，将通过信息化和数字化手段提高城市规划、建设和管理水平，助力打造智慧、绿色和韧性的智慧新城。基于此，提出以数字孪生城市为核心，通过建设规建管一体化来提升滨海新城建设和管理水平的重要理念和思路，进而更好地加快"数字福建"的落地，如图3-46所示。

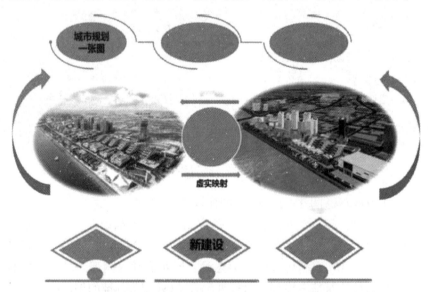

图3-46 福州滨海新城规建管平台理念设计

2）平台设计目标

作为福州新区区域科研中心、大数据产业基地与创新高地的滨海新城，在规划与建设初期，提出将规划、建设、管理全流程进行科学衔接与管理，形成城市持续发展的强大动力,并依托滨海新城独特的特色资源,优先注重环境保护、水务、交通、基础设施、大数据等领域智慧化建设与应用的建设要求。

在福州滨海新城建设过程中,通过探索城市规划建设管理一体化业务,充分应用BIM、3DGIS、IoT、云计算和大数据等信息技术,建设了基于CIM的规建管一体化平台,形成统一的滨海新城信息模型以及规划、建设、管理三个阶段的应用系统,同步形成与实体城市"孪生"的数字城市。

3) 平台总体方案

(1) 总体架构

依托城市信息模型 (CIM),构建了"城市规划一张图""城市建设监管一张网""城市治理一盘棋"三大生态业务,形成城市发展闭环,如图3-47所示。

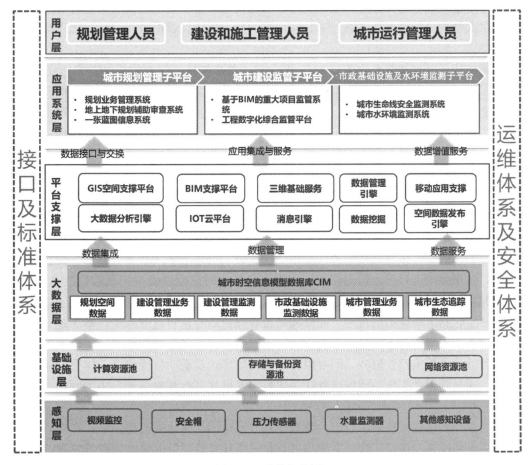

图 3-47 总体架构图

感知层主要包括城市建设、运营管理过程中的各类IoT数据的接入,目前滨海新城已经接入了在建项目的工地视频、扬尘监测、劳务闸机等物联网数据,为实时进行建设监管提供了有效支撑。同时也包括滨海新城辖区范围内的给水、污水、雨水、智慧灯杆的物联网接入,对城市的数字化运营管理进行了有益探索。

基础设施层主要由网络系统、主机系统、存储系统、系统软件、安全设备等设施构成，为多规融合平台提供基础运行环境支撑。

数据层是规建管一体化平台的数据中心，依托于基础地理信息数据形成城市时空数据基础数据库，整合地上地下空间规划数据、建筑信息模型、市政基础设施模型和工程项目数据等建筑元素数据，以及物联网采集数据，实现空间化处理，形成城市时空信息数据模型。其中地上地下空间规划数据体系包括地上的城市总体规划数据、控制性详细规划数据、土地利用规划数据、环保生态红线、历史文保数据及重点项目规划数据等规划成果数据和地上三维模型数据；地下部分包括地下管线空间数据和三维地下管线数据。

平台支撑层主要是以 BIM+3DGIS 平台为依托，对时空信息模型进行多源数据集成、数据存储、数据调度、数据渲染等管理，保障海量模型数据的高效使用。

在此基础上，通过物联网引擎实现多源采集数据的统一管理和数据接口等。通过空间数据发布引擎实现空间数据的管理和发布、通过消息引擎实现消息预警、消息发送等。平台还提供大数据分析与处理引擎，对日益增长的城市规建管数据进行分析，提供智能化的决策支持。

系统应用层是规建管平台关联的各子系统，主要包括：规划阶段的规划业务管理系统、一张蓝图信息系统和地上地下规划辅助审查系统。实现城市规划空间信息的一张图服务，建立滨海新城的 CIM 城市信息模型，从源头解决空间规划冲突，推演城市发展。让土地资源和空间利用更集约，城市规划方案更直观科学，推动项目高效生成落地；建设阶段通过规建管一体化平台，采用物联网及现场智能监测设备等技术手段，与工程现场数据实时互联，实现对建设工程项目从设计图纸审查、建造过程监督和竣工交付的全生命周期智慧监管，全面提升工程项目监管效能。运营管理阶段的城市生命线安全监测系统、城市水环境监测系统。实现城市治理一盘棋。基于建设交付的 CIM 城市信息模型，通过规建管一体化平台，实时监测城市运行状态，敏捷应对城市安全、应急、生态环境突发事件，事前控制，多级协同，将城市管理精细到"细胞级"治理水平。平台为各子系统提供标准化服务，各子系统通过平台数据接口、数据服务等与时空信息模型实现数据共享与交换，直接或间接进行资源和服务的共享和应用。

用户层包括滨海新城的规划、建设和城市管理的政府监管运营人员。基于统一的系统平台基础上实现规建管不同应用系统之间、不同政府部门之间的数据集成，以及各个建设工程项目数据的接入监管服务。同时以管理驾驶舱形式呈现项目规建管一体化的实时状态和成果。通过预警、工作协同等信息化手段对突发事件进行实时感知、协同联动和高效处理等。

作为福州新区区域科研中心、大数据产业基地与创新高地的滨海新城，在规划与建设初期，提出将规划、建设、管理全流程进行科学衔接与管理，形成城市持续发展的强大动力，并依托滨海新城的特色资源，优先环境保护、水务、交通、基础设施、大数据等领域智慧化建设与应用的建设要求。

（2）界面介绍

在福州滨海新城建设过程中，通过探索城市规划建设管理一体化业务，充分应用BIM、3DGIS、IoT、云计算和大数据等信息技术，基于统一的滨海新城 CIM，建成基于CIM 的规建管一体化平台，形成了运营中心 IOC、规划子平台、建设监管子平台、城市管理子平台四个子平台。同时，为更好地支撑平台模型数据更新、系统数据接入以及平台的

3.5 CIM 的应用案例

可持续发展，在参考国标、行标基础上，形成滨海新城城市信息模型 CIM 模型交付标准，以及两个实施指南——房建工程类与市政工程类三维模型实施指南，支撑 CIM 平台及应用的落地实施。

① 运营中心 IOC

将城市的规划、建设、管理的各类管控要素、指标予以抽提呈现，实现规划、建设、管理数据的融合与互通，一屏了解城市运行动态，为城市管理者的决策提供数据支撑，如图 3-48 所示。

图 3-48　福州滨海新城规建管一体化平台运营中心页面

② 规划子平台

目前已实现了城市总体规划、控制性详细规划、32 项各类专项规划、86 平方公里的国土批供地等数据的融合呈现，从业务的"多规合一"走向了规划数据的融合；按照滨海新城城市信息模型（CIM）交付标准建设了 17 平方公里的城市规划设计的三维模型和竣工模型，实现了滨海新城规划数据的"一张蓝图"，为后续的城市建设与管理奠定了基础。通过建立滨海新城的城市信息模型（CIM）实现城市规划一张图，有效解决空间规划冲突，推演城市发展，让土地资源和空间利用更集约、方案更科学、决策更高效。当前通过平台已开展 50 个项目的规划设计方案审查，如图 3-49 所示。

③ 建设监管子平台

针对建设行政审批和建设过程监管的数据进行了分析，并通过省住建厅数据汇聚、物联网数据接入、监管过程业务沉淀，实现了对辖区范围内的工程项目情况、质量安全监管情况的全面掌控。将工程相关的基本信息、"双随机"检查、合约评价、劳务实名制、视频、扬尘、起重机械、危险源、工程形象进度等监管要素全面呈现，为建设过程监管提供了新的方式，如图 3-50 所示。

89

第3章 城市信息模型（CIM）平台

图 3-49　福州滨海新城规建管一体化平台规划专题

图 3-50　福州滨海新城规建管一体化平台建设专题

④ 城市管理子平台

目前滨海新城城市管理子平台主要实现了对地上地下各类市政设施的监管，包括水、电、燃气、智慧灯杆及地下市政管线，如图 3-51 所示。

3.5 CIM 的应用案例

图 3-51 福州滨海新城规建管一体化平台管理专题

目前平台也接入滨海新城范围内 336 公里的各类地下管线的三维 BIM 数据，初步建立了滨海新城地下管线的数字资产。在水务监测方面，已经接入 43 个水务的物联网监测点，可以实时查看各类检测点的数据。对于滨海新城的关键排水户也做了统一管理，辖区内的 191 个排水户、259 个雨污水检查井信息也纳入了规建管平台。在智慧灯杆方面，当前规建管平台内内已经试点部署了 268 个智慧灯杆，可在规建管平台进行动态监管。同时，规建管平台对电力和燃气的设备、设施、用量情况可做实时监管，电力和燃气相关部门定期对其数据进行更新和维护。

（3）技术路线

结合项目需求分析，本项目首先需要处理的是外部多源异构数据，各类三维数据包含城市三维数据和 BIM 数据，各类外接系统资料和分析数据，面临不同系统的数据整合问题，CIM 基础平台作为基础支撑系统，构造一个稳定的、可持续更新的三维时空数据底座是其必然的使命，实现数据的预处理、解构、标准化处理、融合入库。其次需要处理海量三维数据带来的系统性能优化问题。三维数据相对二维数据，虽然只增加了一维，但是数据量和数据管理、渲染显示的复杂度显著提高，三维系统的场景渲染效率是其根本。为确保性能，三维软件系统的数据存储、传输交换格式以及压缩算法的设计需要适配显卡的硬件设计。目前成熟的三维数据存储格式以及各类几何纹理网格简化、数据流压缩算法、动静态 LOD 是开发场景需求设计的必备技术，在此基础之上，为了满足 CIM 超大场景对海量三维数据实时渲染的需求，需要在现有技术上创新和突破，自研 web 端渲染引擎可支持多源异构海量三维空间数据加载，满足项目的应用需求。在本项目整体技术路线设计中，有一个关键技术是设计弹性可伸缩的松耦合集成架构，使得系统应用各自保持活跃度，让平台整体能够健康自生长。

(4) 配套需求

依据福州市新型智慧城市、标杆市顶层设计的资源落地要求，滨海新城所有智慧应用均由市统一云平台提供支撑，各单位不再新增计算存储设备。因此，规建管一体化平台及相关子系统部署在政务网云平台，项目的资源需求分解为对云平台的相关资源需求，按照计算、存储、服务分类归纳的基本资源需求。其中，政务信息网云平台部署虚拟机应用服务器1台、数据库服务器1台，存储1.5T。政务外网云平台部署应用服务器、数据库服务器共53台，存储23.5T。

4) 创新点和工作成效

2018年福州新区滨海新城提出并实践规建管一体化理念，基于"规划先行、建管并重"的理念，始终坚持"以CIM为数字底座贯穿规建管全流程服务，服务于滨海新城建设"的基本出发点，在实践中不断优化，为滨海新城推进数字城市的建设探索了一条可行路径。

(1) 政策引导，标准先行

2020年的6月份发布实施了《福州滨海新城城市信息模型交付通用标准》《福州滨海新城规建管一体化三维信息模型实时指南（房屋建筑工程）》《福州滨海新城规建管一体化三维信息模型实时指南（市政工程）》，对滨海新城落实规建管一体化平台的建设起到关键的保障作用，取得了积极的效果。

(2) 先行先试，以点带面，螺旋式发展

滨海新城建设主管单位对规建管平台积极推行"先行先试、以点带面、逐步推广"的方法，先以3.8平方公里核心区为试点，包括高精度三维建模、数据汇聚等，逐步扩展到17平方公里在建区，然后再推广到86平方公里拓展区。比如在建设工程项目监管方面，先行接入3个重点危大工程项目的智慧工地数据，试点成功后进一步扩展到20个重大建设工程项目的智慧工地数据接入，然后拓展到所有在建工程的智慧工地监管。

(3) 重视底层的平台建设，逐步开展CIM+应用落地

基于CIM的规建管平台是滨海新城的数字城市基础平台，重视底层平台的建设，把平台能力作为重中之重来建设。广联达作为牵头单位，承担科技部重点研发项目"CIM平台研发及应用示范"本项目作为课题的示范应用项目，充分利用课题研究成果，对CIM平台进行重点打磨，通过数据中台、技术中台和应用中台三中台体系，支撑CIM+应用。CIM+的应用落地根据滨海新城的建设实际逐步、分阶段开展，先期建设CIM+规划，包括多规合一系统，规划辅助决策系统，CIM+重大项目监管，CIM+燃气监测，CIM+水务，CIM+智慧灯杆等，后期逐步进行应用拓展，如CIM+规划要素管控，CIM+桥梁监测，CIM+保障房管理等。

(4) 重视数据安全，应用国产自主可控的核心技术

数字城市的建设要重视城市级各类数据的安全与管控，对于核心的CIM平台的关键技术要采用国产自主可控的技术。确保数据的绝对安全，这是数字城市建设的基本前提，滨海新城"数据留滨海、服务于滨海"是贯穿规建管平台建设始终的建设理念。滨海新城规建管平台采用了国产自主可控的CIM平台技术，为后续的CIM+应用的建设奠定了基础。

(5) 积累城市数字化资产，强化城市生命线安全运行监管

借助信息资源和信息化平台资产，不断完善城市管理和服务，确保城市安全运行，以BIM+3DGIS+IoT为手段，对关乎民生的市政基础设施安全运行情况进行集中监管，严

格落实"安全第一"的理念，把安全工作落实到城市运行各环节各领域。

5）技术难点及未来设想

（1）技术难点

BIM 与 GIS 融合技术。目前普遍认为协调语义是实现 BIM 与 GIS 集成的最佳途径，它能够实现 BIM 模型和 GIS 模型之间低形式化的映射[5]。目前最为流行的两大语义模型分别是 IFC（Industry Foundation Classes）和 CityGML（City Geographic Markup Language）[6]，因此根据这两种语义模型的转换关系将现阶段的 BIM 与 GIS 集成方法分为四类，这四类方法优缺点如表 3-4 所示。

基于 IFC 和 CityGML 的 BIM 与 GIS 集成方法　　　　表 3-4

序号	方法	优点	缺点
1	IFC 转化为 CityGML	BIM 数据可以有效地集成到 GIS 平台	操作过于复杂，转换过程存在较大的细节损失
2	建立 IFC 和 CityGML 之间的映射规则	准确度高，绘图效率高	由于 IFC 包含的信息比 CityGML 要详细得多，因此 IFC 和 CityGML 之间很难实现完整映射
3	采用能够在 BIM 平台使用的插件提取 GIS 信息	能够确保数据转换的质量，更为有效地管理数据和分析建筑模型	目前没有通用的数据格式，因此对不同的平台，需要不同的数据接口
4	通过 IFC 和 CityGML 两个标准为相应数据提供参考，使原始数据共存，并保持一致性	可实现双向转换，能够较好地避免 BIM 与 GIS 融合过程的信息丢失	目前技术还不成熟，语义数据模型的开发耗时费力

BIM 与 GIS 数据融合过程，如图 3-52 所示：

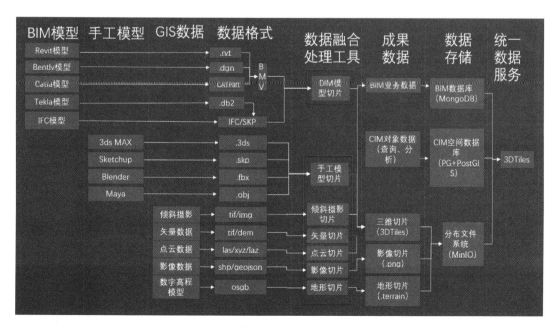

图 3-52　BIM 数据与 GIS 数据融合的流程图

IoT 与 GIS、BIM 的智能匹配技术。建立不同维度城市空间单元与物联网设备关联的统一编码关系体系，基于城市空间模型数据和行业数据内容，结合智能化特征标注算法对数据进行标注，采用智能逻辑处理、模式识别技术对海量感知数据进行智能化处理，建立智能化匹配模型。

（2）未来设想

① 一是数据建设有待完善，主要体现在以下 4 个方面：

建设范围有待扩展：一期建设只涵盖核心区、启动区 17 平方公里，二期在一期已完成 17 平方公里 CIM 数据库基础上，将数据库延伸至滨海新城 188 平方公里全域，建设全域的数字孪生；

三维数据种类有待增加：一期只包含城市设计三维和现状地下管线 BIM，二期在一期的基础之上增加全域现状三维地形及建筑白模、城市设计三维、项目规划方案三维、现状地上三维、地质三维模型等数据；

三维精细度有待提升：一期三维精细度为 LOD100；二期建设内容中的增加的全域现状三维地形、建筑白模建设的精度为 LOD100，重点区域普通现状地上三维建模为 LOD200 和重点区域精细现状地上三维建模为 LOD300；

CIM 数据种类增加：对于一期已对接的城市规划管控数据、工程项目建设数据、运营管理数据；二期在此基础上，增加完善对接资源调查与登记数据、规划管控数据、公共专题数据、物联感知数据。

② 二是 CIM 平台体系建设有待提升。

滨海新城规建管一体化平台一期项目已经初步建设了 17 平方公里 CIM 数据库和 CIM 模型交付标准三部分，打通规划、建设、管理业务壁垒，初步实现业务打通、数据融合，滨海新城数字孪生平台初步成型。

基于滨海新城规建管一体化平台一期项目的实际使用情况分析，CIM 平台以下能力有待提升。

CIM 数据管理能力。当前 CIM 平台已经具备了多源 CIM 模型数据汇聚、数据转换、数据轻量化等数据处理、入库的能力，可对二维、三维 CIM 数据进行后台存储、前端渲染。为满足滨海新城规建管一体化平台二期项目的海量 CIM 数据的管理，CIM 平台应增强 CIM 数据更新、备份与恢复等相应的数据管理功能，并实现 CIM 数据的在线共享，基于在线共享提供 CIM 数据的浏览、查询、订阅、消息通知等服务能力。

CIM 可视化效果的优化。当前 CIM 平台已经具备模型数据加载、可视化渲染、场景管理、相机设置等可视化能力。预计滨海新城规建管一体化平台二期项目管理的 CIM 数据将是现有数据的 10 倍以上，达到 188 平方公里，且管理的数据类型将更加多样。为满足海量 CIM 数据的可视化需求，CIM 平台应强化海量数据的加载效率，增强如模型剖切、几何量算、多屏比对、透明度设置等数据可视化能力，在原有的可视化基础上扩展灯光设置、特效处理、交互操作等能力。

平台运行与服务能力。为满足滨海新城规建管一体化平台二期项目的多维度、多应用、用户量庞大且复杂的应用管理需求，CIM 平台应增强组织机构管理、角色管理、用户管理、统一认证、平台监控、日志管理等功能，以及 CIM 资源、服务、功能和接口的注册、授权和注销等 CIM 平台运行与服务的能力。

物联数据加载能力。CIM平台应支持物联感知数据动态汇聚与运行监控，实现对建筑能耗、气象、交通、城市安防和生态环境等指标监测数据的读取与统计、监测指标配置、预警提醒、运行状态监控、监控视频融合展示等能力。

CIM+业务应用开发支持能力。CIM平台应支持城市级规划、建设、管理的基于CIM+的相关业务功能的深化应用开发，如城市规划、设计要素管控、城市设计建设方案审查、智慧工地监管、现场工地建设动态监管、地下管网、市政设施、园林绿化、水环境监测、保障性住房信息管理、渣土综合监管等城市规建管业务的深化应用。

③ 三是应用体系建设有待深化扩展。一期建设的系统包括规划阶段的规划业务管理系统、一张蓝图信息系统和地上地下规划辅助审查系统；建设阶段建设基于BIM的重大项目监管系统、建设工程数字化综合监管系统；管理阶段建设城市生命线安全监测系统、城市水环境监测系统；满足了一部分的业务需求。随着滨海新城建设的需要，对城市规建管也提出了更高的要求，因此二期建设内容需要在一期的基础上继续深化。

④ 四是物联网数据对接共享有待提高。目前滨海新城指挥部各个处室单位根据自身业务需求，已经建设了许多物联感知设备，滨海新城当前建设在用的物联感知设备数量多、种类多、传输方式多，许多部门根据自身业务需要也正在规划建设前端的物联网感知设备和后台管理系统。当前各处室单独建设、单独管理，数据没有打通，物联网数据、传感器设备和系统缺乏一个统一的平台进行集中监测和管理。

⑤ 五是业务系统多，统一接入困难。随着城市物联建设的推进，滨海新城水务部门、城乡建设部门等建设了很多业务系统。各系统独立，数据分散，没有实现统一接入，无法充分发挥物联数据的作用。

⑥ 六是物联数据相互调阅难、应用协同难。城市的管理工作往往是跨部门的，例如：供水、应急、环保等多个委办局需调用水务数据，应急需要调用水务数据（雨量、水位）、气象数据，但当前滨海新城各垂直系统的物联网数据是孤立的。不同单位间的数据调阅时，往往需要数据需求方与提供方一一讨论协同，从流程审批到系统对接，甚至存在数据格式非标准化难以对接共享、数据时效性无法满足业务需求的情况，整体效率比较低下。

⑦ 七是系统联动难。目前滨海新城各处室单位的设备和数据尚未从底层打通，共享的数据仅仅是静态的状态和结果数据，当事件发生时无法实现跨系统、跨应用的联动，不能实时响应辅助决策。

3.5.3 广州市城市信息模型（CIM）基础平台

1）平台设计背景

广州市依据住房和城乡建设部《关于开展城市信息模型（CIM）平台建设试点工作的函》的要求，以工程建设项目三维电子报建为切入点，经过两年的探索，在CIM标准编制、平台构建、数据汇聚、应用拓展等方面形成了一系列工作成果，初步建成了满足规建管和智慧城市建设需要的CIM平台，为推动广州新城建发展探索了一条具体路径。2019年6月，住房和城乡建设部将广州纳入城市信息模型（CIM）平台建设试点城市，探索建设智慧城市基础平台。广州市住房城乡建设行业监测与研究中心承担了广州CIM平台的建设工作，目前，已经构建起城市信息模型基础平台和城市级CIM平台标准体系。

广州作为全国几个特大城市之一,近年来在"多规合一"、"四标四实"[①]、"时空信息云平台"和"工程建设项目审批管理"等方面先行先试,不断探索,为广州CIM基础平台建设和应用打下了坚实的基础。2013年,广州在全国特大城市层面率先开展了国民经济与社会发展规划、土地利用总体规划和城乡规划的三规合一工作,并逐步建成了"多规合一"实施管理平台,实现了信息共享、部门协同、项目审批、实施监督、评估考核、服务群众6大功能。2017年,广州市通过时空信息云平台项目,建立了广州市唯一的、统一的、权威的、实时更新的时空地理信息大数据;同年,广州市公安局会同全市34个职能部门、11个区政府共同围绕"四标四实"城市管理关键要素,不断规范城市管理,补齐城市治理漏洞,提升市域治理水平,取得良好成效。2018年,根据《国务院办公厅关于开展工程建设项目审批制度改革试点的通知》(国办发〔2018〕33号),广州市被列为工程建设项目审批制度改革试点城市之一,广州市出台了《广州市工程建设项目审批制度改革试点实施方案》(穗府〔2018〕12号),重点围绕"减、放、并、转、调"各项改革措施以及"五个一"审批体系建设,扎实完成各项改革任务,在审批时限压缩、施工图审查程序优化、联审决策、优化重点项目审批手续等方面都取得了显著成效。

2) 平台设计目标

按照住房和城乡建设部CIM平台建设试点工作的要求,在广州市工程建设项目审批制度改革试点基础上,利用现代信息技术手段,促进工程建设项目审批提质增效,推动改革试点工作不断深入。以工程建设项目三维数字报建为切入点,在"多规合一"平台基础上,汇聚四标四实等基础数据,构建面向智慧城市的数字城市基础设施平台,已应用于住建报建、图审、备案,今后将为广州城市精细化管理的其他部门、企业、社会提供城市大数据和城市级计算能力。最终建设具有规划审查、建筑设计方案审查、施工图审查、竣工验收备案等功能的CIM基础平台,精简和改革工程建设项目审批程序,减少审批时间,承载城市公共管理和公共服务,建设智慧城市基础平台,为智慧交通、智慧水务、智慧环保、智慧医疗等提供支撑。

项目具体目标是建设一套标准体系、一个数据库,一个基础平台、一个智慧城市一体化运营中心、两个基于审批制度改革的辅助系统和一个基于CIM的统一业务办理平台,具体如下:

(1) 构建一套标准体系

构建广州城市信息模型(CIM)标准体系,包括但不限于:城市信息模型(CIM)的分类编码规范、采集建库规范(含BIM导入规范)、项目规划(BIM)模型报建规范、项目设计(BIM)模型报建规范、项目施工(BIM)模型审查规范、项目竣工(BIM)模型归档规范,动态更新规范、安全管理规范与质量检查规范等。

(2) 构建一个数据库

构建可以融合海量多源异构数据的城市信息模型(CIM)基础数据库,完成现状三维数据入库;收集现有BIM单体模型建库并接入新建项目的建筑设计方案BIM模型、施工图BIM模型和竣工验收BIM模型;整合二维基础数据,实现审批数据项目化、地块化关

[①] 四标是"标准作业图、标准地址库、标准建筑物编码、标准基础网格",四实指"实有人口、实有房屋、实有单位、实有设施"。

联,实现二三维数据融合,完成统一建库。

(3) 构建一个基础平台

构建城市信息模型(CIM)基础平台,汇聚二维数据、项目报建 BIM 模型、项目施工图 BIM 模型、项目竣工 BIM 模型、倾斜摄影、白模数据以及视频等物联网数据,实现历史现状规划一体、地上地下一体、室内室外一体、二三维一体、三维视频融合的可视化展示,构建智慧广州应用的基础支撑平台。

平台融合 BIM 技术,推进全市数据资源成果的深度应用,为规划建设管理提供多尺度仿真模拟和分析功能,提高工作人员对城市建设的感知能力,进而提高数据资源辅助决策的科学性。

(4) 建设一个智慧城市一体化运营中心

在广州市城乡建设局办公大楼六层建设一个智慧城市一体化运营中心,包括 LED 室内小间距屏和会议室集中控制系统。

(5) 构建两个基于审批制度改革的辅助系统

构建基于 BIM 施工图三维数字化审查系统。开展三维技术应用,探索工图三维数字化审查,建立三维数字化施工图审查系统。就施工图审查中部分刚性指标,依托施工图审查系统实现计算机机审,减少人工审查部分,实现快速机审与人工审查协同配合。

构建基于 BIM 的施工质量安全管理和竣工图数字化备案系统。实现竣工验收备案功能。建立覆盖施工图三维模型、工程建设过程三维模型的项目建设信息互通系统,探索实现竣工验收备案。

(6) 开发基于 CIM 的统一业务办理平台

在城市信息模型(CIM)基础平台的基础上,结合实际业务需要,开发基于 CIM 的统一业务办理平台。

3) 平台总体方案

(1) 总体框架

广州市城市信息模型(CIM)平台是智慧城市的基础平台,在现有信息化成果的基础上构建以二维地图、三维模型、BIM 等数据为底板,汇集城市、土地、建设、交通、市政、教育、公共设施等各种专业规划和建设项目全生命周期信息,并全面接入移动、监控、城市运行、交通出行等实时动态数据。基于平台开发智慧审批应用,实现人工审批向机器辅助审批转变,目前已建立起 CIM+智慧工地、CIM+城市更新、CIM+智慧园区、CIM+智慧社区等典型应用,并作为三维底座支撑了"穗智管"城市运行管理中枢的建设,为城市的规划、建设、管理全过程提供了理念支持。未来可以在平台的基础上开发智慧交通、智慧教育、智慧医疗、智慧公安、智慧社区、智慧排水、智慧市政等智慧城市应用,为城市的规划、建设、管理提供支撑。

具体分为三步走:

第一步,以工程建设项目审批制度改革为抓手,推动各地在城市层面把所有规划统筹起来,形成城市空间全覆盖的一张蓝图,建立基于地理信息系统技术的城市 CIM 管理平台,将城市规划建设管理的基础数据、信息纳入其中,作为智慧城市建设的基础平台。

第二步,推进建筑信息模型、报建审查审批系统和 CIM 平台对接,逐步将各类建筑和基础设施全生命周期的三维信息纳入 CIM 平台,不断地丰富和完善智慧城市的基础平台,使其从二维拓展到三维。

第三步,逐步将部署与各类建筑、交通工具和基础设施的传感网纳入智慧城市基础平台,将城市运行、交通出行等动态数据全面接入智慧城市的基础平台。建设未来智慧城市管理平台,最终建成更加智能、更加美好的现代化的城市。

项目整体架构设计遵循智慧城市基础平台的架构,分为基础设施层、数据层、平台层、应用层、展示层和用户层,具体如图3-53所示。

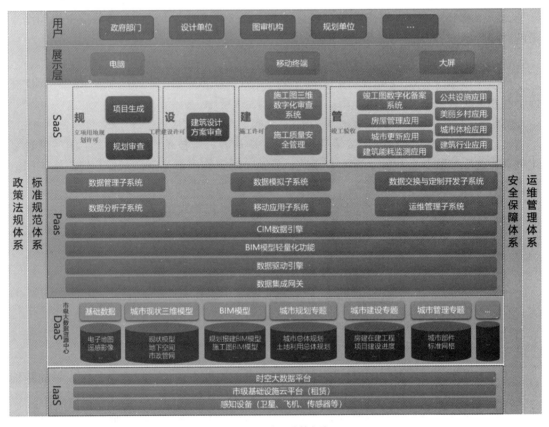

图3-53 项目总体框架

(2) 界面介绍

实现城市尺度、街区尺度和建筑构件尺度多源异构数据的实时融合表达,搭建CIM平台,实现多维度、多尺度的城市景观特征识别、认知地图模拟和建筑合规性智能审查。

① CIM数据引擎:实现地形、影像、三维模型、BIM模型等海量多源异构数据的加载和高效渲染、二三维联动、视点切换与漫游,如图3-54所示。

② BIM模型轻量化:实现对BIM模型进行轻量化,方便不同的系统、不同的终端使用BIM模型开展各类应用,如图3-55所示。

③ 数据管理子系统:实现对CIM数据的管理,如图3-56所示。

④ 数据集成网关:实现对不同的数据进行接入、转换、管理和分发,如图3-57所示。

3.5 CIM 的应用案例

图 3-54　CIM 数据引擎

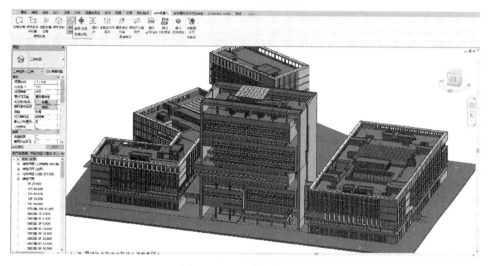

图 3-55　BIM 模型轻量化

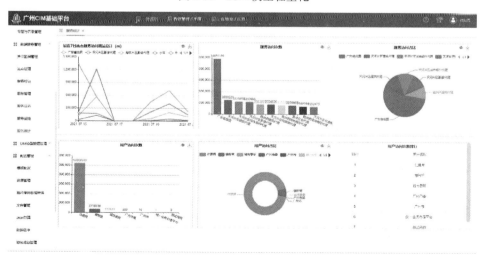

图 3-56　数据管理子系统

第3章 城市信息模型（CIM）平台

图 3-57 数据集成网关

⑤ 数据驱动引擎：提供 BIM 模型中构件的事件响应能力，完成物理城市事件驱动 CIM 平台中对应的构件完成规定的动作，如图 3-58 所示。

图 3-58 数据驱动引擎

⑥ 数据模拟与分析子系统：充分利用系统的仿真模拟能力，为科学决策提供支撑，如图 3-59 所示。

⑦ 数据交换与定制开发子系统：通过数据服务实现平台数据的集成与扩展，方便各委办局基于 CIM 平台的数据和功能，根据自身的业务特点定制开发基于 CIM 的应用，例如智慧交通、智慧水务等，如图 3-60 所示。

⑧ 移动应用子系统：方便用户随时随地使用 CIM 平台，如图 3-61 所示。

⑨ 运维管理子系统：实现对平台的数据、功能、用户、组织机构、角色、权限、用

3.5 CIM 的应用案例

图 3-59 数据模拟与分析子系统

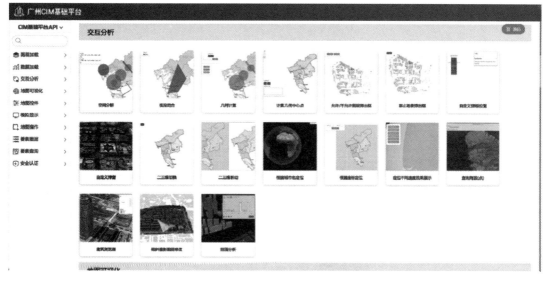

图 3-60 数据交换与定制开发子系统

户行为日志等的统一管理，如图 3-62 所示。

（3）多场景应用

开展基于 CIM 平台的城市管理多业务和多场景的应用，构建 CIM＋智慧工地、CIM＋城市更新、CIM＋桥梁健康、CIM＋车路协同等领域的场景应用，探索在穗智管城市运行管理中枢、CIM＋智慧园区、CIM＋智慧社区、CIM＋智慧房屋安全管理等场景和相关领域的应用。

① CIM＋"穗智管"城市运行管理中枢

基于 CIM 基础平台及超大城市数字底板，建成"一网统管、全城统管"的"穗智管"城市运行管理中枢，实现城市建设、城市管理、交通运行、智慧水务等 20 个主题一网统管，如图 3-63 所示。

第3章 城市信息模型（CIM）平台

图 3-61 移动应用子系统

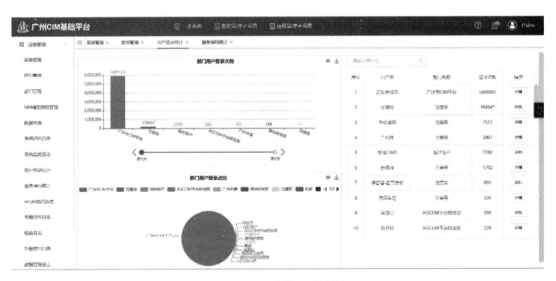

图 3-62 运维管理子系统

② CIM+城市更新

基于 CIM 平台，结合四标四实数据，分析改造范围内现状人口、单位、房屋、建筑面积，较传统入户摸查，降低了数据获取成本。结合三维规划模型展示详细规划方案，结合周边配套设施分析周边工地和房地产市场情况，如图 3-64 所示。

③ CIM+智慧工地

目前系统展示了广州市 2116 个在建工地工程情况、日常检查情况、整改情况、重大危险源等关键信息，在 CIM 地图上可浏览全市在建工地分布情况，实时掌控全市工程建设整体情况，如图 3-65 所示。

3.5 CIM 的应用案例

图 3-63 "穗智管"城市运行管理中枢

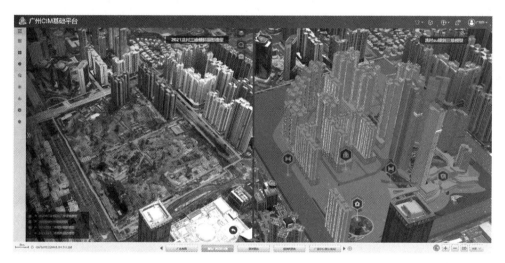

图 3-64 CIM＋城市更新

图 3-65 CIM＋智慧工地

④ CIM＋桥梁健康

基于 CIM 基础平台建设桥梁健康应用，接入广州市南沙区凤凰一桥的监测设备，实时获取反映桥梁结构行为的各种记录，为桥梁的维修、养护与管理决策提供依据和指导，如图 3-66 所示。

图 3-66　CIM＋桥梁健康

⑤ CIM＋智慧园区

基于 CIM 基础平台建设智慧园区应用，不断汇总各类产业的数据，为分析园区产业发展方向提供数据支撑，为改善园区管理提供技术保障，为优化招商引资提出实质性解决方案，如图 3-67 所示。

图 3-67　CIM＋智慧园区

3.5 CIM 的应用案例

⑥ CIM+智慧社区

基于 CIM 基础平台建设智慧社区应用，以三眼井（老旧小区）、瑞东花园（保障性住房）和凤凰城凤馨苑（房地产项目）为试点示范社区，实现了房屋信息整合、物联传感设备数据接入、设备监测预警、社区服务管理等功能，如图 3-68 所示。

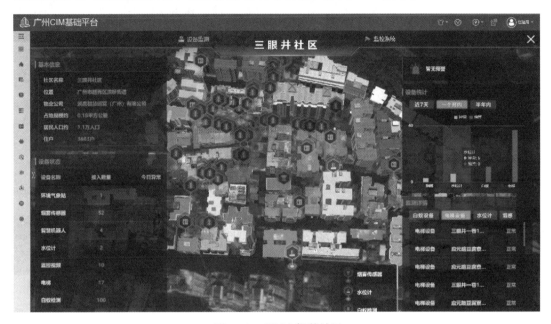

图 3-68 CIM+智慧社区

⑦ CIM+车路协同

基于 CIM 基础平台建设车路协同应用，通过接入琶洲试点区 CIM 高仿真三维场景及车城网道路测试数据，模拟行车环境，建立行车虚拟驾驶舱，为车城网智慧化管理提供支撑，如图 3-69 所示。

图 3-69 CIM+车路协同

第3章 城市信息模型（CIM）平台

⑧ CIM+房屋安全管理

基于 CIM 基础平台建立二三维联动的房屋安全管理系统，实现房屋的可视化管理，同时将房屋自动化动态监测的数据实时接入，实现房屋安全监测预警，如图 3-70 所示。

图 3-70　CIM+房屋安全管理

（4）技术路线

项目的技术路线围绕技术驱动和业务需求两条主线展开。在数据融合方面，CIM 能对二三维数据、BIM 数据高效管理进行发布与可视化分析。在业务需求方面，以统一管理全域数字化现状、空间规划和地形 DEM 等为基础，利用倾斜摄影、激光雷达、无人机航测等手段对存量建筑自动识别、快速建模并写入 CIM 数据库；研发基于 CIM 基础平台的工程建设项目三维数字报建、规划审查、建筑设计方案审查、施工图审查、竣工验收备案等行业业务产品，以满足工程项目设计施工和竣工全程 CIM/BIM 可视化精细化管理的需求。

（5）配套需求

软件选型原则：系统开放性原则，异种机网络互联能力，目录及安全服务的支持能力，应用软件的支持能力，性能优化和监视能力，系统备份/回复支持能力。具体软硬件配置如表 3-5 和表 3-6 所示。

硬件选型原则：系统的开放性，系统的延续性，系统可扩展性，系统的互连性能，应用软件的支持，系统的性价比，生产厂商的技术支持，可管理性，远程管理，状况跟踪，预故障处理，性能监控，安全管理，可用性，磁盘故障，内存问题，容错性及平台支持。

软硬件配置清单　　　　　　　　　　　　　　表 3-5

序号	资源名称		规格参数
1	关系型数据库节点	高负载数据库服务器 1	（2 路 8 核、CPU 主频≥2.4GHz、128GB 内存、3×300GB 硬盘、2 块不低于 200GB 的固态硬盘 SSD、HBA 卡、千兆网卡）需同时租用 2U 机柜 1 个
2		存储	数据存储(100GB、FC-SAN 裸容量)

3.5 CIM的应用案例

续表

序号	资源名称		规格参数
3	非关系型数据节点	大型虚拟机	(8核、主频≥2.0GHzvCPU、32GB内存、100GB存储空间)
4		存储	数据存储(100GB、分布式存储裸容量)
5	GIS群节点	高负载数据库服务器1	(2路8核,CPU主频≥2.4GHz、128GB内存、3×300GB硬盘、2块不低于200GB的固态硬盘SSD、HBA卡、千兆网卡)需同时租用2U机柜1个
6		存储	数据存储(100GB、FC-SAN裸容量)
7	应用服务节点	中型	(4核、主频≥2.0GHzvCPU、16GB内存、100GB存储空间)
8		存储	数据存储(100GB、分布式存储裸容量)
9	网络安全	安全服务	主机防病毒服务
10			虚拟防火墙
11			应用层防火墙
12			WEB防篡改
13			漏洞扫描
14	数据容灾	负载均衡	负载均衡(硬件级)
15		本地备份	备份一体机或虚拟磁带库10TB/客户端
16		同城备份	备份一体机或虚拟磁带库10TB/客户端

软件配置清单　　表3-6

序号	资源名称		规格参数
1	关系型数据库	RDSHA版服务	达梦DMV7.0 内存≥64G,500GB数据存储
2		商业版关系型数据库技术支持	中国电信
3	操作系统	Linux服务器版许可	中标麒麟高组服务器操作系统V6.0
4		Linux年服务费	
5	中间件	商业版中间件服务标准实例(16GB内存)	东方通TongWEBV6.0
6		商业版中间件技术支持	中国电信
7	网络带宽租赁	互联网访问带宽保障	100M电子政务外网网络带宽

4）创新点和工作成效

（1）针对CIM标准体系缺失和相关标准未统一等问题，立足CIM平台建设需求，建立覆盖CIM平台建设、CIM数据汇交、施工图模型审查、竣工验收模型备案等关键技术及应用场景的CIM标准体系，主导编制国内第一部CIM基础平台技术导则，编制CIM基础平台技术标准、数据标准及适用于立项用地规划审查、规划设计模型审查、施工图模型审查、竣工验收模型备案的BIM交付标准，形成多项行业、省级、市级CIM标准，推动广州CIM平台与国家级、省级CIM平台的互联互通，为全国CIM标准化工作贡献"广州经验"。

（2）针对面向多对象、多层次、多维度的CIM应用需求，整合传统城市三维模型、地理信息模型（GIM）及BIM分级方式，设计了从地表模型到零件级模型的逐渐精细的7级CIM模型，实现CIM数据的高效融合、加工存储和共享应用。

（3）针对CIM平台数字底板缺少可持续更新源的问题，利用工程建设项目审批的BIM数字化交付成果，通过BIM模型交付标准、模型质量检查、模型审查引擎等技术手段保证高质量BIM模型汇入CIM平台，从而实现CIM数据的可持续增长。

（4）针对单一图形引擎无法高效驱动多源异构的地理信息模型（GIM）、BIM、仿真信息模型实现高逼真渲染展示、模拟仿真的问题，研发了多种主流图形引擎的高效混合驱动技术，实现GIM、BIM、仿真信息模型等的汇聚、存储、统一管理与高效渲染表达，支撑超大城市"一网统管"的运行。

（5）针对海量CIM数据服务管理复杂、服务关联不足，自主研发"场景服务聚合分发策略"功能，实现CIM服务的分级、分类、抽取、合并等服务组合要求，提高了数据服务调用速度及存储和管理效率。

（6）针对城市管理业务分散，部门协同不足以及城市各领域数据零散、难以发挥信息融合价值等问题，基于CIM基础平台，构建城市综合运行指标体系[37]，搭建"穗智管"（城市运行管理中枢，即广州市城市运行"一网统管"）的三维公共数字底板，实现跨部门数据共享与传导互动。

（7）在具体应用方面，开展了基于CIM基础平台的城市更新综合应用，针对现有三旧改造、老旧小区改造等规划和自然资源、住房和城乡建设等业务系统衔接不到位，存在项目数据重叠、数据更新机制落后、验证脱节、准确度无法保证等问题。基于项目全生命周期监管需求，建设了CIM+城市更新应用场景，实现旧改项目智能化、精细化、科学化管理。此外，还探索了CIM+智慧工地、CIM+桥梁健康、CIM+车路协同等多领域的场景应用。

项目形成标准规范共计21项，其中包括国内第一部CIM基础平台技术文件《城市信息模型（CIM）基础平台技术导则》、行业标准4项、广东省地方标准3项、广州市地方标准2项、试点项目标准9项、指引2项；产出软件平台（含子系统）20项；发明专利7项（授权4项、正式受理3项）；软件著作权13项；国内外学术论文26篇；主编出版学术专著14部。

与国内外同类技术相比，项目在标准、技术、应用等方面具有先进性、新颖性、创造性；项目成果达到了国际领先水平。

5）技术难点及未来设想

（1）技术难点

数据汇聚融合与存储技术。海量多源异构数据的汇聚与储存是CIM平台的重要基础。CIM平台不但需要融合多类别、多维度、多尺度、多时态、多要素的信息模型数据，还要充分对接物联网等感知数据，并通过存储、计算与表达各要素在空间拓扑和时间过程上的联系、演变，解决城市巨系统的复杂问题，其核心是GIS与BIM的融合。

① 多源异构数据融合：建立基于WEB服务的多源异构数据服务框架体系，实现BIM与GIS数据融合服务发布，首先将数据进行汇聚，形成数据资源池，然后对各类异构数据进行数据配置、数据校验、空间化生成、数字签发等，最后通过标准协议进行服务分发，进入到平台里进行服务聚合，服务聚合后通过SOAP接口对外提供统一的服务。

② 多源异构数据存储：数据的存储与调度，涉及数据的索引与存储。建立Geo索引，实现海量遥感数据的并行计算，解决传统数据存储和调度的性能瓶颈问题。采用文件索引

目录方式进行数据服务发布,优化和提升传统的二三维数据存储于数据的模式,实现了数据请求及渲染效率更高、吞吐量更大,快速响应前端的应用需求。

③ 存量建筑自动识别和快速采集建库:基于遥感数据、倾斜摄影数据进行存量建筑的识别,针对数据量大、数据种类繁杂、数据被周边影响大等特点。为提高存量建筑的识别效率,研发基于AI的存量建筑自动识别技术,大大减少人工的识别工作量。建立存量建筑智能识别云平台提高智能识别的管理能力,促进资源、算力的共享,也方便二次开发和数据的再利用。

数据高效调用与服务聚合共享技术。

① 云边协同的三维服务高速缓存技术[38]。随着CIM平台的深入应用,各委办局需要基于CIM基础平台进行应用开发和展示,随着用户量的增长以及服务的频繁调用,再加上硬件和带宽资源有一定的瓶颈,网络传输之间存在时间损耗,从而导致海量CIM数据服务访问性能不佳。为了解决这个问题,研发了云边协同的三维服务高速缓存技术,按需部署边缘盒子,不同用户就近访问边缘盒子的三维服务,从而让服务资源能够快速响应访问,并支持异地横向扩展,实现三维服务的快速访问,保证业务系统的顺畅性和稳定性。

② 高效的CIM引擎:为解决单机处理多专业海量CIM模型的存储、查询、计算分析与表达渲染等困难,项目从模型融合设计、数据组织存储、对象索引、实体几何表达、图形渲染等多个环节进行攻关与优化,设计了能兼容二维GIS、实景三维模型和BIM等各类模型的几何图形、属性一体化存储方案,核心是IFC和CityGML的并交集运算。采用分布式存储框架与技术,研究了高效的索引技术,实现城镇级(大尺度10000m×10000m)、社区级(中尺度1000m×1000m)、建筑级(小尺度100m×100m×100m)、构件级(细尺度10m×10m×10m)、零件级(微尺度1m×1m×1m)共5级空间索引,类似金字塔式组织空间网格、网格体块的索引便于快速查询空间范围(二维面)、规划单元(三维体块)、建筑群(三维模型)和构件(BIM)。

③ 服务聚合共享:平台设计了逻辑服务,在单个服务发布完成后,用户通过添加逻辑服务,可以将多个服务组织成一个逻辑服务,也可以将一个服务拆分成几个服务。用户可根据需要,配置个性化的逻辑服务。

CIM材质纹理优化策略。项目采用了智能算法优化材质,最大限度地提高材质的使用效率,优化渲染效果。

① 贴图合并:通常一个三维模型具有多个材质纹理。当纹理数量非常多的时候,会严重影响加载和渲染效率。项目将纹理图片进行合并,减少图片数量,从而达到模型轻量化的目的,减少碎片化的访问时间,提高模型加载与渲染效率。

② 材质纹理压缩策略:图像信息熵值和清晰度是衡量图像信息含量的重要指标,熵值是衡量图像信息丰富程度的指标,熵值越大,图像信息量越高,反之亦然。清晰度是图像质量评价的重要标准之一,清晰度较高的图像一般具有较为丰富的细节信息、较大的分辨率和尺寸。在CIM场景中,模型在不同场景下的展示效果有所差异:大场景无需展示模型纹理细节,而小场景下则需要展示详细细节。因此,项目基于信息熵和清晰度对图像进行合理压缩。

③ Ktx2材质的使用:一般模型的材质类型包括jpg、png、webp和压缩纹理格式(dds),这些材质是常规的计算机图像格式。为提高渲染效率,项目采用了Ktx2材质。Ktx2材质是谷歌公司提出的一种新的材质类型,相比于传统的jpg等图像格式,具备快速

转码、体积更小、加载效率更高、更加节省内存（显存）等优势。

施工图三维数字化智能审查技术。为解决进入 CIM 数字底板的 BIM 合规性问题，通过 AI 技术建立审查知识库，将工程建设项目审批关键条件、硬性指标、规范条文拆解为结构化自然语言（SNL）[39]，形成便于确认规则符合性且便于定制的建筑领域规则库。构建了统一的、轻量化 GDB 数据结构，用以存储 BIM 数据，将 BIM 模型提取为语义模型，形成 BIM 审查数据库。研发智能审查引擎，实现系统级的 BIM 模型自动语义检查。从而建立施工图三维数字化审查系统，实现施工图审查中部分刚性指标计算机机审，推动施工图审查从"人审"向"机审"转变。

（2）未来设想

CIM 平台是智慧城市的底座，在汇聚城市二维空间数据、现状三维模型和建筑信息模型的基础上，集成物联网和数字孪生等新兴技术实现全局视野、精准映射、模拟仿真、虚实交互、智能干预等典型功能，将加速推动城市治理和各行业领域应用创新发展，包括住房和城乡建设、水务、交通运输、应急管理、城市管理、工业信息化、环境保护、教育、林业园林、公共卫生、文化旅游以及商务等各行业和领域。

在水务领域，提供排水管网检测、水雨情实时感知与远程调度、防洪防汛、应急指挥等服务，实现缓解城市内涝、削减污染负荷、节约水资源的长效目标。

在交通运输领域，基于 CIM 平台可以实现线位方案比选、实际效果可视化模拟等功能，支持接入各监控点的实时视频信号，使交通管理人员全面掌控路面交通状况。

在应急管控领域，可为城市应急管理提供预案、监测、预警、处置、跟踪、分析、追溯等服务。

在环境保护领域，CIM 平台可以利用前端环境监测设备对现场环境进行监控，通过三维电子地图查询相关环保数据。

随着 CIM 平台的深入应用，城市数字底板将得到加速扩充与夯实。经授权后，CIM 平台可以逐步面向企业、公众开放，成为城市级应用开发的"土地供给"，CIM 数据将产生更大的社会和经济价值。

3.5.4 南京市城市信息模型（CIM）基础平台

1）平台设计背景

2018 年 11 月，住房和城乡建设部正式向南京市人民政府下发《住房城乡建设部关于开展运用建筑信息模型系统进行工程建设项目审查审批和城市信息模型平台建设试点工作的函》（建城函〔2018〕222 号）。试点工作自 2018 年 11 月起，需要完成运用 BIM 系统实现工程建设项目电子化审查审批、探索建设 CIM 平台、统一技术标准、加强制度建设、为"中国智能建造 2035"提供需求支撑等任务，逐步实现工程建设项目全生命周期的电子化审查审批，促进工程建设项目规划、设计、建设、管理、运营全周期一体联动，不断丰富和完善城市规划建设管理数据信息，为智慧城市管理平台建设奠定基础。

南京 CIM 基础平台的建设，立足城市未来发展，以集成城市运行管理过程中的海量数据为基础，研究实现多源异构数据融合、三维数据高效解析及发布服务等关键技术突破，支撑城市信息融合、精细化管理、跨部门多渠道信息协同等应用场景；针对特大城市 CIM 标准体系缺失问题和多场景应用需求，研究 CIM 平台整体框架、概念模型及系列标准，提供规范、指引和预测，进一步探索构建新型智慧城市的基础性平台。

基于CIM基础平台，南京市还开展了CIM+"多规合一"和CIM+"一体化政务服务"的建设，推动"多规合一"空间信息管理平台和一体化政务服务系统的图形端改造，实现"多规合一""立起来"的目标。

2）平台设计目标

以工程建设项目规划设计方案有限技术审查为突破口，用最小的代价、最短的时间，围绕"能上手早推广、精简审批环节、提高审批效能"探索审批改革智能化道路，完成试点地区和行业的BIM电子化报建；以"多规合一"信息平台为基础，集成试点区域范围内的各类地上、地表、地下的现状和规划数据，建立具有规划审查、建筑设计方案审查、施工图审查、竣工验收备案等功能的三维可视化的CIM平台，探索建设智慧城市基础性平台。主要建设目标具体包括以下四个方面。

(1)"能不能""好不好"改革关键实现突破

以BIM和CIM技术融合应用为抓手，梳理构建机器可识别、内容可拓展的智能审查规则库，划定机器智能审查和传统人工审查的内容边界，创新建设工程设计方案审查、施工图审查、竣工验收备案管理全流程工作模式。明确工程建设项目审批机器审查的范围、内容，以及全自动、半自动、全人工的界定，最大限度解决机器审查"能不能"问题，提供智能化手段实现人机互动，最优方式解决人工审查"好不好"问题。

(2) 全要素全流程BIM审查提速增效

逐步形成BIM审查智能化技术，循序渐进，加强统筹，实现各阶段BIM审查的有机统一、前后联动、有效衔接。围绕工程建设项目审批的类型全覆盖、过程全覆盖、审查要素全覆盖等方面持续发力，全方位推动BIM智能审查提速增效；围绕"能上手早推广、精简审批环节、提高审批效能"探索工程建设项目审批改革智能化道路，支撑工程建设项目审批改革提速增效。

(3) 全空间立体化数字底板升维升级

以项目审批和智慧应用的空间底座为目标，建设能支撑工程建设项目审批改革管理、规划和自然资源业务应用和智慧城市服务的新型空间底座。推动"数据治理"迈向"数据智理"，集成包括基础测绘、多规合一、城市设计、地下空间等多源异构数据，形成涵盖二维和BIM、精模、白模的覆盖全市域二维三维一体化一张图，集成涵盖地上、地表、地下（地质、地下管线、地下空间）的全息透视一张图，推演从东吴、东晋到明、清、民国、新中国的历史演变一张图。集成融合实现GIS、BIM、IOT等数据的融合升级，推动空间场景数字化由二维向三维、BIM化逐级提升。

(4) 地方化特色化建设模式南京样板

紧紧抓住新一代信息技术发展的战略机遇，持续推进"放管服"改革、优化营商环境，基于已有多规合一等工作基础，研发南京地方BIM格式，构建南京BIM、CIM系列地方标准，形成统一的规则库建设模式，通过研发BIM系统、CIM平台，形成联合审查模式，打造南京地方特色技术体系样板。力争试点工作走在全国BIM/CIM建设前列，以全国示范建设为担当，探索可复制推广的南京建设模式。

3）平台总体方案

南京市基础平台基于WebGL开发，B/S架构，无插件、客户端无需部署，通过浏览

第3章 城市信息模型（CIM）平台

器输入地址即可直接访问。平台融合了城市精模、精工白模、倾斜摄影、BIM模型等多源多尺度全空间数据信息，形成覆盖南京市全域的CIM全息底板。

（1）总体框架

以工程建设项目审批制度改革为引领，以BIM和CIM技术融合为抓手，以工程建设项目规划设计方案有限技术审查为突破口，探索审批改革智能化道路。以"多规合一"信息平台为基础，探索构建一个全域全空间、三维可视化、附带丰富属性信息的CIM平台，形成南京市空间数字底板。全面推进"CIM＋"在城市规划建设管理中的应用，助力深化CIM基础平台在智慧城市建设中的应用，提升城市管理的精细化、智慧化水平。CIM平台在"智慧南京"中的定位和作用主要体现在业务应用和空间基础两个方面：从业务应用的角度，CIM平台属于"智慧南京"政务应用领域中规划建设方面的重要应用之一，探索工程建设项目审查审批的智慧化技术路径，夯实了工程建设项目全生命周期管理的基础；从空间基础的角度，CIM平台为"智慧南京"构筑了空间底板，通过多源时空信息的融合，实现了城市的一体展现、多维管控，为智慧城市奠定了物理空间的数字化基础。具体架构如图3-71所示。

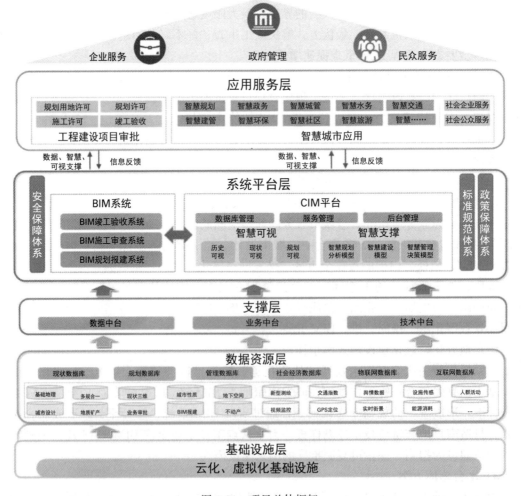

图3-71 项目总体框架

（2）界面介绍

① CIM 数据引擎

CIM 数据引擎建设利用轻量化技术[40]和 LOD 技术实现海量数据的加载和显示，实现地上地下、室内室外的浏览和漫游。专业表达和展示二维数据，BIM、倾斜摄影等三维数据、物联网大数据等。支持二三维一体化展示、多屏对比和联动，支持三维视频融合，如图 3-72 所示。

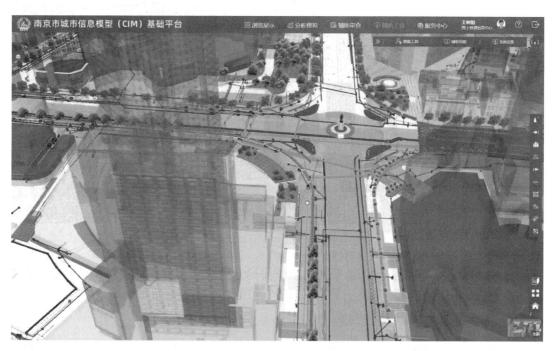

图 3-72 CIM 数据引擎

② 数据管理子系统

数据管理系统是对所有数据统一管理的功能系统，为 CIM 平台提供数据组织转换、数据建库入库、数据生成及编辑扩展等功能模块。

③ 服务管理子系统

服务管理系统是 CIM 平台数据和功能的综合管理系统，为 CIM 平台提供数据和功能的创建、管理、统计分析、部署和拓展等功能服务。

④ 展示应用子系统

展示应用系统是 CIM 平台展示、查询、浏览功能的窗口，提供三维场景展示、BIM 模型全流程展示与应用、多源融合展示、量测、拓展应用等功能，如图 3-73 所示。

⑤ 辅助智能化审查审批子系统

南京 CIM 平台智能化辅助审查审批应用主要为建设项目规划设计前期的方案研究、正式报建阶段的 CIM 审查两类场景提供应用服务。

在建设项目规划设计前期研究提供双空间方案比选功能，辅助实现直观三维视觉效果下的景观分析。

在正式规划报建阶段，基于建设项目规划条件和《南京市建设工程设计方案审查工作

第3章 城市信息模型（CIM）平台

图 3-73 展示应用子系统

导则（2017版）》梳理基于 CIM 平台的审查指标，为规划报建审查提供科学辅助功能，树立基于三维场景的审查新视角，打破单个规划 BIM 项目审查的场景局限性，进一步提高要素审查完整度，如图 3-74 所示。

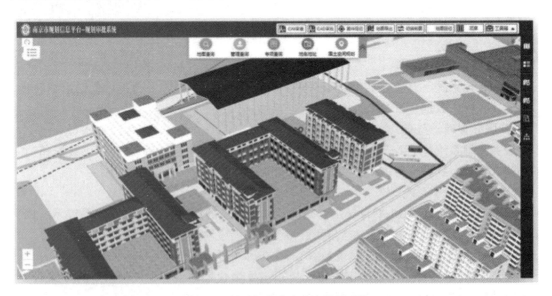

图 3-74 辅助智能化审查审批子系统

⑥ 大数据拓展应用子系统

平台可支持接入 POI、手机信令、企业法人等大数据，立足平台融合的多元空间大数据与建筑模型资源[41]，利用空间分析与数据挖掘技术进行相关专题大数据分析和应用展示，为智慧城市数字化管理提供多维分析工具。

⑦ 运维管理子系统

实现对数据管理系统、服务管理系统、展示应用系统、规建设辅助系统、移动应用系统的统一配置和统一管理。

(3) 技术路线

基于南京市已有智慧南京等工作基础，进一步与工程建设项目审批相结合，并进一步延伸，推动BIM+应用的发展。推动CIM+应用、CIM平台与新型智慧城市、新基建、新城建等相结合，助力"强富美高"新南京建设，发挥CIM平台对新型智慧城市的基础支撑作用，拓展形成"善治、兴业、惠民"等方面的应用体系。

① 工程建设项目审查审批

落实住房和城乡建设部《关于开展运用建筑信息模型系统进行工程建设项目审查审批和城市信息模型平台建设试点工作的函》指示要求，加快"放管服"改革，积极探索BIM在工程建设项目规划审查、建筑设计方案审查、施工图审查、竣工验收备案等阶段的应用落地，构建BIM在工程建设项目审批业务方面的应用场景，以实现各阶段BIM数据的全流程打通，推动跨部门审批业务的有机衔接，为工程建设项目审批提速增效。面向BIM系统不同的使用对象，从设计单位、建设单位和行政审批部门的应用需求出发，梳理形成相对完善的BIM+应用体系。

规划报建阶段。设计和建设单位在取得项目用地许可后，完成项目规划设计方案，并提交至规划审批单位进行项目规划许可证申报。审批单位接收规整后的BIM规划设计方案后，借助BIM规划报建系统和CIM平台对BIM方案文件的一致性、图形拓扑关系和图形要素关系和方案指标进行审查。待审查通过后，由审批单位下发项目规划许可证。

施工报建阶段。设计单位受建设单位委托，依托BIM施工审查系统的设计端软件，在BIM规划报建成果基础上进行深化设计，完成BIM施工图设计方案的自审自查和数据规整，向建设单位提交统一的"宁建模"格式数据。审批单位借助BIM施工审查系统审批端对通过初步质检的BIM模型进行建筑、结构、消防等相关专业的成果审查，形成审查意见。

竣工验收阶段。建设单位提请"申请验收"，提交相应BIM竣工模型。行政审批人员调用BIM竣工验收备案管理系统的模型比对功能接口，对施工模型与竣工模型进行对比，比较变更部位。通过模型审查和对比分析，确保项目按照规划、施工阶段提交的设计方案进行建设，符合验收要求。

② 城市设计

集成建设城市设计成果一张图，以二三维一体化的一张图为载体和索引，提供总体层面、区段层面、地块层面及专项层面城市设计编制成果的有效整合和内容查看，支持城市设计管控要素的三维可量化分析，满足在规划编制时相关规划要求的核提，以及批前设计阶段规划要点的下达。

③ 三维不动产示范应用

以房地一体化不动产三维管理为目标，实现BIM模型在落宗关联、辅助测量、不动产登记管理和三维楼盘管理方面的应用落地。结合BIM不动产登记模型数据，在房屋落宗时，根据宗地范围，再结合房屋幢号、坐落地址等信息，筛选出相应的自然幢，将丰富的不动产登记信息直接关联到三维模型上，自动建立房屋、楼幢、地块之间的关联关系，编制不动产单元号，完成落宗关联。

④ 历史文化保护

南京是一座拥有近2500年建城史的历史文化名城。市委市政府高度重视对本市历史建筑的保护，并在《南京市美丽古都建设行动计划》中要求：尊重和善待老街区、老建筑、老物件，保护好城市的文化回忆，积极挖掘人文底蕴，实施文化载体建设，讲好南京历史故事，彰显古都风貌与现代气息交相辉映的独特魅力。为此，可利用点云激光技术对历史文化街区和建筑群体进行三维精细建模，基于CIM平台建立南京历史文化数字档案，实现历史街区漫游和历史建筑展示，为南京历史传承提供新途径。

(4) 配套需求

南京BIM和CIM试点工作覆盖工程建设项目审查审批四大环节和智慧城市相关应用，涉及南京市规划和自然资源局、城乡建设委员会、大数据管理局、城市管理局等多个委办单位。为满足BIM规划报建系统和CIM平台的运行需求，软硬件相关设备配置要求如表3-7所示。

软硬件相关设备配置　　　　表3-7

序号	名称	数量	备注
1	数据库一体机	4台	国产
2	超融合计算存储节点	8台	国产
3	万兆交换机	4台	国产
4	BIM图形工作站	6台	国产
5	CIM数据处理及研发图形工作站	6台	国产
6	图形移动终端	10台	国产
7	超融合软件	4套	国产
8	Revit2019	1套	
9	Ubuntu16.04	1套	
10	CentOS7.5以上	1套	
11	MySQL5.7	1套	

4）创新点和工作成效

(1) 创新点

① 创建了自主可控、自成体系的"宁建模"BIM格式，搭建了以BIM数据为核心、融合多源多尺度全空间信息的CIM全息底板，建成了自主可控、可集成扩展、便捷服务的南京市CIM平台。

有效解决了国外私有BIM格式无法修改扩展和存在泄密风险、BIM解析与发布服务的性能瓶颈等问题，相比现有商业工具转换性能提高了10余倍；以BIM数据为核心，基于三维模型轻量化等关键技术，搭建了多源多尺度全空间信息的CIM全息底板，解决了海量多源异构数据汇集以及全场景覆盖的难题，在此基础上，率先建成了特大城市CIM平台。

② 探索了CIM城市规划资源精细化管理体系，建立了基于CIM的城市建设全生命周期传导机制，形成了CIM平台建设的工程化方法。

设计了虚实映射共生的数字化管理体系，通过数字孪生城市来管理现实的物理城市，实现了基于CIM的城市精细化治理；扩展形成城市建设六阶段全生命周期流程，构建了"用地→场地→建筑→空间→构件"五级空间管控体系；围绕特大城市CIM平台的顶层设计、标准搭建、数据建库、软件开发、安装维护、推广应用等方面，首次形成了一整套系统化、规范化、标准化的CIM平台建设工程化方法。

③ 智能审查功能强大，提升设计质量。施工图BIM智能审查覆盖建筑、结构、给水排水（含海绵城市）、电气、暖通5大专业，消防、人防、节能3大专项共302条可量化条文。利用智能审查引擎，结合BIM审查结果，有针对性优化管理模式，促进管理服务改革，优化营商环境。

（2）工作成效

本项目的创新技术和成果已经应用于南京市规划资源、城乡建设、城市管理等部门，南京国家级江北新区、南部新城、紫东新区、建邺区等区域，江苏省建筑设计研究院、南京市规划设计研究院、北京城建设计发展集团等设计单位。

项目系列标准研究成果已被纳入到地标、行标和国际标准，被全球第一个CIM国际标准《用例收集与分析：智慧城市的城市信息建模》（IECSRD63273）采用；实际应用于马鞍机场和禄口机场模拟净空保护区、南京市历史建筑精细化保护管理、土地用地管理、建邺区智慧灯杆应用、江北新区和南部新城等试点片区CIM平台建设及南京市建设工程全流程BIM报建业务等方面，推动了城市高效协同的精细化管理；完成了南京市城乡建设委员会的南京建设工程BIM智能审查管理系统、南京市规划资源局一体化政务服务系统、南京市"多规合一"空间信息管理平台等系统的对接，实现了数据与功能服务全面共享；通过工程建设项目"规、建、管"全流程、全周期的一体化应用，实现了工程建设项目智能审查审批，促进了工程建设项目审批提质增效，58同城华东总部项目作为江苏省首个采用BIM技术进行规划报建和CIM审查审批的工程建设项目，顺利取得"设计方案审定通知书"和"建设工程规划许可证"。

通过联合试点片区、试点行业、头部设计单位和建设单位，进行工作传导、标准贯彻和技术帮扶，形成了可喜的联动效应：江北新区已完成"BIM建模和示范应用研究项目"，南部新城启动"数字孪生智能新城项目"，江心洲中新科技岛推进以"江心洲超脑"为目标的"数字孪生江心洲（一期）项目"，江北新区南京北站枢纽经济区数字孪生平台（一期）项目、新城建试点等各项工作也在陆续启动。另外，为有效助力紫东"数字治理示范区、数字城市核心区、数字经济样板区"建设，经紫东核心区管委会申请，已将紫东核心区纳入全市BIM/CIM试点区域，紫东核心区"数字之城"项目已完成立项论证。

5）技术难点及未来设想

（1）技术难点

中台技术。面向国土空间基础信息平台、时空云平台和CIM平台三大空间基础性平台建设要求，以资源复用、应用拓展为指导，引入中台技术[42]，重点解决三大平台建设的数据、平台、基础设施等内容重复及冗余问题，提升系统平台兼容性，降低总体建设成本，提高数据、资源、服务的重复利用率和灵活拓展性。结合中台技术成熟程度、建设实践经验和平台业务应用需求，搭建数据、业务、技术三大中台，支撑系统平台在数据管理应用、业务服务应用、技术能力支撑三个方面的融合复用。

微服务架构技术[43]。通过将功能分解到各个离散的服务中，从而降低系统的耦合性，并提供更加灵活的服务支持。微服务将一个单一应用程序开发为一组小型服务，每个服务运行在自己的进程中，服务间通信采用轻量级的通信机制。这些服务围绕业务能力构建并且可通过全自动部署机制独立部署，可使用不同语言编写，使用不同的数据进行存储，从而实现一个最小限度的集中式服务管理，平台提供的各类功能与应用以微服务的形式发布，可有效降低平台结构的复杂度，增加各类功能服务调用的灵活性。

南京自主数据格式。基于国际通用 BIM 数据标准（IFC），形成南京市"＊NJM"自主数据格式，实现数据模型自主可控的同时，更为未来国产设计端预留接口。南京市自主数据格式的几何信息、对象实体等符合国际公开 IFC 命名、编码、分类，并在此基础上扩展指标、表单、报建中间结果等信息。南京自主数据格式使用 gltf 技术，使得文件体积小、传输快、面向渲染，显示效果好，基于二进制 bin 文件＋gltf 文件的格式内容，支撑数据格式的后续灵活配置。

模型轻量化技术。BIM 模型信息量大，对计算机性能要求高，存在分析显示速度慢、直观浏览效果不理想等问题。为此，需对原始模型进行处理转换，实现原生数据的轻量化，过滤冗余信息，保留 BIM 模型必要的信息结构和显示信息，并对数据进行简化和压缩，减少模型浏览的机器负荷量。模型轻量化技术可以显著提高平台运行效率，以更好实现模型的实时动态显示效果。

数据切片技术。随着南京市工程建设项目审批业务的三维化普及，BIM 模型数据、单体化精模数据等的产生与处理将呈现指数级增长态势，大规模大体量的数据展示面临突出问题。因此，需引入数据切片技术，实现大规模的三维数据展示和渲染。目前主流的数据切片技术包括底图切片、矢量切片、模型切片三种形式。本项目的数据类型多样，需要充分集成融合上述三类切片技术，增强系统平台的运行表现。

基于 WebService 的信息服务。WebService 技术作为在互联网上构建大型、复杂应用的理想技术，提供了全新的大型系统开发设计思路，大型系统的模块、功能可以独立设计，通过接口查询以及自描述的 XML 格式的数据交换，将各个模块、功能集成为一个大型的系统。模块内部的改动不会影响其他模块或功能，使系统的维护和升级更加容易。采用 WebServices 技术可以最大程度上的保证原有的信息化系统的建设，为已有系统或者新建系统间提供一个有效的通用的连接方式。

（2）未来设想

① 基于本项目形成的标准规范体系及相关的标准成果，可以指导各地开展 CIM 平台建设，促进各地的标准形成，推动全国 CIM 相关的标准体系的形成，探索可复制推广的 CIM 平台建设模式。

② 按照市级引领、优势互补原则，制定市区统筹联动的"BIM/CIM"建设指引，坚持"标准统一、框架统建、一数一源"的同时，鼓励"包容扩展、开放共享、特色创新"，不断探索形成"市级统建、区级拓展"和"市区分建、协同互联"两种建设模式，通过服务供给、能力复用逐步转变系统建设和应用的输血、造血机能，从而构建更多符合地方实践需求、特色鲜活的 CIM 应用。

③ 探索 BIM 技术在工程建设项目"规、建、管"全流程、全周期的一体化应用，促进全专业从二维平面图纸向三维立体模型的技术跨越和改革转型，构建覆盖全专业的智能化审查技术体系，全面提升规划管理工作的精细化、科学化、智能化水平，提高政务效率

和透明度。

④ 随着软件研发企业、设计企业和建设企业的协作不断加深，产、学、研、用的不断融合，上下游产业逐步落地，将不断降低技术门槛，拓宽应用渠道，持续创造产业价值，促进经济社会发展；将有力推动南京转型成智能建造、智慧管理的样本城市，带动全国城市的数字化、智能化升级。

3.5.5 杭州市CIM基础信息平台

1) 工作背景

2020年10月，住房和城乡建设部将杭州市列为全国首批新型城市基础设施建设试点城市之一。2021年，浙江省住建厅印发《浙江省市政公用事业发展"十四五"规划》，提出积极探索和应用CIM。根据住房和城乡建设部"新城建"试点要求和浙江省住建厅要求，杭州市结合工作实际，于2021年3月制定印发了《杭州市新型城市基础设施建设试点工作方案》。在试点工作任务中，CIM基础信息平台建设是核心内容和基础工作。

2) 平台建设目标

通过前期探索，杭州市将CIM平台定位为城市规划、建设、运行、治理的统一指挥平台。对于杭州市而言，CIM平台不仅要做到"City Information Modeling"，还要进一步实现"City Information Management"，即在完成城市信息三维建模表达的基础上，使其应用和服务于城市管理的方方面面。

依据上述定位和要求，杭州市有序推进CIM平台建设，融合二维三维、地上地下、室内室外、物联感知等多源数据，形成汇聚城市三维空间全要素的数据底座，并在此基础上逐步建立数据共建共享机制、开展CIM+应用，为城市治理体系和治理能力现代化赋能。

3) 平台总体方案

(1) 总体思路

为打造城市级的统一指挥平台，杭州市谋划了"形、名、数、具"＋"三图层"的总体建设思路，即围绕"形、名、数、具"四个方面进行平台基础能力建设，打造"三图层"（底座图层、基础图层、应用图层）的共建共享路径。

形：构建物理空间数字形体。搭建城市数字化形体，形成直观可视的全空间一体化三维数字底座，即在虚拟的数字空间中对城市场景进行数字化还原，为关注的每个物理实体建立对应的数字化对象。

名：赋予数字对象社会含义。要在数字空间中识别三维对象并对其进行信息管理，则必须为每个管理对象赋"名"，使其具有社会含义。基于杭州市已有的统一地址库数据，将地名地址与不同颗粒度的城市管理对象做好关联。

数：关联空间对象多源数据。有形体和名字后，就可以将多维度业务数据关联到相应的空间管理对象上，实现数据在空间上的附着、沉淀和碰撞。

具：提供空间服务多元工具。以需求和应用为导向，构建三维场景组件、数据融合组件等工具化的空间服务组件。各单位可调用CIM平台已有的数据和组件等资源，打造各具特色的CIM+应用场景。

在初步完成"形、名、数、具"建设的基础上，按照系统化、模块化的要求，率先提出"三图层"的新概念和新思路。

底座图层：明确管理对象，预留数据空位。在"形"与"名"基础上建立的数据底座，并为后续接入"数"预留自定义的属性空位。在底座图层中对同类型的城市管理对象统一进行形态勾勒和规则命名，并为这些对象自定义规划设置好所需的数字、文本、统计等多种类型的属性数据预留位，为接入不同条线业务数据提供相应的模板，实现业务数据"拎包入驻"。

基础图层：接入业务数据，实现基础功能。在底座图层的基础上纳入业务相关的"数"，并运用基础性的"具"进行分析展示的图层。业务单位可以向底座图层的预留属性位中放入相关数据内容，并调用 CIM 平台提供的各类基础性指标工具，实现数据分析统计、分类展示渲染等基本功能。

应用图层：构建工作闭环，落实场景建设。在基础图层之上，由业务单位根据业务需要开展业务闭环操作，形成具体场景应用。各应用分别开展分析判断、状态标识和处置闭环等业务管理工作，并形成新的业务管理数据。新数据可附着到 CIM 空间对象并进行展示，又可回流到 CIM 平台，在 CIM 平台中进行展示和统一指挥。

（2）总体架构

平台充分结合杭州市数据资源现状，依托杭州市政务云资源，从杭州市对 CIM 平台建设的实际需求出发开展建设。平台总体架构如图 3-75 所示。

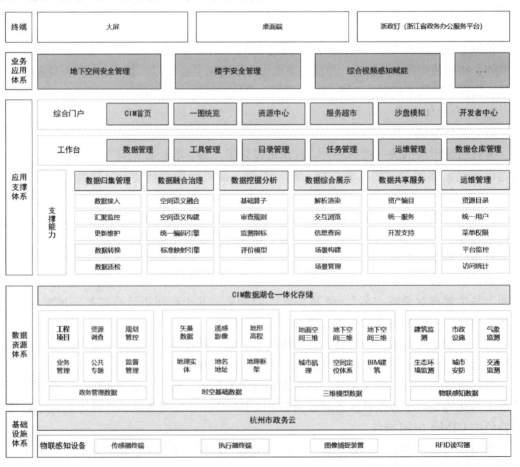

图 3-75　总体架构图

3.5 CIM 的应用案例

基础设施体系。充分利用杭州市政务云及杭州城市大脑等信息基础设施，以及杭州市物联感知平台所提供的感知资源等。

数据资源体系。汇集各类时空基础数据，并对接省市相关系统平台，获取多类时空专题数据和社会经济数据。建立 CIM 数据资源库，将数据全面整合入库。

应用支撑体系。打造数据归集管理、数据融合治理、数据挖掘分析、数据综合展示、数据共享服务、系统运维管理等一系列服务化的功能。

业务应用体系。基于杭州市 CIM 平台，开展地下空间安全管理、楼宇安全管理、综合视频感知赋能等试点场景建设。

终端透出。CIM 支撑体系下的应用成果可以通过大屏、桌面端、"浙政钉"等终端触达各类用户。

（3）建设成果及界面展示

门户系统。提供门户各个应用板块的统一入口：一图统览，可视化展示 CIM 数据，如图 3-76 所示。资源中心，提供数据交换与服务共享。服务超市，为用户定制化需求提供数据搜寻和获取功能。沙盘模拟，对演示场景进行自定义编排和立体动态展示，如图 3-77 所示。开发者中心，帮助相关部门单位的技术人员快速实现平台资源和能力的接入。

图 3-76 门户系统界面图

工作台系统。统筹管理 CIM 数据、指标、组件、服务等具象化支撑能力，向门户网站输出开放共享的数据与服务，包括数据管理模块，实现从新数据接入、标准化、质检、管理维护等方面统一管理各类数据；任务管理模块，负责管理所有用户申请记录以及完成审批操作；运维管理模块，提供用户管理、角色权限、页面菜单、运行日志等功能，如图 3-78 所示。

应用场景案例。依托 CIM 平台基础功能和"三图层"框架，杭州市多部门联合快速搭建了若干案例示范。

案例 1：视频监控管理

基于城市楼幢道路底座图层，接入杭州全市 17.97 万路视频监控数据，形成视频监控

第3章 城市信息模型（CIM）平台

图 3-77　沙盘模拟界面图

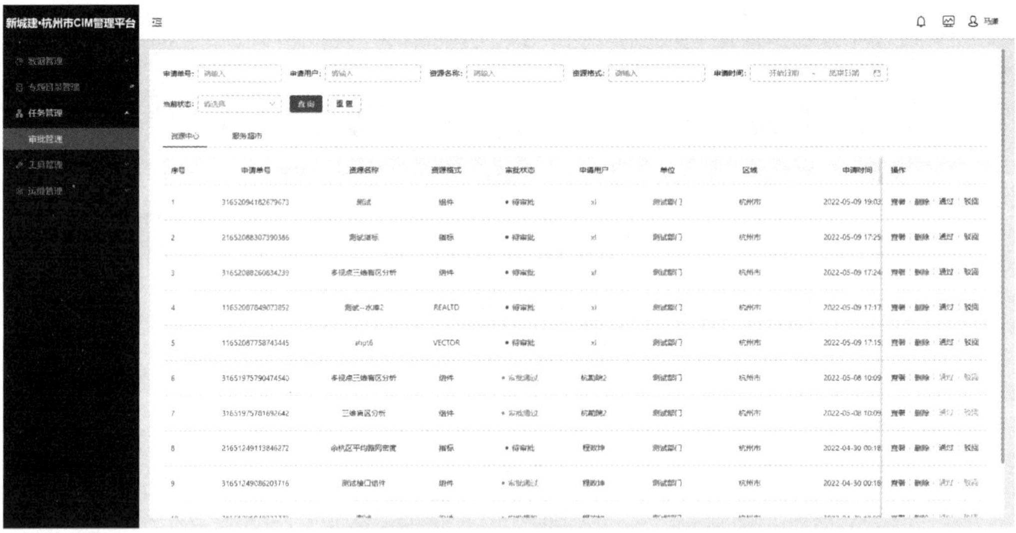

图 3-78　任务管理界面图

管理基础图层。用户可通过多种灵活方式快速筛选出目标区域的监控点位，并实现实时视频流调取。通过该图层建设，以用促维，减少监控资源重复建设、覆盖范围疏漏、调取故障等情况，如图 3-79 所示。

案例 2：楼宇管理

基于楼宇底座图层，根据不同需求接入数据，进行楼幢基本信息、经济信息和人口信息等的综合调度。例如，接入房屋清查数据、相关物联监测数据等形成楼宇信息基础图层，接入税收、产值数据形成楼宇经济信息基础图层，接入人口信息形成楼幢人员信息基础图层。同时，接入的各类楼宇相关数据可反馈和沉淀至 CIM 平台中，为城市综合管理提供数据支撑和平台支撑，如图 3-80 所示。

3.5 CIM的应用案例

图 3-79 视频监控管理界面图

图 3-80 楼宇管理界面图

案例3：城市地下隐患智防

近年来，城市道路路面塌陷事故时有发生，给城市安全运行带来巨大挑战。对此，杭州市基于CIM平台数据底座，重点建设城市地下隐患智防应用，努力做到"底数清、判断准、能指挥"，提升塌陷治理效能。

该应用基于CIM平台的基础空间底座图层、地质数据基础图层、基坑数据基础图层等，汇集其他与地下隐患形成相关的动静态数据，形成地下家底一张图；建立综合风险分析模型和算法，计算路面安全指数，并利用CIM平台基础能力标识出高、中、低风险区域，直观展示为路面塌陷风险一张图；针对不同风险，建立监管处置措施清单，自动生成

123

第3章 城市信息模型（CIM）平台

预案并推送至相关部门完成处置，如图 3-81 所示。

图 3-81　地下隐患智防界面图

（4）关键技术

倾斜摄影数据优化技术。庞大的倾斜摄影模型数据量对平台的承载能力带来严峻的性能挑战。为确保平台高效运行，研发倾斜摄影模型轻量化技术，通过简化算法有效地降低模型网格的密度，并利用更加高效紧凑的纹理存储格式来降低模型文件数据量，提高倾斜摄影模型加载和渲染的性能。

手工三维模型轻量化技术。通过网格简化、材质合并、瓦片化处理等手段，有效提高手工三维模型的渲染效率，保证平台在高视效渲染时依然能够拥有流畅的用户体验。

地名地址空间语义定位体系。中文地名地址表达通常存在地址冗余、拼写错误、歧义、要素缺失、格式不一致等问题。对此，构建计算机能够理解的空间对象认知表示模型，实现空间关系的推理，提高认知的理解程度，提高地址匹配的自动化和智能化水平。

多源异构数据融合。为满足 CIM 平台汇聚的海量多源异构数据集中展示的需求，需要对数据进行转换处理。采用二三维一体化技术，支持二维 GIS 数据（栅格、矢量）、三维模型数据（倾斜模型、手工模型、BIM 模型）、流数据（监控视频、物联感知数据）以及各类专题业务数据的无缝融合与可视化，为地下、地表、地上以及三维场景的全空间表达与分析提供支撑。

（5）配套需求

杭州市 CIM 平台采用 B/S 架构，其中服务端均部署在政务云平台上。借助云平台安全、稳定、易扩展的优势，及时根据业务变化动态调整配置。在客户端硬件选择上推荐选用具备高性能独立显卡的 PC 机作为运行环境。

CIM 平台在运行中需要从服务器获取大量的模型数据和业务数据，推荐服务端出口带宽至少达到 1Gbps，客户端入口带宽至少达到 100Mbps。

4）创新点和工作成效

建设城市级三维空间基础底座。平台搭建了底图统一、底数一致的三维空间底座，当前已汇集融合400平方公里以上的倾斜摄影三维模型、全市域地表影像模型、主城区1000平方公里的白模，接入工程建设、地下市政基础设施、建筑房屋、视频监控等多类城市数据。

探索数据协同救济模式。汇聚城市基础空间数据和各业务专题数据，通过不同来源数据之间的碰撞与校核，探索跨部门的数据协同救济模式。通过开展数据更新治理闭环，建立数据问题及时发现与反馈机制，实现精准的"数据反哺"，提高CIM平台数据质量。

搭建"三图层"应用框架。按照系统化、模块化的要求，率先提出底座图层-基础图层-应用图层的"三图层"框架概念。业务部门可以借助底座图层，明确管理对象、选取使用数据、构建工作回路，实现应用场景建设的流水作业。同时各应用图层中的数据又可到CIM平台，赋能其他应用。

5）难点及未来设想

在CIM平台建设中，主要难点包括以下三个方面：

建立城市全空间全要素的三维空间底座耗时长、成本高，更新维护难度大。需要兼顾数据的时效性、颗粒度以及成本，根据城市管理需求进行建设。

CIM平台使用过程中涉及海量数据加载、渲染和可视化表达，展示效果易受硬件环境所限制。需要研发更高效的算法，并搭建与之匹配的硬件环境。

测绘数据等涉密数据的使用和共享受限。杭州市CIM平台目前将地下管线等全量数据存储在保密单机中，需要明确相关数据的脱密脱敏规则，在确保数据安全的前提下满足应用需求。

下一步，杭州市将持续推进CIM平台建设，扩展基础数据资源，建立数据更新和检验的长效机制；深化CIM基础平台能力，提供更多更优的空间化数据、计算组件、分析应用能力等方面的支撑；拓展CIM+应用场景范围，实现各部门、各层级共建共享，使得CIM平台真正成为杭州市级城市规划、建设、运行、治理的统一指挥平台。

3.5.6 厦门BIM规划报建系统

1）项目背景

根据《住房城乡建设部关于开展运用BIM系统进行工程项目报建并与"多规合一"管理平台衔接试点工作的函》（建规函〔2018〕32号），厦门市被列为试点城市，建设基于"多规合一"管理平台的BIM审查审批系统，并探索建设CIM平台。中国建筑科学研究院有限公司作为主要技术单位参与了厦门BIM报建试点工作，运用BIM系统实现工程建设项目电子化报建，实现BIM报建系统与"多规合一"管理平台的衔接，统一技术标准，加强数据信息安全管理，以及相关制度建设。通过改造BIM系统进行工程建设项目电子化报建，提高项目报建审批数字化和信息化水平，并将改造的BIM报建系统运用统一开放的XIM数据格式与"多规合一"管理平台衔接，逐步实现工程建设项目电子化审查审批，推动建设领域信息化、数字化、智能化建设，为智慧城市建设奠定基础。

2）平台建设目标

主要完成四个目标：运用BIM系统实现工程建设项目电子化报建；完成BIM报建审

核工具的开发;完成 BIM 报建数据交付标准的编制;完成相关电子报建制度的建设。

到目前为止该项目已形成制度、标准、工具、平台四大成果。

3)平台总体方案

BIM 报建审查审批的设计如图 3-82 所示,分为四个阶段:

(1)一阶段:规划设计阶段,由建设单位或委托设计院使用 BIM 设计软件进行搭建项目报批模型,根据厦门市 BIM 软件应用情况的调研结果,使用 PKPM-BIM 和 Revit 两种 BIM 设计软件进行 BIM 模型搭建的居多。PKPM-BIM 全专业协同设计系统是基于 BIMBase 自主平台研发,符合了安全、自主、可控要求。并获得了 BIM 自主图形平台的认证,具备区域设置、模型编辑、构件编辑等与 Revit、Bently 等国外 BIM 软件同样的功能,开发基于不同 BIM 设计软件的设计端插件,以导出公开数据格式(目前先定义为 XIM,是 Xiamen Information Modeling),通过不限制设计师使用何种软件,已达到政府不干预市场使用某种特定的 BIM 软件,统一数据交付标准的目的。

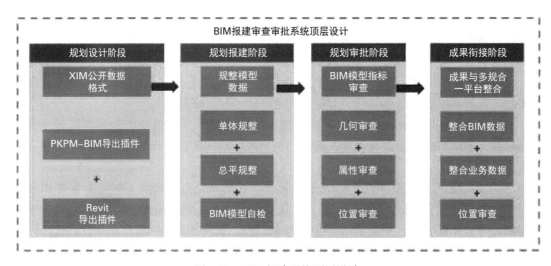

图 3-82 BIM 报建系统顶层设计

(2)二阶段:规划报建阶段,将公开数据格式 XIM 数据格式,导入 BIM 报建审查审批系统。按用户业务需求分别对单体模型与总平面图进行规整。由建设单位委托设计院进行单体建筑规整、总平面设计方案规整、整体项目方案的自检。单体规整是对报建单位提供的通过导出插件导出的公开数据格式的文件进行相应的业务属性规整。包括完成项目、楼层、区域、户型、阳台、公摊等信息;总平规整是对单体模型所在的地块进行相应规整,包括对单体建筑放置、车位、绿化、用地等信息进行规整。将建筑单体的相应规整信息与 BIM 模型完美整合,并提供自检功能。设计单位通过系统提供的自检功能根据系统读取的指标数据进行预审查,可以提前发现设计错误和问题,并修正错误,减少了报建的反复次数,从根本上提升了报建的效率。

(3)三阶段:规划审批阶段,由厦门市自然资源和规划管理部门的审批人员完成。由审批人员对报建的项目 BIM 模型进行指标审核,包括用地审查、建设面积审查、建筑密度审查、分配审查、计容面积审查、服务设施用户审查等内容。并自动生成审查报告,审查完成后可导出项目 BIM 成果文件和审查报告,作为下一阶段的审批依据,如图 3-83 所示。

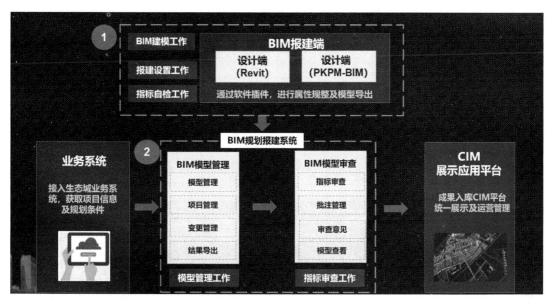

图 3-83 BIM 报建审查审批系统审查流程

(4)四阶段:与多规合一系统的衔接阶段,将导出的成果文件通过软件算法导出为多规合一平台兼容的数据格式,并实现在用户平台成果展示等功能,如图 3-84 所示。

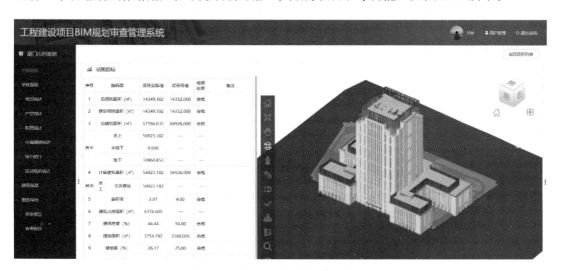

图 3-84 厦门 BIM 规划报建系统界面

系统建立了一种 BIM 设计软件间数据交换通用标准。优化了报建单位模型审查的工作流程,使政府部门审批与设计单位之间数据更好地对接,基于 BIM 报建审查审批系统进行指标审查,并将最终的成果数据与多规合一平台进行衔接与整合。

4)创新点和工作成效

厦门 BIM 规划报建审查审批系统是业内首个基于 BIM 的报建审查软件,采用创新技术路线"统一数据格式＋自主报建审查审批系统＋接入多规合一平台",以实现经济技术指标自动化计算、出具审查报告、辅助工程建设项目审查、提高审批效率,如图 3-85 所示。该系统具有以下几个特点:

(1) 自助数据格式安全可控
(2) 数据互通无损流转
(3) 与多规合一数据衔接
(4) 报批提质增效
(5) 审查准确快速
(6) 审批高效便捷
(7) BIM 成果增值
(8) BIM 自助图形基础平台

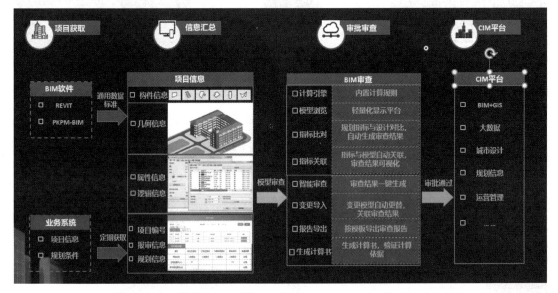

图 3-85 BIM 报建审查审批系统技术路线

5) 未来设想和项目小结

厦门作为工程建设项目审批制度改革试点城市之一,也正在积极探索 BIM 技术在工程建设项目报建审批中的应用,立足工程建设项目全生命周期的审批管理,以市投资项目在线审批监管平台为核心,融合基于 GIS 的"多规合一"信息系统、基于 BIM 的建设项目管理系统。基于 CIM 的规划设计数字化系统等,构建完善的集"规划、建设、管理、使用、服务"功能为一体的工程建设项目全生命周期智慧管理信息化系统,实现基于审批、服务审批、超越审批,支撑工程建设项目审批制度进行全流程、全覆盖改革,推进工程建设项目审批管理现代化,为不同的社会主体提供相应的数据信息服务,进一步加强和改进城市规划建设管理工作,朝着建设中国特色社会主义先行示范区的方向前行,努力在项目制度创新上树立"运用 BIM 系统进行工程项目报建并与多规合一管理平台衔接试点工作的"试点城市标杆。

3.5.7 中新天津生态城 CIM 平台

1）工作背景

2019 年 11 月 5 日,住房和城乡建设部发布《住房和城乡建设部关于中新天津生态城有关支持政策的函》(建科函〔2019〕180 号),函中提到"支持将中新天津生态城纳入城市信息模型(CIM)平台建设试点"。CIM 平台的建设是生态城"1+3+N"架构体系[①]重要组成底板,是《生态城智慧城市指标体系》的分解落实路径,是 2020 年形成成熟的可复制推广的基础。

2）平台建设目标

生态城 CIM 面向三个具体目标进行建设:一是建设基于 BIM 的规划和设计方案审查应用,推进住房和城乡建设部 CIM 试点建设。二是提高建管数据的共享能力,整合建设局规建管应用,提高智慧化管理水平。三是提高审图效率,智能评估审查,推动科学决策。

3）平台总体方案

按照住房和城乡建设部要求,通过 BIM 技术实现 BIM 数据标准的制定与 BIM 报建审查审批,更好地实现 BIM 全过程数据的管理与应用。对于模型精细度、信息深度、交付物、表达方法等都要做出详细规定,同时考虑不同审批阶段对于模型的不同需求。有效实现 BIM 模型数据存储与交换,保证数据存储与传递的安全,满足从规划方案、设计方案报建等环节的 BIM 报建标准规范体系,探索施工图审查及竣工验收体系,如图 3-86 所示。

标准
根据中新天津生态城需求,将编制《中新天津生态城建设工程信息模型交付标准》。

制度
基于中新天津生态城BIM报建审批的需要,提出报建审批流程的合理化修改建议。

工具
完成中新天津生态城BIM报审系统&CIM平台开发,主要包括BIM设计端插、BIM报建审核平台等

平台
完成中新天津生态城CIM平台与BIM报建工具软件的衔接与接入

图 3-86 建设内容

(1) 功能构架

提供 BIM 规划指标审查工具,通过内置于设计软件的插件实现模型属性规整,并导出通用数据格式进行成果输出,成果可上传至天津生态城 BIM 规划报建审批平台进行智能审批,通过内置计算引擎自动计算审查指标,并能一键导出审查报告,最终可将审查结

---

① "1"是智慧城市运营中心,可以看作是生态城智慧城市的"大脑",让城市会"思考"。"3"是包括设施物联平台、数据汇聚平台和用户认证平台在内的 3 个平台,也是生态城智慧城市的神经系统,有了它们,不仅城市里各种各样的物能"说话",物与物能"对话",物与人之间还能"交流"。"N"是各种智慧应用,也可以看作是人体的各种功能,有了应用,智慧城市不再停留在概念层面,而是我们身边一个个触手可及的真实场景。

果入库 CIM 平台，为 BIM 成果增值，如图 3-87 所示。

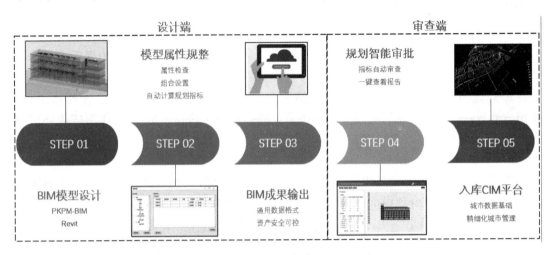

图 3-87　BIM 规划指标审查工具思路

（2）BIM 规划报审云平台

依托 PKPM-BIM 国产自主轻量化显示平台，统一开放的标准化数据格式及接口技术，指标自动关联模型，审查结果清晰可视化，如图 3-88 所示。

图 3-88　天津生态城报建审查系统界面

（3）审查结果对接 CIM 平台

在生态城 CIM 城市展示平台中有效实现 BIM 模型数据存储与交换，保证数据存储与传递的安全，实现从规划方案、设计方案等环节报建的 BIM 报建标准规范体系，如图 3-89 所示。

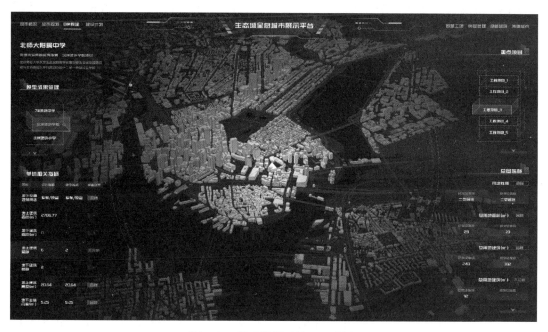

图 3-89 审查结果对接 CIM 平台

4）创新点和工作成效

（1）建设基于 BIM 的规划和设计方案审查应用，推进住房和城乡建设部 CIM 试点建设，扩展智慧应用。

（2）重塑规划报建流程，提高审查审批效率，深化落实"放管服"政策精神。

（3）首创行业公开数据格式，数据流转不丢失。

（4）内置计算引擎，审查指标自动计算、智能评估。

（5）审查结果信息与 BIM 模型关联，清晰地展示规划方案及指标。

3.6 小结

3.6.1 思考

随着我国城镇化率超过 60%，城镇化正在从外延式扩张向内涵式提升方向转型，以完善城市功能、提高生活品质、推动绿色建设的高质量发展正在成为我国新型城镇化的重点。同时，伴随 5G、云计算、区块链、人工智能等新一代信息技术的发展，数字化与信息化创新也加速了高质量城镇化发展，实时动态的城市运行服务正在成为数字经济发展的驱动力。2020 年 3 月 31 日，习近平总书记考察杭州城市大脑运营指挥中心时提出："运用大数据、云计算、区块链、人工智能等前沿技术推动城市管理手段、管理模式、管理理念创新，从数字化到智能化再到智慧化，让城市更聪明一些、更智慧一些，是推动城市治理体系和治理能力现代化的必由之路，前景广阔。"为推进城市治理体系和能力现代化，2020年7月，住房和城乡建设部联合工业和信息化部、中共中央网络安全和信息化委员会办公室，联合印发了《关于开展城市信息模型平台（CIM）基础平台的指导意见》；2021年5月，住房和城乡建设部颁布了《城市信息模型（CIM）基础平台技术导则》（修订版）。其中，城市信息模型CIM（City Information Modeling）被定义为："以建筑信息模型（BIM）、地理信息系统（GIS）、物联网（IoT）等技术为基础，整合城市地上地下、室内室外、历史现状未来多维多尺度空间数据和物联感知数据，构建起三维数字空间的城市信息有机综合体。"2021年《中华人民共和国国民经济和社会发展第十四个五年规划和2035年远景目标纲要》提出："完善城市信息模型平台和运行管理服务平台，构建城市数据资源体系，推进城市数据大脑建设。探索建设数字孪生城市。"其中，城市信息模型CIM平台是建设数字孪生城市的重要支撑，服务于城市动态运行治理，聚焦于城市规建管全生命周期的创新。

城市信息模型（CIM）平台的试点城市也相继推出，第一批试点包括雄安新区、北京副中心、广州、南京、厦门；先后两批"新城建"的试点包括深圳、成都、苏州、青岛、重庆、太原等21个城市，要求建设CIM平台。但在实践过程之中，针对城市信息模型CIM的定义还在不断完善，多元异构数据的融通、跨行业模型的搭建以及CIM＋应用的选择等是其中的难点；同时，学术界也对CIM这个新兴事物进行了探索，如吴志强院士等提出城市智能模型（City Intelligent Model）的概念，认为CIM不仅包括对城市数据的收集、储存和处理，更加强调基于多维模型主动地解决城市发展过程中的问题。本节将从城市信息模型CIM平台支撑城市动态运行的角度，去审视其建构的范式与要点，试图为CIM平台的实践提供一些参考性借鉴。

3.6.2　CIM的模型本质

城市信息模型（CIM）的关键词是"模型"，而这种模型至少具备为城市提供信息的能力，即数据及其分析的表达表现（representation）、方法的模拟仿真（simulation）、解释性理论的建构（explanation）等。一般而言，模型是对真实世界的再现与仿真，大体分为三类：一是抽象系统的模拟，如数学模型或逻辑模型；二是具象实物的模拟，如1∶1的足尺建筑模型或航天模型；三是类比概念的模拟，如城市的绿肺或脉搏。不管哪种类型的模型，其核心目的是表达、推演、预判真实世界的动态运转，帮助人们理解城市运行的规律，并在生产与生活之中去预测未来的事件，或规避风险，或制定计划，或实施处置等。因此，城市信息模型的初衷是尽可能地揭示城市本身动态运转的机制，并借助此去推演城市下一步的运行情况。从维度、精度、粒度等方面，城市信息模型本意是尽可能地与真实城市一致，且使得人们有能力去参与到"虚拟化"的城市信息模型本身的演进之中，辅助人们在真实世界之中做出相应的及时决策。从城市规划、建设、管理或治理的全生命周期动态闭环看，CIM平台不是一张表达性的静态地图，不管三维，还是多维；而是有能力提供信息共享、分析可视、监督预警、模拟仿真、辅助决策、联动处置等基本性核心功能的系统性平台。

从 CIM 发展历程来看，CIM 逐步从分析图示、二维分析、三维联动走向多维实时联动。对于 CIM 平台的起源，大致可分为三种。一种关于 CIM 的讨论源于经济地理学或城市交通学，CIM 大体等价于城市模型，被视为是城市理论的数理验证和推理工具，后期融入了社会认知学、环境行为学、城市心理学等领域的分析与模拟，也许可统称为城市物理学与城市动力学。这类型的 CIM 属于多种模型的大杂烩，包括成本收益模型、运筹模型、中心边缘模型、博弈模型、城市动力模型、交通四步法模型、元胞自动机（CA）模型、多代理人系统（MAS）等。在早期，这些模型主要偏向模拟较为宏观的社会经济现象在空间上的分布机制，其中不少都强调描述与推演城市动态运行状态，而中微观尺度上的精细化模型尚且处于理论探索之中。

另一种关于 CIM 的讨论源于城市形态学、城市设计学以及建筑学，强调三维实体和空间形态的度量与调整，特别是运用参数化建模。例如，在全生命周期的城市设计之中，这类 CIM 被应用于评估、模拟、生成不同的城市设计方案，探索三维形体如何随社会、经济、环境等要素的变化而发生改变，适用于方案决策之中。大体而言，形状语法（Shape Grammars）、模式语言以及空间句法等都属于这一类偏物质形态的 CIM 范畴。当然，随着个体认知学对城市形态研究的影响进一步深入，这类 CIM 也被初步用于城市驾车识路、室内逛商店、广告标识布置等。

与此同时，还有一类关于 CIM 讨论源于建筑信息模型（BIM）对城市环境的影响。不少建筑师、工程师或建造师认为各种 BIM 的汇聚集合就是 CIM。在早期，土木工程师或造价师会关注 BIM 所具备的建筑材料运输、成本流转、生产加工厂家等信息，分析这些信息在城市乃至区域内的分布和流转情况，就自然而然地试图结合 BIM 与 GIS，在城市宏观尺度上刻画房屋上微观信息的流动情况，辅助施工组织与调度管理。之后，由于基于房屋和市政 BIM，CIM 可达到部件级精度，因此被广泛地用于项目工程管理、交通监测、应急模拟、不动产交易等动态仿真。

3.6.3 CIM 对城市实时动态运行的响应

显而易见，从城市设计的体量模型（白模）、精细模型（贴图模型或建筑单体化）到部件级的 BIM，属于物质形态本身不断精细化，逐步接近真实城市物质形态的精准描述。CIM 的初衷是关注城市如何动态运行，以发挥好 CIM 在城市协同调度和决策之中的核心作用。随着摄像头、移动通信、公交卡、感知部件等 IoT 设备的广泛使用，城市之中的实时精细化运行数据越来越容易获得，并融入精细化物质空间位置之上。特别是个体的实时位置服务数据可用于刻画个人、车辆、燃气、水等要素在城市之中的运行轨迹与方式，进一步提升了城市管理水平。例如，新冠肺炎疫情期间，对个人轨迹的调查，确保了"动态清零"的常态化；又如，在一两个小时之内，手机导航可相对精准预判两个地点之间的实时出行时间，方便老百姓规划日常出行。

当物联网、区块链、边缘计算等继续发展，这种实时空间大数据将会改变过去城市模型的计算范式，从而出现一些新趋势。例如，模型不再关注因果关系，而是运用大数据逻辑，快速发掘两个或多个现象之间的相关性，用于及时加速或遏制某个现象发生；模型从超量的数据之中，识别出特征关联，用于预测下一步演变或响应情景。同时，实时空间大数据则提供了更大机遇去挖掘更为细致的因果机制关系，揭示不同尺度涌现与限制机制等，才有可能预测并应对城市运行的复杂性。对于 CIM 而言，城市实时感知与运行的大数据有助于 CIM 实现精准分析、及时判断、协同调度等功能，尽可能地识别出那些跨部门、跨行业的关联机制，去动态地勾画出城市社会、经济、环境、文化等方面的精准协同特征，以此去综合解决真实城市运行过程中面临的问题与挑战。

然而，并不是汇聚的数据越精细，CIM 就越能做出合理的研判。这是由于城市之中存在宏观、中观、微观尺度的不同现象和机制，彼此交织互动。例如，家庭、住宅小区、社区、片区、城市的用水模式及其管道连接方式有可能完全不一样；又如，社区的经济构成方式虽然属于城市的一部分，但并不能用此扩样去解释城市的经济构成规律。那么，最为精细化的实时数据怎样聚合成为不同空间尺度和不同时间维度的合理数据集合，并转化为揭示城市动态运行的有效信息，这成为 CIM 本身关注的重点之一。

因此，CIM 不是追求最精细化数据的汇聚，而是需要建立动态算法与模型，去挖掘城市动态运行中不同尺度、不同精度的数据关联机制，去模拟多种粒度的空间和时间下的事件和规律，才有可能揭示城市运行的复杂性、涌现性、动态性，辅助破解诸如超大城市精细化治理的难题。基于部件级的物质形态模型（如 BIM）和最为精细化的实时动态数据（如个体行为监控数据），在 CIM 平台中可以构成尽可能逼近真实城市的数据集合。然而，这些数据之间精准化的连接关系及其动态变化，将会蕴含在不同部门、不同行业、不同专业的业务模型之中，甚至会幻化出不同层级所对应的物质形态模型精度（如白模和精模）和动态模型参数（如影响半径），恰如其分地为城市、分区、社区、单位等不同责任主体提供恰当的时空信息，服务于真实城市的多方运行和演进。这也许可称之为数字孪生城市的时空智能基石。

因此，物质形态模型精度、实时动态数据精度等的分类分级，需要根据不同层级的城市动态运行需求加以明确，建立起可扩展的"数据精度与应用需求"的映射机制，纳入数据字典之中；同时，数据之间的精准连接关系以及相关协同参数也需要根据城市动态运行需求来界定。例如，城市学区调整、燃气设施建设、公共交通线路调整、商铺选址等都依赖时空定位上合理精细化的人口信息，那么"一标三实"中的人口数据与物质形态数据的精准关联及其分类协同参数，都将有助于 CIM 更好地为城市服务。

在这种意义上，未来的 CIM 平台不仅仅是简单的 GIS+BIM+IoT 的技术或数据集成，而是合理精细化的"时空形态数据+属性数据+连接数据"的融通性建模平台，其中不同尺度、维度、粒度的涌现机制通过不同的模型技术得以揭示，并以不同形式的场景去动态表达出来，去揭示城市运行规律和问题，并预测城市、分区、社区、房屋、家庭等运行趋势、态势以及特定事件，安全而便捷地服务于城市中的人及其生产与生活的方方面面。

3.6.4 CIM 平台建构的两个驱动原则

既然 CIM 平台需要模拟如此复杂的城市运行状态，那么应该如何建构呢？复杂问题有限求解是合理的途径。对于城市运行过程，CIM 平台可聚集规划、设计、建造、施工、竣工（更新与拆除）、管理（运营）等全生命周期的动态闭环。在其建构与运行过程之中，不断优化或重组城市的"条与块"，升级城市运行系统，服务好城镇化中后期的高质量发展需求。其中，各环节之间也是实时联动的。例如，规划设计与运营联动构成渐进式城更新模式，市政施工图影响着地块划定与交易等。因此，每个环节的数据和模型也是联动的。在实践之中，CIM 平台的建构大体依据两种驱动原则，一是以数据驱动为主，强调尽可能的全要素和全周期的数据汇聚，由此而生长出各类应用场景；二是以业务驱动或场景驱动为主，据此治理数字资源，带动数据资产管理的迭代升级。

对于以数据驱动为主的 CIM 平台建构，其原则是以多元异构时空数据底板的打造为先，在国家统一时空基准下汇聚物质形态数据、社会经济环境数据、物联感知数据、数字虚拟行为数据等，基于这些数据各种应用需求与场景将会自然而然地发生。这种时空数据底板往往被比喻为土壤或花盆，而各种自发应用则被比喻为各种苗木和果实。例如，在雄安新区规划建设（BIM）管理平台的顶层设计中，现状、总规、控规、设计、施工、竣工六阶段的数据汇聚被称之为"土壤"；而基于空间身份标准、语言交换标准与计算传导标准之上，将自然形成展示、查询、交互、管理、决策、服务与交易等应用场景，称之为"果实"。为了汇聚权威且相对精准的数据，地质、土地、房屋、市政等物质形态数据，可从测绘、规划、建设审批与汇交流程获取；人口、税收、植被等社会经济环境数据，可从相关部门行政审批统计、业务流程办理或第三方报告等获取；交通、水电气热用量、污染排放、网络流量等实时数据，可从各类数字或感知设备的应用便捷获取。

这些多源异构数据的语义化界定、精度划定、关联关系等，将决定数据融合的有效性。因此，时空数据底板打造背后的语义、精度、关联等逻辑动态识别算法尤为关键；而这些算法的实现又或多或少依赖于业务知识或场景模式。换言之，只有业务知识或场景模式转化为数字化的模型，对应于要素、属性、关系的数据标准，才能推动自动化的数据治理与应用。因此，以数据驱动为主的 CIM 平台建构，在实践中会遇到一些困惑，即数据汇聚过程一定需要遵循某些行业或业务知识，如测绘知识；而在应用时，这些数据的语义要素或关系又未必符合其他行业或业务的要求，数据就需要重新治理或重新采集，于是带来了额外的成本。

对于以业务或场景驱动为主的 CIM 平台建构，其原则是业务知识图谱作为数据汇聚和模型搭建的"指挥棒"，即依托业务流程，梳理业务知识和相关计算模型，以此对数据进行归集、治理、重组等。以雄安新区规划建设（BIM）管理平台建设中工程项目审批为例，平台强调以政府管理的公共事务为抓手，对应于反映公共利益和公共安全的指标体系，并不涉及全行业的指标体系的重塑，以此梳理出有限的指标计算规则和计算模型，对应相关的数据及建模方式，形成相应的标准体系，从而建立起"有限业务场景—有限指标—计算模型—数据挂载"的技术路径，开展相应的数据治理及数据库建设。选择这种方式的原因在于，短时期内去重新梳理全行业、全要素、全周期的业务知识、指标体系与数据标准是难以实现的，在很大程度上，数据中台概念的提出与此密切相关。以不同的业务场景来归集共性的数据，并识别出特殊的数据，分别建立共性数据库和专题库，反向影响业务场景的变革，于是形成"业务-数据"双轮联动与迭代，形成可复用数据资产的动态管理模式。然而，这种模式的不足在于：需要较长的时间去持续扩展业务或场景的范畴，难以快速形成覆盖城市全要素的数据集。在一定程度上，CIM 基础数据建设需要与 CIM 平台的应用系统相互补充。

在实践之中，这两种 CIM 平台的建构原则都有用武之地，对应于不同类型的城市建设需求。一般经济发达、数据条件较好的城市，偏向选择第一种建构原则，力图建立全市的时空数据底板，如深圳的可视化平台；而经济条件欠发达或数据条件不足的城市，偏向选择第二种建构原则，力图在某个应用领域进行突破。然而，不管采用哪种建构原则，CIM平台支撑并优化城市动态运行的出发点是基础。在CIM平台建构起步期，需要综合考虑CIM平台建设与运行成本，避免不管应用场景而大规模地采集、汇聚、治理高精度的房屋单体模型，避免CIM平台仅仅成为好看的"数据渲染"，而应该强化以应用场景来推动CIM平台的数据采集与治理。

这两种建构原则的交融在于未来的CIM平台需要具备机器学习的能力，即CIM平台有能力从真实城市运行过程中不断地识别出新的业务模式及其需求前景，梳理出更多共性的数据要素及其连接方式，拓展时空数据底板，创造出新的智能模型及其参数体系等，从而使得CIM平台本身具备预判城市下一步运行态势和安全风险的能力。

不过，数据和模型的有效性、公正性以及安全性需要不断强化，否则CIM平台的机器学习能力就是空中楼阁，也会给真实城市的运行带来不良影响与安全隐患。因此，CIM平台的建构过程中，需要及时建立公共权威的数据集以及公共权威的模型库，纳入公共行政监督与专业认证体系中，确保软硬件环境国产自主可控、数据权威正确以及模型有效公正，有助于推动CIM平台的安全良性迭代发展。

3.6.5 CIM平台是城市动态运行的建构骨架

CIM平台是对真实城市动态运行的模拟服务，不可避免地要考虑到城市这个开放复杂巨系统的运行模式，其中包含了无数次一级的子系统或子子系统，对应着不同行政分区、不同机构单元、不同行业组织、不同邻里社区等，各自动态运行。例如，在CIM平台建设的需求调研之中，可发现某些市级委办局的系统有30多个，也有超过100个的情形。这是城市管理分工的必须，如市政监管、房屋监管、施工审批、规划立项、不动产管理等。当物联感知系统出现，更多边缘计算也将涌现出来。那么，如果每个子系统都是由部件级的物质形态模型（如BIM）以及实时动态的物联感知数据构成，所有子系统集中汇聚为整个城市级别的CIM平台，其规模至少是成百上千TB，很容易导致CIM平台运转缓慢，乃至崩溃。这个道理与真实城市之中社会经济分工的需求是一样的。城市规模越大，社会经济分工也就越需要细致，城市的韧性也需要越强大，抵御风险的措施也需要越周全。因此，CIM平台的建构需要从复杂巨系统角度，考虑支撑城市动态运行的核心要素，包括深入到城市基层末梢的"分布式网络架构体系"、服务动态事件追踪与处置的多尺度"时空导航体系"、以及保障平台安全且便捷操作的"人机交互与防护系统"。这三个系统将共同构成支撑城市动态运行的核心骨架，去综合协同各层级的城市治理单元、及时预警并处置多尺度的城市事件、安全保障人民友好方便地参与城市运行，深入践行习近平总书记"人民城市人民建，人民城市为人民"的理念。

CIM平台的建构建设可通过三个方面进行考虑。首先，CIM平台的建构需要考虑到分布式的开放网络体系，而不是采用集中式的方式取代之前存在的各种系统和平台。如果CIM平台采用分布式的开放网络结构，可调用或检索各个子节点的数据、模型与信息等，也可在逻辑上将不同子系统的信息进行综合性关联分析，如判断生命线工程的风险点对周边人口与产业的影响，形成更为灵活的服务模式。又如，CIM平台可采用微服务方式，即一种以业务功能为主的服务设计概念，每一个服务都具有自主运行的业务功能，对外开放不受语言限制的 API（最常用的是 HTTP），应用程序则是由一个或多个微服务组成。每项业务能力被当成一块可装配的积木块，同时将业务场景视为多项独立业务能力的某种组合方式，即多个积木块的装配。每个积木块均以微服务的形式来承载并可独立运行，所有积木块以对等共享的形式共享在一个开放平台上，再按需将积木块组装成业务场景。以此，确保 CIM 平台安全稳定可用、高效集群搭建、便捷弹性扩展、以及快速部署交付等。

其次，CIM 平台的建构需要考虑多尺度空间单元与实体单元的动态语义识别体系，为城市事件追踪与协同处置提供动态的时空坐标体系，称为 CIM 平台的"时空导航系统"。真实城市运行的动态性在于：事件出现在不同尺度的空间单元或实体单元之中，并非都发生在最精细化的部件之上；且不同尺度上的事件存在一定的限制或刺激关联。与此同时，不同层级的决策者所考虑空间单元或实体单元也往往差异很大，对应相关的时空管理权限，并需要在不同的尺度上来回切换。例如，城市行政决策者需要考虑全市范围的创新产业运行情况，也需要关注重点科技园内部的运行情况，还需要关心科技企业领军人物的创新业绩等，以此综合判断创新产业的动态运行绩效与发展计划。

从城市相对稳定的管理状态来看，多尺度的空间单元和实体单元可根据城市管理、房屋管理、不动产管理、部件管理、交通市政管理、权属管理、地址管理、公安人口管理、社区管理、行政区管理等，自上而下地划分与识别，建立起统一的空间与实体语义标准和编码体系，将数据标签化、单元化，根据数据的不同分类、属性或特征赋予不同的分类编码，融合不同层次、不同维度、不同粒度的数据，构建融通城市运行全生命周期的"空间身份证"体系。

从城市相对动态的发展角度来看，城市之中还存在动态的空间与实体单元，如交通管治单元、防疫单元、微气候影响单元、商圈活动单元、创新创意单元、安全监控单元、广告标识单元、匀质网格单元等，这些语义都随城市的动态运行而发生变化，甚至语义本身也随时增加或消减，可通过机器学习方式加以动态识别要素、关系与属性，形成相应的智能算法体系，对应于相关的城市运行策略、政策、演习、突发事件等。例如，在城市消防应急事件发生时，CIM 平台的"时空导航系统"可实时建议相应的逃生路线、避难空间、救援通道、以及指挥中心等应对方案，强化真实城市基层治理的智能韧性。

最后，CIM 平台的建构需要考虑安全可靠且友好便捷的人机交互与防护系统。当人们能实时参与到 CIM 平台本身的运行之中，才能推动真实城市的动态运行的有效治理。因此，对于 CIM 平台数据更新、模型运算、渲染表达、业务处置、推演决策、二次开发等都需要人机交互友好，其界面包括大屏、桌面端、移动端、端口配置屏等。在实践之中，过去存在过度强调大屏高逼真渲染效果的现象。不过，目前对于交互界面是否好用，逐步成为各级部门的关注点；且随硬件能力的提高，在移动端高逼真渲染环境下对事物或事件动态过程进行更为沉浸式的便捷操作，逐步成为新的需求，以此保证 CIM 平台提供尽可能真实的城市场景，减少决策偏差，并提升老百姓直观参与到城市动态运行的获得感。

与之同时，CIM 平台作为城市动态运行的操作系统，可提升城市运行的效率，但也可能导致城市运行服务快速或瞬间瘫痪。因此，CIM 平台的安全可靠是重中之重，否则会给城市带来难以挽回的灾难。一方面，CIM 平台所承载的城市运行信息与操作系统需要符合国家和城市的安全要求。特别在国际形势复杂的当今，国产自主可控是 CIM 平台建设的基本要求。在某种意义上，CIM 平台提供了城市领地或国家领土在数字空间之中的拓展，对于数字化领土的保护是其核心,国产自主可控的软硬件环境是其基本防护保障。另一方面,CIM平台不能被黑客、非法分子或机器本身所控制,需要设置相应的安全防护系统与措施,并进行电源、数据、系统等软硬件灾备处理,确保在极端情况下,CIM平台还能继续服务城市运行。

3.6.6 结语

城市作为巨系统,如同人体一样,既复杂、又高度协同,城市大脑作为计算、存储、指挥中心,需要城市信息模型(CIM)平台的骨架支撑。因此,城市信息模型(CIM)平台在本质上是为城市动态运行服务提供模拟仿真的信息支撑骨架,揭示城市运行的多维度、多尺度、多粒度的现象、问题与规律,辅助真实城市运行的及时响应、高效治理、协同处置。因此,CIM平台不是表达性的二三维地图,也不是基于单一技术建构的系统,而是城市级别的精细化、动态化、智能化的综合模型网络系统。这将增进城市基层的智慧化治理能力,提高城市智能化的韧性安全能力,提升老百姓数字生活的参与感与获得感。在实时感知大数据时代,CIM平台聚焦于以应用为导向的合理精细化"时空形态数据+属性数据+连接数据"等融通,突破超大规模的几何引擎和数据引擎技术难点,集成面向感知、分析、模型、可视化等多种智能技术,以创新的方式去再现、分析、推演、预测并处置不同尺度的城市运行态势、趋势及风险,加速新时代的城市高质量发展。

参 考 文 献

[1] HAMILTON A, WANG H, TANYER A M, et al. Urban information model for city planning[J]. Electronic journal of information technology in construction,2005.

[2] GIL J, ALMEIDA J, DUARTE J P. The backbone of a City Information Model (CIM) implementing a spatial data model for urban design[J]. ECAADE 2011:RESPECTING FRAGILE PLACES,2011:143-151.

[3] XUN X, LIEYUN D, HANBIN L, et al. From building information modeling to city information modeling[J]. Electronic Journal of Information Technology in Construction,2014,19:292-307.

[4] THOMPSON E M, GREENHALGH P, MULDOON-SMITH K, et al. Planners in the Future City: Using City Information Modelling to Support Planners as Market Actors[J]. URBAN PLANNING,2016,1(1):79-94.

[5] 吴志强,甘惟,臧伟,等.城市智能模型(CIM)的概念及发展[J].城市规划,2021,45(04):106-113.

[6] 杨滔,张晔珵,秦潇雨.城市信息模型(CIM)作为"城市数字领土"[J].北京规划建设,2020(06):75-78.

[7] STOJANOVSKI T. City information modeling (CIM) and urbanism:blocks, connections, territories, people and situations[J]. Symposium on simulation for architecture and urban design (simaud 2013)-2013 spring simulation multi-conference (springsim'13),2013,45(8):86-93.

[8] GOETZ M. Towards generating highly detailed 3D CityGML models from OpenStreetMap[J]. International Journal of Geographical Information Science,2013,27(5):845-865.

[9] 吴志强,甘惟.转型时期的城市智能规划技术实践[J].城市建筑,2018(03):26-29.

[10] LEHNER H, DORFFNER L. Digital geotwin vienna:towards a digital twin city as geodata hub[J].

Pfg-journal of photogrammetry remote sensing and geoinformation science，2020，88(1SI)：63-75.

[11] GIL J. City information modeling：a conceptual framework for research and practice in digital urban planning[J]. Built Environment，2020.

[12] BILLEN R. Integration of 3D information in Urban GIS：a conceptual view[J]. Proceedings of the ISPRS 2000，2000：79-84.

[13] DAVIES R，HARTY C. Building information modeling as innovation journey：BIM experiences on a major UK healthcare infrastructure project[J]. 2011.

[14] ISIKDAG U. BIM and IoT：A synopsis from GIS perspective[J]. The international archives of photogrammetry，remote sensing and spatial information sciences，2015，40：33.

[15] 汤颖颖，盛阳."数字孪生"技术在欧洲城市的应用[J]. 全球城市研究(中英文)，2021，2(02)：181-183.

[16] 米歇尔·阿森鲍姆，方芳. 赫尔辛基的新一代城市模型[J]. 中国测绘，2019(04)：76-77.

[17] 孙媛. 大数据背景下智慧滨城建设的探索与研究[J]. 旅游纵览，2021(20)：115-117.

[18] 党安荣，王飞飞，曲葳，等. 城市信息模型(CIM)赋能新型智慧城市发展综述[J]. 中国名城，2022，36(01)：40-45.

[19] 广州市：城市信息模型(CIM)平台助力城市高质量发展[J]. 城乡建设，2021(24)：36-41.

[20] 季珏，汪科，王梓豪，等. 赋能智慧城市建设的城市信息模型(CIM)的内涵及关键技术探究[J]. 城市发展研究，2021，28(03)：65-69.

[21] 韩青，田力男，孙琦，等. 青岛市城市信息模型(CIM)平台建设[J]. 中国建设信息化，2021(07)：26-29.

[22] 刘长岐，孙中原，孙成苗，等. 城市信息模型(CIM)政策及动态研究[J]. 建设科技，2021(08)：38-42.

[23] 武鹏飞，李建锋，胡子航. 城市信息模型(CIM)的建设思考[J]. 科技创新与应用，2021，11(31)：55-58.

[24] 鲍巧玲，杨滔，黄奇晴，等. 数字孪生城市导向下的智慧规建管规则体系构建——以雄安新区规划建设BIM管理平台为例[J]. 城市发展研究，2021，28(08)：50-55.

[25] 汪科，杨柳忠，季珏. 新时期我国推进智慧城市和CIM工作的认识和思考[J]. 建设科技，2020(18)：9-12.

[26] 杨新新，邹笑楠. 关于城市信息模型(CIM)对未来城市发展作用的思考[J]. 中国建设信息化，2021(11)：73-75.

[27] 丁静，杨滔. 城市动态运行骨架——城市信息模型(CIM)平台[J]. 中国建设信息化，2022(06)：8-13.

[28] 国家工业信息安全发展研究中心，华为技术有限公司. 数据安全白皮书[Z]. 2021.

[29] 亓开元，韩燕波，赵卓峰，等. 面向大规模感知数据的实时数据流处理方法及关键技术[J]. 计算机集成制造系统，2013，19(03)：641-653.

[30] 吴开达，吕令聪，王振东，等. CIM平台的多源数据处理研究分析[J]. 电子技术与软件工程，2021(23)：134-135.

[31] 许浩，李珊珊，张明婕，等. 城市信息模型平台关键技术研究[J]. 国土资源信息化，2022：1-6.

[32] 钟添荣，仇巍巍. 基于城市信息模型的智慧城市孪生应用平台研究[J]. 国土资源信息化，2022：1-7.

[33] 高松. 地理空间人工智能的近期研究总结与思考[J]. 武汉大学学报(信息科学版)，2020，45(12)：1865-1874.

[34] 奚少华. 人工智能赋能行业发展的前景和机遇[J]. 张江科技评论，2021(05)：60-63.

[35] 黎志毅. 三维模型和场景数据自动导入 UE4 的方法[P]. 2018(CN201710118365.8).
[36] 住房和城乡建设部办公厅. 城市信息模型(CIM)基础平台技术导则(修订版)[Z]. 2021.
[37] 冯晓蒙,崔昊,张红卫. 智慧城市运行指标体系构建及标准化建议[J]. 信息技术与标准化,2019(08):37-41.
[38] 杨绍光,房秉毅,王增森,郭澄宇,曲秀超. 云边协同关键技术及应用场景研究[J]. 信息通信技术,2020,14(04):31-36.
[39] 朱玉胜. 面向数据流的结构化自然语言分析算法仿真[J]. 计算机仿真,2020,37(05):250-254.
[40] 周文,郭燕燕,邹伟林,丁志庆,宋红亮. 轻量化城市信息模型(CIM)构建技术研究[J]. 地理信息世界,2021,28(04):119-123.
[41] 廖恩红. 基于多源空间大数据获取的智慧城市应用[J]. 电子技术与软件工程,2019(18):197-199.
[42] 郭永江. 基于中台的新型智慧城市建设研究[J]. 计算机与网络,2021,47(02):32-34.
[43] 郭永江. 基于微服务架构的智慧城市应用设计[J]. 电脑编程技巧与维护,2021(04):58-60.

第4章 智能化市政基础设施建设

4.1 概述

4.1.1 智能化市政基础设施建设背景与意义

1)建设背景

(1)新型基础设施建设蓬勃发展

基础设施是支撑社会运行与发展的综合系统，既是过去的发展成果，也是未来的发展条件。中国是基础设施建设大国，基础设施存量位居世界前列。在新一代信息技术及应用创新驱动下，催生了新型基础设施。在中国稳中求进并力求实现高质量升级版发展的过程之中，新型基础设施建设的重要意义正在不断凸显。

中央级会议或文件多次明确表示加强新型市政基础设施建设，党中央和国务院重视程度不断强化，多次就推动新型基础设施发展作出部署，强调要加强新型基础设施建设。自2018年中央经济工作会议提出"新型基础设施建设"（简称"新基建"）以来，诸多城市加强人工智能、工业互联网、物联网等新型基础设施建设，加大城际交通、物流、市政基础设施等投资力度。2020年2月14日，中央全面深化改革委员会第十二次会议强调，基础设施是经济社会发展的重要支撑，要以整体优化、协同融合为导向，统筹存量和增量、传统和新型基础设施发展，打造集约高效、经济适用、智能绿色、安全可靠的现代化基础设施体系。《中华人民共和国国民经济和社会发展第十四个五年规划和2035年远景目标纲要》提出统筹推进传统基础设施和新型基础设施建设，打造系统完备、高效实用、智能绿色、安全可靠的现代化基础设施体系。新型基础设施建设作为国家的重点建设项目，将为推动产业的转型升级、寻找新的经济增长点做出巨大贡献。

(2)智能化市政基础设施建设成为重要议题

"十四五"建设期间，聚焦"两新一重"和短板弱项，一批批重大项目与政策酝酿出炉。市政基础设施为城市生产和生活提供必需的社会化服务，是城市正常运行和健康发展的物质载体，直接关系到城市品质、公共安全和人居环境质量。智能化市政基础设施建设作为国家重要发展战略"新基建"的重要内容，承担着支撑经济高质量发展的重要使命。在"十四五"时期建设发展智能化基础设施，既是应对疫情影响和经济冲击的重要手段，也是服务国家宏观战略、提高创新能力、培育经济发展新动能的有效路径。

智能化市政基础设施建设是未来城市发展的重点，具备巨大发展潜力。随着中国经济高质量发展，传统基础设施问题凸显，亟需加快构筑现代化基础设施体系。开展智能化市政基础设施建设，认清基础设施建设的内涵与特征，查找现阶段智能化市政基础设施建设存在的核心问题，明确未来创新与实施方向，是当前城市发展面临的重要议题。

2)建设意义

智能化市政基础设施具有公共产品属性强、受益范围广、经济规模化等特点，其基础地位决定相关建设必须适度超前，走在经济社会发展的需要前面。智能化市政基础设施建设的意义，一是补足基础设施建设短板，拉动大量社会需求，可以稳投资、稳增长、稳就业，推动经济结构改善；二是实现数字化智能化转型，为科技创新铺垫基础条件，三是满足人民美好生活需求，促进城市治理现代化建设。

(1) 稳定和增长城市经济的新动力、新引擎

智能化市政基础设施建设可以持续释放数据价值，拉动经济增长。要保持经济运行在合理区间，不仅需要不断提升消费，还需要加大投资力度。基础设施是促进有效投资的关键领域，传统市政基础设施投资发挥了巨大作用，但当前市场逐渐趋于饱和，持续收益有所降低。对智能化基础设施开展投资将同时要求对网络及相关配套设施进行投资，投资空间较大。此时，国家投资可以发挥杠杆作用，吸引国民经济相关行业扩大投资，加大信息和通信技术资本投入，通过拉动内需直接拉动经济增长。

智能化市政基础设施建设不仅能带动千行百业发展，其本身的投资规模也很可观。据测算，2021—2025年我国新型基础设施建设的投资额合计将达到10.6万亿元，约占到全国基础设施投资的10%。智能化市政基础设施建设对经济增长有重要贡献，能更大力度释放数字经济在提升消费需求、扩大对外贸易、拉动有效投资方面的潜力。

(2) 实现数字产业化和产业数字化、智能化

智能化市政基础设施建设不仅有利于促进新的经济增长点，还将助力实体经济数字化转型升级，创造新的产业与业态。随着新一代信息技术的不断发展，推动传统产业重组变革，从而进一步推动国家生态化、数字化、智能化、高速化新旧动能转换与经济结构对称的实现，最终建立现代化经济体系的国家基本建设与基础设施建设。

智能化市政基础设施建设可以通过向各行业领域全面拓展来加快推动数字产业化。以信息高效流动为导向的新型基础建设也成为企业转型升级的关键。新型基础设施有助于提高价值链、产业链、供应链的发展水平，推动传统制造业的质量变革和效率变革。与此同时，智能化市政基础设施建设能够推动制造业和服务业融合发展，赋能传统产业转型升级，有利于网络化、协同制造、个性化定制、服务型制造等新模式、新业态、新组织、新产业集群不断涌现，从而支撑产业实现更快速的发展和跃升。

(3) 提升人民生活水平，促进城市治理现代化建设

大力发展智能化市政基础设施，有利于新一代信息技术、高端装备、人才和知识等高端要素投入，为推动我国供给侧结构性改革创造新动能，为战略性新兴产业、现代服务业提供需求载体，为创新驱动经济转型提供动力，大幅提高我国教育、文化、医疗卫生等领域的质量，更好满足人民对高品质美好生活的需要。

推进基于数字化、网络化、智能化的新型城市基础设施建设，聚焦城市安全、社区建设、市政服务等民生领域，可以让人民群众在城市生活得更方便、更安全、更舒适。针对市政相关信息进行深度挖掘与统计分析，构建水、电、气、热等各大管网的动态监测与管理，为合理调配城市资源、准确预测资源使用情况、及时预警异常情况等提供数据支撑，保障城市安全。

智能化市政基础设施建设中应用了更多的高新技术，将推动城市基础设施向更高、更

快、更强进阶。随着智能化市政基础设施建设的推进,人工智能、大数据、物联网将在智慧城市建设中实现更广泛的普及应用,进一步丰富新技术在智能治理和生活服务领域的应用场景,使居民充分享受智能经济和智慧社会带来的生活体验。

4.1.2 智能化市政基础设施建设内涵与特点

1)内涵与构成

(1)基本内涵

智能化市政基础设施是以新发展理念为引领、以技术创新为驱动、以信息网络为基础,面向城市高质量发展需要,以现代信息科技为支撑,旨在构建数字经济时代的关键基础设施,推动实现经济社会数字化转型、提升城市品质和人居环境质量、提升城市管理水平和社会治理能力,提供数字转型、智能升级、融合创新等服务的新型市政基础设施体系。智能化市政基础设施建设主要涵盖城市排水、供水、供热、燃气、综合管廊等多个领域,从更广义的角度讲还可以包括目前存量规模相对大部分传统市政基础设施行业较小,但未来增量空间较大的领域。智能化市政基础设施建设的核心是发展数字经济,更好地推动中国经济社会的转型升级,加快产业高端化进程,实现经济高质量发展,其内涵和范围也会随着数字经济的发展而不断演化。

(2)体系构成

智能化市政基础设施主要包括3个方面,基础是信息化市政基础设施,重任在融合化市政基础设施,底层为创新化市政基础设施。信息化市政基础设施主要是指基于新一代信息技术演化生成的市政基础设施,涵盖智能化管网数据采集技术、探测技术、监测技术等的新技术市政基础设施。融合化基础设施主要是指深度应用互联网、大数据、人工智能等技术,基于传统市政基础设施转型升级形成的市政基础设施,将助力于城市精细化管理与服务。创新化基础设施主要是指支撑科学研究、技术开发、产品研制的具有公益属性的市政基础设施,如重大科技基础设施、科教基础设施、产业技术创新基础设施等。伴随着科技革命、产业变革和经济社会数字化转型进程深入推进,新型基础设施的内涵、外延也不是一成不变的,需要持续跟踪研究,如图4-1所示。

图4-1 智能化市政基础设施建设构成

2）主要特征

正在兴起的智能化市政基础设施建设代表了一系列技术发展的趋势，催生新的产业形态、商业模式，创造新的产品和服务，改变人类的生产生活方式。与传统市政基础设施建设比较，智能化市政基础设施建设呈现出以下典型特征。

（1）技术形态创新迭代快

从智能化市政基础设施发展历程来看，运用物联网、5G、人工智能等创新技术与科技变革，实现设备运行的智能感知，结合大量应用融合创新发展，向超高速、大容量应用演进。泛在化的无线网络、空前海量的电子数据云端存储、高性能计算能力、高精度先进算法驱动的人工智能等，都为智能化市政基础设施建设与更新迭代提供了技术支撑。

（2）软件与硬件兼备

传统基础设施基本上是物理空间的实体或硬件，以人员、物品为传输对象，而智能化市政基础设施依托新一代数字化、智能化网络，以数据物品为传输对象。这些依托既有基础硬件，如高端芯片、传感器智能终端；又有基础软件，如操作系统数据库管理系统、计算机辅助软件应用等。物理空间和数字空间的界限越来越模糊，现实世界与虚拟世界彼此交互和转换的功能越来越强大。硬件与软件完美的连接、协同和持续的升级，代表智能化市政基础设施的创新能力和发展水平的攀升。

（3）依靠数据创新驱动

通过人工智能、纳米技术等，数据驱动的能量，极大服务了智能化市政基础设施建设。数据驱动已经成为创新化市政基础设施建设驱动的主要标志，成为社会治理的一种变革性力量。数字技术可以对海量的数据进行深度分析和解读，从中获得以往难以想象的洞察力，使新一代系统能够以前所未有的速度吸收、处理和响应这些信息。

（4）多种平台融合聚力

在智能化市政基础设施发展过程中，新一代核心技术与工艺推动网络集感知、传输、存储、计算、应用于一体，促进数字化与智能化、互联网与物联网的协同融合。通过互联网、工业互联网、物联网平台实现数据传输，通过大型数据中心、边缘数据中心进行存储、计算，通过算法、模型等对海量数据进行安全可信的加工处理，形成对政府、企业、个人不同的应用反馈，最终反馈到各个智能终端应用系统。互联网的集聚效应，使平台型企业、平台型经济快速崛起，拥有庞大的规模、丰富的资源、活跃的创造力和空前的影响力。

（5）赋予行业全新价值

智能化市政基础设施建设与传统市政基础设施的根本区别在于，其运用网络化、数字化、智能化技术，提升创新链、产业链、价值链水平，对供水、排水、供热、燃气、综合管廊等智能化市政基础设施赋予更多、更新发展动能，优化产业结构、完善商业生态，开发更多、更好的产品和服务，在提升社会生产力的同时，满足人们对美好生活的需求。以城市供水为例，可以把传感器、无线发射器、5G基站以及其他数字技术安装供水设施到里，为城市和运营商创造全新的服务、现金流和商业模式。

4.1.3 智能化市政基础设施建设现状与问题

1) 管理政策

(1) 国家政策陆续出台

党的十八大以来,从中央到地方,各级党委政府出台了一系列智能化市政基础设施相关规划、政策、文件,从顶层设计上高度重视,从行动上加快建设步伐,如表4-1所示。"新基建"一词于2018年底中央经济工作会议首次被提出,到2019年"加强新一代信息基础建设"写入政府工作报告,"十四五"规划提出"加快建设新型基础设施",再到2022年政府工作报告明确提出"建设数字信息基础设施,推进5G规模化应用,促进产业数字化转型",数字新基建支撑经济社会发展的战略性、基础性、先导性作用日益凸显。

近年来,党中央多次强调包含智能化市政基础设施在内的新型基础设施建设,重视在现代化基础设施体系中统筹战略、规划和建设布局。从"补齐农村基础设施和公共服务设施建设短板"、"加强新一代信息基础设施建设"到审议通过《关于推动基础设施高质量发展的意见》,再到"加快推进国家规划已明确的重大工程和基础设施建设"、"打造集约高效、经济适用、智能绿色、安全可靠的现代化基础设施体系"、"加快5G网络、数据中心等新型基础设施建设进度"等,充分体现了统筹推进传统基础设施建设向新型基础设施建设转变的重要思路。

智能化市政基础设施建设取得了明显成效,对高质量发展的支撑作用正在加快释放。智能化市政基础设施建设助推转型升级的作用日益凸显,智慧城市建设路径更加清晰,信息技术积极赋能城市精细化管理。智能化市政基础设施建设将催生新技术、新产品、新产业、新业态、新模式,带动经济质量变革、效率变革、动力变革,进而对社会、环境、国家治理和人民生活产生重大影响。

智能化市政基础设施建设的发展历程   表4-1

日期	政策/会议名称	智能化市政基础设施建设内容
2018年12月	中央经济工作会议	首次提出"新型基础设施建设",加快5G商用步伐,加强人工智能、工业互联网、物联网等新型基础设施建设,加大城际交通、物流、市政基础设施等投资力度
2019年3月	国务院《政府工作报告》	加大市政基础设施建设投资力度,加强新一代信息基础设施建设
2019年7月	中共中央政治局会议	要加快推进老旧小区改造、信息网络等新型基础设施建设
2019年12月	中央经济工作会议	加强基础设施建设,推动重大项目实施
2020年1月	国务院常务会议	出台智能化基础设施投资支持政策
2020年2月	中央全面深化改革委员会第十二次会议	基础设施是经济社会发展的重要支撑,要以整体优化、协同融合为导向,统筹存量和增量、传统和新型基础设施发展,打造集约高效、经济适用、智能绿色、安全可靠的现代化基础设施体系
2020年3月	中共中央政治局常务委员会议	加快推进国家规划已明确的重大工程和基础设施建设
2020年4月	国家发展和改革委员会新闻发布会	正式明确了新型基础设施的定义:新型基础设施是以新发展理念为引领,以技术创新为驱动,以信息网络为基础,面向高质量发展需要,提供数字转型、智能升级、融合创新等服务的基础设施体系

续表

日期	政策/会议名称	智能化市政基础设施建设内容
2020年10月	《中共中央关于制定国民经济和社会发展第十四个五年规划和二〇三五年远景目标的建议》	系统布局新型基础设施
2021年3月	《中华人民共和国国民经济和社会发展第十四个五年规划和2035年远景目标纲要》	统筹推进传统基础设施和新型基础设施建设,打造系统完备、高效实用、智能绿色、安全可靠的现代化基础设施体系
2021年4月	国家发展和改革委员会新闻发布会	出台"十四五"新型基础设施建设规划
2021年7月	中共中央、国务院《关于新时代推动中部地区高质量发展的意见》	加强新型基础设施建设,发展新一代信息网络及其应用
2021年9月	国务院常务会议	审议通过"十四五"新基建规划:一是加强信息基础设施建设;二是稳步发展融合基础设施;三是增强高水平交叉前沿性研究能力;四是鼓励多元投入、推进开放合作;五是建立完善安全监管体系,增强安全保障能力
2022年2月	住房和城乡建设部	要大力推进"新城建",基于数字化、网络化、智能化的新型城市基础设施建设;推进智慧市政项目落地
2022年3月	国务院《政府工作报告》	围绕国家重大战略部署和"十四五"规划,适度超前开展基础设施投资。加快城市燃气管道、给排水管道等管网更新改造,完善防洪排涝设施,继续推进地下综合管廊建设。中央预算内投资安排6400亿元。政府投资更多向民生项目倾斜,加大社会民生领域补短板力度
2022年4月	国家发展和改革委员会"十四五"规划102项重大工程实施部联席会议	包含供水灌溉设施现代化改造、防洪减灾等国家水网骨干工程;培育发展现代化都市圈,推进基础设施互联互通

(2) 地方规划与政策落地实施

在国家系列政策的指引下,各省区市的支持力度不断加大,上海、广东、浙江、重庆、山东、福建、湖北、山西、贵州等多地政府推出涵盖省级和市级多层级的新型基础设施建设行动方案,对智能化市政基础设施进行系统部署和规划,对城市建设给予大力支持,已形成一批标志性成果。

2021年7月中下旬,河南省连续遭遇多轮极端强降雨,造成重大人员伤亡和财产损失。在2022年政府工作报告中,河南省明确将加快灾后恢复重建,补齐城市防洪排涝短板。注重城市"里子工程"、"避险工程"建设,构建源头减排、管网排放、蓄排并举、超标应急的防涝工程体系。绘制城市地下管网一张图、智慧管理一张网。

黑龙江省有着长达半年的供暖期,"屋子暖不暖"是网民关注的话题之一。黑龙江省《政府工作报告》针对群众关心的供暖问题作出承诺,实施智慧供暖示范项目,推进城市分布式采暖,提高供暖服务质量,确保群众住上暖屋子。运用新技术、云计算提高供暖能力,有温度地展现城市活力。

上海市2021年制定了新基建"35条"等一系列政策,将抢抓数字化发展先机,加快构筑数字城市"四梁八柱",推进经济数字化、生活数字化、治理数字化。上海市深化"一网统管",加快智能传感器布设,推出一批新的应用场景,推动城市整体迈向数字时代,着力构建战略新优势。

各城市基础设施建设工作开展以来,聚焦城市安全、社区建设、市政服务等领域,明确发展目标、建设任务、落地了一批智能化市政基础设施建设项目,形成了好的经验做法,在经济、社会等方面的效益逐渐显现。

2)试点示范

(1)新型基础设施建设试点

2020年,住房和城乡建设部在重庆、福州、济南等16个试点城市开展首批新型城市基础设施建设试点,2021年增加天津滨海新区、烟台、温州、长沙、常德等为试点城市(区),为加快推进基于数字化、网络化、智能化的新型城市基础设施建设,探索积累可复制可推广的机制模式。新型城市基础设施建设的主要任务之一是实施智能化市政基础设施建设和改造,对供水、供热、供气等市政基础设施进行升级改造和智能管理,提高运行效率和安全性能。

经过近几年的探索推进,试点城市扎实有序推进各项工作,一些可观可感的项目落地见效。山东青岛在全市范围内开展的"新城建"试点涉及33个项目,其中综合示范园(区)8个,占地面积约100平方公里,创新性打造了"1+6+N"的"青岛模式";安徽合肥市生命线安全工程得到国务院安全生产委员会办公室认可,将在全国有条件的城市全面推广;广州CIM平台于2021年7月底发布,是全国首个城市信息模型(CIM)基础平台,CIM+城市更新、CIM+智慧社区等6大应用体系实现了"老城市新活力"。

(2)国家智慧城市试点

智慧城市引领的新型城市化是对传统城市发展的扬弃,是低碳、智慧、幸福及可持续发展的城市化,是以人为本、质量提升和智慧发展的城市化。从国家开始推进智慧城市建设以来,住房和城乡建设部发布三批智慧城市试点名单,目前共有290个试点城市,如表4-2所示。另外,随着各级地方政府和"十三五""十四五"规划完善,已有近千个城市正在规划和建设智慧城市。加快推进智慧城市基础设施发展,不仅能构建智慧城市基础设施新型感知体系,还对服务城市智慧管理、赋能治理"城市病"有重要作用。

典型智慧城市建设规划要点　　　　表4-2

典型城市	建设要点
深圳、南京等	以智慧城市作为提高城市创新能力和综合竞争实力的重要途径
武汉、宁波等	以发展智慧产业为核心
佛山、昆山等	以智慧管理和智慧服务为重点
杭州、南昌等	以发展智慧技术和智慧基础设施为路径
成都、重庆等	以发展智慧人为和智慧生活为目标

3)建设成效

(1) 主要建设任务

随着各项任务及试点的推进,越来越多项目落地见效,相关部门、地方政府、社会各界对新城建意义和作用的认识不断深化,对这项工作的认同感不断提升。多个城市公布了推进基于数字化、网络化、智能化城市基础设施建设计划,为地方把握新机遇、激发新动能提供了支撑。智能化市政基础设施建设的主要任务包括:

一是全面推进城市信息模型基础平台建设,形成城市三维空间数字底板,打造智慧城市的基础平台。

二是实施智能化市政基础设施建设和改造,对供水、供热、供气等市政基础设施进行升级改造和智能管理,提高运行效率和安全性能。

三是加快推进智慧社区建设,对社区基础设施进行数字化改造,实现社区智能化管理。

四是推进城市运行管理服务平台建设,提高城市科学化、精细化、智能化管理水平,推动城市管理"一网统管"。

新形势下,智能化市政基础设施建设受到广泛关注,有稳增长、调结构、惠民生及"六稳"和"六保"的内在需求。立足新发展阶段,智能化市政基础设施建设要以完善高质量的现代化基础设施与公共服务体系为目标,坚持实事求是、量力而行、以新带旧、新旧结合原则,全面贯彻新发展理念,打通物质、能量和信息"大动脉",保持经济社会发展综合平衡和新旧动能接续转换,全面赋能高质量发展,更好地支撑构建新发展格局。

(2) 重大建设工程

① 新型市政基础设施建设重大工程

按照"新建设施同步建设,存量设施逐年改造"原则,实施智能化市政基础设施建设计划,加强城市管理数字化平台建设和功能整合力度,建设综合性城市管理数据库。积极发展民生服务智慧应用,重点完善信息发布、查询、缴费、行为引导、公众参与等功能,推进信息化便民服务。建立集供水服务、污水收集处理、排水防涝监测与应急响应等为一体的综合调度、集约高效的智慧水务系统,涵盖水量、水质、水压、水设施的信息采集、处理与控制体系。同时,发展智慧管网,各专业管线的管理系统实现互联互通,推进城市地下空间、地下综合管廊、地下管网管理信息化和运行智能化。

② 智能空间与智慧场景建设重大工程

推动智能化市政基础设施与城市人居环境建设的融合,以居民需求为导向,建设智能化城市空间,创造智慧服务场景,提供多元化的智慧便民和公共服务,提升居民获得感和幸福感。推进智能化市政基础设施建设与城市空间设计、城市建设的业务融合、数据融合,促进智能设施空间落位,打造面向未来数字化生产生活需求的城市空间。推动智能化市政基础设施在城市各类空间中的应用延伸,加强智慧设施建设中市民互动,面向未来的场景创新满足居民多元需求。

③ 城市信息基础设施建设重大工程

建设城市数据存储计算设施,主要包含城市级大数据中心和城市智能运行中心,采用适宜的组网建设方式及网络架构,满足未来移动数据流量传输需求,并具备向街道社区等基层延伸、为智慧社区建设提供信息基础设施支撑的能力。推进CIM基础平台建设，实现城市基础地理信息、管线管网、城市建筑及地上地下设施、城市地质等城市全时空全要素信息的有效组织，建立统一的数据标准、系统结构和管理规范，打破城市各行业"数据孤岛"。

（3）导则与标准规范

①《城市信息模型（CIM）基础平台技术导则》

住房和城乡建设部印发《城市信息模型（CIM）基础平台技术导则》（修订版），提出了CIM基础平台建设在平台构成、功能、数据、运维等方面的技术要求，明确了CIM基础平台的基本要求，为各地开展CIM基础平台建设提供了简明有效的技术参考。

②《城市运行管理服务平台技术标准》

住房和城乡建设部发布行业标准《城市运行管理服务平台技术标准》CJJ/T 312—2021，对国家平台、省级平台、市级平台的功能要求、数据交换、基础环境、建设运维等进行了详细规定。该技术标准的实施有利于整合共享城市运行管理服务相关信息系统与数据资源，有助于提升城市运行效率和应对风险水平，是建立城市运行管理服务长效机制的重要基础。

③《智慧城市评价指标体系总体框架》

《智慧城市评价指标体系总体框架》提出了智慧城市评价指标体系框架。该框架将指标分为能力类和成效类，并分别下设一、二级指标。能力类指标往往是客观性的指标，体现建设、管理与应用水平，主要包括信息资源、发展机制、网络安全、创新能力共四个方面的保障水平；成效类指标反映智慧城市建设的主要目标和方向，体现给市民、政府等用户带来的实际影响和用户的主观感受，主要包括基础设施智能化、公共服务便捷化、社会管理精细化、生活环境宜居化及产业体系现代化共五个方面的城市建设成效。

④《智慧城市评价指标体系分项制订的总体要求》

《智慧城市评价指标体系分项制订的总体要求》旨在指导和规范智慧城市评价指标体系各分项的制定。其中规定，各分项应从总体框架的九项一级指标中筛选部分一级指标作为分项的一级指标，并结合领域特征，设立若干二级指标。同时，二级指标可分为核心指标（是智慧城市分领域建设必须完成的指标）和扩展指标（体现智慧城市分领域建设效果的其他指标）。此外，还规定了分项评价的计算公式和分领域评价指标说明表等。

⑤ 其他标准

《智慧城市 技术参考模型》GB/T 34678—2017、《智慧城市评价模型及基础评价指标体系 第1部分：总体框架及分项评价指标制定的要求》GB/T 34680.1—2017、《智慧城市评价模型及基础评价指标体系 第3部分：信息资源》GB/T 34680.3—2017等国家标准已获批发布，都为智慧城市建设提供了标准依据，也是智能化市政基础设施建设的重要参考，如图4-2所示。

4）问题分析

（1）主导技术和商业模式全新设计，需要有效的政策框架和推进机制

智能化市政基础设施推进过程中需要充分发挥政府部门的引导作用，既需要顶层设计方案，也需要具体的实施政策。目前智能化市政基础设施的概念刚刚提出，无论是顶层方案设计，还是具体实施政策制定都存在较大的不足。当前智能化市政基础设施的理念仍较

第4章 智能化市政基础设施建设

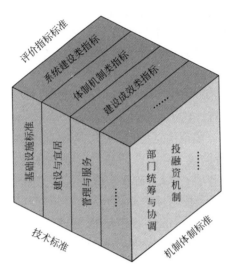

图 4-2 新型智慧城市评价标准框架

新颖,各级政府在智能化市政基础设施建设方面的相关政策制度并不完善,顶层方案设计仍有不足。

一方面,企业和民众认知度、参与积极性不高,盲目建设等问题,需要上级部门及时引导规范。另一方面,市场对于智能化市政基础设施的产业价值认知、场景应用需要持续深化。这两方面导致了社会投资入场相对缓慢,同时相关项目建设投资规模大、回收周期长,因此,资金投入政策也是智能化市政基础设施推进的重要保障。

(2) 设施建设短板明显,需要新技术填补支撑

经过多年的建设,我国城市基础设施建设支撑了我国城镇化的快速发展,但仍存在总量不足、质量不高、发展不均衡等问题,在城市排水防涝、供水、供热、燃气等领域仍存在短板。"十四五"期间,城市基础设施应广泛开展补短板行动,并根据区域、基础设施状况、经济发展条件等,确定补短板工作的着力点的目标。在推动各类市政工程建设的同时,迫切需要应用5G、物联网、大数据、人工智能等新技术,按照新型基础设施的要求统筹推进设施的建设与改造,为基础设施的高质量建设、高标准维护奠定基础。

智能化市政基础设施建设需要新技术的支撑,没有技术的创新,就是空中楼阁。目前智能化市政基础设施很多领域存在技术方面的短板,核心技术开发受限,关键技术没有突破,加上产学研方面也存在不足,技术创新动力不足,技术创新机制不够完善,这些都会导致新基建受到负面影响。

(3) 发展起步较晚,需要提高对实现治理能力现代化的支撑能力

中国智能化市政基础设施建设各行业依托新一代信息技术在数字化、网络化、智能化、绿色化等方面进行了有效尝试,并取得了一系列进展,但是存量、质量与发达国家还存在明显差距。供水、排水、供热、燃气等行业根据管理需求,利用物联网技术在部分城市或区域建立了一系列设施监控网络,实现设施状态智能感知。供水和排水行业为了掌握管网和运行状态,在管网的关键区域或节点安装水质、流量和压力在线监测设备,并通过无线网络将信息实时传输至信息管理平台,实现管网运行状态远程监控,并及时发现漏损和堵塞等问题。但是智能化市政基础设施建设与城市发展对接不足,应用场景有待深化:

一是智能化市政基础设施建设与城市空间发展结合不足，尚未发挥技术赋能的优势，无法对人居环境建设提供有效的管控和指引。

二是从行业发展来看，相关企业的规模小、创新能力不足等问题仍然突出，尚没有形成成熟的产业模式，对国民经济发展的带动能力明显不足。

三是从应对突发事件的角度来看，单纯依靠传统基础设施应对自然灾害或公共卫生事件，设施运维管理单位与事件现场信息不对称的问题，以及由于突发的大规模需求导致设施能力不匹配的问题较为突出，将会影响事件的处理处置效果。

四是从智慧场景的实现程度来看，智能化市政基础设施与公共政策对接性不强、与城市治理结合不足、与传统基础设施融合程度较差等问题仍然普遍存在，智慧设施与平台尚未整合集成，未形成全社会智慧化治理的应用生态系统。

（4）标准体系仍然匮乏，需要建立"中国话语体系"

目前针对智能化市政基础设施建设的标准规范主要分类两类，一类是针对信息采集终端的标准规范。这一类标准规范一般对终端的适用范围、技术性能、安装维护、数据质量保证、数据传输等进行了规定。第二类标准规范则是围绕城市基础设施管理平台制定的相关标准，包括信息资源采集、应用支撑、网络基础设施、信息安全、运行管理等方面。作为城市中信息技术充分融合应用的信息化高级形态，我国在智慧城市领域已经建立了相对完善的标准规范体系，目前已经发布了包括《智慧城市 技术参考模型》《面向智慧城市的物联网技术应用指南》《智慧城市 公共信息与服务支撑平台》等涉及终端、平台、技术等方面的20余项国家标准。此外，一批涉及智慧水务、智慧环卫、智慧能源等领域的标准规范也正在编制的过程中。

智能化市政基础设施建设虽然在各领域进行了一系列探索，但总体标准体系依然没有形成，标准的缺口巨大。主要表现在缺乏新基建领域标准体系的顶层设计，各个机构、行业、部门、城市等都根据自身需求建立了不同的规划建设运营标准，这些标准的范畴不衔接，深度不一致，相关内容缺失、重复、不一致等问题突出，将影响到数据的共享，平台的对接整合，以及硬件设备的共建共享，最终形成各类"数据孤岛"和"设施孤岛"。

4.1.4 智能化市政基础设施建设发展战略

1）技术创新与发展方向

（1）推进政策综合引领

① 推进试点先行

可选择信息化基础较好、市场需求量大的重点城市开展试点，加快智能化基础设施建设布局。推进智能化供水、排水、燃气、供热、综合管廊等领域的建设与管理，探索将智能化市政基础设施建设作为评估城市高质量发展的参考指标。做好全面规划，以重点城市为突破口，形成经验，以便复制推广。

② 加强政企协作

更好发挥规划的战略导向作用，在智能化基础设施建设的规划设计或项目立项初期就引入市场主体深度参与，依托大数据和人工智能等技术，形成兼顾战略导向与市场导向的实施方案。同时，更好地发挥政府在定规则、重监管方面的作用，形成行业性组织，做好统筹协调工作。

③ 拓展投融资渠道

组织实施智能化市政基础设施建设工程,发挥财政资金带动作用,完善多层级资本市场,扩大中长期贷款规模,深化投贷联动试点,开展基础设施信托投资基金试点。对于符合地方政府专项债支持方向的传统基础设施,支持其利用互联网、人工智能等技术加快融合发展。持续加大创新基础设施建设投入,探索多元化投资模式。

(2) 开展顶层规划设计

① 加强规划统筹

推动城市地下管网、综合管廊、供水排水、燃气热力等业务领域智能化改造,建立全面感知、可靠传输、智能处理、精准决策的城市市政基础设施智能化建设规划体系,加快推进市政基础设施智能化改造建设,整合提升市政基础设施智能化应用。强化国家战略与地方规划的衔接,调整长周期专项规划与短周期建设计划之间的关系,加强不同区域与不同领域之间的协同联动,因地制宜优化新型基础设施建设整体空间布局。

② 完善标准规范

为全面贯彻落实党中央、国务院关于加强新型基础设施的决策部署,要充分发挥标准规范的基础性指引作用,积极开展智能化市政基础设施的标准化研究,以标准助力行业高质量发展。结合目前智能化市政基础设施建设发展现状及需求,仍有亟需制定的关键标准,包括《智能化市政基础设施建设 数据字典》《智能化市政基础设施建设 评价标准》《智能化市政基础设施建设 术语》《智能化市政基础设施建设 数据编码要求》《智能化市政基础设施建设 数据交换要求》等。这些标准将对推进智能化基础设施建设、助力城市提质增效、促进城市高质量发展具有重要研究意义。

(3) 加强关键技术研发

① 保障推进技术攻关

统筹发挥中央、地方和企业等各方面力量,聚焦薄弱环节,分类实施关键核心技术攻关。研究制定支持使用国产化替代产品的相关政策,强化风险意识,提高智能化基础设施建设保障能力。在短板弱项领域,加大研发资金支持,统筹协调产学研用各方力量,推进核心技术研发布局,逐步提高智能化市政基础设施的系统可控性和安全性。

② 强化核心技术创新突破

结合智能化基础设施多个领域,加强一体化智能化设备研发,创新加持数据安全传输、无线传输技术,系统部署数据协同、边缘计算技术。在现代研究新形势要求下,数字孪生、元宇宙、增强现实等先进技术突破也至关重要。2021年元宇宙概念兴起,元宇宙相关技术与应用诱人的前景,吸引了国内一些省市和企业布局元宇宙、抢占产业发展先机,相关产业的发展将对今后的城市信息化产生影响。

(4) 深化智能应用场景

① 做好产业及技术赋能

坚持以需求为导向,拓宽智能化基础设施建设的应用范围。最大化发挥技术和场景结合的价值,注重"建"与"用"统一,推动新技术成果转化落地。促进新型基础设施建设与传统产业深度融合发展,继而带动各行业逐步实现智能化转型升级。

② 多领域深入应用

随着城镇化的不断深化和人民生活质量的逐步提高,城市市政基础设施应向高质量、

4.1 概述

高品质发展。在智能化市政基础设施建设过程中,须将智能化排水理念融入城市建设、扩大智慧综合管廊应用范围、深化水资源优化配置与发展等,让市政基础设施更智慧、更安全、更宜居。

2) 战略规划与实施路径

(1) 推进创新型现代化强国战略建设

增加创新优势的智能化市政基础设施建设项目,是现代化强国愿景的底层,是面向未来的战略布局,应统筹安排面向2050年的两个中长期规划(2021—2035年、2036—2050年)及"十四五"规划布局,细化战略与战术路线图。

首先,要在现代化强国建设总体战略框架下,处理好战略部署与战术推进的关系。社会上普遍关注到新型基础设施建设的重点和热点领域,但对总体和长远任务重视不够。2020年政府工作报告明确要求"加强新型基础设施建设""激发新消费需求、助力产业升级",同时部署了相关基础性、战略性任务,既落实了近期工作任务,又调结构增后劲。

其次,要在现代化基础设施体系战略布局中,处理好优化存量和优选增量的关系。目前,新型基础设施建设受到新一轮投资追捧,有近期稳增长、调结构、惠民生的内在需求,更应着眼长远布局,以整体优化、协同融合为导向,统筹存量和增量、传统和新型基础设施发展,有序推进智能化市政基础设施建设,打造集约高效、经济适用、智能绿色、安全可靠的现代化基础设施体系。

最后,要坚持投资与消费、供给与需求相结合。智能化市政基础设施建设既能从供给端提高供给效率,也能从需求端激发需求。在当前环境下,推动新基建投资既能拉动投资需求,也能拉动最终消费需求,更会赋能生产、社会治理等多个领域。新冠肺炎疫情对于国内和全球经济的影响"前所未有",从总需求与总供给两端同时发力,助力城市经济更好更快地恢复到正常轨道,逐步形成以国内大循环为主体、国内国际双循环相互促进的新发展格局。

(2) 优化智能化市政基础设施投资结构

智能化市政基础设施投资要充分尊重经济规律、科技规律,明确市场、政府与社会机制的角色定位,平衡好全社会的成本与收益。2020年第一季度,全国固定资产投资(不含农户)84145亿元,同比下降16.1%,其中基础设施投资(不含电力、热力、燃气及水生产和供应业)同比下降19.7%。智能化市政基础设施投资虽然在固定资产投资中占比较低,但更具成长性和创新性,对供给侧与需求侧同时发挥渗透、融合、带动作用。

智能化市政基础设施投资可以以政府为主体发挥作用,统筹中央和地方政府投资,保护社会投资的合理回报。对于方向确定的市政基础设施领域,适合中央政府自上而下布局,完善财税金融扶持政策,发挥好政府资本"四两拨千斤"的作用,不要替代、挤出社会资本;对于方向不确定的市政基础设施领域,适合地方政府和市场主体自下而上布局,政府营造有利于创新迭代的应用场景和创新生态,鼓励各主体自由探索。对于公益性强、投资回报低、周期长的市政基础设施领域,以政府为主体发挥作用,统筹中央和地方政府投资,避免重复建设;对于以5G、大数据中心等为主体的智能化基础设施领域,通常具有良好投资回报,政府主要提供合理的制度和治理方案,确保设计和建造质量,以市场为主体发挥作用,引导基础设施发展方向,保护社会投资获得合理回报。

(3) "自上而下"与"自下而上"相结合的发展路径

"自上而下"的发展路径即构建智能化市政基础设施主要是由国家、行业主导,通常

第4章 智能化市政基础设施建设

强调统筹规划、统一标准规范、注重互联互通。当前在市场化程度很高的发达国家，存在自上而下推进智能化基础设施建设的案例，如英国正在着手推进国家数字孪生体建设，希望能够在数字孪生体早期开发阶段就通过共享数据、标准和框架等实现互联。

"自下而上"的发展路径即发挥企业在智能化市政基础设施建设过程中的关键作用，使得企业在市场竞争的驱动力下更积极地投入到新技术的创新中，以创造出更多的基础设施形态和运营模式。对于智能化市政基础设施建设，不同地区或行业会有不同思路、标准、监管制度，在完全市场化的发展环境下，会形成很多分散的系统和功能，随着持续发展，这些系统或功能之间的连接和互通会变得越发困难，这将制约新型基础设施充分发挥其公共性、规模经济性、强外部性等特性。

4.2 智能化城镇供水设施建设

4.2.1 智能化城镇供水设施建设内涵

1) 建设内涵与特点

城镇供水设施建设是城市安全有序运行的重要基础，是城市高质量发展的关键内容。当前，城镇供水设施建设总体平稳，基本满足城市快速发展需要，但在"智慧城市"建设背景下，云计算、大数据、物联网、人工智能等新一代信息技术的发展促进了城镇供水管理手段、模式、理念创新，推动了城镇供水设施朝着智能化方向发展，以满足城市安全、韧性、智慧发展的要求。

城镇供水设施包括城市供水专用水库、引水渠道、取水口、泵站、净水设施、输配水管网、进户总水表、公用给水站等设施。智能化城镇供水设施是通过在传统的城镇供水设施上集成传感模块，根据一定频率采集供水设施的运行情况信息，并采用边缘计算、云计算以及物联网通信等智能化技术传输给业务系统进行解析识别，实现实时感知设施状态、发现设施运行异常、及时作出预警、辅助管理决策等功能，从而不断提高城市供水安全的保障能力。智能化城镇供水设施是基于数字化、网络化、智能化发展，有助于提升城镇供水现代化水平和运行效率，转变供水发展方式的城镇供水设施。目前，在智慧水务建设浪潮下，城镇供水设施逐步朝着数字化、智能化发展，已经衍生出多种智能化设施设备，如智能水表、智能井盖、智能消火栓等，这些智能设施设备在水务运行、管理和服务中广泛应用，推动水务业务运营更高效、管理更科学、服务更优质。

"十四五"期间，应加快推进城镇供水设施智能化建设，形成与全面建设小康社会要求相适应的城镇供水安全保障体系，供水水质稳定达到新国标（2022版），城市安全韧性显著提升。

2) 政策与标准要求

为提升市政公用服务水平，加快推进城镇供水设施改造与建设，中共中央、国务院在2014年3月发布的《国家新型城镇化规划（2014—2020年）》中提出"发展智能水务，构建覆盖供水全过程、保障供水质量安全的智能供排水和污水处理系统。发展智能管网，实现城市地下空间、地下管网的信息化管理和运行监控智能化"。

住房和城乡建设部在 2021 年发布的《关于加强城市地下市政基础设施建设的指导意见》提出"到 2023 年底前，基本完成设施普查，摸清底数，掌握存在的隐患风险点并限期消除，地级及以上城市建立和完善综合管理信息平台。到 2025 年底前，基本实现综合管理信息平台全覆盖，城市地下市政基础设施建设协调机制更加健全，城市地下市政基础设施建设效率明显提高，安全隐患及事故明显减少，城市安全韧性显著提升"。

住房和城乡建设部办公厅、国家发展改革委办公厅在 2022 年 1 月发布的《关于加强公共供水管网漏损控制的通知》中提出"开展供水管网智能化建设工程。推动供水企业在完成供水管网信息化基础上，实施智能化改造，供水管网建设、改造过程中可同步敷设有关传感器，建立基于物联网的供水智能化管理平台。对供水设施运行状态和水量、水压、水质等信息进行实时监测，精准识别管网漏损点位，进行管网压力区域智能调节，逐步提高城市供水管网漏损的信息化、智慧化管理水平。推广典型地区城市供水管网智能化改造和运行管理经验"。

住房和城乡建设部、国家发展和改革委员会在 2022 年 7 月发布的《"十四五"全国城市基础设施建设规划》中提出"推动城市基础设施智能化建设与改造。加快推进城市交通、水、能源、环卫、园林绿化等系统传统基础设施数字化、网络化、智能化建设与改造，加强泛在感知、终端联网、智能调度体系构建。在有条件的地方推进城市基础设施智能化管理，逐步实现城市基础设施建设数字化、监测感知网络化、运营管理智能化，对接城市运行管理服务平台，支撑城市运行一网统管"。

因此，有必要推进城镇供水设施智能化建设，逐步实现设施管理精细化、智能化、科学化，形成对供水设施建设、运维和服务的重要基础，支撑智慧城市建设。

3）建设现状

十四五期间供水设备设施依托智慧水务建设，逐步朝着数字化、智能化方向演进，目前具有代表性的智能化供水设施主要包括：智能水表、智能井盖、智能消火栓等。

在供水计量领域，以微电子技术、传感技术为支撑的智能水表逐渐替代传统水表，不断提升水计量的服务能力和水平。2012 年我国水表产量为 6431 万只，智能水表产量仅为 870 万只，智能水表市场占有率不足 15%。截至 2020 年，我国智能水表产量超过 3500 万只，占有率已经超过 30%。智能水表在多参数监测处理、DMA 管网漏损检测、用水轨迹监测等多个领域发挥着重大作用，但目前市场上智能水表质量良莠不齐，缺乏相关标准体系，难以支撑智能水表产品的有序发展。

在供水设施领域，以物联网技术为支撑的智能井盖迅速发展，实现井盖状态实时监测和异常预警，一定程度上消除了传统井盖中人工巡检难的弊端，实现了城市井盖和事件的流程化、数字化、智能化管理，创新了市政井盖管理模式和水平，节省了大量人力物力，提高了供水管网的智能化水平。全国城市井盖的保有量达到数亿套，并且每年新增和更换的井盖数量在 1500 万套以上。智能消防栓结合云计算、大数据技术可以达到消火栓用水状态、水压、倾倒状态等实时监测，实现智能预警报警、降低偷盗水事件，消防栓一张图管理等功能。与传统消防栓相比，提高了管理的精细化水平，对提高水司的经济效益，提高人民群众安全具有重大意义。2021 年，中国智能消防栓市场规模达到了 5.23 亿元，市场份额占比 36.65%，预计 2028 年将达到 9.69 亿元。由于智能消防栓应用领域广，市场前景大，市场规模将进一步扩大。

智能化城镇供水设施与传统供水设施相比，结合了新一代信息技术应用，实现了水务运行、管理和服务的精细化、智能化水平提升，未来产品将进一步得到推广与应用。但目前智能化供水设施建设仍在不断完善和深化阶段，特别是以下几类问题将是未来技术攻关和推广应用的关键。

一是需要提升信息化系统支撑能力，加强供水基础设施、业务应用的融合，实现全面互联和充分共享，促进供水业务运营模式的优化与升级。

二是智能化供水设施的产业化、标准化、规范化水平还比较低，部分供水设施在硬件接口、通信协议、数据类型、性能要求方面缺乏明确的定义和规定，没有形成统一的规范与标准，数据无法互联互通，信息孤岛严重，难以实现对海量信息的采集、共享、分析与挖掘，影响了供水设施的智能化发展。

三是智能化设施供水设施作为承载城市供水的关键基础设施，随着其在水务领域的应用的不断深入，在基础设施、物联通信、数据共享、业务应用等多方面都面临着更加严峻的网络安全威胁与挑战，需要不断完善网络安全体系建设。

4）需求分析

在当前政策要求和数字城市建设的背景下，水务行业对供水设施智能化建设提出新需求和新要求。

一是进一步完善夯实供水物联感知基础。结合供水工程建设与更新改造，强化管网末梢和用户小区水质监测，完善关键区域压力监测，实现非居民用水大户远传智能水表全覆盖，实现消火栓水压、栓体状态实时监测与异常智能化报警，推动供水系统智能化升级。

二是构建全域供水应急监测预警指挥体系。通过供水流量、压力、水质等指标智能监测，实现供水设施安全运行风险感知，逐步涵盖实时监控、风险预警、智能调度、应急指挥等功能的供水应急监测预警指挥体系。完善供水系统数字化仿真模型，挖掘供水运营数据，开展爆管风险分析，提高管网风险研判和预警能力，实现爆管抢修和停水调度指挥的全过程监测和全闭环管理，减少突发事件对用户的影响。

三是丰富供水全系统数字运维场景。以供水系统安全、高效、稳定运行为目标，构建供水全流程数字化运营体系。实施水厂智慧化升级改造，搭载智能巡检、智能安防、智能加药、智能能耗管理等专家系统，逐步实现水厂生产安全、节能、高效的数字化管理，逐步实现少人值守。加快建设数字供水管网，提升市政管网数据质量，补齐居民小区供水管网和二次供水设施 GIS 信息；构建供水管网水力模型和数据模型相结合的管网模拟仿真和风险预警系统；强化管网维抢修外业工单标准化管理能力，实现全管网监测、预警、运维和应急闭环数字化管理，为城市供水提供全时空、全天候、高韧性的数字化安全保障。

四是提升供水服务数字化水平。以用户为核心，构建并完善线上服务能力，打造零跑腿多渠道服务，缩短服务响应时间，由被动向主动服务转变。运用智能水表、大数据分析，结合政企数据联动，共同支持特殊人群智能守护。打通前端服务渠道和后端服务运营流程，实现供水服务全流程一体化、数字化管控；利用大数据技术，构建用户画像，洞察客户需求，实现数据驱动的精准服务。

4.2.2 智能化城镇供水数据采集

1）数据采集概述

供水系统必须按照适当方式运行，才能满足用户的服务要求。在供水系统的日常运行中，必须对供水系统的原水、水厂、管网等关键点的水力状态、水质参数进行实时在线监测，以确保当系统发生异常时能及时发现问题并采取应对措施。

水力状态的监测量主要包括流量、压力、流速、水池或水库的水位；水质监测则主要针对余氯、pH、电导率、浊度等水质指标。为满足供水系统调度控制的需要，供水系统数据的采集、传输与储存应保证数据实时、可靠、完整、连续。供水流量、压力、水质监测设备如图 4-3 所示。

图 4-3　供水流量、压力、水质监测设备

2）基础应用数据采集

（1）户表数据采集

用户水量数据的读取已逐步从传统人工抄表模式向智能抄表模式转型，未来将实现远传抄表全覆盖，并结合智能水表管理系统，对各类型智能水表按照不同周期采集水量数据。越来越多水表已经采用无磁传感水表或超声波水表，计量精度和分辨率更高。对于居民水表，部分使用有线光电、摄像等直读水表，每天采集一条数据并上报一次。较多水表应用了 NB-IoT 窄带蜂窝技术，每小时或更高频率采集水量数据，一般每天上报一次，如图 4-4 所示。

图 4-4　抄收数据示意图

第 4 章　智能化市政基础设施建设

智能水表通过监控用水情况,为水费计费、产销差管理、漏水、水量异常分析等提供数据支撑。在城市生命线保障方面也有很多应用场景,例如,针对人口老龄化趋势下的独居老人安全隐患问题,利用智能水表技术开展独居老人"智慧用水监测"服务,当用水异常时及时预警,提升独居老人的安全保障,使智能水表应用惠及民生,以科技手段守护长者安全。

(2) 流量数据采集

供水管网流量监测普遍采用电磁流量计或超声波流量计,其安装使用方便,不增加管道的水头损失,容易实现数据的自动采集和管理,如图 4-4 所示。

电磁流量计由变送器和转换器组成。变送器被安装在供水管道中,将流量变换成瞬时电信号,转换器将瞬时电信号转换成统一标准的直流信号,作为仪表指示、记录、传送或调节的基础信息数据。电磁流量变送器的测量管道内无运动部件,因此电磁流量计使用可靠、维护方便,寿命长,水头损失小,没有测量滞后现象,且测量范围大,满刻度量程连续可调。

超声波流量计根据声波传播存在速度差,在管道的两点上放置两组超声波发生器和接收器,通过测量声波传播时间差求得流速。超声波流量计是一种非接触式仪表,通过在管道外侧测量,实现无妨碍测量。既可以测量大管径的介质流量,也可以用于不易接触和观察的介质的测量,且测量准确度很高,几乎不受被测介质的各种参数的干扰。

(3) 压力数据采集

供水压力主要采用电气式压力计进行测量。这种测量方式利用压力传感器感受管道内的压强,将其转换成电信号(如电压、电流、电容、电感等),经放大显示记录后,再经过相应的换算求出压强。压力传感器的形式多种多样,如电阻应变式、电容式、压电式等。电气式压力计测压具有许多优越性,如电信号传送距离较远,适于遥测、遥控;可以测量脉动压强,电测结果更为准确快捷;电信号通常更易于转接,适于直接微机记录与处理等。

(4) 水质监测数据采集

为更全面地感知供水系统水质变化情况,常采用多参数水质分析仪监测供水水质。多参数水质分析仪是一套以在线自动分析仪器为核心,运用现代传感技术、自动测量技术、自动控制技术、计算机应用技术以及相关的专用分析软件和通信网络组成的一个综合性的在线自动监测体系,其具备 pH、浊度、余氯、电导率等多种水质参数的测量能力,通常采用电化学法、电极法等技术进行测量,如图 4-3 所示。

3) 供水设施数据采集

随着采集技术的日益成熟与管理理念的不断发展,智慧水务的智能监控范围也逐步扩大覆盖至阀门、井盖、消防栓、二供泵房等供水设施,如图 4-5 所示。

(a) 阀门

(b) 井盖

(c) 消防栓

(d) 二供泵房

图 4-5　其他供水设施

阀门主要采集阀门开度、流量、压力数据等。阀门的数据主要通过 4G/5G(也可以采用NB-IoT）网络实现系统的远程监测与控制。

井盖通过陀螺仪角度传感技术采集其开闭状态、倾斜、振动、液位超限、坐标数据等。数据传输模式是NB-IoT通信方式。通过对井盖的统一管理、实时监测，有效减少井盖造成的安全事故，在汛期及时发现积水点，提高应急调度效率。

消防栓主要监测开盖、撞击、出水、压力、坐标数据等。数据传输模式主要采用4G/5G（也可以采用NB-IoT）网络。消防栓实时监测消防栓偷水、漏水、无水、水压异常、被撞、被盗等多种异常工作情况，对于提升供水企业经济效益以及城市消防安全具有重大现实意义。

二供泵房主要采集泵机运行数据、水池箱液位数据、出水压力流量数据、水质数据等。泵房所有设备运行监测信号接入泵房内PLC，通过边缘计算网关将现场PLC数据通过统一规则接入业务系统。

4）其他数据采集

伴随着供水系统智能化建设，可对视频、水源、水质等开展相关数据采集。视频数据采集主要通过视频图像智能解析实现供水系统智能化建设，对供水设施运行要素目标关键点进行捕捉分析，从而提高事件主动发现、类型识别及预警能力，减少安全事件响应时间，提高安全事件处置效率并最终达到提高供水综合安防水平和智能化水平的效果。应用于厂区安全及生产过程监控。视频监控设备有枪型、半球型、球型网络摄像机。

原水压力数据采集主要采集原水管网压力数据，每秒采集一次数据通过专线卡每秒上传一次数据到监控平台，可及时发现原水管道爆管等异常情况、辅助原水日常及应急调度、优化原水泵站开停和阀门启闭操作。主要的采集设备是压力传感器及数据采集终端，如图4-6（a）所示。

水质数据可通过水质毒性生物监测仪采集，如图4-6（b）所示。该设备将生物行为学与环境监测方法有机结合，能够准确地反映不同地域不同水体的综合毒性变化。一般采用国际通用的斑马鱼作为指示生物，利用高速的视频图像跟踪处理和识别技术，实时监测斑马鱼的游动行为，通过斑马鱼的运动行为参数（如鱼的位置、速度、高度、分布、平均距离及运动轨迹的分形维数等），建立起斑马鱼的运动行为与不同污染物种类、浓度之间的效应关系，判断水质综合状况。

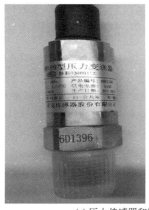

(a) 压力传感器和数据采集终端　　(b) 水质毒性生物监测仪

图4-6　其他数据采集设备示意图

4.2.3 智能化城镇供水信息平台

1) 总体框架与支撑平台

(1) 总体框架

城镇供水设施智能化建设的总体框架,涵盖基础层、感知层(采集设备与通信方式)、平台层(大数据平台、云平台、GIS、IoT 等)、应用层、决策层、接入层,如图 4-7 所示。

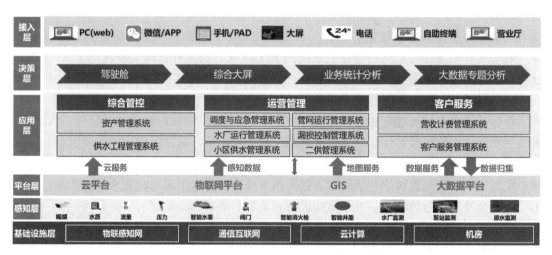

图 4-7 城镇供水设施智能化建设的总体框架图

基础层:作为智能供水系统的基本保障,包含网络系统建设、云计算资源、机房建设、安全设备建设等方面内容。通过搭建配套完善、功能齐备的基础设施,为智能供水系统的全面建设打下良好基础。

感知层:建设覆盖供水全流程的各类感知设备,实时采集运行数据,便于及时掌握供水管理的运行变化情况,为供水运营与决策分析提供丰富的数据资源。

平台层:构建基础性平台,为业务管理提供通用、统一的基础服务,同时汇聚业务应用数据,利于开展跨平台、跨业务、跨应用的智能数据分析。

应用层:根据业务管理属性主要分为综合管控、运营管理、客户服务三大体系,在体系间、体系内实现数据共享与流程衔接,促成业务交融与管理变革,也是供水智能化的核心业务板块。

决策层:通过业务数据联合分析和机器学习算法应用,研判供水系统运行情势变化,及时作出预警,为管理者提供辅助决策。

接入层:作为应用与决策的交互界面,既是外部信息收集的入口,也是应用管理结果展示的窗口。

(2) 支撑平台

建设统一的城市供水物联网平台,规范接入协议和数据标准,接入水厂、管网、二次供水泵房、智能消火栓、智能水表等各类供水设施的物联网在线监测设备,统一管理和应用。结合城市信息管理平台(CIM)建设要求,建设 BIM+GIS+IoT 的城市供水数字孪生体。利用云、大、物、移、智等信息技术,建设以水务数据、算力、算法为核心的智慧供水云平台，支持信息系统高效建设、运维、管理。

2) 供水业务管理系统

(1) 水厂运行管理系统

水厂运行管理系统围绕水厂的运行管理、设备管理、化验管理等水厂核心业务建设，集成展现水厂所有业务逻辑，搭载设备预测性维护、AR/VR等智慧化功能对业务进行赋能，如图4-8所示。该系统实现水厂态势全可视、事件全可控、决策智慧化，提升水厂运营效率、业务处理效率以及安全事件应对效率。

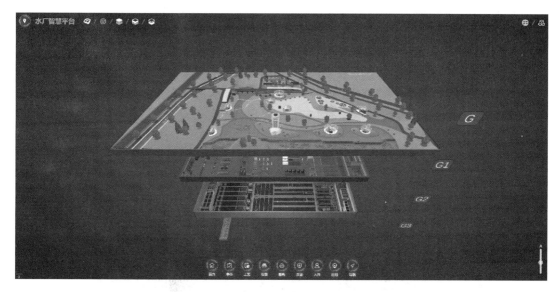

图4-8 水厂运营管理系统示意图

系统核心功能如下：

① 工艺监控：构建与物理厂区生产状态一致的三维可视化智能厂站，达到数字孪生的可视化效果，实现生产过程精益化、生产状态透明化、生产信息感知化，通过与设备互联实现无纸化生产执行、流程跟踪、状态反馈、工艺仿真等生产全周期管理。

② 远程巡检：将人工智能、边缘计算软硬件以及智能监控模型应用于厂站环境中，确保厂区的人员安全，实现远程巡检和设备智能运维监测，打造先进、可扩展的厂站智能巡检解决方案。

③ AR与远程协助功能：生产单位巡检人员通过移动APP端AR巡检功能查看现场设备的实时数据和历史曲线。设备维修人员在设备维修过程中发现不能解决的问题通过移动APP端远程协助功能与专家进行远程互动，获得专家的远程指导。

④ 事件管理：多媒体智能预警与环境感知预警、统一接处警、事件报告管理、重大事件保障与联动管理、综合展示与应急处置、厂区突发事件应急调度指挥、预案管理与决策支持等，并通过对数据的增值运算支持事件处置决策。

⑤ 决策分析：建立科学有效的决策支持服务来全面提升厂站生产智慧化水平，目的是对生产实时数据、设备运行状态和统计分析数据（进出水环境指标、能耗药耗统计、设备利用率、设备故障率等）进行深入挖掘，发现提高设备运行效率的方法，为优化生产运行工艺参数调整提供支持。面向管理人员，提供丰富的数据展示界面，使得领导的决策更

加综合、合理、可行，形成智能化、科学化决策。

未来水厂运行管理系统将向微服务、云原生架构发展，结合大数据、云计算、人工智能应用，让水厂系统变得更加高效、可靠和稳定，实现智慧水厂向集中化运营和少人/无人值守的模式转变，有效保障水厂安全生产，保证用户的安全用水。

（2）管网运行管理系统

管网运行管理系统整合城市水务管理过程中的所有外勤业务，包括供水管网、小区二次供水等维修、巡检业务，构建企业级工单调度中心，改变以往人员分散、沟通渠道单一、信息滞后、职能部门间难以协同的局面，实现外业工作的一体化、流程化管理，达成外业处置过程中不同业务之间、部门之间、成员之间快速有效的沟通和协作。

管网运行管理系统主要应用于各类外勤作业工单管理，实现外业工作的一体化、流程化管理。业务类型包括巡查、工地、维修、阀门、消火栓防、泵检、水池清洗、监测点、探漏、水质采样等。功能包含工单的计划制定、创建、审核、派发、处理等流程管理，工单的智能调度、监控、绩效管理，移动端工单管理，工单统计分析等，技术架构如图4-9所示。

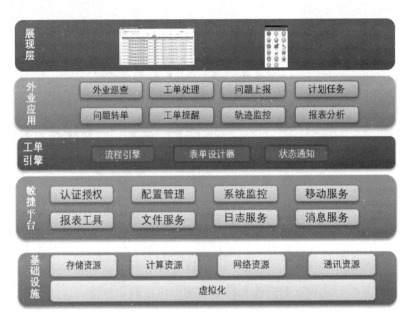

图4-9 管网运行管理系统技术架构图

（3）调度与应急管理系统

调度与应急管理系统定位于顶层业务运营支撑平台，通过集成、融合其他系统和数据、流程，形成集供水一体化管控、安全综合预警、应急指挥为一体的综合性运行、分析、管理系统，打通各板块业务和各层级的管控，达到一网统管、一网统办。

引入数据分析与预警方法，实现对经营和业务数据进行全方位监控，及时发现非预期差异和风险信息，实现事前预警、事中监控、事后处理的全过程闭环管理体系。将风险指标嵌入业务流程，与业务系统高度融合，实现风险指标的实时监控；通过强大的大数据分析工具，挖掘海量数据间的潜在关联，并通过多维度立体化展示，为管理层提供决策依据，提高数据利用率；运用视频图像、网络通信、语音通信和大屏/移动端的展示，通过应急预案、应急演练、应急资源管理等的信息化、自动化和网络化，提升应急管理水平，实现精准、智能的远程应急跟踪与控制，提高应急响应速度，调度与应急管理系统界面如图4-10所示。

图4-10 调度与应急管理系统

（4）漏损管理系统

漏损管理系统利用不同来源的水量数据并应用算法与模型匹配的方式，快速分析出物理漏失水量，为漏损控制工作明确主要目标方向，以绩效考核为抓手，管理监督检漏工作过程，指导及时发现和修复漏点，减少水量漏失，如图4-11所示。

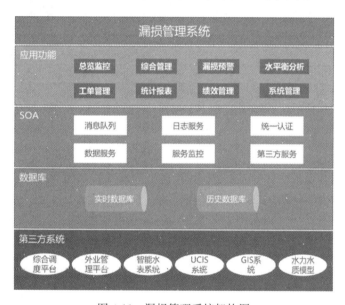

图4-11 漏损管理系统架构图

漏损管理系统对城镇供水系统起到预警、预测、及时治理等效果，可实现精细化动态管理。通过整合各级分区数据、小区总表数据、远传大表数据及相关系统水量数据，及时发现水量异常事件，有效指导探漏及巡查工作；利用智能水表数据，将售水量与供水量的统计区间调为一致，细化产销差计算的时间粒度，及时掌握产销差情况并针对性开展管理工作；通过实时监控各项数据，掌握流量、压力的突变及异常等可及时感知漏损事件，缩短水量漏失时间，减少水量和经济损失；与管网运行管理系统对接，实现漏损事件全流程、动态的闭环管理，提高事件处理效率，缩短处置时间；跟踪产销差相关业务开展情况（外业工单、压力管理等），实现产销差动态管理分析；从不同空间维度、不同时间粒度分析各级分区的产销差状况，识别产销差的主要影响因素。

(5) 供水工程管理系统

解决供水工程项目地域分散、作业流程琐碎、体量持续壮大等难题,结合城市供水工程管理过程和系统特征,打造信息共享、管理协同的供水工程管理系统,如图4-12所示。该系统打通工程管理链条,强化工程建设"建、管、控"监管力度,形成人管、技管、物管、联管、安管五管合一的立体化管控格局,变被动式管理为主动式智能化管理,提高项目可控性和后评价能力,并为后续运维提供可靠的数据资产。

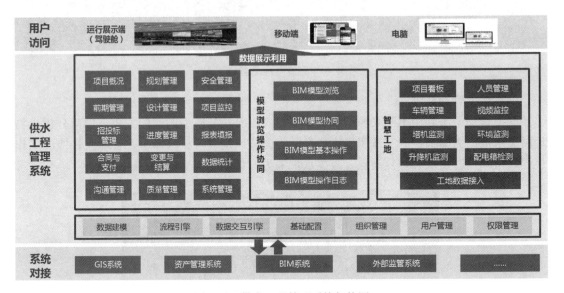

图 4-12 供水工程管理系统架构图

基于GIS系统,一张图可视供水工程落点与管网交互,针对排放口水质异常情况一键溯源定位上游工地,实现快速响应。以BIM模型为载体,实现从设计到施工模型和数据的无缝传递,通过模型构建关联WBS进度计划,模拟工程计划,并对比实际进度,可视化动态掌握进度状态;全过程跟踪工艺系统设备,在模型中实现信息管理与查看;联动智慧工地第三方自动监测设备,实现安全数据实时传输、结果分析、危险预计等,精细化管理施工安全;全过程采集工程信息,助力高效数字化智慧运维。

利用大数据分析、人工智能、物联网等技术,深化人员、塔吊、环境、基坑、用电、车辆等工地感知,多终端穿透现场管理,动态监控、智能感知、提前预警、风险闭环,实现工程管理数字化到智慧化提升。

(6) 辅助决策管理系统及其他智能应用

随着供水管网水力模型、智能优化算法等的成熟,建设辅助决策管理系统,模型预测、模型分析等将在供水调度、漏损管理等多个方面得到广泛应用,进一步提升决策的科学性、提高管理效率,实现供水系统智能化运行管理,如图4-13所示。

精度高、实用性强的供排水管网实时在线水力模型作为调度系统的核心模块,能够实现对管道中各种可能出现的问题进行预判,对管网调度操作进行事前模拟,为区域科学调度提供参考,保证生产顺利开展。

利用大数据分析技术、分区计量流量监测数据、远传水表数据等,可以实时分析供水管网各区域产销差变化,结合管网水力模型和智能优化算法,能进一步识别出可能的漏损

4.2 智能化城镇供水设施建设

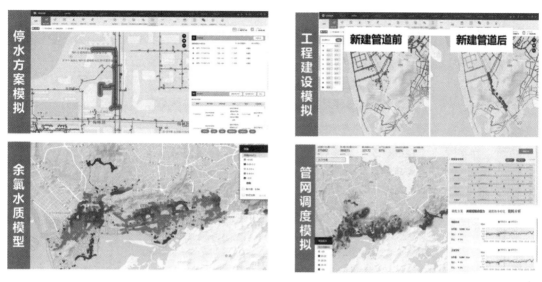

图 4-13 辅助决策管理系统常见功能

点位,为漏损管理提供指导。

应用水力模型、人工智能算法,对管道爆管进行预测,提前采取措施降低管网爆管风险;当爆管发生时,应用智能优化算法,计算最佳停水方案和水厂应急调度方案,提高爆管处置效率,降低对用户用水的影响。

借助大数据分析、人工智能技术,对天气、原水水质、出厂水水质、管网水质、水质投诉等数据进行关联分析,识别影响用户水质的关键因素,发现水质隐患,预警水质问题,为水质管理提供辅助。

(7) 其他供水业务系统

二次供水管理系统通过制定统一的硬件标准与数据标准,将居民小区二次加压泵房纳入统一管理,借助高性能边缘计算网关,将泵房运行实时数据接入系统,通过数据报警、在线巡检、能效分析、泵房评分等功能多维度开展泵房运维、故障抢修、优化运营等工作,保障设备设施高效安全运行。

小区供水管理系统以小区运营管理总体状况为抓手,着重从小区层面的二供泵房管理、水质监测、漏损分析、停水管理、工程监管、设施日常运维等方面实施数字化长效管理,并按小区生活管网设施与二次供水设施的维度分别进行评估,及时掌握小区供水管理的整体状况与变化趋势,逐步解决小区水务管理中政府、水务企业、物业和用户在小区水务管理中信息不对称、风险发现不及时、管理流程不闭环、权责分工不清晰等问题,筑牢城市供水"最后一公里"安全屏障,如图 4-14 所示。

在其他增值服务领域,越来越多供水企业面向城镇用户广阔市场,挖掘客户个性化需求,积极探索增值服务,如图 4-15 所示。借助企业微信等平台,建立服务网格化管理式虚拟社区,深入了解客户服务需求,探索服务增值产品领域,为客户提供定制化服务,打造服务营销新模式。基于智能水表的普及应用,打造成熟的客户数据水量分析产品,客户可在线订阅。组建专业的给排水工程师及工程队伍,提供定制服务,帮助客户分析解决表后用水问题,如管道老化、漏失率高、二次供水能耗高等。从客户工程建设初期介入,服

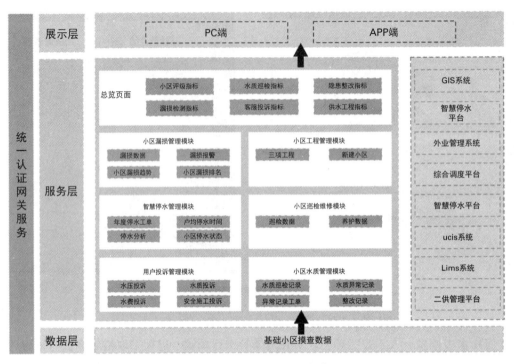

图 4-14 小区供水管理系统架构图

务贯穿客户用水全生命周期,囊括提供从室内外供排水管线设计、设备采购(管材、水表、用水器具);工程施工、设备维护抢修、水周边商品、服务、数据等全过程服务。

图 4-15 客户服务增值领域应用

3)生产运营管理系统

(1)资产管理系统

水务是资产密集型行业,供水设施在企业资产中占比较大。对供水资产设备进行信化管理，能够实现资产价值、资产运营分析，延长资产使用价值，提升企业管理水平和经济效益。但是，供水设施资产由于资产种类繁多、覆盖范围广，涉及城市供水的各个环节，存在资产难以管理、运营成本难以控制、运营绩效难以最优等问题。

供水企业有必要加快建设资产管理系统，以资产全生命周期管理为主线，以资产台账管理为核心，建立台账标准，实现台账、采购、仓库、备品备件、报废、统计分析等管理，为各业务系统提供标准化台账基础服务。同时，打通与采购、工程建设、厂站运维、财务管理等数据链条，实现资产全生命周期信息归集，完成数据统一管控、集中分析，为企业决策提供数据支撑。

通过资产管理系统的建设，可以构建供水资产全生命周期信息管理模式，打通投资规划、物资采购、工程建设、生产运营、退役报废各业务环节，实现供水设施资产全生命周期数字化管理和最优化利用，如图 4-16 所示。持续完善厂站网智能感知能力，实时监控并及时发现供水设施、设备运行状态和工况异常。深化供水资产健康状态及风险动态评估，优化运维及更新改造决策，由事后处置向事前预防模式转变。

图 4-16 资产全生命周期示意图

（2）营收计费管理系统

营收计费管理系统围绕水务企业的抄表、计费、收费的营销核心业务建设，该系统以计费引擎、工作流平台、业务集成开发平台等为基础，融合自来水费及污水处理费、垃圾处理费、加价收费等各项代收费业务，对抄表、计费、收费、票据等客服营销工作，实现一体化、信息化全面管理，如图 4-17 所示。

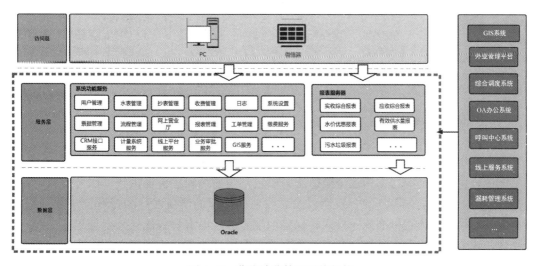

图 4-17 营收计费管理系统架构

系统支持多种水费价格体系、不同费用独立设置违约金参数、多种周期抄表收费计算等。同时收费方式灵活多样，支持银行实时划款、跨区缴费、本金滞纳金分离缴费、水量水费拆分等灵活的计收费方法。还能够自动推送智能水表抄读数据，支持水费电子发票及各类通知单的统一管理。未来营收计费管理系统将向微服务、云原生架构发展，结合大数据、云计算、区块链应用，向客户提供更优质服务，提升供水企业的效益及客户的满意度。

（3）客户服务管理系统

传统水务行业服务模式普遍为实体营业厅窗口＋客服热线的人工服务模式，属于被动式服务，受限于服务时间、地点，服务过程不透明，服务体验不佳，已无法满足市民的高品质服务需求。

在互联网企业的影响下，水务行业的服务趋势向在线化、智能化发展，规范业务流程，减少服务触点，服务流程场景化、服务交互智能化，由传统的被动服务，提升为及时、个性化和高效的主动服务。客户服务管理系统对传统的水务服务模式进行数字化重构，推动以客户为中心的全业务从线下走向线上，并借助AI智能技术、数字技术打通线下线上流程，免去了大部分的客户资料提交等繁杂手续，业务流程更加规范和高效，如图4-18所示。

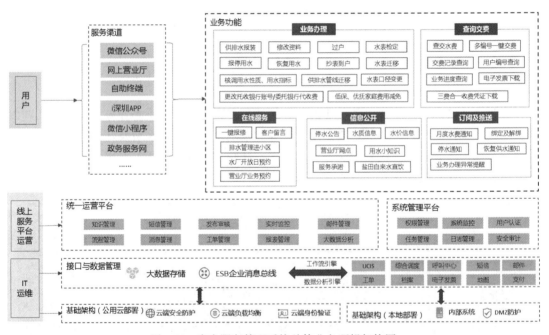

图4-18 客户服务管理系统总体业务逻辑架构图

该系统主要特征有：①构建全渠道服务中台，为前端和后台提供统一服务支持，赋能各接入渠道，保证前端服务的一致性以及后台业务受理的便捷性；②打造统一服务平台，所有服务前端业务流程标准统一接入，保障前端服务各渠道一致性；③全渠道业务统一后台受理，线上渠道运营人员统一登录该平台受理全渠道业务，实现集约化管理，业务全流程一体化管控，内部运营人员对业务状态全过程可查可控，业务进度对客户公开透明；④在水务客服行业应用AI人工智能技术，通过智能客服系统代替简易、重复性高的人力工作，以解决不同渠道的服务接触需求，同时释放人力资源，优化人力结构。

4.2.4 智能化城镇供水设施应用成效

1）应用领域

供水设施智能化建设是水行业精细化管理、智慧化管理的重要发展方向、符合"智慧城市"、"数字中国"建设战略，无论是对政府、行业还是对市民都具有重大意义。通过云计算、大数据、物联网、人工智能等新一代信息技术，智能化供水服务于水厂工程基础设施、供水管网基础设施、供水社区基础设施、地理基础设施等，将各类供水基础设施连接起来，建立新一代智能化供水系统，使供水各领域、各系统之间内在关联。同时，也应用于指挥决策、实时反应、协调运作，实现对供水设施的全面、动态化管理，实现服务效能整合与升级。

2）应用价值

供水设施智能化建设是智慧水务建设的一个重要分支，可以促进水行业的产业结构优化和升级，提升水务企业生产运行管理、工艺优化调度、综合运营管理的信息化水平，实现供水环节的节能降耗、降本增效，有利于降低水务企业的运营管理成本，提高管理效能，提升经济效益。

供水设施智能化建设作为供水管理系统的重要支撑，有助于提升办事效率与服务水平，提高城市的营商环境；同时可以有效促进智慧城市建设，为城市治理提供良好的水务环境，为城市运行管理中心提供精细化水务数据，为城市信息采集提供水务感知信息，实现城市水务治理的精细化、网络化和智能化。

3）应用前景

（1）水务应用云化

现有水务企业主要以独立系统、功能为主，调度、生产、外业、服务和综合管控信息化系统交互融合及复用能力不足。且开发模式以独立开发、碎片化为主，导致可拓展性不强。基于传统互联网技术架构开发，要求独占服务器、数据库、开发框架和资源池。未来发展趋势以系统化、功能模块为主，能够满足自主开发、云化部署，便于产品化输出。利用微服务和 DevOps 功能，实现敏捷开发和持续改进，达到开发和运维高度统一；基于弹性云计算和云原生底座的技术架构，能够实现弹性资源共享，技术栈统一以降本增效。

（2）水务行业增值服务

目前水务企业面向客户端的服务，主要围绕供排水服务保障、基于贸易结算水表的抄表、收费、业务办理等的主营业务开展，部分水务企业也在拓展有偿服务、个性化数据服务等增值服务。未来水务企业增值服务将以水务消费互联网为核心，充分发挥互联网产业优势，结合水务行业海量潜在客户资源，拓展新型涉水业务，盘活上下游生态，推动水务商业模式的多元化发展，围绕"水文化"、"水服务"、"水行业"、"水生态"，构建创新型水务商业经营模式，挖掘集团主营业务以外的新利润增长点。

（3）CIM 与城市支撑

国内各大城市大力推动数字孪生城市 CIM 底座的建设，促进 BIM、IoT、GIS 等技术深度融合应用。供水设施智能化建设作为数字孪生智慧城市的重要组成部分，基于 BIM 在自来水厂、供水管网、供水泵站、二次供水泵房等设施的设计、施工、运维全生命周期应用，结合 IoT 完善基础数据采集与传输，采用 GIS 联结厂站网，支撑城市 CIM 底座发展。

4.3 智能化城镇排水设施建设

4.3.1 智能化城镇排水设施建设内涵

1）建设内涵与特点

当前，以物联网、云计算、人工智能为代表的新一代互联网技术逐步成熟，并正在向经济、社会、生活各领域加速渗透，深刻地改变了现有生产方式和生活方式，成为经济社会发展转型的关键手段。

智能化排水设施建设是在智慧城市建设背景下、自动化控制的基础上，将智能化技术运用到排水工程管理中，将各测量数据和硬件采集数据通过信息化与数字化手段整合、分析和应用，全面了解排水系统运行情况，为城市排水管理、防洪预测提供决策依据。通过平台进行统一管理，并根据用户及行业需求进行统计分析，使城市排水系统可以进行智能化、自动化响应，实现信息资源与生产经营深度融合，提升水务系统科学预测与联动联调程度，促进系统从经验模式向智能模式的转变，建立安全稳定、精细高效的智能化管理方式，支持排水管理部门的各项业务工作、管理和决策，从而使排水管理达到智慧的状态。

2）政策与标准要求

（1）国家政策要求

为积极促进智能化排水设施建设，使排水管理智能化、信息化技术应用整体水平稳步提高，国家陆续发布了相关政策法规以支撑排水智能化建设。2020 年，住房和城乡建设部在《关于加强城市地下市政基础设施建设的指导意见》（建城〔2020〕111 号）中提出"推动数字化、智能化建设"的建设要求，要求"运用第五代移动通信技术、物联网、人工智能、大数据、云计算等技术，提升城市地下市政基础设施数字化、智能化水平，搭建供水、排水、燃气、热力等设施感知网络，建设地面塌陷隐患监测感知系统，实时掌握设施运行状况，实现对地下市政基础设施的安全监测与预警。充分挖掘利用数据资源，提高设施运行效率和服务水平，辅助优化设施规划建设管理"。

在城市排水内涝智能化管理方面，国务院办公厅在 2021 年发布的《关于加强城市内涝治理的实施意见》（国办发〔2021〕11 号）中对"加强智慧平台建设"提出了三项基本要求，"一是在排水设施关键节点、易涝积水点布设必要的智能化感知终端设备；二是满足日常管理、运行调度、灾情预判、预警预报、防汛调度、应急抢险等功能需要；三是有条件的城市，要与城市信息模型（CIM）基础平台深度融合，与国土空间基础信息平台充分衔接"。另外，在每年汛期来临之际，住房和城乡建设部、国家发展和改革委员会等部委均高度重视城市排水防涝工作，联合发布关于做好本年度城市排水防涝工作的通知，并要求各部门在汛期要加强各项排水设施巡检养护的工作要求。

在城镇污水管理和基础设施补短板方面，国家发展和改革委员会、住房和城乡建设部在 2020 年联合印发的《城镇生活污水处理设施补短板强弱项实施方案》中主要任务提出

"推动信息系统建设。开展生活污水收集管网摸底排查，地级及以上城市依法有序建立管网地理信息系统并定期更新，……，逐步实现远程监控、信息采集、系统智能调度、事故智慧预警等功能，为设施运行维护管理、污染防治提供辅助决策"的建设要求；2021年，国家发展和改革委员会、住房和城乡建设部再次联合印发《"十四五"城镇污水处理及资源化利用发展规划》，明确提出"推进信息系统建设，地方人民政府为实施主体，依法建立城镇污水处理设施地理信息系统并定期更新，或依托现有平台完善相关功能，实现城镇污水设施信息化、账册化管理。推行排水户、干支管网、泵站、污水处理厂、河湖水体数据智能化联动和动态更新，开展常态化监测评估，保障设施稳定运行"。

除此之外，国家在海绵城市建设、黑臭水体治理、提质增效、河湖管理、入河入海排污口管理等方面也提出了相关的建设要求。但综合来讲，国家对城镇排水设施智能化建设的总体要求在于推动排水智能化基础设施的建设和信息管理平台的不断完善升级。

（2）建设标准和依据

城镇智能化排水基础信息平台主要是以《城市运行管理服务平台建设指南（试行）》作为指导建设和运行的基本依据，按照《城市运行管理服务平台技术标准》CJJ/T 312—2021开展平台的建设和运维，按照《城市运行管理服务平台数据标准》CJ/T 545—2021建立排水智能化平台运行管理数据库并开展数据交换和汇聚，按照《城市运行管理服务平台管理标准》（编制中）和《城市运行管理服务平台运行标准》（编制中）开展智能化排水设施运行监测、监督管理和综合评价等工作。

3）建设现状

目前我国排水设施信息化建设尚不成熟，只有少数国内领先的水务单位率先搭建了云平台，初步实现了系统的融合与共享，以大数据为基础的智慧水务应用已经起步，但其发展空间仍然很大。一线城市的水务单位大多建设了比较完善的信息化基础设施，有的已经拥有专属的统一管理和应用的系统平台，但水务整体的智能化尚处于起步阶段；一般地级市水务单位虽然具有一定信息化的基础设施设备，但各个软件系统大部分处于独立运行状态，信息资源相对独立，整体正处于探索阶段；一般县级水务单位的信息化设施本身就比较薄弱，普遍只具备独立运行的专业化应用系统，由于建设信息化的投入太高，难以有比较大的突破，整体还处于观望阶段。我国排水设施智能化发展还存在以下问题：

（1）排水系统"家底"不明

城镇排水设施资产数量庞大且复杂，加上大部分城市排水系统的管理和运维分别在不同部门，导致排水资产不明确，无法形成城市排水资产一本账。

（2）排水系统运行状态不清

城市排水系统脉络庞大，目前排水管网运行状态主要靠实际养护和管理中人工确定和评估，缺乏水位、流量、水质等实时感知设备，所掌握的情况和及时性有限，一旦遇到排水管理方面的问题无法及时了解实时状况以制定有效的应对措施。

（3）排水业务管理缺乏联动

现存排水信息化系统多为分散构建模式，缺少规范的信息统一管理平台，基层单位子系统多为独立运行、各自为政的模式，信息的处理和流转仅限于本部门，内外部信息共享不足，导致信息难以识别与互融，组件和应用程序组成的信息孤岛现象严重。

(4）排水数据电子化程度不足

目前排水数据复杂繁多，部分数据停留在纸质阶段，未实现电子化，在数据应用方面并未进行建设，数据的应用较为传统、效率低，在数据的深度挖掘和分析应用上还是空白，无法实现数据资源的高效共享利用，无法为相关管理单位等提供数据服务。

（5）缺乏科学智能化决策支撑

目前涉排水业务应用覆盖低、性能差、有效供给不足，导致难以支撑实际排水管理工作要求和实现高效监管。缺乏综合分析技术手段，无法实现智慧决策、实时指挥调度，对管理决策支持不足、业务应用覆盖面不全、应用智能化水平不够，综合保障能力相对薄弱，尚未发挥出高新技术的巨大潜能，亟需利用大数据、人工智能、遥感等技术支持排水业务的创新，实现分析型应用。

4）需求分析

目前，我国大部分城市的排水管理仍以传统模式为主，缺乏现代化的支撑手段，无法满足新时期对排水精细化管理的基本要求，亟需利用创新的业务管理技术和先进的信息化技术，构建统一的排水应用平台，满足排水业务的全覆盖，实现排水业务应用智慧协同，全面提高城市排水管理效率和管理水平。总体来讲，排水设施智能化建设和管理的建设需求主要有以下几点：

（1）摸清排水设施家底，理清排水设施权属，统一管理

城镇排水系统资产庞大，排水行政主管单位和运营单位分别管理着一套排水设施，未对排水设施进行统一管理，从业务层面考虑，需要建设一套资产管理系统以了解城市排水设施的建设情况，支撑科学有效的统筹决策。

（2）建设排水智能化监测系统，提升对排水事故的预警能力

构建排水智能化在线监测系统，对排水系统的网络结构进行分析识别，将在线监测设备安装在管网的关键节点，利用在线监测数据动态调整与优化模型参数，大大提高在线监测设备的使用效率，并及时发现排水系统运行中的突发问题，进行事故溯源、追踪与预警，辅助管理部门做到防患于未然。

（3）整合集成多源数据，支撑排水日常监管

整合各类在线监测数据，实现排水设施运行状态动态感知，当水位或流量超过报警值或设备异常时进行实时告警，通知相关人员进行处置，并通过长期的数据积累分析，系统自动绘制成专题图，为后期规划设计提供数据基础，方便排水管理单位及时掌握设施状况和实时监测数据。

（4）构建完善应急机制，优化应急调度体系

在城市内涝突发情况出现时，需要满足防汛工作人员、车辆及物资的综合管理，根据应急预案指示并结合区域分布情况进行在线快速调配，并对应急调度做出规范和科学的监控、记录与反馈。

（5）排水许可精细化审批管理，强化源头控制，实现动态监管

对接行政服务系统获取排水许可审批申请，管理包括接驳点位置、管网信息、排水户信息、接驳许可证审批等相关档案资料，满足管理部门对排水工程的接驳监管需求。

（6）基于大数据挖掘，高精度地分析研判与及时预警预报内涝险情

准确预测受气候变化影响的水文数据，通过对有效数据进行挖掘利用，建立降雨径流

模型以及内涝风险预警模型，有助于在暴雨急雨等紧急情况下对当前状态以及可能后果进行预判，有助于进一步的应急处理。

（7）强化业务支撑，提升行业信息化整体水平

以智慧化为抓手，推进智慧治理，扩展升级现有系统，扩大智能化监测设备在城市排水设施领域的集成应用，推进城市精细化、智能化、动态化管理，改进业务流程和工作方式，提高专业人员工作效率，向社会公众提供高质、高效的管理和服务，整体提升城市管理质量和水平。

4.3.2 智能化城镇排水数据采集

1）数据采集概述

智能化城镇排水数据采集主要就是利用传感器、测量装置及相应的监测数据采集设备，实现城市水系统运行状态的在线信息采集、监测和预警，感知项包括降雨量、水位、流速、流量、水质、工况和场景监控等，主要功能包括数据采集、数据管理、终端管理、档案管理、控制、异常分析、运行维护管理、权限和密码管理、安全防护等，为排水智慧化管理提供数据支持。

一套完整的智能化排水设施数据采集方案包括概况、监测目标、现状/规划分析、技术路线、监测布点、监测设备选型、数据采集与存储、设备安装、验收与维护、数据分析与应用、投资估算、工作组织和实施计划等内容。当前城镇排水智能化数据采集的主要对象和指标如表4-3所示。

城镇排水智能化数据采集对象与监测指标表　　　　表4-3

序号	监测对象	监测指标					
		雨量	水位/液位	流量	视频	工况	水质
城市路面							
1	城市易涝区域	○	●		●		
雨水管网							
2	易涝区域附近关联检查井		●				
3	排水沟渠检查井		●	○			
4	雨水/排涝泵站		●	○	●	●	
5	雨水排口			○	●		
合流管网							
6	易涝区域附近关联检查井		●				
7	合流渠箱检查井		●	○			
8	合流制截污设施		●			○	
9	截污闸		●	○		●	
10	溢流口			○	●		
城市水体							
11	城市水体	○	●	○			○

续表

序号	监测对象	监测指标					
		雨量	水位/液位	流量	视频	工况	水质
污水处理厂							
12	污水厂进口			○	○		●
13	污水厂出口			○	○		●

注：●表示"应"设置相关监测，○表示"宜"设置相关监测。

2）水量数据采集

（1）水位数据采集

水位数据采集及其监测站点的布设应符合国家标准的规定，与现行国家高程基准相联测，将基准控制网作为初始高程，水位发生变化时可实时测量真实积水点水位高程，并根据分析结果及危害程度作出预警及报警，积水点达到设定报警水位，触发控制终端，相应平台进行报警。目前水位监测设备主要有电子水尺、微型一体化水位计、超声波水位计、雷达水位计等，广泛应用于城市积水道路、灌区渠道、涵洞、河、湖、水库、闸泵站的水位监测。

电子水尺是一种感应式水位计，具有测量精度高、不易受环境影响（如温度、湿度、泥沙、波浪、降雨等因素）、防护等级高等的优点，适合在城市内涝、城市积水道路、灌区渠道、涵洞、下穿立交等水位变幅不是很大的场合使用，设备图和应用场景示例如图4-19所示。其安装一般置于立杆或防护套筒内，主机置于外部，通过专用电缆连接，供电方式采用市电或太阳能均可。

图4-19 电子水尺设备图（左）和应用场景图（右）

微型一体化水位计整体为全塑料密封结构，内置可充电电池，自带无线通信功能且支持多种协议通信，如图4-20所示。该设备具有小巧便于安装、无盲区、高灵敏度、强抗干扰能力、防护等级高、强耐腐蚀性等优点，不受泥沙和杂物影响，适用于市政道路、下凹桥、涵洞等地的水位测量，一般安装在与水平地面垂直的路沿石上，采用3cm强度不锈钢外壳固定设备。

图 4-20 微型一体化水位计设备图（左）和应用场景图（右）

超声波水位计采用非接触测量方式，接收自身发出的超声波被液面反射后的信号，然后通过内部换算得到液/物面位置。适用于温度变化较小、水面比较平稳、波浪比较小的场合，如泵房、水厂、河湖、水库等地的水位监测，如图 4-21 所示。安装一般根据现场情况，采用立杆或横臂方式固定超声波设备，可选择市电或太阳能供电方式。

图 4-21 超声波水位计设备图（左）和应用场景图（右）

雷达水位计采用脉冲相参雷达（PCR）技术，毫米雷达波作为载波信号，通过复杂信号识别算法实现了毫米级的测量精度，测量时不受温度梯度、气压、水面水汽、水中污染物以及沉淀物的影响，适用于管网、灌区、河道、水库等场景水位测量，如图 4-22 所示。安装一般根据现场实际情况，采用立杆或横臂方式固定设备，可选择市电或太阳能供电。

图 4-22 雷达水位计设备图（左）和应用场景图（右）

（2）雨量数据采集

雨量数据采集及其监测站点的布设应符合气象、水利等部门现行相关标准规范的规定，监测设备应符合国家标准的规定且经过国家计量部门许可检定后使用，同时满足降雨量在线监测与自动记录要求，具备测量数据本地储存和立即上传功能。在未监测到有效数据时自动采用休眠模式，在降雨过程中可立即发送数据，在室外工作条件具有良好适应能力，能在符合规定条件的安装地点正确、可靠、方便的安装，并具备防堵、防尘等应用保护措施。目前，雨量监测设备主要有直接计量（雨量器）、液柱测量（虹吸式与浮子式）、翻斗测量（单翻斗与多翻斗）等传统仪器，以及采用新技术的光学雨量计和雷达雨量计等。

其中最常见的雨量监测设备主要有翻斗式雨量传感器，设计符合国家标准《降水量观测仪器　第 2 部分：翻斗式雨量传感器》GB/T 21978.2—2014 和《降水量观测仪器　第 5 部分：雨量显示记录仪》GB/T 21978.5—2014 相关要求，其工作原理是将以毫米计的降雨深度转换为开关量信号输出，主要用于区域范围降雨量实时监测，适用于城市、村落、山区、学校等地区的雨量监测，如图 4-23 所示。

图 4-23　翻斗式雨量传感器设备图（左）和应用场景图（右）

（3）流量数据采集

流量数据采集及其监测设备的选型应满足浅流、非满流、满流、管道压力过载、低流速、逆流等各种工况要求，点位布设在调蓄设施上下游节点、泵站上下游节点、水闸闸门前后、主干管检查井、重要路段的管线检查井、溢流口、典型区域排口等的关键点上，设备支持数据预警和报警信息的及时推送，并支持通过通信网络远程调整通信时间间隔、远程动态配置预警值和报警值。流量数据采集设备应根据现场工况选择合适的传感器，满管且流速管道宜采用电磁流量计，工况复杂的管道、渠道宜采用多普勒流量计，常用的多普勒流量计有超声波和雷达两种。

多普勒超声波流量计采用超声多普勒原理，利用 DSP 技术和先进的频谱分析算法，集成温度探头，具备水温测量和声速补偿功能，可自由设定断面关系，专为水体流速、流量、液位的接触式测量而设计，适用于渠道、河流、水电站及城市管网等的流速、流量、水位的测量，如图 4-24 所示。安装一般根据实际测量点现场情况加工安装支架，选取合适的安装方式进行设备固定。

图 4-24 超声波流量计设备图（左）和应用场景图（右）

多普勒雷达流量计采用微波技术测量水体流速和水位，根据内置的软件算法，换算断面的流量和累计流量，适用于明渠、灌渠灌道、河道、排污口等环境的流量测量，设备一般安装在河道、水体上方，安装点应位于水面、水流平缓、无障碍物处，使用24GHz、60GHz微波进行流速和水位测量，测量结果不受环境温度、气压、水面水汽、水中污染物及沉淀物的影响。如图4-25所示。

图 4-25 雷达流量计设备图（左）和应用场景图（右）

（4）管网液位数据采集

液位数据采集是采用与国家现行的高程基准一致的基面标高来计算水面标高，设备在选型上一般需要满足浅流、非满流、满流、管道压力过载、低流速、逆流等各种工况的要求，可根据现场工况来选择合适的传感器，也可通过组合使用传感器来避免出现测量盲区，液位监测点位一般布设在调蓄设施上下游节点、泵站上下游节点、主干管检查井、重要路段的管线检查井等关键点上。监测设备应具备间隔采样和远程调整采样间隔的功能，

第4章 智能化市政基础设施建设

支持数据预警和报警信息的及时推送,支持通过通信网络远程调整通信时间间隔、远程动态配置预警值和报警值。若设备安装在合流制管线附属检查井下,井下部分还应满足防潮、防爆、防腐的工作要求,防护等级不应低于 IP68,且有达到本质安全防爆等级的防爆合格证书。

当前在排水系统液位数据采集中满足以上各类选型要求的监测设备主要有超声波和雷达水位计两种,窨井超声波水位计是利用声波反射原理来检测液位,窨井雷达水位计是利用微波雷达反射原理来检测液位,两种设备均为非接触式物位测量仪表,整体为全塑料密封结构,具有小巧轻便、安装便捷、耐腐蚀性强、灵敏度高、抗干扰能力强等优点,广泛应用于市政窨井、道路、河流、明渠等地的液位测量,如图 4-26 所示。设备安装一般是将支架固定在井侧壁,设备固定在支架上。

图 4-26 窨井超声波/雷达水位计设备图(左)和应用场景图(右)

3) 水质数据采集

当前排水系统的水质数据采集主要有两种方式,一种是人工采样;一种是利用物联网技术、移动通信技术、数据仓库技术、自动化控制等先进技术,研发各类水质智能传感器,对排水系统中的水质监测指标进行远程智能化实时监测。水质数据监测指标一般包括氨氮、pH、溶解氧、浊度、盐度、电导率、COD、氧化还原电位等参数。目前常见的水质数据智能化采集设备如表 4-4 所示。

常见水质数据智能化采集设备一览表 表 4-4

设备名称	设备图	备注
COD 监测仪		采用 UV LED 冷光源,使用紫外线吸收法,分析反应速度快,具有寿命长、漂移小等优点,广泛用于养殖、污水处理厂、市政管网等领域的水质监测
氨氮监测仪		通过电极法测量氨氮值,带有温度和 pH 自动补偿功能,环保型设计,精度高,测量范围广,广泛用于各种水体,包括湖泊、溪流、地下水以及废水等

4.3 智能化城镇排水设施建设

续表

设备名称	设备图	备注
pH 传感器		采用工业在线电极，带有温度自动补偿功能，广泛用于河道水质检测、工业废水、环保水处理等场景
电导率传感器		采用电极石墨接触设计，内置温度传感器，可以自动温度补偿，适合在线长期监测环境使用，广泛用于河道水质监测、工业废水、环保水处理、化学过程、工业工程等在线全过程监测
浊度传感器		采用国外成熟的 90°散射光原理，使用红外 LED 光源、光纤传导光路设计方法，内置温度传感器，可以自动温度补偿，适合在线长期监测环境使用
盐度传感器		利用发生器在初级线圈产生交变磁场，在介质中产生感应电流，接收器测量线圈上的感应电流，由此确定介质的盐度，内置温度传感器，自动温度补偿，广泛用于海洋、工业废水、制药、生物技术、工业制造等在线全过程监测
光学溶解氧传感器		采用"动态荧光淬灭"原理来测量水中溶解氧的含量，内置温度、压力、自动补偿溶解氧数值
ORP 传感器		采用工业在线电极，电极设计为球状结构，相比平面结构增加了接触面积，响应速度快，测量更准确，广泛用于河道水质监测、工业废水、环保水处理、食品饮料、发酵等在线全过程监测

4）设施数据采集

（1）视频监控数据采集

视频监控设施在城镇排水多种场景有广泛应用，除了满足基本安防监控外，具备软件定义摄像机功能的高清相机通过 AI 视频识别算法，能在非接触式测量、安防预警、风险识别、视频巡检、业务场景甄别判断（如面源污染、偷排废水等），涉水违章违法抓拍等场景。根据视频监控场景需求，设备选型上可选用不同类型的视频摄像机，满足对不同监控区域、特定监控内容的视频监控。摄像机建设周期长，随着深度学习等视频 AI 技术发展，智能算法更新速度快，摄像机建议预留智能算力，支持软件定义；在新城建领域重点技术方向，宜优先考虑 5G 摄像机，根据选点位置和业务需求，考虑支持 5G、太阳能和微波等融合技术，摄像机建议具备视频质量自感知和降低整体运维成本的能力。

（2）闸泵工况数据采集

城镇排水系统闸泵工况数据采集主要包括泵站无人值守系统、水闸自动控制系统，以实现对排水泵站和闸门的工况监测，泵站无人值守系统包括集水池水位监测、进水闸、格栅机和泵组运行参数及启停控制和泵站视频监控等，闸门自动控制系统包括闸前后水位、闸门开度、闸口流量、水位流向和视频监控等监测内容，排水泵站和水闸工况监测设备在选型上均应满足防潮防爆防腐的工作要求,防护等级不应低于 IP68。

5) 一体化数据采集

(1) 一体化水位雨量数据采集

一体化水位雨量监测站是由雨量计、电子水尺/超声波/雷达水位计(3 选 1)、摄像头(可选)、温湿度监测仪(可选)、遥测终端机、太阳能供电系统、立杆等组成。通过遥测终端机实现雨量、水位信息的自动采集、存储,并将监测站点的相关数据发送到监测管理平台,同时管理平台可以控制现场摄像头拍摄图像或视频摄录,广泛适用于城市、内河、河湖、水库以及村落、山区等地。

远程遥测终端(RTU)具备防水、低功耗、多种通信方式等特点,适用于各类有低功耗需求、防水要求高的场合,配合多种监测传感器可对现场水质、流速、水位、降雨量、图像等进行远程采集监测,可应用于水资源、水文、水利等监测管理系统,如图 4-27 所示。

图 4-27 远程遥测终端(左)和一体化水位雨量(右)设备图

(2) 一体化杆站综合数据采集

防洪排涝一杆通是指将雨量计、水位计、流速计、高清摄像机、IO BOX、智能融合物联网关、智能分析预警模块(AI BOX)、通信传输设备、配电防雷设备、太阳能光伏板(可选)、蓄电池(可选)等设备集成到一根立杆上,实时采集雨量、水位、流速、视频、图像等监测数据,并通过光纤、运营商 4G 或 5G 网络、微波、卫星终端机等渠道,将数据发往统一运维管理平台的一体化数据采集智能设施。一杆通适用于城市排水管理部门远程监测易涝点、桥涵、排水防涝重点区域的实时数据和状态,可广泛应用于城市内涝预警、淹没保护等场景中,为保障城市人民群众生命安全和排水防涝预警提供准确、及时的现场信息。

一杆通一体化设施融合 IoT、5G、AI 等新一代 ICT 技术,快速实现对监测区域智能感知、绿色节能、稳定可靠的实时监测、可视化管理和远程运维。建立城市排水安全物联网监测系统,可以保证信息采集的及时性,建立统一的数据标准,建立数据共享和交换机制,提高信息利用率,大幅提高内涝、雨情的应急管理水平。

4.3.3 智能化城镇排水信息平台

1) 总体框架与支撑平台

城镇智能化排水信息平台总体设计基于"六层两翼"的总体框架,"六层"依次为感知层、设施层、数据层、平台层、应用层和展示层;"两翼"是指标准规范体系和安全运维体系两大体系,如图4-28所示。

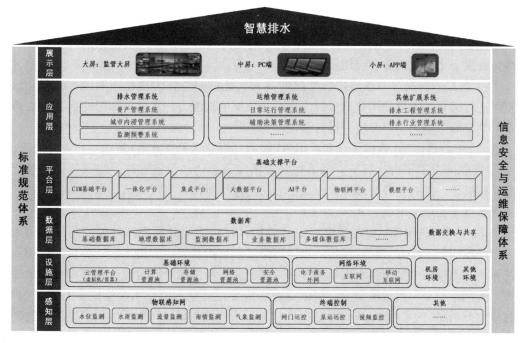

图4-28 系统总体框架图

（1）感知层：主要包括城镇排水设施，涵盖城市道路、雨水口、检查井、排水干管、重要支管、泵站、排水口、水闸、河涌及其他附属设施的智能化动态监测系统，常规监测项目应包括雨量监测、水位监测、流量监测、视频监控和闸泵运行工况监测等。

（2）设施层：主要是排水业务系统所需的计算及存储资源、网络环境、机房环境、网络安全等，基于政务外网进行系统地部署、管理。

（3）数据层：构建排水专题数据库，通过对数据的汇聚、存储、分析和管理，全面整合排水综合信息资源，提升专业化服务支撑水平，强化信息与服务监控能力。包括基础数据库、空间地理数据库、监测数据库、业务数据库、多媒体数据库等。

（4）平台层：在整个总体架构中承担着承上启下的关键作用，处于应用层和系统支撑层之间，作为排水系统信息化建设底座，包括CIM基础平台、一体化平台、融合集成平台、大数据平台、AI平台、物联网平台、模型平台等，既可对已有的软件资产充分利用，还可以更好满足快速发展的业务需求。

① CIM基础平台可实现城镇排水基础设施三维模型汇聚、清洗、转换、模型轻量化、模型抽取、模型浏览、定位查询、多场景融合与可视化表达、支撑排水防涝的各类应用。

② 一体化平台可为排水各业务软件应用系统的开发、运行和整合提供统一的基础技

术框架，并面向各类应用系统提供通用基础支撑服务，包括统一地图服务、统一身份认证服务、统一门户、统一安全机制、统一业务管理、消息中间件等，实现标准规范、数据交换、数据接口、运行维护、硬件平台和地理信息服务的六大统一，同时以资源目录方式，提供服务资源、地图服务、数据服务、数据接口的统一入口和数据平台、综合展示、服务共享和集约化应用四大支撑功能。

③ 融合集成平台通过统一的逻辑接口调用，实现大数据平台能力、AI 平台能力、IoT 平台能力的快速集中，形成的统一的集成标准，更好地实现解耦合，提高系统架构的稳定性、可用性、可扩展性，主要提供数据融合服务，可以有效地融合大数据分析、AI 人工智能、IoT 物联网以及第三方能力，更好地支持软件开发体系面向未来的业务部署和上线，提供一个开放的综合应用服务平台。

④ 大数据平台通过多源异构数据源的接入、统一归集到大数据资源池、面向全量数据资源进行编目，支撑公用数据资源库建设的数据治理能力、支撑跨部门交换和中心落地共享的共享服务能力、以及统一运行监控能力。

⑤ AI 平台提供 AI 管理平台和通用 AI 能力，可兼容第三方 AI 算法，使业务创新。

⑥ 物联网 IoT 平台一般至少包括物联数据接入、物联设备管理、物联数据共享交换三个功能模块，同时与各级政务大数据中心门户进行对接，实现城镇排水有关数据资源能在各级数据平台统一汇聚、共享。

⑦ 模型平台是将调试好的模型，赋能应用开发，适配开发模型的前、后处理集成接口，以及相应的水文参数预警预报、水质污染扩散模拟分析、管道水顶管分析等应用。常用的城市水力模型主要包括水文模型、水力模型和水质模型，按对象分，可以分为地表水模型、管网水模型、河道模型等，可依据业务需要，建立城镇排水所需的多种水力模型，通过模型分析结合 SCADA 与 GIS 数据，指导排水运维与城镇污水厂的生产提质增效。

（5）应用层：基于排水综合监管、数据管理、日常管理、巡查养护、行业监管等需求，构建各类专项业务系统，实现排水全方位管理，包括排水管理系统、运维管理系统和其他扩展系统等业务应用系统。

（6）展示层：系统展示以大屏、桌面端、移动终端等多种形式交互设计，为用户提供个性化的界面。

2）排水管理系统

（1）资产管理系统

利用 GIS 技术，将排水户、城镇排水管网、污水提升泵站、排涝泵站、污水处理厂、河道、水闸、各类在线监测设备等排水设施设备"叠加"至同一底图上，实现对排水设施设备资产的标准化建库管理，形成智慧排水"一张图"，对设施设备资产进行全方位的三维可视化管理、分级管理、分层管理，为后续各项应用提供数据基础与工作底图，为排水接驳许可业务审批提供管网数据查询、排水户资料管理、接驳点挂接与档案管理，还可以对管网进行拓扑分析、雨污混接排查等提供数据支撑。

① 基础地图管理

通过组合叠加城市行政区划图、水系图、管网图、监测设备分布图等基础图层，实现地图常见的操作功能。地图操作部分包括基础操作、地图量算、坐标定位、鹰眼视图等，用户可以利用这些工具对当前显示的地图进行操作；在对地图显示有高标准、高要求时，可采用三维精细化模型展示相关图层数据,直观、具体、生动地展示各类地图数据。

② 排水设施一张图

通过构建排水设施资产管理专题图的形式将排水设施、各类监测设备信息及排水工程等资料导入到地图上进行"一张图"展示,基于地图进行排水设施设备和工程信息管理,支持各类排水设施、监测设备详情和工程资料等的查看与信息更新,实现对排水设施、监测设备空间和属性数据的显示、编辑、查询、统计等功能,实现水泵、水质监测仪、水位计、流量计、摄像头、GPS、井盖监测仪等设备基本信息、参数、位置信息管理以及设备的定期动态更新。

③ 监测数据一张网

建立城市排水系统中管网、易积水点、闸门、河道等监测数据"一张网",对监测数据进行图面动态展示,全面显示区域内各类设备监测的数据,便于管理人员全面知悉排水系统的实时运行情况,做出合理预判,进行资源科学的调度。

④ 资产动态更新

充分利用现代信息技术手段,满足排水系统动态管理要求,管理海量的排水设施规划、建设、管理数据。同时开发手机 APP 端,将后台与前台连接,既保障了信息的及时更新,又方便现场人员及时调取查阅相关信息,为管理维护带来极大的便利,提高工作效率。

(2) 城市内涝管理系统

内涝调度管理系统提供两种管理模式的业务设计,一是日常管理模式,重点在于利用信息化的手段实现对应急资源的有序管理、共享和定期更新;二是应急调度模式,主要是在内涝事件发生时,构建的一种"事前监测预警—事中应急调度—事后分析总结"三段式的应急管理调度体系,利用信息化技术手段辅助城镇内涝防治系统,积极应对可能出现的超出源头减排设施和排水管渠承载能力的降雨,保障城镇安全运行。

① 日常管理模式

日常管理系统利用信息化的手段实现应急资源的管理,包括应急预案管理与更新、应急抢险队伍管理(人员、车辆、设备和物资等)、应急仓库管理、内涝点管理和布防点管理等,形成应急资源一本账,实现应急资源的定期更新和完善,如图 4-29 所示。

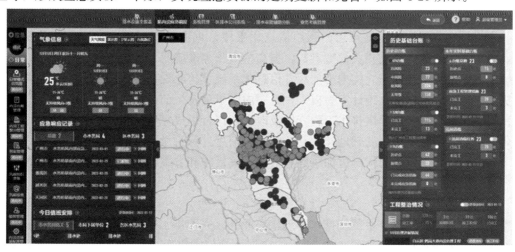

图 4-29 内涝日常管理模式

② 应急调度模式

应急调度管理系统通过构建"事前监测预警—事中调度管理—事后分析总结"三段式应急调度机制对城市内涝调度进行管理，如图4-30所示。

图4-30　内涝应急调度模式

事前监测预警：汛前进行数据资源的梳理展现、仿真分析以及灾前预警，通过城市内涝模型进行事前灾害推演，搭建智慧防涝管控平台，对城市易涝点进行水量水位的实时监测与数据传送以及城市内部易涝区域的分析，对可能导致城市内涝的隐患进行排查，制定预案，实现内涝的灾前精确预警。

事中应急调度：在内涝发生时，应用信息化技术，实现灾情的全程监控以及灾情处置联动。城市内涝模型事中灾害推演过程中，结合城市人员、车辆动态热力图和物联平台（包括视频监控系统；水位计、流量计等传感装置；数据采集以及信息通信系统）完成对灾情发展的动态信息进行实时传送，帮助防灾指挥相关部门对内涝信息进行准确的了解，明确可利用资源的分布情况，为指挥决策提供辅助，以保证内涝治理过程中指挥调度的效率。

事后总结分析：内涝结束后，利用信息化手段，可提供更为迅速准确的灾情统计报表，确定或调整城市内涝相关模型参数，提高模型预测准确率，完善城市内涝模型，包括数据的更新以及模型修正。将内涝前后各信息化系统及传感设备所收集的数据信息作为内涝灾情信息统计的依据，统计灾害损失，且对内涝事件发生前后城市管理的全面信息进行对比，并根据数据分析提供排水工程养护及改造建议，形成完善的排水管理体系，做到有据可依。通过信息化系统的辅助，对复杂的内涝信息进行科学分析与评估，对以往内涝防灾方案进行优化调整进而得到更加精确有效的防灾措施和方案，为日后内涝灾害的预防和应急处理提供指导。

（3）监测预警系统

排水监测预警管理主要围绕排水管理核心业务，完善排水系统监测体系，全面感知排水系统全要素涉水信息，如图4-31所示。在排水设施关键节点、易涝积水点布设必要的智能化感知终端设备，获取液位、流量、水质等监测数据，通过合理设置预警阈值，结合管网GIS平台及在线监测设备，实现排水运行状态的24小时连续监测，对排水相关的要素进行统计展示。利用雷达、卫星、物联网等技术构建智能感知体系，确保信息互联互通和资源共享，形成"天空地水网"一体化的排水立体感知监测体系，全方位采集城市排水信息，实现排水信息的汇聚、处理、整合、存储与交换，形成排水系统在线监测数据库，为城市排水业务管理提供数据基础支撑。

图 4-31　监测预警系统

① 综合视图

全面整合管网长度、排水设施数量、监测点类别及数量、在线监测概况、监测告警等信息，以多样化图表技术可视化直观展现，让管理者直观地从全局把控城市排水系统运行情况。

② 实时监测

结合GIS地图总览所有设施设备监测点位的分布、联网状况、运行状态、最新监测数据及数据状态等；基于智慧排水"一张图"实现设备监测点位、在线监测数据单点信息查询、上下游联动展示，业务管理者可实时掌握排水系统的在线监测信息，实现对所有设施设备运行状况的高效把控。

③ 报警管理

通过建立报警规则体系，满足不同设备、不同监测项与不同报警级别的报警管理；实现报警规则的解耦、警报的分级管理，并提供多端报警提示和警报发送功能。如在管道内水质、水位、流量等动态指标出现异常时进行报警，判断是否存在倒灌或污水直排及工厂企业是否存在违规偷排废水的行为，并以此作为水力模型构建和校核的依据，通过校核后的模型可准确地模拟整个管网的运行状况，提前预判并将预警信息预报给环保、城管和交通等相关部门，以降低污水冒溢及暴雨内涝灾害造成的风险损失和抢险车辆人员的浪费。

④ 报表统计分析

以柱状图、曲线图等形式展示排水管网、泵站与污水处理厂等各类设施设备的运行统计情况，为直观掌握一段时间内排水设施设备的运行状况、重点排水户水质变化、排水管网高水位运行、管网关键节点水质情况、泵站输送水量、污水处理厂污染物进出厂浓度变化、排放口溢流污染情况、河道水质变化等提供数据支持,以辅助开展管网、泵站、水闸养护以及水环境整治等工作。

3)运维管理系统

(1)日常运行管理系统

排水日常运行管理业务主要涵盖排水设施全覆盖管理、污水监管、厂网河一体化管理等多个业务模块,是利用信息化手段,实现业务执行的全流程管理,包括问题上报、流转等流程,形成工单台账,为排水设施巡查等业务工作提供全流程、精细化、标准化的管理模式,与巡检APP相结合,满足现场巡查人员与管理部门信息共享互通的需要。

① 排水设施全覆盖管理

基于排水设施"一张图"和排水监测"一张网"提供的数据共享服务,提供排水设施信息数据更新维护管理和监督检查管理功能,实现排水设施从源头到末端(排水户/排水单元—排水管网—闸泵站—污水厂—排水口)的精细化管理,涵盖一张图、基础信息、巡检巡查、问题流转和统计分析等功能模块,提升排水精细化、流程化管理水平,如图4-32所示。

图4-32 排水设施全覆盖管理

② 污水监管

基于排水设施"一张图"和排水监测"一张网"提供的数据共享服务,按照统一的技术要求、统一的质量检验办法和评定标准,提供污水系统化、可视化、智能化、可溯化管理,如图4-33所示。

统一编码实现设施设备可视化;在提取部件信息数据后,信息系统对部件进行统一编码,按照议定的编码规则自动生成工程码,按标准要求形成具有位置信息、可以精准定位的污水管网图,同时引入大数据及模型分析的方式,对整个区域的污水排放及管网运营状况进行有效的分析及溯源,得出污水排放及管网运行的规律,防止偷排现象的发生,实现设备可视化的智慧管理。

远程监控调动平台实现管理精细化;利用系统平台实现污水处理的精细化管理,将设施上线情况以及监测数据分析落实到各污水处理设施上,结合物联网、移动互联网等技

4.3 智能化城镇排水设施建设

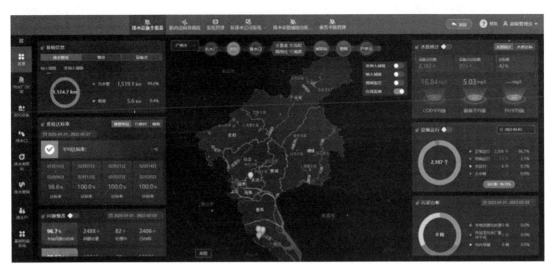

图 4-33 污水监管系统界面

术,随时核查设施的数据治理、运维情况等信息,实现信息化的管理模式。

督办管理、扫码作业信息化,实现运维作业全流程透明化;计算机代替人工完成报表整理以及文件传送,调查整改工作可通过系统进行流转,实现业务处理与反馈的全流程闭环管理,进行督办任务的在线分配,可严格控制每个时间节点,随时查看任务进展,把控任务处理结构,提高工程项目管理的统筹力度,同时方便管理部门进行全流程有效监督。

③ "厂网河一体化"管理

实施"厂网河"一体指挥调度和小流域、网格化生产运营,充分优化、提升污水收集和处理的全系统功能,实现了"水质保障、水量均衡、水位预调",实现"厂、网、河"数据联动与信息共享。通过多级水质监控、水质水量预报警、超标排水追溯管控、污水均衡进厂、清污水联合调度等措施,优化排水设施的效能,保障了污水处理厂及管网的稳定运行及河流水质的稳定。

(2) 辅助决策管理系统

排水辅助决策管理是基于水动力模型和大数据分析,模拟排水各场景模式,为科学决策提供辅助分析,根据历史数据和经验,建立经验公式和模式预测,涵盖内涝模拟分析、管网超载分析、河道淹没分析、河道水质预测等方面的模型预测和仿真化分析,并以实际经验数据不断修正模型。内涝模型管理系统界面如图 4-34 所示。

① 预警模型建立

基于排水模型的排水系统内涝管理技术,应用水文、水力学原理,通过构建降雨径流模型、水文产汇流模型、管网一二维水动力模型等,实现城镇排水系统内涝管控,建立排水管网专项分析模型,通过对管网物联感知设备监测数据的综合统计分析,模拟实现排水规律分析、内涝监测预警分析、管段淤堵分析、管网负荷分析、入流入渗分析、水量平衡分析、偷排漏排分析等多维度决策分析,为易涝点整治、雨污混接点改造等工程建设提供决策依据和方法。

② 应急调度联动

通过排水设施监测"一张网"在可视化的基础上,对险情区域进行全方位的分析,基

图 4-34 内涝模型管理

于模型经验及大数据分析制定应急预案,并结合险情事件的特殊情况,对应急方案进行调整优化,再由调度中心根据调整后的方案进行科学调度,并且对行动进行全过程监控,保证指挥调度的科学性与有效性。

③ 预警模型优化

内涝风险事件结束后,通过对相应事件的处理结果进行经验总结,调试预警模型,实现预案方案库的升级与管理模式的优化,保证应急状态下处置的灵活性。此外,通过对事件中的高风险设施以及区域进行通报,以便相关决策者对其进行改善,从源头降低未来内涝风险发生的概率,降低损失。内涝场景预演界面如图 4-35 所示。

图 4-35 内涝场景预演

4)其他扩展系统

(1)排水工程管理系统

工程管理系统主要集成排水项目建设效果、运维档案、工程状态等信息,对项目建设过程实现全方位、多维度、精细化记录和管理，为运行维护与优化改造提供指导作用，如图 4-36 所示。工程管理系统以工程管理项目资料文档的输入为基础，按照分级管理模式对排水工程建设过程中涉及项目进行全过程跟踪管理。建设期可快速定位项目开展进度、人员资金使用等情况，有效把控项目实施的整体情况及人员的工作情况，建设运营单位可通过权限查看工程项目前中后期的全生命周期档案，对排水设施的运行维护与优化改造提供指导。

图 4-36 排水工程管理系统

① 开展排水工程全生命周期管理

将排水工程项目建设过程中涉及的招标管理、合同管理、设计管理、采购管理、施工管理等文档上传至档案库，实现项目资料的集中管理分类。项目档案库的建立，可帮助用户建立以多种方式同时管理项目文档的新模式，把项目竣工资料的管理融入日常过程中，避免突击整理，实现电子移交，形成竣工资料电子文档。

② 进行风险分析，开展进度把控与成本管理

按照策划内容，对项目执行过程中的风险指标进行监测，对进度延期、费用超标、质量、安全等进行分析和提前预警。加强整体项目的管控，基于工程项目过程材料和数据，对工程进度开展统一管理，实时展示工程项目进展情况。通过对项目全生命周期梳理，对项目分项中设施的资金使用情况进行管理分析，有效控制资金使用。

（2）排水行业管理系统

排水行业管理系统是通过监察、督导、考核、服务等手段，基于当前排水业务的行业管理需求，包括对市区两级排水管理工作的监督考核需求和排水许可管理的辅助审批等业务需求，借助信息化的手段，规范监督考核流程和业务审批流程，实现电子化审批、结合 GIS 地图，在线查询排水管网等资料，快速、科学地给出处理意见，告别传统低效的纸质审批流程，大大提高涉水行政审批业务办理效率。

① 监督考核

基于 GIS 技术和大数据分析技术，搭建先进、高效、人性、完善的监管系统，提供市区两级排水管理工作的监督考核管理功能，实现城市排水行为的精细化监管，为上级管理部门提供排水业务管理的抓手和手段。

② 业务审批

强化居民、企事业单位和个人排水与市政排水的接驳，建筑施工排水等管理，实现排水接驳许可业务审批资料与接驳点的挂接管理，方便现场查阅与该接驳点相关的审批资料。排水户申请排水许可时，运用 GIS 空间分析技术和排水管网基础信息，计算、分析和判断下游去向是否正确，利用管径、现在的管网饱和度、申报的预计排水量等信息进行核算，作为管理人员判断是否可以审批的依据，辅助业务审批管理。

4.3.4 智能化城镇排水设施应用成效

1）应用领域

建设智能化城镇排水设施是通过结合各智能监测站站点及多种硬件采集数据，全面掌握排水系统的运行工况，以城市排水设施数据为基础，融合管网监控、气象预报、水雨情信息等数据，构建"远程监控、信息采集、系统智能调度、事故智慧预警"等功能，为城市排水规划、防内涝管理、设备运维管理、黑臭水体治理、海绵城市建设、提质增效、河湖管理等领域提供管理和决策依据，支撑排水管理部门各业务单元运行、管理和决策于一体，为排水企业创造价值、助力排水行政监管，进而为社会公众提供高质量排水管理服务。

2）应用价值

（1）实现城市排水科学管理

通过应用新一代信息技术与管理模式，实现城市排水运行管理精细化，实时掌控排水设施运行状态，提升指挥调度和应急处置能力，保障城市科学排水安全需求，提高运维效率和服务质量，同时相关部门可集中精力对城市进行全域化排水规划、建设，有利于城市排水防涝和治污全面协调可持续发展。

（2）加强城市公共安全

通过对易涝区域、重点防涝除险设备运行状态进行实时监控，对窨井安全进行智能监管，建立地上、地面、地下一体化的前端感知体系，从而减少城市内涝区域，降低城市易涝点内涝风险，保障市民生命财产安全。

（3）改善民生服务

智慧排水与保障民生相融合，通过系统进一步减轻城市内涝对市民生活的影响，营造更加和谐、美好、干净、安全的城市环境，为市民提供一个无须顾虑内涝风险和污染风险的生活环境。

（4）助力经济社会发展

提高城市排水基础设施智能化水平，加快城市智慧化发展步伐，为城市增添活力，塑造城市"无内涝、无污染"的品牌形象，保障生产和生活，促进旅游与消费，为促进经济社会发展做出贡献。

3）应用前景

排水智能化监测系统能够保证数据采集的高效性、实时性与准确性，及时获取暴雨内涝时管网运行信息并做出应急措施,诊断管网中的缺陷并针对性地提出日常养护建议,有效发现排水组织有无违规排水,提升污水处理系统运行效能等。智慧排水管理系统作为城市市政设施的重要组成部分,肩负着城市雨水、污水排放的重要功能,是我国战略层面的重点发展产业,各级市政管理部门已从城市发展的战略高度来认识智慧排水管理系统在城市规划和建设管理中的作用与地位,在市政和企业的共同运作下,智慧排水管理系统的功能日益强大且日臻完善。

随着城市化管理水平的提升,城市排水安全不断得到重视,加强城市排水信息化建设将成为排水管理行业的一种必然趋势,当前物联网行业的高速发展将有效带动排水物联网的建设,为大幅提升城市排水系统的运营管理水平、规划决策水平和建设维护水平提供科学有效的数据支撑。

4.4 智能化城镇燃气设施建设

4.4.1 智能化城镇燃气设施建设内涵

1) 建设内涵与特点

回溯国内外城镇燃气市政基础设施发展历程,城镇燃气主要气源由成本较高的人工煤气发展到成本较低的液化石油气,再到清洁高效的天然气。燃气供应工程技术在不断改革与创新,城镇燃气输配管网逐渐复杂,规模日益扩大,向着智能化方向发展,城镇燃气市政基础设施逐步完善。

在我国"双碳"目标发展的大背景下,"十四五"时期我国进入碳达峰的关键阶段,天然气是清洁低碳的化石能源,将在全球能源绿色低碳转型中发挥重要作用。用气安全是燃气行业最为关注的问题之一,管网腐蚀、漏气、压力过大、温度过高及用户的不安全用气等,极易导致燃气泄漏甚至爆炸,直接关系人民群众生命财产安全。因此,城镇燃气设施建设亟需通过科技创新,运用智能化手段优化城镇燃气输配管网,进而实现燃气供应网络的互联互通,提高燃气利用率,完善和深化城市燃气安全运行管理,构建清洁低碳、保障供应、安全可靠、节约高效、智能管控的城镇燃气供应体系。

智能化燃气设施建设是指以燃气领域各项核心业务为主线,基于物联网、大数据等先进技术,通过智能设备全面感知燃气生产、环境、状态等信息的全方位变化,对海量感知数据进行传输、存储和处理,实现城市燃气输配管网数据资源管理及智能分析,以更加精细、动态的方式实现对燃气基础设施日常安全运行进行有效监管,从而达到安全生产、科学调度、降低供销差,提升城燃企业工作效率和服务质量,实现突发事件预警及应急处置,减少燃气安全事故发生,提升城市燃气输配安全保障的智能化管理水平。

智能化城镇燃气设施建设涵盖燃气生产运营各个环节,包括燃气运行管理、燃气安全监管、燃气综合管理等方面,特点是追求更安全的生产调度、更精细的运营管理、更高效的节能降耗、更精准的输差控制以及更智慧的服务模式。

2) 政策与标准要求

近年来,国家高度重视以燃气为代表的城市基础设施智能化建设及安全管理,发布了一系列政策文件，旨在利用新兴技术和产业变革强化燃气安全监管。

2020年8月，住房和城乡建设部等七部委联合印发《关于加快推进新型城市基础设施建设的指导意见》（建改发〔2020〕73号），提出以"新城建"对接"新基建"，强调对城镇燃气等市政基础设施进行升级改造和智能化管理，提出建立基于CIM平台的市政基础设施智能化管理平台，对燃气等运行数据进行实时监测、模拟仿真和大数据分析，实现对管网漏损、燃气安全等及时预警和应急处置。2020年12月，住房和城乡建设部印发《关于加强城市地下市政基础设施建设的指导意见》（建城〔2020〕111号），进一步强调推动城市地下市政基础设施数字化、智能化建设，全力推动地下基础设施普查和综合管理信息平台建设。2021年5月，为加强对城市市政基础设施普查和综合管理信息平台建设工作的指导，住房和城乡建设部印发《城市市政基础设施普查和综合管理信息平台建设指导手册》（建办城函〔2021〕208号），明确了燃气管线及其附属设施普查信息，地下市政基础设施综合管理信息系统建设的总体目标和具体目标，以及数据采集、数据内容和功能要求。

2021年11月，国务院安全生产委员会发布《全国城镇燃气安全排查整治工作方案》（安委〔2021〕9号），强调盯准影响燃气安全运行的重点部位和关键环节，开展精准化治理，加快完善安全设施，加强预警能力建设，加快推进燃气管网等基础设施数字化、智能化安全运行监控能力建设。2022年5月，国务院办公厅发布《关于印发城市燃气管道等老化更新改造实施方案（2022—2025年）的通知》（国办发〔2022〕22号），提出"结合更新改造工作，完善燃气监管系统，将城市燃气管道老化更新改造信息及时纳入，实现城市燃气管道和设施动态监管、互联互通、数据共享。有条件的地方可将燃气监管系统与城市市政基础设施综合管理信息平台，城市信息模型（CIM）平台等深度融合，与国土空间基础设施信息平台、城市安全风险监测预警平台充分衔接，提高城市管道和设施的运行效率及安全性能，促进对管网漏损、运行安全及周边重要密闭空间等的在线监测、及时预警和应急处置"。

在标准规范方面，2019年国家标准化管理委员会下达了标准制定计划《物联网面向智能燃气表应用的物联网系统总体要求》，针对智能燃气表应用的物联网系统的设计和测试等，解决不同厂商、不同类型的燃气表与平台互联互通的问题，以及燃气表系统功能、性能、安全性参差不齐的问题。2020年10月，中国城市燃气协会团体标准《物联网智能燃气表数据安全规范》完成立项工作并正式下达，拟规范物联网智能燃气表安全认证平台框架以及终端侧安全模块的相关技术要求。2021年7月，物联网技术面向智能燃气表领域应用的首个国家标准《物联网面向智能燃气表应用的物联网系统技术规范》正式对外征求意见。

3）建设现状

（1）智能化燃气设施建设总体情况

根据《中国天然气发展报告（2021）》显示，"十三五"期间新增气化人口1.6亿，总气化人口达到4.9亿。"十三五"时期累计建成长输管道4.6万公里，全国天然气管道总里程达到约11万公里。2018—2020年集中实施干线管道互联互通，天津、广东、广西、浙江等重点地区打通瓶颈，基本实现干线管道"应联尽联"，气源孤岛"应通尽通"。天然气"全国一张网"骨架初步形成，主干管网已覆盖除西藏外全部省份。

在燃气管网智能化建设方面，得益于国家政策引导和全国范围内普查、项目建设开展，地下管网的基础信息采集与管理智能化程度相对较好，大多城市已建成地下管线综合信息平台，可作为城市燃气管线分布数据采集的基础。但由于城市燃气运营企业多、企业排查不到位等原因，城市燃气安全隐患分布情况不甚清晰。

在燃气安全政府监管方面，部分城市已开展燃气安全监管平台，如平泉市燃气信息监管平台、无锡市燃气安全智慧监管平台等，但各地平台重点针对液化气瓶用户，用于对液化气瓶的监管，对于城市燃气管线的监管能力尚有缺失。

在燃气企业生产运营管理方面，部分企业已建设燃气信息化运营管理平台，针对运营燃气管线进行管理，包括日常的巡检和隐患的上报等，但相关燃气运行数据并未上报到政府，且由于城市燃气运营企业可能存在多家，导致政府无法了解城市燃气运行全貌。

(2) 试点城市建设成效

2020年10月，住房和城乡建设部发布《关于开展新型城市基础设施建设试点工作的函》，在嘉兴、重庆等16个城市开展"新城建"试点工作。其中，浙江嘉兴海宁市被确定为全国智能化燃气设施建设和改造试点。

浙江嘉兴海宁市，按照"一朵云、一张图、两端口、五应用"的建设思路，开发海宁市燃气综合监管平台，实现全行业智慧化综合管理；加快提升企业运行管理智能化程度，搭建海宁民泰智慧燃气综合管理平台，严密气瓶充装、销售、运输、储存、配送全生命周期管控链条；整合企业现有信息化平台，实现SCADA、GIS、智慧运营、工程数字化、物联网等系统的一平台整合；推进燃气管网信息化升级改造，结合道路改造逐步分序完成燃气智能化监测设施布点，全面推广物联网燃气表，实现远程抄表、线上缴费等功能。同时，创新建设"燃气安全在线"平台，形成"横向跨部门、纵向跨层级"联动机制，实现政府端、企业端和用户端数据共享，连接11个部门、3家燃气企业和35万用户，形成燃气行业全领域、全链条、全生命周期的信息数据全域覆盖。2021年10月，在数字政府综合应用门户网站上线，并于同年12月在"浙政钉"掌上办公平台上线。

4) 需求分析

(1) 国家政策技术革新需求

近年来，国家发布系列政策文件，如《关于加快推进新型城市基础设施建设的指导意见》(建改发〔2020〕73号)、《关于加强城市地下市政基础设施建设的指导意见》(建城〔2020〕111号)、《关于印发城市燃气管道等老化更新改造实施方案（2022—2025年）的通知》(国办发〔2022〕22号)等，要求加快推进燃气管网等基础设施数字化、智能化安全运行监控能力建设，运用信息化、智能化等技术推动城市地下市政基础设施管理手段、模式、理念创新，提升运行管理效率和事故监测预警能力。

(2) 政府安全监管运行需求

2021年6月13日十堰市燃气爆炸事故造成重大人员伤亡，引发社会广泛关注。我国许多城市的燃气管线管网还在沿袭传统的运营管理体制，执行以报漏、抢修为主要手段的被动管理模式。随着时间的推移，许多地方的埋式管道已经进入"老龄期"，由于管线本身的老化，腐蚀和各种外力人为的因素，管线事故频繁发生，严重影响了燃气行业的正常发展和人民生命财产的安全。

为解决上述问题，需要建立相应的城市地下燃气管线模型，更新管理模式，利用大数据、空间遥感等技术，搭建智能化城镇燃气信息平台，以实现燃气运行实时指标（压力、流量、甲烷气体浓度等）在线监测服务、异常数据报警、应急处置等功能。

(3) 城镇燃气企业数字化转型需求

由于低碳转型、行业变革，城镇燃气企业力图通过数字化转型实现提质增效。但是，当前大部分中小型城燃企业信息化程度偏低，很多企业仅采用设备厂家提供的配套平台。而设备厂家赠送的平台更多是为设备自身服务，数据采集来源单一，无法与其他运营数据互联互通。多个厂家的平台同时使用，形成一个个数据孤岛，导致现有系统无法满足城燃企业整体运营管理、安全风险把控、辅助决策等需求，无法支撑城燃企业数字化转型。城燃企业亟需通过整合企业现有信息化系统，实现 SCADA、GIS、智慧运营、工程数字化、物联网等系统的统一平台整合，深化信息系统的集成应用，加快提升企业运行管理智能化程度。

4.4.2 智能化城镇燃气数据采集

1）数据采集概述

依据《城镇燃气设计规范》GB 50028、《可燃气体探测器》GB 15322 等相关标准规范要求，在燃气管网、门站、储气站、调压站、管井等设施上加装智能传感器，结合车载激光甲烷巡检仪、手持式气体检测仪、探地雷达、智能燃气表、入户浓度监测表等智能仪器仪表，实时监测压力、流量、温度、燃气泄漏等运行参数，为城市燃气智能化监测预警及应急管理体系提供数据支撑。

燃气数据主要包括燃气管网数据、重要设施监测数据、其他数据（钢瓶、燃气配送、安防等）三大类。

（1）管网数据：主要对燃气管网、地下相邻空间数据进行采集管理，包括管网基础数据以及管网监测、检测、探测等物联感知数据。

（2）重要设施监测数据：主要对燃气储气站、城市门站、燃气储配站、燃气供应站、燃气加气站、调压站等设施的数据进行采集管理。

（3）其他数据：主要对钢瓶液化气溯源、智能燃气表、入户浓度监测表、液化石油气配送车辆跟踪、燃气相关安防等数据进行采集管理。

2）燃气管网数据采集

燃气管网数据包括管网基础数据以及管网运行感知数据。管网基础数据主要包括管网及地下相邻空间数据；管网运行感知数据包括监测数据、检测数据及探测数据。

（1）管网基础数据

管网基础数据包括燃气管线、管点数据，相邻管线和管点（如电力、通信、供水、排水）数据。

① 燃气管线数据

包括管线编码、管线类别、行政区划编码、区划名称、起点编号、终点编号、起点高程、终点高程、起点埋深、终点埋深、管径、材质、压力级别、压力、流向、埋深日期、埋深类型、管道年限、线型、所在道路、权属单位名称、权属单位统一信用代码、建设年代等数据项。

② 燃气管点数据

包括管点编码、物探点号、行政区划编码、区划名称、高程、埋深、特征点、附属物、所在道路、点符号旋转角、井底埋深、井盖形状、井盖材质、井盖尺寸、检修井材质、井脖深、井室规格、安装日期、安装单位名称、安装单位统一社会信用代码等数据项。

③ 相邻管线数据

在燃气管线数据项基础上，扩展电缆数、保护材质、套管形状、套管材质、套管尺寸等数据项。

④ 相邻管点数据

相邻管点的数据项与燃气管点的数据项相同。

(2) 管网运行感知数据

管网运行感知数据包括监测数据、检测数据及探测数据。

① 监测数据

燃气安全运行监测对象包含城市燃气管网及其相邻地下空间、人口密集区用气餐饮场所的附属设施，实现对燃气管网的压力、流量，相邻地下空间内甲烷气体浓度，人口密集区用气餐饮场所的可燃气体浓度等指标的监测。

城市燃气运行监测根据风险评估结果进行监测点位布设，一般风险及以上的必须安装监测设备。优先选择以下部位或区域进行布点：高压、次高压管线和人口密集区中低压主干管线，燃气场站；燃气阀门井内，燃气管线相邻的雨污水、电力、通信等管线及地下阀室；有燃气管线穿越的密闭和半密闭空间和燃气泄漏后易通过土壤和管线扩散聚集的空间；人口密集区用气餐饮场所；燃气爆炸后易产生严重后果的空间。可采用燃气泄漏传感器、压力传感器、流量计、温度传感器等采集管网实时监测数据。燃气监测对象及主要指标如表 4-5 所示。

燃气监测对象及主要指标 表 4-5

监测对象	监测指标	监测设备技术要求
管线	压力	精度：±1.5%FS 环境适用性：应具防爆、防腐、防水等抗恶劣环境性能
	流量	精度：不低于 $10m^3/h$ 环境适用性：应具耐高温、高压、防爆、防腐、防水等抗恶劣环境性能
燃气场站	浓度、视频监控	检测距离：0～150m 检测范围：0～50000ppm·m 响应时间：<0.1s
燃气管网相邻地下空间	甲烷气体浓度	量程：0～20%VOL 精度：±0.1%VOL 示值误差：≤2.5% FS 使用寿命：不少于 5 年 工作温度：-10～60℃ 防爆等级：Ex ib IIB T4 Gb 采集频率：标准模式下不低于 1 次/30min，触发报警时不低于 1 次/5min 环境适用性：应具防爆、防腐、防水等抗恶劣环境性能 防护等级：IP68 通过交变湿热环境试验，湿度不低于 95%RH 通过恒定湿热环境试验，温度 40±2℃，湿度 93%±3%RH

续表

监测对象	监测指标	监测设备技术要求
用气餐饮场所	可燃气体浓度	精度：±0.1%VOL 分辨率：≤0.1%VOL 满足防爆要求，具备声光报警、无线传输

② 检测数据

燃气管网检测手段主要包括基于电子标识器的管线定位系统、车载激光甲烷巡检仪、手持式气体检测仪等，有利于准确掌握管网位置及运行状况，改进资产生命周期管理，提高维护修理、抢险施工效率。

基于电子标识器的管线定位系统：具有高度安全、数据互联和移动探测等特点，可利用关键数据和实时通信全面掌握管线位置及基础信息。管线定位系统包括电子标识器（信标）、探测器以及配套软件3部分，如图4-37所示。电子标识器（信标）埋在地下，埋深通常为70厘米、150厘米、220厘米等。通过探测设备发送频率信号，地下管道电子标识器接收信号，储存能量；与此同时，探测设备发送信息后，进入信息接收模式，电子标识器将能量反射到探测仪，探测仪通过返回的信号强弱确定管道的位置。通过配套软件（PC端、移动端）记录地下管道的各项信息，实时查看系统信息，提供所需的数据智能显示。

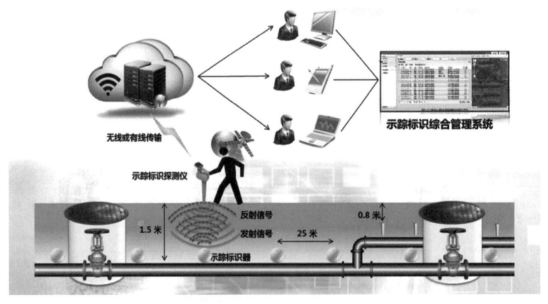

图4-37 基于电子标识器的管线定位系统

便携式气体检测报警仪：可以连续检测环境中可燃气体浓度的本质安全型仪器；采用吸气泵进行气体取样，可远距离采样检测，保护操作者的安全；泵速三级可调，高精度智能泵堵检测和标定功能，以适应不同的检测距离和管路特性；三级不同精度的采样过滤系统保障了仪器采样机构持续工作的可靠性，并最大限度地减少使用过程中的维护工作；智能用户级标定系统，确保用户可以进行可靠标定；量程为LEL的报警仪具有高浓度保护功能；催化、半导体和热导型传感器具备传感器故障自检功能；零点校准功能，减小检测误差；具有开机自检测、自诊断和自修复功能。

③ 燃气泄漏无线巡检终端：可以检测多种可燃气体泄漏的便携式设备。具有GPS定位、现场处理情况记录、燃气泄漏检测、巡检信息实时上传等多项功能。采用先进的超低功耗16位微控制器；GPS定位功能，可以记录气体泄漏的准确位置并通过GPRS实时上传；带防护的加长柔性探头，有效保护传感器；全功能自检及自修复功能可实现零点自动调整；频率随浓度变化的音频提示和电池欠压提示；最高浓度自动锁定功能。

④ 手持式激光甲烷遥测仪：采用激光气体探测技术，非接触式测量，可以实现遥测，检测人员无法到达的地方，并能准确定位，快速查找泄漏源。遥测距离可达150米，采用GPS定位，准确记录漏电位置信息。主要用于检测道路下、两旁绿化带、隔离带、胡同内等可能存在燃气泄漏的管道。采用的可调谐激光二极管吸收光谱技术灵敏度高、响应速度快、选择性好，只对甲烷有反应，不会对其他碳氢化合物气体产生误报。

激光甲烷电动车巡检仪：采用激光光谱气体探测技术，结合GPS和GPRS技术，可实现漏点定位，同时把巡检信息上传至远程监控中心。适合城市庭院管网及燃气输配管路的街道巡线监测，也适合郊区长距离管线输配街道巡线监测。可搭配任何二轮/三轮/四轮电动车使用；激光检测技术响应速度快，无延迟；灵敏度高，内置多次反射激光腔体，即使是微小的泄漏也可以检测到；漏点GPS定位，准确记录漏点的位置信息；巡检数据上传，通过GPRS网络上传；防水、防尘，1级防水过滤、2级防尘过滤；车前控制器，具有浓度显示、浓度值大小语音播报功能；巡线轨迹与管网GIS进行融合；生成报表，对巡线信息进行汇总。

泵吸式车载激光甲烷巡检仪：采用激光光谱气体探测技术，结合GPS和GPRS技术，可实现漏点定位，同时把巡检信息上传至远程监控中心。能够实现远距离、大区域范围内实时遥测，在巡检人员无法到达的地方，能够准确定位，快速查找泄漏源。遥测距离可达50米；选择性好，只对甲烷有反应，有效避免水蒸气、汽车尾气等其他气体的干扰；响应速度快，在漏点上就会发出报警，无报警延迟，提高巡检效率；专业抗震设计，不易损坏；巡线速度快，提高巡检效率；防水、防尘，防护等级IP65；2级防水过滤、2级防尘过滤；漏点定位，双GPS定位，准确记录漏点的位置信息；巡检数据上传，GPRS及4G网络双网备份上传；车内控制器，具有浓度显示、浓度值大小语音报警功能，采样回路自吹扫功能。

燃气光纤感知监测系统：利用定位型智能振动光纤加视频监控联动，可以实现危险检测，基于光纤探测入侵目标，并联动球机变倍，转向入侵目标进行目标智能识别，运用目标检测算法识别画面中是否有真实的入侵目标，如果判断入侵目标为挖掘机或人，则进行抓拍，同时上报告警信息（结构化＋图片）；后方告警平台接收告警并提示，同时根据摄像机ID到平台调取现场实时视频，如图4-38所示。基于智能振动光纤＋视频AI识别的技术方案，具有雷视多维感知，二次目标复核，减少漏报、降低误报等特点。光纤感知模块具有高识别能力，其中漏报率≤1%，误报率≤5%，事件定位精度≤10米；视频监控提高检测置信度，球机随需而动，支持23×光学变倍和3D关联追踪，有效探测200米，使用光学＋AI深度学习透雾算法，人形检测更精准。现场设备杆站一体化设计，输电、供电、网络一站式站点方案，简化工程部署，智能维护，设备支持最远距离可达100千米。

第 4 章 智能化市政基础设施建设

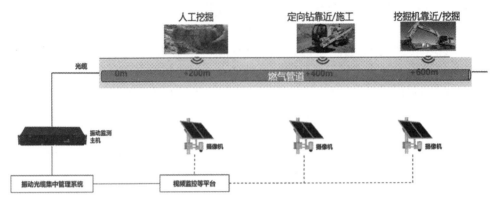

图 4-38 燃气光纤感知监测系统

⑤ 探测数据

使用探地雷达开展管线修补测和隐患检测，将前期管线普查成果与管线修补测和隐患排查数据结合，形成统一、标准的管网信息数据库。

探地雷达利用超宽带雷达设计技术、超宽带信号采集技术、射频与杂波干扰抑制技术、波速估计技术、多频率超宽带雷达数据融合技术、管线自动识别技术、雷达数据三维成像技术等多项关键技术，结合 RTK 精确定位技术，能够对雷达采集的数据进行二维、三维数据处理，并通过精确大地坐标对大范围的探测区域进行数据重建，实现整个探测区域内数据资料整体解释。

单通道探地雷达，如图 4-39 所示，具有便携、智能自动识别等特点。具有采集数据预处理可实时判读、自动生成管线属性信息（埋深，探测起点距离）、数据解译区别金属与非金属管线材质等功能。适用于人行道，小区内地下管线普查、管线改造区域、施工区域应急检测等应用场景。

车载阵列式探地雷达系统，如图 4-40 所示，具备实时采集数据及预处理、智能化识别道路隐患及管线位置信息、与RTK 数据无缝对接及区域数据整体显示、实现数据存储输出

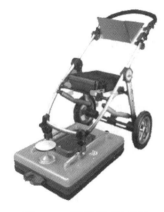

图 4-39 单通道探地雷达

图 4-40 车载阵列式探地雷达

查询与报文文件生成功能。探测深度不低于10.0米，雷达主频由多频段复合构成，工作温度为-30~60摄氏度，时速不低于40公里；在城市复杂环境条件下，探测深度3.0米处，水平向分辨率优于0.5米，垂直向分辨率优于0.3米；探测深度5.0米处，水平向分辨率优于1.0米，垂直向分辨率优于0.5米。适用于城市主干道、广场等较开阔空间的管道探测、地质普查及安全预警。

3）重要设施监测数据采集

燃气设施监测重点关注燃气厂站设施，主要包括燃气储气站、城市门站、燃气储配站、燃气供应站、燃气加气站、调压站等设施的运行监测数据。

(1) 门站采集数据

门站采集数据包括过滤类数据（过滤器差压）、调压类数据（含进站压力、出站压力、进站温度、出站温度、紧急切断阀状态）、计量类数据（含温度、压力、流量）、进出站阀门类数据（含阀门状态、阀门控制、紧急切断）、报警类数据（浓度检测）、加臭类数据（含加臭量、加臭总量）、色谱分析类数据（含气体组分、水露点、硫化氢参数）、阴极保护类数据（含保护电位、工作电压、工作电流）。

(2) 储配站采集数据

储配站采集数据包括过滤类数据（过滤器差压）、储存类数据（含压力、温度）、调压类数据（含进站压力、出站压力、进站温度、出站温度、紧急切断阀状态）、计量类数据（含温度、压力、流量）、进出站阀门类数据（含阀门状态、阀门控制、紧急切断）、报警类数据（浓度检测）、加臭类数据（含加臭量、加臭总量）。

(3) 调压站采集数据

调压站采集数据包括过滤类数据（过滤器差压）、调压类数据（含进站压力、出站压力、进站温度、出站温度、紧急切断阀状态）、进出站阀门类数据（含阀门状态、阀门控制、紧急切断）、报警类数据（浓度检测）、阴极保护类数据（含保护电位、工作电压、工作电流）。

(4) CNG天然气厂站采集数据

CNG天然气厂站采集数据包括过滤类数据（含计量橇过滤器差压、干燥器参数）、计量类数据（含进站压力、进站温度、出站压力、流量计参数）、加压类数据（含压缩机工作参数、压缩机控制）、储气类数据（含储气瓶/井压力、充装压力、加气柱参数）、报警类数据（浓度检测）、加臭类数据（含加臭量、加臭总量）。

(5) LPG储配站采集数据

LPG储配站采集数据包括装卸类数据（含卸车泵控制、卸车泵运行参数、压缩机控制、压缩机运行参数）、储存类数据（含储罐压力、储罐液位）、计量类数据（含温度、压力、流量）、监测类数据（含储罐进液管压力、储罐出液管压力）、报警类数据（燃气浓度检测报警）。

(6) 液化天然气储配站采集数据

液化天然气储配站采集数据包括装卸类数据（含进液总管压力、气相总管压力、出液总管压力、密度、卸车台环境温度）、储存类数据（含储罐压力、储罐液位、储罐环境温度、密度）、报警类数据（主汽化器进口压力）、阴极保护类数据（主汽化器进口温度）、气化类数据（含主汽化器出口压力、主汽化器出口温度、复热器进口温度、复热器出口温度）、液化类数据（含气质、压力、温度、阀门状态）、调压类数据（含进站压力、出站压力、进站温度、出站温度、调压器状态)、计量类数据(含温度、压力、流量)、报警类数据(含浓度检测、紧急停车按钮)、加臭类数据(含加臭量、加臭总量)。

4) 其他数据采集

(1) 钢瓶液化气溯源数据

以二维码作为信息载体,实现基于一瓶一码钢瓶全生命周期档案管理,同时实现对所有气瓶从生产、检测、报废到充装、运输、销售、配送、使用环节的全过程监管。

① 对瓶装液化气全生命周期进行监管

建立液化气瓶档案:一瓶一码,在每一个液化气瓶上安装该气瓶的唯一的二维码标签作为其身份标识,通过扫码对其整个生命过程(建档、检测、充装、运输、配送、使用、回收)进行全程跟踪。

② 对液化气充装过程进行监管

建立充装企业及充装工档案:充装前通过扫描气瓶二维码,将气瓶信息传输到后台比对,对于过期、报废和非自有产权瓶不予开阀充装,对于合格气瓶由平台给予重量控制,从而确保气站保质、保量充装燃气,同时将每一瓶充装情况完整记录上传到平台。

③ 对运输过程监管

建立危运车辆和危运车辆司机档案:对危运车辆和司机进行严格管理,气瓶上车前通过智能终端扫描气瓶二维码,可实时了解每台车的气瓶情况,并结合交通管理部门 GPS 系统跟踪车辆行驶轨迹。

④ 对送气工和用户进行监管

建立送气工和用户档案:对送气工和用户进行管理,确保用气安全。送气工在送气时,通过扫码进行送气登记和用气安全检查,并上传至平台。监管部门可通过平台随时获取气瓶使用状态,以及用户的用气状态。

(2) 燃气维修及隐患数据

① 燃气维修台账数据

包括工单编号、所属机构、行政区划代码、区划名称、维修地址、压力级别、维修性质、维修故障类型、经度、纬度、保修时间、抢修完成时间、维修时间、管材、抢修内容及结果、抢修单位名称、抢修单位统一社会信用代码等数据项。

② 燃气隐患数据

包括隐患编号、隐患描述、行政区划代码、区划名称、隐患类型、隐患点地址、经度、纬度、所属机构、整改状态、上报人、上报人单位、上报时间、整改负责人、联系方式、计划整改时间、实际整改时间、整改结果反馈等数据项。

(3) 安防数据采集

在燃气的高后果区和场站,基于视频安防采集和 AI 智能分析,识别高后果区人员、车辆入侵,以及各种场站身份等,可以对视频监控区域实现单向拌线检测、双向拌线检测、罐区入侵检测(进入、离开)、明火检测、吸烟检测、打电话检测、防静电工作服穿戴检测、车辆车牌识别等。

① 拌线检测

通过在视频中设定一条或多条检测线,对目标以指定方向穿越检测线的事件进行检测。检测是否有人、物体或者车辆突然越过所设置的检测线。对敏感区域采用设置虚拟检测线方式进行保护,对检测线的穿越行为进行自动识别并实时报警;可指定单一方向或者双方向进行检测。

② 入侵检测

通过在视频中设定检测区域,对目标进入或离开该区域的事件进行检测。检测是否有人、物体或车辆进入检测区域;支持检测区域的自定义设置。针对一些敏感性区域,以设置虚拟检测区域方式进行监测,对未经允许而进入检测区域的行为进行监测,严格控制不明物体或人接近,形成高安全系数的入侵检测防范体系;支持多检测区域的设置与多拌线的自定义调整。

③ 明火、吸烟、防静电工作服穿戴检测

对场站内明火、人员吸烟以及工作人员是否穿戴防静电工作服进行实时检测,若发现站内有明火事件、人员吸烟事件、工作人员未穿戴防静电工作服事件等,立即向安保人员发出预警信息。

④ 车辆号牌识别

对车辆行进过程中的图像进行逐帧处理和识别,通过捕获多个有效帧,对每一帧进行识别处理,并经内部评判机制,给出识别结果。

4.4.3 智能化城镇燃气信息平台

结合城市CIM平台构建智能化城镇燃气信息平台,实现燃气数据资源综合管理和分析应用,以及燃气生产运营在线监测、安全预警、应急处置、态势感知、监督检查等功能。

1) 平台总体框架

(1) 应用场景

① 燃气基础设施探测检测

需进行隐患风险部位定期检测探测,对隐患点进行日常巡检、监测预警和消隐处理,从而摸清燃气基础设施"底数",掌握运行现状。

② 燃气基础设施监测预警

针对直埋或入廊的燃气管线,通过加装物联感知传感器,实时监测燃气管道压力、流量、CO浓度等指标,实现微小燃气泄漏实时发现、溯源与影响分析,减少或避免重特大燃气泄漏爆炸事故的发生。

③ 燃气基础设施应急管理

针对行业主管部门、运营单位等用户在应急预案优化、应急资源调度、应急指挥等方面的需求痛点,实现应急预案分级分类管理、预案制定及优化分析,应急物资等综合管理及分析,应急智能推演与演训,并提供事故发生时的应急仿真救援指导服务。

④ 燃气基础设施数据可视化应用

针对燃气基础设施建模仿真、地上地下一体化监管等需求,实现燃气基础设施数据完整、准确入库,设施分层、叠加、定位和三维展示,并与地面道路等对象实现有效融合。

(2) 总体架构

聚焦城镇燃气基础设施监测预警、应急管理、数据可视化等主要应用场景,充分利用燃气基础设施普查与隐患排查成果,按照"一网"、"一库"、"一平台",打造智能化城镇燃气信息平台,重点提供燃气综合管理应用、燃气运行管理应用和燃气安全监管应用,为城市建设管理提供数据支撑和决策分析支持,减少燃气安全事故发生,提升燃气安全监管水平和效能,如图 4-41 所示。

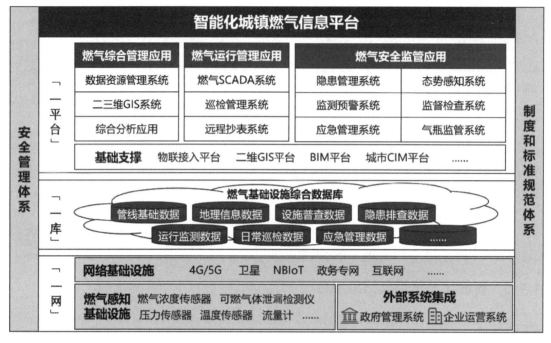

图 4-41 平台总体架构

① 一网:基于 5G 技术和网络,打造传感器、视频、卫星遥感等"传感"能力,构建燃气基础设施运行安全监测"一张网",提供开放的平台集成接口,集约资源,兼顾感知设备集成、外部系统数据集成等方式,快速利用原有系统成果形成能力,并在统一架构下良性演进发展。

② 一库:融合燃气基础设施基础数据、地理信息数据、隐患排查数据、运行监测数据、日常巡检数据、应急管理数据等多源异构数据,建立燃气基础设施综合数据库,支持数据更新共享应用。

③ 一平台:结合物联接入、CIM 等基础支撑平台,打造智能化城镇燃气信息平台,突出燃气综合管理应用、燃气运行管理应用和燃气安全监管应用,实现燃气相关数据资源更新共享,以及隐患管理、在线监测、安全预警、应急处置、态势感知等安全监管应用。

在技术先进性方面,智能化城镇燃气信息平台可提供云基础设施支持,保障运行环境和信息安全;具备打通政府管理部门之间、以及与运营权属企业之间的业务和数据流程技术能力,解决业务协同、数据共享不畅问题;可提供数据治理工具支持,提升设施运行管理数据融合应用能力;并提供智能化组件,提升平台建设数字化、智能化能力。平台技术架构如图 4-42 所示。

智能化城镇燃气信息平台,具有"复杂巨系统"的特征,由若干不同种类、数量和功能的系统组成,面向燃气安全监管需求,可构建多业务场景,实现燃气基础设施辅助规划、在线监测、安全预警、风险评估、应急处置、态势感知等全流程业务系统集成,如图 4-43 所示。

4.4 智能化城镇燃气设施建设

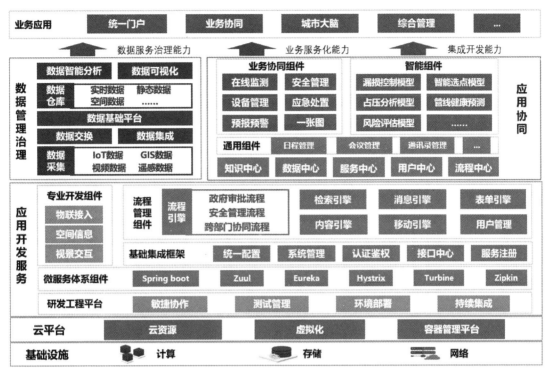

图 4-42 平台技术架构

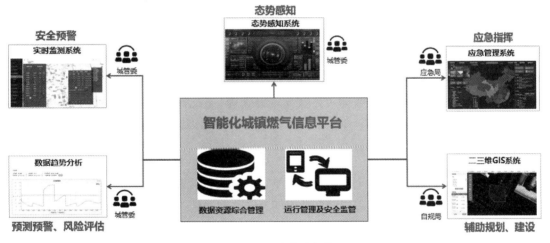

图 4-43 平台集成架构

2）燃气综合管理应用

基于城市现有燃气基础设施数据，建立燃气基础设施综合数据库，实现数据入库、信息共享及二三维 GIS 分析应用，提高信息完整性、真实性和准确性。

（1）综合数据库建设

基于燃气基础设施普查、隐患排查数据，地理信息数据，以及实时监测、安全预警、应急处置等运营管理数据，建设燃气基础设施综合数据库，并建立数据更新与共享机制，打通政府职能部门间以及与燃气运营企业间的数据壁垒，实现数据完整准确采集、动态管理、更新共享和综合分析应用，如图 4-44 所示。

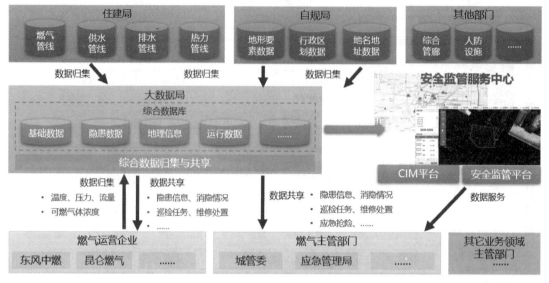

图 4-44 综合数据库建设

（2）数据入库与数据资源管理

结合燃气运营企业对燃气管线改造、新建以及管线普查等情况，并结合已有的图纸、档案等燃气管线资料，全面梳理所有能获取数据的燃气管线（包括高中低压管线）的管理信息、技术信息、隐患信息以及管线传感器点位信息、燃气运行信息、维修维护信息等，并纳入综合数据库进行统一管理。

为实现燃气设施相关数据的采集入库、更新共享、综合分析等应用，需构建数据资源管理系统，覆盖从数据采集、更新、整合、存储和管理到综合分析的全过程，提供数据资源目录管理、（主数据、主题数据等）数据资源管理，数据更新、质量管理、服务管理、交换及交换目录管理等功能，该系统应能实现与 GIS 系统集成，并向运营企业开放数据更新入库接口。

（3）二三维 GIS 系统

通过构建燃气管线二三维 GIS 系统，汇聚基础地理信息数据、管线模型数据、监测预警数据、视频数据、隐患数据等空间和非空间、结构和非结构化、静态和动态的燃气管线的多源异构数据，构建燃气管线三维模型和场站设施信息的有机综合体，实现燃气管线数据的存储、管理、计算、分析，支持地上下一体化、二三维一体化、宏微观一体化交互展示，提供管线数据分层加载、旋转、漫游、缩放功能，以及管线的位置、结构等浏览、查询功能，如图 4-45 所示，为政府监管燃气设施规划、建设、运营提供服务。

3）燃气运行管理应用

（1）燃气 SCADA 系统

燃气 SCADA 系统，即燃气数据采集与监视控制系统，系统主要实现工业用户数据采集监测、调度中心安全监控、计量及调压站站点数据采集监测、罐站控制、管道及阀门井的泄露监测等功能。在燃气数据采集方面，燃气 SCADA 系统可完成对各类罐站、计量及

4.4 智能化城镇燃气设施建设

图4-45 二三维GIS系统

调压站、工商业用户站点的压力、浓度、温度、瞬时流量、累计流量、阀门状态、统计数据、设备信息、运行工况等当前/当日/当月及历史数据的信息采集。在监视控制方面，系统可对天然气的工艺设备及管网运行状况进行监管和数据信息记录，能够显示所有的列表参数、实时及历史数据趋势图、所采集的各个站点实时信息、工艺流程图以及管网图的动态情况；并具备设备异常、监测值超限、通信数据中断等报警，以及设备远程控制等功能。

（2）巡检管理系统

燃气管网巡检管理系统将燃气管网、附属设施、巡检人员、时间、地点有机联合在一起，实现"一张图"总览，在地图上可按位置显示巡检人员的在线离线情况，以及巡检人员上报的隐患情况、施工信息、管线线路、阀门位置、调压箱位置、调压柜位置和巡检区域等信息，如图4-46所示。系统通过提供巡检点设置管理、巡检计划快速制定及派发，巡检计划执行情况和巡检完成率等工作指标进行在线统计，以及巡检点提交记录、现场操作状态、巡检行程等巡检数据分析等功能，实现巡检事件跟踪和闭环监管。系统通过实时掌握巡检人员的巡检轨迹和实时定位，对巡检质量实现由人工管理到电子化管理的转变和自动化考评；通过快速检漏、实时上传、区域划分、实时轨迹、精准定位等功能，为燃气管网的日常管理、分析统计、安全预测等提供可靠、科学的依据。

（3）远程抄表系统

为解决传统人工上门抄表率低、抄表人员入户困难，抄表数据有效性低、抄表覆盖率误差大以及人工管理成本高等问题，建立燃气远程抄表系统。系统可提供抄表计划管理、抄表路线管理、抄表人员管理、抄表工单管理、抄表数据接入、异常数据管理等功能，实现燃气抄表完整、准确、及时，从抄表计划管理起初就做到对在用燃气客户100%覆盖。通过采集表计和分站终端设备海量数据，实现运行工况准确实时监控、用量统计分析，结算收费和催费等。系统具有管理和结算功能，可实现多级、多层次分权管理功能，并可实现燃气报表的

图 4-46 巡检管理系统

自动抄表、表计档案、用户管理、模块管理、参数设置、数据导出、日抄读、月抄读等功能，支撑燃气销售与计量工作有序开展，大幅度降低人工成本，降低燃气企业供销差。

4）燃气安全监管应用

（1）隐患管理系统

为全面掌握城市燃气隐患整体情况，全面监管隐患闭环处理结果，全面跟踪增量隐患分布及消隐进展，研发构建隐患管理系统。系统通过对城市燃气管线和隐患数据的统一入库管理，并利用实时监测、日常巡检、定期排查等数据，实现隐患信息入库更新，掌握新增隐患情况。系统可提供燃气隐患"一张图"，可按隐患类别、级别、是否消隐等信息进行分类查询、分层叠加、一张图展示。同时，系统需重点突出主动式隐患分析，包括利用遥感技术的燃气管线占压分析、周边隐患分析、管线健康分析等，实现以应对隐患治理为主的"事后管理"向对风险、异常的"事前管理"转变，如图 4-47 所示。

（2）监测预警系统

为全面清晰掌握城市燃气设施监测点分布，及时掌握全市燃气设施运行状态，建立燃气监测预警系统。系统通过集成燃气运营企业的 SCADA 系统、数据中心、物联感知设备接入等多种方式，采集燃气运行实时和历史监测数据，监测参数包括压力、流量、温度、可燃气体浓度等。通过将燃气管线地理空间信息、运行状态信息等整合叠加，形成燃气基础设施在线监测"一张图"。基于燃气在线监测数据，对压力温度超限、燃气泄漏、流量异常变化等异常状态，进行实时预警，实现报警弹出、任务派单、历史警报查看、预警分析和曲线监测等功能，如图 4-48 所示，助力城市安全运行管理"从看不见向看得见、从事后调查处置向事前事中预警、从被动应对向主动防控"的根本转变。

（3）应急管理系统

为满足监管部门对燃气管线应急预案入库调用、应急资源配置、突发事件应急推演等

4.4 智能化城镇燃气设施建设

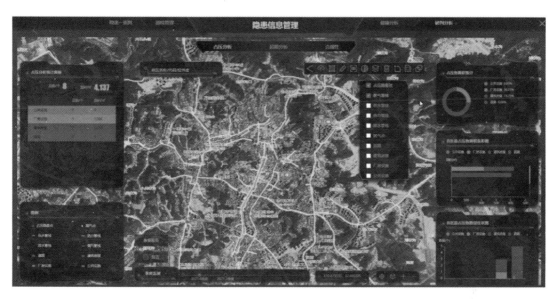

图 4-47 隐患管理系统

图 4-48 监测预警系统

应用要求，构建应急管理系统。在应急预案方面，可根据应急事件类型，配置不同应急事故的分级处置预案，结合灾情区域内的资源信息，进行预案制定、审核、分级分类管理等；在应急资源方面，实现应急救援物资、队伍、专家、资料等综合管理，接入基础数据，为突发事件所需应急资源的分析、配置提供数据基础。在应急推演方面，面向不同层级用户，提供数据汇集分析、总体态势分析、危险超前预判、突发事件快速处理、智能推演与演训，如图 4-49 所示。在应急处置方面，利用有线、无线、卫星等多种通信手段，提供指挥调度信息的快速分发下达、任务跟踪反馈等功能，支持短信、语音、视频等多路并发，强化前后方指挥调度通信保障和任务全过程可视化管理。

第4章 智能化市政基础设施建设

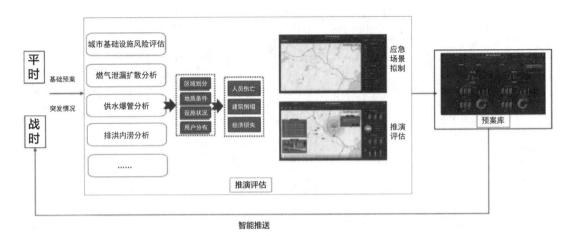

图 4-49 应急管理系统

(4) 态势感知系统

结合综合监测中心大屏应用，基于数据融合和关联，建设燃气设施安全态势"一张图"应用，主要包括燃气隐患分布和消隐情况、燃气预警情况、燃气管线健康情况、燃气设施风险状态、燃气占压情况等，如图 4-50 所示。该系统实现燃气设施安全状态的大数据分析和可视化展现，使政府监管部门能够从不同维度掌握燃气安全状况；能够根据政府、企业、行业等不同用户的需求，提供可配置的界面内容展示，并可以为政府提供燃气运营安全分析报告。

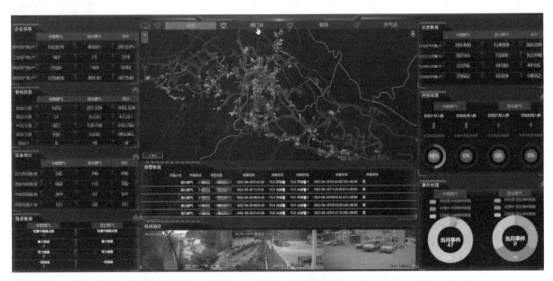

图 4-50 态势感知系统

(5) 监督检查系统

为辅助燃气安全监管部门对下级单位或燃气企业进行重点任务指挥派遣、重点工作督办及处理情况反馈、燃气安全监管综合评价，以及燃气领域舆情监测等监管工作，建立监督检查系统。系统需具备重点任务看板、任务派发、任务反馈、办结工作任务查看及综合查询等功能,实现对重点任务和工作进行督办和评价。系统可对涉及燃气爆炸、燃气群体中毒、燃气服务质量等燃气安全监管相关的舆情信息进行采集、分析,针对热度较高且负面情绪较为严重的舆情信息进行预警,并对相关部门下发督办任务并跟踪督办,可形成舆情报告推送相关人员。

(6) 气瓶监管系统

面向瓶装液化气供应从气瓶检测、充装、运输、销售、配送到使用的全过程监管需求,建立气瓶监管系统。系统主要包括自查计划、监督检查、事故上报、隐患上报、送气工实名监管、送气车辆监管和气瓶流转全过程监管等功能。通过掌握企业场站(储配站、供应站/点)自查计划,实现对瓶装气企业自查计划的管理和督导;将瓶装气运行监管模块与隐患管理模块对接,对企业上报隐患问题自动流转至隐患管理模块,使得上级管理部门可通过隐患管理模块对企业问题处理全过程监管。同时,对接现有瓶装液化石油气供应智能系统,结合基础数据模块中的用户、送气工、送气车等实名制数据,对城市气瓶通过全流程扫码,实现气瓶追溯信息管理,为气瓶使用安全监管提供支撑。

4.4.4 智能化城镇燃气设施应用成效

1) 应用领域

智能化城镇燃气设施可应用于智慧燃气领域,涵盖燃气生产运行智能化管理、燃气供应与输配管网智能化调度、燃气安全监管等方面。基于物联网、大数据、人工智能等新一代信息技术,构建一屏感知全局的智能化城镇燃气信息平台,实现燃气生产运营数据流转全过程的智慧化升级。

2) 应用价值

智能化城镇燃气信息平台,以信息化运用赋能燃气安全精细化监管,推动燃气信息化建设从分散、孤立、缺位的零星功能子系统向"企业自管、政府监管、一网统管"的综合管理系统转变,汇聚业务流,形成数据流,进行大数据分析和智能研判。

通过平台的建设,可使监管部门及城燃企业能够及时了解燃气生产、运行的实际情况,提升监管部门监管能力,通过科学监管,形成有效干预,促使企业提升安全意识和水平,加强安全管理,明晰问题根源,有效管控风险,使平台成为燃气行业管理水平提升的重要抓手。

3) 应用前景

随着物联网、大数据、人工智能等新技术与燃气业务加速融合,智能化燃气设施建设将围绕两个重点方向深化:

一是数据采集设施建设,推动包括压力、温度、流量、阀位等终端设备配备物联网传感器,实现广泛的状态感知;实现光纤、NB-IoT、4G、5G、卫星通信、语音通信等多网融汇,实现更互联的通信。

二是智能化城镇燃气信息平台建设,将打造数据集中、统一、安全、共享的"数据银行",为燃气生产运营安全风险评估、综合管理、科学决策等方面提供数据支撑。平台建设将实现从独立业务系统向平台+应用演进、从业务分散管理到统一集中管理演进、从人工处理向程序化处理演进、从报表分析向仿真预测模型演进,为"城市生命线"打造"看得见"的安全。

4.5 智能化城镇供热设施建设

4.5.1 智能化城镇供热内涵

1) 建设内涵与特征

(1) 建设内涵

智能化城镇供热设施建设是对热网配备智能感知与调控设备，形成覆盖"热源-管网-热力站-热用户"的数据信息采集及远程调控系统，利用数据挖掘技术、数据辨识技术、人工智能技术等处理数据信息，对热网进行统筹协调，实现热源高效转化、管网高效输配、热力站优化调控、热用户按需采暖的供热智能化管理及运行调控模式。通过将供热技术与信息技术（物联网、大数据、云计算、人工智能等）融合应用，强化自感知、自分析、自诊断、自调节及自适应特征，实现安全、高效及低碳目标，构建满足用户热舒适性的供热运行管理模式。

智能化城镇供热设施建设的目标是通过信息化、数字化及智能化的技术提升，纵向实现有效监管，横向实现节能供热。从纵向角度，联通政府、企业及热用户的信息渠道，通过省、市、区（县）、热企的三级监管、四级联动，达到保障城市供热安全、督导民生服务质量、监管热力企业运行的目标。从横向角度，覆盖热力企业"源-网-站-荷（用户）"供热输配全过程，形成按需供热、精准供热的智慧化供热流程，在"双碳"目标下提高供热行业节能减碳水平，提升热力企业管理水平和经济效益，实现用户个性化服务。

(2) 主要特征

① 面向政府行业监管方面

实现省、市、区（县）、企业的三级监管、四级联动，通过对各企业热源数据、热力站数据、管网数据以及热用户的室温数据、投诉信息等综合采集分析，结合数据模型和智能算法为政府主管部门实现全市能源调度、极严寒天气供热保障、应急事件及时预警及调度等方面提供宏观数据指导，提升行业管理决策及民生服务保障能力，实现清洁供热及降低能耗。

② 面向热力企业生产运营方面

随着多热源联网、多种能源形式综合利用的发展趋势，人工经验调节已经无法满足智能化调控的需求。通过对热力企业覆盖"源-网-站-荷（用户）"供热输配全过程的信息化智能化产品的应用，在监控中心对供热全过程的精细化管理，实现精准供热、按需供热及前置化服务。通过采用物联网 NB-IoT 技术、人工智能及 GIS 地理信息等技术，建立大数据分析模型，智能分析决策等信息化功能，实现更加精准调控。通过结合气象预报信息对供热对象的模型建立和智能分析，预测未来时段的能耗需求和供热参数，为企业提供智能供热数据指导，实现全网自动调控，提高企业生产运营管理水平及民生服务质量，降低人力成本，最终实现节能减碳的目标。

2) 政策与标准要求

供热节能改造的市场空间巨大，在国家大力推进清洁供热的政策要求下，供热节能行业属于国家节能减排战略的重点工作内容，将供热行业从传统的经验调控、粗放管理模式向数字化、信息化、自动化、智能化的模式转型已迫在眉睫。既有建筑节能改造及新建建筑供热节能智能升级两大市场的发展空间巨大，国家正积极探索践行"双碳"战略的创新举措，在此背景下各级政府部门也在大力推进节能减排调控及监管系统升级工作。

2015年7月国务院印发《关于积极推进"互联网＋"行动的指导意见》，"互联网＋"智慧能源（以下简称能源互联网）是一种互联网与能源生产、传输、存储、消费以及能源市场深度融合的能源产业发展新形态，具有设备智能、多能协同、信息对称、供需分散、系统扁平、交易开放等主要特征。在全球新一轮科技革命和产业变革中，互联网理念、先进信息技术与能源产业深度融合，正在推动能源互联网新技术、新模式和新业态的兴起。能源互联网是推动我国能源革命的重要战略支撑，对提高可再生能源比重，促进化石能源清洁高效利用，提升能源综合效率，推动能源市场开放和产业升级，形成新的经济增长点，提升能源国际合作水平具有重要意义。

（1）"双碳"政策

2021年10月出台《中共中央国务院关于完整准确全面贯彻新发展理念做好碳达峰碳中和工作的意见》和《国务院关于印发2030年前碳达峰行动方案的通知》，构成碳达峰碳中和和"1＋N"政策体系。明确提出，积极推进供热改造；持续推动老旧供热管网等市政基础设施节能降碳改造；加快推广供热计量收费和合同能源管理，逐步开展公共建筑能耗限额管理。

（2）《"十四五"节能减排综合工作方案》

2021年12月国务院出台《"十四五"节能减排综合工作方案》，明确政府鼓励投资方向，因地制宜推动北方地区清洁取暖，加快工业余热、可再生能源等在城镇供热中的规模化应用；鼓励采用能源费用托管等合同能源管理模式；推广大型燃煤电厂热电联产改造，充分挖掘供热潜力，推动淘汰供热管网覆盖范围内的燃煤锅炉和散煤。加大落后燃煤锅炉和燃煤小热电退出力度，推动以工业余热、电厂余热、清洁能源等替代煤炭供热。

（3）《"十四五"建筑节能与绿色建筑发展规划》

2022年3月出台的《"十四五"建筑节能与绿色建筑发展规划》中指出，要加强既有建筑节能绿色改造，在严寒及寒冷地区，结合北方地区冬季清洁取暖工作，持续推进建筑用户侧能效提升改造、供热管网保温及智能调控改造。强化公共建筑运行监管体系建设，统筹分析应用能耗统计、能源审计、能耗监测等数据信息，开展建筑能耗比对和能效评价，逐步实施公共建筑用能管理。推动建筑用能与能源供应、输配响应互动，提升建筑用能链条整体效率。统筹调配热电联产余热、工业余热、核电余热、城市中垃圾焚烧与再生水余热及数据中心余热等资源。

（4）相关标准

智慧供热系统信息安全保护应符合现行国家标准《计算机信息系统安全 保护等级划分准则》GB 17859、《信息安全技术 网络安全等级保护基本要求》GB/T 22239、《信息安全技术 网络安全等级保护测评要求》GB/T 28448的相关规定。随着我国各地智慧供热技术的发展应用，逐渐形成了智能化城镇供热设施建设的标准规范，如行业标准《城镇供热监测与调控系统技术规程》CJJ/T 241，河北省工程建设地方标准《城市智慧供热技术标准》DB13（J）/T 8375—2020。

3）建设现状

根据《中国建筑节能年度发展研究报告》（2021城镇住宅专题），2001—2019年，我国北方城镇供热面积从50亿平方米增长到152亿平方米，并以每年5亿平方米速度增长。2030年碳达峰时点，北方城镇供热面积将达到200亿平方米。

从政府行业监管的角度来看，北方城镇供热管理大多数仍然是靠现场调查、热力企业进行表格汇报等管理模式，对于行业管理缺乏有效的数据支撑和信息化的管理手段，没有将现代化的物联网技术、人工智能技术在供热行业进行深度应用。河北省率先颁布了地方标准《城市智慧供热技术标准》DB13（J）/T 8375—2020，并建设了覆盖全省的智慧供热信息化监管平台，为城镇供热智能化进行了有益的探索，形成了宝贵的经验。

从热力企业角度来看，供热企业信息化平台建设力度集中在热力站无人值守自控系统建设，单纯的热力站自控系统没有专家系统的加持，仍然是靠人工经验进行供热，并没有形成完整的智慧供热信息化平台，二网失调严重，热源和热力站缺乏能耗预测指导下的智能调度运行，仍然不能达到供热企业节能减碳的目标。供热企业只有建设覆盖"源、网、站、户"整个供热输配全过程的信息化平台才能有效解决能耗大、生产效率低的现状，实现生产、收费、客服、设备管理等各个环节的数据共享和整体信息化建设。国内一些大型热力企业，例如北京热力集团、长春春城热力集团等技术力量相对比较强，进行了一定程度的信息化升级建设，但是很多中小型热力企业对供热信息化智能化的重视程度不足，仍然靠人工经验进行调节调控，需要通过物联网技术、人工智能技术等方面的深度应用提升热力企业的管理水平、降低能耗，实现节能减碳的目标。

城市智能化供热设施需要政府与企业共同配合，在供热企业方面存在的问题有：（1）供热系统失调、冷热不均现象普遍，能耗高、供热能力不足，亟待提高运行管理水平，特别是对于多热源联网大型城市管网系统，人工经验调节调控无法适应多热源优化控制需求，需要借助于计算机智能调控；（2）燃气、电等分布式能源系统更需要精细化控制、精准供热调控，以实现最大节能效果，保障经济性，人工经验管理不适应供热精准化动态调控要求，需要人工智能调控；（3）城市供热行业涉及民生保障，行业主管部门需要借助信息化、数字化、智能化手段，提升行业监管水平；（4）供热输配系统水力不平衡、冷热不均严重，边缘、远端用户供热温度低，引起用户投诉，中间、近端住户供热温度高，甚至需要开窗散热，节能潜力巨大。

根据目前政府强调民生服务、数字城市、智慧城市建设的背景，无论是供热行业监管还是热力企业智能化升级，都需要进行智慧供热的数字化转型，这是城镇供热基础设施建设的重要方向，未来将结合能耗定额管理、碳排放指标管理、碳交易数据监管等，具有广阔的发展空间。

4）需求分析

（1）政府行业管理能力提升需求

各个城市（包括主城区及各县级市）的供热发展历程不同，很少有整个城市由单独一家热力企业供热的情况，大都面临多个热力企业的行业监管。尤其是在大气雾霾治理的要求以及能源价格不断升高的情况下，各热力企业的供热质量和服务能力需要强监管，在特许经营的前提下对各个热力企业进行服务能力的分析和决策，通过行业分析对供热质量差、服务水平低的企业进行监督，甚至剔除特许经营范围，必须对供热企业的供热质量和服务能力进行有效的分析和决策。

在这种监管需求下，行业监管就必须有信息化的数据来源做支撑、智能化的分析能力做决策，分析各个热力企业的即时数据和历史数据，为补贴发放、热力企业监管提供信息化智能化的辅助决策。

(2) 供热行业技术水平提升需求

城市供热已经开始向多热源联网、多能互补形式综合利用的方向发展，在"双碳"目标以及能源价格不断攀升的背景下，城市居民对舒适度需求与能源价格提升的矛盾日益严重，传统的供热形式靠人工经验调节调控已经无法满足智能化调控的需求。必须靠信息化技术、人工智能技术及数字孪生技术等现代化的先进技术对热力企业的热源、隔压站、热力站及二次网等基础设施进行信息化智能化升级，提高管理效率，降低人力成本，精细化调节调控才能实现节能减碳、降低人力成本、提升经济效益。

(3) 民生服务能力提升需求

随着国家经济发展、人民生活水平的不断提高，北方城市供暖需求也不断提升，在长江中下游传统的非采暖区域的采暖需求也日益高涨，供热行业属于重大民生行业，对稳定民生、保障城市居民安居乐业方面起到重大作用。供热行业智能化提升，实现信息化管理、打通民生通道是迫在眉睫的必经之路。

(4) 供热安全保障能力提升需求

城镇供热设施建设起步比较早，大多数在20世纪中叶开始建设，设备老旧、跑冒滴漏现象比较严重，供热设施故障、漏水、爆管甚至锅炉爆炸现象也屡有发生，在基础设施更新的需求下，需要靠信息化的数据采集和智能化的辅助分析决策才能解决安全保障问题，靠安全预警的信息化设备和管理模式做到预案早准备、隐患早发现、故障早处理，才能彻底解决供热系统的安全隐患。

(5) 能源保障能力提升需求

国家战略对城镇供热的鼓励方向为热电联产，实现低成本的供热能源结构。随着城市建设的不断扩张，供热需求的不断增加，必须靠多种清洁供热能源的不断补充才能满足日益增长的供热需求。燃气供热、电供热（包括空气源热泵等）、生物质供热、深层地热供热及污水源热泵等各种形式不断应用，对城镇供热系统的全面管理提出了更大的挑战。为了保证供热能力、提前预判极严寒天气及寒流冷空气对城镇供热的影响，也需要城镇供热系统具备智能化预判分析的能力，靠智慧供热信息化和智能化的升级实现能源保障能力的提升。

4.5.2 智能化城镇供热数据采集

1) 企业系统数据采集

(1) 采集内容

供热系统物理网络覆盖了热量的生产、输送、交换各环节，为监控供热系统的安全运行，在各环节安装了传感设备、自动化控制设备，用于数据采集、现场控制和数据远传。热力企业注重系统优化运行和节约供热成本，供热各环节的数据可实时展现系统运行状态外，还可指导热力企业实现热量调度、管网平衡调节和按需供热，保障供热系统的稳定、安全、节能运行。

① 热源

供热系统的热源包括热电联产、燃煤、燃气锅炉、可再生能源等多种形式，热源出水口的生产数据，对于供热管网调控具有重要意义。以热电联产为例，电厂内部设置供热首站 DCS 系统，一般由电厂人员调控，热源出口采集的关键运行参数有：供水总管温度、压力、流量；回水总管温度、压力、流量。

② 热力站

热力站是供热系统主要调控环节，在室外天气扰动下，建筑的热负荷发生改变，需要调整对建筑的供热量，以满足建筑热舒适性，热力站供热方式包括直供站、间接供热和混水站，各类型的热力站采集数据大致相同，以常见的间接供热换热站为例，采集的运行参数有：一级网供/回水温度、压力；二级网供/回水温度、压力；一级网/二级网除污器前/后压力；一级网供水流量、热量；补水箱液位；补水量；耗电量；循环泵及补水泵变频器运行参数；电动调节阀状态参数。

③ 庭院、楼栋入口

在新建或者有条件的庭院管网中安装流量调节装置、热计量装置，其中流量调节装置，从调控的范围方面，包括楼栋单元间的单元阀，实现楼栋单元间的流量分配；另一种是热用户间的户用阀，用于整个庭院管网热用户间的流量分配。对于庭院管网热用户的热量计算，对有新建建筑或者有条件的小区，在庭院管网或热用户处按照有热量计量装置，根据热计量计算原理计算的热量与数据采集项存在差异。

楼栋单元阀流量调控系统采集的数据包括：楼栋单元入口供/回水温度、流量、热量；楼栋阀阀门开度、挡位等设备状态参数。

④ 分户入口

分户入口的感知设备，分为两类，一类是以热计量为目的传感设备和计量装置，因为计量方式不同，采用不同计量方式采集的数据存在差异，主要的计量方式有热量表法、通断时间面积法和温度面积法；另一类是以户间流量平衡调节为目的的传感设备和计量装置。

采用热量表法时，采集的数据有供回水温度、流量、热量等。采用通断面积法时，采集的数据有住户内当前室温、周期室温、累计热量、供水温度、回水温度、设定温度、阀门状态（开启/锁闭）、阀门设定开度和实际开度、缴费状态。采用户间平衡装置时，采集的数据包括回水温度、入户阀门开度、室内温度等。

(2) 主流设备

① 热源自控系统

热源自控系统包括热电联产首站自控系统、燃煤锅炉或燃气锅炉自控系统等。热源自控系统采用 PLC 或 DCS 等核心控制部件实现对热源各项参数的采集上传、自动调节功能，满足供热需求、保证热源运行稳定。

② 热力站

热力站自控系统（包括中继泵站及隔压站）采用 PLC 或 DCS 等核心控制部件实现对热力站（中继泵站、隔压站）各项参数的采集上传、自动调节功能，满足供热需求、保证庭院管网运行稳定。

③ 庭院管网智能调控设备

庭院管网智能调控设备包括：楼栋热量表、室温控制器、分户平衡智能阀、采集计算器、数据信息管理系统。

④ 热用户侧设备

包括热计量类装置和二次网户间平衡调控设备。

(3) 关键技术

① "源-网"协同技术

供热企业实现智慧供热的重要环节是实现基于大数据回归分析的热源特性与热网特性匹配的优化调控策略，根据不同热网的需求模型进行热源的精细化调度。

热电联产、燃煤锅炉、燃气锅炉的负荷稳定性要求不同，不同规模热网的热惰性也不同，企业智慧供热的关键技术之一是实现热源与热网的匹配，实现以热网的需求联动热源的自动调节。

② "站-荷"联动技术

热力站自控系统实现对庭院管网的温度调节、循环泵自动调节、补水泵自动调节，以及温度、压力、液位的参数的自动保护。热力站自控系统的关键技术是实现对庭院管网基于建筑热特性的自动控制策略，跟随热用户室温目标、室外气候参数自动控制。

③ 二次网水力平衡调节技术

以热力站供热系统同一用热性热用户的热舒适性为目标，综合考虑建筑围护结构、热用户在建筑内的空间位置、入住率等情况，通过户间的回水温度、室内温度，通过设置入户阀门的开度，调节各热用户间供热流量，实现二次网户间流量平衡。

④ 大数据融合及应用技术

供热企业日常的供热生产和客服经营活动中，存在众多信息化系统，各系统间功能交叉、存在基础信息不统一、数据无法实现共享，热力企业在实现信息化的基础上，要充分利用供热生产活动中的各类数据，采取科学的数据治理方式，形成数据资产，然后再赋能于各类供热活动，通过各系统的数据互通和相互调用提高效率，提升信息化水平。

此外，热力企业应积极挖掘数据隐藏的供热系统运行机理，形成供热负荷预测、故障诊断和管网的优化调控策略。

2) 政府监管系统数据采集

从行业监管和服务群众的角度阐述：

(1) 采集内容

① 热源出口数据

在室外气象参数发生变化时，对供热系统的热负荷相应进行改变，城市集中供热系统热源出口参数的采集、存储，以及在历史数据上建立的热源负荷预测模型，可以计算热源对供热系统的热量贡献率，并对热源热量供需匹配进行分析，对热源热量超供或热量不足进行预警，为城市集中供热热量调度和预警提供决策支持。热源出口数据采集一般包括瞬时热量、累计热量、瞬时流量、累计流量、供水温度、回水温度、供水压力、回水压力。

② 热力站数据

城市监管平台建立建筑室温的安装规范、数据采集规范和数据分析系统，借助建筑室温在时间和空间上分布，评价热力站的运行状态，并可以指导热力站的优化运行，实现站荷联动。城市集中供热系统热力站数目众多，基于建筑室温的热力站供热参数评价模型，可以辅助企业对热力站进行运行指导。热力站数据采集包括一次瞬时热量、一次累计热量、一次瞬时流量、一次累计流量、一次供水温度、一次回水温度、一次供水压力、一次回水压力。

③ 热用户数据

为监测和评价供热系统的运行效果，评价供热系统达成的社会效益，以政府出资建设的城市室温采集系统，可以保证数据的客观、可靠。这些建筑室温数据直接上传到政府平台，并通过政府平台共享给热力企业，热力企业也可以利用和分析这些室温数据，对自身供热系统的调控策略进行评价，辅助优化调控策略的制定，实现政府监管、企业优化调控的双重目的。热用户数据采集一般采用 NB-IoT 技术，数据采集项包括室内温度、平均室内温度等。

(2) 主流设备

① 室温监测设备

安装在热用户室内固定位置，通过内置温度传感/变送器件采集热用户室内温度，并采用内置数据远传通信卡将采集室温上传至监测软件平台。为了防止用户的干扰，一般采用集成灯具开关一体型或者集成插座功能一体型的结构。主要作用：量化评价城市供热效果，供热服务前置化，指导热力企业调节反馈。

② 管井监测设备

对供热管井的重要运行参数进行实时监测，并及时发出预警及分级报警信号，主要监测参数包括：井内环境温度、管井内集水坑水浸、井内水位、管网压力/温度、井盖完好状态等。主要作用：城市供热管网预警及供热安全保障，提升民生服务效果；给热力企业减少供热安全成本。

(3) 关键技术

① 大数据及人工智能技术应用

面向政府的智慧供热监管，关键技术是通过对全市各热力企业、各种热源形式、各个热力站、各庭院管网热用户的海量数据进行模型化分析，通过人工智能技术对热源、热力站、管网存在的问题和隐患进行辅助决策，及时发现供热不足、爆管风险、水力失调等问题，督促各个热力企业技术进步、智能化升级，提高供热质量和服务能力。

② 物联网技术应用

目前主流的方向是通过建设城市级统一的物联网平台，对不同的物联网设备进行统一的接入管理、数据采集和解析，并通过统一的数据开放接口，使应用提供商能快速地完成设备集成和应用的开发。同时，智慧城市的高效管理和运营需要广泛部署各种传感器作为城市的感知触角，实时掌控城市的运行情况，但很多设备部署在网络布线困难、取电困难、传统无线网络覆盖差等地方，NB-IoT 窄带广域网技术以及端到端的物联网平台解决方案，可以有效解决这类设备低功耗广覆盖的需求。

4.5.3 智能化城镇供热信息平台

1) 平台总体框架

智能化城镇供热信息平台建设，是通过信息化智能化升级，纵向联通政府、企业、热用户的信息渠道，实现省、市、县、热企的三级监管、四级联动，保障城市供热安全、督导民生服务质量、监管热力企业运行；横向覆盖热力企业"源-网-站-荷（用户）"供热输配全过程，实现智能化供热运行，按需供热、精准供热，提升热力企业管理水平和经济效益，实现对用户个性化服务，整体架构如图 4-51 所示。

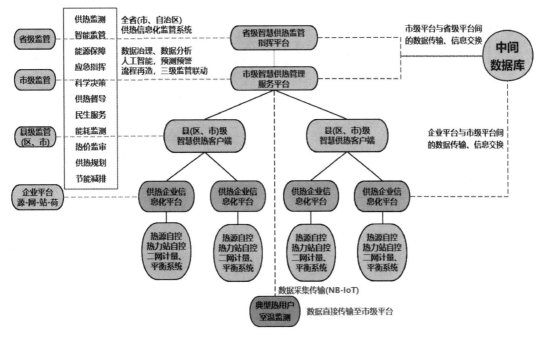

图 4-51　智能化城镇供热总体框架图

2）企业平台信息系统

（1）云服务

供热企业信息化平台建设以云服务为手段，以 AI 为核心，通过云网边端一体化建设，构建开放协同、立体感知、智慧应用的智能系统，形成联接、计算、云、AI、智慧供热应用一体化协同发展的参考架构。为用户提供一种抽象的、虚拟化的、动态可拓展的、可管理的计算资源能力、存储能力、安全能力。

智慧供热云基础设施云平台搭建主要以云计算数据中心为核心，按照"分层解耦、异构兼容"的思路，采用虚拟化、分布式计算、微服务、SDN 等技术，构建为各类上层应用提供支持的服务管理平台。云平台具有统一和高效能、大规模基础软硬件管理、业务/资源调度管理、安全控制管理、节能降耗管理的应用优势。智慧供热涉及多应用、多设备和多系统，构建性能强大、弹性扩展、先进开放、逻辑一体的供热云平台，实现对资源的统一调度和整合管理，为智慧供热提供高性能弹性云主机、云计算、云服务器备份、全栈安全等云服务，实现智慧供热基础设施资源的集约共享，为各级用户提供随时、随地、随需、统一的云资源服务，为各类智慧供热应用提供公共的基础运行支撑能力。

（2）数字中台

智慧供热数字中台作为热企的供热信息化平台的能力底座，提供通用 AI、大数据、物联网等平台能力，支撑数据治理标准化，管理规范化，沉淀资产，进行数据赋能，整体的数字中台框架如图 4-52 所示。

第4章 智能化市政基础设施建设

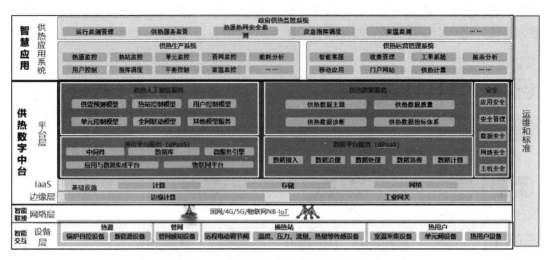

图 4-52 智慧供热数字中台整体框架

(3) 人工智能服务

① 供需预测模型

提供结合天气、室温、投诉、热网热需预测数据，使用人工智能算法预测热站或机组的热负荷；基于每个热站的预测负荷加上管网损耗推理热源预测热量；提供热负荷预测API；支持预测未来一周内每小时的热负荷；支持遇到短时间极端天气时提前蓄热，以及热源故障后的热网补热；支持在末期间歇性供热期间，热源负荷预测排除停热站点；支持结合锅炉最小运行流量、热网最大供水温度、最小回水温度等客观限制条件给出热源出口流量及温度的建议值。

② 换热站控制模型

基于 AI 自动调节换热站，减少对人工的依赖，且可自学习自优化，调节越来越优。提供结合室外温度、天气预报、建筑类型、光照、风速、湿度、室温、投诉等数据，实现换热站机组级的阀门调节策略和一次网混供站的调控策略；提供二网水泵的调控策略；提供结合室外温度、天气预报、建筑类型、光照、风速、湿度、室温等数据，实现一次网中继泵的调控策略；提供策略获取的 API，策略支持供温、均温、阀门开度三种；支持对二网循环泵进行调控以达到节电目的。支持过供均衡不多分，欠供均衡少分的平衡机制；支持保障一网整体流量不变（波动范围可控）的平衡分配机制；提供配置项可供用户设置选择，采用具体的平衡模式。

③ 单元控制模型

提供结合室外温度、天气预报、建筑类型、光照、风速、湿度、室温、投诉等数据，预测楼栋或者单元的目标回温；提供策略获取的 API，策略支持直接给出阀门建议值。

④ 全网联动模型

换热站调控可实现基于户、楼栋实际调控水平的反馈修正；热源负荷预测可实现基于换热站实际调控水平的反馈修正。

(4) 供热数据服务

通过对各热企的热网运行数据智能分析，了解各换热站能耗情况，智能分析其运营水平，辅助提升热企运营水平，同时提供智能化数据诊断，针对异常情况及时进行告警。模型具有自学习、自优化的能力。支持供热数据的接入、处理、计算、模型治理、数据开放的数据全生命周期管理。主要提供如下几个功能：

① 供热行业数据引擎：实现供热数据的统一接入，全热网数据的统一管理，并提供大数据计算能力，可支持全省全热网数据的存储和实时计算。

② 数据诊断：基于人工智能模型和行业机理模型实时监控热网运行情况，对热源、热站、单元的运行故障和安全风险进行智能诊断和智能告警。

③ 数据治理：使用大数据和人工智能技术探索数据内在规律，对热源、热站、单元、户数据的质量校核修复，为上层业务系统提供高质量的供热数据，保障数据准确性和业务可信。

④ 数据指标：提供供热行业基准指标的计算能力，包括室温平衡度、单元失衡度、能耗/热耗、热网可靠性指标等，支撑行业业务指标系统的构建。

⑤ 实现前提：热网数据需要集成对接到供热数据平台，并提供热网的配置元数据信息，如换热站信息、单元信息等。

(5) 供热物联网服务

物联网 IoT 服务包含物联网 IoT 平台线上资源使用服务，北向应用、南向设备集成对接线下服务、专线实施配合服务、上线保障服务。

室温采集设备，到单元的控制调节设备，再到用户的控制调节设备，这些终端设备采集的数据通过 NB-IoT（窄带物联网）网络传输到智慧供热数字中台的 IoT 物联网管理平台，然后上传到后端供热自控系统进行数据解析和消息处理，自控系统将终端数据通过公网发送给智慧供热数字中台的人工智能平台，智慧供热人工智能服务可以根据环境因素（室内、室外温度、风速、管网情况、房屋情况、地理位置等综合信息），提供最优供热策略。NB-IoT 物联网技术，具有低功耗、广覆盖、海量连接、低成本的特性，满足智慧物联所需的深度覆盖、电池供电、快速部署要求。

(6) 全网智能调控

发挥人工智能算法的复杂逻辑能力，结合全网联动模型、水力仿真模型、热站控制模型等，进行全网平衡调控，包括：提供热源负荷热需智能预测、换热站智能调控、二次网单元及用户智能调控、全网平衡调控等。基于智慧供热数字中台的大数据和 AI 及物联网的能力，构建"源、网、站、户"全联动智能精准调控，有效节能减排，整体平台架构如图 4-53 所示。

(7) 热源负荷预测

传统供热热源的负荷预测通常是基于经验公式模型，存在数据分析不全面和控制不精细等问题。基于人工智能的热源负荷预测功能基于海量数据进行训练，对各供热企业的供热系统进行热需预测，结合热源的负荷能力，动态反馈指导学习模型更新，能做到全域的数据分析。通过将天气数据、热站运行数据历史数据、室温数据（可选）和投诉率等数据作为训练数据，使用热负荷预测算法模型进行训练、调优，结合实时天气数据进行推理决策，给出未来 24 小时内的小时级和未来七天内的天级产热功率预测。对热源供热保障能力分析，辅助提升热源应对极严寒天气的能力，同时辅助决策是否需要新建热源。模型具有自学习、自优化的能力，如图 4-54 所示。

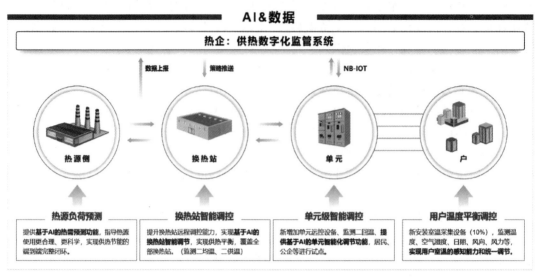

图 4-53 智能调控整体平台架构图

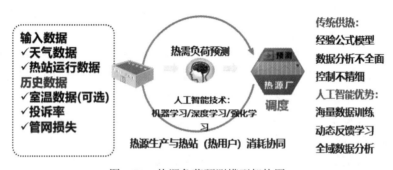

图 4-54 热源负荷预测模型架构图

(8) 换热站智能调控

热站全网平衡调控功能,提供换热站的热负荷预测和智能控制策略,提供结合室外温度、天气预报、建筑类型、光照、风速、湿度、室温、投诉等数据,实现换热站机组级的调节策略。提供基于二均温、开度等不同需求的调控策略。最终通过智能化调控实现节能的目标。人工智能模型会根据历史数据建立换热站仿真器,预测不同外界环境下(包括气象参数、一供温、一供压等热网环境),不同的阀门开度能使各机组二均温到达什么水平、换热站能消耗多少热量。在目标确定后,离线进行无害化探索,确定出一组阀门开度,使各机组二均温、站获得热量与目标值差距最小。

(9) 二次网智能平衡

二网、单元/热用户平衡调控功能,实现换热站覆盖供热区域楼栋(单元)的供热平衡的智能调控策略,支持持续改进的调控能力,解决不同楼栋(单元)间的过热、供热不足的问题,提升居民的供热舒适度。提供单元平衡策略,给出各单元阀门开度值,目标是使各单元回温尽可能一致。通过人工智能模型构建机组仿真器,在当前机组供温下,预测各单元阀门开度下的回温情况,便于进行离线无害化探索,搜索出一组单元阀门开度,使各单元回温差尽可能小。模型根据实时数据及时更新优化。

(10) 智能客服

① 智能问答机器人

通过多机器人融合,全面提升机器人智能化程度,信息检索问答,预置领域模型,匹配精度高达90%以上;任务型机器人,预置小样本模型,少量标注数据即可达到较高准确度;话术配置解读各种复杂对话场景;图谱问答机器人:构建领域图谱知识,实现知识推理,问答更智能。文档问答机器人:基于业务文档,零人工轻松实现新知识冷启动。表格问答机器人:基于NL2SQL,轻松构建自然语言到数据解读的桥梁。

② 智能质检机器人

通过语音识别,语义理解等能力,将客服对话的录音或文本进行解析,根据已设置的规则打分。极大提高质检效率,降低质检成本,帮助客户更好地管理客服质量。支持自动化每日循环任务,可全量质检所有客户对话记录;支持多种检测规则,覆盖质检场景。包括静默、抢话、情绪检测、上下文重复等;支持垂直领域热词优化,通用语音识别准确率超过85%,支持领域定制优化;支持质检、复核结果统计分析,统计坐席服务情况,包括红黄线触发等,引导坐席服务优化。

③ 智能外呼机器人

结合呼叫中心,语音及NLP能力集成智能外呼解决方案。机器人代替人工,服务态度保持一致,每天可拨打800~1200通电话,极大提高拨打效率;机器人可使用录音与语音合成集成,声音更拟人,提高用户体验;线索自动收集,可打通CRM系统,便于后续跟踪。

(11) 智能调度指挥

基于供热企业的突发事件和事故构建处置突发应急的指挥调度系统,具体功能包括:

① 监控值守

以供热应急指挥中心日常值班值守工作为核心,满足值班人员管理、计划管理、任务管理等业务需求,实现日常工作信息、重要紧急事项信息、领导批示信息等业务信息的传达跟踪和协调处理。通过对值班值守工作的智能化管理,有效提高供热应急指挥中心应急值守和日常各项工作的办公效率。

② 综合信息汇聚可视化

按照事前、事发、事中、事后各阶段的数据需要,从热企生产系统中获取全程全时全域数据,按照主题分类持续智能关联、汇总事态相关信息,实现对突发事件动态、舆情动态、应急响应、资源调度、监测预警、专业研判、救援进展等信息的可视化展示。

③ 预案管理

实现对各级别、类型供热应急预案的信息化管理。实现应急预案的快速检索查询,提高对预案内容的检索效率;实现对各级各类应急预案的综合查询和基于图表的统计分析,辅助应急处置人员掌握各级各类供热应急预案及其数量和分布情况;对应急预案内容与流程进行数字化管理,实现突发事件发生时对相应应急预案的快速调用,为辅助决策提供技术支撑。

④ 指挥调度

利用有线、无线、卫星等多种通信手段,实现指挥调度信息的一键快速分发、应急资源跟踪定位、任务跟踪反馈等功能,支持短信、语音、传真等多路并发,强化前后方指挥调度通信保障和任务全过程可视化管理。主要包括资源需求分析、一键调度、现场指挥调度、任务跟踪反馈等功能。

⑤ 融合通信

构建融合通信平台能力，融合多种通信手段和大数据整合，为应用层业务提供通信业务支撑接口服务，管理类支撑接口服务和情报数据类支撑接口服务。可打通智慧供热指挥调度现存各系统间的通信壁垒，实现跨平台的融合通信，有力支撑供热指挥调度可视化，满足供热监管和热企各级部门开展指挥调度、日常办公、监督执法等业务需要，为供热应急响应中的救援队伍、联动部门、社会公众和政府监管部门提供应急通信服务，确保协同救援和日常移动通信中全地域、全过程、全天候的通信保障。

3) 政府平台信息系统

(1) 供热质量动态监测系统

在用热侧选择典型热用户安装室温采集装置，实现对热用户典型室温进行采集，从时间角度对供热系统的室温达标率进行分析和排名，包括24、48、72小时室温评价方法；从空间角度，对城市的各行政区域、热力企业从单位、小区、用户、企业多维度，进行供热状况进行评价，形成全方位的全市供热效果监测。

在供热侧对热源和热网运行进行监测，通过对运行数据的采集与分析，预测热源的供热负荷与供热能力，预测热力站二次供温的理论值，并与实际值进行比较，形成异常预警。通过对企业供热质量的监测分析，形成供热达标率排名。

对采暖建筑室温不达标的热用户，系统可实现自动检索，市平台每日生成室温不达标热用户的督办单，自动下发至企业进行处理。省平台每日生成居民小区室温异常的事项，并可通过省、市平台的联动，形成逐级处置与反馈的机制，有办理时限的约束，超时则转为督办。从而形成供热质量的动态监督闭环管理，有效降低供热不达标率，提高供热效果。

(2) 供热服务在线监督系统

对于采暖室温不达标的热用户，可通过网络、电话等投诉渠道进行供热投诉，对直接投诉到政府平台形成的工单，可逐级派发至供热企业进行处理，最终由供热企业办结。通过网络渠道受理的投诉，办结结果会通过网络渠道反馈给热用户，热用户可对办结结果进行评价；通过电话渠道受理的投诉，工作人员可通过电话回访的方式了解办结情况和用户评价，之后则可进行归档。系统会根据投诉信息进行投诉趋势与排名的分析，出具图表用以考核，投诉信息还可结合 GIS 地图，以投诉热力图的形式展示，对投诉率空间分布特性进行分析。

系统可通过爬取供热相关的网络舆情信息，形成网络舆情监测，经过人工审核后生成工单派发至相关部门进行处理，解决问题，并反馈结果，从而提前解决供热问题，避免供热投诉。

通过以上工作机制，实现政府、企业、热用户的在线协同处置，打通民生服务渠道，提高了供热效果与热用户满意度。

(3) 供热调度与节能降耗系统

通过对全市热源、热力站的运行数据，以及热用户的室温数据进行采集与监测，建立便于数据分析的多维数据结构，形成"源-网-站-荷"供热调控模型，通过后台大数据人工智能算法,对供热系统的运行机理进行辨识分析,对实时的供热参数进行态势研判,建立科学的评价方法,对供热能力不足、能耗过大、负荷过大的热源,以及二次供温不足、管网不平衡、室温偏低、不够节能、通信不良、参数异常的热力站,有针对性地进行问题排查与解决,从而促进热力企业实现节能降耗和技术升级。

(4) 供热安全运行与保障系统

城市集中系统中热源故障、管网年久失修或管网超压引起的供热管道破裂是供热系统常见的重大事故,通常抢救时间长、影响范围广,影响居民正常采暖。可对供热系统常见的供热安全事故进行分类,划分事故级别。对每一类的故障建立应急策略,通过供热应急抢险的特征,建立对包含应急事件、应急预案、事件阈值的应急响应管理,建立包含应急抢险队、应急仓库、应急物资的应急资源管理。

在关键管网节点,安装管网设备压力监测装置,实时监测管网压力变化,并结合GIS地图,实时掌握应急事件发展态势。通过在管网主要干路安装的物联管井监测设备,可预测供热管网爆管、漏水、井盖丢失等供热安全问题。动态掌握老旧管网的安全预警信息,为应急事件响应与应急资源调配提供决策支持,从而形成应急指挥调度的综合指挥平台。

4.5.4 智能化城镇供热设施应用成效

1) 应用领域

面向供热行业政府监管的智能化建设以及面向热力企业源网站户供热全过程监控的智能化建设是智能化城镇建设的主要应用领域。将物联网技术应用在供热系统中,从热源环节、换热站环节、楼栋单元热力入口环节、热用户环节出发,实现对每一个供热环节的有效控制,在不同供热模块之间建立有机联系,提高控制的精细化程度,智慧供热技术的出现和应用,很大程度上促进了供热系统的发展进步,逐渐步入"互联网+供热"时代,能够更好地满足节能降耗以及智能化供热等需要。因此,可以将智慧供热应用于一切对于室内温度有要求的领域,如公共服务、交通运输、科教文卫等领域外,尤其可以将其用于供热节能领域以及建筑节能领域。

2) 应用价值

(1) 在国家政策层面,智能化城镇供热设施以节能降耗、减少燃料耗量、明确能源需求量为主要目标,对提高大气质量、大气雾霾治理有较大的贡献。

(2) 在城市建设层面,供热管理智能化对供热安全保障、供热节能促进等有重要意义,提高政府对供热行业的管理和服务能力,为智慧城市建设提供支撑。

(3) 在供热行业信息化层面,智慧供热管理服务平台的建设,对能耗监测、居民供热保障、行业技术进步有重要意义,为推行建筑能源审计、能源服务等制度的落实打下良好基础。

(4) 在供热企业层面,通过实施供热能耗监测,可以进一步推动企业内部节能减排措施的实施和建设。通过AI+大数据技术实现远程智能调控,提供对热源、热网和热站端到端的一体化智慧供热解决方案,获得最佳经济效益。

3) 应用前景

智能化城镇供热设施建设能够加强供热行业管理、建筑能耗定额管理、基于清洁能源供热差别化补贴机制的节能管理;提高供热质量评价与保障、基于网络平台的面向民生供热服务、基于网络数据监测的供热保障及应急处理等管理水平；提高城市供热保障水平和应急保障能力，实现城市供热"一张网"的供热保障指挥、优化调度指挥平台。智能化城镇供热设施建设为政府决策提供数据支撑和科学依据，提高政府对供热基础设施的监管能力；为加强行业管理以及推动行业技术进步、提高技术水平和挖掘节能潜力提供依据；通过移动智能终端为用户提供与供热有关信息动态服务和互动服务，提高面向用户的服务质量。

智能化城镇供热设施建设，为热力企业提供覆盖"源、网、站、户"供热输配全过程的智能化信息平台，是基于物联网、大数据、人工智能技术的智慧供热监控管理的综合性平台，实现面向热用户的前置化服务、提高供热企业的运行管理水平、降低成本，实现节能降耗、提升经济效益的有效方法。

全面进行智能化城镇供热设施建设，提升供热行业信息化、智能化的必然选择。智能化城镇供热设施建设也是物联网、大数据、人工智能技术发展的必然结果，靠科技手段提升供热行业的进步，也是实现"双碳"国家战略的有效保障。

4.6 智能化城镇综合管廊建设

4.6.1 智能化综合管廊设施建设内涵

1）建设内涵与特点

智能化综合管廊是智慧城市核心概念在综合管廊的具体应用，是智慧城市的大动脉和智慧城市建设重要的组成部分。智能化综合管廊的内涵是采用地理空间信息（GIS）、建筑信息模型（BIM）、物联网、大数据、云计算、移动通信、人工智能等智慧技术，实现综合管廊的数据共享、环境和设备监管、管线运行监测、管廊安全监控、智能消防、智能巡检、协同管理、辅助决策、智能分析、应急指挥等智慧化建设和运维管理，实现综合管廊全生命周期的自动化、智能化和智慧化，极大提升综合管廊的建设科学性、建设效率、管理效率、管理质量和综合服务能力。

智能化综合管廊具有以下四个特点：

（1）标准规范化

建立综合管廊工程从规划、设计、施工、竣工到运维管理全生命周期的设计标准和工程规范，使不同地区的综合管廊工程的建设和管理有据可依，统一标准，实现智能化。

（2）管理数字化

通过智能化综合管廊信息平台，将综合管廊工程从规划、设计、施工、竣工验收和运维管理的全生命周期纳入数字化管理，提升综合管廊工程的管理效能。

（3）业务协同化

打破由于地下管线多头管理产生的壁垒，实现不同建设主体、管理主体之间的联动协同，提高管理效率，促进资源共享。

（4）决策智能化

对基础空间信息、工程项目信息、设备监控信息、设备维护信息等运用人工智能和大数据等分析方法,进行准确的趋势预测,为综合管廊的规划建设和精细管理提供智慧决策支持。

2)政策与标准要求

为推进综合管廊的建设和管理,国家和相关部委先后围绕综合管廊的规划建设、投融资模式、运营管理等方面出台了一系列政策文件和技术标准。

(1)政策导向

《国务院关于加强城市基础设施建设的意见》(国发〔2013〕36号)明确开展城市地下综合管廊试点;《国务院办公厅关于加强城市地下管线建设的指导意见》(国办发〔2014〕27号)指出要稳步推进地下综合管廊建设,加强科学技术和体制机制创新,并对综合管廊的建设提出了总体要求。

信息化和智能化是城市综合管廊建设、运行管理的必然要求和发展方向。2015年8月,国务院下发《国务院办公厅关于推进城市地下综合管廊建设的指导意见》(国办发〔2015〕61号)指出,地下综合管廊应配套建设消防、供电、照明、通风、给排水、视频、标识、安全与预警、智能管理等附属设施,提高智能化监控管理水平,确保管廊安全运行。这些附属设施的协调运行和管廊智能化监控管理水平的提高,都离不开管廊的信息化和智能化。

2019年6月,住房和城乡建设部组织编制了《城市地下综合管廊建设规划技术导则》(建办城函〔2019〕363号),指导各地进一步提高城市地下综合管廊建设规划编制水平,因地制宜推进城市地下综合管廊建设。

2020年12月,住房和城乡建设部印发的《关于加强城市地下市政基础设施建设的指导意见》(建发〔2020〕111号)指出:合理布局干线、支线和缆线管廊有机衔接的管廊系统,有序推进综合管廊系统建设。运用第五代移动通信技术、物联网、人工智能、大数据、云计算等技术,提升城市地下市政基础设施数字化、智能化水平。

2022年5月,《国务院关于印发扎实稳住经济一揽子政策措施的通知》(国发〔2022〕12号)中再次强调:因地制宜继续推进城市地下综合管廊建设。指导各地在城市老旧管网改造等工作中协同推进管廊建设,在城市新区根据功能需求积极发展干、支线管廊,合理布局管廊系统,统筹各类管线敷设。加快明确入廊收费政策,推动实施一批具备条件的地下综合管廊项目。

(2)建设标准

2015年5月22日,住房和城乡建设部与国家质量监督检验检疫总局联合发布了《城市综合管廊工程技术规范》GB 50838—2015,2015年6月1日正式实施。《城市综合管廊工程技术规范》GB 50838—2015规定综合管廊监控与报警系统宜分为环境与设备监控系统、安全防范系统、通信系统、预警与报警系统、地理信息系统和统一管理信息平台等。综合管廊的监控与报警系统的设置,需要通过管廊的信息化加以实现。

2016年1月,住房和城乡建设部发布《城市综合管廊建筑标准设计体系》,按照总体设计、结构工程、专项管线、附属设施四部分进行构建,体系中的标准设计项目基本涵盖了城市综合管廊工程设计和施工中各专业的主要工作内容。其中总体设计中的BIM应用、工程技术措施、专项管线和附属设施的设计与施工,与管廊信息化密切相关。《城镇综合管廊监控与报警系统工程技术标准》发布后对管廊监控与报警系统统一管理平台设计、环境与设备监控系统设计、安防系统设计、火灾自动报警系统设计、可燃气体探测报警系统设计、通信系统设计、入廊管线监控等提出了具体要求。这一系列系统，需要通过管廊的信息化手段搭建。

3) 建设现状

我国地下综合管廊建设起步较晚，但发展迅速。1958年，在天安门广场附近铺设了第一条1076米长的地下管廊。1994年在开发上海浦东新区时，修建了总长11千米的地下管廊，标志着我国综合管廊建设的正式起步。2002年上海在嘉定区建设了5.8千米的管廊；2003年广州大学城建设了总长约17千米的管廊；2006年北京建成了中关村西区的管廊。之后，深圳、苏州、沈阳、青岛、南京、珠海等地陆续开展地下综合管廊建设。

2015年7月28日，国务院常务会议对综合管廊建设作出部署。要求在年度建设中优先安排综合管廊，并制定地下管廊建设专项规划。已建管廊区域，所有管线必须入廊，管廊以外区域不得新建管线，同时要加快现有城市电网、通信网络等架空线入地工程。会议还提出要创新投融资机制，鼓励社会资本参与管廊建设和运营管理，完善管廊建设和抗震防灾标准，建立终身责任和永久性标牌制度。

2015年7月31日，住房和城乡建设部宣布我国将全面启动地下综合管廊建设，2015年和2016年先后组织完成了两批共25个地下综合管廊试点城市的评选。2015年包头、沈阳、哈尔滨、苏州、厦门、十堰、长沙、海口、六盘水、白银10个城市进入首批地下综合管廊试点城市。2016年郑州、广州、石家庄、四平、青岛、威海、杭州、保山、南宁、银川、平潭、景德镇、成都、合肥、海东15个城市进入第二批综合管廊试点城市。据不完全统计，截止到2017年4月，国内地下综合管廊试点项目已开工建设687公里，建成廊体260公里，完成投资400多亿元。

通过试点城市的示范，推动了全国综合管廊工程的快速发展。根据《城市建设统计年鉴》数据，中国城市地下综合管廊长度加速增长，如图4-55所示。2018、2019、2020年中国城市地下综合管廊长度分别为3244.36公里、4679.58公里、6150.76公里，分别同比增长34.16%、44.24%、31.44%。

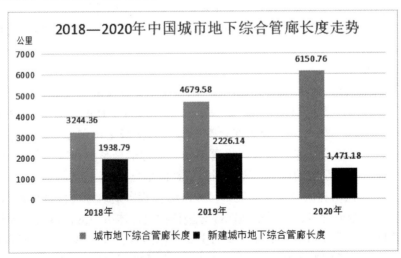

图4-55 2018—2020年中国城市地下综合管廊长度走势

综合管廊早期建设一次性投资巨大，积极探索综合管廊建设的投融资方式，对于推动城市地下综合管廊的建设具有极其重要的现实意义。综合管廊建设存在多种融资模式，包括政府直投模式、股份制合作模式、BOT模式、PPP模式等。其中PPP模式能够有效发挥社会资本在融资、专业、技术和管理方面的优势，近年来在各地的综合管廊建设中被越来越多地采用。

4）需求分析

当前综合管廊总体建设成本比管线直埋高很多，是一种资金密集的城市公共基础设施。建成后投入运行需要兼顾管廊本体运维和入廊管线运营，运行成本较高。从各地公布的管廊管理办法看，有偿使用费用标准原则上均由建设方和使用方协商确定，收费标准制定仍处于探索阶段，没有统一的行业管理规定，部分试点项目的收费仅够维持基本的维护费用，很难收回投资成本。综合管廊设施主体布置在地下，在经过一些地质环境复杂或者地震多发的区域，各种外界因素的危险增加，急需对复杂地址地区的设计方案，对周边环境的监测和自动化应急响应。管廊内涉及照明、风机、潜水泵，结构健康监测、环境参数监测（甲烷、硫化氢、氧气、温湿度、水位）、燃气泄漏监测等动力与环境监测，以及安防、消防、应急通信、无线通信等众多设备，均涉及供电、网络传输的线缆部署，设备端多、线多，部署维护工作量大，需要减少端侧设备部署，简化网络传输部署，设备智能化运营运维，人工巡检减少工作量。综合管廊内空间有限，排布了多种危险管线，包括热力、电力、燃气等，例如燃气属于易燃易爆气体。对燃气在综合管廊中的设计、施工、管理和日常维护都需要深入研究，发生泄漏或者火灾危险时，需要智能的消防系统和应急指挥调度。综合管廊分布长度短则几公里，长则几十、几百公里，管线设备种类繁多，传统依赖人工巡检的方式效率低，而且无法做到全面、实时、准确的巡检，需要借助智能化的巡检手段，包括智能摄像头、红外成像、气体检测、音频分析，可替代人工实现远程例行巡查，在事故和特殊情况下可实现特巡和定制性巡检任务，实现远程在线监测，在减少人工的同时，大大提升运维的内容和频率，改变传统运维方式，实现运维智能化。目前管廊内部只有机电物联网络，没有无线信号覆盖，人员通信仅能利用固定的光纤IP电话，人员巡检及通信极为不便，需要考虑机电物联网络和通信网络的融合。

总体上，综合管廊设施智能化建设和管理的目标如下。

(1) 简化端、网的部署，设备运行维护化繁为简

管廊内监测感知设备包括光纤感知、机器视觉感知，以及传统的电化学传感等，可通过AI算法融合，实现单点传感、多场景感知识别，可同时实现作业穿戴识别、人脸识别、人员轨迹、入侵检测等，达到视频"一路多感"的效果。通过网络切片等技术实现一网多业务承载，不同业务SLA通过不同网络切片隔离保障，实现网络"多网合一"，简化网络部署和维护。通过ICT统一运维管理平台，提供端、管、边多维协同及一体化管理，端、边及中心设备远程统一配置更新，集中可视运维、远程快速定界定位，实现全网设备运行管理一张图。

(2) 汇聚多源数据，智能决策

综合管廊涉及多种类型、多个业务来源的数据，包括综合建筑体的BIM数据，图像、温度、音频、气体等传感器监测数据，电力、燃气、供水、排水等业务系统数据。保证数据的完整性，各系统之间的数据关联性，利用大数据和人工智能等技术实现数据挖掘，建

立数据分析模型，提供综合管廊建设运营维护等的智能决策支持。

（3）整合业务流程，高效的管理和协同

综合管廊包含众多复杂的业务流程，包括智能管控、管网运行、设备维修、应急作业、运维调度、隐患管理、应急管理等，通过统一的集成平台，把相对独立的系统合成一个管理协同平台，实现高效的管理和协同联动。

（4）融合软硬件新技术，智能化运行监测和巡检

运用物联网、5G、人工智能等新技术，实现综合管廊内部所有设施、设备运行状态的智能感知，如环境运行感知、管线运行感知、本体结构状况感知、消防状态感知等。通过自动化系统实现管廊的智能化运行监测和巡检。

（5）系统架构开放和扩展

由于管廊管理设备众多、监控内容庞杂、系统规模应用逐渐扩大，就要求系统具备开放性和扩展性，系统架构可灵活配置、监测设备可灵活配置、外围系统接口可灵活添加修改、功能应用可灵活添加、网络层级可延伸扩展等。

（6）信息平台建设自主可控

管廊是保障城市运行的"生命线"，是城市运行的大动脉，其运行安全将影响着整个城市的正常运转，因此有必要构建安全可信的监测管理体系。包括：

① 信息化系统需要构建在国产自主可控的底座之上；

② 为管廊所涉及的舱室、设备间、变电所、监控中心等构建全域一体化安全，安全风险自动识别告警，全域安全一张图；

③ 管廊所涉及的信息空间，包括感知、网络、计算、存储等设备需要构建从硬件、软件、网络、数据到应用的全栈安全，所有入网设备提供统一安全接入和安全运行状态一张图可视管理。

4.6.2 智能化综合管廊数据采集

1）数据采集概述

综合管廊内部设备设施多，数据采集以物联感知数据为主，包括管廊的基础设施数据、管廊环境数据和人员数据等。

由于综合管廊分布在地下空间，环境较差，需要采集的数据较多，且大部分管廊内没有运营商的基站信号覆盖，对综合管廊内数据采集后的回传，以有线网络为主，包括工业现场RS485总线、控制信号线、以太网等。

2）基础设施数据采集

（1）管廊本体数据采集

管廊本体数据采集的主要目的为管廊本体结构安全监测，主要监测内容包括应力、形变、振动等。形变监测又可分为沉降、倾斜、裂缝、水平位移、变形缝形变、断面收敛等。

管廊监测一般采用在线式感知监测仪器，具备数据回传的功能，部分仪器具备数据分析和存储功能。

沉降监测多采用静力水准仪、压差式沉降传感器；裂缝和形变监测方法多通过接触式设备采集裂缝监测数据；断面收敛监测多采用非接触红外激光测距传感器；振动监测一般

采用加速度传感器。

由于传统监测方法设备复杂、监测成本高等问题，随着光电技术以及影像识别技术的应用发展，部分项目尝试应用于管廊本体结构安全监测，比如采用布里渊散射光纤连续沉降监测，基于影像识别的管廊形变（截面收敛）监测。起到了良好的应用效果。

（2）管线数据采集

对于入廊管线相关数据，通常是由入廊管线权属单位根据业务需要，进行采集。出于管廊的综合管理需要，一些项目会通过入廊管线监测系统，对入廊管线数据做汇聚整合。包括入廊燃气管线压力、流量；入廊供水管线的压力、流量；入廊热力管线的压力、流量、温度。另外对于入廊高压输电缆，多数设置分布式感温光纤监测系统，对电缆表面温度实施监测。

（3）配套机电设施数据采集

管廊内配套机电设施相关数据采集主要包含通风系统、配电照明系统、排水系统、自动液压井盖等，管廊的日常管理需要对各系统的运行状态、故障报警等数据进行实时采集。

通风系统通过风机控制柜对风机的手（自）动、启停状态等通过边缘控制设备（如PLC（可编程逻辑控制器）、边缘网关等）采集数据；配电照明系统除监测照明回路的开启状态外，还常对实时用电量、电压、电流等数据进行采集；排水系统主要是积水坑液位计采集液位高低并关联控制水泵的启停，液位、水泵的启停状态等数据由边缘控制设备实现实时采集。部分配备自动液压井盖的管廊，采集井盖控制系统的数据主要包括开启、关闭状态，故障报警等数据。

城镇综合管廊的机电控制、数据采集主要通过PLC（可编程逻辑控制器）为主要部件的ACU（区域控制单元）控制柜实现，由于城镇综合管廊机电设施控制逻辑简单、主要以数据采集为主，并且控制信号线全部通过控制电缆汇合，所以有建设投入高、线路铺设工作量大、项目实施难度高的特点。针对此问题，部分项目中逐步使用边缘控制网关类的控制设备并搭配数据采集的无线化，实现了管廊机电控制的线路铺设简化、控制系统的优化。

3）管廊环境数据采集

（1）管廊内环境数据采集

管廊内环境数据采集主要包括温度、湿度的实时数据采集，管廊内空气成分甲烷、硫化氢、氧气含量数据的实时采集。

温度、湿度数据采集通过安装在管廊内的温湿度传感器多数由RS485总线汇接到管廊ACU（区域控制单元）控制柜，再采集到管廊平台；甲烷、硫化氢、氧气含量传感器大多数采用电化学工业传感器，数据采集后通过RS485总线或4~20毫安模拟量输入到管廊ACU（区域控制单元）控制柜。部分项目的温湿度传感器、甲烷、硫化氢、氧气含量传感器设置现场报警和读数显示功能。管廊环境的温度参数相对比较重要，部分管廊还安装分布式光纤温度测量系统，对管廊内部控制环境温度实现连续的实时监测。

管廊内环境监测采用的甲烷、硫化氢、氧气含量传感器由于建设成本控制需要，绝大多数采用的是电化学传感器。由于电化学传感器本身的技术限制，管廊内的气体含量传感器实际中的使用寿命短、调校频繁，导致运维人力、费用居高不下。伴随光学空气成分检测技术的广泛应用，相关设备的成本日趋降低，部分管廊项目尝试使用光学气体成分检测设备，其使用寿命长、免维护、检测速度快等明显优势起到了良好效果。

(2) 管廊外环境数据采集

管廊外环境数据采集主要包括管廊周边环境数据采集和管廊所在区域的气象数据采集。

管廊周边环境包括管廊所在区域的地质数据、路面积水、降雨量、温湿度、相邻管网、道路、桥梁等市政设施数据。大部分数据可结合相关部门或政府大数据平台系统对接获取数据，通过管廊安全风险模型监测，进一步保障管廊的安全运行。实际项目实施中，对管廊外环境的数据采集关注较少，大部分项目未实现管廊外环境数据的采集。

4) 其他数据采集

(1) 人员数据采集

管廊巡检、维护作业人员分布在管廊的各个位置，主要采集管廊作业人员的实时位置数据、作业人员的生命体征数据等，服务于作业人员的安全管理和工作时效监督等。

针对管廊内作业人员，可通过管廊内分布的 Wi-Fi 信号对入廊作业人员的手持终端实时定位，来确定实时位置。对于管廊外的作业人员则通过手持终端的公网信号（卫星、基站）定位来确认实时位置。管廊作业人员的生命体征通过可穿戴智能终端获取实时心跳、血压等数据。

(2) 消防系统数据采集

城镇综合管廊消防系统主要包括：消防报警系统、消防灭火系统、消防电器火灾系统、消防电源检测系统、防火门监测系统、应急逃生系统等。消防系统统一系统接口，整合获取消防设备设施的位置信息、消防报警信息、状态信息。

实际项目设施中，消防系统由于相对独立，大部分项目的管廊业务管理平台未整合消防系统数据。

(3) 安防系统数据采集

城镇综合管廊安防系统主要包括视频监控系统、门禁系统、入侵报警系统。

视频监控系统采集管廊内实时视频，并进行录像保存，一般采用高清网络监控系统，分布在各个设备监控的硬盘录像机或集中在监控中心机房的视频存储系统进行视频录像。摄像机具备日夜转换功能，可在黑暗环境下录像。少部分项目中实现了基于影像分析的人员值班异常监测等功能。实际项目中，对于管廊这种特殊环境，多数视频画面静止不动，监控录像空间浪费较多；管廊内环境暗，依靠摄像机本身补光成像质量差等现象普遍存在。

管廊内大量的监控摄像头可保证管廊内动态的一目了然，但视频监控大屏投射面积有限、值班人员注意力有限，基本上没法实现实时监控，只能是事后回查，因此视频智能化分析已成为管廊建设趋势，通过 AI 代替人工实现 24 小时的监控，可实现安防事件及时的发现和报警处置。

门禁系统主要包括锁具、读卡器、门禁主机和管理后台等，门禁主机通过以太网与综合管廊管理平台实现数据上传，管廊管理平台通过网络与门禁系统后台对接数据采集。门禁系统数据采集各门禁开启状态、以及当前开启门禁的人员信息数据等。

综合管廊入侵报警系统主要包括报警主机、探测器等。探测器主要安装在管廊的对外出入口、吊装口等,报警主机通过以太网与综合管廊平台对接,采集报警状态信息。

4.6.3 智能化综合管廊信息平台

1)平台总体框架

智能化综合管廊信息平台主要由基础控制系统、智能应用系统和其他管廊子系统组成,如图 4-56 所示。基础控制系统为管廊的基础管理提供网络传输、管廊区域控制和监控中心的机房设备设施、值班室管理操作端。智能应用系统以数字孪生为应用基础,叠加管廊的总控中心和分控中心的不同的智慧化业务应用。管廊子系统包括管廊内各弱电信息化子系统,相对独立,通过基础控制系统和智能应用系统整合,实现子系统间智能协同和联动控制。

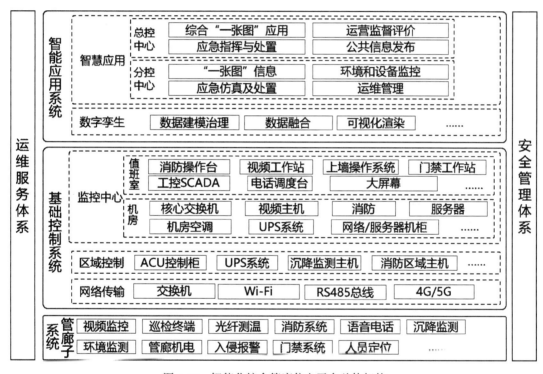

图 4-56 智能化综合管廊信息平台总体架构

2)基础控制系统

(1)网络传输

① 网络系统架构

目前综合管廊网络系统架构由监控中心、通信网络、廊内物联网三部分组成。监控中心是整个网络的核心,负责联系、协调、控制和管理各个子系统的工作。通信网络由工业交换机和各网络传输设备组成,负责接入下层检测设备采集的数据并将其上传至监控中心,同时将监控中心下发的控制指令传送至现场的各个节点。廊内物联网通常由 PLC、机电设备、传感器、网络摄像机等组成,负责统一采集管廊内的传感器监测信号以及控制管廊内机电设备运行。

整个网络通常由环境、安防、通信三张工业交换机物联平面网络组成千兆光纤环网,实现网络稳定可靠传输,当管廊中某个节点发生故障,整个网络可以快速收敛恢复,如图 4-57 所示。

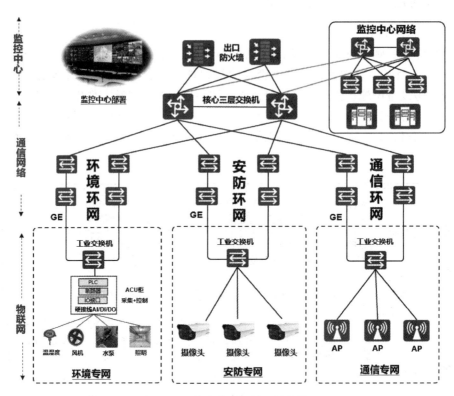

图 4-57　综合管廊网络系统架构

② IPv6 部署与应用

中央网信办秘书局、国家发展改革委办公厅、工业和信息化部办公厅、教育部办公厅、科技部办公厅、公安部办公厅、财政部办公厅、住房和城乡建设部办公厅、水利部办公厅、中国人民银行办公厅、国务院国资委办公厅、广电总局办公厅联合印发《关于加快推进互联网协议第六版(IPv6)规模部署和应用工作的通知》。坚定不移推进 IPv6 规模部署和应用,以全面推进 IPv6 技术创新与融合应用为主线,以提升应用广度深度为主攻方向,着力建设开放创新的技术体系、性能先进的设施体系、全面覆盖的应用体系、生态良好的产业体系、系统完备的标准体系、自主可控的安全体系,实现 IPv6 规模部署和应用从能用向好用转变、从数量到质量转变、从外部推动向内生驱动转变,打造创新发展新优势,为建设网络强国和数字中国提供坚实支撑。主要体现在:

一是实现综合管廊网络 IPv6 全面升级。推进综合管廊承载网与廊内物联网等 IPv6 升级改造,实现内外部网络 IPv6 协议全支持,同时应用 SDN、IPv6+等网络新技术,优化网络结构、增强资源动态调配能力,在实现互联互通的基础上,按照管廊物联业务需求,对网络流量进行自适应引导和质量保证,提高综合管廊业务的灵活调度能力,为深化 IPv6 应用奠定基础网络平台支撑。

二是强化物联网终端 IPv6 部署应用。对综合管廊传感终端(如传感、电机类设备)未来建议全部以 IPv6 方式接入,推动终端场景设备终端支持和默认开启 IPv6 功能,对已建的廊内物联网采集终端进行改造升级，最终形成综合管廊物联网终端IPv6能接入、全接入。

三是深化物联平台及业务应用系统IPv6升级改造。优先对试点物联平台及业务应用系统支持IPv6网络访问，逐步扩展至现有重要业务系统等，使各类应用具备IPv4/IPv6双栈访问能力。重点推进综合管廊物联网管理平台等支撑物联网设备监控管理的系统支持IPv6。

四是提升网络安全防护水平。结合IPv6环境下的网络安全风险变化，建立完善相关管理制度和技术规范，升级改造网络安全设备系统，适配IPv6网络环境，注重IPv6网络监测预警，构建全面支持IPv6协议的网络安全态势感知系统。

五是网络"统一承载、平面N合一"。三张工业交换机网络在提供数据稳定可靠回传的同时也带来了投资成本较大，维护工作量大、广播风暴等问题。因此在未来集约化建设的大背景下，通过一张网络来实现"统一承载"将成为必然趋势。

③ 5G的创新部署应用

城市的建设已从地上走向地下，地上地下趋于一体化建设发展。目前5G在地上的建设应用已如火如荼开展，已有项目试点5G在地下综合管廊内的创新部署。5G具备大带宽、高可靠、低时延、海量连接，同时支持网络切片实现按需求组网，可同时满足人员通信和机电物联的需求，实现一网承载地下全业务，地下网络全覆盖，地上地下通信全贯通。

（2）区域控制

区域控制系统主要由管廊区域控制单元（ACU）实现对管廊内传感器监测信号与设备运行状态信号的采集，实现设备控制信号输出，进行数据管理及监控告警分析。综合管廊ACU主要由核心控制单元、传感网络智能网关、工业触摸屏、交换机等组成。综合管廊ACU作为管廊环境监控的核心产品之一，是实现综合管廊底层感知设备与管廊监控平台通信的桥梁，是管廊环境监控系统重要组成部分。

① 功能组成

支持传感器数据采集。综合管廊环境监控ACU单元实现对管廊内的甲烷、硫化氢、氧气、温湿度、液位等传感器数据的采集，并实现超报警值告警。

支持设备状态采集。综合管廊环境监控ACU单元可对管廊内的水泵、风机、照明控制柜等相关设备启停、故障、能耗信息进行采集，对设备进行全生命周期监测。

支持设备联动控制。综合管廊环境监控ACU单元采用高清工控触摸屏设计，具备本机实时监控，对监测数据进行采集、存储，实现对风机、水泵等设备进行联动、手动、自动、远程控制。

支持光环网通信。综合管廊环境监测ACU单元采用光纤环网的通信组网方案设计，实现光纤环网通信，保障数据的稳定、可靠传输，确保管廊内监测数据有效性。

② 系统特点

具备丰富接口。管廊ACU采用丰富的通信接口设计，支持模拟量、开关量、RS485等信号输入，具备以太网、光纤等上行通信接口。

具备高可靠性。综合管廊环境监控ACU单元采用全工业级设计，内部部件采用三防工艺生产加工，具备较强的抗电磁干扰特性，防护等级高达IP65，符合－40～70摄氏度宽温工作范围，可在地下综合管廊潮湿环境下使用。

具备可扩展性。综合管廊环境监控 ACU 单元采用冗余接口设计，可根据需求扩展模拟量、开关量、RS485 等接口；可对安防系统数据进行扩展接入，应用灵活，扩展方便。

③ ACU 核心部件——PLC 分类介绍

可程序逻辑控制器（PLC）是一种数字运算操作的电子系统，专为工业环境应用设计。它采用一类可编程的存储器，用于其内部存储程序，执行逻辑运算、顺序控制、定时、计数与算术操作等面向用户的指令，并通过数字或模拟式输入/输出控制各种类型的机械或生产过程。可程序逻辑控制器及其有关外部设备，都按易于与工业控制系统联成一个整体，易于扩充其功能的原则设计。规格上一般分为小型、中型、大型设备。当 PLC 单元投入运行后，其工作过程一般分为三个阶段，即输入采样、用户程序执行和输出刷新三个阶段。在整个运行期间，PLC 的 CPU 以一定的扫描速度重复执行上述三个阶段。

硬件 PLC 具备可靠性、易操作性、灵活性等特点。PLC 不需要大量的活动元件和连线电子元件，其连线大大减少。与此同时，系统的维修简单，维修时间短。PLC 有较高的易操作性，具有编程简单，操作方便，维修容易等特点，一般不容易发生操作的错误。对 PLC 的操作包括程序输入和程序更改，PLC 采用的编程语言有梯形图、布尔助记符、功能表图、功能模块和语句描述编程语言，编程方法的多样性使编程简单、应用面拓展，操作灵活方便，容易监视和控制变量。

然而，硬件 PLC 的生产被少数几家海外厂商所垄断，造成 PLC 商务成本过高，性价比较低、私有协议、扩展性差等问题，这些问题也都成了制约传统 PLC 发展的因素。近年来，随着计算机技术的迅猛发展以及 PLC 方面国际标准的制定，一项打破传统硬件 PLC 局限性的新兴技术发展起来了，这就是软件 PLC 技术。

软件 PLC 是一种基于边缘计算架构研发的软件控制系统，它具有硬件 PLC 在功能、可靠性、速度、故障查找等方面的特点，利用软件技术可以实现全功能的 PLC 过程控制器。软件 PLC 综合了硬件 PLC 的开关量控制、模拟量控制、数学运算、数值处理、网络通信、PID 调节等功能，通过一个多任务控制内核，提供强大的指令集、快速而准确的扫描周期、可靠的操作和可连接各种 I/O 系统及网络的开放式结构。

软件 PLC 具备扩展性强、业务丰富程度高、架构简约及商务成本低等特点。基于边缘计算架构的软件 PLC 具有与生俱来的灵活性，将传统专用的 PLC 功能解耦，利用软件定义网络的实现思路，通过加载应用 APP 来实现 PLC 逻辑控制的功能。未来智慧管廊控制系统不仅要处理传统的温度、压力、流量和液位、电机等传感与电机系统信号，而且还要能够处理视觉、语音等其他信号，某些场景还需要支持 5G 等无线通信等技术。软件 PLC 与基于边缘计算架构的工业网关深度融合，利用工业网关中容器虚拟化技术（容器）通过软件设置即可实现控制能力的扩展，即将 PLC 的控制功能封装在软件内，运行于虚拟化环境中。这样的控制系统在实现硬件 PLC 完整功能的同时，也实现了与工业网关合一的目的，有效降低商务成本。

（3）监控中心

监控中心作为整个管廊的各监测系统、设备、网络、数据汇聚和运维监测操作的中心，主要包括监控中心机房和监控中心值班室。

① 管廊中心机房

提供智能化综合管廊系统运行软/硬件运行的基础环境,包括管廊交换机(核心、汇聚交换机)、安全网关、视频主机、消防主机、各业务应用服务器、UPS电源系统、网络/服务器机柜、机房空调系统、门禁系统等。

② 监控中心值班室

提供7×24小时值班工作环境。值班人员的人机交互操作通过操作台各子系统工作站进行,主要功能包括各子系统操作工作站日常状态监控、系统配置操作等。消防联动柜的日常监测、报警确认、联动等操作,调度电话的软调度台接通电话或电话会议、配置电话终端;机电SCADA系统是通过图形化界面监测管理机电设备的状态或进行机电设备的远程启/停操作;大屏幕的操作是通过操作台工作站实现对大屏幕的显示布局、地图层级切换、管廊内部设备呈现选择等操作。监控大屏幕主要提供智能化综合管廊系统应用,包括管廊的环境管理、安防管理、运维管理和应急管理。

3) 智能应用系统

(1) 智慧化应用系统

城市地下综合管廊智慧化应用系统重点面向管廊运营单位所使用的分控中心,包括:"一张图"信息系统、环境和设备监控系统、安全防控系统、应急仿真及处置系统和运维管理系统等,如图4-58所示。

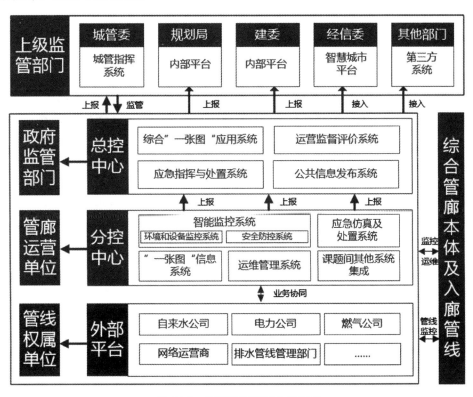

图4-58 智能应用系统业务架构

① 城市地下综合管廊"一张图"信息系统

基于二维地图、卫星地图、街景地图、CAD工程图、地区影像图、三维模型数据,以二三维一体化的模式展示综合管廊信息,为管廊安全防控管理提供统一的信息来源和集成展示环境,为管廊业务应用提供"一张图"服务。在三维建模仿真的基础上,提供图层控制、视点定位及管理、路线管理、工具管理、搜索查询等功能,实现对廊体内管线和设施设备的纵向剖面、横向剖面专业分析,以及管廊空间信息、管线基础信息、廊内设备设施信息、在线监测信息、安全预警信息的融合与管理。

② 城市地下综合管廊环境和设备监控系统

对廊内温湿度,氧气、甲烷、硫化氢等的气体浓度,集水坑液位等环境状况,照明、通风、排水、供电等设备运行状况进行实时监测和联动控制,实现管廊本体、管廊内部环境和设备运行异常的实时感知和有效控制,及时发现管廊运营过程中的异常情况,有效提升管廊的运营管理能力。

③ 城市地下综合管廊安全防控系统

具备视频监控、出入口控制、入侵监控、电子巡更、人员定位等功能,对廊内摄像机等视频监控设备,出入口控制器、读卡器等出入口控制设备,防入侵监控设备、电子巡更设备等进行设备运行状态监控、实时数据采集和远程控制,提供可视化报警提醒等功能,实现入廊人员及非法入侵的有效监控和管理,提升管廊安全防控能力。

④ 城市地下综合管廊应急仿真及处置系统

基于爆管、泄漏、火灾等突发事件应急仿真模型,研发应急仿真及处置系统,具备管廊和管线风险评估,供水爆管、燃气泄漏、电缆火灾预测预警,综合应急辅助决策等系统功能,实现管廊内突发事件从预案准备、决策制定、监控执行到处后总结的全流程管理及应急联动。

⑤ 城市地下综合管廊运维管理系统

针对综合管廊运营单位的运营维护管理需求,提供管廊运营过程中各类资产、资料、人员信息管理,巡检项目、巡检计划、巡检任务、巡检反馈、人员定位和巡更记录等巡检管理,维修任务下发、结果反馈等维修管理功能,为高效便捷的运营维护工作提供信息化支撑。

(2)管廊孪生系统

管廊数字孪生系统通过 BIM、三维 GIS、大数据、云计算、物联网(IoT)、人工智能、可视化等先进技术,同步生成与实体管廊"孪生"的数字管廊,实现管廊从规划、建设到管理的全过程、全要素、全方位的数字化、可视化和智能化,提供一个完整、统一的平台,提升运行管理效率,降低系统的控制难度,达到专业安全运行的可控和预控,重塑城市基础设施。管廊孪生系统包括数据建模与治理、多源异构数据融合、可视化渲染表达、分析计算与模拟等功能应用,如图 4-59 所示。

① 数据建模与治理

该应用模块具备快速建模能力,可利用管廊和管线 CAD、BIM 二三维数据,自动生成还原度高的模型,并利用可视化定制能力,任意关联各种业务数据。基于前端对表达模型加载渲染流畅、模型美观的要求,对三维模型及 BIM 模型进行轻量化处理。还可以支持 PBR(Physically-Based Rendering)、KTX(Khronos Texture)等新型材质的应用,以及场景细节优化,让建筑的纹理、管线还有地板等看起来更接近真实,更美观。

人工智能 AI 用于空间信息领域的分析、方法和解决方案,称为地理空间智能(Geo-

4.6 智能化城镇综合管廊建设

图 4-59 综合管廊数字孪生

spatial AI，GeoAI）。空间信息作为一个整合各领域的学科，通过这些智能化的方式，分析时间与空间的变迁，解决以往较为困难的问题，扩展了更多的应用可能性。在人工智能与深度学习下的空间信息科学，除了能够自动智能地识别地理数据的对象之外，更为重要的是找出对象之间的关系，以及对象与空间的模式，形成规则，强化后续学习的准确率。

② 多源异构数据融合

智能化综合管廊建设包含基础地理数据、三维模型数据、BIM 模型、物联网数据、非结构化数据等数据类型。这些数据格式多样，几何精度不一致，还存在跨度大、数据不确定性等问题，如何规范数据建设标准、如何统一数据存储和表达逻辑、如何建立数据关联、如何高效调用数据是多源异构融合的根本问题。高质量的数据融合是建设管廊孪生系统的重要保障。

GIS 与 BIM 融合采用了数据标准扩展的方式来实现。首先开展 CityGML 和 IFC 标准的扩展研究，在此基础上建立了以 IFC 和 CityGML 标准的并集操作为主的新数据模型。将 IFC 和 CityGML 各自定义的实体分别按照相应专题数据进行再分类，分类后的 IFC 和 CityGML 进行并交集运算集成形成新的数据模型。

物联网数据与三维模型融合可以将物联网设备实时、连续地识别的信息内容，借助移动互联网，将主要参数归纳为数据库管理，生成连续的、可追溯的动态监测记录。这些记录和主要参数有助于"静态数据三维实体模型"升级到实时数据信息的数字孪生管廊。通过有效地将人、物、三维实体模型连接起来，可以在综合管廊的"三维虚拟现实技术实体模型"中显示各种独立分散的数据信息，通过观察分析，评价其关系，完成管廊的辅助管理决策。

摄像头实时视频与三维场景融合是基于启发式算法的模拟退火法研发程序自动计算出摄像机位置、方位及投影矩阵参数，实现摄像头实时视频与三维场景的自动、快速、精确位置匹配，多路实时视频与三维场景自动融合。

③ 可视化渲染表达

随着 BIM 场景规模的增加，建筑内部空间结构复杂度不断提升，管廊结构的模型体量不断增加，BIM 数据未来可能达到城市级别（100TB 以上），稍大的 BIM 模型就可能会导致浏览器的崩溃。传统加载方式中，IFC 构件被逐一添加在场景中，管廊模型拥有的三角化面片数量多，导致整个初始加载速度慢，且场景中 FPS 较低，浏览建筑模型容易出现明显卡顿情况。

数字孪生管廊可采用细节层次模型（Level Of Detail，LOD）对实景三维模型及建筑信息模型等复杂场景进行高逼真渲染，恰当地选择细节层次模型可在不损失图形细节的条件下加速场景的显示，提高系统的响应能力。

一种是基于多边形合并、抽稀算法的白模数据 LOD 生成技术。结合多边形合并算法、多边形抽稀算法、白模在不同 LOD 下的显示策略等方法，解决了白模数据在视野范围较大时，大片面积很小的模型不可见的问题，可自动自由选择合并抽稀的 LOD 策略。

另一种是多层级 LOD 轻量化渲染与高效调度。该技术利用倾斜摄影数据生产技术和三维模型简化技术对倾斜摄影数据和人工模型数据进行 LOD 数据生产，解决几何体层次细节模型建立的难点问题；也可以利用多种数据处理算法、空间索引技术、数据动态加载及多级缓存等方法，实现三维数据的高效调度。

④ 分析计算及模拟

基于空间分析计算，智能化供热应用系统可以提供二三维一体的可视化分析能力，实现宏观、中观、微观、建筑单元等不同维度的空间分析。该应用模块还具备从建筑单体到片区级别的模拟仿真能力，实现管廊规划建设管理的模拟仿真。例如模拟发生降雨，可以结合降雨强度和地形地貌还有河道、排水管线以及各种传感器实时监测数据，对降水区域会不会发生管廊内涝进行模拟分析，实现防涝预警和决策支持。还可模拟某段管廊发生火灾，利用管廊的 BIM 模型实现疏散模拟、自动消防，为消防演练、应急调度等提供支撑。

4）管廊子系统

面向综合管廊环境监测、安全防护、可靠通信、智能运维、机电设施联动控制等方面的诉求，需要构建多个弱电信息化管廊子系统。并通过管廊基础控制系统和智能应用系统整合，实现管廊子系统间信息共享、智能协同和联动控制。

（1）环境监测系统

通过对管廊内空气成分（氧气、甲烷、硫化氢）含量以及温湿度数据的实时采集，并联动管廊通风系统，为管廊作业人员入廊作业安全提供保障。

（2）管廊本体安全监测系统

对管廊结构安全数据采集和监测，监测管廊的沉降、裂缝、收敛、形变、振动的变化值，为管廊提供健康体检、维护、保养提供决策支撑。

（3）机电设备监控系统

机电设备主要包括通风系统、排水、照明、电子井盖等，通过系统整合对接，实现对各系统的状态参数采集呈现、远程控制指令的下发、跨系统的联动控制。

（4）视频监控系统

视频监控系统对管廊防区、设备间、出入口、监控中心实现视频采集，并将视频存储在后台,通过系统整合实时视频流或者录像调阅,辅助各个系统业务应用需求。并在系统监控大屏实现视频监控点位的布点设置和实时视频流的显示。视频的智能化图像分析可提供监控中心值班人员异常行为识别监测、入廊作业人员穿戴识别监测等。

(5) 入侵报警系统

系统应能将报警信号、报警位置等信息上传到综合管理平台,并应能手动或自动进行设防或撤防,设防和撤防状态显示。入侵报警系统触发时现场报警探测器发出声光报警,并在系统大屏联动报警界面显示位置并关联视频实时图像。

(6) 门禁系统

提供进入管廊内部的人员身份、权限管控,可以通过后台发卡授权,入廊人员的申请、审批、授权等功能。平台对门禁的非正常开启、长时间不关闭、设备故障、通信中断等情况具备实时报警提醒功能。门禁系统接受消防报警系统联动控制信号,发生消防报警时自动解除门禁上锁功能。

(7) 电子巡查系统

通过巡查管理主机可以实现设置和变更巡检路线、制定巡检计划、预置巡检打卡点、生成巡检记录、查询和导出巡检报表等功能。在预制巡检时间内或者巡检数据分析未按照巡检路线要求巡检作业时,系统产生记录的预警提示。在线式巡检系统具备巡检过程中拍摄图片和视频的上传功能。

(8) 人员定位系统

通过定位平台的分析处理和数据对接,在监控中心实时显示管廊内人员位置,并且具有人数统计、运动轨迹追踪等功能。

(9) 火灾自动报警系统

具备日常系统管理功能,故障报警等功能。通过前端探头感知火灾的发生,监控主机产生声光报警,人工操作确认或消除误报,通过联动控制柜可以启动消防灭火系统等。

(10) 光纤测温系统

光纤测温提供管廊内环境、入廊电缆表面连续分布温度数据监测。通过数据的采集和分析监控管廊内的实时温度变化,通过标定可以定位每个温度采集点对应的实际位置。在温度变化异常时产生报警提示,并联动视频和大屏弹窗提示。

(11) 防火门禁监控系统

对各个防火门的开启、关闭和故障信息实时采集上传至管廊管理平台。通过平台可以实时监控和保存防火门的信息,火灾报警发生时该区域防火门联动关闭。

(12) 语音通信系统

管廊内分布设置固定语音电话分机,通过后台的语音电话交换系统,实现管廊内各电话分机、管廊监控中心调度台之间,以及廊内各分机之间的语音拨号互通。

4.6.4 智能化综合管廊设施应用成效

1) 应用领域

城市地下综合管廊作为城市基础设施的重要组成部分,是国家重点支持的民生工程,综合管廊安全高效运营可提升城市防灾能力和安全等级,对保障民生和公共安全具有重大意义。面向近年来影响管廊运行安全的危险源辨识和风险评估、基于信息技术和人工智能的智能化应急管理等新需求新挑战，深耕综合管廊安全防控智能化领域，打造城市地下综合管廊安全防控智能化平台，集在线监测、安全预警、应急处置于一体，可有效应对爆管、泄漏、火灾等突发事件，对提高风险防控能力、保障城市地下安全、推进城市治理现代化起到重要作用。

2) 应用价值

地下综合管廊收容的管线种类多样，采用现代信息技术对地下综合管廊进行管理与监控是不可或缺的手段。在信息化监控方面，目前国内与国际水平较接近，均可实现对运行中的管线安全状况监测，以及对地下综合管廊内部环境检测，避免内部环境因素对设备管线影响及对工作人员的伤害。在综合管廊智能化方面，采用统一的管理平台，运用物联网、大数据、BIM+GIS等技术，实现环境与设备监控系统、安防系统、消防系统、通信系统等系统联动，已成为主流发展趋势。

与国内外同类平台比较，集成化的城市地下综合管廊安全防控智能化平台符合国内外综合管廊智能化主流趋势，不仅可实现管廊环境、设备、安防及廊体结构等智能监测及各系统智能联动，而且在管廊内外风险预警、突发事件应急模拟仿真及处置，多源数据融合实现管廊运行监测可视化管理等方面具备优势。另外，在数据共享方面，具备与政府及上级监管平台、管线权属单位平台数据对接条件，从而支撑重大突发事件跨区域指挥调度。

3) 应用前景

城市地下综合管廊是城市基础设施的重要组成部分，是智慧城市的核心部件。随着我国管廊大规模工程建设的完成，智能化平台将成为管廊建设的重点。城市地下综合管廊安全防控智能化平台集二三维"一张图"、环境和设备监控、安全防控、应急仿真及处置、运维管理等功能于一体，基本覆盖了城市地下综合管廊运营管理的典型功能需求，具有广泛的应用性，后续还可拓展应用于城市地下基础设施综合管理与安全监管等领域。

4.7 智能化市政基础设施建设典型案例

4.7.1 深圳市自来水可直饮智慧平台

1) 建设背景

深圳市紧密围绕自来水可直饮工作目标，充分运用物联网、大数据、模型等数字化新技术，融合综合调度、外业管理、线上服务等系统，着重提升"从源头至龙头"供水全流程实时监控能力、供水一体化平台全链条管理能力、智能化风险分析和预警能力三大数字化能力，构建更安全、更韧性、更节能和更优质的数字化直饮水保障体系。

2) 建设内容

为实现自来水可直饮目标，集团构建智慧供水体系，实现水厂生产、管网运营、供水调度、供水服务的数字化运营。

（1）数字化生产调度

在生产调度域，厂站级构建集团智慧水厂管理系统实现自动控制、智慧运营、智慧安防，保障出厂水水质稳定达标；平台级依托综合调度平台整合从源头到龙头的生产、管网在线监测数据,为水质问题侦测、水质事件分析、水质事件处置提供指导,并将供排水生产、管网运营和客户服务等业务领域有机串联,实现了跨部门的统一协调指挥、快速反应和联合行动,保障水质事件的迅速应对和高效处置。

(2) 管网管理板块

在管网管理域,外业管理平台、GIS系统、供水管网在线模型与二供管理系统信息互联、业务互动,实现管网资产、外勤作业、二供设施的精细化管理。依托外业管理平台建设,加强设备维护与维修作业过程的水质监管,有效防范水质事件的发生,保证用户水质安全。

(3) 客户服务板块

在客户服务域,建设线上服务平台、UCIS系统、智能水表管理系统等一系列系统,整合各类服务渠道,优化服务流程,不断提升用户服务体验。

3) 应用成效

(1) 供水水质全流程一网监控

为提升"从源头至龙头"供水全流程的实时监控能力,深圳市在全市各区布设压力、流量、水质等在线监测点,如图4-60所示。系统构建了供水系统全流程监测系统,实现供水系统全域感知、用户水质异常实时预警。

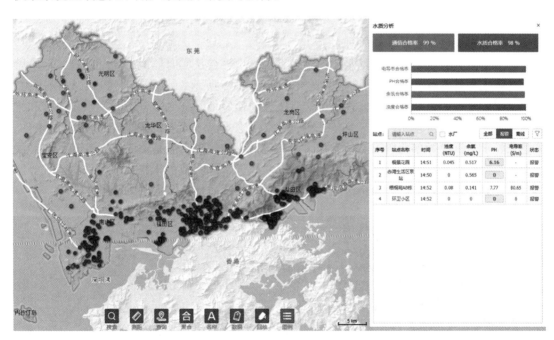

图4-60 深圳市供水水质分析界面

(2) 智慧水厂统一运管

通过智慧水厂运营管理平台加载智能投药、智能控制、设备预防性维护等实现水厂业务态势全可视、事件全可控、决策智能化,提升水厂安全事件应对效率和业务处理效率,如图4-61所示。目前智慧水厂运营管理平台已覆盖6个自来水厂,实现水厂集中运营,提高直饮水的生产安全和水质安全保障水平。

图 4-61 深圳市智慧水厂运营管理平台界面图

（3）综合调度平台一体化管理

为及早发现并及时处置管网水质问题，综合调度平台从实时监测、闭环管理、风险管理、日常工作等方面为水质管控提供支撑，如图 4-62 所示。一是整合水厂、管网压力、流量、水质等在线监测数据，实现水质实时监控与预警报警。二是自动派发水质报警和维修工单，实现水质管理闭环。三是依托管网水力水质模型预警水质风险、溯源水质事件；四是依托 HACCP 数字化管理有效管控水质关键危害控制点。五是关联外业管理平台和线上服务平台，规范外业人员日常水质检测、水质投诉、停水维护抢修、水池水箱清洗等影响水质外勤工作管理；向直饮示范区用户提供及时的水质信息和水质关联服务。

图 4-62 深圳市供水系统综合调度平台界面

4）突出特点

深圳市"好水云管"通过供水全流程 HACCP 风险管理体系数字化创建与在线应用，

全面梳理供水系统从"源头"到"龙头"的全流程风险，提出具有针对性的措施及建议，如图4-63所示。"好水云管"系统实施以来，实现水质风险"早预判、早发现、早处置"，水质投诉率大大降低，公众的信任感显著增加。

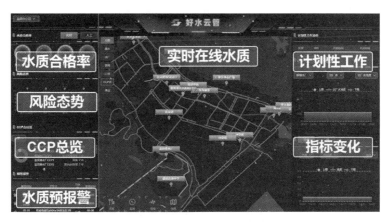

图4-63 深圳市"好水云管"平台界面

5）社会价值

深水集团借助智慧水务建设，有效增强供水水质智能化管理能力，进一步提高城市供水品质。

一是实现从源头到龙头的供水全流程运行状态实时监控。运营人员能更全面掌握管网水压、消毒剂的分布情况和变化趋势，及早发现水质隐患，进而合理制定管网调度、水质管控策略，保障管网稳定运行，提升供水服务品质。

二是实现稳定可靠的生活饮用水水质管控。集团智慧供水建设中融入HACCP理念，更加系统地识别、预防和控制原水取用、水厂生产、管网输送至最后一公里的水质质量风险，确保用水安全和符合法律法规要求，并持续改善。

三是实现科学高效的事件处置决策。通过系统模型分析、数据挖掘手段，提升集团应对水质问题的处置决策效率。

4.7.2 广州市智能化排水管理平台

1）建设背景

广州市作为我国沿海地区经济社会高速发展的省会城市和国家中心城市，城市内涝、黑臭水体一直以来是排水管理难题和困扰广州城市发展的问题之一。治水的关键在于城市水体的各种点源、排放、管网的排水管理，排水管理做好了则落实了"控、截、清"的工作重点；同时，整治后的河涌存在脆弱性、反复性的特点，在深化治理和提升维护管养方面继续深化，才能保障"长制久清"，而这两个方面的管理则迫切需要信息化的支撑。因此，在广州治水工作中应进一步应用信息化技术，提升排水管理工作的精细化、智慧化水平，全面完成广州市的治水任务，营造市民满意的水生态环境，改善城市环境质量，为建设绿色生态美丽广州提供有力支撑。

根据《广州市人民政府办公厅关于印发广州市全面剿灭黑臭水体作战方案（2018—2020年）的通知》（穗府办函〔2018〕133号）的工作要求，为落实习总书记对广东"四个走在全国前列"的工作要求,广州市要继续推进黑臭水体治理的工作部署和任务,要求"着力加强智慧排水信息化平台及系统建设","构建'排水户—污水接驳井—污水收集转输系统—污水处理设施—污水达标排放'全流程实时监控管理系统,以及公共排水设施'一张图'管理系统",明确提出"建立全覆盖、可追溯的信息化管理体系"。综上,广州市水务局提出广州市"智慧排水"建设项目,以"单元划分、数据融合、物联建设、业务应用、信息化基础配套"五大建设任务,逐步实现全过程的排水信息化管理与智能化应用,全面提升广州市排水综合管理水平。

2) 建设内容

(1) 摸清排水设施的家底,形成现状设施全覆盖一张图

家底不清是排水管理部门普遍存在的问题,目前广州市初步形成了排水设施一张图,实现了排水设施的信息化、账册化管理。一是制定了《广州市"智慧排水"项目基础设施数据标准》;二是在已有资料的基础上对从源头到末端的排水户、排水单元、雨水口、接驳井、窨井、管线、渠箱、闸门、泵站、阀门、截流设施、调蓄设施、污水处理厂、排水口、水体等设施进行了初步的融合和建库;三是借助镇街以及排水公司的力量,利用APP应用开展常态化的设施复核和挂接工作,实现了排水设施的动态更新。

(2) 调查排水系统潜在缺陷点,建立工程补短板一本账

内涝积水、散乱污偷排、混(错)接、结构性缺陷和功能性缺陷等问题在排水系统中普遍存在,需要通过日常巡查、专项行动、管道检测等方法来进行调查和确认,采用工程性措施和非工程性措施补缺漏短板。目前广州市排水系统已初步建立从问题发现、问题确认、工程改造、效果评估的全流程闭环管理机制。一是所有内涝风险点均已制定"一点一策",每年定期对需要整改的内涝风险点进行分析确认,有针对性地采取工程措施进行整治;二是各级河长办牵头、利用镇街一线人员对散乱污进行专项整治,挂图作战、销号管理;三是排水公司在日常工作中采用管道检测、APP巡检等方式发现管网存在的问题点,并将其整改的效果纳入特许经营考核。

(3) 布设从源头到末端感知设备,构建运行监控一张网

排水系统是开放式的系统,合流制、分流制排水系统特点也各有不同,需要针对具体问题来布设感知设备,目前广州市排水物联监测体系已经初步建成,基本能满足特许经营考核和日常运营对排水运行监测数据的要求。一是制定了《广州市"智慧排水"项目物联数据接入标准》,并在此基础上开发了全市统一的排水物联网平台;二是开发了全市统一的水务视频融合平台,接入了广州市城管云平台以及水务局已有的视频约11万路;三是接入了气象、水利等行业的雨量监测值和河道水位监测值;四是内涝风险点均已安装电子水尺;五是中心城区污水主干管关键位置已安装液位监测设备;六是污水处理厂进出水口均已安装在线监测设备;七是排水公司配备了移动式的流量、水质监测设备,在接驳井、管网等日常专业巡检过程中可通过APP实时上报监测数据。

(4) 打通市区、政企多方的数据通道,打造数据一中心

排水相关的数据主要包含基础地理信息数据、排水设施数据、物联监测数据(含监控视频数据)和排水业务数据四大类。要实现排水的精细化和智慧化管理,需要打通多方的数据通道并汇集起来形成统一开放、共享共用、持续更新的排水数据中心,让这些海量的数据"进得来、管得住、出得去",为排水业务提供数据支撑。目前广州市已初步建成了

广州市水务局一体化平台,对水务局原有的信息系统进行了初步的整合,承载了约190个地理空间图层数据,汇聚地理信息数据、基础设施数据、监测数据、业务数据等约1.8亿条。

(5)覆盖日常、应急全流程业务,搭建平战结合一应用

排水业务应用体系首先需要提供排水设施摸查上报、巡查、养护、监督、考核、档案管理、审批辅助分析等信息化功能,辅助各级管理人员实现对排水设施的精细化管理,如图4-64所示。其次需要接入排水物联感知数据,提供可视化的对比、分析、预警、预报等功能,让各级管理人员直观地了解排水系统的运行态势。此外,需要提供汛前、汛中的内涝管理功能,辅助各级管理人员实现防内涝"事前预警预报、事中应急指挥、事后分析总结"的全过程管理,如图4-65所示。最后,需要构建排水及内涝模型,从水量和水质两方面对排水系统的运行态势进行模拟和预测,并提供模型应用的业务界面,方便各级管理人员了解和应用模型分析的结果,为排水业务决策提供辅助决策支撑,并最终提升排水业务的智慧化水平。

图4-64 广州智慧排水信息系统界面

广州目前已实现排水户、排水单元、接驳井、窨井、管网、雨水口、排放口、污水厂、农污等基础设施复核、日常巡检、问题上报、事务公开等精细化管理功能,初步形成排水设施运行"一张图",实现排水流向全过程的可视化查询、追溯与分析,为不达标小区改造、提质增效等提供有效支撑。

3)应用成效

广州智慧排水项目提出了排水业务全流程、设施全覆盖、资源全方位的管理和管控体系,以"单元划分、数据融合、物联建设、业务应用、基础配套"五大建设任务,逐步实现排水管理全过程的信息化管理与智能化应用全覆盖,实现广州排水管理"全覆盖、全流程、精细化、可溯源"。利用现代化的手段辅助提升和改善广州水环境质量,147条黑臭

第 4 章　智能化市政基础设施建设

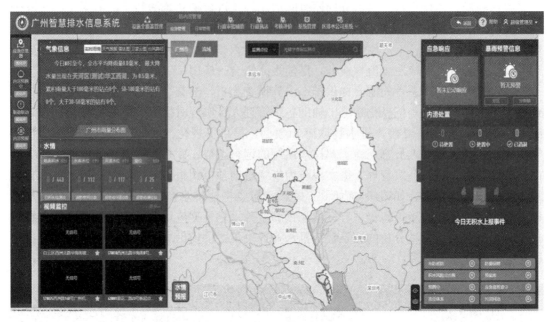

图 4-65　内涝应急管理系统界面

水体全面消除黑臭并达到"长制久清"标准，13 个国省考断面水质全面达标，使广州治水成效得到广泛认同，河湖重现晴日白鹭成行、夜晚流萤飞舞的美丽水岸景象，实现广州治水能力和治水水平现代化，对巩固广州治水成效具有十分重要的意义，全面提升广州市排水综合管理水平。

4）突出特点

以河湖长制为抓手，开门治水：2016 年广州市全面推行河长制，发布了《广州市"河长制"实施方案》和《广州市"河长制"考核办法》，市委主要领导担任市第一总河长，构建了市、区、镇街、村居四级河长责任体系，实现了河、湖、库、塘、小微水体管护全覆盖，形成"河长领治、上下同治、部门联治、水陆共治"的工作格局，同时设立民间河长、河湖警长、小河长、志愿者等，"开门治水、人人参与"。河长办累计发布 10 道市总河长令，排水单元达标、合流渠箱清污分流改造等排水相关总河长令的第一责任人是各区总河长，各区政府是责任主体，同时成立攻坚推进小组，负责统筹推进相关工作。

基础数据和物联，标准须先建：结合广州市排水行业的实际情况，围绕排水设施基础数据建设、物联监测体系建设，从技术和管理两个维度，构建一套可操作的"智慧排水"标准规范，以指导项目建设、排水设施基础数据更新、系统运行管理和升级维护。

摸清设施底数，夯实管理基础：在收集全市各区、排水公司等单位已有排水设施基础数据的基础上，借助市区两级排水设施主管部门和排水养护单位力量，对存量设施利用 APP 日常巡检发现和修正变化、成运行草图，满足一线人员日常巡查养护的工作用图需求；同时，建立排水设施基础数据持续更新和维护的机制，通过专业修补测方式进行数据更新，持续保障排水设施基础数据的现势性，为排水设施全覆盖智慧化管理奠定基础。

物联监测采购服务，按效付费：用于排水监测的传感设备运行环境通常比较复杂，鉴于当前排水监测设备价格较高且容易损坏、管理难度较大，考虑到排水物联监测环境的复杂性和排水物联监测设备的长期可用性。通过"采购服务，按效付费"的方式可以较好地解决"一锤子买卖"和固定资产管理的问题，也有利于促进服务提供商创新产品、提高性价比和提升服务保障能力，解决排水复杂环境下的设备安装部署、升级换代和运维管理等一系列技术和管理问题。

统一标准打造全市物联网平台：按照"市局统筹、各区补充、分批建设"的思路，由市水务局统一制定排水物联接入标准，统一打造全市水务物联网平台，建立全市统一的排水物联监测体系。为提高数据传输安全性，对物联设备与物联网平台之间传输报文采用加密传输机制。

精细专业管理，强化过程管控：排水户、排水基础设施体量庞大，巡检养护工作任务重，一方面需要借助镇街力量开展日常巡检，但采用传统层层上报方式，工作及时性和真实性不够，需要利用APP记录工作过程详情、信息公开，管理人员可及时了解工作动态，做没做与好不好一目了然，及时发现问题和解决问题，压实管理责任。另一方面需要排水公司进行专业化的巡检，对接驳井、管网重要节点的流量、水质（COD和氨氮）、水位等进行定期、专业的移动式巡检，通过APP及时上报并处理。

人工智能赋能，及时发现内涝：通过项目一体化打造，依托可视会商平台打造智慧调度指挥系统，接入广州市城管云平台的11万路视频资源，一方面可以通过视频实时查看现场的详情，另一方面也可以通过视频AI自动识别和发现内涝点，提高防内涝抢险的响应速度。由市区调度各区统筹排水公司、专属道路单位、施工项目管理单位、属地街镇开展排水防涝工作，确保排水安全，显著提升强降雨时城市排水系统管理调度、统筹协调、防灾避险能力。

5）社会价值

结合住房和城乡建设部"新城建"相关要求，统筹考虑海绵城市建设、黑臭水体治理、城市内涝治理、污水系统提质增效等治水重点工作要求和排水行业管理诉求，广州市运用新一代信息技术推动排水管理手段、管理模式、管理理念创新，从数字化到智能化再到智慧化，坚持从源头到末端系统治理，坚持用绣花功夫管排水，污涝同治、提质增效，持续提升排水基础设施运行效率和安全韧性，持续提升排水管理工作的精细化、智慧化水平，建立了"全覆盖、全流程、精细化、可溯源"的排水管理体系，治水成效得到广泛认同。

广州市作为新城建智慧排水专项试点城市，已初步形成部分可复制推广的经验和做法，治水成效得到社会和上级主管部门的广泛认同。2019年国家环保督察组调研治水工作情况，指出广州治水很不容易，很用心用功，治水效果显著，社会反响好；2020年民调显示，在广州市城市各项更新改造中，生态保护成效方面受认可度最高；猎德污水系统"挤外水"等三个案例被住房和城乡建设部评为提质增效范例；《广州市抓源头　补短板　保生态　强机制　全面消除城市黑臭水体》治水经验被住房和城乡建设部专刊报刊发；《广东省广州市打造强"可追溯、可倒查、可问责"的强监管体系》经验做法被水利部刊发；与广州市纪委监委联合发布的《广州以有力监督推动水环境治理》在中央纪委国家监委网站发布；广州治水案例参评"第十二届迪拜国际改善人居环境最佳范例奖"；在全省率先实现自然村生活污水治理全覆盖，南沙区荣获住房和城乡建设部20个全国农村生活污水治理示范区之一。

同时，广州市在2018年入选国家黑臭水体整治示范城市。2020年国家督办的147条黑臭水体全面消除黑臭并达到"长制久清"标准，13个国省考断面水质全面达标，根据《广东省生态环境厅关于2020年全省污染防治攻坚战成效的报告》，2020年广州国考断面优良率达到88.8%，达到小康社会（70%）的要求。

4.7.3 十堰市燃气安全监管平台

1）建设背景

2021年湖北十堰"6·13"燃气爆炸事故后，为贯彻落实全国城镇燃气安全排查整治工作电视电话会议精神以及住房和城乡建设部、湖北省、十堰市相关政策文件要求，十堰市委市政府与中国航天科工集团第三研究院开展合作，充分发挥航天技术优势，构建十堰市燃气安全监管平台，并通过集成燃气企业运行数据，为十堰市燃气安全监管提供支撑。

2）建设内容

紧密围绕城市地下市政基础设施有关国家政策和十堰市实际需求，针对政府监管面临的基础数据分散、质量不高、更新不及时、共享应用不充分、监管手段不足等突出问题，按照简单实用、急用先建、快速见效、示范推广原则，重点开展十堰地下市政基础设施综合数据库和燃气安全监管平台应用系统建设。

（1）建立地下市政基础设施综合数据库，形成动态更新机制，实现信息共享与分析应用。以燃气为核心，兼顾具备条件的供水、排水、热力等市政设施，构建十堰地下市政基础设施综合数据库，对基础数据、隐患数据、运行数据进行统一管理和更新共享，实现基于二三维GIS的数据可视化。

（2）以综合管理信息为基础，实现燃气安全监管扩展应用。主要包括燃气总体态势感知、设施信息管理、隐患信息管理、监测预警管理、应急事件管理、监督检查管理及气瓶信息管理等应用系统建设。

（3）强化大数据分析和AI手段，实现燃气安全监管提升应用。利用探地雷达实现隐患智能识别，利用卫星遥感技术实现燃气占压智能分析，建立燃气事故应急演练与仿真推演模型实现事故应急全过程演练，选取管线健康分析、燃气传感器智能选点等关键技术在项目的应用，实现"三维、动态、智能"为典型特征的应用效果，促进政府部门由被动管理向主动管理转变。

（4）平台集成实施与标准规范和规范制度建设。开展平台和框架设计、门户系统建设与集成实施，研究制定平台数据采集及集成规范、运行管理办法等。

3）应用成效

十堰市燃气安全监管平台接入十堰中燃、昆仑燃气6类数据，包括约1600公里高、中、低压管线数据，场站、管网、工商业用户等约655个站点共2500多个传感器的监测预警数据，2022年3月至今的隐患、巡检、应急、视频等数据。以数据为核心分析燃气安全运行态势，直观展示燃气高中低压管线分布、传感器布设、隐患处理、巡查巡检、事件处置等安全运行信息，实现"一屏观全局"，如图4-66所示。

平台提供设施信息管理、隐患信息管理、监测预警管理、应急事件管理、监督检查管理、气瓶信息管理等应用功能，打通政府与企业间数据壁垒，落实企业主体责任和政府监管责任，实现政府企业一体化应用。

4.7 智能化市政基础设施建设典型案例

图 4-66 十堰市燃气安全监管平台

（1）设施信息管理：将全市燃气设施结合地理信息进行统一展示，实现对燃气管线、门站、调压站、加气站的可视化管理和统计分析。

（2）隐患信息管理：对接燃气企业隐患信息系统，监督隐患处置情况。全面掌握政府检查、企业自查、巡查巡检、监测预警、群众举报等多源隐患分布，实现隐患跟踪处置闭环管理。

（3）巡检管理：定期采集巡检计划、任务、人员等信息，实时掌握巡检轨迹和位置信息；可一键调取巡检实时视频，随时掌握巡检现场情况；可一键通知巡检员，对巡检过程进行监督指导。

（4）监测预警管理：通过直接接入传感器、集成燃气企业 SCADA 系统等多种方式，接入燃气管线、门站等运行监测数据，实时掌握燃气安全运行态势，实现动态监测、实时预警。

（5）应急事件管理：全面掌握应急事件位置信息，应急人员、救援队伍、物资装备等分布。对于社会接警、企业接警、监控报警产生的应急事件处置派单下发至燃气企业，查看跟踪事件处置详情，通过一键调取现场视频，随时掌握处置进展，对处置全过程进行监管。

（6）监督检查管理：提升政府安全监管水平，实现对燃气企业重点任务指挥派遣、工作督办、考核评价，对燃气领域舆情进行常态化监测。

（7）气瓶信息管理：实现对液化气企业经营状况、从业人员、气瓶追溯等信息管理。

为适应多终端应用需求，平台具备移动端 APP 功能，使政府部门随时随地掌握燃气安全状况。目前，平台已接入十堰智慧城市大脑，赋能城市地下市政基础设施安全监管。

4）突出特点

平台首次实现了航天技术应用于城市燃气安全监管的三个创新，一是将航天卫星遥感与探地雷达技术融合应用，实现管线定位与占压隐患分析；二是利用大数据分析和 AI 手段,实现燃气传感器布设智能选点、管线健康分析等模型应用,赋能管线风险评估和预测预警;三是基于数字孪生建立事故仿真推演模型,实现"三维、动态、智能"的事故应急全过程演练。该平台是目前国内面向政府燃气安全监管功能最为齐全、新技术应用最为广泛的城市级管理平台。

5)社会价值

通过燃气安全监管平台建设,集成接入燃气企业运行监测数据,全面掌握燃气安全运行态势,提供设施信息、隐患信息、监测预警、应急处置等一张图专题分析,实现燃气管网安全状态底数清、情况明、动态准,促进燃气安全监管从传统被动应对管理模式向主动预防式管理模式转变,有效提升燃气设施数字化、智能化安全监管能力。

通过信息化手段降低燃气泄漏、爆炸等事故的发生率,减少事故带来的损失。同时,平台中特色模型应用可帮助用户节约硬件设备采购成本。例如:燃气智能选点模型可帮助政府部门或企业快速确定监测点位分布最优方案,在保障完成监测任务的基础上,为其节省40%~80%的硬件设备投入,按照单个千万级地下市政基础设施建设项目计算,预计节省10%~20%硬件采购成本,具有较大经济效益。

4.7.4 承德市智能化供热管理平台

1)建设背景

2020年11月15日,集合承德热力三十年运行经验和硕人时代雄厚的软硬件研发实力,携手打造的"启智"智慧供热管理平台顺利上线。平台顺利接管了集团下属12家公司、7200万平方米、1493个换热系统的运行管理,实现了国内首个大型供热系统调控由自动化向智能化的转型升级。

2)建设内容

(1)智慧调控

该模块包括"负荷预测""全网平衡""故障诊断""全网监控"等核心功能,可实现对供热系统源、网、站、户的全面监控,对热负荷的精准预测,对两级管网的智能平衡调节,以及运行故障的报警和异常工况的诊断,如图4-67所示。

(2)智慧评价

该模块包括"运行诊断""能耗评价""室温评价""综合评价"四个核心功能,如图4-68所示。基于大数据分析及人工智能技术,从供热质量、运行安全、经济性等维度对供热系统开展综合评价,指导和优化运行策略,实现供热系统自我感知、自我诊断、自我评价、自动寻优的目标。

(3)智慧管理

该模块包括"巡检管理""安全管理""设备管理""调度管理"四个核心功能,以地理信息系统(GIS)为载体,实现对供热设施、运行人员、操作行为的动态数字化管理,同时配合移动终端APP的使用全面提升管理效能。

(4)智慧服务

该模块包括"智能温控""客户状态""工单服务""需求分析"四大核心功能,通过远程计量温控系统和用户服务APP,满足用户用热"时间、空间、质量"上的个性化用热需求,实现线上办理缴费、服务、咨询、报修等全部业务的自助式服务。

4.7 智能化市政基础设施建设典型案例

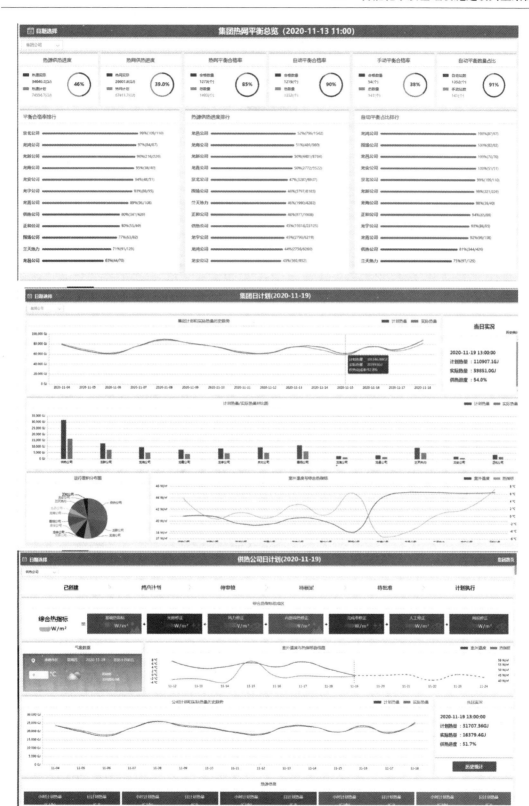

图 4-67 承德市供热智慧调控模块

第 4 章 智能化市政基础设施建设

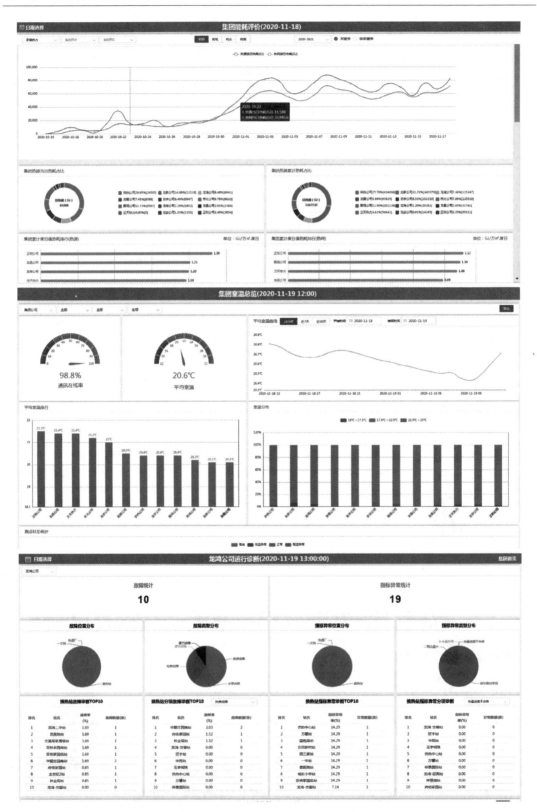

图 4-68 承德市供热智慧评价模块

3) 突出特点

(1) 用户按需用热

与传统的用户端被动平衡调控不同,该平台基于用户端自主远程计量调控。通过手机APP自主调节室内温度,热用户实现按需用热。配合计量收费政策激励,热用户成为调控的重要参与者,节能意识明显增强,实现科学用热、降低热费支出。

(2) 能源精准管控

平台以科学的负荷预测为基础,创新采用热量进度一致的平衡调控策略,解决了传统平衡调控方法中源网供需不匹配、大型热网调节滞后,以及由建筑物能耗差异、采暖形式多样等导致的换热站供热参数修正的问题,可快速无缝接管原有人工调控。同时该方法将能耗管理由事后评价转向事前目标和事中的过程控制,整体节能率8%以上。

(3) 运行智慧诊断

"启智"在总结行业专家丰富运行经验基础上,借助人工智能技术,形成智能专家诊断系统,通过室温、平衡合格率、供热能耗、故障响应等指标,实现系统运行的多维度自主评价,指导和优化运行。同时结合大数据分析,不断总结各项关键指标,促进专家系统的智能水平自生长,达到供热系统自感知、自诊断、自评价、自寻优的目标。

(4) 平台开放兼容

"启智"通过国际标准的数据交换服务技术,实现与企业热网监控、计量温控、经营收费、客服等业务系统及政府信息平台的多维度数据交换。建设了企业主数据和业务数据中台,统一了数据标准,实现了各信息系统之间的数据"车同轨、行同文",平台对所有业务系统全面开放兼容。

(5) 架构灵活高效

平台采用微服务架构,内置了诊断服务、能耗服务、气象服务等上百个微服务模块。通过这种去中心化的技术架构,可实现平台的快速交付、快速部署、快速升级,更便于未来新技术、新业务的植入和平台的更新迭代。

4) 社会价值

(1) 创新引领,开启智慧供热新模式

在国家推进能源生产与消费革命,构建清洁低碳、安全高效的能源体系的背景下,以"服务便捷、管理高效、调控智能、数据共享、系统开放"为导向,"启智"智慧供热管理平台开启了"按需用热、精准管控"的新模式。

(2) 匠心独具,打造企业管控新利器

"启智"平台将云服务、人工智能、大数据、物联网等先进ICT技术与传统供热行业深度融合,采用数据中台和微服务架构,形成"智慧调控"、"智慧评价"、"智慧管理"、"智慧服务"四大核心功能模块。

(3) 智慧赋能,引领行业发展新方向

"启智"平台通过科学预测、精准调控、参数优化,提升系统综合能效;通过对设施、人员、行为的动态数字化管理,提升企业管理效率;通过用户个性化用热、自助式业务办理,提升用户体验和满意度。承德热力与硕人时代依托前瞻技术与专业服务,期待与更多热力企业开展深入合作,共同赋能热力企业管理转型,助力热力行业智慧升级。

4.7.5 河北省智慧供热信息化平台

1) 建设背景

河北省住房和城乡建设厅以构建省、市、县、供热企业"三级监管、四级联动"的供热监管服务体系为目标,联合河北工大科雅能源科技股份有限公司技术力量研究开发全省统一的供热监管信息平台,确定了省级供热监管信息平台建设方案。河北省智慧供热监管平台在2019年建设完成,是国内首个省级区域全覆盖的供热监管系统,涉及全省13个地级市及雄安新区、160个县(市、区),覆盖供热面积约11亿平方米。平台已初步实现了供热情况的动态监测分析和应急处置,基本做到了城市(县城)、供热企业、热源、热力站和居民小区五个全覆盖,对增强供热能力、提高监管水平、改善服务质量起到了重要的保障和促进作用。

2) 建设内容

(1) 掌握供需情况:包括各市能源结构,热能供给侧的热源厂、供热企业和换热站情况,用热需求侧的居民小区(用热单位)和热用户情况,全面掌握全省供热形势,如图4-69所示。

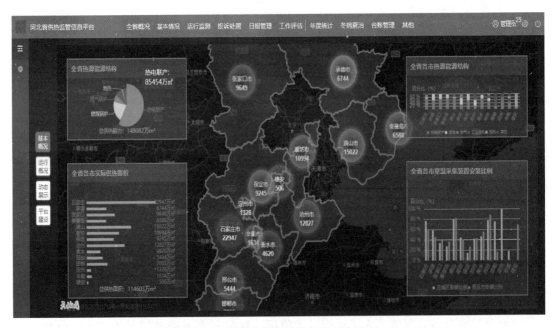

图 4-69 河北省供热监管信息平台界面

(2) 监测供热运行:实时监测居民小区室温,监控热力站和热源运行情况,结合可视化地图对室温达标情况、室温高低分布情况进行分析,辅助做好全省供热应急处置,如图4-70所示。

(3) 供热异常处置:根据室温监测、热力站和热源运行监测数据,运用大数据分析,主动发现和提示存在供热问题的居民小区或区域性供热隐患,及时转办属地处置,力争将问题解决在萌芽状态,并对处置结果持续跟踪,确保解决到位,如图4-71所示。

(4) 投诉受理处置:省级供热监管信息平台无缝对接河北省住房和城乡建设厅官方网

4.7 智能化市政基础设施建设典型案例

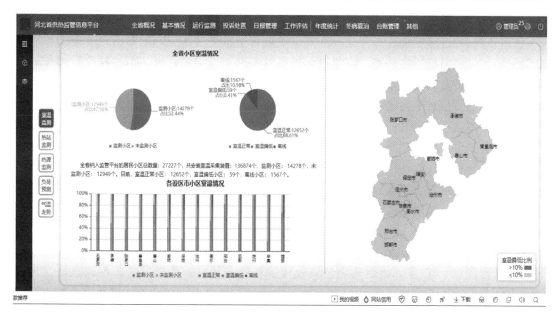

图 4-70　河北省智慧供热运行监测系统界面

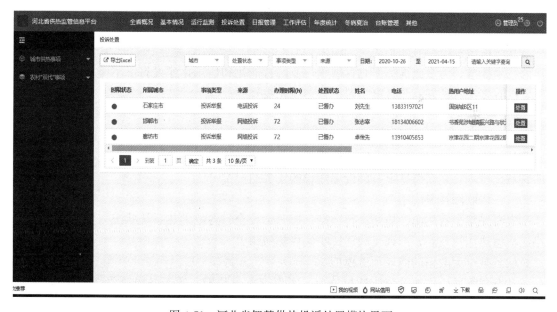

图 4-71　河北省智慧供热投诉处置模块界面

站和"河北住建"微信公众号，自动接收群众投诉，及时分发转办督办，并能够对居民投诉问题进行分类统计，发现规律性、趋势性问题，便于有针对性地对各地进行督导。

（5）每日情况报告：通过省级供热监管信息平台，将各地上报的每日供热投诉受理和办结情况、供暖系统运行异常及处置情况进行汇总，及时掌握全省供热保障情况。

3）应用成效

依托供热监管信息平台，河北省建立了线上线下联动的供热保障长效管理机制，实现了供热监管的规范化、精细化，有效提升了供热监管能力和服务保障水平，取得了显著成效，得到各级领导的高度赞扬。

（1）应急处置速度加快：为充分发挥供热监管信息平台作用，配套出台了典型热用户室温采集、供热室温异常处置、应急投诉处置等系列工作导则，省、市、县照章操作，各类数据实时上传，确保问题及时发现、即时转办、限时办结，极大地提升了供热应急处置效率。供热监管信息平台已成为全省各级供热主管部门开展工作的得力助手。

（2）室温达标率提升：河北省各级供热主管部门以实现居民室温达标为目标，利用供热监管信息平台，紧盯热源、热力站供回水温度和典型热用户室温，结合居民投诉信息，利用大数据分析查找存在供热问题的小区，及时向下级平台或供热企业进行转办、交办，督促有关市、县或企业抓紧核实处置，并通过平台跟踪检查处置效果，形成线上线下全流程闭环管理机制。按供热面积统计，进入2020年采暖季以来，全省居民小区室温达标率稳定在99%左右。

（3）投诉数量减少：2020年供暖季以来，省级供热监管信息平台主动发现并转办居民小区异常信息1737条，将供热隐患有效化解在萌芽状态。截至目前，各地累计受理投诉17007条，较去年同期减少了61%；通过电话回访群众投诉976条，供热企业均上门服务，群众满意度达到98%。

（4）示范效应明显：河北省供热监管信息平台建立的省、市、县、供热企业"三级监管、四级联动"模式，在全国首开先河，被住房和城乡建设部列为全国科技计划示范项目，入选省委网信办"2020年河北省践行网上群众路线典型案例"。河北省工程建设地方标准《城市智慧供热技术标准》DB13（J）/T 8375—2020，是全国首部关于城市智慧供热的技术标准，为全面推动河北省供热行业的智能化和信息化建设打下了坚实基础。2020年，已有多个省份赴河北考察学习平台建设相关经验。

4）突出特点

河北省供热监管信息平台是在供热企业进行智能化改造的基础上，融入各级管理部门的监管需求，并在"智慧城市"建设框架下与其他城市管理功能接驳，实现城市集中供热的智慧化管理，是新型城市基础设施建设的重要组成部分。

（1）物联网技术应用

实时采集全省热源、热站运行数据，实时掌控全省各地供热系统状况；实时采集居民小区典型热用户室温，准确反映居民小区供热效果。

（2）基于大数据的能耗预测模型

动态预测城市供热系统能耗与负荷，实现超负荷预警，便于各级监管部门指挥调度，促进供热系统节能降耗，提升经济效益。

（3）三级监管、四级联网

畅通了供热监管渠道，能够将民生诉求快速传达到每一级部门和企业，又能快速将企业的响应情况反馈上来。同时全省供热资源信息的共建共享，为供热应急处置提供了强有力的数据支撑。河北省将继续推进全省城市供热信息化建设，适应新型城市基础设施建设要求，扩大供热监管信息平台覆盖范围，引导行业信息化水平提升，全面提高供热保障能力和服务质量，实现城市供热智能、高效、可靠、舒适运营。

（4）节能减碳

以河北省的供热能耗为基础进行测算，节能10%就可以节能约100万吨标煤，二氧碳排放约减少 350 余万吨，二氧化硫排放约减少 30 万吨，为河北省大气雾霾治理、节能减碳、供热行业技术进步等起到重要作用。

5）社会价值

河北省智慧供热监管平台，是国内首个省级区域全覆盖的供热监管系统，形成了覆盖全省的供热行业信息化、智能化的高效管理平台。通过在河北省的实际的应用效果显示，平台的应用全面提升了行业信息化水平，全面提高了供热保障能力和服务质量，为省级区域的信息化建设提供了成功的经验，可以在全国其他采暖省份进行大面积推广，对达到节能减碳、实现"双碳"目标，具有重大的战略意义。

4.7.6 哈尔滨市智能化供热管理平台

1）建设背景

哈尔滨是北方公认的严寒地区，智慧供热试点项目具有很好的示范意义。哈尔滨太平供热公司的换热站基础自动化水平较高，管理水平较好，每平方米历史供热能耗为 3.8×10^8 焦，在 6 个月供热期的严寒地区属于能耗非常低的供热企业。哈尔滨太平供热有限责任公司负责供热的道外区，服务约 1433 万平方米供热面积，13 万户居民。

2）建设内容

试点分为一次网和二次网，一次网包括太平供热公司 88 个换热站和太平房产 34 个换热站，共 122 个换热站，对一网换热站实现热站人工智能负荷预测及智能控制，对热源实现热源人工智能负荷预测；二次网包括 2 个小区 11 栋楼（新小区恒大御峰 668 户和老小区地铁 AC 家园 1274 户），其中 4 栋楼（恒大御峰 2 栋楼 494 户和地铁 AC 小区 2 栋楼 284 户）做用户自主调节温度试点，安装户间平衡阀，AI 按需调控，其余 7 栋楼安装单元平衡阀，实现单元平衡。

13 万户居民安装 6600 个室温采集设备，可视化呈现 1433 万平方米供热范围内供热效果。部署二次网单元远程调控设备 50 套，二次网热用户远程调控设备 800 套，室温采集设备 6600 套等，如图 4-72 所示。

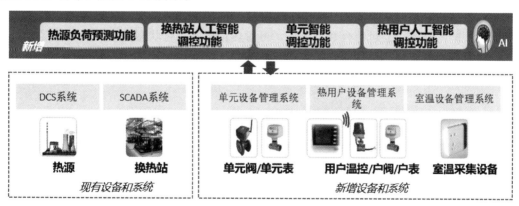

图 4-72 哈尔滨市智能化供热管理平台架构

3）应用成效

（1）供热可视化

供热质量可视化，供热"有数可依"，保障居民舒适性，也为后续供热行业数字化转

型提供基础,为政府监管提供依据

(2) 平衡供热

源、网、站、户联动的按需定产和平衡供热,实现有效节能减排,主要体现在:

① 热源预测指导生产,随着数据不断积累,2020—2021年平均匹配率达到98.2%。

② 换热站平衡调节,调控准确性逐年提高,室温分布效果更优,站间的室温平衡度更高。

③ 单元平衡调节,各试点单元的二回温目标达成率均达到98%以上。

④ 户平衡调节,在统一室温模式下,实现了均衡供热。户控用户室温分布集中在22~25摄氏度范围内,且平均占比达到95%以上。

⑤ 整体节能水平,2019—2020年和2020—2021年的连续两个采暖季的一网累积节能10%以上;新增二网设备的小区,整体节能10%以上;由于智慧供热投运,全网平衡度较好,电耗同比降低8.47%。

(3) 安全供热

AI系统实现异常数据自动诊断,在热源或换热站故障时,系统自动进入应急模式,保障整网供热安全。

4) 社会价值

哈尔滨太平智慧供热项目通过热源负荷的精准预测、换热站一次网调节阀的精准调控,二次网供热平衡调节,实现供热企业全网闭环的优化调控策略,实现全网平衡供热,实现节能减排目标。

哈尔滨太平智慧供热项目的建设落地给政府部门和老百姓带来的较好价值和服务体验。提升行业监管能力:居民供热效果和服务质量的准确评估,加大监管力度,监督指导供热企业供热达标、安全,对履行责任不到位、未达到供热条例标准、群众意见相对集中的供热企业,强化问责;提供高效服务:通过居民投诉的有效跟踪、管理和闭环,实现对供热效果的准确评估。利用大数据分析和人工智能对数据的有效处理,包括异常数据,结合时序的数据矫正,实现用户投诉处理效率提升。实现预警指挥:实现城市供热保障及供热安全评价分析、燃料应急储备和调拨、供热故障提前预警防范应急联动调度;基于大数据、人工智能等技术,通过综合数据分析,可对热企设备运行状态监测,设备故障进行告警,及时发现和处置供热事故。

第5章 智能化城市安全管理

5.1 概述

5.1.1 城市安全发展现状

城市是经济社会发展和人民生产生活的重要载体。2021年我国城镇化率达到64.72%（国家统计局《2021年国民经济和社会发展统计公报》），社会结构、生产生活方式和治理体系已经发生重大变化，城市发展进入高质量发展的新阶段，人民群众对更好的居住条件、更优美的生活环境、更完善的公共服务和安全可靠的城市生活充满期待。

但是，当前城市运行管理中的问题依然突出，与人民群众的期待相比还有较大提升空间。尤其是城市安全运行事故时有发生，城市治理中的风险问题越来越突出，城市发展面临严重的公共安全威胁与挑战：在多年的城市发展过程中，城市发展存在城市基础设施老旧、城市基础设施运行系统繁杂和城市安全基础薄弱的老问题；更重要的是，随着城市的发展，城市安全风险出现新的挑战和表现形式。在城市中人口集中、财富集中、建设集中、生产集中，城市运行日趋复杂，城市已成为一个复杂的社会机体和巨大的运行系统。随着各种资源要素的高度聚集，城市治理中的风险不断积累，各类风险交织叠加，呈现出"风险社会、脆性城市"的特点。

近年来，一些城市相继发生重特大城市安全事故（灾害）。据统计，我国每年发生事故70多万起，75%的重特大事故发生在城市，造成约12万人死亡、70万人受伤。城市生命线整体运行呈现负载过重、"带病"运行的状态，每年发生事故数以千计。同时，自然灾害、生产事故、公共卫生等公共安全事件，防控不当易引发耦合、叠加、连锁反应，造成人员大量伤亡、城市生命线大面积破坏。如2020年青海西宁"1·13"路面塌陷事故，事故共造成10人遇难，17人受伤；2021年湖北十堰张湾区艳湖社区集贸市场"6·13"重大燃气爆炸事故，造成26人死亡，138人受伤，直接经济损失约5395.41万元；2021年河南郑州"7·20"特大暴雨灾害，共造成河南省150个县（市、区）1478.6万人受灾，因灾死亡失踪398人，直接经济损失1200.6亿元。这些事故严重影响了城市的正常运行和人民的正常生活，威胁人民生命财产安全，对经济社会发展带来严重危害。

通过现状调研，我国城市安全风险聚集产生的主要原因包括：

1）城市高速度建设、高负荷使用等遗留下的隐患、问题、矛盾到了凸显期。城市火灾、交通事故、燃气泄漏爆炸、危化品事故等安全风险突出。以燃气安全为例，据不完全统计，2016-2020年我国共发生燃气爆炸事故3943起，死亡458人，受伤4424人，城市燃爆事故已成为继交通、工伤事故之后的第三大杀手。

2）单一的"城市问题"演变为交织的"城市风险"。各种灾害事故风险相互交织、叠加放大,形成复杂多样的灾害链、事故链。比如,西宁路面塌陷事故,调查组认定,这是湿陷性黄土路基因多年渗水导致路基物质流失,逐步形成地下陷穴,使路基原设计能力失效,引发公交车压塌路面后坠落,砸断供水管道和市政电缆,再次冲刷形成大面积塌陷造成次生灾害。

5.1.2 城市安全管理政策部署

党的十八大以来,以习近平总书记为核心的党中央高度重视城市工作,习近平总书记多次就城市安全发展作出重要指示批示,为城市安全发展指明了前进方向、提供了根本遵循。党中央和国务院也多次部署推进城市安全发展工作。2018年1月,中共中央办公厅、国务院办公厅出台《关于推进城市安全发展的意见》,要切实把安全发展作为城市现代文明的重要标志,健全公共安全体系,全面提高城市安全保障水平。2020年4月,国务院安委会印发《全国安全生产专项整治三年行动计划》,其中《城市建设安全专项整治三年行动计划实施方案》指出,要加强对各地城市规划建设管理工作的指导,将城市安全韧性作为城市体检评估的重要内容,将城市安全发展落实到城市规划建设管理的各个方面和各个环节;充分运用现代科技和信息化手段,建立国家、省、市城市安全平台体系;研究制定加强城市地下空间利用和市政基础设施安全管理指导意见,推动各地开展地下基础设施信息及监测预警管理平台建设。2020年10月,党的十九届五中全会把"统筹发展和安全"纳入经济社会发展五年规划,要把安全发展贯穿城市现代化发展的各领域和全过程,防范和化解影响我国现代化进程的各种风险,完善城市信息模型平台和运行管理服务平台,提升城市智慧化水平,推行城市楼宇、地下管网等一张图数字化管理和城市运行"一网统管"。2021年10月,中共中央办公厅、国务院办公厅印发《关于推动城乡建设绿色发展的意见》,指出搭建城市运行管理服务平台,加强对市政基础设施、城市环境的智慧化管理,推动城市地下空间信息化、智能化管控,提升城市安全风险监测预警水平。

为了贯彻落实习近平总书记重要指示批示精神和党中央、国务院决策部署,住房和城乡建设部出台了一系列政策和部署了一系列任务,加强城市安全运行监测能力建设,提升城市安全风险防控能力。2020年8月,住房和城乡建设部等七部委联合印发《关于加快推进新型城市基础设施建设的指导意见》(建改发〔2020〕73号),建设智能化城市安全管理平台,整合城市体检、市政基础设施建设和运行、房屋建筑施工和使用安全等信息资源,充分利用现代科技和信息化手段,加强城市安全智能化管理,对城市安全风险实现源头管控、过程监测、预报预警、应急处置和综合治理,提升城市安全韧性。2020年12月,住房和城乡建设部下发《关于加强城市地下市政基础设施建设的指导意见》(建城〔2020〕111号),推动数字化、智能化建设,搭建供水、排水、燃气、热力等设施感知网络,建设地面塌陷隐患监测感知系统,实时掌握设施运行状况,实现对地下市政基础设施的安全监测与预警。2021年9月,印发《关于进一步加强城市基础设施安全运行监测的通知》(建督〔2021〕71号),要求各地加快搭建城市基础设施安全运行监测系统。2021年12月,印发《关于全面加快建设城市运行管理服务平台的通知》(建办督〔2021〕54号),全面加快建设城市运行管理服务平台,推动城市运行管理"一网统管"。

5.1.3 国际城市安全发展趋势

纵观全球现代化都市发展现状,"韧性安全城市"模式已成为主流趋势,纽约、伦敦、东京等国际现代化大都市纷纷选择其为应对突发冲击的战略选择。2013年，美国洛克菲勒基金会发起"全球100韧性城市"项目，依据不同城市的功能、面临的挑战，从城市防灾、社会发展、城市管理等角度为城市制定安全韧性计划，提升城市应对风险能力。纽约、伦敦等都市积极参与，2015年，纽约市政府在"桑迪"飓风后发布《一个更强大、更具韧性的纽约》，从基础设施韧性、经济韧性、社会韧性和制度韧性四个维度，提出相应的规划策略及257条具体措施，在城市社区安全、建筑更新、基础设施建设、沿海防洪能力提升等方面已取得卓越成效；2020年，伦敦发布了全新的《伦敦韧性战略》，通过增强人的韧性、空间的韧性以及响应程序的韧性，建立符合城市需求的"免疫力"；东京在2016年发布了《都市营造的宏伟设计——东京2040》，明确提出"安全之城"的发展愿景，将城市防灾建设与社区营造、基础设施建设、城市形象提升等紧密统筹综合协调落实，增加区域整体防灾能力。

5.1.4 城市安全管理的创新思路

智能化城市安全管理体系建设是当前城市安全发展的迫切需求，是促进城市高质量发展的必然要求，对于保障城市安全高效健康运行、提升城市综合承载能力具有十分重要的作用。认真贯彻落实党中央、国务院关于实施扩大内需战略、加强新型基础设施和新型城镇化建设的决策部署，借鉴先进的安全韧性城市构建理论、方法、技术、平台和标准体系，充分运用物联网、大数据、人工智能、移动互联等新一代信息技术，实现对城市运行的全面感知、实时监测和智能预警预测，研判城市安全运行风险和趋势，实现对城市运行管理服务工作的统筹协调、监督管理、综合评价，构建涵盖地上地下、室内室外、现状未来全要素的智能化城市安全管理平台。

智能化城市安全管理平台建设是从城市整体安全运行的角度出发，以预防桥梁垮塌、路面坍塌、燃气爆炸、大面积停水停气停热、房屋倒塌等城市重大安全事件和"城市病"为目标，通过建设涵盖市政设施、房屋建筑、交通设施、人员密集场所四大领域的监测感知网，整合和汇聚全市安全运行静态管理和动态监测数据，全面掌握城市运行管理状况，针对超载超限和车船撞击引起道路桥梁通行异常、燃气管网泄漏到相邻地下空间的大面积燃爆风险、供排水管网泄漏诱发路面塌陷风险、地下管网事故引起大面积供应中断等主动防控，实现城市安全运行的综合全面感知、早期预测预警和高效协同应对，提升城市风险防控能力以及处置效率。

5.2 城市安全运行监测预警技术

5.2.1 城市安全运行综合安全评估技术

根据风险评估技术理论，从突发事件、承载体和应急管理能力三方面综合评估，对自然灾难和事故灾难从不同的单一风险进行评估，最后叠加形成区域综合风险。风险评估的结果通过智能化城市安全管理平台进行展示，同时从各类风险的危险性、脆弱性、应急能力和敏感事件多方面进行展示，便于城市管理者了解城市当前主要的高风险区域、高风险类型以及造成风险较高的因素等信息,便于进行指挥决策。

根据公共安全科技"三角形"框架理论,区域综合风险 R(risk)主要考虑致灾因子的危险性 H(hazard)、承灾载体的脆弱性 V(vulnerability)及防灾减灾应急能力 C(coping capacity)等因素。采用 AHP 法和 Delphi 法对指标权重进行确定,得出评估区域突发事件风险。计算公式如下:

$$R = 10 \cdot H^\alpha \cdot V^\beta \cdot (10-C)^\gamma \tag{5-1}$$

式中,R、H、V、C 分别表示评估区域的综合风险、危险性、脆弱性及应急能力评估分值,R 阈值为 [0,100],H、V 阈值保持在 [0,10],C 阈值保持在 [0,9];α、β、γ 分别表示危险性、脆弱性及应急能力指标的权重,其分别为 0.5、0.3、0.2。

1)指标评分

根据危险性、脆弱性及应急能力各指标数值在城市范围内的分布情况,制定分级规则,将其划分为 3~5 个等级,并赋予相应分值,各指标阈值统一保持在 [0,10] 范围内。以人口密度指标为例,如表 5-1 所示。

人口密度分级标准 表 5-1

等级	Ⅰ级	Ⅱ级	Ⅲ级	Ⅳ级
人口密度 P_D(人/平方公里)	$P\_D \geq 6086$	$6086 > P\_D \geq 2710$	$2710 > P\_D \geq 1670$	$P\_D < 1670$
评估分值(V_1)	10	7	4	1

2)权重确定

根据各类致灾因子或风险源的致灾特点、致灾因子对各类承灾体的影响程度、各类应急能力在防灾减灾方面发挥的作用及效果,采用 Delphi 法和 AHP 法,确定出危险性、脆弱性、应急能力等各级指标的权重。

3)区域危险性、脆弱性、应急能力评估

根据各级指标评估分值及权重系数,加权计算出危险性、脆弱性、应急能力等指标分值。以危险性为例:

$$H = \sum_{i=1}^{n} \sum_{j=1}^{m} \theta_i \cdot \theta_{ij} \cdot H_{ij} \tag{5-2}$$

式中,θ_i、θ_{ij}、H_{ij} 分别表示危险性指标下第 i 个二级指标的权重系数、第 i 个二级指标下第 j 个三级指标的权重和评估分值。

4)区域危险性叠加方法

(1)由点至区域危险性叠加方法

对于城市点状风险源,均是先评估出各风险源的危险性,再叠加得出城市各评估区域的危险性。首先根据各点状危险性值按照大小进行排序,得到各危险性排列顺序:$H_1 > H_2 > H_3 > \cdots > H_n$,然后按照下式计算该评估区域的危险性:

$$H = 0.5^n \cdot H_n + \sum_{i=1}^{n} 0.5^i \cdot H_i \tag{5-3}$$

式中,i 表示各危险性按照大小进行排列的顺序。

(2) 由线至区域危险性叠加方法

对于供水管网等线状风险源的危险性,可以基于各管段的危险性,叠加得出各评估区域的危险性。以城市某区危险性叠加过程为例,假设该社区共有 n 段供水管道,每段管道长度为 L_i 危险性为 H_i,按照下式计算该区域危险性:

$$H = \frac{L_1}{L} \cdot H_1 + \frac{L_2}{L} \cdot H_2 + \frac{L_3}{L} \cdot H_3 + \cdots + \frac{L_n}{L} \cdot H_n \tag{5-4}$$

式中,H、L 分别表示评估区域供水管道的危险性和总长度,H_i、L_i 分别代表第 i 段管道的危险性和长度。

(3) 由面至区域危险性叠加方法

对于某些自然灾害类面状风险源,评估区域的危险性需要由该区域内各面状危险性叠加得出。假设城市包含 n 个区域,每个区域的面积分别为 S_i 危险性为 H_i,然后按照下式计算该区危险性:

$$H = \frac{S_1}{S} \cdot H_1 + \frac{S_2}{S} \cdot H_2 + \frac{S_3}{S} \cdot H_3 + \cdots + \frac{S_n}{S} \cdot H_n \tag{5-5}$$

式中,H、S 分别表示城市的危险性和占地面积,H_i、S_i 分别代表该区所含第 i 个区域的危险性和占地面积。

5) 区域综合风险等级划分

(1) ALARP 法则

根据 ALARP 法则对风险可容忍程度的描述,如图 5-1 所示,参照标准《风险管理 风险评估技术》GB/T 27921—2011,根据风险是否可接受,设定统一的风险等级判定标准限值。判定时需要根据致灾因子、风险点危险源分布情况及监管力量配比分别设定相应的等级判定标准限值,最终将风险分析的结果与预先设定的风险准则相比较,确定风险等级。

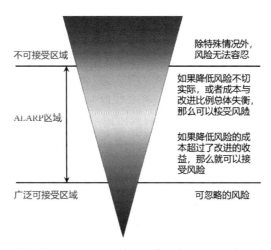

图 5-1 ALARP 法则对风险可容忍程度的描述

(2) 风险分级标准

各区域应统一按照阈值 [0,100] 输出综合风险评估分值,并根据风险是否可以接受,从大至小依次划分为重大风险、较大风险、一般风险、低风险四个等级,分别用红、橙、黄、蓝四种颜色进行表示,并确定各级风险阈值,如表 5-2 所示。

风险等级划分标准　　　　　　　　　　表 5-2

风险等级	风险程度	风险阈值	风险颜色
Ⅰ级	重大风险	$80 \leqslant R \leqslant 100$	红
Ⅱ级	较大风险	$60 \leqslant R < 80$	橙
Ⅲ级	一般风险	$40 \leqslant R < 60$	黄
Ⅳ级	低风险	$0 \leqslant R < 40$	蓝

5.2.2 燃气管网相邻空间燃气监测技术与装备

我国城市燃气工程体量巨大，城市燃气管网超100万公里，其中20年以上老旧燃气管网约8万公里，城市燃气安全风险日益凸显。当前我国燃气事故频发，燃气安全形势严峻复杂，已成为继交通事故、工伤事故之后的第三大杀手。以城市燃气管网及相邻空间的燃爆风险精准识别、实时感知、快速定位、综合预警、智能防控为目标，研究城市燃气管网相邻地下空间燃爆风险实时监测预警方法，实现燃爆风险实时监测预警成套化技术、系统和装备的自主创新，破解城市燃气管网风险辨识和监测装备的难题。

1）城市燃气燃爆风险识别方法和评估技术

开展全尺度燃气相邻地下空间燃爆试验，获得破片、冲击、辐射等毁伤形式、作用距离等系统性试验数据，揭示城市地下空间燃气燃爆机理，建立地下空间燃气燃爆毁伤模型，为燃爆风险评估提供了理论支撑。

2）燃气在城市地下土壤和连通空间传播的时空分布预测技术

研制首个大型全尺度城市地下燃气管网灾害试验平台，开展燃气泄漏扩散试验，揭示燃气在多孔介质的传播规律，建立由管网失效概率＋扩散距离＋点火概率＋毁伤模型相结合的风险识别方法，研编燃爆风险分级导则，绘制城市燃气安全风险热力图。

3）地下空间燃爆风险监测技术和装备

建立基于管线微元的风险积分模型和传感器点位优化模型，实现地下空间燃爆风险监测科学性与工程性的平衡，为城市级应用提供支撑。发明空气采样型激光燃气监测方法、倒扣式防水进气结构，研制出地下空间专用燃气探测器，达到IP68最高防护等级，在地下空间使用寿命超5年，较好地解决了探测器适用于恶劣环境的难题。

4）城市级燃气安全监测预警系统

针对城市燃气管网系统安全运行全面感知、全面接入、全面监控、全面预警的需求，突破燃气相邻空间风险耦合评估和传感器大数据分析预警技术，创建燃气风险智能预警算法和泄漏溯源算法，研发燃气管网相邻地下空间在线监测、安全加密传输、风险大数据分析和协同处置系统，建设城市燃气管网及相邻空间在线智能监测系统，形成系统城市级、规模化、工程化应用能力。

5.2.3 供水系统安全运行监测技术与装备

我国城市供水系统规模大、影响因素多，路面塌陷、区域停水等供水安全事件多发，供水系统安全保障面临重大挑战，主要包括：（1）在供水管道漏失方面，我国平均漏损率超15%，现有泄漏检测手段以人工方式为主，无法对管道泄漏进行精准检测和定位，经济损失和塌陷等次生灾害事故严重。(2)在供水管网安全运行方面，城市供水系统趋向规模化和复杂化，缺乏城市级管网安全运行监测调度系统，需要提升风险早期"看得见"、及时准确预警突发事件能力。通过研发管道漏损精确定位、管网运行安全监测、多级供水优化调度等技术，保障了城市供水系统安全运行。

1) 供水管道微小漏失检测与定位技术

基于 lighthill 声类比理论，结合有限元分析方法，构建供水管道泄漏声波信号仿真模型。采用短时傅里叶变换方法，结合听觉显著图技术，获取供水管道泄漏声波信号时频域综合特征，揭示供水管道漏失瞬态振动引起的声波幅值和频率变化规律，泄漏检测灵敏度达到 0.3 升/分钟。基于模态分析和谐响应分析，实现超声波发射效率优化，设计金属球壳与压电陶瓷复合振声波振子。基于运动惯导数据，结合卡尔曼方法，得到球形检测器运动信息和泄漏点距离的计算方法。发明基于超声波定位地面标记技术，实现基于地面标记信息的泄漏点距离计算误差归零，解决长输供水管道泄漏点精确定位难题，实现定位精度达到 ±2 米。

2) 供水管网运行安全监测与优化调度技术

建立以公共安全"三角形"框架理论为基础的供水管网风险识别与评估方法，构建综合风险评估指标体系，基于 AHP 法、专家打分法和改进的模糊数学综合评价方法，研究构建管网综合风险定量评估模型算法。通过对历史监测大数据的深入挖掘，研究建立符合供水管网流量变化规律的动态阈值算法和异常预警算法，对流量实时监测数据进行实时处理、异常分析和预警，及时识别水管网运行存在的安全隐患。针对供水管网爆管后如何快速识别需要紧急关闭的阀门，以及如何精确、快速定位爆管的影响用户范围等问题，研究建立供水管网爆管后的关阀分析算法；针对爆管事故应急处置过程中如何避免粗糙施工引发二次事故等问题，基于 GIS/BIM 研究建立管网修复模拟开挖分析技术，实现事故科学、安全应急处置。

研究建立集风险早期综合评价、管网异常预警和应急辅助决策分析于一体的供水管网监测预警平台，提高供水管网风险应对能力、异常状况及时预警能力和突发事件快速处置能力。构建城市供水管网水力模型，建立水厂-管网运行-泵站-二次供水全过程的供水调度指挥系统，实现多级调度联动运行，建立了管网动态在线仿真系统，为供水管网改造和安全运行监测提供决策依据。

5.2.4 基于管中雷达的地下空洞检测技术与装备

创新建立"查-治-防"体系化的地面塌陷综合防治工作机制，实施主动风险管理，由应急式的防控向常态化防治转变，最大限度提升地面塌陷治理防控能力。

"查"：依据"防"提供的风险隐患等级划分，制定合理排查计划，运用雷达车、管道智能机器人对管网周边区域、沉降区域的高风险隐患开展定期排查和不定期应急详查验证，为下一步"治"提供准确信息和依据。

其中，管道智能机器人检测内容主要包括管道顶部腐蚀厚度变化探测、管道周边土体病害探测（空洞或松散等）、管道接头破损渗漏探测以及管道内窥摄像检测等。检测信息主要包含探地雷达数据采集、CCTV 视频采集、里程信息采集、姿态信息采集。其中探地雷达数据采集功能用于实时采集雷达数据，CCTV 视频采集用于实时采集高清视频影像，里程信息采集在测距系统基础上用于实时采集管道探测机器人的里程信息,姿态信息采集用于实时采集管道机器人的三维姿态信息。通过以上四个功能之间的配合使用,精确定位管线病害的位置信息。

"治":依据"查"提供的验证信息和目标,运用相关分析还原现场,同时利用管线风险分析模型、受力分析等技术和专业人员判断结合的方式分析原因,辅助责任划分。在处置阶段,利用开挖辅助分析,事故影响分析辅助决策,结果数据更新到"防"。

对地面塌陷各项健康指标如管网运行状态、在建工程破坏进行监测,构建综合风险评估模型,输出风险隐患分级防范图,指导管理部门"按图索骥"地排查化解风险隐患。对存在不当施工隐患的工程项目建库,进行全过程跟踪,并利用GIS/BIM空间分析模型,建立"施工安全区",并及时发布预警信息;提供影响分析和模拟开挖技术,还原破坏前的地下空间场景和最小影响范围,降低灾害损失和缩短应急处置时间。

"防":汇聚各部门隐患数据、管网基础数据、施工项目信息数据、沉降数据、环境数据以及周边重点危险源、防护目标等数据,构建模综合风险评估,辅助管理部门进行隐患治理。

实现全流程多角度地跟踪对地面塌陷事件的治理处置情况,当系统接入地面塌陷安全隐患或事件信息以后,可以查看包括隐患或事件发生的位置、现场照片、文字描述等;同时基于风险评估结果指导业务人员进行隐患排查及治理;当地面塌陷隐患或事件治理结束后,可以对整个治理过程进行全流程追溯查看和总结评估,形成"排查-上报-整治-恢复-评估"闭环机制。

5.2.5 黑臭水体监测预警溯源技术与装备

长期以来,河道水污染物来源点多、线长、面广,水质污染源头难锁定、超标责任难界定,是困扰水环境治理的突出难题。通过将水环境工程、光谱物理、信息技术等多学科融合起来,开发出水质多特征污染预警溯源技术,利用水质指纹比对对水污染快速预警、对污染源精准定位,有效提升水污染防控能力。

一是联通一张"预警网"。聚焦污染产生、传输、处理和排放全过程,将污染源、排水管网和河道作为有机系统,布设固定和移动溯源监测设施,形成"源-网-站-厂-河"全流域预警溯源物联网,覆盖涉水重点企业、排水管网、雨水泵站、污水处理厂和河道等管理对象,实现流域水污染常态化、精细化监管。

二是建设一个"数据库"。根据不同企业的排水水质特征,建立污染源水质多特征指纹库,持续进行水样采集、检测、分析,为有效发挥水污染溯源与精细化管控提供基础条件。搭建统一共享的云数据库,涵盖印染、电镀、医药、化工、造纸、焦化、生活等重点监管行业及其企业的水质多特征指纹,溯源的精准度、及时性不断提升,及时发现、精准打击偷排污水,根据违规排放规律确定污染重点监管企业。

三是开发一个"监管平台"。结合物联网、人工智能、新一代信息技术,开发应用智慧溯源分析模型和监管平台,精细化评估分析污染源和污染路径,有效提升溯源排查能力和精细化监管能力,大幅缩短发现违法排污、锁定污染源头时间,对管网中雨污混接点、入流入渗点等运行问题实现动态监管。

四是构建一套"治理机制"。通过对流域进行24小时值守,采用"在线监测+现场排查+实验室检测+云端溯源+源头防治"的服务模式,形成大数据可视化预警-溯源-执法应急联动能力,并建立快速调度、联动处置机制,对发现的污染线索及时向住建、环境、水利、城管等部门派单,形成多部门联动治理的格局,进行精准诊断和手术刀式整改,减少面源污染。

5.2.6 桥梁健康安全监测预警技术

通过桥梁灾前感知、受灾过程研判、灾后影响评估的系统研究,研发"实时感知-风险预警-辅助决策"的桥梁健康安全监测预警技术。"灾前备灾"研究方面,通过开发桥梁安全信息化系统,实现对桥梁风险事件的预测预警;"灾期应变"研究方面,通过对不同灾种下桥梁风险事件及事故特征的研究,制定相应的桥梁防灾、减灾应急处置流程,不断完善应急管理体制和机制。"灾后复建"研究方面,针对车船撞击、极端天气等不同灾种,制定相应的桥梁灾后应急检查措施,同时结合桥梁安全监测系统,有效指导桥梁灾后恢复工作。

1) 桥梁安全风险实时感知

对桥梁进行基础数据加工和整理,包括桥梁基本结构信息三维可视化、桥梁周边环境信息三维可视化以及桥梁材料属性、结构属性的数据处理。基于各类桥梁的基本特性、受灾特性研究桥梁灾种致灾机理,对特定类型的桥梁,伴随其可能发生的病害和风险进行针对性地监测方案设计,指导高精度、合理密度、适当点位的物联网传感器部署,实现24小时实时感知桥梁结构的各项安全指标。

2) 桥梁安全风险早期预警

基于桥梁结构安全实时感知系统的监测数据,根据桥梁结构安全特性指标,对每一项监测指标进行初步静态阈值设置,根据一段时间内结构安全状态下的监测数据进行深度学习,由监测系统后台自动生成动态阈值,得到各个数据的动态安全图。系统感知到一定的数据发展趋势,将根据该趋势短期内桥梁该指标将要超过既定阈值的数据信号,系统会自动预警该变化趋势,对已经超过动态阈值的监测信号,系统会直接报警。

3) 桥梁安全风险处置辅助决策

当桥梁发生不同类型的报警时,系统内部自动验算当前事故发展会造成的桥梁安全风险,评估其可能造成的危害。例如桥梁A发生了桥梁主梁倾覆报警,会根据桥梁的三维结构尺寸,演算桥梁一旦落梁坍塌后,会覆盖的区域面积,将形成的桥梁废物体量和质量;该桥的坍塌引起的交通中断会影响多大区域的交通流,如何疏导交通;该桥周边有多少应急救灾资源可以及时调配用于救灾。

5.2.7 建筑消防物联网监测预警技术

火灾是我国发生频率最高、影响范围最广的灾害之一。对已有建筑消防设施状况和火灾探测系统报警情况实施远程监测,是提高火灾报警第一时间响应能力的技术发展趋势,亟需突破火灾真警"识别难"、数据并发"处理难"、权责复杂"管理难"三方面的技术瓶颈和管理难题。

1) 基于建筑结构微元的多探测器耦合火灾报警场模型

根据火灾烟气在不同建筑结构中的蔓延规律,对火灾相关技术标准规范中探测器布设方式进行解析、研究、归纳、总结，从探测器布设形式的角度对建筑结构微元进行分类。基于火灾动力学，对不同类型建筑结构烟气蔓延特征速度进行计算，得到不同建筑结构微元中报警时间差的估算模型，提出基于报警时间差计算模型的贝叶斯火警概率计算方法。通过开展典型建筑结构微元中火灾烟气蔓延试验，提取与火灾早期报警相关的火灾探测器信号特征，得到火灾烟气早期蔓延规律和时空分布量化特征，研发多探测器耦合火灾报警场模型，破解构建超大规模远程火灾监测预警系统的技术难题。

2）多参量融合电气火灾安全监测技术与装备研发

研究电气火灾的致灾要素以及三相供电系统高次谐波引发电气火灾机理，针对漏电流、故障电弧、谐波电流和短路等电气火灾因素的不同特征，研究针对电气火灾安全故障检测的多源信息融合方法和电气故障电弧信号特征提取方法，研发基于时频分析算法和边缘计算技术相结合的电气火灾安全实时识别和预警设备。将边缘计算硬件应用于电气火灾多参量计算融合研判，提高故障电弧、剩余电流和谐波电流检测精度和准确度，降低电气火灾安全监测系统误报率和漏报率，为电气火灾安全隐患全覆盖检测提供有效的技术手段。

3）超大规模远程火灾监测预警系统研发

研究消防设备设施物理通信接口和通信协议，提出物理接口融合自适应和插件式标准化模块化设计方法，采用端云协同技术，构建云端协议库服务中心。建立消防基础设备设施物联网广域连接关键技术能力，实现多类异构消防报警主机等设备大批量、高效率入网。通过对大规模接入引发的高并发问题进行研究，采用基于地理位置流量分流的分布式架构技术路线，实现低资源消耗且具备高并发性能的物联网平台，使系统具备从数据实时采集到存储到计算再到分析的综合能力。

4）新型消防安全服务体系构建

针对传统消防服务模式下消防设施完好率低、无人为业主损失负责的消防安全治理困境，通过整合维保公司、保险公司、用户等与消防相关的主体，提出基于云平台的线上监测、线下服务与保险赔付相结合的全链条远程火灾监测预警服务模式，制定涵盖勘察评估、联网接入、实时监测、维保检测、保险服务等36项远程火灾监测预警服务标准，构建基于动态风险评估的保险费率厘定模型，建设集报警呼叫、预警提醒、维保检测、保险保障于一体的服务中心。

5.3 城市安全运行监测管理平台建设

按照"新城建"总体要求，结合城市风险防控实际需求，基于CIM基础平台优势，按照全市统筹规划、统一标准的原则，构建涵盖地上地下、室内室外、现状未来全要素的智能化城市安全管理平台，实现对城市安全运行的全面感知、实时监测和智能预警预测。

5.3.1 总体架构

按照"感、传、知、用"的架构设计，分为"五层两翼"。"五层"依次为前端感知层、网络传输层、数据服务层、应用软件层和用户交互层；"两翼"是指遵循的标准规范与安全保障体系、运行管理与协同联动机制。

1）前端感知层

"前端感知层"汇聚市政设施、房屋建筑、交通设施和人员密集区域等领域的行业主管部门和权属责任企业建设的监测感知网,接入气象、交通、地质、人口等相关业务和社会数据,其中市级平台对各县(市)级前端感知数据进行汇聚。根据风险评估结果建设覆盖一般风险及以上的监测感知网,实现对城市运行风险的全方位、立体化动态监测。

2）网络传输层

"网络传输层"利用互联网宽带、GPRS无线传输网络、NB-IOT窄带物联网通信技术等传输网络,形成前端物联网感知网络及信息交换共享传输能力,为城市级信息的流动、共享和共用提供基础。

3）数据服务层

"数据服务层"包括地下和地上市政基础设施数据、国土空间地理数据、市政基础设施模型数据、社会资源数据和物联感知数据,以建筑信息BIM、地理信息GIS、物联网IoT等CIM平台技术为基础,实现城市级信息资源的聚合、共享、共用,并为各类应用提供支撑。

4）应用软件层

"应用软件层"主要包括城市安全管理综合应用系统和各应用场景专项系统,实现用户管理、风险评估、设备管理、实时监测、监测报警、模型分析、辅助管理等应用功能。通过调度各类数据服务、平台服务和基础设施服务,形成城市运行风险监测预警和协同联动体系。

5）用户交互层

"用户交互层"可以通过大屏、桌面端、移动终端等多种形式对应用系统进行展示。

5.3.2 工程数据库设计

通过汇集地下管网地理信息、地上桥梁和电梯等设施信息、物联感知监测数据等CIM基础数据,以及国土空间规划、人口经济信息等社会资源数据,建立覆盖地上地下的城市安全工程数据库。主要包括:地下市政基础设施数据、地上市政基础设施数据、国土空间地理数据、市政基础设施模型数据、社会资源数据、物联感知数据。其中,市政设施运行安全监测数据分为燃气类、供水类、排水类、供热类、管廊类、环卫类和其他等,包括燃气运行监测、供水管网运行监测、排水管网运行监测、桥梁运行监测、供热管网运行监测、综合管廊运行监测、环卫设施监测和其他设施运行监测等数据。

5.3.3 监测感知网设计

汇聚燃气、供水、排水、供热、环卫、内涝、管廊、路面塌陷、建筑施工、危房、桥梁、隧道、人员密集场所等行业主管部门和权属责任企业建设的监测感知网,接入气象、交通、地质、人口等相关业务和社会数据,其中市级平台对各县(市)级前端感知数据进行汇聚,实现对城市生命线运行风险的全方位、立体化动态监测。

城市安全运行监测充分利用已投入使用的城市基础设施安全运行监测系统、城市生命线工程监测系统建设成果,集约化建设。具体来说,市政设施运行监测领域包括燃气管网、供水管网、排水管网、综合管廊、环卫设施、生活污水处理设施、城市公园、窨井盖、消火栓等领域和场景；房屋建筑运行监测领域包括建筑施工、建筑外立面附属设施、电梯、老旧房屋、建筑节能、违法建筑、历史保护建筑等领域和场景；交通设施运行监测包括城市道路、桥梁、轨道交通等领域和场景；人员密集区域运行监测包括机场、车站、医院、学校、酒店、大型超市等领域和场景。

燃气安全运行监测对象包含城市燃气管网及其相邻地下空间、燃气场站、人口密集区用气餐饮场所的附属设施，实现对燃气管网的压力、流量，相邻地下空间内甲烷气体浓度，燃气场站内浓度、视频监控，人口密集区用气餐饮场所的可燃气体浓度等指标进行监测。

供水管网运行监测对象包含配水管网和原水管网的管道、阀门及附件、市政消火栓等，应对管网及设备的流量、压力、漏水声波及水质等进行监测，实现供水管网基本运行工况实时监测和漏失在线定位。

雨水管网安全监测对象主要为城市雨水管网及其附属设施。通过在雨水管网安装流量、液位传感器、泵站监测设备，以及在易涝点附近共享或者安装视频监控，实现对雨水管网和泵站运行工况实时在线监测。

污水防治感知物联网监测对象主要为城市黑臭水体的干支流、上中下游以及沿河排口、排口上游管网、污水处理厂等。通过在流域河道、重点排口、重点监测断面和污水厂、管网关键节点等重点位置布设水质、水量、水位、视频、水污染溯源仪、遥感监测等在线监测设备，构建城市建成区水体综合监管网，全面感知水体水质健康状况和动态变化。

热力安全监测对象主要为城市热力管网以及热力管网地下相邻介质等。通过监测热力管网压力、流量、温度、地下相邻介质温度等运行指标，降低热力管网泄漏、爆管、水击等运行风险，保障热力管网安全运行。

综合管廊监测对象包含管廊本体结构、入廊管线、廊内环境、附属设施，实现对管廊廊体应力、沉降，廊内可燃、有毒气体浓度，附属设施运行状态，入廊供水管线压力、流量，入廊燃气管线可燃气体浓度、温度，入廊排水管线压力、流量、有毒气体浓度、可燃气体浓度和温度，入廊热力管线温度、压力、流量等进行监测。

桥梁安全监测主要针对桥梁结构响应数据、环境及效应数据和交通荷载数据进行监测，结合桥梁监测数据聚类分析、统计趋势分析、模态分析等专业模型，实现桥梁结构异常及时报警和安全评估。

电梯监测对象主要为城市电梯的运行状态，对电梯运行的上行、下行、平层、三个轴向速度和加速度、冲顶、蹲底、轿门开关门信号、开关门距离、机房温度、机房湿度、曳引机电压、曳引机电流和曳引机震动等运行状态实时在线监测，且通过监测数据对冲顶、蹲底、超速、层间停梯、非平层开门、重复开关门、关门异常行梯、电梯异常震动、电梯启动异常、电梯停梯异常、电梯行梯异常、坠梯、开门异常和关门异常等故障进行识别和报警。

5.3.4 应用平台设计

智能化城市安全管理平台包括监测信息管理、风险管理、监测报警、预测预警、巡检巡查、风险防控、决策支持、隐患上报与突发事件推送等功能模块,对燃气、供水、排水、供热、环卫、内涝、管廊、路面塌陷、建筑施工、危房、桥梁、隧道、人员密集场所等专项安全运行状态进行常态化的巡检巡查、监测报警、预测预警,实现安全隐患的第一时间发现、第一时间处置,变事后监管为事前预防。

以燃气风险应用场景为例,基于基础台账、设备运行信息共享的燃气风险分级管控、隐患排查治理和风险监测预警管理体系,市级政府监管单位依托城市运行管理服务平台以及运行监测系统风险评估能力,构建燃气风险一张图并形成定期风险评估报告,逐级上报给省部级平台,作为上级主管单位监管指导工作的依据。结合大数据、人工巡检、地方政府督查排查燃气隐患,形成燃气隐患台账,监督责任主体单位及时整改,并把隐患排查治理结果上报部省平台,作为上级主管单位指导各地隐患管理的重要手段。实时掌握各地市燃气基础设施运行态势,保障监测设备在线运行,有效发挥实时监测作用,依托城市运行管理服务中心 24 小时值守研判分析燃气泄漏报警,影响城市安全时及时发布预警,燃气公司责任主体单位先行抢修,事发地政府立即组织预警联动处置,确保当地预警闭环管理。发布预警及时上报部省平台,便于上级部门监督处置进展和研判分析事态影响,研判分析后果严重时上级主管单位参与指导预警处置。

5.3.5 基础支撑系统设计

基础支撑系统建设要求包括城市基础信息系统、网络传输系统、数据接口服务、主机与存储和安全保障体系等,满足系统业务及非功能性要求。

城市基础信息系统是地理信息(GIS)、建筑信息(BIM)、物联网(IOT)数据的汇聚和应用载体,是城市生命线工程安全运行监测应用系统的重要支撑平台。系统平台建设应具备数据汇聚与管理、数据查询与可视化、平台分析、平台服务等能力要求。

数据接口需要提供数据共享接口、WEB 应用接口、APP 接口、小程序接口等类型接口,以满足实时数据接收、系统集成需求。地理信息及 BIM 类数据宜采用离线或类似 FTP 服务方式定期全量数据同步方式共享传输。

主机与存储系统应满足系统运行与数据存储备份需要。在设计上应充分考虑系统的性能、可靠性、可扩展性、开放性、可管理性以及数据的安全等,满足业务未来发展的需要。项目主机存储系统主要建设在数据中心机房局域网内,主机存储系统需要有高可靠性、高安全性、高性能、高扩展和兼容性以及集中管理。

安全保障体系按照《信息安全技术 网络安全等级保护基本要求》GB/T 22239—2019 等相关标准要求,建立健全统一的信息安全技术支撑层、安全管理支撑层和安全服务支撑层,形成有效的安全防护能力、安全监管能力和安全运维能力,为系统平台运行提供安全的网络运行环境和应用安全支撑,确保信息传输、交换和存储处理等信息安全。

5.3.6 城市安全运行监测运营体系

建立城市运行管理"一网统管"体制机制,推动构建党委政府领导下的城市运行管理"一网统管"工作格局,如图 5-2 所示。推动成立市委书记和市长任双组长的城市运行管理委员会、成立城市安全运行监测服务中心,委员会办公室按照城市运行管理实际设在住建局或城管局,委员会办公室负责城市运行管理委员会日常工作。住建局和城管局通过委

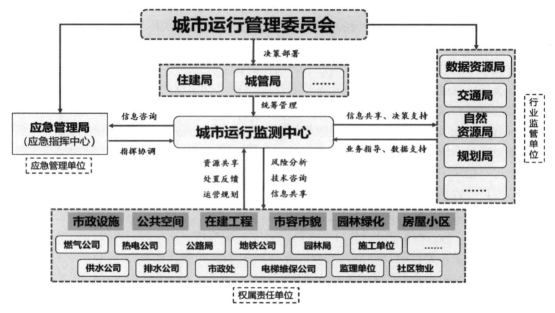

图 5-2 城市运行管理服务平台运行机制

员会办公室统筹管理城市安全运行监测服务中心，制定运营管理服务机制，形成市政府领导、多部门联合、统一监测服务的运行机制。

在实际运作中，城市管理委员会统一领导应急管理单位、行业监管单位和城市运行管理主责单位（住建局和城管局），城市管理委员会决策部署通过城市管理委员会办公室统筹至城市安全运行监测服务中心进行落实和执行。在日常管理运行过程中，城市运行监测服务中心作为运行管理"一网统管"平台与应急管理单位、行业监管单位、具体的权属责任单位进行数据交互和业务流转。具体来说，城市运行监测服务中心接受来自应急管理单位的指挥和协调指令，同时向应急管理单位提供信息咨询服务；城市运行监测服务中心接受行业监管单位的业务指导和数据支持，同时向行业监管单位共享信息、提供决策支持；城市运行监测服务中心与具体的各监测领域的权属责任单位之间的交互是整个运行机制的重点，城市运行监测服务中心向权属责任单位下达指令、共享信息、提供风险分析和技术咨询服务，权属责任单位向城市运行监测服务中心共享资源、提交运营规则和反馈处置情况。

5.3.7 城市安全运行管理平台建设的建议

1) 城市安全统筹规划。城市安全是一个系统化的工程，需要从城市整体安全运行的高度出发来进行考虑，不能"头疼治头，脚痛医脚"，因此需要对城市安全进行统筹规划，提高城市综合风险分析水平，加大城市综合风险防控力度。把城市安全作为一个系统来认识，把风险放在一线来解决，建立覆盖燃气、桥梁、供水、排水、热力、综合管廊等城市安全空间的立体化监测体系，推动老旧改造、新建改建同步设计、同步实施，解决好燃气泄漏触发火灾爆炸、供排水泄漏引发路面塌陷、排水不畅引发城市积水内涝、桥梁受损诱发交通瘫痪等多灾种耦合难题，构筑起立体"前置防线"，全面提升城市安全韧性，让"安全线"成为"安心线"。

2) 创新管理机制体制。建立有效的风险预警事件分级处理机制，实现常见问题及时处理、疑难问题有效解决、风险防范关口主动前移；充分调动社会各方面的积极性，优化配置城市管理资源。压实部门责任、强化精准管控，建设期间"汇众智"，各应用部门精细提出需求，遍历安全管理过程中的突出问题，满足企业安全生产、群众安全生活期望；运营期间"聚众力"，精确部署监测中心、管线权责单位、监管部门、应急部门防控联动，实现常见问题及时处理、疑难问题有效解决、风险防范关口主动前移，做到平时好用、战时管用，全面提升城市安全治理水平。

5.4 城市安全产业分析

城市安全产业是指为城市范围内安全生产、防灾减灾、应急救援等安全保障活动提供专用技术、产品和服务的产业。发展城市安全产业对于落实安全发展理念、提升全社会安全保障能力和本质安全水平、推动经济高质量发展、培育新经济增长点具有重要意义。

5.4.1 城市安全产业发展现状

城市安全产业作为城市运营的重要保障支撑，受到各国政府高度重视。全球城市安全产业规模年均增速7.4%，2020年全球城市安全产业规模超5460亿美元。面向复杂风险的智能化城市安全保障系统和平台逐渐兴起，美国和日本在安防视频监控、家庭安全服务、安全终端产品等领域发展出SECOM、ADT、霍尼韦尔等一批企业巨头。目前，我国已形成以智慧安全城市监测预警、安全防护防控、危化品监测预警、特种应急救援装备等为主要发展领域的环渤海产业发展带，以城市基础设施监测预警、应急智能机器人、高端个体防护装备、新型安全材料、工程机械抢险救援装备等为重点发展领域的长三角产业发展带，以新型安全材料、智慧安防、智能工业制造及防控设备、信息安全为主要发展领域的珠三角产业发展带。

5.4.2 城市安全产业发展趋势

1) 技术趋势。随着城市安全产业科技创新不断加大，在燃气、桥梁、供水、供热、电梯、输油管线、综合管廊等各类应用场景的应用方案加快落地。头部企业在物联网、智能感知、机器学习、大数据等关键技术，以及智能传感器、专用芯片、应急指挥系统及装备、城市安全风险监管平台、特种机器人、无人机、新型安全材料、个体防护装备等方面实现了技术的重大突破。其中城市生命线已经成为风险监测预警与城市基础设施深度融合最成功的应用领域之一。

2) 市场趋势。国家大力支持城市安全产业发展，在技术快速进步和庞大应用需求支持下，全国城市安全产业市场容量将超万亿元，年均增速将达到15%，正在逐步构建"技术+管理+服务"一体化全链条的业务模式。一是产业链上游研发创新能力持续加强，加快弥补电子元件、传感器等核心器件产业发展短板，突破智能检测分析仪器开发、安全装备及防护领域新型复合材料研发技术。二是加快创新商业模式经验，在系统集成项目基础上形成国内领先的品牌优势。三是进一步拓展应用场景支持，加强城市安全产业应用场景开放的支持力度。四是加大安全文化教育和公益宣传力度，形成全社会共同维护城市安全发展氛围，为产业发展奠定基础。

5.4.3 城市安全产业发展建议

1）城市安全管理平台带动产业发展

智能化城市安全运行平台主要围绕构建市政设施安全、房屋建筑安全、交通设施安全、人员密集区域安全等城市重大风险防控为目标，引领和驱动风险评估、监测监控、预测预警、应急通信、指挥调度、救援装备、大数据、物联网等相关技术、产品和服务，服务于城市安全管理新模式新业态。

（1）基于智能化城市安全运行平台形成覆盖城市安全运行管理各领域的行业软硬系统平台，包括城市运行安全态势感知系统、城市综合风险评估系统、城市协同应急指挥系统等，以及桥梁、燃气、供水、排水、热力管网、综合管廊、轨道交通、电梯、地面塌陷等方面的物联网监测装备及专业分析模型等。实现物联网监测、大数据分析、防损评估服务、标准规范输出、保险保障服务的全产业链打通，带动安全设施的生产、检测、检验、维修产业和服务的发展，促进传统安全评价、检测、检验、咨询等服务机构的转型升级，活化本地的设施金融租赁和安全保险服务。

（2）基于智能化城市安全运行平台构建适用于城市安全运行管理工作的城市安全监测关键特种装备与通用设备，包括检测报警设施、设备安全防护设施、防爆设施、作业场所防护设施、泄压止逆设施、紧急处置设施、工业防灭火设施等，带动平台上游产业的聚集与发展。

（3）基于智能化城市安全运行平台形成城市安全运行管理领域的服务产品和解决方案，包括风险评估、咨询规划、设计施工、设备租赁、监控监测、预测预警、维保监测、培训演练、保险保障等全生命周期的安全服务和解决方案。

2）城市安全管理平台推动产业发展

智能化城市安全运行平台通过本地化建设和运营，将促进"科技＋装备＋社会化服务"产业集聚发展，创新构建"城市安全AIOT"核心竞争优势。在国家大力推动5G、人工智能、互联网等新型基础设施建设的背景下，通过智能化城市安全运行平台的持续建设，建成国际领先的公共安全"科技＋装备＋社会化服务"示范场景，培育创新型领军企业以及一定规模的配套企业，并不断辐射周边地区形成产业集聚，带动地区经济高质量安全发展。

5.5 应用案例

5.5.1 安徽省省级城市生命线安全工程监管平台

安徽省委省政府全面贯彻落实习近平总书记关于城市安全发展的重要论述和考察安徽重要讲话指示精神，聚焦城市安全重点领域，强化安全科技创新和应用，立足"省会示范、辐射各市、服务全国"定位，打造全省"1＋16"上下贯通、实时交互、运行高效的防控体系。

安徽省以城市运行管理"一网统管"为目标,立足城市生命线安全工程"1+N+16"运行体系,(1是省级运管服平台,N是行业主管部门,16是安徽省16个城市,图5-3),围绕城市运行安全高效健康、城市管理干净整洁有序、为民服务精准精细精致,整合城市综合管理服务相关信息系统,汇聚共享数据资源,建成覆盖全省的城市运管服平台,加强对城市运行管理服务状况的实时监测、动态分析、统筹协调、指挥监督和考核评价,为全省各市提供日常管理及应急处置技术支持,提升全省城市安全风险防控及行业管理能力。

图5-3 安徽省省领导调研城市安全管理工作

1) 贯彻落实中央工作部署要求

(1) 贯彻落实习近平总书记重要指示批示精神和党中央、国务院决策部署的重要举措

习近平总书记指出,要牢牢抓住城市治理智能化的"牛鼻子",抓好政务服务"一网通办"、城市运行"一网统管",坚持从群众需求和城市治理突出问题出发,把分散式信息系统整合起来,做到实战中管用、基层干部爱用、群众感到受用。建设城市运管服平台,是贯彻落实习近平总书记重要指示批示精神和党中央、国务院决策部署的重要举措,是系统提升城市风险防控能力和精细化管理水平的重要途径,是运用数字技术推动城市管理手段、管理模式、管理理念创新的重要载体,对促进城市高质量发展、推动城市治理体系和治理能力现代化具有重要意义。

(2) 落实中央文件要求的现实需要

党中央、国务院高度重视城市安全工作,住房和城乡建设部印发《关于全面加快建设城市运行管理服务平台的通知》(建办督〔2021〕54号)、《关于进一步加强城市基础设施安全运行监测的通知》(建督〔2021〕71号)、《关于开展2021年城市体检的通知》(建科函〔2021〕44号)等文件,强调建立发现问题、整改问题、巩固提升的联动工作机制,建立风险评估体系,精准查找城市建设和发展中的短板和不足,及时采取有针对性的措施加以解决，开展城市基础设施智能化改造，建设城市运行管理服务平台，构建"一网统管"体系，创新运行模式，努力建设没有"城市病"、更安全更健康的城市。

（3）城市安全发展"安徽样板"的具体体现

2021年7月中共安徽省委办公厅、安徽省人民政府办公厅印发《关于推广城市生命线安全工程"合肥模式"的意见》，明确提出："建设省级城市生命线安全工程监管平台：2021年完成省级城市生命线安全工程监管中心建设；到2025年，实现安徽省城市生命线安全工程全面覆盖。城市安全风险管控能力显著增强，力争16个市全部建成国家安全发展示范城市，形成城市安全发展的'安徽样板'。"

2）推动省级城市运行管理"一网统管"

为提升全省城市安全风险主动防控能力，打通各城市安全数据共享通道，推动省级城市运行管理的"一网通管"，安徽省于2021年10月份整合安徽省城市生命线安全工程监管平台、安徽省数字城管平台，完成安徽省城市运管服平台基础框架的搭建，并在安徽省运行监测的良好基础上不断深挖，打造国内先进的城市运行监测方面的平台应用与特色场景，支撑安徽省住建厅开展城市运行相关业务工作。

安徽省运管服平台建成省级数据统一标准、统一更新、统一共享的公共数据平台，完善健全省级城市安全的管理体系，促进全省城市生命线安全管理一盘棋。省级运管服平台运行监测部分主要包括风险管理、隐患管理、监测预警、考核评价等，实现与各市监测中心互联互通、数据实时共享，实现对各市城市生命线安全工程建设、运行、维护、预警、处置情况的监督管理，为各市在运行监测、预警研判等方面提供技术服务，并通过大数据分析建模对全省行业发展提供决策支持。具体如下：

（1）风险管理。实现对燃气、排水、供水和桥梁专项公共安全领域数据及其他风险相关信息的统一汇聚，结合专项风险评估结果和城市人口密度、重要防护目标等城市脆弱性信息，以及应急救援力量信息对城市生命线工程进行风险评估，以风险指数综合反映城市各区域风险情况。

（2）隐患管理。通过对全省各城市燃气、排水、供水和桥梁专项隐患信息的数据归集，从城市、行业多个维度对比隐患排查及隐患整改情况，综合反映城市隐患分布及治理情况，辅助城市管理者做好隐患治理。

（3）监测预警。结合基础设施、实时监测、危险源、重要防护目标等数据，通过专业的技术模型对可能发生的灾害事故进行研判分析，研究预测事故的发展趋势、可能造成的复合型灾难、人员伤亡和财产损失等，为省级及各城市生命线安全管理提供有效的信息技术支撑。

（4）考核评价。整合城市体检、城市运行管理服务评价指标，归集各城市燃气、排水、供水、桥梁等专项建设、运行、管理三个维度的指标数据，开展考核评价，有效提升全省城市生命线智能化监督管理水平。

（5）基础数据库。对16个城市不同领域、不同类型的数据进行及时有效的采集汇聚，实现对不同数据源的数据适配管理，同时完成各类分布式数据的可靠、安全传输管理；通过对基础数据、实时监测数据的汇集、治理等处理，形成全方位、多层次、综合性的数据服务体系。

（6）技术服务。为全省各市在城市生命线安全工程运行监测、预警研判、经验交流等

3）形成统一的城市运行管理体系

一是全面提升了城市治理能力和水平，补齐现有治理手段和业务需求间的差距，形成了全省统一的城市运行管理体系和制度框架。

二是住建行业数据开放共享与社会大数据融合应用取得新进展，跨层级、跨地域、跨系统、跨业务的协同治理能力进一步增强，共建、共治、共享的理念深入人心，行业治理新格局初步显现。

三是逐步建立起政府、企业与公众之间的信息共享平台和良性互动机制，协调、和谐人与环境的关系，促进城市经济与社会的可持续发展，为人们创造和谐的生活信息空间，为城市管理与服务一体化、提高政府执政能力和水平、促进新时代社会主义建设提供可靠的先进技术保障。

4）提升全省城市基础设施智能化监督管理水平

截至2022年4月，在接入能力上省级运管服平台已接入全省16市相关数据，接入42651套物联网监测设备，其中：燃气管网物联网监测设备29418套、覆盖32274公里，燃气管网监测覆盖率18.23%；供水管网物联网监测设备3460套、覆盖36257公里，供水管网监测覆盖率2.86%；桥梁物联网监测设备8113套，监测桥梁91座（全省共2027座），桥梁专项监测覆盖率4.49%；排水管网物联网监测设备1660套、覆盖35393公里，排水管网监测覆盖率23.45%。

在监测预警上，至2022年4月已累计预警124次（已处置124次），其中燃气泄漏预警85次，排水积水预警1次，供水预警23次，桥梁预警15次。省级运管服平台实现以燃气、桥梁、供水、排水为重点，覆盖了16个市建成区及部分县（市）的城市生命线安全工程，其中合肥市率先实现市县全域覆盖，率先建成国家安全发展示范城市。

5）坚持以人民为中心的发展思想

（1）深刻理解和把握习近平总书记视察安徽重要讲话指示精神的核心要义，坚持以人民为中心的发展思想，以市民为主体、市容为载体、市管为一体，坚持法治、德治、智治，敢于担当、善于宣传，有正气、有热气、有底气、有情怀，用绣花功夫加强城市运行管理工作，以省级城市运行管理服务平台建设和应用为重要抓手，更好地展现安徽省各地城市的形态文明、功能文明、素质文明。

（2）落实"责任与任务"。聚焦加快推进城市管理智慧化升级、创新城市治理能力等方面工作，进一步提高城市精细化管理水平。紧扣"短板与比肩"。认识到目前我省所处的区域、区位、区间，对标先进地区，永葆"闯"的精神、"创"的劲头、"干"的作风，把家园实实在在地建设好，切实推动全省城市管理工作尽早实现"一网统管"。

5.5.2 合肥市智能化城市安全管理平台

在住房和城乡建设部、安徽省住建厅指导下，合肥市积极探索地下管线建设管理规律、创新建设管理模式，一是对涵盖燃气、供水、热力、排水、通信、电力、工业、广电八大类26种4.4万公里市政管线进行详细精准普查，将89.2公里地铁隧道、47座地铁车站、58公里地下管廊等地下空间同步纳入合肥市地下综合管线地理信息系统；二是坚持每天动态更新，实施新建、改建、扩建地下管线动态更新机制，保证地下管线数据应收尽收;三是颁布实施《合肥市地下管线条例》地方立法,构建一整套地下管线管理、监督的法规和制度。住房和城乡建设部已将合肥市地下管线建设管理的经验做法向全国推广,地下综合管线地理信息系统运行以来,为城市生命线一、二期建设和下一步发展提供重要管网数据支撑,有效地避免地下管线多头管理和杂乱无章,实现城市管线的规范建设、科学有序,保障城市建设安全发展,大大减少"马路拉链",降低管线事故,累计为各类工程建设、水环境治理、生命线工程建设等提供约20万公里管线信息,节约探测费约4亿元。

2014年以来,合肥市坚持科技赋能,强化信息成果应用,将管线信息成果和应用服务于城市安全运行,分期推进城市生命线安全工程,探索出一条以智慧防控为导向、以场景应用为依托、以创新驱动为内核、以市场运作为抓手的城市生命线安全发展的"清华方案·合肥模式",实现了城市生命线安全运行管理"从人防向技防、从看不见向看得见、从事后调查处理向事前事中预警、从被动应对向主动防控"的根本转变,全市地下管网事故发生率下降60%、风险排查效率提高70%,有效提升了城市安全韧性。

1) 抓实"一体防",以智慧防控为导向,打造城市生命线安全运行中枢,实现处置联动化

凝聚人才智力。依托清华大学公共安全研究院,以范维澄院士领衔的一流团队、一流学科为基础,合作共建合肥公共安全研究院,探索建设城市生命线安全监测预警系统。2014年以来,合肥市累计投入16亿元建设研发平台,每年提供6000万科研经费,并在住房保障、子女教育、职称评定等方面提供政策支持,占地面积由114亩拓展到260多亩。清华合肥研究院由当初的20余人发展到现在的1000余人,集聚一支公共安全研究"国家队"。先后攻克城市高风险空间识别跨系统风险转移和耦合灾害分析等"卡脖子"关键技术,申请专利和软件著作权300多项;研发出一批国内首创产品,燃气传感器在地下空间使用寿命突破5年,供水管网检测智能球在25公里范围内渗漏定位精度达到2米。目前,团队核心科研人员120人、技术开发人员350余人,60%以上具有硕士博士学位,院士、长江学者、国家"百千万"人才工程、国家杰青11人。

建立联动机制。以往城市基础设施安全都是以行业监管为主,"九龙治水"、合力不够。针对城市生命线工程权属复杂、多部门交叉、缺乏统一技术支撑等难题,2017年,合肥市成立国内首个城市生命线工程安全运行监测中心(以下简称"监测中心"),作为市级机构纳入市安全生产委员会,形成市政府领导、安委办牵头、多部门联合、统一监测服务的运行机制。

精准职责定位。监测中心建立7×24小时值守制度,第一时间发现并上报系统报警信息。结合危险源、防护目标、人交通等数据,对报警信息进行综合分析和风险预警分级,及时向主管部门和权属单位推送风险警情和安全隐患分析报告,定期提供城市安全风险综合分析月报、季报和年报。及时为现场风险处置提供抢险、开挖、泄漏点位溯源等技术支持,对可能引发的次生灾害进行趋势研判。2021年6月17日,监测发现汤口路燃气RQ12572点位报警浓度达6.83%VOL,印石路燃气RQ7894点位报警浓度达4.19%VOL,2021年6月19日,监测发现翡翠路燃气RQ5220点位报警浓度达4.06%VOL,2021年7月20日22:17监测发现繁华大道与邓稼先路西南向南1100米RQ7618点位报警浓度达到20.20%VOL,以上预警均有效处置排除。

强化应急处置。通过监测中心,第一时间将预警信息加推到行业主管部门和运管企

业,第一时间由牵头行业部门协同抓好风险处置,形成多部门联动的新型应急处置机制。2017年以来,多部门联合开展风险处置308起,排除风险492起。2017年9月22日深夜,监测中心发现西一环居民密集区一处地下空间燃气浓度超爆炸下限,燃气泄漏填充长度超50米,影响范围涉及2个加油站、7个住宅区、3个学校和2个大型商场,立即启动应急响应联动机制,系统智能输出精准开挖、应急队伍调配和群众疏散方案。经对现场抢修协同作业,提前消除了可能引发重大人员伤亡的安全隐患。

2)抓实"一图览",以场景应用为依托,织密城市生命线风险防控网络,实现风险可视化

建立可视平台。燃气、供水、排水、热力等管网深埋在地下,过去对于风险隐患感知不到、发现不了。通过以点、线、面相结合,逐步建立起城市生命线工程安全运行监测系统,涵盖燃气、桥梁、供水、排水、热力、综合管廊、消防、水环境八大领域。自动汇聚前端感知信息,通过城市生命线监测运行"一张图"形式立体呈现,对异常情况主动显示、实时更新,做到一目了然、一键推送,实现数据可取、可控、可用、可靠。系统运行以来,城市生命线安全工程已建立20多个智能化预警模型,平均每天处理数据500亿条,每月推送预警信息92.8条,已成功预警燃气管网泄漏216起、供水管网渗漏64起、水厂泵站运行异常45起、重型车辆超载4705起,实现各类型城市生命线监测运行状态透彻感知、智慧分析、精准处置。

拓展覆盖领域。"点、线、面"相结合,逐步建立起城市生命线工程安全运行监测系统,构建燃气、桥梁、供水、排水、热力、综合管廊、消防、水环境八大领域立体化监测网络。2015-2017年实施Ⅰ期工程,覆盖5座桥梁、2.5公里燃气管网、24.9公里供水管网。2017-2021年实施Ⅱ期工程,覆盖51座桥梁、822公里燃气管网、760公里供水管网、254公里排水管网、201公里热力管网、14公里中水管网、58公里综合管廊共2.5万个城市高风险点,布设100多种、8.5万套前端感知设备,透彻感知各类型城市生命线监测运行状态。Ⅰ期、Ⅱ期工程总投资约10.5亿元。目前正在实施Ⅲ期工程,推进主城区和新建城区监测预警能力全覆盖,并延伸至区(县)重点区域。按照省委省政府推广"合肥模式"工作要求,2021年7月启动四县一市一区(肥东、肥西、长丰、庐江、巢湖、安巢经开区)城市生命线安全工程建设,以燃气、供水、桥梁为重点,2022年6月底前实现市县全覆盖。2022年5月,启动合肥市城市生命线三期工程前期工作,突出面向公共安全、面向工商用户、面向家庭、面向个人,推动城市生命线安全工程建设向消防、电梯、建筑安全等城市安全重点领域覆盖,创新"科技+服务+保险"社会化安全服务模式,夯实城市生命线安全工程建设"底座"。

发挥综合效用。汇聚全市风险隐患点、危险源、重要基础设施和重点防护目标信息,全面梳理、辨识、分析城市生命线安全运行的交叉耦合风险,绘制"红、橙、黄、蓝"四色等级安全风险空间分布图。如合肥市建成区燃气管网总里程7700公里,系统精准识别出高风险线路822公里、风险点20余万个,采用空间风险量化模型部署约2.5万个监测点,实现科学全面防控。依托物联网技术实时监测城市生命线安全运行状态,根据监测报警和日常积累数据,描绘城市安全运行画像,变"突击式"体检为"常态化"体检。系统上线前,合肥市桥梁一般1~2年全面检测1次,现在全天候不间断监测,每天2次综合评估,大大降低了风险发生概率。运用智能化预警模型和大数据、人工智能技术,对异常

监测数据进行自动分析、科学研判，及时推送风险类型、等级、发展趋势和具体位置等预警信息，将风险隐患控制在萌芽状态。

3）抓实"一网控"，以创新驱动为内核，构建城市生命线科技治安路径，实现监测智能化

健全标准规范。建立合肥城市生命线工程安全运行监测标准体系，安徽省地方标准《城市生命线工程安全运行监测技术标准》DB34/T 4021—2021 于 2021 年 10 月 14 日正式实施，为全国首创。逐步建立系统平台建设、运行、维护、处置、决策和管理的一体化工作机制和流程。利用地下管网综合管理地理信息系统，从源头抓起，在地下管线设计施工阶段严格按照设计规范和施工标准执行，严格监督管控好设备及材料的制造质量、管道及场站设施的安装质量、管道的强度及严密性试验质量、工程档案资料的编制质量等。

发挥创新优势。合肥城市生命线工程发挥安徽创新土壤丰沃、创新资源集聚优势，着眼用好科技"硬核力量"，引入清华大学共建合肥公共安全研究院，聚集科研创新人才、形成风险评估体系、攻克核心关键技术，实现"前段感知-风险定位-专业评估-预警联动"城市生命线安全运行与精细管控，打通城市安全管理和数据共享的行业壁垒，实现由"以治为主"向"以防为主"转变、由"被动应付"向"主动监管"转变。

提升智能水平。城市生命线安全工程深度挖掘城市安全运行规律，实现前端传感器精准感知、监测系统精准分析、监测中心精准推送，构建风险隐患识别、物联网感知、多网融合传输、大数据分析、专业模型预测和事故预警联动的"全链条"城市安全防控技术体系架构，织密城市安全智慧化、全链条的管控网络，提升城市安全风险发现、防范、化解、管控的智能化水平。

合肥市坚持"省会示范、辐射全省、服务全国"思路，在巩固城市生命线一期、二期工程建设成果基础上，谋划启动生命线三期工程，推动覆盖领域由燃气、供水、供热、桥梁、排水、综合管廊向其他领域全面拓展，打造城市安全发展精品工程、样板工程，推进风险隐患全领域、全过程、全时段监管，实现城市生命线安全工程全覆盖，力争建成国家安全发展示范城市。

5.5.3 "智慧安全佛山"

佛山市积极探索城市安全管理技术创新、模式创新、应用创新，加快建设"智慧安全佛山"，打通城市运行安全的"感知神经、中枢神经、反射神经"，推动城市安全治理模式转型升级。

1）技术创新，延伸城市安全"感知神经"。针对风险评估脆弱区域和重点目标，确立桥梁、燃气、排水、轨道、交通等首批九大监测专项，佛山"智慧安全城市"一期项目投资 2.2 亿元，布设近 2 万套各种类型的前端传感器，构建立体感知网络，形成城市全景画像。在此基础上，以"城市安全风险一张图"方式呈现多因素、多灾种、多环节、全过程综合风险评估结果，科学防控、精准施策，形成闭环处理机制。

2）模式创新，重塑城市安全"中枢神经"。一是"政府搭台"，成立由市长任组长的佛山智慧安全城市建设工作领导小组，充分发挥政府部门统筹协调能力，整合汇聚全市 32 个单位 200 余万条基础数据及上亿条物联网数据，实现跨部门、跨区域、跨层级、跨系统、跨业务的数据融合。二是"市场运营"，通过政府购买服务方式打造佛山城市安全运

行监测中心,作为城市安全运行管理的中枢大脑;组建专业运营团队,对城市安全运行态势进行值班值守、监测预警和综合研判,为不同层级政府部门应对突发事件提供全天候辅助决策技术服务。三是"社会共进",佛山市与清华大学联合成立佛山城市安全研究中心,为佛山城市安全发展提供政策、科技、服务、人才和产业的"五大支撑"。组建"城市安全高端智库",通过异地会商、高端论坛等多种形式,助力粤港澳大湾区城市群安全协同发展。建立"一个监测中心、一套体系机制、一个信息平台、一套数据规范"的系统化运营管理体系,实现政策、服务、市场、数据五轮驱动,助力城市安全治理体系闭环优化。

3)应用创新,打通城市安全"反射神经"。一是坚持"目标导向",依托城市安全运行监测中心和管理平台,初步形成"政府领导、部门联动、超前预警、快速处置、及时反馈"的风险监测预警机制。系统上线半年来成功处置燃气泄漏、台风内涝、消防栓低水压报警、电气短路报警等安全隐患348起。二是坚持"结果导向",依靠科技提高城市风险防控的科学化、智能化、精细化水平。2020年4月,城市安全运行监测管理平台三防指挥专题首次亮相,实现异地会商、风险研判、指令推送、自动匹配增援力量、动态监测人员转移以及微信小程序精准推送风雨水情等功能,对防台风响应启动、指令下达、措施落实、信息反馈等流程逐一进行检验,提高重大风险防控能力。三是坚持"区域协同",按照"技术复用、资源共享、机制联动、集约共建"的原则,面向珠江西岸周边城市快速复制佛山经验成果,把佛山打造成区域性城市安全中心。2020年8月,佛山、江门、肇庆、清远、云浮五市在佛山城市安全运行监测中心签署应急联动合作协议,构建全国首个城市群安全应急联动合作机制,形成防范应对突发事件的强大合力。

5.5.4 烟台市城市安全管理平台

烟台市以先进的城市安全管理理念为指导,按照"风险管理、关口前移"的发展思想,充分利用物联网、大数据、云计算、人工智能等信息技术,站在城市综合安全的角度,构建全方位、立体化的公共安全与应急管理体系,建立协同高效的城市安全管理及风险防控新模式,实现烟台市城市安全管理模式从被动应对向主动保障、从事后处理向事前预防、从静态孤立监管向动态连续防控的转变,最大限度提升烟台城市韧性。

从烟台市公共安全的角度出发,整体上围绕燃气等市政管线安全、电梯安全、交通安全、突发事件应急等开展智能化城市安全运行监测平台的建设。采用"1+2+3+5"的设计模式,"1"是指建设城市安全监测运行中心;"2"是指建设一网一图,即城市安全运行监测物联网和城市安全综合监测一张图;"3"是指建设三大基础支撑,即城市安全大数据系统、安全保障体系和标准规范体系;"5"是指建设5个城市安全运行监测系统,包括:燃气安全运行监测系统、供水管网安全运行监测系统、排水管网安全运行监测系统、电梯安全运行监测系统、交通安全运行监测系统。

1)把握安全发展趋势,聚焦化解城市安全难题

一是城市公共安全的领域范围更宽。城市公共安全是社会和公民个人从事正常的生活、工作、学习、娱乐和交往所需要的稳定外部环境和秩序,涉及的领域比安全生产更宽更广。

二是城市公共安全的目标定位更高。城市公共安全的定位是站在城市全局的角度,利用先进的公共安全管理理念与技术,开展城市风险隐患的全方位物联网监测、评估与精细

化管理,对各类安全风险和突发事件进行跨部门、跨领域的综合协调、防范、治理和应对,打造全方位、立体化的城市公共安全网。

三是城市公共安全的工作标准更细。从安全生产到城市公共安全,实质上是从单一的安全生产监管过渡到城市公共安全治理,从微观的对企业"保姆式"安全监管逐渐过渡到区域协同安全发展,从单纯的政府管理安全过渡到全社会共同治理安全,有效防范、化解、管控各类风险,不断提高维护公共安全的能力水平。

为解决当前城市公共安全的突出问题,烟台市立足制度优化激发活力,技术赋能精准治理,在全国率先成立以市长任主任、各副市长任副主任的城市公共安全委员会,统筹制订城市安全发展重大政策,科学谋划重大项目,制定地方首部城市安全发展综合法规《烟台市城市公共安全管理办法》。加快构建"建立一套完整的保障机制、引进一个'智囊'支持、建设一个城市公共安全管理平台、构建一个综合应急救援管理体系、打造一批城市公共安全科技培训基地"为重点的"五个一"城市公共安全工作体系,以信息化推进城市公共安全治理体系和治理能力现代化建设。

2)引入技术平台资源,立体构筑城市公共安全基石

2019年5月30日,市政府与清华大学公共安全研究院签订合作协议。通过引入外脑,为城市公共安全"往哪走""走到哪""走得到""走得好"立灯塔,为城市公共安全信息化建设"有用""能用""好用""管用"指明方向。借助清华大学公共安全研究院技术成果、产业实力和创新服务模式,统筹城市生产、生活、生态空间和功能设施,通过建设工业安全云、消防安全云、城市安全运行监测中心、综合应急指挥中心和安全警示教育基地,即采用"两云两中心一基地"的形式,将清华大学公共安全科技创新成果在烟台落地生根,开花结果。

针对与城市安全运行和老百姓日常生活息息相关的城市供水、排水、燃气管线、电梯、交通等生命线工程运行安全,建设监测感知网络,搭建城市安全运行监测平台,一期工程建设了覆盖80公里燃气相邻空间、28公里市政消火栓、100部电梯的监测物联网,并将1250公里燃气管道、923公里消防供水干线管道、382公里排水管线、100部电梯、4260部"两客一危"车辆、633部校车纳入监测,为城市安全运行提供主动式保障。监测中心由政府投资建设,与清华大学公共安全研究院成立的合资企业承担运营服务,以购买服务方式承担运营费用,实行"中心监测预警、企业及时处置,部门动态监管,城安委跟踪督导"的工作机制,有效预防事故发生。

3)靶向瞄准趋势动态,渐次赋予多维"进化"空间

从核心平台看,烟台市仍然处在"数据大爆发"的初期,随着"新城建"深入发展,将带来更大的"数据洪流",对物联网、人工智能、边缘计算等技术赋予新的要求,多技术集成创新需求更加旺盛,这就为城市安全大数据的采集、汇总、分析等带来更大的挑战与机遇,硬件与软件的融合、数据与智能的融合将牵引城市安全信息化技术再上新的台阶。

从应用场景看,城市安全应用正在从政府端向基层端延伸,从感知型应用向预测型、决策型应用发展。随着未来二期工程的启动,将全域推动烟台市公共安全领域信息全面感知、风险动态监测,预警早期精准、决策智能科学、处置快速有效,创新数字社会治理模式,打造数字烟台建设标杆。

从风险治理看，在综合性、全灾种、全领域、大应急的创新理念下，充分发挥先行先试的改革创新优势，着力打造全国范围内具有显著示范效应的城市公共安全风险治理体系和治理能力现代化标杆。

从未来发展看，新的时代，新的机遇。烟台市将以创建安全发展示范城市为抓手，在系统规划、建设、运营和服务过程中，积极引入社会化、市场化的多元力量参与，推动业务流程优化、建设模式创造、运营机制创新，打造出一套适合烟台实际的科学、规范、系统、智能的新型城市安全管理长效机制，加快推进城市安全发展体系和能力现代化，把烟台建设成为宜业、宜居、宜游的国际化滨海城市。

智能化城市安全运行监测平台对提高烟台市城市管理效率和服务水平，打造烟台市安全管理新模式，进一步推动安全城市建设和发展起到重要作用。自 2020 年 9 月平台上线以来，共处置供水专项 416 起（其中由施工破坏、消火栓无水及部分管线压力不足或过高导致的消火栓压力异常 262 起；由偷盗用水、刷管检修及消防演练用水导致的供水流量异常 62 起；外接管网压力与水质监测异常 92 起）、燃气专项 258 起（其中由燃气管道泄露导致的一级报警 7 起；由燃气管道泄露导致的二级报警 8 起；由燃气管道泄露导致的三级报警 19 起；由沼气聚集导致的一级报警 39 起；由沼气聚集导致的二级报警 40 起；由沼气聚集导致的三级报警 145 起）和电梯专项 842 起（其中因电梯困人导致报警 64 起；因电梯超速 144 起；非平层开门故障 100 起；层间停梯故障 418 起；电梯停梯异常 9 起；电梯行梯异常 13 起；轿厢水平异常 9 起；坠梯 85 起）。

未来，将进一步扩大全市主城区监测范围，透彻感知桥梁、电梯、燃气相邻地下空间、供水管网、排水管网、热力管网等城市生命线工程运行状况，分析城市生命线工程风险及耦合关系，深度挖掘城市生命线工程运行规律，实现城市生命线系统风险的及时感知，早期预测预警和高效处置应对，为烟台城市公共安全运行提供主动式保障，促进政府职能部门、行业监管部门和权属单位之间高效协同运作，提高烟台城市安全运行水平。

第 6 章　智慧城市基础设施与智能网联汽车协同发展

6.1　概述

6.1.1　双智协同发展内涵

汽车的发展与城市交通息息相关。20 世纪汽车的普及变革了传统城市空间形态，对于城市道路规划建设提出新需求，道路变得更宽、更长、更复杂。当前，在新一轮科技革命推动下，我国智能网联汽车正进入加速发展新阶段。与传统燃油车相比，智能网联汽车具有更直接高效的供电能力、更强大的算力芯片以及线控底盘系统，为汽车智能化转型提供了最佳载体。同时，随着智能网联汽车的应用，对道路基础设施提出数字化、网联化发展的需求，为城市设计创造新的机会，同时也夯实了智慧城市建设基础。

智能网联汽车与智慧城市协同发展成为趋势。智慧城市为智能网联汽车提供智能基础设施和丰富的应用场景，自动驾驶网约车、智能公交、无人物流/配送、自主代客泊车等都需要在智慧城市中实现；同时，智慧城市的建设也需要以智能网联汽车为牵引力和数字化终端，实现合理规划城市智能基础设施建设，提高基础设施利用率。推动智能网联汽车和智慧城市协同发展，会催生大量新业态、新模式、新产业，有利于汽车强国、交通强国以及新型城镇化建设。

住房和城乡建设部、工业和信息化部积极推动智慧城市基础设施与智能网联汽车（下简称"双智"）协同发展试点。2021 年 4 月和 12 月，两部门分批印发通知确定北京、上海、广州、武汉、长沙、无锡 6 个城市为第一批试点城市，重庆、深圳、厦门、南京、济南、成都、合肥、沧州、芜湖、淄博 10 个城市为第二批试点城市。目前，各地都在加速探索双智协同发展的最佳路径。

6.1.2　双智协同发展必要性

当前，汽车产业逐渐向电动化、智能化、网联化、服务化转型，是我国新型城镇化进程中不可忽视的重要组成部分；城市正推进基于数字化、网络化、智能化的基础设施建设，以更好地服务于人民出行和城市治理。两者在智能化大趋势下形成协同交点，如图 6-1 所示。汽车成为城市智能化建设重要的牵引力量，城市也为汽车转型提供丰富的应用场景。妥善处理智能网联汽车与智慧城市的关系，有利于探索汽车产业转型、城市转型、社会转型新路径。

（1）智能网联汽车发展需要智慧城市提供智能基础设施和应用场景

智能网联汽车依赖城市智能基础设施增强感知能力。智能网联汽车需要城市道路提供

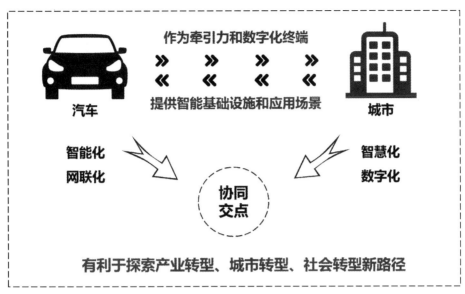

图 6-1 双智协同发展具有重大价值
（资料来源：中国电动汽车百人会）

动静态感知信息，形成准确可靠的超视距感知体系，提升单车感知精度，助力实现自动驾驶。通过在城市道路路口和两侧布设毫米波雷达、智能摄像头、激光雷达等智能感知设备，对城市交通的静态和动态信息进行精确探测、感知和采集，细化车端和路端感知能力分工，补足单车智能感知盲点，为智能网联汽车提供必要的感知信息支撑，提高汽车的行驶效率和安全性，如图 6-2 所示。

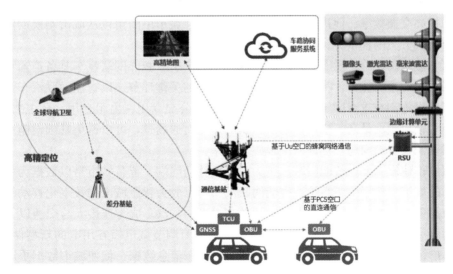

图 6-2 城市智能基础设施为智能网联汽车提供支撑
（资料来源：中国电动汽车百人会）

智能网联汽车需要新一代信息基础设施支撑。新一代信息基础设施可支持车与车、车与基础设施之间的网联化，助力智能网联汽车在复杂的数字交通环境中实现可靠的自动驾

第6章 智慧城市基础设施与智能网联汽车协同发展

驶。5G、车联网等可为智能网联汽车提供低时延、大容量、高可靠的通信能力，以实现汽车与感知设备之间高频的信息交互；高精定位与高精度地图应用可为智能网联汽车提供精确位置和运动姿态，并支撑实现道路行径规划；边缘计算单元等设备可辅助增强汽车算力，降低单车生产成本。

智能网联汽车需要智慧城市提供应用场景和测试环境。智能网联汽车需要城市提供实际应用场景，在城市条件相对成熟的特定路段或区域开展智能网联公交、无人配送、智能环卫和自动驾驶无人出租车等封闭测试、示范应用和商业化运营，为智能网联汽车提供可落地、可试验、可展示的机会，并在应用中不断促进技术迭代。随着智能网联汽车实践经验的积累，可逐步探索面向智慧城市的应用，形成应用引导创新、汽车带动城市的良性循环。

智能网联汽车需要智慧城市提供多样化数据。智能网联汽车在应用与测试中，需要汇聚城市道路、交通、汽车、公共设施、市政设施、地理信息等动态和静态数据，通过机器学习提升智能化水平，加快实现向智能终端转化，不断提升乘坐体验。同时，智能网联汽车需要数据平台对收集的信息进行统一处理，提供丰富的网络化协同解决方案，不仅支持智能网联汽车的运行，也要满足其他应用对于动态、实时、城市级多种类数据融合的需求。

(2) 智慧城市建设需要智能网联汽车作为牵引力和数字化终端

城市需要智能网联汽车减少交通引起的"城市病"。在过去40多年中，城市经历了高速度、大规模、粗放式的建设，城镇人口快速增长。到2020年，我国城镇人口已由1978年的1.72亿人增加到9.02亿人，城镇化率达到63.9%[①]。城市的快速发展也带来了一些问题，如城市交通拥堵、商业区及居民区停车难等，影响正常的交通道路通行和城市建设。通过智能网联汽车开展智慧公交、无人驾驶出租车、智慧停车等应用，有利于减少事故损害、提高交通效率、促进节能减排，推动汽车在城市中的角色从城市顽疾的制造者转变为城市解决方案的提供者。

城市智能基础设施建设需要以智能网联汽车为牵引。智能网联汽车具备连通数据、管理及应用等各要素的能力，将成为城市智能化发展的关键环节。以智能网联汽车为牵引部署智能基础设施，在重点区域提前布局，优先建设公交专用、出租专用、环卫物流专用、城市公交等使用频次最高、应用需求最迫切的重点交通场景，可以避免基础设施过度投资建设造成资源浪费的问题，提高基础设施利用率。

智慧城市建设需要以智能网联汽车为数字化移动终端。智慧城市是以数据为中心、由数据驱动的城市大数据生态系统。智能网联汽车可以成为智慧城市的数字化移动终端，助力打通数据壁垒，汇聚动静态数据。在智慧交通网中，汽车成为连接人与交通以及其他城市设施的新型智能终端。在智慧能源网中，汽车成为调节城市峰谷用电的新型储能节点。通过汽车广泛收集城市道路、交通、建筑的实时动态信息数据，促使城市数据更丰富、更智慧。

(3) 推动双智协同发展可发挥"1+1>2"的综合效益

双智协同将走出新时代具有中国特色智能网联汽车和智慧城市发展之路。双智建设是

---

① 数据来源：国家统计局。

一项系统工程，涉及智慧城市基础设施的改造和建设，智能网联汽车的研发升级和推广应用。通过开展双智建设，以智慧城市为平台，以智能网联汽车为抓手，推动"汽车在城市应用场景中创新、城市在汽车带动下发展"，带动融合领域前沿技术发展，更有利于构建车城协同新体系，驱动生产生活方式变革，促进城市建设和汽车发展结合，为我国智能网联汽车和智慧城市探索协同发展的特色路径。

双智协同发展将打造形成新的产业体系。通过打造"聪明的车、智能的路、智慧的城"，一方面可带动已有的智能基础设施、通信设备、软件服务、大数据中心、人工智能等相关产业快速发展；另一方面也可推动新材料、感知技术、先进制造等领域技术迭代更新和创新应用，催生新业态、新产品、新模式，带动相关产业集聚。双智已经成为一个涵盖"车、路、网、云"等各个环节的新兴产业，基于协同的双智产业体系也会逐渐形成，将产生更多创新突破点，助力培育新的经济增长点。

双智协同发展有助于加快数字社会建设。通过建设车城网平台，以数字化手段连接城市道路、交通、汽车、基础设施等要素，汇聚多维度、多层次的城市动静态数据，实现平台、汽车、道路及城市管理系统的有机对接，支撑实现城市全面感知和车城互联。通过搭建城市运行管理服务平台，加强对市政基础设施、城市环境、城市交通、城市防灾的智慧化管理，不断提高数字政府服务效能，提升公共服务、社会治理等数字化智能化水平。

6.1.3 中央和地方政策措施

（1）国家重视与支持智慧城市建设和智能网联汽车发展

近年来，中共中央、国务院以及国家发展和改革委员会、住房和城乡建设部、工业和信息化部等部委出台了一系列政策文件，为智慧城市建设和智能网联汽车发展营造了良好的政策环境，如表6-1所示。2022年4月26日，习近平总书记主持召开中央财经委员会第十一次会议，强调全面加强基础设施建设构建现代化基础设施体系，为全面建设社会主义现代化国家打下坚实基础。会议指出要科学规划，贯彻新发展理念，立足全生命周期，统筹各类基础设施布局，实现互联互通、共建共享、协调联动。2021年10月，中共中央、国务院发布《关于推动城乡建设绿色发展的意见》，提出"推动城市智慧化建设。建立完善智慧城市建设标准和政策法规"和"加快发展智能网联汽车、新能源汽车、智慧停车及无障碍基础设施"。2021年3月，国家发展和改革委员会、工业和信息化部等28个部门联合发布《加快培育新型消费实施方案》，明确"协同发展智慧城市与智能网联汽车，打造智慧出行平台'车城网'"和"加快全国优势地区车联网先导区建设，探索车联网（智能网联汽车）产业发展和规模部署"。

近年来我国智慧城市和智能网联汽车相关政策　　　　表6-1

时间	政策文件	发布部门	相关内容
2021年12月	《关于确定智慧城市基础设施与智能网联汽车协同发展第二批试点城市的通知》	住房和城乡建设部、工业和信息化部	✓ 确定重庆、深圳、厦门、南京、济南、成都、合肥、沧州、芜湖、淄博等10个城市为智慧城市基础设施与智能网联汽车协同发展第二批试点城市

续表

时间	政策文件	发布部门	相关内容
2021年10月	《关于推动城乡建设绿色发展的意见》	中共中央、国务院	✓ 推动城市智慧化建设。建立完善智慧城市建设标准和政策法规 ✓ 加快发展智能网联汽车、新能源汽车、智慧停车及无障碍基础设施
2021年5月	《关于确定智慧城市基础设施与智能网联汽车协同发展第一批试点城市的通知》	住房和城乡建设部、工业和信息化部	✓ 确定北京、上海、广州、武汉、长沙、无锡6个城市为智慧城市基础设施与智能网联汽车协同发展第一批试点城市
2021年3月	《加快培育新型消费实施方案》	国家发展和改革委员会等28个部门	✓ 协同发展智慧城市与智能网联汽车，打造智慧出行平台"车城网" ✓ 加快全国优势地区车联网先导区建设，探索车联网（智能网联汽车）产业发展和规模部署
2021年2月	《国家综合立体交通网规划纲要》	中共中央、国务院	✓ 推进智能网联汽车（智能汽车、自动驾驶、车路协同）应用 ✓ 推动智能网联汽车与智慧城市协同发展
2020年11月	《关于组织开展智慧城市基础设施与智能网联汽车协同发展试点工作的通知》	住房和城乡建设部、工业和信息化部	✓ 鼓励城市围绕智能化基础设施、新型网络设施、"车城网"平台、示范应用及标准制度五个方面展开建设
2019年9月	《交通强国建设纲要》	中共中央、国务院	✓ 加强智能网联汽车（智能汽车、自动驾驶、车路协同）研发，形成自主可控完整的产业链 ✓ 大力发展智慧交通。推动大数据、互联网、人工智能、区块链、超级计算等新技术与交通行业深度融合
2019年7月	《数字交通发展规划纲要》	交通运输部	✓ 推动自动驾驶与车路协同技术研发，开展专用测试场地建设 ✓ 鼓励物流园区、港口、铁路和机场货运站广泛应用物联网、自动驾驶等技术

（资料来源：公开资料，中国电动汽车百人会整理）

（2）各地积极布局与引导相关产业持续落地

智慧城市建设和智能网联汽车发展逐渐成为城市未来建设规划的重要部分，各地纷纷发布政策文件，引导产业项目落地，如表6-2所示。北京发布《北京新型智慧城市感知体系建设指导意见》等文件，积极布局智慧城市感知设施建设、新型网络设施建设、智能网联汽车道路测试、智能网联场景试运营及商业运营服务等项目；上海发布《关于本市"十四五"加快推进新城规划建设工作的实施意见》等文件，超前布局新型基础设施，推进基础设施智能化运用，结合道路综合杆建设，加快城市神经元智能感知节点部署，提升现有基础设施感知能力；广州发布《广州市推进新型基础设施建设实施方案（2020—2022年）》等文件，基于5G网络、千兆光网、物联网、工业互联网等信息基础设施的建设，大力推动智慧城市、智慧交通、智能网联汽车等快速发展。

6.1 概述

各地智慧城市和智能网联汽车相关政策　　　　表 6-2

城市	时间	政策文件
北京	2021年4月	《北京市智能网联汽车政策先行区总体实施方案》
	2021年3月	《北京新型智慧城市感知体系建设指导意见》
	2020年12月	《北京市"十四五"时期智慧城市发展行动纲要》
上海	2021年2月	《关于本市"十四五"加快推进新城规划建设工作的实施意见》
	2021年1月	《关于全面推进上海城市数字化转型的意见》
广州	2021年3月	《关于印发广州市车联网先导区建设首批技术规范的通知》
	2020年12月	《广州市推进新型基础设施建设实施方案(2020—2022年)》
	2020年9月	《关于促进汽车产业加快发展的意见》
武汉	2021年1月	《武汉市加快推进新型智慧城市建设实施方案》
	2020年6月	《武汉市新型智慧城市顶层规划(2020—2022)》
	2020年6月	《关于印发武汉市开展城市智慧汽车基础设施和机制建设试点工作方案的通知》
长沙	2021年1月	《关于印发长沙市新型智慧城市示范城市顶层设计(2021—2025年)纲要和长沙市新型智慧城市示范城市建设三年(2021—2023年)行动计划纲要的通知》
	2020年11月	《长沙市关于推进智能网联汽车应用示范的指导意见(试行)》
	2020年9月	《关于加快建设新型智慧城市示范城市的决定》
无锡	2020年10月	《国家级江苏(无锡)车联网先导区无锡市车联网建设规划纲要》
	2020年2月	《关于加快推进数字经济高质量发展的实施意见》

(资料来源：公开资料，中国电动汽车百人会整理)

6.1.4　国外发展情况

(1) 美国

政府投资支持自动驾驶的多样化基础设施研发。美国自动驾驶战略以保护技术创新为原则，不干涉技术路线的选择。2020年1月美国交通部发布自动驾驶4.0计划，旨在确保美国在自动驾驶领域的技术领先地位，提出了保护安全、促进创新和统一监管政策的技术原则。支持自动驾驶汽车数据交换的通信基础设施也列入美国优先发展事项。高速通信支持车对车（vehicle-to-vehicle，V2V）和车对一切（vehicle to everything，V2X）环境数据交换，允许自动驾驶汽车接收和发出超出其车载传感器物理范围的数据。自动驾驶4.0中提出：补充自动驾驶汽车技术能力的无线技术是本届政府的优先事项。

美国政府中许多机构投资于支持自动驾驶的多样化基础设施研发。利用现有基础设施并探索新的基础设施，使自动驾驶汽车发挥最大潜能，有助于美国创业和创新。例如能源部（DOE）开发了高效计算基础设施，用于自动驾驶汽车软件的建模和仿真、感知、规划和控制。联邦机动车运输安全管理局（FHWA）与智能交通系统联合项目办公室（ITS JPS）协作，支持自动驾驶汽车行驶区域的数据交换（WZDx）计划，促进把自动驾驶汽车纳入到美国的道路系统中。

(2) 德国

德国将基础设施纳入发展自动驾驶的五大重点行动领域之一，重点规划了三个方面内容：一是建设数字基础设施，包括进一步提升网速和带宽，提升通信网络在高速道路上的覆盖率，加快 5G 网络部署等具体目标。二是制定智慧道路标准，和企业、高校合作开展相关试验测试，制定满足自动网联驾驶要求的智慧道路标准，并实施在未来的道路建设、维护与升级中。三是进一步推动车辆与基础设施的互联互通，包括交通出行数据、智能交通标志标识、高精度地图等，通过基础设施为自动网联驾驶车辆提供准确实时的交通信息，如图 6-3 所示。

图 6-3 德国发展自动驾驶的五大重点行动领域

(资料来源：《自动网联驾驶战略》，中国电动汽车百人会整理)

德国联邦交通与数字基础设施部（BMVI）为德国自动驾驶的主要推动部门，如表 6-3 所示。由 BMVI 发布《自动网联驾驶战略》，并建立跨部门协同机制，推动自动网联驾驶加速落地。

德国基础设施建设中部分职责划分　　　　表 6-3

工作内容	负责部门
建立监管框架	联邦交通部，建筑与城市发展
为路侧 ITS 设施筹集资金	联邦政府，联邦州政府，地方政府
远程通信设施规划	联邦州政府，地方政府
交通管理系统的建设和运行	联邦州政府，地方政府
提供车辆	OEM
交通状况检测设备的建设和运行	联邦州政府，地方政府，私营服务提供商
信息服务的开发和运营	广播公司，私营服务提供商，汽车工业，公共交通部门，其他组织和运营商
信息传输	通信网络运营商，广播公司

(资料来源：公开资料，中国电动汽车百人会整理)

(3) 韩国

韩国提出同时推动传感器为中心的单车型和依托通信的网联型自动驾驶技术发展。2019 年 10 月，韩国发布《未来汽车产业国家发展规划》和《未来汽车产业发展战略》，提出 2027 年率先实现无人驾驶商用化、2030 年成为未来型汽车世界强国的目标。

规划同时指出，韩国将于 2024 年在主要路段完善无人驾驶四大配套设施，在道路建设、通信设施、高精度地图、交通管制领域做好准备工作。根据《未来汽车产业发展战略》，政府将投资 2.2 万亿韩元用于推动自动驾驶产业发展，其中 1 万亿韩元用于相关基础设施建设。在道路建设和通信设施方面，做到优先建设特定区域的通信基础设施部署、推进道路与建筑物自动驾驶优化设计，以保证自动驾驶车辆网络顺畅，提升道路交通传感识别率，使道路路况适合自动驾驶车辆行驶，如图 6-4 所示。

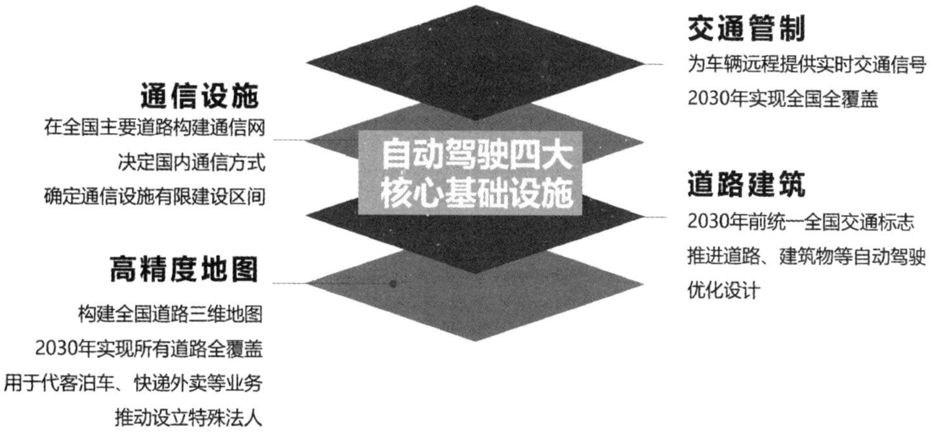

图 6-4　韩国提出构建无人驾驶四大核心基础设施
（资料来源：《未来汽车产业发展战略》，中国电动汽车百人会整理）

6.2 双智背景下的智慧城市基础设施

6.2.1 内容与范畴

智慧城市基础设施建设应当按照智能网联汽车不同发展阶段的要求来进行规划，从而使道路智能化之后可快速应用，避免出现建设就落后或者建设无人用等问题。智慧城市基础设施建设主要包括四个方面：一是建设适配智能网联汽车发展的交通基础设施，初期可聚焦支持辅助驾驶，未来探索建设高等级智能道路助力实现无人驾驶；二是建设智能化、网联化、多元化、清洁化的新型能源基础设施；三是建设包括高精度地图在内的高精定位基础设施；四是建设支持车城互联的现代信息通信网。

6.2.2 交通基础设施

交通基础设施是双智建设重要的一部分，通过交通基础设施与智能网联汽车装载的视频、激光、毫米波雷达等感知设备交互，可支撑构建车城感知体系。双智背景下的交通基础设施主要包括交通流量采集、道路视频监控、路口信号控制等传统感知设备，以及激光雷达、毫米波雷达、电子标识、信源感知等新型感知设备，支撑实现道路交通状态的全息感知，如图 6-5 所示。

1）交通基础设施的内容及特点

（1）摄像头

路侧摄像头从识别原理上分为单目和双目。从形态上可以分为球机、半球机、枪机、筒机等。按照功能应用可以分为视频监控或应用摄像机。路侧摄像机通常都是固定安装在路侧道路设施上，用于对车辆非机动车、行人等目标的检测和定位。视频感知的本质是利用摄像头和图像处理单元来模拟人的视觉行为，从而得到路侧环境中目标的信息。从识别原理上来看，识别算法单元根据识别需求完成对路侧单元周边的车辆、非机动车、行人等

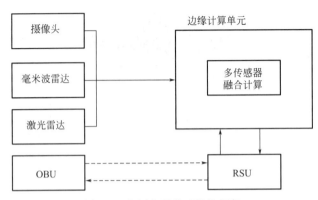

图 6-5　路侧交通基础设施框架

(资料来源：希迪智驾，中国电动汽车百人会，北京万集科技股份有限公司)

交通参与者的类别和分布状态的识别，其最基本指标包括适用的气象条件、可同时识别目标类型、检测率、探测范围、定位误差、焦距、分辨率等。

基于路侧安装的摄像头，能够主动获取各个关键节点处的视频流数据，对观测方向区域内的车辆、行人等环境实现全局获取，该类数据一方面将通过数据处理和分析生成相应的警示信息实现路-车发布和路-云上报，另一方面，该视频流也能够搭载于短距离无线通信方式和特殊协议实现视频流的传输。即将驶入该区域的车辆能够实时接收到前方路况视频信息，为驾驶员提供实时有效的路况信息。通过路段的感知，可以基于原有监控系统获取到道路的总体交通路况，通过视频图像检测技术可以为道路路况分析、交通大数据、交通规划等提供可靠的数据依据。

（2）毫米波雷达

毫米波雷达的工作原理是通过振荡器产生线性调频连续波或三角波，经发射机发射，再由天线定向辐射出去，在空间以电磁波形式传播，当遇到目标时反射回来。接收机接收目标反射信号，再经过信号处理、数据处理即可得到单个目标的距离、方位、相对速度等信息，又可以检测车流平均速度、车流量、车道占用率、排队长度和时间分析。毫米波雷达根据目标回波特征进行目标特征提取和分类，主要技术有基于极化信息的特征提取技术、基于融合通信（Rich Communication Suite，RCS）的特征提取技术、基于一维高分辨率的特征提取技术、基于目标微动特征的提取技术。

毫米波雷达相较其他感知设备具有更强的雾、尘穿透能力以适应全天候，具有较强测试及测距能力；但毫米波雷达对静态目标与行人、非机动车等交通参与者检测效果较差，易产生虚报。当前的毫米波雷达发展趋势为采用更大的天线阵来达到更好的角度分辨率，用更大的带宽达到好的距离分辨率，弥补现有毫米波雷达技术在探测精度方面的不足。

路侧场景需求具备全天候、低成本和高性能的雷达产品，因此 4D 成像毫米波雷达也正在进入 V2X 路侧的感知设备市场。4D 雷达和视频在点云像素级融合后，更可以充分发挥各自传感器的优势，对各种移动和静止的大小车辆、摩托车、行人以及其他目标进行精确分类和连续追踪。实时提供目标的 3D 位置、速度、大小、航向等多维度信息。

（3）激光雷达

激光雷达分类多样，按线束分可以分为单线及多线激光雷达；以扫描方式看，激光雷达分为机械式、半固态和固态式；激光雷达整体技术由运动式向固态演进，呈现体积小型化、部件固态化趋势。雷达以激光为信号源，由激光器发射出的脉冲激光打到周围物体上引起散射，通过接收器接收光波反射时间进行测距，具有测量速度快，抗强光干扰能力突出的优势。

激光雷达具有高分辨率高精度，可实现厘米级高精度定位，角分辨率可达0.1度，相较微波雷达具有明显优势，同时可准确跟踪多目标；抗有源干扰能力强并且获取信息量丰富，可直接获取目标距离、角度、反射强度、速度等信息，生成目标多维图像；但激光雷达传播距离受雨雾雪等天气环境影响，大气环流易引起激光光束发生畸变抖动。

在感知系统中，3D激光雷达是道路环境感知的主体，可布设于道路关键和复杂的路口及路段，对所在区域道路进行精确感知。通过路侧激光雷达对道路的完整扫描，得到基于点云数据的道路动态环境重建，得到包括车辆、行人、非机动车及其他物体的道路信息，为解决智能网联汽车的超远视距和非视距信息感知提供有力支撑。

（4）RSU

路侧单元（Road side unit，RSU）是路侧的信号接收和发送装置，其内部核心模块是V2X模组。RSU主要是由通信模组和ARM（Advanced RISC Machine）控制器形成的电路板组成。根据组成的不同，RSU一般有单模（DSRC/LTE-V）、双模（DSRC、LTE-V）和多模（DSRC、LTE-V、其他外设）。

RSU是信息传送最重要的基础设施之一，是感知路网特征、道路参与者的信息交换枢纽。RSU可以对接几十余种信号机控制系统，对接微波雷达等多种检测器信息，对接车辆和路侧可变信息牌，并可提供差分信号，提升定位精度。RSU不仅可提供和汽车的通信中继，也可与边缘云、交通大脑相连或内置边缘计算设施，完成连接和计算的综合管理。

（5）边缘计算单元

摄像头不断升级到900万像素，激光雷达与毫米波雷达赋能自动驾驶与传统交通智慧化建设。全方位的丰富信息输入越多做决策时需要考虑就越多，系统推演各种影响因素对结果的作用的复杂度越高，所需要的计算量就越来越大。围绕高可靠、低时延、大算力，需要专为智慧交通场景设计AI感知边缘计算单元，具备可实时处理激光雷达3D点云数据、毫米波雷达频谱数据和视频数据的AI硬件加速引擎和AI算法，满足多源数据的融合，充分发挥不同传感器优势，支持目标位置、3D尺寸、速度及运动方向等维度信息的获取，满足不同场景下的路侧感知需求。

边缘计算单元通常包含高性能、高算力计算平台及数据融合类系统软件，硬件计算平台主要为嵌入式、工控机、服务器等形态，可支持路侧感知设备通过交换机接入，包括视频检测设备、毫米波雷达、激光雷达、交通标志、环境监测设备等；支持路侧控制设备通过交换机及RSU接入，包括交通情报板、信号机等；可满足有高运算性能和多扩展接口需求的服务器级进程间通信（Inter-Process Communication，IPC）应用。计算单元内置基于AI深度学习的感知融合算法、目标识别算法、全域跟踪算法、事件检测算法，支持信控调优所需感知数据输出；实时汇集感知数据进行多源数据融合拼接与特征提取，降低传输时延，优化流量，实现区域协同；并可通过5G/V2X或有线网络通信，实现极低时延传输信息给周边车辆、移动终端及云端平台。

2）交通基础设施部署方案

交通基础设施以路口为关键节点进行部署,城市路口主要分为十字路口和丁字路口两大类。原则上,所有设备安装杆件以利旧为主,通常安装在路口的监控杆上。RSU 一般优先安装在路口离信号控制机最近的信号灯横杆上,实际布置时应以不影响设备正常功能为前提,根据路况、施工便利程度进行调整;对于无信控的其他点位,主要根据实际路况、设备通信/检测视角覆盖范围、施工便利度等因素来确定设备的安装位置。

十字路口一般交通参与者数量大、种类繁多,结合十字路口的特性和周围路段交通参与者行为全息感知的需求,需要在每个进口方向的杆件上各安装摄像机毫米波雷达和激光雷达进行事件感知和融合,依靠这两种感知设备实现路口、周围路段交通参与者行为感知和判断,若路口存在遮挡,将适当增加 RSU 数量,如图 6-6 所示。

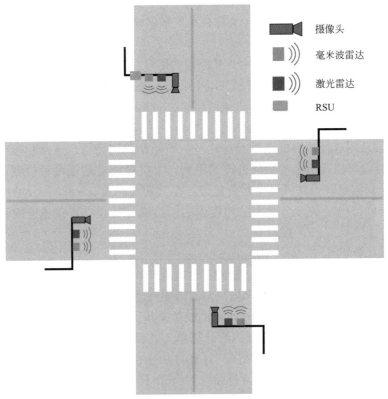

图 6-6　十字路口设备部署示意图
（资料来源：希迪智驾）

结合丁字路口的特性和周围路段交通参与者行为全息感知的需求,需要在每个进口方向的杆件上各安装摄像机、毫米波雷达和激光雷达进行事件感知和融合,依靠这三种感知设备实现路口、周围路段交通参与者行为感知和判断,同时,激光雷达的引入,也可以对体积更小的障碍物实现更精准的感知和发布,如图 6-7 所示。

3）交通基础设施发展趋势

激光雷达探测精度高,具备高精度三维环境感知能力,具备良好的定位增强与连续跟踪能力;毫米波雷达则可以准确检测速度与位置信息变化,用于车速预警等全天候检测服

6.2 双智背景下的智慧城市基础设施

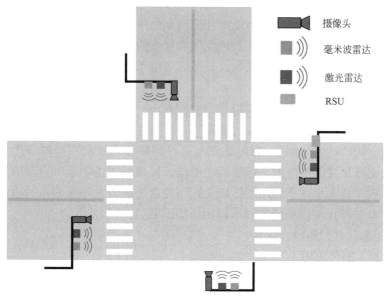

图 6-7 丁字路口设备部署示意图
（资料来源：希迪智驾）

务；并通过与视频的多源融合感知实现更精准的交通参与者感知和交通事件高可靠检测。

基于激光雷达、毫米波雷达、摄像机等感知设备的交通参与者检测技术发展趋势主要有两点，一是技术先进性与推动产业协同并存，交通参与者检测技术目前在 AI 能力方面仍有不足，尤其是路侧与车端的融合感知及融合决策问题，因此在未来的发展中仍然需要着力于解决基本的技术问题。二是现有的基于路侧激光雷达、毫米波雷达和摄像机的交通参与者检测技术系统呈现出明显的"碎片化"特点，不同厂家的系统之间往往不能实现信息的共享开放，因此信息交互标准及高效的信息开放方式是值得关注的重点。

6.2.3 新型能源基础设施

双智协同发展为新型能源基础设施建设提供方向。双智协同发展与能源基础设施建设紧密相关。从车端角度来看，智能网联汽车可作为优质的移动储能单元，在调节电力负荷、消纳可再生能源、改善电能质量等方面应用潜力巨大，可以成为城市能源供给体系中的要素。从城端角度来看，智慧城市发展为能源基础设施数字化、智能化建设提供窗口、机遇和平台，可支撑能源基础设施创新应用落地。未来，城市、汽车与能源将加速融合互动发展。

1）新型能源基础设施的内容及特点

新型能源基础设施主要包括五个方面。一是智能有序充放电桩，未来的充电桩将都是联网且智能可控的，当前基于单向的有序充电已经可以规模化推广，未来将逐步过渡到双向的有序充放电桩；二是大功率充电设施，大功率充电设施的特点就是"充电快"，通常可达充电 10 分钟，补能至少 150 公里，随着电池技术的进步以及整车电压平台的升高，大功率充电将能提供更好的补能体验；三是充换一体站，从高效用能的角度，换电站将与充电桩共建，同时满足不同车型的补能需求以及电力容量的高效使用；四是光储充/换一体站，双碳背景下将有越来越多的与分布式光伏（结合周边建筑屋顶、车棚等）合建的充换电站，通过增加新能源的使用，降低新能源汽车使用环节的碳排放；五是移动充放电设施，目前移动充放电的路线有两种，一种是代客服务的大型移动充电车，另一种是自助服务的小型随车充放电设施。移动充放电设施是满足电动汽车用户更高需求的增值应用，也能满足特定应急供能场景。

未来，新型能源基础设施的发展包括三大特点。一是设备网联化，所有的设施都是联网的，且作为与整个能源互联网相连的能源入口，融合在整个能源互联网之中，无数的电动汽车就像是一块"电力海绵"，通过充放电吸收和释放能量发挥平衡的作用；二是充电智能化，充放电都是智能可控的，能够接受本地、区域或者整个城市平台的多层级能量调度，支撑能量效率最大化；三是用能低碳化，用能都是更低碳环保的，通过绿电交易、本地光伏消纳以及车网互动让新能源汽车多用新能源电。

2) 新型能源基础设施融合应用

(1) "车-网"融合应用

通过建设"车-网"融合的能源基础设施，充分利用大数据等技术，实现车端需求侧与能源供给端实时信息互动；通过应用充换电负荷聚合调控、有序充电、车网互动充放电等技术，推动智能网联汽车参与能源系统运行，保障新能源的充分消纳与灵活控制。2020年9月，华北能监局发布政策鼓励京津唐区域的第三方主体包括充换电设施运营商参与电网的辅助服务市场，提高电网的调节能力，促进新能源消纳。新能源汽车及其充换电设施通过负荷聚合参与以后，通过平台调度，在夜间张北风电大发时段多充电，平衡新能源大发与常规负荷用电不匹配，提升新能源消纳水平。以蔚来汽车为例，从2021年11月到2022年4月，蔚来汽车组织了累计4241位京津唐区域的车主参与了华北电网辅助服务市场，通过将常规的充电时段移到了凌晨风电大发的时段充电，即促进了风电能源的利用，又可以获取辅助服务电费补贴降低用电成本。

(2) 与可再生能源融合应用

利用周边屋顶或车棚资源，建设分布式光伏，打造光储充/换一体化站。白天光伏大发时段，光伏发电直接充到换电站电池，或者直接通过充电桩充到正在充电的车辆，从而直接提升了充换电站终端用能的新能源比例，甚至可以结合绿电交易，打造局部"碳中和"充换电场站。蔚来建设的上海汽车博览公园"光储充换"一体化电站已运营近3年，累计用能近200万度，开展换电近3.5万次，消纳新能源近6万度。该项目在能源融合上实现了光伏就地消纳，可与电网友好互动，通过错峰充电，助力全网清洁能源消纳。

(3) 与小区规划及改造融合应用

对于难增容的老旧小区，通过安装有序充电桩，以及本地的能量管理，可以实现同样的容量下装更多的桩。如小区里出现紧急停电时，电动汽车可以通过随车移动放电设施放电为小区提供应急照明等。在疫情期间，某些电动汽车因为长期闲置导致大电池没电，小电池也亏电，这时候可以通过随车移动充电设施进行补能。

3) 新型能源基础设施发展趋势

(1) 充电设施将逐渐从无序离网充电到智慧有序充放电

从省级或城市级电网层面，按照新能源汽车发展规划以及新能源的装机规模，电动汽车作为车载储能的调节能力与平衡日渐增多的风光所需的调节容量相当，目前政策上也允许将电动汽车充换电设施作为可并网的电力主体,可以预见未来电动汽车充换电设施将作为用户侧的不可或缺的可调资源。

在园区或小区的配电网层面,随着新能源汽车规模化发展,可以预见小区里的充电设施会越来越多,如果能进行有序充电管理,既能保证配电变压器下面的所有用电负荷和谐共处,还能进一步利用谷时段,满足更多的电动汽车用户充电;除此之外,电动汽车还可以作为电源,通过有序放电,成为支撑小区应急供电的电源。目前中电联也在牵头组织有序充电的行业标准的制定,上海率先出台了有序充电的地方标准,国家电网公司也在各地逐步开展有序充电的相关试点。

(2) 充换电设施的能量管理逐步从粗放到精细

随着电力市场的发展,要求工商业用户逐步参与到电力市场的交易中,通过用能的精细化管理可以在电价变化浮动的市场中获取一定的成本节省空间;双碳背景下,充换电设施的用电环节也需要更加节能环保,结合新能源的使用开展用能跟踪与低碳管理,依托电动汽车V2G(Vehicle-to-grid,车辆到电网)和智能调度降低高峰用电量,通过响应电网互动需求降低用电成本等;通过更精细化的用能管理亦可促进用户、物业、充换电设施运营方、新能源运营方以及电网的多方共赢。

(3) 满足新能源汽车用户除常规固定补能之外的其他需求

随着新能源汽车规模化发展,电池技术在进步,新能源汽车本身作为一个"移动式储能"的作用将有更好的发挥空间。除了日常补能,应急情况下的车车补能,高端用户的代客补能,开车露营场景下的常规负荷应急供电,极端天气下的重要负荷的应急供电等,上述V2X场景下的供能需求,也恰是移动式或便携式充放电设施的应用发展空间。

6.2.4 定位基础设施

智能网联汽车必须具备高精度地图和高精度卫星定位以实现高等级辅助驾驶、自动驾驶,由此衍生的新一代智慧交通和智慧城市应用(比如:全息路口、孪生路网、孪生城市)也对高精度地图和高精度卫星定位地理基础设施提出了迫切需求。

双智需要建设高精度地图及卫星定位基础设施以提供城市级高精度地图及卫星定位服务,应鼓励具备测绘资质及地图研发优势的头部企业牵头建设高精地图和定位服务平台,全面提升城市级高精度地图和高精度差分定位的高精度时空服务、动态地理信息服务水平。

1) 定位基础设施的内容及特点

(1) 高精度地图

一般来说,普通导航电子地图是给人用的,高精度地图是给智能驾驶车辆使用的。普通导航电子地图由道路网络、显示背景、显示文字、索引及其他辅助数据组成。导航软件将卫星定位位置匹配到道路网络上,然后进行路径计算及路径引导,就能起到目的地检索、路径规划、路径导航等作用。与普通导航电子地图相比,高精度地图主要具备三大特点。一是高精度,主要体现在高精地图的绝对坐标精度更高(绝对坐标精度指的是地图上某个目标和真实的外部世界事物之间的精度),可以精确到厘米级别;之所以要求精度更高,是因为在自动驾驶汽车行驶的过程中,需要对自身位置进行实时精确定位。二是高丰富度,高精度地图所蕴含的信息丰富,包含了除道路信息之外的,几乎所有与交通相关的周围静态信息以及必要的动态信息，道路信息方面包含道路类型、曲率、车道线位置等；环境对象信息包括路边基础设施、障碍物、交通标示等，同时动态高精度地图要包括交通流量、红绿灯等实时动态信息。三是高新鲜度，实时性是高精度地图非常关键的指标，因为自动驾驶完全依赖于车辆对于周围环境的处理，如果实时性达不到要求，可能在车辆行驶过程中会有各种各样的问题及危险。高精地图必须高频更新地图信息，包括实时交通流量、红绿灯状态信息等动态信息，也包括静态信息的更新，比如道路的变更、维修、限速调整等。

高精地图在数据采集过程中，对采集车的位置（经度、纬度、高程）及车辆姿态（航向、翻滚角、俯仰角）的测量精度要求非常高，对采集数据的精细覆盖程度要求也非常高。高精地图是利用高精度采集的道路及周边道路设施数据制作高精度的地图路网拓扑模型、车道模型以及道路通行空间范围边界区域内的精细化对象设施模型，包括：路牙、护栏、立交桥、隧道、龙门架、交通标牌、可变信息标牌、轮廓标、收费站、杆状物体、交通灯、墙面、路面导向箭头、路面文本、路面符号、警示区、导流区等。

（2）高精度定位

智能网联汽车领域的高精度定位是指在车辆实时运动状态中连续获取车辆高精度位置信息的单一或者多种模式混合定位的体系。一般情况下，卫星定位（Global Navigation Satellite System，GNSS）是高精度定位的基础；为了提高精度，一般要求加入对定位卫星信号的差分辅助；为了提高定位输出频率和适应短距离无卫星信号环境，还需要增加集成高精度惯导系统。在自动驾驶车辆行驶中，往往离不开和高精度地图的匹配，以及对摄像头、激光雷达、毫米波雷达等车身传感器的辅助定位融合。高精度定位的主要包括两种类型：

一是全局定位（也称为绝对定位），通过定位系统直接获取目标在全球坐标系下的位置信息（含三维坐标、速度、方向、时间等全局信息）。单个接收机通常的定位称为单点定位，或绝对定位；只利用本接收机的观测量，定位精度较差。差分定位包含两个或两个以上接收机，通过差分校正量提高定位精度。差分定位根据服务区域不同可分为局域差分和广域差分，也可分为地基增强系统和星基增强系统；根据差分修正参量的不同，可分为位置差分、伪距差分和载波相位差分等。要得到高精度的定位结果，通常利用载波相位差分定位提高定位精度。

二是局部定位（也称相对定位），在智能网联汽车运行的局部环境中，通过对周边环境中特殊物体的图像识别或特征匹配、与事先保存的地图信息进行比对获得环境物体和自车的局部相对位置；或者通过传感器探测周边静态物体、运动目标的相对距离和相对角度及相对速度等信息，解算出自车与动态静态目标物之间的相对位置。局部定位最终可以还原出全局位置信息。

高精度定位基础设施一般由基准站（Continuously Operating Reference Stations，CORS）网、系统中心、系统用户以及传输链路四部分组成。CORS网由在全国各地建设的CORS站组成系统的观测卫星数据来源，要求24小时连续运行，并且保证基准站位置（准确坐标）的稳定和数据的稳定，并根据稳定情况定期更新基准站的准确坐标。系统中心最主要的功能是对系统的观测数据进行实时处理，并提供实时高精度差分服务。另外，还要具备存储功能、管理功能、监控功能和报警功能。系统用户是最终服务对象，包括智能网联汽车、自动驾驶汽车以及路侧基础设施等。一方面，系统用户需要按系统要求接入系统，获得系统服务；另一方面，用户的需求也决定了系统的服务。传输链路的功能是将系统的各个部分连接到一起，构成一个整体，主要包括两部分内容，一是把CORS网的数据实时传输到系统中心；二是把系统中心生成的服务发送给用户。

2) 高精度地图与高精度定位的应用

（1）在自动驾驶分级中的地位

高精度地图主要服务于自动驾驶汽车，自动驾驶汽车的传感器像是汽车的"感觉器官"，高精度地图像是汽车的"长周期记忆"，经过传感器实时采集的数据与高精度地图融合后重建的三维场景是汽车的"工作记忆"，汽车利用融合后的数据进行决策。如果自动驾驶汽车没有高精度地图，它就像是一个"失忆的人"，随时可能出现行驶偏差。

高精度地图对于L4、L5级别的智能网联驾驶是必选项，对于L3是可选项（对应ADAS地图是必选），对于L2、L1基本不需要；可以认为，智能网联汽车的自动化、智能化程度越高，对高精度地图的依赖越强。如果车辆仅靠自身的传感器与高精度地图来构建"工作记忆"，就仍然是一个个信息孤岛，无法协同。因此，需要引入智能网联汽车的超级大脑——地图云中心，地图云中心接收车辆报告的"工作记忆"与"长周期记忆"的变化，根据变化融合成新的地图信息，并将信息分发共享给其他车辆。

（2）在自动驾驶路径规划与决策控制中的作用

高精度地图能够为智能网联和自动驾驶提供多方面的支撑。一是提供车道级道路信息，传统导航地图只能提供道路级（Road）的导航信息，而高精度地图能够提供车道级（Lane）的导航信息，这种导航信息能够精确到车道的连接关系。二是提供道路先验信息，先验信息是指某些可以提前采集且短时间内不会改变的信息，包括无限速牌的路段车速信息、前方道路的曲率、所处路段的GPS信号强弱等，这些都是传感器遇到性能瓶颈时，无法实时得到的信息。而这些信息却都是客观存在，不会随外部事物的变化而变化，因此可以提前采集，并作为先验信息传给无人车做决策。三是提供道路点位信息，用中心点和多个外包络点描述的交通标志牌、地面标志、灯杆、红绿灯、收费站等，以及用一系列连续点所组成的链状信息描述的路沿、护栏、隧道、龙门架、桥等。

在全工况下提供准确安全可靠的高精度定位信息，是智能网联汽车实现高等级自动驾驶的重要前提。自动驾驶的路径规划是继环境感知识别之后，决策和执行环节需要频繁迭代调用的核心功能，而高精度定位为路径规划提供了起止点的精确位置，是路径对话的必要前提。尤其是车道级的路径规划、避障规划、可行驶区域迭代、执行过程中的规划补偿等关键环节，无一不需要高精度定位能力随时可用。高精度定位不仅仅在环境感知和规划环境需要用到，自动驾驶的决策控制环节同样也需要在更精细的维度上频繁迭代调用，以适应自动驾驶车辆和环境的动态变化。

（3）在V2X中的作用

在V2X环境中，V2X系统与高精度地图分工合作，基础设施（信号灯，标识牌等）通过RSU与车辆进行通信，车辆能够直接获取道路基础环境信息，并能够利用基础设施进行高精度定位和转向引导。高精度地图主要用于车道规划和辅助对不能发射信号的基础设施的感知，如路肩、隔离带等。高精度地图云中心可以通过与基础设施中的道路边缘计算网格进行通信，实现信息的收集与分发。道路边缘计算网格与车辆进行实时通信，车辆从道路边缘计算网格获取道路环境信息,并上报车辆传感器识别变化的信息,道路边缘计算网格经过初步处理后将数据发送到高精度地图云中心,云中心综合多方证据信息进行处理,提前预测道路环境变化,并将可能引起道路交通恶化的预测信息发送给边缘计算网格通知车辆,车辆可以提前做出决策。

3)定位基础设施发展趋势

随着车路协同、新基建、交通强国等政策热潮的来临,高精度地图不再局限于车端的应用,也催生了数字化交通、智慧城市等更为广阔的应用市场,预计会有以下三方面趋势。

(1)高精地图标准研讨和建立

随着智能网联汽车、智慧交通和高精地图的深入融合及技术的成熟,不断推动高精地图向标准化方向发展。工业和信息化部、交通运输部、自然资源部、国标委等不断加快编制和发布智能网联汽车、车联网、高精地图等相关标准规范。国际上,ISO、NDS、ADASIS、SENSORIS、OADF、TISA、Open LR、SAE-International、ETSI 等标准化组织发布了自动驾驶和高精地图相关的数据交换格式、物理格式、动态信息存储格式、位置参考等标准规范,我国也可以进行借鉴和引入。

(2)新型地图和新型测绘技术的发展和应用

随着各类传感器在车上成为标配的部件,终端量产车成为地图数据的采集和更新的入口趋势越来越显著,未来汽车既是地图的使用者,也是地图的生产者。基于高精地图的应用也会延伸出各类新生产品和服务,例如增强现实(Augmented Reality,AR)导航、城市基础设施资产管理、车道级定位服务等。

(3)低成本高精度定位方案设计

多传感器融合定位虽然能在一定情况下满足不同场景的定位需求,但是高精度惯导设备以及高精度激光雷达成本较高,不宜开展大规模商业化应用。为了解决这个问题,可以考虑从算法的角度入手,重点研究卫星定位、视觉定位等低成本定位方案。通过对定位算法进行优化,实现低成本定位传感器设备的高精度定位。

6.2.5 信息通信设施

信息通信网络是支撑智能网联汽车与智慧城市协同发展的重要基础设施,它将"人、车、路、云"等交通参与要素有机地联系在一起,有利于构建一个更加智慧的交通体系。通过网络服务,智能网联汽车可以获得更加丰富的动静态道路环境和交通状态信息,为驾驶员和自动驾驶系统提供安全辅助;同时,智能网联汽车也可以通过网络与城市运营管理和交通服务平台进行互动,实现绿波通行、智慧泊车诱导、网联公交及 Robotaxi 等高效便捷的出行服务。

服务于智能网联汽车的通信网络基础设施包括无线网络和有线网络两部分。无线网络主要用于车辆与路侧设施和云平台的移动性连接,有线网络用于路侧感知、计算等智能设备之间连接,路侧智能设备与云平台之间的连接,以及跨业务平台之间的连接。根据不同的业务需求,通信网络需要满足特定的带宽、时延和时钟同步等性能要求。

1)无线通信网络

无线通信网络包含服务于车与车、车与路的蜂窝车联网(Cellular-Vehicle to Everything，C-V2X）直连通信，以及服务于车与云、人与云，和部分路与云的 5G Uu 通信。

C-V2X 直连通信包含 LTE-V2X 和 NR-V2X，是分别基于 4G 和 5G 蜂窝网通信技术演进形成 V2X 专用通信技术。C-V2X 直连通信设备包括路侧单元 RSU 和车载通信单元（On Board Unit，OBU），通过 3GPP 全球统一标准定义的短距离通信接口（PC5）建立车车之间和车路之间连接，完成面向安全、效率、信息服务、交通管理、高级自动驾驶等场景的短距离低时延 V2X 消息传输。

LTE-V2X 已形成包含从通信协议到设备要求及测试方法等较为完善的技术标准体系，满足道路安全类、效率类应用的信息广播需求，可支撑车路协同辅助驾驶阶段的场景应用。2018~2020 年的 C-V2X "三跨"、"四跨"等大规模测试示范活动，进一步推动了 LTE-V2X 芯片/模组、OBU、RSU 以及安全平台的互联互通和性能验证。我国已经实现车规级 C-V2X 通信芯片模组、车载终端和路侧设备的规模化量产，产业链、供应链日益健壮。华为、大唐、星云互联、希迪智驾等多家厂商具备 OBU 和 RSU 设备量产能力，广汽、上汽、一汽红旗等多家车企发布 5G 和 C-V2X 量产车型。

NR-V2X 还处于标准制定阶段，3GPP 于 2020 年 7 月完成 Rel-16 版本的 NR-V2X 标准，并在 Rel-17 版本中进一步优化功率控制、资源调度等相关技术，计划于 2022 年 6 月完成标准制定。相比于 LTE-V2X，NR-V2X 具备更高的传输速率和可靠性，同时在直连链路上扩展支持单播和组播通信方式，支持信息交互类业务需求。

5G Uu 通信采用运营商已经部署的 4G/5G 网络，通过 Uu 接口，实现智能终端和车载 OBU 之间、车载 OBU 和云服务平台之间的长距离、大带宽、低时延数据通信。车辆可实时下载高清地图、语音和视频等信息，获得导航、娱乐、智慧泊车、远程驾驶等服务。

C-V2X 和 5G Uu 互为补充，可以融合组网，共同构成 5G 车联网，满足智能交通、自动驾驶和车载娱乐不同场景的通信需求，并大大降低建网成本。在部署上，可充分利用 5G 网络已有的规模，提供大带宽广覆盖的信息服务；同时，在重点路口路段部署 C-V2X 直连通信，实现安全辅助和效率提升应用，如表 6-4 所示。

C-V2X 与 5G Uu 典型应用　　　　　表 6-4

C-V2X 典型应用	5G Uu 典型应用
高精地图图层、高精定位差分校正值 交通信号灯 交通控制和诱导 安全和效率类预警和提示 近场收费（下一代收费技术）	OTA 系统升级 高精地图下载/导航 高清视频/AR/VR 应用：车机/娱乐 远程驾驶

（资料来源：华为技术有限公司）

2）有线通信网络

实时、准确和高效的交通信息是城市交通系统优化和管理的基础。城市交通管理架构至少会以两层模式设计，一是顶层交通信息管理平台，负责整个城市安平信息管理、交通安全管理、智慧车路协同管理等平台的业务，这些业务分别由不同的业务管理部门和政府职能部门管辖，需要一张骨干信息网传输所有的信息。二是局段交通信息控制平台，负责本地区域的数据连接和就地控制，将末端的执行设备和传感器连接起来，在完成本地控制策略的同时，负责将数据向上传输到城市级业务管理平台，同时还会承接上层业务系统对于本地的一些控制策略和信号的下发任务。

支撑这两大平台的城市信息通信基础设施主要包含两部分：一是城市交通骨干传输网，城市交通骨干传输网的作用是汇聚来自各个局段的信息，将不同的信息传送至不同的信息系统中，骨干网中传输的信息涵盖所有的业务范围，为了满足不同业务数据的传输要求，骨干网 OTN（optical transport network）传输就成为必然的选择。OTN 是以波分复用技术为基础的一种有线传送网，是目前长途传送网采用的主要技术手段。OTN 概念涵盖了光层和电层两层网络，结合了光域和电域处理的优势，可以提供巨大的传送容量、完全透明的端到端波长/子波长连接以及高等级的保护，是传送大数据量业务的优选技术。二是城市交通业务接入网，智慧城市交通业务接入网主要由路段接入网和路口接入网两类场景组成，其中路段主要的功能是监控车辆和行人的交通实时交通状况、负责城市道路未来车路协同的数据感知和控制，以及交通指示等功能，涉及高清摄像头、雷达、信号控制器等设备的接入。路口主要包括交通信号控制系统和电子警察系统两大功能性系统，交通信号控制系统主要接入信号控制系统、红绿灯、诱导屏、供电线缆、流量感知设备等，电子警察系统主要接入电警立柜系统（红灯检测器）、管理控制平台、摄像机（枪机、球机）、雷达、曝闪灯等。

通过以上分析，可以得出城市交通业务接入网涉及大量业务设备的接入，因此对于接入设备的数量能力有极高的要求，由于涉及的业务数据类型较多，对大带宽、低时延和低抖动等特性均有较高的要求，对于网络的稳定可靠运行、施工和维护的简单程度也有很高的要求。

3）信息通信设施发展趋势

未来支撑双智协同发展的基础网络还会继续向高效、智能的方向发展，主要有三个发展方向。

一是全光基础承载网，一跳上云。城市未来的治理业务会向多元化、集中化、个性化发展，大量的数据信息平台会以云化的方式存在。光传送网支持高度的 MESH 化组网，保证业务传输的快速性和安全性；光接入网以覆盖范围广、高带宽、易扩展的特性赋能各种数据的接入，全光传送和全光接入的网络组合方式使各种业务和末端信息设备可以一条直达云端，保障设备和业务上线的及时性。

二是一网通办，多业务承载。智慧城市业务在向人民生活的各个角落渗透，服务能力不断增强，服务的种类也越来越多，因此智慧城市的业务数量和数据数量也会随之以几何数量增长。不同的业务各自建网是对网络资源的一种浪费，未来网络作为基础设施的作用会逐步加强，对于不同业务的承载能力要求也逐步提高，因此全光网络的大承载、长距离的能力会继续得到更广泛的应用。

三是网络制式统一，提升性能。不同的网络制式意味着业务在设备之间传递需要更多的数据和协议的转换工作，也就会带来更多的时延和效率的损失。网络制式的统一可以保证业务之间传输管道的畅通，最大程度上提高数据传输的效率，保证所有业务的传输性能需求。全光网络以其大带宽、低时延、光连接的特性已经在智慧城市、智慧交通的各个方面发挥着重要的作用，未来将会继续不断演进，更好地服务于双智协同发展。

6.3 "车城网"平台

6.3.1 "车城网"平台价值

依托城市智能基础设施,广泛汇聚车端和城端的动静态数据,并统一接入车城网平台进行管理,实现平台、汽车、基础设施等要素的对接,赋能智能网联汽车和智慧城市应用,为城市精细化治理提供支撑。车城网的内涵可分成三个层面,如图 6-8 所示,一是物理层面,实现城市智能基础设施与智能网联汽车的互通互联以及数据共享;二是应用层面,基于车城网平台,第一阶段可开展城市基础设施管理和车辆运行管理的应用,第二阶段可以开展车城融合的应用,如智慧公交、Robotaxi、城市灾害预警以及路网优化等;三是价值层面,通过车城网平台,可以实现多源异构数据的汇聚、处理以及融合应用,实现数据价值最大化,如表 6-5 所示。

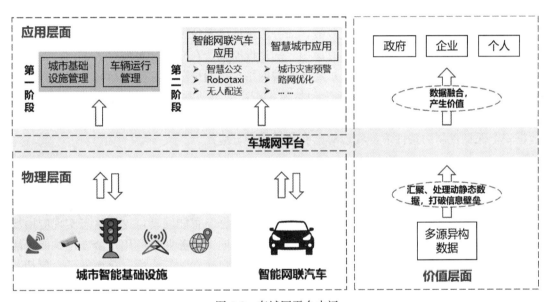

图 6-8 车城网平台内涵
(资料来源:中国电动汽车百人会)

动态和静态数据情况　　表 6-5

数据类型	数据内容	数据特点
静态数据	地理信息、城市模型、建筑模型、地下管网、停车场及气象数据等	数据量较小,修改操作较少
动态数据	车辆运行信息、交通流数据、路侧道路信息、交通信号及车辆事故信息等	数据量巨大,插入规模和频率巨大,数据的删除和修改操作极少

(资料来源:公开信息,中国电动汽车百人会整理)

一是充分发挥车城网平台物联融合感知的作用。通过建设车城网平台,充分运用新一代信息技术,对智能网联汽车、城市道路设施、传统市政设施、通信设施等要素进一步数字化,采用统一的接口、标准及规范,接入平台进行管理、运营和维护,打造车城一体的融合感知体系,支撑实现城市全面感知和车城互联。武汉正依托车城网平台,建设城市物联感知系统,拟实现城市全要素动静态信息的全息展示和数据画像,推动建筑、道路、车辆、设施等信息一网感知,形成车城融合一体化基础能力,为相关业务应用、决策及产业发展提供强大基础能力支撑。

二是推动车城网平台支撑开展多元化的应用。依托车城网平台,大量接入城市智能基础设施与智能网联汽车数据,首先可支撑城市管理部门开展基础设施和车辆的日常运行管理等。随着"车、路、城"等数据不断融入,可进一步探索车城融合领域的应用。例如针对Robotaxi,通过平台对路侧设施采集的道路信息进行处理和分析,并及时将结果反馈给智能网联汽车,实现车城数据共享,保障行车安全;针对路网优化,通过平台实现对逆行、车辆故障、异常停车、闯红灯、超速行驶等交通事件的监测以及远程可视化,支撑交通管理部门决策,同时也可对附近运行车辆进行基础数据推送、道路事件监测播报和安全信息提醒等。

三是通过车城网平台突破数据壁垒,实现融合数据价值最大化。当前,不同部门间和不同领域间数据融合共享存在较大挑战,部分数据格式不统一、频度和数据量不匹配。通过践行"统一规划,统一建设,多方应用"的建设原则,在充分征集城市各部门、各区域需求的基础上,建成数据融通、可扩展的车城网平台。通过分析和治理后,将多源异构数据转化为结构化数据,便于机器阅读和学习,更高效地支撑开展各类车城融合应用。同时,车城网平台也要预留数据接口,逐步接入城市各部门已有平台和数据,在落实分等级数据安全保护机制的条件下,实现对已有数据的充分应用。

6.3.2 平台架构与功能

车城网平台是建设智能网联汽车和智慧城市基础设施协同发展的重要支撑。通过打造统一开放、互联互通的车城网平台,实现车城数据融合、智能联动,支撑生态实现应用场景创新。车城网平台向下连接设施设备和相关系统,向上服务业务应用,全方位赋能智能交通、交通管理、居民出行、物流场景、城市管理、自动驾驶等应用。车城网平台包括数字基座、智能引擎、开放平台三层,整体架构如图6-9所示。

1)数字基底

数字基底融合高精地图数据、城市感知数据、网联动态数据,构建城市全要素、全空间可计算双智一张图,提供全时空统一数字基底能力。

数字基底基于全新云原生架构设计,形成一点建设、多点复用、有机互联、一体运管的车城网数据基底。根据城市地理信息数据源、模型精度、业务场景需求,支撑融合实时物联感知数据,以泛在物联感知和智能化设施接入为基础,横向拉通各业务平台的数据共享,以统筹建设、运维、服务为核心,以开放共享业务赋能为理念,向下可接入设备,兼容适配各类协议接口,提供感知数据的接入、汇聚和边缘计算,支持多级分布式部署,推进信息基础设施集约化建设,实现设备统筹管理和协同联动;向上可向车城网开放共享数据,实现数据互联互通,为各类应用赋能,支撑数据创新应用培育。

数字基座满足车城网平台的应用服务开发所需的关系数据库、消息缓存、文档数据

6.3 "车城网"平台

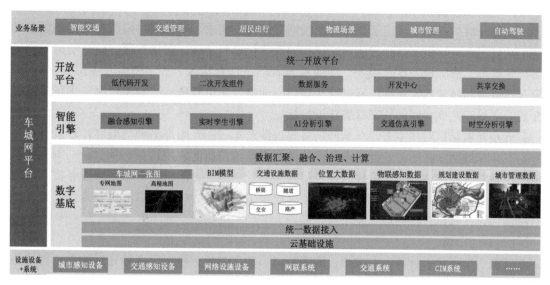

图 6-9 车城网平台整体架构
(资料来源：中国电动汽车百人会，腾讯智慧交通事业部)

库、Elasticsearch、时序数据库等数据库服务。提供面向不同数据类型的多类型存储系统，包括但不限于对象存储、磁盘块存储、实时数仓等不同形式的存储系统，满足多源异构、多种类数据存储需求。

2) 车城网一张图

车城网一张图融合二、三维地图数据组件和二、三维地图引擎组件，是数字基底的重要组成部分，通过对智能网联路段、路口高精地图数据采集，利用可视化引擎、高精定位引擎等为车城网应用提供数据管理、可视化、接口服务及高精定位服务等，支撑运营管理，例如数字孪生、大屏可视化（智能驾驶舱）、路侧设备标定，车城网场景示范，例如V2X安全、效率、信息服务应用，智慧出行以及高精定位等多种应用，同时也为智能交通、交通管理、居民出行等场景提供服务。其功能特点如下：

一是全流程自动化生产，高精地图采用自动化生产流程，集合了基于2D/3D场景下的深度学习与传统方法优势，SD/HD一体化资源，聚合优势、统筹应对应用场景，高效率、高质量、高自动化比例完成高精地图要素的自动提取。

二是交通要素全面覆盖，车城网一张图实现了道路交通最全要素的采集、展示及管理，对智能网联场景可以进行定制化采集及处理，主要包括道路上涉及的各类型交通设备设施（监控感知设备、边缘计算设备、通信设备、标识标牌、杆件等）、路面标志标线（路口渠化、中心线、指示箭头、行驶标识等），同时建立了道路级及车道级拓扑连接关系，精准还原了道路每个车道之间的通行关系，为数字孪生、数字化管理、车辆动态数据加载等提供基础支撑。

三是高精准度质量保障，车城网一张图在数据采集、数据处理、元素识别等流程都采用了基于深度学习的全自动化识别，并运用实时动态差分技术（Real Time Kinematic，RTK）等方案等获取精准位置信息，同时为了避免由于自动识别产生的误差及错误，增加了人工验证环节以确保地图自动创建过程正确进行，多种高科技手段的运用保障了车城网一张图的高精准度。

四是车城网应用深度定制，根据车城网试点建设需求，车城网一张图在高精地图基础应用功能之上，提供了结合智能网联应用的深度化定制功能，包括路段、路口交通感知设备标定支持、感知设备状态接入、交通参与者动态信息接入、数字孪生及大屏展示融合、公众车道级高精地图发布等，通过这些功能的加持，使得高精地图与车联网应用场景互联互通，更易于达成车联网数字基底建设目标。

五是开放接口对接生态，车城网场景建设涉及车-路-云-图等多种类内容，涉及行业多方生态，车城网一张图为各种生态合作伙伴提供开放便捷的应用接口，从二、三维地图数据组件到二、三维地图引擎组件，都经过封装后统一提供，同时结合车城网业务需求，将动态数据接入、大屏展示融合、路侧设备标定等引擎封装为标准接口，生态合作伙伴可以直接调用这些接口，快捷地开发出与车城网业务相关的场景。

3）智能引擎

智能引擎强化云计算、大数据、人工智能、数字孪生、模拟仿真等先进技术，打造感知融合引擎、实时孪生引擎、AI分析引擎、交通仿真引擎、时空分析引擎，打造可感知、可计算、可决策的智慧车城网。

（1）融合感知引擎

融合感知引擎帮助用户实时、准确地获取车城网运行数据，实现全方位、立体式、多维度监控和跟踪，为态势研判与决策提供精确、实时、稳定的感知数据。基于雷视融合算法，路侧感知系统受环境影响小，能够实现全天候精准感知，感知系统与高精地图融合，能够提供车道级感知能力；基于目标检测与融合跟踪等算法，为用户提供车辆检测、轨迹跟踪等功能，帮助管理者从全局角度对道路交通进行协调，辅助进行科学决策；感知系统提供智能分析引擎，可以实现多事件检测、交通事故检测等功能，帮助运营管理者快速对异常事件进行反应，降低路网运行负荷、提高路段通行能力。

（2）实时孪生引擎

实时孪生引擎综合运用感知、计算、建模等信息技术，通过软件定义对物理空间进行描述、诊断、决策，进而实现物理空间和虚拟空间的交互映射。通过整合云计算、物联网、大数据、AI、仿真等方面的优势和能力，打造全感知、全联接、全场景、全智能的实时孪生。车城网实时孪生引擎，实现静态场景与动态场景的结合，建立车城网实时数字孪生场景。结合车辆精细化模型等动态的实时交通流模型，以及基于城市真实场景的3D典型建筑物精细化模型等静态场景，实现3D高精地图可视化渲染、2D地图路网覆盖渲染、3D建筑物模型实时渲染、网联车辆实时动态渲染、路侧点位信息渲染、场景效果渲染。

（3）AI分析引擎

AI分析引擎面向车城网提供结合业务场景AI算法与AI工具双轮驱动的全栈式人工智能开发服务平台，致力于打通包含从数据获取、数据处理、算法构建、模型训练、模型评估、模型部署、到AI应用开发的全流程链路，快速创建和部署车城网AI应用。一是AI开发全流程支持，提供从数据标注、数据处理、模型训练、自动学习、模型评估到模型发布部署的全流程支持；提供模型优化、服务管理、应用服务编排、云边端调度等功能，快速接入模型、数据和智能设备从而构建智能应用。二是可视化便捷开发，提供可视化拖拽式建模工具，交互式代码开发环境，训练软件开发包等不同使用门槛的建模工具。

预置丰富的可视化算子与框架，支持结合业务场景灵活组合预置算子组件可快速构建训练流程，支持与模型服务对接。三是内置丰富的 AI 场景算法，结合车城网业务场景，内置交通运行拥堵预测、异常事件预警、通行轨迹追踪、驾驶员安全监测、行人非机动车管控分析、机动车交通违法分析、区域人/车密度监测、设备故障图谱推理、道路智能巡检、语音助手、智能客服等 AI 应用算法模型。

（4）交通仿真引擎

交通仿真引擎，在人、车、路、城数字基座的基础上支持中观和微观的仿真平台，支持对仿真结果可视化，同时也提供了分析、快速预测等辅助模块。中观仿真可仿真道路级别交通流状况，计算性能高、仿真区域面积大，可支持城市级等大区域的仿真。微观仿真则以仿真单个的车辆、车道为建模单元，能准确、灵活地反映各种道路和交通条件的影响，更适合规模较小、精细理解各车辆运行状况的场景。

中观、微观仿真既支持传统离线仿真，也支持前沿的在线实时仿真，为车城网等场景预测和管理交通状况提供支持。在离线仿真方面，通过数字基座提供的数据，对模型的参数进行校准，如交叉口饱和流率，道路通行能力，交通流模型相关参数等，以确保实时仿真的准确性。同时，离线仿真模型还可以应用于路网信号优化，应急预案评估和道路设计方案评估等场景。在实时仿真方面，利用离线仿真模块标定校准的参数，结合实时数据，在线实时的仿真车辆运行状况，并能根据交通出行量数据，预测未来一定时间的交通状态。

（5）时空分析引擎

在车城网数字基底中，大部分数据均为时空数据，如车辆 GPS 数据，激光雷达点云数据，车网流量数据等。面对各种类型的海量时空数据，时空分析引擎实现了车城网人、车、路、城的时空态势分析，助力解决城市拥堵成因挖掘、人员出行量、交通事故后果推演与处置决策仿真、危险品运输路线评估、交通运力投放策略设计等多种场景。

4）开放平台

开放平台搭建一套统一、可运营的服务系统，向下连接开放引擎，向上服务业务应用。通过开发模式、建设模式、运营模式的转变，帮忙新业务建设快速复用已有技术积累，降低使用门槛，助力车城网应用创新。

开放平台借助沉淀数字基底数据和智能引擎能力，通过低代码开发平台、低代码操作平台降低图技术使用门槛，方便建设、养护、运营、管理等不同的业务人员，简单操作即可自定义编辑出想要的地图样式，并实现一键绑定业务应用。开发平台通过统一建设、统一注册、统一运营、统一服务、统一管理，助力车城网业务发展降本增效，实现数字经济变现，为车城网建设属于自己的公共服务平台。主要功能包括面向开发者提供个人中心、监控中心、项目管理、应用管理、服务中心、开放商城等功能模块；面向平台运营管理者，提供组织管理、权限管理、配额管理、开放管理、费用管理、商城运营等功能模块。

6.3.3 数据与接口

车城网平台为各类应用平台提供基于车辆及其行驶环境相关的各类实时、准实时和非实时的基础数据，以及通过容器化管理和统一接口，按需提供安全、高效、舒适、节能等维度的共性服务。具体服务主要有面向行驶安全的感知与预警等相关实时数据服务，以及面向行驶效率和节能的决策与控制服务。

标准化数据交互规范和分级共享接口，实现多级云架构下的数据标准化转换，提升信息共享能力以支持远程驾驶、辅助驾驶和安全预警等云控应用的运行。一是标准化分级共享接口，与边缘云类似，包括标准化数据交互规范和分级共享接口，支持车辆编队行驶、道路监控预警、路径引导和路侧设施远程控制等广域范围云控应用的运行。二是标准化分级共享接口，与边缘云和区域云类似，包括标准化数据交互规范和分级共享接口，支持全局道路交通态势感知、道路交通规划设计评估、驾驶行为与交通事故分析、车辆故障分析和车险动态定价分析等全局范围云控应用的运行。

1）数据管理

(1) 数据接入

通过部署消息服务组件、数据复制、ETL等工具，将车城网车、路、城等各类结构化数据、非结构化数据、内部数据、外部数据汇聚到数据基座，实现车城网数据的统一接入管理，打造一个高效、便捷、安全的数据共享交换空间。

接入范围包括车端数据、路侧设备采集数据、城市信息模型数据、监管数据等。

一是路侧数据，主要包括摄像机（含枪机、球机、鱼眼各类）视频数据、雷达（含激光雷达、毫米波雷达）数据、边缘计算数据、RSU数据以及其他设施数据。

二是车端数据，主要包括车端摄像机抽帧图片数据、自然驾驶数据、测试监管视频数据、业务运营数据以及应用创新数据等。

三是第三方平台数据，主要包括提供与外部第三方平台进行数据对接与数据共享的能力，包括与CIM平台、大数据中心等数据对接和共享，以及满足数据类型、传输协议、业务场景等内容。

(2) 数据处理调度

提供可视化的开发处理界面，提供批量数据的探查、清洗、转换、加载、关联、融合的数据处理能力，以及实时数据的落地、统计、解析、分析等处理能力。提供可视化的数据任务调度能力，提供各类数据的提供抽取、转换、加载、调度、监控能力，支持10万级的任务调度，包括复杂任务依赖，灵活的调度频率设置，以及自定义调度参数。

(3) 数据存储计算

数据基底提供车城网平台的应用服务开发所需的关系数据库、消息缓存、文档数据库、Elasticsearch、时序数据库等数据库服务。提供面向不同数据类型的多类型存储系统，包括但不限于对象存储、磁盘块存储、实时数仓等不同形式的存储系统，满足智能数据中台多源异构、多种类数据存储需求，满足对接其他业务应用平台数据统一存储需求。

(4) 数据资产管理

数据资产管理平台，实现对数据资产体系的元数据、数据标准、数据质量、数据模型的全面管控。

一是元数据管理，元数据是关于数据的数据，包括关于企业使用的物理数据、技术和业务流程、数据规则和约束、数据结构、安全等方面的信息。元数据管理实现自动从大数据平台获取相关元数据，具有元数据内容管理与元数据实体关系维护等功能，并提供查询、统计及分析功能，如血缘分析与影响性分析。

二是数据质量管理，建立完善的数据质量分析机制，实现车城网平台对海量信息资源的质量检查和控制,并提供相应的数据质量分析报告,确保数据质量的关键。数据监测将不符合车城网质量标准的数据打回重新进行加工处理,直至符合相关质量标准。通过数据质量监测,配置数据采集、应用等不同流程的数据质量监控模型,从技术监测和业务逻辑校验出发,实现各业务系统数据源头采集、传输、应用全流程的规范性、一致性、准确性检查。实现基于不同来源业务系统数据的逻辑校验和监测管理,为进一步规范源头数据采集、规范业务流程应用提供服务支撑。

三是数据标准管理,数据标准管理是为了辅助数据标准的推广与实施,为相关的业务分析人员提供标准之间的关系的分析与浏览;为系统开发与维护人员,提供一个可以方便获得的技术标准的平台。实现各类标准的管理与查看,实现标准与系统间的映射关系。

2)接口管理

(1)路侧设施之间的相关数据接口

一是路侧感知设施与路侧计算设施间的接口,路侧感知设施包括摄像机、毫米波雷达、激光雷达等多种类型的传感器,路侧计算设施应支持接入多类型路侧感知设施,根据应用场景支持不同类型感知设施的选型和配置。路侧感知设施与路侧计算设施间的接口应支持摄像机、毫米波雷达、激光雷达等路侧感知原始数据的接入以便路侧计算设施进行多源异构融合感知;也应支持摄像机、毫米波雷达等智能路侧感知设施直接输出感知结构化数据,包括机动车/非机动车/行人等交通参与者信息、交通事故/障碍物等交通事件信息、道路路面状态信息、交通运行状况信息等。

二是路侧计算设施与路侧通信设施间的接口,路侧通信设施主要是 C-V2X 路侧通信设备 RSU。路侧计算设施需要将感知计算结果传输给 RSU;在路侧与交通管控设施连接的情况下,输出将信号灯信息传输给 RSU;需要支持 V2X 业务数据的传输。

三是路侧交通管控设施与路侧计算设施或路侧通信设施间的接口,根据具体的应用方式,路侧交通管控设施(如:交通信号控制机)可与路侧通信设施连接,也可与路侧计算设施连接。路侧交通管控设施可将道路交通信号控制机的运行状态、信号控制方式、信号灯灯色状态等信息发布给路侧计算设施或路侧通信设施,以支持智能网联汽车应用和智慧交通应用。根据应用场景,还可实现公交车等特种车辆的信号优先请求和响应。

(2)车城网平台的相关数据接口

一是车城网平台与路侧设施间的接口,视具体的部署方式,车城网平台可与路侧设施的中心单元(比如:路侧计算设施)直接相连,也可与路侧计算设施、路侧通信设施乃至路侧感知设施直接相连。车城网平台与路侧设施间的接口包括业务数据接口和运维管理接口,接口如表 6-6、表 6-7 所示。

业务数据接口　　　　　　　　　表 6-6

序号	类别	数据类型
1	感知原始数据	实时视频流、实时雷达点云数据等
2	感知结构化数据	机动车/非机动车/行人等交通参与者信息、交通事故/障碍物等交通事件信息、道路路面状态信息、交通运行状况信息
3	信号灯数据	信号灯相位信息
4	车辆特征类数据	车身颜色、车型、车辆子品牌

续表

序号	类别	数据类型
5	交通指标类数据	排队长度、车流量、车流平均速度、车道占有率、车头时距、车头间距
6	V2X业务数据	BSM、RSM、RSI、MAP、SPAT消息报文

（资料来源：中国电动汽车百人会，腾讯智慧交通事业部）

运维管理接口 表6-7

序号	类别	数据类型
1	静态设备管理类数据	设备名称、序列号、类型、型号、生产厂商、运营状态、路口信息、点位信息、外参信息、内参信息
2	动态设备管理类数据	设备状态数据（设备是否在线状态、设备是否正常工作等）、设备配置类数据、设备升级数据等

（资料来源：中国电动汽车百人会，腾讯智慧交通事业部）

二是车城网平台与CIM平台间的接口，车城网平台与CIM平台接口数据主要包括时空基础数据与物联感知数据，其中，时空基础数据以行政区、电子地图、测绘遥感数据、三维模型为代表；物联感知数据以建筑、市政设施、气象、交通、生态环境为代表。

三是车城网平台与第三方平台间的接口，根据具体的车城网应用，车城网平台可与众多其他第三方平台打通数据，包括但不限于：车辆管理与服务平台、交通安全与交通管理平台、地图服务平台、气象服务平台、出行服务平台以及其他第三方平台。

（3）应用终端与平台或路侧设施间的相关数据接口

应用终端是车城网服务的载体，是大众获得感知度的直接入口，包括C-V2X专用终端以及4G/5G等通用终端。

一是专用终端与路侧通信设施间的接口，专用终端主要是指C-V2X OBU，和C-V2X RSU进行直接的数据通信，用于BSM、RSM、RSI、MAP、SPAT等消息报文的传输，业界已经制定了《基于LTE的车联网无线通信技术 消息层技术要求》YD/T 3709—2020以及《增强的V2X业务应用层交互数据要求》YD/T 3977—2021用于规范两者之间的数据接口。

二是通用终端与车城网平台间的接口，通用终端主要是指具备4G/5G接入能力的终端，包括智能手机、车机以及智能后视镜等后装车载终端。基于上述终端，依托移动互联网上的各类应用，如：移动应用程序（APP）、小程序等，通过路侧感知设备、中心云、边缘云以及移动智能终端的云边端协同，大众可以获得相关的车城网应用服务。

6.3.4 运营与服务

1）提供宏观交通数据分析与基础数据服务

基础数据服务是指依托宏观交通大数据和车辆大数据管理与服务系统的资源管理与分析，提供包括数据交易服务、数据采集服务、数据应用服务、数据增值服务等。运用大数据对数据进行监测不仅能为政府提供宏观经济数据，同时也能在中观上反映一个产业的发展动态，在微观上反映一个车企或品牌的信息，有助于精准助力汽车产业供给侧改革。数据价值挖掘与基于大数据的信息服务将成为市场热点。对于车企来说在确保数据隐私安全的前提下，可以深度解析用户行为，提供精准人群标签和用户画像。并在此基础上探索实现在更多商业模式上的应用和变现。

2）提供车辆驾驶服务

实现预测性故障诊断与预防性保养维护、基于驾驶特性或使用特性的定制化保险，精细化交通工况分析与预测、交通管理建议等交通管理服务，交通规划、城市规划、应急预案规划等政府事业服务。典型应用场景如下：

园区内部车辆运营。面向园区、景区、机场、港口、住宅小区等场景，在特定功能的封闭区域内运营内部车辆运载服务。

开放道路车辆运营。面向公共交通、共享出行、物流等固定任务载人或载物等场景，在城市与高速公路上运营车辆运载服务。

社会车辆网联驾驶辅助服务。面向个人出行与交通管理，提供对公共道路上社会车辆宏观与微观驾驶行为进行辅助服务。

社会公共服务。执勤车辆优先帮助执行医疗、路政、消防、公安等社会公共服务车辆优先通行。

基于车辆的社会安全管理。基于社会与国家安全考虑，对智能网联汽车进行强制管控。

6.3.5 安全与保障

1）平台安全与保障

（1）采用等级保护的思路建设安全保障体系

平台的安全保障体系应该是一个在第三方风险评估机构充分分析系统安全风险因素的基础上，通过制定系统安全策略和采取先进、科学、适用的安全技术对系统实施安全防护和监控，使系统具有灵敏、迅速地回复响应和动态调整功能的智能型等级化系统安全体系。

车城网平台建设的安全体系包括可靠性、可用性、完整性、保密性、不可抵赖性和可控性六个方面。技术体系与管理体系是平台安全不可分割的两个部分，两者之间既互相独立，又互相关联，在一些情况下，技术和管理能够发挥它们各自的作用；在另一些情况下，需要同时使用技术和管理两种手段，实现安全控制或更强的安全控制；大多数情况下，技术和管理要求互相提供支撑以确保各自功能的正确实现。

（2）安全技术保障体系

安全技术保障体系从物理安全、网络安全、系统安全、应用安全和数据安全等方面进行建设。

物理层是指针对机房及运行环境的安全措施和设施。车城网平台所在的IT环境应该从基建或机房环境着手尽可能地完善建设。

网络安全防护是指整个网络系统本身的安全，包括对非法用户的有效隔离，对恶意网络攻击的防护，对网络可用性的保证等。网络安全主要从安全域划分、边界安全、入侵检测、网络防病毒体系等进行建设。

系统安全是指针对系统硬件及其操作系统的安全性，特别是数据中心的各种服务器系统、存储与备份系统等的安全性。系统的安全性包括系统运行的安全性，系统资源使用与登录的安全性，主机系统与桌面系统的安全管理等方面。

应用层安全是指针对交易加密、身份认证、身份识别、数字签名、分级授权等方面的安全措施，最终目的是保证业务应用系统的安全。

数据层安全是指在业务系统正常应用中保证数据的机密性和完整性，以及安全备份机制。

（3）安全管理保障体系

安全管理体系从安全管理机构、安全管理制度、人员安全管理、系统建设管理、系统运维管理、安全应急响应等进行建设。

安全管理是指针对人员、制度、教育、评估的软性的管理层面，着重于建立完善的安全体制和保护措施，并提供有效的方法。大量的实践证明，单一的信息安全机制、技术和服务及其简单组合，不能保证信息系统的安全、有序和有效运行，一个完整可控的安全体系必须依靠人工管理和技术手段相结合。因此，在采用了成熟的技术手段以后，还要建立一套完善的安全管理规范，从而有效地控制技术风险和管理风险。

对数据资源中心所涉及的信息系统建立基于业务的IT系统运维流程、IT运营制度体系、IT应急预案体系等安全运维体系，从组织、人员、应急三个要素进行建设，以保证平台的安全保障体系能进行安全、有效地健康运营。

2）车联网安全与保障

按照工业和信息化部于2021年9月16日印发的《加强车联网网络安全和数据安全管理工作》，在车城网平台中，需要对车联网网络安全防护，包括：车联网网络设施和网络系统安全防护能力、车联网通信安全、车联网安全监测预警、车联网安全应急处置、车联网网络安全防护定级备案。需要加强车联网服务平台安全防护，包括：平台网络安全管理、在线升级服务（OTA）安全和漏洞检测评估、应用程序安全管理。需要加强数据安全保护，包括：数据分类分级管理、数据安全技术保障能力、数据开发利用和共享使用、数据出境安全管理。需要健全安全标准体系，加快车联网安全标准建设。

6.4　车城融合应用

开展双智应用要以同时服务于汽车和城市发展需求为主线。通过建设城市智能基础设施和车城网平台，夯实智慧城市发展基础，加速智能网联汽车落地应用。在条件成熟的区域，面向智能网联汽车开展智慧公交、Robotaxi和无人配送等应用，改善居民出行和生活；面向智慧城市开展城市综合管理、路网优化、智能泊车和重点车辆管理等应用，不断提升城市智能化管理水平。

6.4.1　自动驾驶出租车

1）发展概况

随着双智试点城市的经验做法推广到更多城市，更多的路侧智能基础设施建设，进一步加速了自动驾驶出行服务的落地进程；自动驾驶出行服务的推广也反过来助推双智城市建设协同发展。在双智实践中，通过路侧智能基础设施，为多业务种类L4级自动驾驶车辆提供高精度、低延时、稳定可靠的协同感知数据，闭环多个车路协同自动驾驶场景，保证了自动驾驶出行服务安全运营，为乘客提供高质量体验，支持了自动驾驶出行服务等L4级自动驾驶车辆的有效落地。

通过自动驾驶出行服务常态化深入的服务运营，可以有效获取丰富的在真实道路上的行驶数据以及各类客户的多样化需求，这是自动驾驶技术迭代升级和完善的重要支持。自动驾驶出行服务的规模化运营，将从车端获取大量数据，随着运营里程数、各类路况处理和应对增加，在拓展服务的同时，努力应对中国复杂交通环境的独特技术挑战，进一步完善L4级别自动驾驶技术。智能网联不仅加速自动驾驶商业化落地，也推动形成了多场景自动驾驶生态。除了Robotaxi外，有越来越多的企业，如美团、京东、新石器等加入，形成了集出行服务、配送、零售、公园漫游车、智慧社区等一体化自动驾驶生态。

车路协同助力Robotaxi实现远程代驾，为实现无安全员Robotaxi商业运营提供技术保障。目前百度、文远知行、小马智行、Auto X等企业已在北京、长沙、广州等城市开展以单车智能路线为主的Robotaxi试运营，提供免费的无人驾驶出租车固定站点的乘车服务。依托基于5G通信技术的远程控制，控制中心可对车辆及时介入并远程接管，帮助车辆在临时道路变更或交通管制等情况下进行脱困，为Robotaxi的商业化落地提供技术保障。

2）实践案例

以百度为例，2020年9月百度推出基于车路协同的"5G云代驾"无人驾驶配套服务，依靠5G基站、RSU等路侧通信设施的铺设，在面对临时道路变更或交通管制等情况时，陷入困境的无人驾驶车辆能够通过云代驾技术以30毫秒以内的低延迟将现场视频画面传至云代驾屏幕，如图6-10所示。在接到求助请求后"5G云代驾"可以将驾驶指令传回车辆并接管无人驾驶车，驾驶状态改为平行驾驶，帮助车辆解决问题，提高乘客的安全性和出行体验。

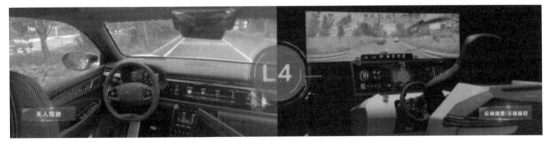

图 6-10 百度 5G 云代驾系统
（资料来源：百度智能驾驶事业群组，中国电动汽车百人会）

2018年9月，文远知行在广州国际生物岛实现国内首个基于5G的无人驾驶远程操控。广州国际生物岛已经实现5G网络的全岛覆盖。文远知行与中国联通共同研发5G+MEC（移动边缘计算）技术应用，提供超低时延、超高带宽和超高计算为一体的融合处理平台，将平均网络延时大幅降低到13毫秒，为Robotaxi的路测和落地提供技术基础。

自动驾驶出行服务的运行，让城市发展更先进，也可以提升交通管控和治理能力，保障交通安全。自动驾驶出租车会结合用户实际使用过程中的需求，不断完善软硬件功能，

第6章 智慧城市基础设施与智能网联汽车协同发展

让自动驾驶更加人性化、个性化服务于用户,助力城市交通更便利、更安全、更高效。未来在示范运营服务工作取得一定进展后,各企业将投入更多车辆进行更大范围示范运营,促进自动驾驶产业和出行服务业的快速发展。

6.4.2 智能公交

1)发展概况

在交通强国、新基建的推动下,公共交通行业在不断演进,从智慧公交站台、智慧场站枢纽、智能路标等基础设施的升级改造;到基于车路协同的智慧公交车辆,集主动安全驾驶行为检测预警、精细化客流采集、AI视频分析等功能为一体;再到自动驾驶公交在园区、出行首末端的示范应用,定制公交、大站快车、班车和校车等多元新型服务;以及在双碳战略的驱动下对绿色出行和一体化出行的发展需求,公共交通工具在城市交通中被赋予了更多使命,承载着智慧交通与智慧城市发展的强大助推器。

在不断演进的趋势中,智能网联的兴起为公共交通的发展带来了新的机遇。基于智能网联技术的精准公交解决方案,充分利用数据和技术赋能公交行业,从解决行业痛点出发,以"快速、准点、聚客"为目标,将"公交开成地铁",同时将环保低碳的行为方式融入公交行业数字化转型布局中,倡导和鼓励绿色低碳的生活方式,打造以人为中心的公交新模式。

(1)主动式公交优先系统

公交无法形成吸引力的很重要一点就是不准点、不准时,而如果能让公交像地铁准点准时运行,就解决了这一重大痛点。过去若干年做得比较多的就是物理式的设置公交专道,比如BRT,来让公交车具备优先通行的权力。这是一种静态的方式,实际上路权分配效益非常低,而且浪费很多资源。在早期,城市路网还不是那么密集的情况下,BRT的确起到了很大的作用。但现在当城市中小汽车越来越多,物理式专用公交车道普遍被认为占用了太多的道路资源,而受到诟病。主动式公交优先系统为公交智能化的发展提供了新思路,如图6-11所示。

智能网联技术的发展给解决问题带来了机遇。如图6-12所示:主动式公交系统的智慧公交,通过对公交车辆及交通信号灯进行网联化的改造升级,运用基于C-V2X的车路协同技术,使得公交车辆拥有与路通信的能力,能够在交叉路口享受优先通行的权力。具体技术路径为:当装载有车载单元OBU的公交车接近交叉路口时,车载OBU设备和路侧RSU设备进行信息交互,OBU接收到RSU下发的地图消息后匹配自身路径,从而确定公交车在该路口的转向信息,然后将公交车基本数据(位置、速度、行驶方向、载客率等)通过RSU上报到云控平台,之后根据各公交车信息进行公交车辆过滤、优先级排序和优先请求号匹配,生成对应的优先请求信息下发至信号控制机,信号控制机根据优先请求优化控制路口信号配时方案,执行包括绿灯延长、红灯截断或直接通过等几种优先策略,尽可能给予公交车更多路权。技术关键在于车辆和路口信号控制机的厘米级定位、毫秒级延时的实时信息交互。

整个方案实施简单无需大量的土建施工,对现有公交车后装智能网联车载单元OBU进行网联化改造,对交通信号灯进行网联化改造即加装智能网联路侧单元RSU并与交通信号控制机交互通信。

6.4 车城融合应用

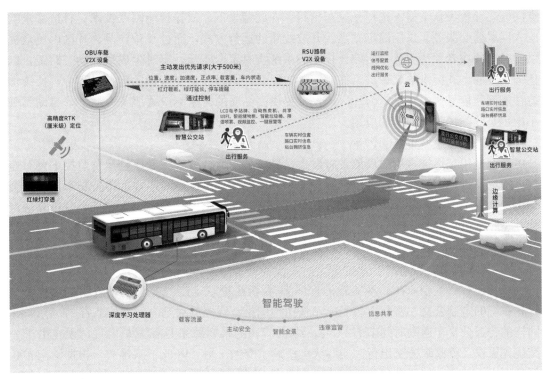

图 6-11 希迪智驾主动式公交优先系统
(资料来源:希迪智驾,腾讯智慧交通事业部,中国电动汽车百人会)

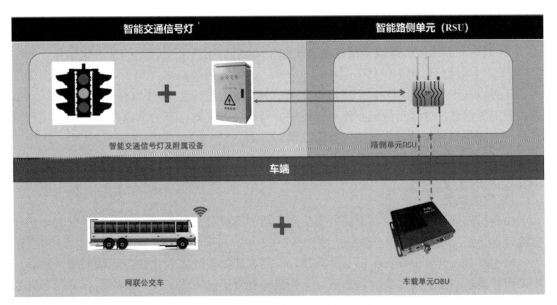

图 6-12 主动式公交优先系统解决方案示意图
(资料来源:希迪智驾,中国电动汽车百人会)

(2)最后一公里自动驾驶网联小巴

针对大型产业科技园区、大学城片区等场景,公共交通工具往往存在最后一公里的痛

315

点问题，导致民众不得不选择私家车出行。在此背景下，依托智能网联技术，打造需求响应式网联公交服务。采用固定站点、开放线路的运营方式，通过C端产品为片区内民众提供实时呼叫或者预约服务，后端云控中心系统实时聚合匹配，实时生成最优动态路线，以任务下发的方式提供给驾驶员，按顺序接送民众；同时在公交车辆的运行过程中，持续加持智能网联信号优先技术，为片区内民众提供高品质的需求响应式服务。此外，自动驾驶小巴也是此类场景中不错的应用。

（3）助力智慧城市监管体系

公交专用车道被占用的现象常有发生，导致公交通行效率降低，且运营监控平台对违规占道取证难，通过公交车载传感器设备和环境感知算法，可对违规占用公交车道的社会车辆进行识别，拍照取证并上报监管平台。同时，通过车内监控摄像头和行为分析算法对驾驶员行为进行实时预测分析，如出现疲劳驾驶、抽烟、打电话等违规行为时，系统进行语音提醒和取证，有效保证乘客出行安全。

2）实践案例

以希迪智驾等企业在长沙实施的梅溪湖-高新区智慧定制公交为例，应用主动式公交优先系统的定制公交，实际上较私家车按照地图推荐线路的通勤时间平均节省27.5%，比同样的普通公交车通勤时间节省30%，约24.7%的乘客原来是私家车出行，现在由于公交优先更快，就改乘公交出行。实际大大缓解了交通压力，降低了碳排放。根据湖南省联创低碳中心计算，如果全市几千辆车全部改造完成，每年节省的碳排放将达到250万吨。另外，据部分乘客反馈，由于公交优先的定制公交，实际上40分钟的通勤时间缩短成20分钟，所以他们非常开心。

与此同时，基于车路协同的5G自动驾驶网约巴士也开始在城市试运营。2021年10月，轻舟智航与无锡雪浪小镇未来园区联合发布全国首个"公开道路5G自动驾驶网约巴士"，计划在无锡市核心区域开展3条总长约15公里微循环公交线路的常态化运营，如图6-13所示。该网约巴士不仅具备避让行人车辆、自动变道、红绿灯识别等基本自动驾驶能力，还可以基于5G通信技术实时获取交通信号灯相位信息、远处道路交通参与者情况、路段施工等信息，计算出最佳车速，提前做好行车决策规划，有力推动汽车的智能化和网联化，为解决出行"最后三公里"难题提供新方案。

6.4.3 无人配送

1）发展概况

快递物流行业已成为当前国民社会生产生活中不可分割的一部分，需求量巨大，快递物流行业服务人员数量也增至高点。预计到2025年，我国快递外卖单量会增加到10亿件/天，快递外卖人员规模增长将远不及预期，需要大规模普及无人化快递运输网络，来满足未来消费需求。在供需失衡的状态下，无人快递有望提供较优实践，解决现有情况下人力存在固有局限性、重复性，简单劳作效率较低、城市交通安全难以保障的问题，通过无人车满足大范围集约化的需求。

（1）无人车赋能智慧配送行业应用

无人快递能够将人力从恶劣的环境中解放出来，提高整体安全性。对于自动驾驶无人车来说，大数据采集+实时预测+智能调度，能够使车辆始终运行在需求最集中的区域，

6.4 车城融合应用

图 6-13 无锡"龙舟 ONE"无人驾驶小巴
（资料来源：轻舟智航，中国电动汽车百人会）

而通过数据和算法的迭代，无人车运营效率将持续增长，配送时长将持续递减，无人化服务网络的需求预测＋实时交付能力将在较长时期内占据竞争主导优势。

无人配送支撑城市卫生防疫。目前新冠肺炎已成为国内常态化疾病防范重点工作内容，新冠肺炎病毒极易通过接触造成交叉感染，导致疫区居民生活所需供给成为难题，不仅需要大量资源投入，同时需要对一线人员的安全提供保障。借助无人车作为疫情应急响应和民生保障的配套设备，可以有效减少人群接触，实现无人化运输，降低感染风险，保障一线人员安全。同时，无人车可以快速部署和灵活调度，能够支持更大运载能力的支援工作，提高物资保障能力，在封控/管控区内既满足防疫要求，又满足更多居民的基础生活需求。科技抗疫，无人车可有效减少人力投入，将人力释放至更高价值的疫情防控工作中去。

无人配送支撑城市巡逻。随着科技发展，智慧城市公共安全和安防治理工作也逐渐向智能化转变。当前发展阶段下，安防任务繁重与警力有限的矛盾日益突出，社会治安动态化管理的需求不断增加，而信息资源整合应用亟待突破，人工智能技术所赋能的新产品将为此类问题提供新型解决方案。

（2）无人车重构新型智慧城市基础设施

建设后疫情时代无接触配送的基础保障能力。当前疫情防范已成为常态化应急响应和民生保障工作，以无人配送车为基础打造基于公共服务的双智城市部件，可确保各地政府具备灵活响应、快速部署、智能高效的服务体系。在封控或管控情况下，能够为居民以更高效率和更低人力成本提供能满足其日常生活需求的保障,可提升城市应急响应能力的弹性,是智能网联汽车应用服务智慧城市民生的示范应用之一。

提供智能无人车平台的服务网格。双智城市的建设离不开城市各类场景的智能化升级,通过在城市场景内部署规模化的无人车服务网格,可覆盖差异化行业,将多类型的无人化服务内嵌到用户实际的生活和消费场景。无人车服务网格具备移动属性,可大幅提升传统服务的半径,缩短服务的等待时间,实现数字化信息整合,可打造距离用户最近的服务平台,为双智城市智能化服务能力的提升提供平台基础。

打造双智城市智慧大脑的数据节点。智慧城市和智能网联汽车的协同发展都需要建设一体化云端平台,将城市环境信息及城市治理数据纳入平台进行统一的分析和处理。因此,有大量的数据需求,需要合适的设备进行采集。无人车作为移动的智能终端设备,天然具备数据收集的能力,可接入智慧大脑云端平台,在运行和服务的过程中,基于城市多种场景对环境信息或相关行业数据进行收集和上传。在无人车的移动服务网格之上,建设无人车移动数据采集网格,将无人车打造成双智城市智慧大脑数据收集的移动节点,实现数据闭环,助力智慧大脑管理分析能力的持续升级。

推动双智城市配套基础设施建设。以多样化的无人车实际应用场景为载体,推动运营场景周边5G、人工智能、物联网等新型基础设施的部署和应用示范项目的建设,持续开拓无人车智能终端设备在智慧零售、智慧物流以及智能公共服务等多方面的创新性结合,以技术创新为驱动,促进数字转型、智能升级、融合创新等服务的基础设施体系建设。作为人工智能优势产品,无人车及其他人工智能行业上下游资源,可积极在各地规划内开展自动驾驶应用示范区、新型智慧城市示范区建设,带动传统交通、物流、城市服务行业升级,推进新模式、新业态的深度发展,符合智慧城市与智能网联汽车协同发展的需求。

2)实践案例

新石器在北京亦庄地区已建立规模化运营网络,充分验证商业模式及移动零售场景价值。无人配送车主要服务于亦庄地区的办公园区、写字楼、地铁口等适用移动零售售卖的场景,进行知名连锁零售品牌如KFC、可口可乐、鼎泰丰、七鲜超市商品的售卖,为周边白领及居民提供更多零售选择。截至目前已累计安全运营逾13个月,在亦庄区域部署无人车队规模逾140辆;区域内部署范围覆盖60平方公里,服务人口规模超30万。2020新冠肺炎疫情期间,16辆新石器无人车在2月初即运抵武汉,在不同场景和区域投入运营,分布在包括雷神山医院、多家方舱医院及隔离区、社区、校园等地,承担包括防疫物资运输、消毒喷洒的应对工作,累计执行12674次无人车运行指令,支撑防疫工作的开展。

6.4.4 智慧物流

1)发展概况

在物流服务领域,现阶段各企业重点专注于场景相对简单的限定区域物流领域,国内企业在港区、矿区等限定区域物流方面布局较多,部分已实现商业化应用。

(1)港区物流

港口工作环境艰苦且劳动强度大、对年轻人吸引力差、司机驾驶资格要求高等一系列原因导致港区物流司机短缺现象严重,港口集卡的自动驾驶可有效缓解司机短缺。港口具有交通标识简易、车辆行驶速度低等特点,是较易实现自动驾驶商业化应用的场景。利用车路协同可进一步实现港区集卡的编队行驶、远程监控等功能，提升港区的自动化管理水平。

基于路侧 5G 通信，可实现港区集卡的编队行驶、远程监控等功能，提升港区的自动化管理水平。借助基于 NR-V2X 实时通信的云端计算和远程监控服务，可满足港口特种作业设备与集卡之间控制信息、多路视频信息等的高效、可靠传输，完成实时系统优化、智能调度管控和远程遥控驾驶等，实现港区集卡的编队行驶、远程监控等功能，提升港区自动化管理水平。

（2）港区物流

根据踏歌智行、拓疆者等公开信息整理，我国矿区物流市场空间大，市场规模超过 5000 亿元，其中露天矿土石方运输市场规模约 2400 亿元，砂石骨料市场规模约 3000 亿元。市场需求拉动了对驾驶人员的需求，但巨型矿山机械每天 24 小时不间断工作，工作环境差导致矿区招工困难。矿山场景道路结构简单，行驶路径相对固定，车辆和人员构成简单，环境封闭，有利于矿区物流自动驾驶的落地，缓解矿区人力短缺。车路协同还可以提升矿区作业模式智能化程度，借助管理平台智能化决策、自动化协同等控制功能提升矿区的智能管理水平，实现矿区生产的自动化调度。

车路协同可助力矿山智慧管理平台实现矿区多种类型车辆的统一调度，提高作业效率。基于目前调研结果看，采用 5G 基站的无线通信替换原有的光纤通信，将大幅节省矿区的建设成本，缩短建设周期；同时通过路侧 5G 通信基站，矿区智能管理平台可完成矿区多种类型车辆的统一调度，实现生产环节之间的高效协同，提高生产的自动化水平，助力智慧矿山建设。国内矿区部署 5G 基站并加装 RSU 与路侧摄像头，借助 5G、LTE-V2X 等通信技术实现管理平台对车辆的统一管理，实现网联化自动驾驶。不仅支持不同类型车辆的高效协同，提升作业的安全性与效率；还支持实时远程监测，判断车辆的使用效率并作出调度优化。

2）实践案例

在洋山港，通过路侧 5G 通信基站的铺设，基于 V2X 技术实现智能重卡队列行驶功能，能在 20 毫秒内建立车队间的实时交互通信，确保自动跟车、车道保持、绕道换行、紧急制动等队列行驶功能即时实现，单点装卸作业效率将提升 10%，有望将东海大桥的通行能力提升 100%。天津港已实现集装箱传统码头无人自动化改造，车队规模达到 25 台，应用 5G 通信、远程监控及车队管理系统等技术，可实现全景高清视频实时监控，实现全流程无人自动化作业。单桥作业可达 31 个标准箱/小时，整体作业效率提升近 20%，同时，单箱能耗下降 20%，减少人工 60% 以上，综合运营成本下降 10%，整体架构如图 6-14 所示，港口示范案例如表 6-8 所示。

2020 年 8 月，安徽省"和尚桥采场基于 5G 技术的无人驾驶矿用卡车项目"正式试运行，采用"5G+V2X"通信系统可保证矿用宽体车的安全行驶、与监控中心的信息交互以及为车辆差分定位信息的采集和传输，"5G+移动边缘计算"专网保证通信网络质量稳定和企业信息安全。改编车队目前拥有无人驾驶矿车 10 辆，可实现无人驾驶与有人驾驶混编运行，助力矿山生产过程的自动检测、智能监测、智能控制与智慧调度，有效提高矿山资源综合回收利用率、劳动生产率和经济效益，整体架构如图 6-15 所示，矿区示范案例如表 6-9 所示。

第6章 智慧城市基础设施与智能网联汽车协同发展

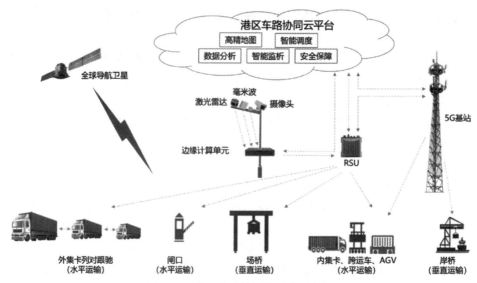

图 6-14 港区车路协同自动驾驶架构

(资料来源：中国电动汽车百人会)

中国港口场景下自动驾驶技术的示范情况　　　　表 6-8

港口名称	企业名称	示范应用情况
天津港	天津市	拥有 25 台智能集卡，采用远程监控及车队管理系统等技术，可实现全景高清视频实时监控和车队调度，实现 L4 级自动驾驶水平
舟山港	宁波市	拥有 13 辆智能集卡，基于 3GPP R16 标准 5G 通信解决方案同时辅以 CPE 双发选收功能，可实现实时视频回传，实现集卡的监控与调度
太仓港	太仓市	应用 5G 技术，借助自动化轨道吊、无人驾驶等技术，完成自动化装卸工艺及平面布置、自动化轨道吊技术实施路径、码头 TOS 系统和 ECS 系统搭建，提高安全生产智能化水平和效率
南京港	南京市	通过 5G 通信基站部署，实现了港口网络覆盖和高清视频回传，实现港口作业区的实时监控，提高管理效率

(资料来源：中国电动汽车百人会)

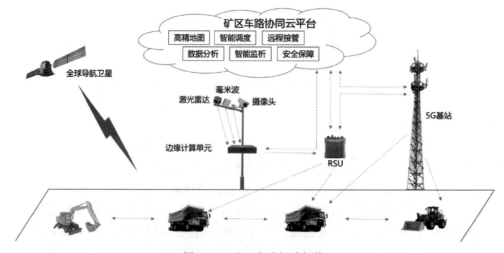

图 6-15 矿区自动驾驶架构

(资料来源：中国电动汽车百人会)

矿区的车路协同示范案例　　　　　　　　　　表6-9

项目名称	地区	车路协同技术应用
和尚桥采场基于5G技术的无人驾驶矿用卡车项目	安徽	采用无人驾驶与有人驾驶混编运行，拥有无人驾驶矿车10辆。无人驾驶矿车通过V2X通信系统实现无人驾驶所有指令信息互通互联；5G+移动边缘计算专网保证通信网络质量稳定，保障企业信息安全，缩短(车)端到(指令)端延时
白云鄂博矿区打造智慧矿区无人驾驶项目	内蒙古	采用MT3600B、NTE150T两台大型矿卡和一台同力90吨宽体车混合编组，利用路侧5G基站设备实现车与云端平台和车与车之间的通信，同时融合GPS、视觉感知等技术，利用车载传感器、路侧传感器的多层面数据，依托智能调度监控平台，实现矿山生产运营自动化管理
呼伦贝尔宝日希勒露天煤矿5G+无人驾驶矿卡编组安全示范工程项目	内蒙古	依托5G网络建设和5台矿卡的无人驾驶改造，矿用自卸车、遥控推土机和电铲等辅助作业车辆形成一套完整露天矿无人运输作业系统，同时搭建集成无人运输作业智能管理系统、电铲协同作业管理系统、路侧协同感知系统和差分定位系统等于一体的控制管理平台，通过5G通信可实现各种机械设备规划、调度、管理，完成矿区运输智能化调度、设备监测安全管理和数据统计分析管理等功能

(资料来源：中国电动汽车百人会)

6.4.5 智慧泊车

1) 发展概况

智慧泊车是指面向一段时间内需要在固定车位进行的车辆停放，将无线通信、卫星定位和室内定位、地理信息系统、视觉感知、大数据、云计算、物联网、互联网、智能终端等技术综合应用于城市车位信息的采集、管理、查询、预订与导航服务等，实现停车位资源的实时更新、查询、预订与导航服务一体化，实现停车位资源利用率的最大化、停车服务利润的最大化和车主停车体验的最优化。

智慧泊车的核心包含两个方面，一是对停车资源的优化和整合，消除停车信息系统孤岛现象，将分散的停车位数据实时互联，使系统能及时知道空余泊位并进行发布和停车诱导，在不增设停车位的情况下，减少车位空置率；二是实现车位导航，通过定位、感知计算和无线通信等技术形成车辆到车位的路径轨迹，引导车辆到达目的车位，或者进行反向寻车的路径引导，减少车找位、人找车的时间，实现停车效率和体验的显著提升。

根据服务对象的不同和技术手段的演进，智慧泊车的发展可分为基础信息化、驾驶员泊车辅助和自动驾驶泊车三个阶段，如图6-16所示，随着智能化水平的逐步提升，实现停车效率和体验的明显改善。

(1) 基础信息化

在智慧泊车发展的早期阶段，面向停车位供需不平衡的突出问题，通过停车资源信息化和停车运营管理信息化建设，整合城市停车资源，集中运营管理，实现有效供给，提升停车便利性。基础信息化阶段主要包括三个典型应用场景。

一是实时车位信息发布，通过部署传感器等感知设备，对路内停车位和路外停车场的车位使用状况进行采集，通过物联网将采集的信息以统一的数据格式上传至静态交通大数据平台，经过大数据动态分析后，生成实时车位信息，并通过停车场的电子屏幕或用户终端APP进行发布，对车主进行停车诱导。

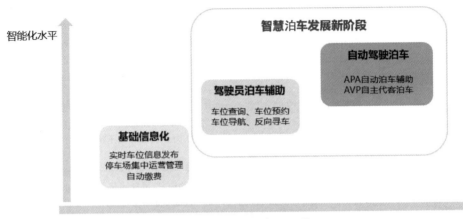

图 6-16 智慧泊车发展趋势示意图

(资料来源：华为技术有限公司，中国电动汽车百人会)

二是停车场集中运营管理，针对传统停车的粗放式运营管理问题，建设集团式停车管理服务平台，对所辖区域的停车场进行统一联网接入，实施远程运营管理，提高停车场运营管理水平，实现降本增效。

三是自动缴费，利用 ETC 系统完成自动缴费，或者通过车牌识别技术，在车辆进场和出场时自动采集车辆身份信息，并进行自动计费和缴费，实现不停车进出场。

目前，国内智慧泊车应用还处于基础信息化阶段，以停车场出入口闸机管理和基于空余车位数量查询的停车诱导为主，单车位状态信息采集和发布还没有普及。对于大规模停车场，基础信息化已经无法满足业主管理效率和车主停车效率显著提升的需求。

(2) 驾驶员泊车辅助

随着产业升级和信息通信技术的不断发展，感知计算、定位导航、云计算等技术将广泛应用于停车设施的数字化和智能化改造。通过网络连接，停车设施运营管理方可以为车主提供车位信息查询、预约、车位导航等智能化停车辅助服务，进一步提升车主停车效率和体验。

驾驶员停车辅助阶段主要包括三个典型应用场景。

一是车位查询与预约，车主通过智慧泊车服务平台，对周边的停车场位置、车位设置和占用情况、停车服务设施分布等情况进行信息查询，并可通过平台进行车位预约和费用自动结算，免去现找车位和排队支付的时间消耗。

二是车位导航，智慧泊车服务平台为车主提供目标停车位行驶路线等信息，结合停车场高精度车辆定位和线路状态感知，为车主进行停车路径规划和目标停车位导航，并可实时监控车辆在停车场内的行驶和停车入位过程，提供必要的安全保障。车位导航应用改变车主在传统停车场耗时耗力寻找车位的状况，优化车主停车流程，同时，也有助于提高停车场车位使用率，实现停车资源的调度优化。

三是反向寻车，在大型的公共停车场内，由于停车场的空间比较大，车主往返所需要的时间比较长，环境及指示标志、诱导牌分布不合理等原因不易辨别方向，容易在停车场内迷失方向，寻找不到自己的车辆。智慧泊车服务可以结合车主提供的车位信息和车主位置信息，提供反向寻车路径规划和反向寻车导航，大大减少车主寻车时间和负担。车位位置信息和车主位置信息还可以根据周边环境特征进行自动识别，进一步提高车主寻车的便利性。

（3）自动驾驶泊车

随着自动驾驶技术的逐步成熟，越来越多主机厂车辆支持自动驾驶停车功能，包括自动泊车辅助（Auto Parking Asist，APA）功能和自主代客泊车（Automated Valet Parking，AVP）功能。

APA 自动泊车辅助是指车辆在低速巡航时使用传感器感知周围环境，帮助驾驶员找到尺寸合适的空车位，并在驾驶员发送停车指令后，自动将车辆泊入车位。

AVP 自主代客泊车是指车辆以自动驾驶的方式替代车主完成从停车场入口/出口到停车位的行驶与停车任务。相较于 APA 功能，AVP 彻底代替车主完成了停车操作，可以有效解决医院、商场、写字楼等公共停车地区的停车难题，车主需求强烈。此外，低速行驶以及相对简单的停车场行驶环境，使 AVP 成为车企优先商用的高等级自动驾驶功能，如图 6-17 所示。

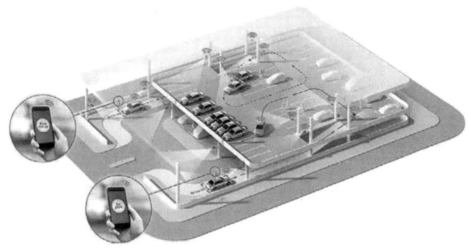

图 6-17　AVP 自主代客泊车功能示意图
（资料来源：博世）

AVP 可以通过单车智能实现，但对车端的感知能力和计算能力要求较高，单车成本会相应增加；在停车场不标准、反光等复杂环境下功能使用受限，功能可靠性低；无法解决障碍物遮挡、全局调度等问题。为了推动 AVP 规模化应用，彻底解决停车难问题，可以在停车场侧部署一定的智能化基础设施，提供感知、地图定位等辅助信息，场侧平台对停车路线进行规划、车位安排上实现最优配置、已经停车路线异常状况预警，实现更加安全、高效的 AVP 泊车功能。

2）智慧泊车系统架构

智慧泊车系统框架可以包括云服务平台、网络连接、场侧智能设备和基础设施以及车辆和智能终端等端侧四部分组成，如图 6-18 所示。智慧泊车系统通过端-场-云的连接和协同实现智慧停车的各种典型应用。其中：

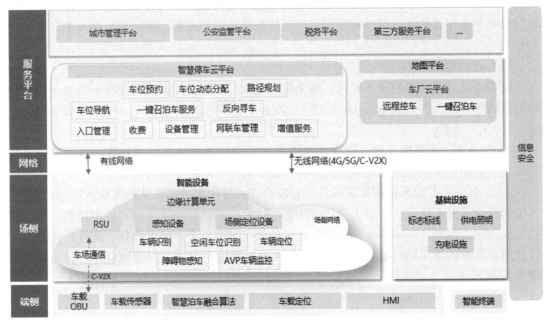

图 6-18　智慧泊车系统架构

（资料来源：华为技术有限公司）

在端侧，车辆 OBU 与场侧进行 C-V2X 连接并与云服务平台实现连接，用户可通过移动智能终端实现与云服务平台的连接。此外，车辆还应具备一定的感知和定位能力，与场侧和云服务平台配合，满足不同应用场景的需求。

在场侧，通过感知、边缘计算单元和定位设备等智能设备，提供感知和高精度定位能力，完成车位识别、车辆定位、车辆行驶状态监控、障碍物识别与定位、道路交通状态监控、异常事件识别等。场侧计算后，将生成的路径规划、定位信息、障碍物提醒和异常事件推送等信息，发送给传统车辆驾驶员，或通过短距离低时延高可靠的 C-V2X 通信，发送给 AVP 车辆，辅助驾驶员和自动驾驶车辆的安全行驶。同时，场侧向云服务平台上报停车场、停车位和车辆的监控信息，用于停车服务提供商实现停车服务以及业主和运营管理单位的监督与管理。此外，为了保障智能设备的功能实现，还需要对传统停车基础设施进行相应的升级和新设施的部署，同时兼顾新设备与停车场已有设备之间的信息系统（如车位检测器），以提高资源利用率。

在云服务平台，按照业务逻辑可包括智慧停车云平台、车企 TSP 平台、地图平台、和城市综合管理服务平台等，结合场侧和端侧提供的信息，提供停车和管理服务。

提供智慧泊车服务的停车场建设在控制成本的前提下可以考虑提前布局场侧通信、感知和定位等智能设施和系统，先面向驾驶员提供车位导航等停车辅助服务，解决当前"停车难"问题，实现停车效率和经济效益的提升，随着 AVP 车辆的规模商用，进而平滑演进到对自动驾驶 AVP 停车服务。

3）实践案例

2021 年 9 月底，湖南湘江智能科技创新中心有限公司联合华为共同完成了对岳麓山国家大学科技城以及桃花岭景区停车场协作式智慧停车场的改造，架构如图 6-19 所示。改造项目采用了 AR 导航、高精地图、车侧 AVP 融合算法、C-V2X 车场通信、智能停车场管理系统等技术。

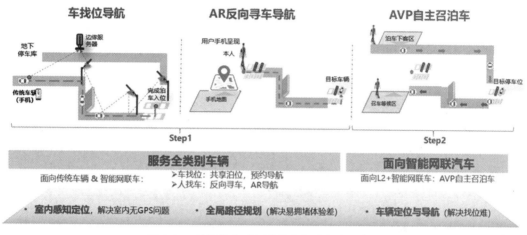

图 6-19　长沙协作式智慧停车解决方案示意图
（资料来源：华为技术有限公司）

改造之后的停车场，对于汽车驾驶员，可提供停车场厘米级 3D 找车位导航服务，以及 AR 反向寻车服务；对于具备 APA（自动泊车辅助系统）和通信能力的自动驾驶量产车型，场侧设备仅仅需要微调，便可提供 AVP 自动驾驶一键召泊车服务，为车主提供了全新的出行方式。

大学科技城和桃花岭景区停车场的车位检测数据纳入了湖南省的统一管理平台，使得停车位周转率得到了明显改善，车主可提前预约车位，最大化地利用车位资源。除此之外，停车场还可以提供加油、洗车、广告等增值服务，并增设了 VIP 停车位。

华为协作式智慧停车解决方案，利用场车协同技术，可让 L2 级的汽车在停车场实现 L4 级自动驾驶体验。一方面，面向普通汽车，解决当前驾驶员停车难和找车难的问题；另一方面，面向网联车，可支持向自动驾驶泊车的演进，且建设成本与传统智慧停车场相当。

据数据统计，应用华为协作式 AVP 智慧停车解决方案的停车场，修建费用比普通停车场大约高 20%～30%，但是在收益上也会有显著提升。在收益方面，对照改造之前的经营状况，第一年可以提升 15%，第二年可提升 25%～40%，再之后平均每年的收益能维持在相较改造前可提升 45% 左右。

6.4.6　智能交通管理

1）发展概况

在双智协同发展过程中，智能交通是智慧城市的"动脉"，也是双智城市建设过程中，效果最为显著的单元。当前，智慧城市基础设施成为智能网联汽车发展的"基础数字底座"，智能网联汽车则成为智慧城市发展的切入点，智能基础设施和车之间互联互通，助力城市交通实现"绣花般管理"，给出智能交通管理最优解。

第6章 智慧城市基础设施与智能网联汽车协同发展

（1）全息路口应用

充分利旧智能网联路联雷达、视频、边缘计算等设备，构建全息路口，与智能交通管理业务深度融合应用，如图6-20所示。可自动感知交通事故，通过精准车辆轨迹研判事故责任，生成证据链视频，节约处警时间，减少此类事故；提供精准车道级数据，全面分析交通运行状态，打通视频与信控机的隔阂，实时优化红绿灯配时方案；通过交通热力图快速定位交通黑点；依据路口规律，对交通组织合理优化，解决传统黑点治理周期长和效果差的问题。

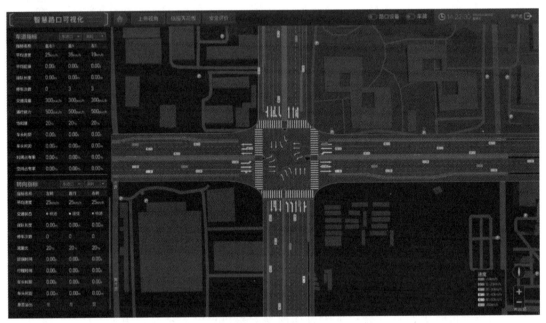

图6-20 全息路口示意图
（资料来源：北京四维图新科技股份有限公司）

一是助力实现城市交通精细化监测与治理，建立路网、路段、路口、流向、车道多空间维度指标评价体系，全面且有效地支撑城市交通场景下的全息感知、信控优化、安全评价、渠化诊断等业务专题。同时，在静态路网数据基础上，创新静态路网渠化诊断指标-位阶差、连通度，诊断路网渠化问题。

二是支撑全域交通安全预防与治理，依据高频高精车辆轨迹数据，可实现检测冲突点、急加速、急减速、急转弯、超速、疑似单车事故、疑似多车事故、违规停车、大货车右转未停、掉头异常、违规变道、不按导向车道行驶、逆向行驶、占用公交车道、非机动车行人入侵机动车道等安全事件，由路口拓展到路段、路网，实现安全事件全域感知及主动预警，提供事件历史轨迹回放、视频回放，辅助交警进行事故快速定责、事件快速处理与全域安全治理，主动降低区域路网安全风险。

三是实现路网交通渠化诊断，根据交叉口相关国标，从路口转弯半径、路段车道宽度、进口道出口道匹配度、转向是否合理等渠化指标上诊断交叉口的设计问题，此外，在静态路网数据基础上，创新静态路网渠化诊断指标-位阶差，诊断路网渠化问题，为交通组织优化提供数据支撑。

(2) 信控自适应优化应用

通过创新性打通车联网与交通管理专网，实现车联网与智慧交管深度融合应用。在边端，实现雷视设备与信号机互联互通，雷视融合生成的实时交通流数据支撑信号机实时优化计算；在中心端，实现智能网联云控平台与交管信号控制中心平台的数据互联互通，对区域信控自适应优化。

系统实现"点、线、面"的秒级自适应全智慧调度，打造人工智能交警指挥官，像一个资深的交警，在路口24小时不间断地执勤，根据实时行人、行车和非机动车交通需求，精准控制信号灯的放行顺序和时长，完全杜绝路口空切（某个相位无车/人，却给予绿灯）、空放（某个相位车/人非常少，却给予很长绿灯）。

系统需要支持干线弹性微绿波协调调度、行人非机动车等弱势交通保障调度、智能可变车道全智慧调度、公交信号优先通行全智慧调度、紧急车辆绿波通行全智慧调度等车路协同调度功能。

(3) 城市交通态势感知

通过对布设于城市路网的激光雷达检测、毫米波雷达监测、视频检测专用视频、高清监控视频、违法监测视频、卡口监测视频等智能分析，检测道路参与主体（人、车、非机动车）的状态、速度、方向、位置等信息，并采用轨迹跟踪、行为分析、事件触发、违规检测等技术，可对异常停车、逆行或倒车、低速车流、排队超限、抛洒物、行人穿越、能见度低等异常事件实时监测和预警；可对违法停车、逆行或倒车、压线行车、违法行驶专用车道等交通违法行为实时监测和取证；可对断面流量、车道流量、平均速度、时间占有率、空间占有率、密度、服务等级等十余种交通参数实时检测和统计分析，实现直观、实时、有效的视频监测和过程记录。然后通过C-V2X或5G技术给周边车辆进行超低延时的广播，让其知道自己所处的环境，这显著提升了车载辅助驾驶系统和未来的自动驾驶车辆的环境感知能力，相当于给每一辆车安装了一个"天眼"，能够站在高空俯视车辆周边的道路和环境。极大地弥补了辅助驾驶系统和自动驾驶车辆上车载传感器无法解决前方遮挡、大角度弯道或坡道、检测距离有限的非视距问题。

道路环境状况及车辆行驶状况检测作为一种信息量丰富、实时性强、准确率高的大数据交通信息采集处理手段，是实现车路协同乃至智能交通目标的重要基础。该系统主要包括：交通参数采集与分析、交通事件检测预警、通行状态监测与预测、交通违法监测与取证、道路气象监测预警、道路健康状况监测预警、交通信号采集与协调、车辆行驶状况监测、出入口及行车路径监测ETC及OBU数据采集、出行诱导控制、大数据分析与决策等数据子系统。

2）实践案例

百度ACE智能交通引擎，在"聪明的车""智慧的路""智能的云""领先的图"方面构建起了丰富的产品矩阵，支撑北京亦庄高级别自动驾驶示范区建设。北京亦庄以全面实现智能信控优化为突破口，目前已建成智能路口332个、覆盖经开区60平方公里。目前，经过1.0、2.0两个阶段的建设，交通拥堵已得到显著改善，路面运营效率显著提升，市民实现"绿灯自由"。在亦庄主城区西环路、荣华路、荣京街、永昌路、同济路、宏达路等13条干线道路，通过智能路口的改造和建设，已建设实现"绿波带"，市民可以享受到"一路绿灯"的出行体验。智能交通路口解决方案可以将动态交通信息进行数字化表达，同时进行智能化分析,用这些分析结果服务于多场景应用。在亦庄,市民还可以通过百度地图、度小镜等终端载体,体验到信号灯倒计时、闯红灯预警、绿灯起步提醒、车道建议等智能网联带来的便捷功能,有司机使用过信号灯倒计时功能后表示,"这个功能很实用,提前知道红绿灯还剩多久,可以提前控制车速",智能网联技术在赋能汽车的同时,也在服务城市建设发展,为市民带来实在的便利,如图 6-21 所示。

图 6-21　百度智慧交管

(资料来源:百度)

万集开发了智慧交通管理平台,如图 6-22 所示。从智慧交通实战出发,运用一系列的技术和管理手段,形成了具有交通数据采集、交通事务处理、领导决策和组织内部协调、指挥作战、充分发挥高效的交通指挥运行机制,实现交通运营管理,提升城市交通公共服务能力,不断提高城市交通安全水平,使道路交通事故总量大幅下降,公众出行更加安全、道路更加畅通、环境更美丽。基于交通多个技术子系统,通过对多种交通信息进行汇集、分析和处理,实现对各种交通突发事件的调度处理。系统能够增强指挥中心对控制区域内日常交通流、事件的监视,在重大交通事故和重大灾害事故情况下,能够实现对交通的宏观调控、指挥调度;在处置突发事件时能实现快速反应、快速作战指挥的目标。

6.4.7　重点车辆管理

1)发展概况

"两客一危"、渣土车等专用车辆组成的城市重点车辆是城市交通中重要组成,首先各类重点车队连接并承载着城市的日常运行和发展建设,一旦停工各大重点项目或者日常管理都将受到影响,其次各类重点车辆在城市中的违规、违章运营给城市居民的生命财产安全也造成了较大的危害。这些重点车队有完全区别于私家车的出行行为,对于服务和监管都有特殊要求。做好城市重点车辆的管理,也成为城市交通的一个重要任务。

单纯通过智能车载监控终端或路侧设备监管效果欠佳。仅依赖车载终端,难以实现联合全程监控,缺少必要的道路以及例如工地口、消纳场等重点区域的取证,容易形成

6.4 车城融合应用

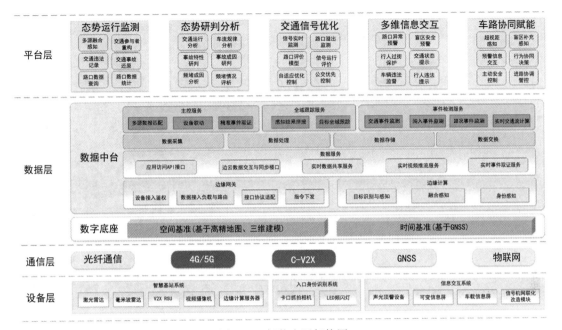

图 6-22 智能交通架构图
(资料来源：北京万集科技有限责任公司)

类似"设备掉线"的管理争议；单纯依靠路侧专用设备较难完成"一车在途多局统管"的实际场景，路侧电子警察和卡口主要用于交管车辆的违章行为，而路面遗撒、作业效果监管等城管业务又采用另一套设备。同时，不同管理部门非现场执法的取证规范存在差异，也带来管理漏洞，例如对于重点车违章行为的管理存在"一车多人，替代处罚"情况。

结合车端和路侧监控设备，通过车城指挥中枢实现车路联动监管，提高道路运输精细化管理。通过将现有路侧球机、卡口等监控设备数据，重点车辆车载监控设备数据汇入重点车辆管理平台，可实现对重点车辆实时监控，对违章车辆实时追踪和警情事件的智能分析和处理，从而实现重点车辆运输的精细化管理。

2）实践案例

在广州市黄埔区，车城网平台接入各类已有车内监控设备与各类存量和新增 AI 路侧监控设备，通过车城指挥中枢实现车路联动监管，提升重点营运车辆违章行为的"全程跨局到人"的监管，如图 6-23 所示。大幅提高道路运输精细化管理的自动化水平。已经针对住建、交警、城管、环美中心、生物岛管委 5 个局委办所涉及的泥头车、危运车、农马车、散体物料车、环卫车、非机动车 6 类重点车辆形成了不文明驾驶行为监管、危险驾驶行为监管、异常事件监管等 20 类管理场景，有效帮助用户拓展管理场景、丰富管理手段、提升并量化管理效果。截止至 2021 年 10 月，共向各局委办提交各类事件 650 起，经车城网高效监管，黄埔区泥头车不文明驾驶行为明显降低，部分事件（渣土车闯红灯）月环比下降达 40%。

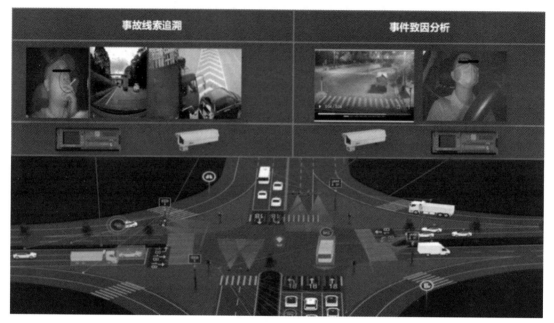

图 6-23　百度 ACE 大屏在黄埔的应用
（资料来源：公开资料，百度智能驾驶事业部）

6.5　城市案例

6.5.1　武汉新能源与智能网联汽车基地

1）机制与模式创新

立足实际发展需要，统筹推进双智试点建设。市政府成立武汉新能源与智能网联汽车基地建设领导小组，统筹各项建设工作。结合武汉自身发展战略，以武汉经开区为重点，积极申报试点工作。拟建设基于 5G 的车路协同智能基础设施、搭建车城网平台、形成多元化的智能交通应用，实现 5G 通信、车路协同、高精度地图、北斗高精度定位、人工智能、边缘计算、大数据与仿真模拟等创新技术的示范与应用，实现路侧感知信息的全接入和全融合，建设智能网联城市操作系统，实现车城融合感知，赋能智慧城市应用和创新，支撑城市持续运营。

积极培育智能网联汽车创新和产业生态。联合 4 位院士和 10 多位国内外行业专家，建立 1 个院士工作站和 23 家联合创新实验室，开展关键技术攻关，并在智能网联汽车产业发展战略方面提供指导，形成"研发-测试-应用"迭代更新的建设模式，建立从实验室到示范应用和商业运营的快速通道，助力产业转型和创新发展。

2）双智试点建设经验和成果

武汉以经开区为核心，重点在通顺大道、经开大道、檀军公路等落地试点建设项目。目前，已分三批累计开放自动驾驶测试道路 642 公里，全面覆盖 5G 信号、北斗高精度定位系统、路侧感知设备和车路协同系统,具备 L4 及以上等级自动驾驶测试运行条件;累计发放 54 张道路测试和示范应用牌照,其中道路测试牌照 40 张,示范应用(载人)牌照 14 张;建设东风自动驾驶"领航"、无人物流车、智能公交、智慧泊车等项目,累计投入超过 300 辆无人车测试和试运营;编制《室内空间基础要素通用地图符号》等 6 项双智标准。

(1) 智能化基础设施

充分复用道路交通设施,减少设备重复部署。充分复用道路交通设施,通过边控一体机设备,融合打通各类交通感知设备,消除数据孤岛,构建全时、全域、全要素交通感知信息网,实现路口及路段的全息感知融合,有效减少路侧感知设备的重复安装及建设,并大幅降低项目建设成本。杆件全部利旧,原则上不立新杆,最大限度减少土建施工并有效降低建设成本,如图 6-24 所示。目前,已累计开放自动驾驶测试道路 642 公里,全面覆盖 5G 信号、北斗高精度定位系统、路侧感知设备和车路协同系统等。

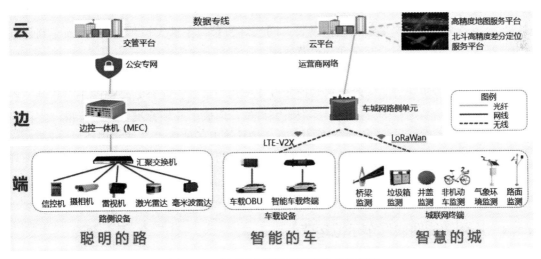

图 6-24 武汉试点智能道路建设总体架构

(资料来源:武汉双智试点,中国电动汽车百人会整理)

(2) 新型网络设施

建设多通信模式的车联网通信方案。示范区的网络建设采用"宏站+微站"相结合的方式。为满足武汉双智试点项目所有车载端设备、路侧端设备等所需的 5G 网络的低时延、高可靠性的数据传输、交换需求及带宽需求。在无 5G 网络覆盖的区域新建 5G 宏基站,在 5G 网络覆盖不好的区域增补 5G 微站,共建设了 172 个宏站,同时根据覆盖范围及信号强度针对性布设微站,实现整个示范区范围的 5G 独立通信网络,实现车载端设备、路侧端设备在示范道路上可以 5G 无线通信的方式与云平台实现互通。

(3) 车城网平台

打造车城融合的城市智能底座平台。采用统一的城市操作系统平台,以统一架构整合所有应用系统和模块,汇聚示范区道路、车辆、城市建筑等实时数据信息,融合车路协同和交管系统的数据,支撑全域智能应用数据共享,建立融合感知城市信息模型和数字孪生城市的可视化运营平台,城市信息模型融合实时交通和其他泛在感知信息,数字孪生与城市所有智能基础设施和感知设备保持同步,实现车城融合、共享数据、协同工作,为智能交通、智慧城市创新应用提供支撑。

(4) 示范应用

实现规模化的智能网联汽车应用。武汉示范区共规划 6 大类智能网联汽车应用,涵盖 15 个具体应用场景。一是建设东风自动驾驶"领航"项目,目前运营车辆超过 55 台,运行里程超过 100 万公里,累计接待乘客上万人次;二是在江汉大学及周边区域投放 12 辆无人物流车,目前无人物流车累计有效运营 120 余天,每台车平均每天运营时长 8.5 小时,快递总配送订单量 24000 多件,平均每天配送快递 200 余件;三是建设龙灵山景区自动驾驶体验区,共投放运营车辆 22 台,包括无人微循环公交、AVP 自主代客泊车、无人售货、无人清扫、无人配送等 8 大类应用场景,车辆总运营里程达 20 多万公里,接待人数达到 2 万余人;四是围绕公交出行需求和自动驾驶技术应用场景,对 236 辆公交车进行了智能化改造,实现了公交 V2X 信息辅助升级和辅助驾驶技术在公交场景的应用;五是开通首条高级驾驶辅助系统公交线路,在 395 公交线路投放了 5 台基于车路协同控制的 ADAS 智能公交,可以实现前项碰撞预警、闯红灯预警、车辆失控预警等 16 项车路协同功能,可有效提升公交车的安全性和运营效率。

(5) 标准制度

以武汉市新能源和智能网联汽车基地建设及运营为基础,联合刘经南院士工作站,在高精度地图与高精度定位等方面开展标准研究讨论,形成了 6 项标准:国家标准《室内空间基础要素通用地图符号》;行业标准《道路高精导航电子地图生产技术规范》;行业标准《道路高精导航电子地图数据规范》;行业标准《自动驾驶卫星差分与惯导组合定位技术规程》;地方标准《自动驾驶高精度地图特征定位数据技术规范》;地方标准《智能网联道路智能化建设标准(总则)》。

6.5.2 广州智能网联汽车示范运营

1) 机制与模式创新

广州利用现有的市新城建工作联席会议机制,统筹推进全市双智协同发展工作。形成由市住房城乡建设局、工业和信息化局牵头,市发展改革委、公安局、交通运输局等部门配合,海珠、黄埔、番禺等 3 区具体实施的市、区协同共建工作机制。市住房城乡建设局、工业和信息化局从政策指导、任务明确及要素保障等方面进行统筹协调;各相关区结合实际加快推进配套项目建设,同时畅通交流渠道,形成市、区合力推进试点建设的良好局面。

试点融合赋能应用,创新模式共建共享。广州作为首批新城建试点城市和双智试点城市,积极推动试点探索融合,加快落实"协同发展智慧城市与智能网联汽车"相关配套项目,协同落实"建设 5G+车联网先导应用环境构建及场景试验验证项目",基于广州城市信息模型(CIM)基础平台建设成果拓展"CIM+"相关应用,有效助推车城融合应用场景建设。同时,创新探索政府主导、多方共建的新模式,充分发挥国有企业实力和私有企业活力,利用财政资金杠杆撬动社会资金投入,改变传统的财政资金投入方式,创新市属国企自筹资金投资建设新模式。

健全政策体系,营造良好环境。制定《广州 5G 政务专网试点技术方案》,印发《关于逐步分区域先行先试不同混行环境下智能网联汽车（自动驾驶）应用示范运营政策的意见》，为车城融合探索强化政策支撑。制定智能网联汽车（自动驾驶）应用示范运营政策和工作方案，在国内首次创新性地推出智能网联汽车示范运营政策，制定一系列配套政策，形成"1+1+N"的政策体系，营造鼓励创新、宽容失误、审慎问责的政策环境和产业氛围。

2）双智建设经验和成果

广州试点选取海珠区琶洲核心区、黄埔区"双城双岛"（科学城、知识城、生物岛、长洲岛）、番禺区广汽智能网联新能源产业园等区域为试点任务落实载体。在黄埔完成133公里城市开放道路和102个路口的智能化改造，规模化部署1318个AI感知设备、89个V2X路侧通信单元；建设智慧灯杆超8235根（含在建6027根）；引导三大运营商重点布局5G网络，实现多种模式构成的车城网网络覆盖；开展智慧公共交通服务、智慧泊车等示范应用；发布《车联网先导区建设总体技术规范》等2个双智标准。

(1) 智能化基础设施

分区域、多点推动智能化基础设施建设。一是黄埔区在科学城、知识城、生物岛等区域范围内，完成133公里城市开放道路和102个路口的智能化改造，规模化部署1318个AI感知设备、89个V2X路侧通信单元，投放4支无人服务车队，建设178座智能候车亭（含在建63座）。二是海珠区广交会展馆周边完成11个路口的智能化改造，部署11套路侧设备、1套全息感知设备以及50余套液位、井盖位移、环境监测系统传感器等基础设施，实现部分琶洲道路及周边安全隐患点的实时监测。三是广州信投立项建设智慧灯杆超8235根（含在建6027根），项目总投资规模近6亿元，并组织研发智慧灯杆—体式直流充电桩产品。设备部署情况如图6-25所示。

图6-25 广州试点路侧智能感知设备

（资料来源：广州双智试点，中国电动汽车百人会整理）

(2) 新型网络设施

积极引导广州移动等三大运营商重点布局5G网络。一是海珠区琶洲区域采用集成路侧单元设备和物联网基站的一体化路侧设备，完成11个路口的智能化改造，形成C-V2X和物联网等多种模式构成的车城网网络覆盖。二是番禺区拉动相关新基建、设施及相关产业的投资建设，规划建设5G宏站3个，微站约10个，涉及高精度定位站1个，高精度地图约25公里。

(3) 车城网平台

搭建车城融合平台,实现互联感知应用。海珠区琶洲片区完成边缘云平台和中心云平台的初步部署,完成项目范围内全部高精度地图采集、制作、部署。实现第一阶段路侧设备及车辆接入,实现市交通运输局停车管理平台数据对接,接入琶洲全域 51 个停车场实时数据,获取空余泊车位信息,并用于支撑下阶段琶洲区域路侧引导及车位信息车路协同实时发布功能。

推进跨部门协同,支撑场景联合应用。协调市公安局实现交管信控平台数据初步对接,接入琶洲区域信控灯态信息,正在优化实时信控数据接出方案,以支撑信号灯信息上车、绿波车速引导等智能应用。与市公交集团对接,获得琶洲地区自动驾驶微公交开行计划信息,开展 B7 线路 27 辆公交车智能化改造,通过加装车载 OBU 及配套显示硬件实现智能公交车辆初步应用。

(4) 示范应用

黄埔区智慧交通打造智慧城市、智能网联汽车协同发展的创新应用。建成全国第一个"车-路-云-图"全体系的车路协同应用生态,日均触达车路协同信息用户超过 20 万人次;建成智慧信控系统,科学城、知识城区域的自适应路口车均延误下降约 20%,6 条干线道路主车流方向实现"动态绿波"通行;建成商用车管理平台,对泥头车危险驾驶与违章进行实时感知,并上报职能部门形成闭环管理;建成隧道防汛应急指挥系统,实现区域内 19 座隧道的事件监测日常值守和多部门联动应急处理;实现城市巡检功能,已巡检 1.4 万公里道路,识别违法停车事件 26379 件,如图 6-26 所示。

图 6-26 广州黄埔·百度 ACE 智能交通引擎
(资料来源:百度)

大力推进公共交通管理服务与示范运营。构建公共交通智能化管理与服务体系,覆盖 1.5 万辆公交车,如图 6-27 所示。打造国内首条 5G 智能公交线,获评中国"新能源公交高品质线路"。拟在 6 条便民线路投入 50 台自动驾驶公交车辆进行示范运营,推动广州公共交通产业转型升级。

图 6-27　广州试点公共交通管理服务与示范运营
(资料来源：百度智能驾驶事业部，中国电动汽车百人会整理)

开展智慧停车应用。加快智慧停车系统和公共停车场建设工作，推动中心城区路内停车场项目开发和相关智慧化设施建设，有机整合停车业务链条，完成 15 条路段（315 个泊位）高位视频建设并正式投入使用，实现路内停车场泊位信息发布、自动计费、无感支付等智能化管理。建成停车场行业管理系统建设应用，依托"广州泊车"小程序正式对外提供智慧停车信息综合服务，实现停车行业管理、停车信息查询和诱导等多位一体的停车信息综合服务功能。目前，"广州泊车"已接入和整合近 2100 家经营性停车场、约 100 万个泊位的实时动态信息，其中提供网络预约停车服务的停车场近 170 家，约 3.2 万个泊位。

(5) 标准制度

建立完善相关技术标准体系，引导和规范车路协同基础设施建设。规划制订 20 个相关标准，并计划将其中部分领域标准申请升级为行业标准，其中《车联网先导区建设总体技术规范》等 2 个标准已发布；《基于智慧灯杆的道路车辆数据接口技术规范》已通过相关评审，拟作为推荐性广州市地方标准予以发布；《智能网联汽车 LTE-V2X 系统性能要求及测试规范》等 16 个标准已形成草案；《基于 CIM 的"车城网"建设、运营和评价标准》等 2 个标准正在编制。

6.6　双智协同发展趋势与建议

6.6.1　发展趋势

(1) 双智协同发展体系加速完善

一是形成车城融合发展的双智技术体系，通过建设"聪明的车、智能的路、智慧的城"，推动一系列融合领域技术的落地应用以及快速迭代升级；二是在国家层面将出台涵盖城市智能基础设施、智能网联汽车设备、车城网平台、车城融合支撑体系、运营服务及安全监管等内容的双智标准体系，具体指导各地开展建设；三是各地加速部署推进双智建设，将促进智能基础设施、通信设备、软件服务、大数据中心、人工智能等多产业融合发展，并形成一个有清晰目标、联动性强的双智产业。

（2）经济效益和社会效益明显发挥

一方面，通过建设城市智能基础设施、车城网平台等，不仅可以促进城市建设提质增效，还可有效拉动内需，助力投资稳定增长；通过培育以智能网联汽车为载体的信息消费、出行消费等新产业，可以促进新经济快速发展。另一方面，通过开展智能公交、Robotaxi、城市灾害预警以及路网优化等各类示范应用，将有效解决传统汽车给城市带来的交通拥堵、安全事故、环境污染、停车难等问题，有效支撑韧性城市建设，更好地服务居民出行和美好生活需求。

（3）形成多方参与、协同创新的良好氛围

双智协同发展涉及产业链长、覆盖面广，对于促进经济发展、民生改善和产业转型升级都产生积极的作用，可以吸引多方共同参与，形成多级联动的合作模式。在国家层面，相关部门将制定顶层规划，明确技术发展路线，做好方向引导；地方政府将加快智能基础设施建设与改造，依法依规开放各种应用场景和数据，为双智项目落地提供广阔的空间；一批汽车、通信和基础设施相关的企业和科研机构将加大创新投入，成为支撑双智建设的中坚力量，并在城市的支持下，逐步开展商业化运营。经过各方共同努力，未来将会形成商业模式清晰、具备规模效应的双智生态。

（4）面向 G 端、B 端和 C 端商业模式逐步成熟

面向 G 端的商业模式初见成效。依托车城网平台为交通管理、城市管理提供服务，如面向交管部门可以提供道路违法违章，如闯红灯、逆行、违法停车等信息；面向交通部门可提供公交车、渣土车、环卫车、危险品运输车等重点车辆管理信息；在城市管理方面，可提供市政设施监测、隧道积水预警、道路施工提示等信息。政府部门向运营公司购买平台服务可实现商业闭环。

面向 B 端的商业模式可盘活产业生态。基于第一阶段 To G 端服务的积累，随着路侧设施覆盖率逐步提升，通过 4G 和 5G 公网等多终端接入可实现车辆接入量提升，形成一定规模的应用生态，进一步吸引车企进行 OBU 前装量产。在接入大规模汽车数据、路侧设施感知数据后，基于大数据分析的保险理赔、金融服务成为可能，可拓展面向 B 端行业客户带有支付能力的服务，推动金融机构积极参与到费用结算环节，形成商业闭环。

面向 C 端用户提供自动驾驶服务。随着智能化基础设施和新型网络设备基本建成，可为智能网联汽车提供感知、定位、规划、决策服务，弥补单车智能尚未解决的长尾场景，以"单车智能＋网联赋能"的方式实现自动驾驶。面向 C 端消费者，可根据用户使用的流量以及时长进行收费，从而实现商业闭环。

6.6.2 发展建议

（1）完善顶层设计，建立健全跨部门协同机制

汽车与城市、交通、通信、能源、环境的协同发展横跨多个部门，建议组建双智协同

发展部际联席会议制度，发挥专业机构的协同作用，形成由政府主导、多方协同配合的体制机制；加强部门间政策措施的衔接，建议相关部门联合出台双智相关政策文件，完善顶层设计，全面指导城市开展双智建设；地方政府在实际工作中，可以成立领导小组或专班，设置相应工作小组负责道路建设、平台管理、产业发展、商业应用、技术创新等方面的战略设计与统筹协调。

（2）构建产学研用一体化创新发展体系

抓好政府引导、市场导向、企业主体、平台建设等核心环节，充分调动社会各界积极性，实现多主体参与，加强产业融合；聚焦新材料、信息通信、感知技术及先进制造等重点领域，引导城市需求部门、高校、科研机构与整车企业、通信企业、设备厂商等加强合作，建设双智工程技术中心和实验室等创新平台，攻克重点领域"卡脖子"技术；探索企业与高校、科研机构深度合作的模式，如由高校、科研院所负责关键核心技术的攻关，由企业主导产业的打造与核心竞争力的培育，推进新技术的落地应用与完善，解决部分领域融合技术方案不成熟等问题，不断降低双智建设的成本。

（3）继续稳步推进双智重点任务建设

建议试点城市扩大双智建设规模和区域，提升城市智能基础设施覆盖率，加速构建城市感知体系；支持政府车辆、特种车辆和社会营运车辆后装OBU，鼓励车企量产搭载5G与LTE-V2X功能的汽车，促使更多的汽车与城市智能基础设施互联互通，实现车端与城端实时信息共享与交互，从而推动双智建设发挥更多成效；继续探索建设统一架构的车城网平台，推动多源异构信息融合互通，促进动静态数据融合应用，满足双智协同发展的需求；明确车城网平台建设规则与数据使用规则，以及与城市现有平台的关系，避免平台重复建设和功能覆盖造成的资源浪费。

（4）支持先试先行，推进应用与模式创新

支持有条件的城市先行先试，坚持包容审慎态度，推动应用与模式创新。以满足现实需求为目的，开展能够切实提升人民出行体验和服务城市管理的示范应用，条件成熟后要在更大范围内予以推广；鼓励探索市场化投资为主导、政府参与为辅的投资建设运营模式，由政府主导"钢筋+水泥"等具有市政性质基础设施的建设，企业主导毫米波雷达、RSU、边缘计算设备等"眼睛+大脑"类智能基础设施建设，通过引入社会资本快速推进智能基础设施建设，缓解政府资金压力和风险，不断探索市场化投资建设模式。

（5）制定凝聚行业共识的双智标准成果

建议由国家主管部门统筹规划，试点城市、企业和专业机构共同参与，完善常态化工作机制，研究出台统一的双智标准体系、技术导则或建设指南，规范和指导各地方开展建设，为下一步实现跨区域系统互联互通提供支撑和保障。在城市智能基础设施层面，着力推进面向应用场景的标准化工作，建立路侧感知与计算系统的体系化技术要求与测试方法；在车城网平台建设层面，匹配平台数据服务与智能网联汽车需求，推动数据集、交互规范等标准文件制定；在智能网联汽车层面，统一相关企业数据交互标准及规范，推动传感器、计算平台、算法等不同系统要素间接口标准化。

第 7 章 城市综合管理服务

7.1 建设城市运行管理服务平台

7.1.1 概述

城市运行管理服务平台是围绕改善市容市貌，提高城市管理水平，提升城市安全韧性，创建全国文明城市、国家卫生城市、国家安全发展城市等工作需要，以网格化城市管理平台为基础，建立的以城市党委政府为管理主体、支撑城市运行"一网统管"的开放共享大平台。各地城市运行管理服务平台应依托现有数字化城市管理信息系统、原城市综合管理服务平台形成的建设成果，在实现对城市管理服务工作的统筹协调、指挥监督、综合评价基础上，拓展城市运行监测相关建设内容，进一步提升对城市运行安全的监测预警和隐患分析能力，实现对城市安全风险的源头管控。

为指导和规范各级城市运行管理服务平台建设和运维工作，基于对《城市运行管理服务平台数据标准》及《城市运行管理服务平台技术标准》的解读，明确平台建设要求，规范平台应用体系、数据体系、管理体系、基础环境体系等建设内容；规定平台数据质量和更新、项目管理、城市运行管理服务评价等工作。为各地在改善市容市貌，提高城市管理水平，提升城市安全韧性，促进全国文明城市、国家卫生城市、国家安全发展示范城市创建中提供信息化支撑。

7.1.2 城市运管服平台标准解读

1) 总体框架

搭建国家、省、市三级城市运管服平台架构体系，通过国家电子政务外网，实现对城市运行管理服务状况的实时监测、动态分析、统筹协调、指挥监督和综合评价。

如图 7-1 所示，国家平台纵向与省级平台和市级平台互联互通，横向共享国务院有关部门城市运行管理服务相关数据，对接国家城市信息模型（CIM）基础平台、全国工程质量安全监管信息平台，整合对接住房和城乡建设部其他相关信息系统，汇聚全国城市运行管理服务数据资源，对全国城市运行管理服务工作开展业务指导、监督检查、监测分析和综合评价。国家平台部署在住房和城乡建设部。

省级平台纵向与国家平台和市级平台互联互通，横向共享省级有关部门城市运行管理服务相关数据，整合对接省级住房和城乡建设（城市管理）部门其他相关信息系统，汇聚全省城市运行管理服务数据资源，对全省城市运行管理服务工作开展业务指导、监督检查、监测预警、分析研判和综合评价。省级平台部署在省（区、市）住房和城乡建设（城

7.1 建设城市运行管理服务平台

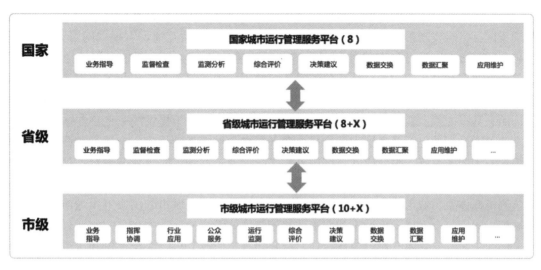

图 7-1 城市运行管理服务平台工作体系

市管理）主管部门。

市级平台以网格化管理为基础，综合利用城市综合管理服务系统、城市基础设施安全运行监测系统等建设成果，对接城市信息模型（CIM）基础平台，纵向联通国家平台、省级平台以及县（市、区）平台，横向整合对接市级相关部门信息系统，汇聚全市城市运行管理服务数据资源，对全市城市运行管理服务工作进行统筹协调、指挥调度、监督考核、监测预警、分析研判和综合评价。市级平台部署在城市管理主管部门，或者城市政府确定的其他部门。

2）国家平台建设

国家平台包括统一底座、业务融合和辅助决策三部分，平台架构如图 7-2 所示。

图 7-2 国家平台架构示意图

339

统一底座部分包括网络层、数据层和平台层。网络层依托住房和城乡建设部电子政务基础设施云平台实现国家平台与省级平台、市级平台的互联互通,实现"网络通";数据层包含国家级城市运行管理服务数据库,并对接住房和城乡建设部信息资源协同共享平台,汇聚住房和城乡建设部其他相关信息系统数据、国务院有关部门相关数据等大数据资源;平台层包括城市信息模型(CIM)基础平台、统一身份认证、统一门户管理、统一电子证照、数据交换、数据汇聚等系统,为业务融合与辅助决策提供统一平台支撑服务。

业务融合部分包括业务层和评价层。业务层包含城市基础设施安全运行监测系统、城市综合管理服务系统,整合或共享部内外相关行业业务系统,实现业务融合;评价层围绕"城市运行(安居)、城市管理(宜居)、为民服务(群众满意)"三大方面,构建城市运行监测指标体系、城市管理监督指标体系,并对接全国文明城市、国家卫生城市、国家园林城市、国家安全发展示范城市和城市体检等测评体系。

辅助决策部分主要有建设业务指导、监督检查、监测分析、综合评价和决策建议五个应用系统,数据交换、数据汇聚和应用维护三个后台支撑系统。

3)省级平台建设

省级平台建设应以现有的省级城市综合管理服务系统和城市基础设施安全运行监测系统为基础,充分利用省级现有城市管理信息化基础设施和建设成果,拓展平台功能,实现对全省城市运行管理服务工作的业务指导、监督检查、监测预警、分析研判和综合评价。

(1)应用体系建设

省级平台基本功能与国家平台一致,包括业务指导、监督检查、监测分析、综合评价、决策建议、数据交换、数据汇聚和应用维护8个系统。其中业务指导、监督检查、监测分析、综合评价和决策建议5个系统为应用系统,数据交换、数据汇聚和应用维护3个系统为后台支撑系统。有条件的省,可以结合本地区实际,另外增加建设其他应用系统。省级平台架构如图7-3所示。

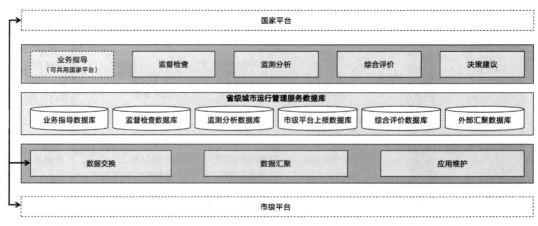

图7-3 省级平台架构示意图

① 业务指导系统

省级平台可共用国家平台业务指导系统,通过国家平台统一分配的账号和使用权限,将国家平台业务指导系统以单点登录的方式集成到省级平台,包括政策法规、行业动态、经验交流等功能模块。

政策法规模块。汇聚、共享和展示城市管理领域法律、法规、规章、规范性文件以及标准规范等。

行业动态模块。汇聚、共享和展示地方推送的城市管理机构设置、队伍建设、执法保障、信息化应用等信息，以及改革进展、专项行动、重点任务落实等工作动态。

经验交流模块。汇聚地方推送的城市管理好经验、好做法，通过平台向各地推广典型案例，发挥引领示范作用。

② 监督检查系统

监督检查系统主要是构建"统筹布置、按责转办、重点督办、限时反馈"的闭环工作流程机制，包括重点工作任务督办、联网监督、巡查发现、数据填报等功能模块。

重点工作任务督办模块。具备向市级平台布置工作任务、明确工作要求和完成时限、接收市级平台反馈的工作进展和落实情况、对即将逾期的工作任务进行督办、对已逾期工作任务进行通报等功能；并具备向国家平台反馈工作进展和落实情况的功能。

联网监督模块。可以查看省级平台与全省市级平台的联网情况，监控市级平台的联网状态；并具备以单点登录方式查看市级平台运行情况的功能。

巡查发现模块。根据住房城乡建设领域巡查工作要求，汇聚巡查事项信息，并具备查看市级平台涉及巡查事项的问题发现、转办和处置的功能。

数据填报模块。具备填报市政公用、市容环卫、园林绿化和城市管理执法等相关数据的功能。

③ 监测分析系统

监测分析系统主要实现对全省城市基础设施安全运行状况的动态监管和分析评估，包括风险管理、监测预警、风险防控、运行统计分析等功能模块。

风险管理模块。具备汇聚各省、市城市运行中的风险隐患信息，展示风险点危险源分布、风险类型和风险等级等功能；

监测预警模块。具备汇聚各省、市城市运行监测报警信息，按区域、类型和报警持续时长等进行趋势预测和分析研判等功能；

风险防控模块。具备风险防控资源管理、预案管理、风险防控方案生成和次生衍生事件链关联分析等功能；

运行统计分析模块。具备对各省、市城市运行中的风险管理、隐患排查治理、巡检巡查状况和安全事故发生情况等信息进行汇总分析等功能。

④ 综合评价系统

综合评价系统主要支撑省级平台根据《城市运行管理服务平台 运行标准》（征求意见稿）和《城市运行管理服务平台 管理标准》（征求意见稿）标准要求，开展城市运行监测和城市管理监督评价工作。包括评价指标管理、评价任务管理、实地考察、评价结果生成等功能模块。

评价指标管理模块。具备对指标编码、指标名称、指标描述、分值、评价方式、计算公式、评分方法和检查项等进行配置管理的功能。

评价任务管理模块。具备评价任务的生成、分发和评价结果的回传与审核等功能。

实地考察模块。具备向现场检查人员派发任务、现场检查人员按照任务要求实地检查并通过移动通信手持设备上报检查结果等功能。

评价结果生成模块。具备基于综合评价数据生成评价结果等功能，评价结果可采用文字和图表等方式呈现；并支持市级平台自评价数据的导入与展示。

⑤ 决策建议系统

决策建议系统主要基于汇聚的业务指导、监督检查、监测分析和综合评价等数据，提供城市运行管理服务指标数据统计、趋势分析、工作报告和政策建议等功能，为省级住房城乡建设主管部门指导、监督和评价各地城市运行管理服务工作提供决策建议。包括城市部件事件，以及市政公用、市容环卫、园林绿化和城市管理执法等分析研判功能模块。

城市部件事件分析研判模块。具备城市部件事件监管案件问题来源、问题类别、问题区域、立案处置结案等数据的统计分析功能。

市政公用分析研判模块。具备道路、桥梁、隧道、供水、排水、供热、燃气、照明和管廊等数据的统计分析功能。

市容环卫分析研判模块。具备城市容貌、环境卫生、建筑垃圾管理、环卫设施和户外广告（招牌）等数据的统计分析功能。

园林绿化分析研判模块。具备古树名木、公园绿地、防护绿地、广场用地、附属绿地、区域绿地、行道树及其他树木、绿地附属设施以及绿线等数据的统计分析功能。

城市管理执法分析研判模块。具备城市管理机构、人员、车辆、案由和案件以及执法台账等数据的统计分析功能。

⑥ 数据交换系统

数据交换系统主要实现纵向与国家平台、市级平台互联互通，横向共享省级有关部门城市运行管理服务相关数据，具备从市级平台获取城市运行管理服务相关数据，并向国家平台推送。包括接入平台配置、接口服务发布、接口服务订阅、接口状态监控和数据交换等功能。

⑦ 数据汇聚系统

数据汇聚系统主要汇聚业务指导、监督检查、监测分析、综合评价、市级平台上报和外部汇聚等数据，并通过对各类数据进行清洗、校验、抽取、融合，形成省级综合性城市运行管理服务数据库，包括数据获取、数据清洗、数据融合以及数据资源目录等功能模块。

⑧ 应用维护系统

应用维护系统主要是根据系统运维管理需要，对组织机构、人员权限、业务流程、工作表单、功能参数等事项进行日常管理和维护，包括机构配置、人员配置、权限配置、流程配置、表单配置、统计配置、系统配置等功能模块。

（2）数据体系建设

省级平台数据体系根据《城市运行管理服务平台 数据标准》CJ/T 545—2021对省级平台数据的规定，包括业务指导、监督检查、监测分析、综合评价、市级平台上报和外部汇聚等数据，各省可根据实际自行拓展数据内容。省级平台数据框架示意如图7-4所示。

① 业务指导数据

业务指导数据包括政策法规、行业动态和经验交流等数据。该数据可共享国家平台业务指导系统数据。

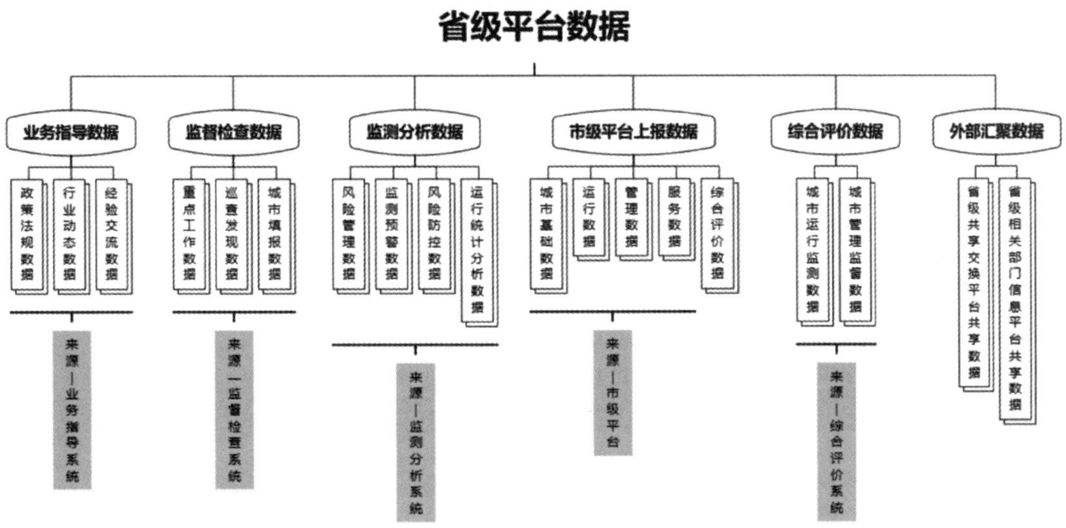

7.1 建设城市运行管理服务平台

图 7-4 省级平台数据框架示意图

② 监督检查数据

监督检查数据包括重点工作和巡查发现等数据。

重点工作数据。包括国家平台向省级平台布置的工作任务及工作反馈数据，以及省级平台向市级平台布置的工作任务及工作反馈数据。该数据一部分通过监督检查系统的重点工作任务督办模块直接产生，一部分通过数据交换系统从国家平台、市级平台获取。

巡查发现数据。包括巡查事项和巡查发现疑似问题数据。该数据通过数据交换系统从市级平台获取。

③ 监测分析数据

监测分析数据包括风险管理、监测预警、风险防控、运行统计分析等数据。该数据通过监测分析系统直接产生。

风险管理数据。包括风险隐患数据及危险源数据。

监测预警数据。主要针对地方城市发生的燃气泄漏、燃气爆炸、管网爆管、供水泄漏、路面塌陷、暴雨洪涝、排水管网淤积、排水管网溢流、结构损伤、极端天气、车辆超载等城市运行事件进行汇聚建库。

风险防控数据。主要收集城市运行中各行业相关预案、案例和知识库数据，对风险分析研判指导工作提供辅助支撑。

运行统计分析数据。包括省市巡查巡检类统计和报警处置类统计等数据。

④ 综合评价数据

综合评价数据包括城市运行监测和城市管理监督等数据。该数据通过综合评价系统直接产生。

城市运行监测数据包括市政设施类、房屋建筑类、交通设施类、人员密集区域类和群众获得感等类型数据，涉及城市运行监测批次、城市运行监测指标构成和城市运行监测指标结果等数据内容。

城市管理监督数据包括干净类、整洁类、有序类和群众满意度等类型数据，涉及平台

343

第7章 城市综合管理服务

上报、实地考察、问卷调查、城市管理监督结果明细和城市管理监督成绩等数据内容。

⑤ 市级平台上报数据

市级平台上报数据包括城市基础、城市运行、城市管理、城市服务、城市自评价等关键指标数据。该数据通过数据交换系统从市级平台获取。

市级平台上报的城市基础数据。包括评价点位、统计年鉴等数据。

市级平台上报的城市运行数据。包括市政设施、环卫设施、交通设施、房屋建筑、建筑工程、人员密集场所等安全监测预警和风险评估等关键指标数据。

市级平台上报的城市管理数据。包括城市部件事件、市政公用、市容环卫、园林绿化和城市管理执法等统计类数据，以及城市管理执法行业类数据。

市级平台上报的城市服务数据。包括公众诉求和便民便企服务事项数据。

市级平台上报的城市自评价数据。包括城市运行监测指标和城市管理监督、城市自评价数据。

⑥ 外部汇聚数据

外部汇聚数据包括从省级相关部门汇聚的与城市运行管理服务工作相关的数据。

(3) 管理体系建设

① 组织机构建设

发挥省级城市管理议事协调机构的综合协调作用，统筹协调平台建设运行中的重大事项，推动搭建省级城市运行管理服务平台。建立省级城市运行管理服务监督中心，负责全省城市运行管理工作的指导监督、统筹协调、监测分析、分析研判和综合评价。

② 运行机制建设

工作协同机制。根据国家、省、市三级重点工作任务上传下达、监督指导的需要，建立省级工作协同机制，保障工作部署、情况报送、征求意见、会议通知、公示公告、公文交换等工作任务的线上高效上传下达，构建跨层级的"统筹布置、按责转办、重点督办、限时反馈"的闭环工作流程机制。

数据填报机制。根据省级行业监管的需要，建立省、市两级或省、市、县三级数据填报机制，在各地市政公用、市容环卫、园林绿化、城市管理执法等信息系统尚未健全之前，保障全省行业监管基础数据和统计数据的高效收集，为开展分析研判、辅助决策提供数据支撑。

综合评价机制。根据《城市运行管理服务平台 运行标准》（征求意见稿）和《城市运行管理服务平台 管理标准》（征求意见稿）标准要求，围绕"市政设施安全、房屋建筑安全、交通设施安全、人员密集区域安全、群众获得感"和"干净、整洁、有序、群众满意"等核心指标，开展综合评价工作。可在城市运行监测和城市管理监督指标体系的基础上，结合实际增加特色型指标。

(4) 基础环境建设

建设满足省级平台运行条件的网络环境、软硬件环境和安全环境，可参考市级平台基础环境建设要求。

4) 市级平台建设

市级平台是操作平台，应以现有的市级城市综合管理服务系统和城市基础设施安全运行监测系统为基础，充分利用城市管理信息化基础设施和建设成果，拓展平台功能，并采用物联网、大数据、人工智能、5G移动通信等前沿技术，提高城市智能化管理水平，实现对全市城市运行管理服务工作的统筹协调、指挥调度、监督考核、监测预警、分析研判和综合评价。

市级平台宜按市、县（县级市、区）一体化进行建设，共管共用。对于人口规模较大、经济较发达，有意愿自主建设平台的县（县级市、区），可借鉴市级平台建设的经验做法，自主搭建本县（县级市、区）平台。

（1）应用体系建设

市级平台应用体系包括业务指导、指挥协调、行业应用、公众服务、运行监测、综合评价、决策建议、数据交换、数据汇聚和应用维护10个系统。其中业务指导、指挥协调、行业应用、公众服务、运行监测、综合评价、决策建议7个系统为应用系统，数据交换、数据汇聚和应用维护3个系统为后台支撑系统。各地应以城市运行管理"一网统管"为目标，综合考虑本市经济发展、人口数量、城市特点等因素，结合城市实际需要，拓展应用系统，丰富应用场景。市级平台架构如图7-5所示。

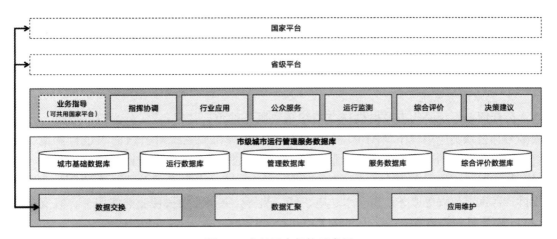

图7-5 市级平台架构示意图

① 业务指导系统

市级平台可共用国家平台业务指导系统，通过国家平台统一分配账号使用权限，将国家平台业务指导系统以单点登录的方式集成到市级平台。

② 指挥协调系统

指挥协调系统是平台核心系统。依据《城市市政综合监管信息系统技术规范》CJJ/T 106—2010，建设监管数据无线采集、监督中心受理、协同工作、监督指挥、绩效评价（即《城市市政综合监管信息系统技术规范》中的综合评价子系统）、地理编码、基础数据资源管理等子系统，实现城市管理问题"信息采集、案件建立、任务派遣、任务处理、处理反馈、核查结案、绩效考核"7个阶段的闭环管理；并具备接收、办理和反馈国家和省级平台监督检查系统布置的重点工作任务的功能。

应根据城市运行管理服务评价工作要求，将与城市运行管理服务相关的管理对象按照《数字化城市管理信息系统 第2部分：管理部件和事件》GB/T 30428.2—2013规定的规则和编码要求，列入部件和事件扩展类别；增加主次干道、背街小巷、商业步行街、公园、广场、农贸市场、公共厕所、火车站或长途汽车站、河流湖泊、便民摊点规划区、社区、主要交通路口等城市管理监督实地考察样本所涉及的相关专题图层，并纳入基础数据资源管理子系统进行统一管理维护。

③ 行业应用系统

行业应用系统用于支撑市级城市管理相关部门运用信息化手段开展市政公用、市容环卫、园林绿化、城市管理执法等相关业务的精细化管理。应包括市政公用、市容环卫、园林绿化和城市管理执法等业务系统。上述业务系统应集成到市级平台，并与数据交换系统、数据汇聚系统进行数据对接，实现城市管理行业应用数据的整合应用。

市政公用。包括道路、桥梁、隧道、供水、排水、供热、燃气、照明和管廊等相应信息化应用系统。

市容环卫。包括生活垃圾、建筑垃圾、垃圾分类、清扫保洁、公共厕所、门前三包、环卫设施、城市容貌和户外广告（招牌）等相应信息化应用系统。

园林绿化。包括城市绿地管理、园林规划管理、园林绿化建设、园林绿化管护、城市公园、古树名木以及城市绿线管理等相应信息化应用系统。

城市管理执法。包括执法队伍及人员管理、执法办案、执法监督、执法公示、执法培训考试、社会主体信用管理等相应信息化应用系统。

其他。包括如排水防涝、停车管理等其他相应信息化应用系统。

④ 公众服务系统

公众服务系统是为市民提供精准精细精致服务的重要"窗口"。分为热线服务、公众服务号和公众类应用程序（APP）等，具备通过指挥协调系统对公众诉求进行派遣、处置、核查和结案的功能，并具备对服务结果及服务的满意度进行调查回访的功能。

热线服务模块。利用12319城市管理服务、12345政务服务等热线，为社会公众提供投诉、咨询、建议等服务，以及水、电、气、热等公共事业便民便企热线服务；宜支持与12345政务服务等热线统一受理和移交转办。

公众服务模块。利用公众号和小程序等向社会公众提供投诉、咨询、建议等服务；宜提供信息发布、便民便企查询、民意调查等便民便企服务功能。

公众类APP。利用移动端应用程序等向社会公众提供投诉、咨询、建议等服务；应在受理公众诉求基础上，强化便民便企服务功能。

⑤ 运行监测系统

运行监测系统聚焦市政设施、房屋建筑、交通设施和人员密集区域等领域，对燃气、供水、排水、供热、环卫、内涝、管廊、路面塌陷、建筑施工、危房、桥梁、隧道、人员密集场所等设备设施开展运行监测，包括监测信息管理、风险管理、监测报警、预测预警、巡检巡查、风险防控、决策支持、隐患上报与突发事件推送等子系统。

监测信息管理子系统。具备监测设备信息和监测数据的查询、统计和分析等功能。

风险管理子系统。具备风险信息管理、隐患信息管理、风险一张图展示、风险管控管理、安全事故统计等功能。

监测报警子系统。具备对市政设施、交通设施、环卫设施、房屋建筑、人员密集场所等城市运行监测对象的基础信息管理、运行监测管理、报警与处置管理等功能。

预测预警子系统。包括燃气、供水、排水、供热、环卫、内涝、管廊、路面塌陷、建筑施工、危房、桥梁、隧道、人员密集场所等专项安全运行预测预警模块。

巡检巡查子系统。具备巡检资源管理、巡检计划管理、巡检结果反馈等功能。

风险防控子系统。具备风险防控资源管理、预案管理、风险事件处置搜索、事件链关联分析等功能。

决策支持子系统。具备城市安全运行态势的综合分析、历史统计数据的同比环比分析、综合运行态势分析报告等功能。

隐患上报与突发事件推送子系统。应能够接收公众上传的城市运行过程中的风险和隐患信息。出现突发事件时应能够发送相关预警和应急疏散信息。

⑥ 综合评价系统

综合评价系统支撑市级平台根据《城市运行管理服务平台 运行标准》（征求意见稿）和《城市运行管理服务平台 管理标准》（征求意见稿）标准要求，自行组织开展城市运行监测和城市管理监督自评价工作。

市级平台与省级平台综合评价系统功能类似，应包括评价指标管理、评价任务管理、评价样本管理、评价结果生成等功能模块。各地宜结合地方实际，将综合评价工作向下辖区县、街道延伸。

⑦ 决策建议系统

决策建议系统主要基于汇聚的城市运行管理服务综合数据，为城市人民政府与市级城市管理主管部门动态掌握城市运行管理服务态势和相关部门工作绩效，及时做出处置响应、部署相关工作、开展专项行动、制定相关政策等提供决策建议。包括城市运行管理服务态势感知、部件事件监管分析研判、市政公用分析研判、市容环卫分析研判、园林绿化分析研判、城市管理执法分析研判等功能模块，可根据城市实际需求拓展其他专题。

城市运行管理服务态势感知模块。包括全市城市人口、面积、生产总值、各类城市部件等城市基本信息的统计分析功能，以及市政公用、市容环卫、园林绿化、城市管理执法等设施运行指标的态势感知与分析研判功能。

部件事件监管分析研判模块。包括全市城市部件事件监管案件的立案处置结案、问题来源、问题类别、问题区域等情况的关键指标统计、高发分析、趋势分析，以及巡查人员、巡查车辆、专业部门等日常作业的动态监管功能。

市政公用分析研判模块。包括全市道路、桥梁、隧道、供水、排水、供热、燃气、照明和管廊等市政公用设施建设与运行维护情况的关键指标统计、趋势分析，市政公用设施巡查和养护作业的动态监管，以及市政公用案件的及时报警、处置响应和分析研判功能。

市容环卫分析研判模块。包括全市垃圾收集转运、垃圾处理、公厕等环卫设施的建设与运行维护情况，以及道路清扫保洁、垃圾分类等情况的关键指标统计、趋势分析，市容环卫设施巡查、养护和环卫设施的日常监管，以及市容环卫案件的及时报警、处置响应和分析研判功能。

园林绿化分析研判模块。包括全市各类城市绿地、古树名木、城市公园建设及运行维护情况的关键指标统计、趋势分析，园林绿化设施巡查和养护作业的动态监管，以及园林绿化案件的及时报警、处置响应和分析研判功能。

城市管理执法分析研判模块。包括全市城市管理执法主体、执法机构、执法人员、执法车辆基本情况，以及执法办案、执法监督等情况的关键指标统计、趋势分析，以及执法机构、执法人员、执法车辆等日常执法作业的动态监管功能。

⑧ 数据交换系统

市级平台应通过数据交换系统与国家平台、省级平台交换共享监督检查数据；从指挥协调系统、行业应用系统、公众服务系统、运行监测系统、综合评价系统，以及其他外部系统采集城市基础、城市运行、城市管理、城市服务和综合评价等数据，并向国家平台、省级平台共享。与省级平台数据交换系统功能一致，包括接入平台配置、接口服务发布、接口服务订阅、接口状态监控和数据交换等功能。

⑨ 数据汇聚系统

根据城市运行管理服务工作要求，汇聚城市基础数据，城市运行、管理、服务和综合评价数据，对各类数据进行清洗、校验、抽取、融合，形成市级综合性城市运行管理服务数据库。与省级平台数据汇聚系统功能一致，包括数据获取、数据清洗、数据融合、数据资源编目等功能模块。

⑩ 应用维护系统

根据系统运维管理需要，对组织机构、人员权限、业务流程、工作表单、功能参数等事项进行日常管理和维护。该系统具备机构配置、人员配置、权限配置、流程配置、表单配置、统计配置和系统配置等功能。

（2）数据体系建设

市级平台数据体系根据《城市运行管理服务平台 数据标准》CJ/T 545—2021对市级平台数据的规定，包括城市基础数据，城市运行、管理、服务和综合评价数据，各市可根据实际自行拓展数据内容。市级平台数据框架示意如图7-6所示：

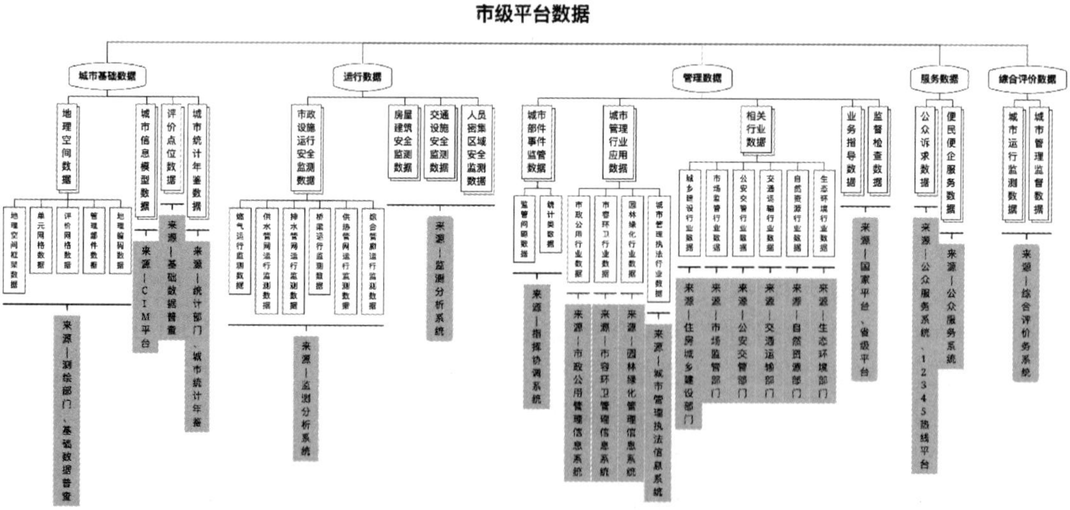

图7-6 市级平台数据框架示意图

① 城市基础数据

城市基础数据包括地理空间、城市信息模型、评价点位和统计年鉴等基础数据。

地理空间数据主要汇聚地理空间框架数据、单元网格数据、评价网格、管理部件、地理编码等数据，宜汇聚城市卫星遥感数据、倾斜摄影数据和实景影像数据等。

城市信息模型数据主要通过对接城市现有的城市信息模型（CIM）基础平台，共享城市数字三维模型数据。

评价点位数据包括主次干道、背街小巷、商业步行街、公园、广场、农贸市场、公共厕所、火车站或长途汽车站、河流湖泊、便民摊点规划区、社区、主要交通路口12种类型。

统计年鉴数据包括跟城市运行监测指标与城市管理监督指标相关的行政区域面积、建成区面积、常住人口、建成区常住人口、生产总值、人均生产总值等统计数据。

② 城市运行数据

城市运行数据主要包括市政设施运行监测数据、房屋建筑运行监测数据、交通设施运行监测数据和人员密集区域运行监测数据。也可根据本城市需要，增加其他类型运行监测数据。

a. 市政设施运行安全监测数据

市政设施运行监测数据包括燃气运行监测、供水管网运行监测、排水管网运行监测、桥梁运行监测、供热管网运行监测、综合管廊运行监测、环卫设施监测和其他设施运行监测等数据。

b. 房屋建筑运行监测数据

房屋建筑运行监测数据包括通过多种高精度传感器实时监测的建筑的倾斜、沉降、裂缝等数据。

c. 交通设施运行监测数据

交通设施运行监测数据包括城市道路塌陷风险运行监测数据和桥梁运行监测数据等数据。

d. 人员密集区域运行监测数据

人员密集区域运行监测数据包括人流密度监测报警、人员密集场所视频监测、人员密集场所消防安全监测、人员密集场所火灾监测预警和大型活动监测预警等数据。

③ 城市管理数据

城市管理数据包括城市部件事件监管、城市管理行业应用、相关行业、业务指导和监督检查等数据。

a. 城市部件事件监管数据

城市部件事件监管数据包括现有的数字化城市管理信息系统中产生的监管案件数据和统计类数据。

数字化城市管理信息系统的监管案件数据应符合《数字化城市管理信息系统 第2部分：管理部件和事件》GB/T 30428.2—2013的规定。

统计类数据应包括网格、部件、监督员、案件处置部门、案件来源、案件类别和案件状态等案件统计数据。

b. 城市管理行业应用数据

城市管理行业应用数据包括市政公用、市容环卫、园林绿化、城市管理执法，以及其他城市管理业务系统中产生的基础数据、运行数据和统计类数据。

市政公用数据。包括道路、桥梁、隧道、供水、排水、供热、燃气、照明和管廊等市政公用设施的基础数据、统计数据、巡查养护及考核数据；宜包括市政公用设施在线监测数据，市政公用设施工程档案数据，市政审批备案数据；可包括污水处理、供水、供气、供热等运营监管数据。

市容环卫数据。包括垃圾收集设施、垃圾转运设施、垃圾处理设施、公厕等环卫设施的基础数据和统计数据、巡查养护及考核数据，环卫作业车辆和环卫作业人员的基础数据、统计数据、环卫清扫保洁作业及考核数据；宜包括环卫设施在线监测数据，垃圾收集转运、垃圾处理设施等运营监管数据，垃圾分类管理服务数据，公厕管理服务数据；可包括户外广告及店铺招牌、建筑物外立面容貌、门前三包、共享单车等基础数据、统计数据、运行管理及考核数据。

园林绿化数据。包括各类绿地、城市公园和古树名木等园林绿化设施的基础数据、统计数据、巡查养护及考核数据；宜包括园林绿化设施在线监测数据，城市公园管理服务数据，古树名木管理数据；可包括园林绿化病虫害管理数据，园林城市评价数据，园林绿化知识库管理服务数据。

城市管理执法数据。包括执法队伍及人员的基础数据、统计数据、执法活动及考核数据，法律编码数据，执法办案数据，社会主体的基础数据、统计数据和违法记录数据；宜包括执法车辆、执法装备的基础数据、统计数据和管理数据，行政检查数据，执法公示数据，社会主体信用管理数据；可包括执法服装、暂扣物品的基础数据、统计数据和管理数据，执法培训及考试数据。

其他城市管理业务数据。包括排水防涝、停车管理等基础数据、统计数据、在线监测数据和运行管理数据；可包括地下管线及管廊等基础数据、统计数据、在线监测数据和运行管理数据。

c. 相关行业数据

根据《城市运行管理服务平台 数据标准》CJ/T 545—2021 规定，结合《城市运行管理服务平台 管理标准》（征求意见稿）和《城市运行管理服务平台 运行标准》（征求意见稿）需要，相关行业数据宜包括住房城乡建设、自然资源、公安交管、交通运输、生态环境、市场监管、气象、水利、应急管理等部门相关统计数据。该数据通过数据交换系统对接相关部门的业务系统获取。

d. 监督检查数据

监督检查数据包括国家、省级平台向市级平台布置的工作任务及工作反馈数据。该数据一部分通过数据交换系统从国家、省级平台获取，一部分通过指挥协调系统的重点工作受理反馈子系统直接产生。

④ 城市服务数据

城市服务类包括公众诉求统计数据和便民便企服务事项数据，由市级平台公众服务系统直接产生。其中，公众诉求数据包括通过热线、公众服务号、公众类应用程序（APP）等渠道收集的投诉、咨询和建议的办理过程及结果数据。便民便企服务数据包括水、电、气、热等公共事业服务事项的办理过程及结果数据。

⑤ 综合评价数据

综合评价数据包括城市运行监测数据和城市管理监督数据等内容。城市运行监测数据以城市运行监测指标数据为基本内容，城市管理监督数据以城市管理监督指标数据为基本内容，均可以根据城市工作需要，拓展其他指标数据。

a. 城市运行监测数据

应包括按照《城市运行管理服务平台 运行标准》（征求意见稿）开展城市运行管理服务自评价工作所产生的涉及城市运行"市政设施安全、市容环卫设施安全、房屋建筑安全、交通设施安全、人员密集区域安全、群众获得感"等指标的评价指标数据、评价样本数据、评价任务数据和评价结果数据等。该数据全部通过综合评价系统直接产生。

b. 城市管理监督数据

应包括按照《城市运行管理服务平台 城市管理标准》（征求意见稿）开展城市运行管理服务自评价工作所产生的涉及城市管理"干净、整洁、有序、群众满意"等指标的评价指标数据、评价样本数据、评价任务数据和评价结果数据等。该数据全部通过综合评价系统直接产生。

（3）管理体系建设

① 组织机构建设

为贯彻落实《中共中央国务院关于深入推进城市执法体制改革改进城市管理工作的指导意见》，切实发挥平台在全国文明城市、国家卫生城市、国家安全发展示范城市和城市体检工作中的技术支撑作用，长效推进城市自评价工作开展，按照构建党委政府领导下的城市运行"一网统管"工作格局要求，以现有的城市管理信息化平台组织机构和工作体系为基础，建立隶属城市政府的城市运行管理服务指挥中心，履行城市政府对全市城市运行管理服务工作的统筹协调、指挥调度、监督考核、监测预警、分析研判和综合评价职能。

② 运行机制建设

建立完善城市运行管理服务制度体系，健全综合协调、监督指挥、工作协同、综合评价等工作机制，推动城市管理手段、管理模式、管理理念创新，提升城市运行效率和风险防控水平，增强城市管理统筹协调能力，提高城市科学化精细化智能化管理服务水平，促进城市治理体系和治理能力现代化。

a. 综合协调机制

建立城市政府主要负责同志牵头的城市运行管理服务协调机制，加强对城市运行管理服务工作的组织协调、监督检查和考核奖惩。建立健全城市运行管理服务相关部门之间信息互通、资源共享、协调联动等工作机制。

b. 监督指挥机制

监督制度建设。参照《数字化城市管理信息系统 第2部分：管理部件和事件》GB/T 30428.2—2013规定，建立健全以问题发现、核查结案为核心内容的问题监督制度体系。

处置制度建设。参照《数字化城市管理信息系统 第8部分：立案、处置和结案》GB/T 30428.8—2020规定，建立健全职责明晰、及时高效、结果满意的问题处置制度体系。

考核制度建设。参照《数字化城市管理信息系统 第4部分：绩效评价》GB/T 30428.4—2016规定，建立健全城市运行管理服务绩效考核办法，以标准化的统计数据为依据，构建对各处置部门和单位的绩效考核制度体系。将考核结果纳入经济社会发展综合评价体系和领导干部政绩考核体系，发挥考核的"指挥棒"作用。

c. 工作协同机制

根据国家、省、市三级重点工作任务上传下达、监督指导的需要，建立市级重点工作受理反馈机制，安排专人及时接收、落实并反馈国家、省级平台下达的工作任务部署、工作情况报送、文件印发转发、征求意见、会议通知、公示公告、监督通报等各项工作任务。

d. 综合评价机制

根据《城市运行管理服务平台 运行标准》（征求意见稿）和《城市运行管理服务平台管理标准》（征求意见稿）要求，围绕"市政设施安全、环卫设施安全、房屋建筑安全、交通设施安全、人员密集区域安全、群众获得感"和"干净、整洁、有序、群众满意"等核心指标，每年开展城市运行管理服务自评价工作，并配合国家、省级平台做好第三方实地考察工作。可结合本地实际增加特色型指标。

（4）基础环境建设

建设满足平台运行条件的信息化基础环境，包括建设"横向到边、纵向到底"的网络环境，高效、可扩展的软硬件环境和有效防护的安全环境。

① 网络环境

综合运用电子政务外网和互联网，横向联通各职能部门，纵向对接上、下级城市运行管理主管部门，按用户权限为社会公众、内部管理人员、平台管理人员、部门操作人员提供服务。通过安全隔离与信息交换设备进行安全防护。不同网络间数据交换应符合国家信息安全技术要求。

② 运行环境

软硬件环境提供计算能力、存储能力、数据传输能力。各级应充分利用服务器、显示设备、存储及备份设备、安全设备、基础软件等现有基础设施资源，可在测算平台访问量、吞吐量、存储量情况下拓展软硬件设备。可使用城市政务云平台承载平台应用，并通过高速带宽实现云间连接；也可选取有资质的云运营商，建立异地、双活等备份机制，根据需求采购云迁移、云安全等服务，降低硬件资源采购、维护成本。

③ 安全环境

应按照信息系统安全等级保护二级及以上要求实施，建立由物理安全、网络安全、主机安全、应用安全、数据安全及管理安全等构成的安全保障体系。

7.1.3 城市运管服平台典型案例

1）四川省城市运管服平台

为深入贯彻习近平总书记关于推动城市治理体系和治理能力现代化的重要指示精神，根据住房和城乡建设部关于开展城市综合管理服务平台建设和联网工作的要求，四川省住房和城乡建设厅以推进四川城市治理体系和治理能力现代化，增强城市管理服务统筹协调能力，让城市干净、整洁、有序、安全，让人民群众在城市生活得更方便、更舒心、更美好，提升城市综合竞争力为目标，建设四川省城市综合管理服务平台，如图7-7所示。

（1）建设基本情况

四川省作为住房和城乡建设部确定的第一批省级城市综合管理服务平台试点省份，于2014年建成省级数字化城市管理平台，并于2020年10月完成国产化改造，拓展了重点工作、评价指标填报、实地考察、数据共享等部分基础功能。2021年12月，四川省城市综合管理服务平台基于省级数字化城市管理平台搭建完成，在共享使用国家平台业务指导系

7.1 建设城市运行管理服务平台

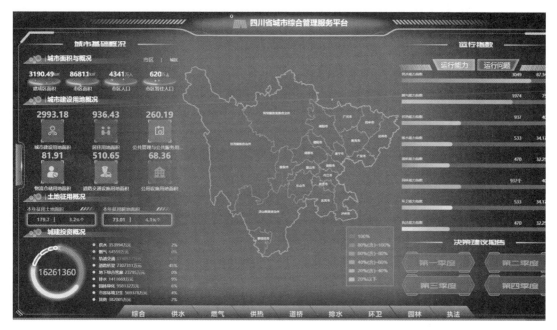

图 7-7 四川省城市运行管理服务平台

统的基础上,依照住房和城乡建设部相关要求,开发建设监督检查、综合评价两个应用系统以及数据交换、应用维护两个维护系统,并结合四川省实际业务需求,开发建设执法监督拓展系统,构建形成"1+2+2+1"应用体系。

四川省综合管理服务平台通过数据交换系统纵向对接国家平台、市级平台的监督检查、综合评价两个应用系统,横向与厅内其他信息系统进行数据融合,与相关省级部门实现信息共享,以此开展对全省城市管理服务工作的监督指导、统筹协调、综合评价,发挥"上传下达"作用,构建起适应高质量发展要求的城市综合管理服务工作体系,从而增强城市管理服务统筹协调能力,提高城市精细化管理服务水平。

(2) 运行成效

① 跨级联动,落实重点工作闭环化。通过应用四川省城市综合管理服务平台,四川省住房和城乡建设厅能向各个市(州)在线转派和部署重点工作任务、跟踪各地工作落实情况,同时还可对各市(州)工作发起督办和通报,形成了上下贯通的工作流程闭环,实现了跨层级的协同联动。

② 摸清家底,实现监管对象精细化。基于四川省城市综合管理服务平台,拓展建设多类监管数据填报台账,四川省住房和城乡建设厅可向各市(州)、县相关部门在线派发填报任务,如全省道路、桥梁、隧道、排水、供水、燃气、污水处理、污泥处理、垃圾中转、垃圾焚烧、垃圾填埋、厨余垃圾处理、建筑垃圾消纳、垃圾分类、道路清扫保洁、城市公厕、城市公园、古树名木、园林绿化养护等基础信息、统计信息和运营信息;各市(州)、县相关部门通过四川省城市综合管理服务平台定期在线填报各类监管数据,形成了全省城市综合管理家底电子台账,实现了对各类监管对象的精细化管理。

③ 监督指导,加强综合执法规范化。通过应用四川省城市综合管理服务平台,四川省住房和城乡建设厅执法监督局实现对全省执法文书模板、法律法规、执法依据、执法事

由、执法违则、执法罚则电子化、精细化、规范化管理，对全省执法主体、执法机构、执法人员信息化管理，开展信息化执法办案、执法检查活动，监督和指导全省各地加强城市管理执法队伍建设。

④ 综合评价，指导城市发展精准化。四川省城市综合管理服务平台围绕城市管理"干净、整洁、有序、群众满意"等方面，建立了覆盖城市规划、建设、管理、运维、执法全周期评价体系，可及时发现各地城市规划缺项、建设漏项、管理弱项等问题，指导各地城市发展补短板、固优势。

⑤ 分析决策，推动城市管理智能化。通过应用四川省城市综合管理服务平台，省住房和城乡建设厅执法监督局实现了从时间、空间、分级、分类等多个维度，对全省城市综合管理服务进行大数据分析。通过可交互、可钻取的智能化监管专题，为动态掌握各地城市综合管理服务态势、及时部署相关工作、开展专项行动、制定相关政策等提供决策建议，推动了城市管理科学化、精细化、智能化。

⑥ 数据共享，促进信息资源联通化。四川省城市综合管理服务平台纵向与国家、市级平台互联互通，横向与省政府相关厅局数据交换共享，汇聚全省城市综合管理服务数据资源，形成全省城市综合管理服务数据库，能有效支撑各个部门信息系统的数据应用需要，提升了四川省住房和城乡建设领域数据共享水平。

（3）理论创新

四川省住房和城乡建设厅在建设四川省城市综合管理服务平台的同时，积极推动省内各地建设城市综合管理服务平台。但由于前期缺乏统一的技术规范和数据标准，四川省各地在建设城市综合管理服务平台行业应用系统的过程中，出现建设标准不统一、数据格式不规范、功能模块不齐全等问题，制约了全省城市综合管理服务平台行业应用系统的统筹发展。四川省住房和城乡建设厅为指导各市（州）建设城市综合管理服务平台行业应用系统设计提供指导，确保四川省内各市（州）政府建设规范且标准的城市综合管理服务平台行业应用系统，于2020年12月印发《关于下达四川省工程建设地方标准〈四川省城市综合管理服务平台行业应用系统技术标准〉编制计划的通知》（川建标发〔2020〕368号），启动四川省城市综合管理服务平台行业应用系统技术标准编制工作。

2022年2月17日，由四川省住房和城乡建设厅担任主编单位的标准编制组经过大量的实地调研、学习、讨论、编制、修改，同时参考住房和城乡建设部最新发布的《城市运行管理服务平台技术标准》CJJ/T 312—2021、《城市运行管理服务平台数据标准》CJ/T 545—2021，编写形成的《四川省城市综合管理服务平台行业应用系统技术标准》通过专家评审会，并更名为《四川省城市运行管理服务平台行业应用系统技术标准》。《标准》已于2022年8月1日正式实施，《标准》的颁布将助力四川省城市运行管理平台行业应用系统建设，具有重要的实用价值和社会效益。

（4）下一步工作安排

① 增强城市安全运行监测能力，建设四川省省级城市运行管理服务平台。目前，四川省对于城市基础设施安全运行领域管理的信息化管理系统较为分散，且监督管理方式仍主要依赖于传统人工，大量运行数据无法汇聚得到有效利用，城市基础设施安全运行无法得到有效保障。根据住房和城乡建设部印发的《关于加快推进新型城市基础设施建设的指导意见》（建改发〔2020〕73号）、《住房和城乡建设部关于进一步加强城市基础设施安全

运行监测的通知》(建督〔2021〕71号)、《城市运行管理服务平台建设指南(试行)》，四川省住房和城乡建设厅下一步将在四川省城市综合管理服务平台的基础上，根据住房和城乡建设部相关要求升级建设四川省城市运行管理服务平台，并以城市信息模型（CIM）平台为依托，建立基于CIM平台的市政基础设施智能化管理，在城市运行管理服务平台上搭建城市基础设施安全运行监测系统，通过数据监测、分析，保障城市基础设施安全运行。

② 加速城市管理服务水平提升，推动全省各地建设城市运行管理服务平台。目前，四川省各地城市管理服务信息化平台建设情况差异较大，城市管理服务水平参差不齐。根据《住房和城乡建设部办公厅关于全面加快建设城市运行管理服务平台的通知》（建督办〔2021〕54号）要求2023年底所有省、自治区建成省级城市运行管理服务平台，地级以上城市基本建成城市运行管理服务平台的相关指示，四川省住房和城乡建设厅将以《城市运行管理服务平台技术标准》CJJ/T 312—2021、《城市运行管理服务平台数据标准》CJ/T 545—2021为指引，推动全省各地加快建设城市运行管理服务平台，推进四川城市治理体系和治理能力现代化，增强城市管理服务统筹协调能力。

2）青岛市城市运管服平台

为深入贯彻习近平总书记关于提高城市科学化精细化智能化管理水平的重要指示精神，落实住房和城乡建设部"新城建"试点工作部署要求，如图7-8所示，青岛市坚持以智能化为突破口，在城市网格化管理系统基础上，把分散的信息资源整合起来，加快建设城市运行管理服务平台，探索城市运行"一网统管"，推动城市治理手段和治理模式创新，取得积极成效。

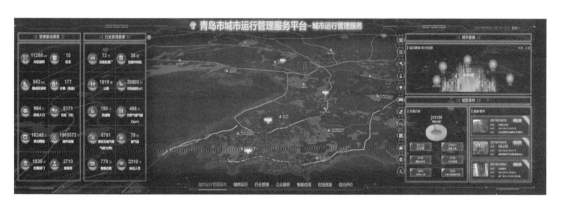

图7-8 青岛市城市运行管理服务平台

（1）主要做法

青岛市按照"1中心+1平台+1张图+N应用"的建设思路，探索推进平台应用体系、数据体系、运行规范体系和管理体制机制建设，打造24个特色应用场景，构建了"上下贯通、左右衔接、协同联动、全市一体、高度集成"的城市运行管理服务平台体系，2021年5月正式上线运行。

① 全方位整合信息资源，推动数据"一网联通"。一是强化基础数据建设。对790平方公里建成区范围内城市部件进行了全面普查和更新，为190余万个部件统一标识编码，同时，结合可视化空间分析及展示需要，建设建成区三维灰模地图，形成"一张图"，为

问题高效流转处置奠定数据基础。二是整合共享相关部门数据资源。整合供热、供气、供水、排水、广告牌匾、渣土运输、景观亮化、海水浴场、城市广场、园林绿化、综合执法、市政道桥、"三长一站"、12319热线、数字城管、环境卫生16个行业数据，共享市政府办公厅、发改委、公安局、民政局、司法局、自规局、生态环境局、住建局、交通运输局、水务管理局、园林和林业局、商务局、文化和旅游局、卫生健康委、应急局、市场监管局、通信管理局、工业和信息化局18个市直部门数据，以及市南区、市北区、李沧区、崂山区、城阳区、西海岸新区、即墨区、胶州市、莱西市、平度市10个区（市）相关数据。目前，数据量已达271项、40T，初步形成了城市运行管理服务大数据中心。三是强化立体感知体系建设。在重点区域部署低空视频、高点视频基础上，共享市级应急平台、各区相关平台2万余路视频监控资源；与全市建筑工地、回填消纳点、渣土车、燃气站等公共设施监控设备、感知终端实施统一集联；与全市城市管理领域无人机、视频采集车等智能终端实现有效对接，构建空地一体多层次感知体系，为城市运行管理提供有力的前端感知支撑。

② 全要素构建场景应用，推动"智能监管"。一是构建应用支撑系统。建设业务指导、指挥协调、公众服务三大系统，向上与国家平台、向下与区（市）平台对接联通。其中，业务指导系统共用国家平台，指挥协调系统由原城市综合管理服务系统升级，形成"1个市中心、10个区（市）中心、若干个街镇工作站、304个作业单元"联动一体的管理体系。二是构建多样化应用场景。新建渣土车管理、垃圾分类考核等应用系统，升级环卫监管、供热监测等应用系统，打造涵盖城市运行、行业监管、公众服务、综合执法等方面的24个应用场景，通过对各类关键要素、评价指标、趋势预测等动态叠加和综合分析，为行业管理部门科学决策提供支撑。三是构建城市运行类专题模块。将城市供热、供气、供水等城市运行专题全部纳入平台。如，城市供热监测专题实现了对市内主要供热企业运行状态的实时监控；燃气监测专题汇聚加气站、燃气储配站等基础数据，对接天然气企业运行调度系统；道桥涵隧应用专题模块接入道桥涵隧等数据，实现对道桥涵隧运行状况的实时动态监测。

③ 全流程优化运行模式，推动运行管理工作高效协同。一是优化完善预警监测。建立城市管理分析和预测模型，对高发区域和热点事件原因进行追溯和预测预警，实现对环境卫生、市容景观、户外广告、垃圾分类、渣土监管、园林绿化、道路桥梁、供热供气等运行管理态势的直观监测和集中展示。二是优化完善运行规范。编制《青岛市城市运行管理服务平台运行管理指挥手册》《青岛市城市运行管理服务平台运行管理工作制度》等11项运行管理规范，建立问题发现、问题处置、核查结案、综合评价等运行制度机制。三是优化完善案件处置。着眼重点和疑难问题，建立健全问题处置联席会议制度，对重点案件、高发案件、超期案件实行常态化推送。对每月运行处置情况汇总形成专项报告，报送市政府及相关领导，并向各区（市）、各相关职能部门、驻青单位进行通报。

④ 精准对接群众需求，扩大便民服务场景应用。平台对接12319热线、爱青岛APP、城管微信公众号，打造多元化民情民意来源渠道，及时解决群众身边的操心事、烦心事、揪心事。开发"点·靓青岛"小程序，设置了我拍我城、城管金点子、有奖举报等12大模块，实现城市管理问题"掌上报、掌上问、掌上查、掌上办"。"我拍我城"模块为市民提供了问题登记、地图定位、拍照图片、录音录像等多媒体信息上报功能；"城管金点子"

模块接收市民群众对城市管理工作的意见建议,同市民进行互动;信息发布模块,对青岛市城市管理工作标准以及相关信息进行全面直观的分类展示,涉及市政设施、园林绿化、环境卫生、市容秩序管理等城市管理相关行业的27类标准、151项具体工作。

(2) 运行成效

青岛市坚持问题导向、需求导向、结果导向,通过建设城市运行管理服务平台,不断创新城市治理手段和模式,初步破解了"发现难""管理难""服务难"等问题,平台日均流转处置城市管理问题8000余件,问题处置率和群众满意率均在97%以上,有效解决了群众身边的操心事、烦心事、揪心事。

① 畅通多元化信息渠道,破解"发现难"问题。一是600余名采集员队伍负责日常采集,对全市12大类183个问题进行实时巡查、采集、上报。二是基于大数据可视化、图像AI算法、深度学习模型等新技术,对店外经营、乱堆乱放等10余类问题自动抓拍、智能分析、自动流转和处置,实现从"被动发现"向"主动发现、自动发现"转变。

② 推进城市运行"一网统管",破解"管理难"问题。平台纵向与国家平台、省级平台以及区(市)平台实现对接联通,横向与市直部门实现协调联动,实现问题处置的高效协同。通过打造24个应用场景,推动相关部门围绕"高效处置一件事",强化数据和业务的深度融合,大大提高监管能力和效率。如,建筑垃圾监管应用场景运行以来,渣土车违规率和事故率实现"双降",交通违章率从8%降至0.5%;环卫监管应用场景共享整合全市2051辆环卫车辆、749路环卫视频、1141座公厕和81座转运站信息数据;供热监测应用场景接入全市1000多个城市换热站,对市内四区供热区域实现监测全覆盖。

③ 创新便民服务方式,破解"服务难"问题。平台建立了政府与市民良性互动渠道,在为民服务"精准精细精致"方面做出了积极探索。如,为方便市民查找公厕,将全市2000余处公厕的位置信息、开放时间、星级状况等在电子地图上全面标注、实时更新、及时发布。为巩固"小广告"治理成效,开发开换锁、修理上下水等家政服务类信息发布与查询模块,为商户提供信息发布和市民查询的便捷平台。为方便市民查找便民摊点,开发便民摊点信息管理服务模块,汇聚全市200余处便民摊点群、3万余个摊位信息,及时发布便民摊点地图,形成群众网上找商家、摊贩网上找摊位的良性互动。

(3) 下一步工作

下一步,青岛市将以"管用、爱用、受用"为落脚点,加快推进城市运行"一网统管",因地制宜推进平台功能和应用场景的升级优化,努力打造城市"运管服"平台建设的"青岛模式",不断增强人民群众的获得感、幸福感、安全感。一是持续完善运管服平台功能。重点围绕城市运行"安全高效健康"、城市管理"干净整洁有序"、为民服务"精准精细精致",在数据汇聚、系统集成、联勤联动和共享开放上下功夫,不断丰富数据资源,提升数据应用能力和城市治理成效。二是丰富城市运行专题应用场景。全面整合、优化和提升专题应用,重点将城市生命体征数据接入平台,将涉及市政基础设施建设和运行、房屋建筑施工和使用安全等专题场景应用纳入平台体系,实现对城市运行态势和生命体征的全面感知、实时监测、预报预警、分析研判和全周期管理。三是不断完善平台运行机制。围绕"城市运行、城市管理、为民服务"三个方面,构建城市运行管理服务综合评价体系。完善平台运行指挥手册、工作流程,健全运行规范体系;优化全市各级指挥大厅工作制度、子系统运行管理制度以及考核机制,建立管理考评体系,推动各方主体履职尽责，不断提高城市科学化、精细化、智能化治理水平。

7.2 打造适应未来城市发展的"一网统管"模式

7.2.1 "一网统管"的推广背景

1) 政策背景

"一网统管"是提高城市现代化治理能力和水平的"牛鼻子"工程。2019年11月，习总书记在上海考察时指出：要抓一些"牛鼻子"工作，抓好政务"一网通办"、城市运行"一网统管"，坚持从群众需求和城市治理突出问题出发，把分散式信息系统整合起来，做到实战中管用、基层干部爱用、群众感到受用。这为全国推行城市运行"一网统管"指明了方向。

2020年9月，住房和城乡建设部印发《关于加快建设城市运行管理平台的通知》（建办督〔2020〕46号），强调各地要充分利用城市网格化管理系统建设成果，加快建设城市运行管理平台，推动城市运行"一网统管"，为保障城市安全有序运行、提升城市居民生活品质、推动城市高质量工提供有力支撑。

2021年3月发布的《中华人民共和国国民经济和社会发展第十四个五年规划和2035年远景目标纲要》明确提到，在推进新型智慧城市建设方面，要提升城市智慧化水平，推行城市楼宇、公共空间、地下管网等"一张图"数字化管理和城市运行"一网统管"，要完善城市信息模型平台和运行管理服务平台，构建城市数据资源体系，推进城市数据大脑建设。

目前，许多省市都在制定相关政策文件，积极推动城市运行"一网统管"。上海市印发《上海市城市运行"一网统管"建设三年行动计划（2020—2022年）》的通知，提出要加快推进城市运行"一网统管"，在更大范围、更宽领域、更深层次推动城市治理全方位变革。北京市正在制定《北京市城市运行"一网统管"工作方案》，提出要统筹抓好城市运行"一网统管"工作，发挥科技赋能管理、创新引领变革优势，推动城市治理体系和治理能力不断提升。广东省印发《广东省"一网统管"工作三年行动计划》，提出要推动构建横向全覆盖、纵向全联通的省域"一网统管"新模式，辅助领导施策精准化，支撑行业管理精细化，赋能基层治理精确化，牵引推动各市域智慧城市发展，以应用创新促进数字经济发展。

因此，推进城市运行"一网统管"，是贯彻落实习近平总书记重要指示批示精神和党中央决策部署的重要举措，是落实《国民经济和社会发展第十四个五年规划和2035年远景目标纲要》的部署要求，是系统提升城市精细化管理水平和风险防控能力的重要途径，是运用数字技术推动城市管理手段、管理模式、管理理念创新的重要载体，对推动城市高质量发展、促进城市治理体系和治理能力现代化具有重要意义。

2) 面临挑战

城市运行管理是城市治理的重要内容，现阶段普遍面临着感知体系不足、纵向贯穿不透、横向协同不足、智能化程度不高、向基层赋能不够等问题，亟需在管理手段、管理模式、管理理念等方面进行大胆创新，提高现代化治理水平。

一是感知体系不足，城市运行体征脉搏难以精准把握。城市运行管理的感知体系建设缺乏统筹设计，部门分散建设，行业感知体系建设不均衡，使得涉及水电气暖等城市运行管理缺乏数据支撑，缺少城市运行体征脉搏指标提取，难以提供决策支持，城市运行指标体系亟待健全。

二是纵向贯穿不透，行业管理分层分段仍然存在。市、区、街道（乡镇）等各层级间数据循环衔接不畅，市、区平台之间基础数据和业务信息依靠推送上传，没有建立数据的共建共享机制。城市运行业务流程未实现闭环，线上线下协同不足，行业管理不通畅。政府与企业之间数据共享不充分，跨行业资源整合和整体联动协同未完全实现，统领行业能力不足。

三是横向协同不足，联动处置问题效率不高。部门间、政企间工作协同体制机制不健全，方式手段落后，一些领域仍以会议、文件方式协调，事件处置效率不高。城市管理网、社会管理网、综治管理网等"多网融合"理念已提出多年，但相关机制、平台一直难以落地。城市运行业务流程再造和优化动力不足，难以形成跨部门、跨层级的整体合力。

四是智能化应用少，科技助力管理的作用发挥不够。智能化城市运行应用场景建设的系统性不强，场景应用的广度和深度不够。全面感知、主动发现问题的能力不足。数据深入梳理、系统分析不够，城市运行知识库尚未完全建立，未能将积累数据转换为知识图谱，基于大数据分析的预测预警能力不足，城市管理智能化水平有待提升。

五是向基层赋能不够，落实城市治理任务难度大。基层城市治理、社会治理责任大、任务重，街道、社区缺数据、缺信息、缺手段，实现精准管理服务困难。智能化、大数据应用不足，大量重复表单、落后的填报方式占用较多时间、影响工作效率，亟需加强智慧城市建设为基层智能减负、智慧增效。

因此，推进城市运行"一网统管"，从城市治理突出问题出发，有效整合治理资源，实现线上线下协同高效处置，打造适应未来城市发展的"一网统管"模式，将成为推动城市治理体系与治理能力现代化的重要举措。

7.2.2 "一网统管"的核心内涵

1）基本概念

什么是"一网统管"？目前，上海市、北京市、广东省的相关文件都结合各地实际，对"一网统管"的基本定位进行了阐述。

《上海市城市运行"一网统管"建设三年行动计划（2020—2022年）》中提到，"一网统管"是智慧城市建设的基础，是城市大脑的重要组成部分。通过运用大数据、云计算、区块链、人工智能、物联网等现代信息技术，对城市生命体进行数字孪生，实现态势全面感知、趋势智能预判、资源统筹调度、行动人机协同。带动城市治理由人力密集型向人机交互型转变，由经验判断型向数据分析型转变，由被动处置型向主动发现型转变，赋予城市更多的"自我感知""自我判断""自我调解"能力。

《北京市城市运行"一网统管"工作方案》中提到，"一网统管"是管理模式创新，其基础是"一网"，实现线上协同、数据共享；其关键在"统"，主要是统信息平台、统管理流程、统管理要素、统管理对象；核心是有效整合治理资源，实现线上线下协同高效处置。通过感知体系建设，智能化应用，实现信息汇聚、风险感知、预测预警、应急指挥、联勤联动、资源调度和绩效评价，通过数据循环倒逼管理闭环，实现业务流程优化重构，形成跨部门、跨层级、跨区域的城市运行体系。

《广东省"一网统管"工作三年行动计划》中提到，"一网多统管"是"十四五"期间广东数字政府改革的重点工作，是进一步提升政府治理体系和治理能力现代化水平的重要手段。聚焦政府治理难点堵点，规范政府治理要素，运用大数据、人工智能、云计算、5G、物联网等新技术，以数据应用为核心，推动政府职能转变和业务流程再造，推进政府治理精细化呈现、智能化分析和精准化预警，实现一网统观全省、一网统一指挥、一网统筹决策，打造业务协同、平台驱动、数据赋能的政府治理新体系和新机制。

可见，从上海市、北京市、广东省对"一网统管"基本定位来看，"一网统管"的核心内涵体现在：一是强调管理模式创新，通过建立适应现代化城市治理的新体系和新机制，有效整合城市治理的各种资源，实现对城市治理突出问题的协同高效处置；二是强调新技术应用创新，通过集成现代科技技术，强化智能化应用，在最低层级、最早时间，以相对最小成本，解决最突出问题，取得最佳综合效应，推动城市管理手段、管理模式、管理理念创新，从数字化、智能化到智慧化，让城市更聪明、更智慧，让群众更有获得感、幸福感、安全感。

2) 两大关键

根据上海、北京、广东等省市"一网统管"方面的先行先试经验，要打造适应未来城市发展的"一网统管"模式，要聚焦城市运行管理中心（以下简称城运中心）和城市运行管理平台（以下简称城运平台）"两大关键"，开展数据驱动、智能融合的现代化治理新探索。

城运中心是"一网统管"的运作实体。各级城运中心要充分发挥数据赋能、系统支撑、信息调度、趋势研判、综合指挥、应急处置等职能，组织、指导、协调、赋能各业务主管部门和基层开展工作。重点做好拟定城市运行管理智能化管理战略，编制城市运行管理智能化发展规划和专项规划；城市运行状态监测分析和预警预判，以及应急事件联动处置和舆情管理统筹协调；加强值班值守和重要紧急信息报告，辅助领导决策等工作。

城运系统是城市运行管理和应用处置的主要载体。城运系统打通条块业务系统互不相连的树状结构，形成横向到边、纵向到底、互联互通的矩阵结构。市级平台重在抓总体、组架构、定标准，依靠兼容开放的框架，汇集数据、集成资源，赋能支撑基层的智慧应用；区级平台重在连通上下、衔接左右，发挥系统枢纽和实战平台的作用；街镇平台依托网格化系统，形成基层综合执法和联勤联动的新机制；强化对网格作为社会治理基本管理单元的实战应用支撑，推动"高效处置一件事"；依托移动应用，支撑基层自治组织和单元、园区、楼宇等参与社会治理。

7.2.3 "一网统管"的典型实践

1) 上海浦东新区

（1）浦东概况

浦东新区于2006年启动实施网格化城市管理，以"单元网格管理法"和"城市事

7.2 打造适应未来城市发展的"一网统管"模式

(部)件管理法"相结合,逐步融合"12345"市民热线、环境热线等职能,形成"发现、受理、指挥、处置、监督、评价"六位一体的城市网格化管理机制。2017年,浦东新区通过整合与城市管理和安全运行相关的管理资源,深化拓展城市运行综合管理功能,建设符合浦东实际、体现浦东特点、形成浦东特色的新区城市运行综合管理体系,实现城市网格化综合管理与社会治理、应急管理的深度融合,实现城市运行综合管理全行业、全区域、全时段覆盖,实现城市管理资源高度整合,监控信息系统高度集成、部门联勤联动高度协同、上下贯通指挥高度统一。

(2) 经验做法

① 成立浦东新区城市运行综合管理中心

浦东新区城市运行综合管理中心于2017年9月启动运行,为区政府直属、委托区府办管理的五级事业单位。区城运中心是浦东城市运行综合管理的统筹协调机构,也是浦东推动构建社会治理体系和治理能力现代化的重要平台,具有统筹规划、信息汇聚、预警监控、联勤联动、监督考核、数据共享等职能。主要目标是以网格化精细管理为基础,以全覆盖、全过程、全天候和法治化、社会化、智能化、标准化为着力点,运用现代信息技术手段充分整合各种资源,有效推进部门协同和联勤联动,实现社会治理和城市管理问题的智能主动发现和快速高效处置,努力提高城市治理整体能力,全面提升城市管理精细化水平,使城市更有序、更安全、更干净。

如图7-9所示,2018年11月6日,习近平总书记考察区城运中心,对浦东在城市绣花式智能管理的探索和实践给予了高度肯定,并提出了"一流城市要有一流治理"的新要求。

图 7-9 习近平总书记视察浦东新区城市运行综合管理中心

② 搭建浦东新区"城市大脑"

如图7-10所示,2018年以来,浦东逐步进入"城市大脑"阶段。线下,浦东建立与城管执法队伍紧密配合的城市运行平台——区城运中心，横向集中所有城市运行管理事务，以入驻或派驻方式，整合市民热线、值班、应急、防汛、110、120、安全生产、城管执法等15个部门职责；纵向形成"区城运中心、36个街镇城运分中心、1316个村居工作站"三级管理体系。线上，浦东以城运中心为载体，探索构建"城市大脑"，围绕让城区更有序、更安全、更干净的目标，以物联为"针"、以数联为"线"，综合运用大数据、云计算、人工智能等智联"针法"，开发了常态、应急、专项三类一系列智能管理场景。

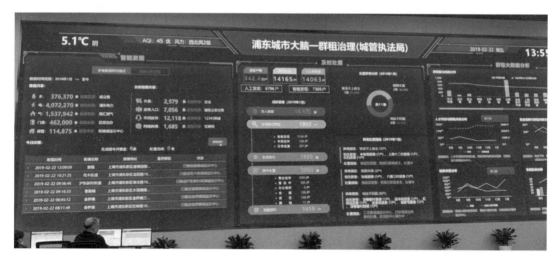

图 7-10　浦东新区"城市大脑"

2）北京东城区

（1）东城概况

北京市东城区于2004年全国首创网格化城市管理模式，2005年8月在全国推广。运行17年来，东城区网格化城市管理系统解决了原有的管理空间划分不合理、管理对象不具体、监督不到位、责任不落实、信息获取滞后、处理效率低下等问题。在实践中不断探索完善，将网格化拓展到文明城区常态化建设，将测评指标与网格案件信息对接，常态监测文明程度，将阶段性的突击创建转为日常的习惯养成。网格化体系在改善城市环境、提升城市形象、促进社会和谐中发挥了重要作用。

（2）经验做法

① 成立东城区网格化服务管理中心

2010年，东城区被确定为全国和北京市"社会管理创新综合试点区"，在网格化城市管理体系的基础上，将全区划分为592个社会服务管理网格，将人、地、物、事、情、组织等基本情况全部纳入数据库，实现"网格全覆盖、工作零缝隙"，并通过结合"信访代理制""城管综合执法机制"等管理理念和实践经验，形成了具有东城特色的网格化社会服务管理新模式。

从2014年开始，东城区立足首都功能核心区定位，以服务民生为出发点和落脚点，以落实责任和强化部门联动为基础，以整合力量和优化流程为重点，全面推进网格化社会服务管理体系与网格化城市管理体系融合，整合城市管理监督中心、社会服务管理综合事务中心、北京市非紧急救助服务中心东城分中心等机构职能，成立东城区网格化服务管理

7.2 打造适应未来城市发展的"一网统管"模式

中心,构建集社会服务、城市管理、社会治安等于一体的东城区城市运行中枢指挥体系,图7-11为东城区网格化服务管理中心。

图 7-11 东城区网格化服务管理中心

② 搭建东城区智慧城市精细化管理融合平台

如图7-12所示,近年来,东城区网格化服务管理中心积极推进城市管理体制改革,深化网格化服务管理模式,在网格化管理平台基础上,建立智慧城市精细化管理融合平台,将城市管理、社会管理、社会服务等"一网统管"事项纳入网格化管理体系,围绕城市治理突出问题,创新执法、单车、物业、河长、垃圾分类等智能化应用场景,着力拓展和统筹建立覆盖区、街道、社区,深入群众的全开放、广覆盖监督网络,提高问题发现能力,实现感知、分析、服务、指挥、监察"五位一体"。

3) 深圳坪山区

(1) 坪山概况

2013年4月,坪山区被深圳市确定为"织网工程"的唯一试点区。2016年8月,成立了书记区长任"双组长"的智慧城市建设领导小组,全面启动新型智慧城市建设。2017年6月,整合区信息办、网格办、应急办及线上民生诉求受理职能,成立区指挥中心,负责统筹推进全区智慧城市建设。2018年4月,深圳市充分肯定坪山区智慧城市建设成果,要求坪山要努力打造"新型智慧城市建设标杆城区"。

(2) 经验做法

① 成立坪山区值班应急与智慧管理指挥中心

如图7-13所示,整合智慧社会服务中心、区应急管理办公室、区信息化管理办公室,成立坪山区值班应急与智慧管理指挥中心(挂"坪山区网格化管理办公室、坪山区信息化管理办公室"牌子,简称区指挥中心),负责应急管理、应急指挥、值班值守、智慧城市运行监控、民生诉求受理、网格化标准建设、网格事项准入、网格事件分拨、智慧坪山建

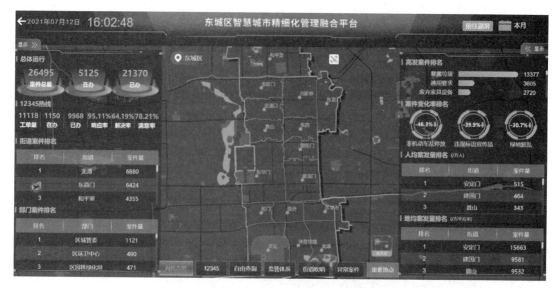

图 7-12 东城区智慧城市精细化管理融合平台

设、数据统筹等工作,监督、考核、评价街道网格管理工作,组织协调全性专项采集行动。

图 7-13 坪山区值班应急与智慧管理指挥中心

② 搭建坪山区智慧管理指挥平台

自 2017 年以来,坪山区从群众最关心的问题入手,以打造"民有所呼、我有所应,民有所需、我有所为"的服务型政府为目标,持续推进"小切口、深层次、渐进式"的改革,打造智能高效的坪山区智慧管理指挥平台,并通过三轮流程优化,最终形成了一张一级分类 17 个、二级分类 189 个、三级分类 1007 个的"一网统管"事项清单,逐步实现了

"整渠道、统分拨""并表单、缩时限""抓实效、优体验""融智慧、助治理"的改革目标,取得了较好的成效和社会反响,为构建共建共治共享的治理新格局、加快实现治理能力现代化做出了非常有益的探索,图7-14为坪山区智慧管理指挥平台。

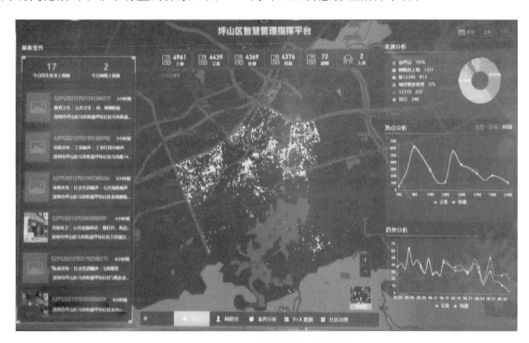

图7-14 坪山区智慧管理指挥平台

7.3 数字经济背景下的城管数字化转型探索

7.3.1 数字化转型的关键要素

1)总书记阐述的关键要素

2022年1月,习近平在《不断做强做优做大我国数字经济》文章中指出,长期以来,我一直重视发展数字技术、数字经济。2017年在十九届中央政治局第二次集体学习时强调要加快建设数字中国,构建以数据为关键要素的数字经济,推动实体经济和数字经济融合发展。

2)国家规划强调的关键要素

《"十四五"数字经济发展规划》指出,数字经济是继农业经济、工业经济之后的主要经济形态,是以数据资源为关键要素,以现代信息网络为主要载体,以信息通信技术融合应用、全要素数字化转型为重要推动力,促进公平与效率更加统一的新经济形态。

《中华人民共和国国民经济和社会发展第十四个五年规划和2035年远景目标纲要》提出,迎接数字时代,激活数据要素潜能,推进网络强国建设,加快建设数字经济、数字社会、数字政府,以数字化转型整体驱动生产方式、生活方式和治理方式变革。

综上,激活数据关键要素潜能,是城管数字化转型面临的基本问题。为此,我们需要深刻理解总书记关于"要构建以数据为关键要素的数字经济"的科学论断,搞清什么是关键数据,掌握关键数据规律,树立城管数字化转型的正确认识。北京、上海特大城市已经在城市治理进程中创造性地展开数字化转型实践,为全国提供了经验。

7.3.2 数字经济的数字化转型经验

这些年来,我国数字经济发展较快、成就显著。根据 2021 全球数字经济大会的数据,我国数字经济规模已经连续多年位居世界第二。特别是新冠肺炎疫情暴发以来,数字技术、数字经济在支持抗击新冠肺炎疫情、恢复生产生活方面发挥了重要作用。其中,以网络购物为代表的数字经济转型实践,可以为城管数字化转型借鉴。归纳起来,网络购物数字化转型体现在模式创新、数字化组织、关键数据和算法驱动几个方面。

1) 模式创新

2000 年左右,中国从美国引入网购模式,科创企业适时把握数字时代先机,挣脱几千年实体商业传统模式桎梏,脱颖而出了网购模式。网购模式创立覆盖全国的统一网络购物平台,一举改变多行业、多层级、多地域传统实体商业模式,10 亿买卖双方、数亿商品实现线上交易、线上支付以及线上派单等全新商业活动模式。

2) 数字化组织

网购模式创造了前所未有的面向购物集结的数字化商业社会组织。在数字化商业社会组织内部,少数网购平台中间商,与线上 10 亿买卖双方、数亿商品实时在线地结成买卖、支付、物流等新型数字化经济关系。数字化商业社会组织与传统实体商业组织完不同之处在于,它生长在网购平台,它活动于网购平台,它享受网购平台便利,它接受网购规则约束,它沉淀网购痕迹数据,它承载数字化商业交易。

3) 关键数据

数字化商业社会组织网购活动的主观行为,为网购平台沉淀了 24 小时×365 天、10 亿个人交易行为、数亿交易商品的痕迹数据。交易行为和交易商品的痕迹数据体现网购平台关键数据的本质特征。其中,与传统实体商业数据结构最本质的区别在于,网购平台首次沉淀交易双方个人的数字化痕迹数据。事实证明,关于个人的数字化痕迹数据的价值没有止步于网购领域,已经对国际国内经济和社会产生深刻影响。

4) 算法驱动

交易行为和交易商品痕迹数据不仅反映传统实体商业的规律,通过相关算法挖掘,可以进一步反映数字化商业的新规律。如,商品搜索、个人信用、个人支付、商品推介、供应链和物流派单等与网购相关的人和物的数字商业运行规律。所以,交易行为和交易商品痕迹数据成为网购算法模型可用的数据基础,于是搜索算法、支付算法、信用算法、推介算法、供应链算法和物流派单算法等模型应运而生,网购平台成长出越来越超越传统实体商业的数字化竞争能力。如,网购平台的搜索算法模型,已经做到让 1% 购买流量的实体商家,获得该行业 80% 的利润,让其余 99% 没有购买流量的实体商家挣扎在 20% 的利润空间内。

从网购平台的痕迹大数据+算法模型的算法驱动能力成长规律看,对于网购平台而言,10 亿人 24 小时×365 天的交易行为和交易商品的痕迹数据,特别是 10 亿人口个人交易行为的痕迹数据,是传统经济从未有过的大数据,个人交易大数据就是网购平台进而数字经济崛起的关键要素。

5）数字经济转型借鉴

模式创新是转型的需求起点。与传统实体商业模式并驾齐驱的网购模式创新，开启了商业数字化转型的源头需求，没有模式创新就不需要数字化转型。

组织数字化是转型的社会基础。模式创新的直接结果必然是造就基于实体社会组织的虚拟数字化社会组织。新型数字化社会组织从事数字化商业活动，必然沉淀交易行为和交易商品的数字化痕迹数据。

关键数据是转型的关键要素。从数字经济的实践看，24×365、10亿个体交易行为和交易商品的痕迹数据，特别是10亿人口个人交易行为的大数据，是网购对传统实体商业形成竞争优势的关键要素。

算法驱动是转型与否的试金石。如今数字经济摧枯拉朽地深刻影响经济生活、社会生活的澎湃态势，算法遇到大数据至功至伟。参考数字经济的转型经验，数字商业之所以逐渐对实体商业处于支配地位，本质上是数字商业新添大数据＋算法模型的数字化利器。

7.3.3　特大城市数字化转型实践

1）北京实践

北京市坚持以习近平新时代中国特色社会主义思想为指导，深入贯彻习近平总书记对北京市重要讲话精神，从2019年开始推进"接诉即办"改革，用一条热线撬动"治理革命"，形成落实以人民为中心发展思想的生动实践，创造了超大城市治理的北京样本。

（1）模式创新

北京市城市治理现代化基本制度创新之一是，在科层式行政体系基础上创造跨部门、跨地域、跨层级的扁平化发现、派遣和考核的接诉即办制度。北京市接诉即办管理体系实现了一号收集、一号派遣、一号反馈和一号考核的扁平化行政发现和考核的基层治理行政机制和数字化平台。一号收集，北京市12345代表城市政府每年接收2000万市民上千万投诉案件；一号派遣，北京市12345每年将需要处置的案件，越过市级部门和区级政府，直接派到街镇和国有企业处置；一号反馈，北京市12345直接采集数百万个投诉人对案件处置结果的满意度。一号考核，以"响应率、解决率、满意率"为主要指标的考评体系，建立"三率"考核排名机制，每月对全市街道乡镇、区级部门、市级部门和公共服务企业的"三率"成绩，分为先进类、进步类、整改类和治理类四类进行排名通报，激励各单位攻坚克难、破解突出问题。

（2）数字化组织

依托扁平化行政机制和12345高位统筹数字化平台，衍生出围绕市民诉求为核心的"数字化治理社会组织"（简称数字化组织）。数字化组织重塑了实体和数字两个城市治理组织的关系。在数字化组织中，以2000多万市民作为治理问题的发现主体，弥补科层式政府内部问题发现机制局限；以12345作为跨部门、跨层级、跨地域治理问题派遣和考核主体，直接把337个街镇、44个国企、16个区政府和117个市级部门作为处置和被考核主体，替代科层式内部层级派遣和层级考核机制。数字化扁平化组织突破传统科层式组织模式局限，生长在网购平台，存在于网络空间，活动于网购平台，享受网购平台便利，接受网络平台约束，承载数字化商业交易。

(3) 关键数据

数字化组织内各主体是最主要的"社会信息传感器"。每年24小时×365天围绕北京市基层治理主题，发现主体为平台沉淀1000多万诉求痕迹数据，派遣考核主体沉淀600多万咨询、400多万派遣、400万回访和260多万有效回访等痕迹数据，处置主体沉淀400多万处置过程、结果和反馈痕迹数据。每年3000多万条市民诉求和处置的动态痕迹数据，是数字化城市治理组织围绕城市基层治理活动沉淀的客观数据，不是依赖政府科层式体制收集的主观设计的规制数据，而是非定制、自然、客观反映群众诉求的社会化大数据。与传统政府科层式数据结构最本质的变化在于，北京接诉即办平台，首次聚焦关于城市公共服务供给的海量市民个体需求的数字化痕迹数据，这类数据不仅是数字化转型的关键数据，更是构建以人民为中心的城市治理体系建设不可或缺的关键数据。市民诉求动态痕迹数据是并行于物联感知、网络感知和科层感知体系的非定制、自然、客观反映群众诉求的社会化大数据，弥补物联感知、网络感知和科层感知对社会信息感知不足的缺陷，正在成为城市管理数字化转型的政府外部反映群众诉求的社会化大数据资源。

(4) 算法驱动

数字化治理模式牵引实体化治理模式。从宏观上看，北京市"接诉即办"大数据+算法模型的数字化治理能力处在初期发展阶段，主要体现在四个统计算法方面。其中，一个算法模型是面向科层式管理模式的传统需求，其余三个算法模型适应数字化管理模式的扁平化需求。

问题分布按照专业分类的算法模型。北京市的接诉即办的第一种统计分析采用专业分类的算法模型，专业分类统计的结果反映了市民对政府各部门以及部门内专业诉求数量分布情况，目的是帮助政府决策层量化掌握市民诉求在科层组织内的数量和分布，传递对政府执行层的行政压力。由于科层体制下还存在诉求数量的层级分布、区域分布和职责交叉等进一步分散履职压力的空间，作为政府执行层的专业主管部门，实际承载的压力会缩水。北京市2020年群众反映集中的前十类专业问题是：疫情防控、市场管理、公共服务、住房、医疗卫生、城乡建设、交通管理、社会秩序、劳动和社会保障、教育等，体现科层式体制的认知和履职传统习惯，北京难于形成有效的部门激励机制。

为此，北京市在社会化大数据关键要素资源获取的基础上，跳出科层式部门履职为导向的算法模型局限，创新以满足市民诉求为导向的扁平化算法模型，在任务派遣上聚焦区域，在绩效考核上聚焦质量，在源头治理上聚焦难点。通过三年的实践，逐步显现出数字化治理模式牵引实体化治理模式演变升级的趋势。

任务派遣按照区域分类的算法模型。北京市接诉即办任务量的统计分析依据区域为主、专业为辅的分类算法模型。其中，一级指标按照区域分类，二级指标按照专业分类。区域算法模型传递的第一层信息是，城市基层治理的责任主体是区域主体，第二层信息是各专业主体服务于区域主体。这个算法跳出传统科层式分专业按层级传递任务压力的传统模式，创新处置资源与问题在基层区域直接对接的扁平化行政模式。从实践结果看已经取得资源向基层倾斜的较好效果，2020年通过派单方式办理的448.71万件群众诉求中，区级部门办理168.9万件，占比37.64%，街道（乡镇）办理165.3万件，占比36.84%，区级和街乡两类区域组织占全市派单总量的74.48%。市属机构办理53.8万件，占比11.99%，国有企业办理60.71万件,占比13.53%,市属专业主体合计占总量的25.52%。

考核评价按照质量分类的算法模型。北京市根据回访统计情况,对各区、市属机构、国有企业、街道(乡镇)办理群众诉求的解决率、满意率为考核排名依据的算法模型,是北京市城市治理取得巨大成绩最主要的考核机制变革。在这个算法模型的本质是,让提出诉求的群众亲自考核评价政府诉求办理结果,把中央关于以人民为中心、以结果为导向的城市治理要求,在算法模型中体现得淋漓尽致。北京市接诉即办以群众可感知质量为依据的考核算法模型,不仅是接诉即办赋予实体治理工作的动力,而且重塑了实体治理工作模式,从实体治理工作对上级负责的模式,转型为实体治理工作对群众诉求负责的新模式。

源头治理按照难点分类的算法模型。北京市聚焦诉求反映集中的高频次、共性问题,开展重点领域和区域治理;对持续时间长、解决难度大的诉求开展专题研究,市、区、街道(乡镇)三级协同联动,形成条块结合推动问题解决。共性问题和难点问题是北京市基于社会化群众诉求大数据,依据难点算法模型分析挖掘的成果,以数字化问题发现、凝聚模式促进实体化三级联动实施模式不断发展完善,切实不断推进解决共性问题和难点问题。2021年,北京市难点分类算法凝聚"每月一题",如房产证难办、无牌照电动三四轮车、拖欠工资等27个难题治理取得明显成效。在实体治理工作对上级负责的模式,转型为实体治理工作对群众诉求负责模式基础上,继续深化推进未诉先办、源头治理的难题。

2)上海实践

上海市2021年10月发布《上海市全面推进城市数字化转型"十四五"规划》。无独有偶,规划中提出"推进12345城市运行市民感知系统"的明确要求。上海在城市治理的社会化大数据+算法模型探索方面,也取得了实质性进展,正在步入以数字化治理牵引实体化治理转型升级的城市治理新阶段,初步展现算法驱动对政府数字化转型的关键地位和作用。

上海杨浦区积极提升社会化大数据+算法模型的数字化城市治理新能力。作为城市治理的重要组成部分之一,12345热线智能感知平台以热线海量工单数据为基础,运用大数据分析手段和智能算法对工单诉求进行深度挖掘,构建热线业务体系及热线感知大屏,不仅满足管理者对于城市治理的感知分析、决策处置的需求,提升热线处置效能,同时还能传递民生,成为城市的"传感器"、民意的"晴雨表"、治理的"红绿灯"以及决策的"指南针",不断强化杨浦区城市数字化治理能力。杨浦区运用热线大数据+算法的数字化治理手段,在生产系统赋能、实战感知展现和街镇业务协同等建设运行方面取得可喜进展。

(1)生产系统赋能

派单赋能:工单自动分类分拨,实现秒级派单。通过已有分类体系和智能算法的深度结合,构建了工单智能分类分拨算法模型,实现热线工单的自动派遣,将派单时间由"分钟级"缩减为"秒级",派单稳定性高,大幅缩减了派单时间和人工操作时间,大幅提升分类效率。截至目前,自动派单的准确率达到80%~85%,退单率在15%~20%之间(接近人工派单退单率)。同时,基于评价模型构建典型案例库,通过对比新生成的工单与典型案例库中的工单相似度智能推荐相似案例,改变以往处置靠人工经验的做法,辅助处置部门决策处置、赋能基层处置人员。

处置赋能:智能推荐工单情报,赋能基层处置人员。通过丰富原有工单处置的信息参考维度，提升处置部门和处置人员的工单处理能力，原有工单仅依靠原始工单信息和电话联系了解市民诉求，而工单情报推荐则将工单的话题、情感、责任主体、相似案例等内容一同派发给处置部门，大幅扩展了处置人员的信息参考维度，为基层人员的针对性、精准性处置提供了更多可能。

分析赋能：自动生成热点话题分析报告，赋能管理单位。基于标准化分析报告模板，针对周期内热点话题，实现自动生成报告的功能，通过基于话题事项的多维分析，自动呈现工单统计、满意度等数据指标，为管理部门的专项分析、专项处置等提供辅助支撑，同时满足业务管理部门日常报告报表需求。

考评赋能：综合分析处置单位办结情况，辅助考评。针对街道、大工单部门、小工单部门构建感受指数考核分析，基于先行联系率、实际解决率、市民满意度、重复投诉率、按时办结率等指标构建综合考核体系，进行排名及同比分析，反映部门工作中的问题，提高部门管理工作的针对性，有利于进一步提高杨浦区热线工作水平，并通过指数变化分析、趋势分析，综合呈现各部门的考核情况变化趋势。

预警赋能：联动热线生产系统，全生命周期管理预警工单。针对系统算法自动产生的预警工单（如突发热点、群体高发、重复投诉等）生成特殊预警状态推送生产系统，热线生产系统收到预警状态后予以相应的反馈处理。可跟踪预警工单的实时状态，设定预警的生成及解除规则，可自行定义预警的各项标准，进行预警的全生命周期管理，管控预警的生成与解除。

（2）实战感知展现

建设热线感知大屏，实现一屏观杨浦。通过汇聚热线基础数据和挖掘分析结果，构建览民情、聚民意、晓民生三大版块，通过数据与三维场景的联动，从市民诉求分析、处置能效、热词分析、热点话题、预警分析、指数分析等各个维度针对12345热线诉求进行综合分析与呈现，全面综合地感知杨浦区城市治理的实时状态。

览民情：围绕人、地、事、物、情等基本要素，多角度分析市民诉求，全局感知民情态势。基于每日的市民热线数据，以人、地、事、物、情基本要素对诉求进行多维度分析，基于诉求概况、诉求趋势、高发诉求、高发区域、处置能效、智能热频词全方位多层次感知市民诉求的宏观态势。

聚民意：结合自然语言处理技术对诉求进行深度内容挖掘，并进行话题、责任主体等综合分析，汇聚高发问题、重点问题。通过调用AI中台引擎的自然语言处理人工智能手段，感知工单数据中蕴含的市民诉求。通过语义分析和情感分析，从认知的角度进一步深入认识热点和关联问题。构建话题预警模型聚焦"久而未决""群体高发""敏感诉求"等多类场景的重难点话题。构建话题关联分析模型探求不同话题间的因果、递进、并列、话题及处置措施、话题及投诉对象等关联关系，从被动处置到主动发现潜在问题，从单一的解决一个人的问题到解决一类人的问题。构建话题情感分析模型了解到话题的情感倾向分析，后续将进一步结合政策数据探求市民对政策发布前后的情感变化。基于"高效处置一件事"这一准则，对于历史的工单办结报告信息也进行挖掘分析，基于回访市民的满意度及解决率，针对不同的话题给出市民满意认可度及解决率最高的处置措施方案，推送给各个版块的业务部门。针对紧急工单，实时调用事件周边的资源、网格力量进行高效的处置。

晓民声：构建感受指数模型，结合情感分析，监测、洞察市民诉求变化状态。基于工单的先行联系率、按时办结率、实际解决率、市民满意率、重复投诉率这些影响市民感受情况的指标，构建热线感受指数，全方位知晓市民对热线的感知情况，通过叠加展示同比及环比感受指数趋势情况，督促多方共同努力提升人民群众满意度。

（3）街镇业务协同

区级12345热线智能感知系统下沉街镇，实现与街镇分平台的联勤联动、业务协同。各个街镇可通过热线智能感知系统实时感知本区域的热线诉求、诉求处置和处置分析等各项分析数据，各街镇可通过热线智能感知平台直观感知本区域的热线工单"五大指标"实时情况，并能够根据诉求感知和处置分析相关指标，快速知晓本街镇在热线工作的不足，倒逼工作方式的变革，达到自我监督、自我提升的效果。热线智能感知系统向街镇赋能后，能够激发街镇的主观能动性，引导街镇对本地工单处置的不足之处进行自我思考，并对工作方式进行自我改进，对杨浦区而言不必等到街镇工单办理问题已经呈现扩大状态时才进行批评和整改，而是通过与街镇的业务协同实现源头治理。区级和街镇数据共享和赋能，不仅打破了两者之间的工单信息联通障碍，更加提升了杨浦区热线整体办理水平。

3）对城管转型的初步认识

关键数据是转型的关键要素。从数字经济的实践看，24×365、10亿个体交易行为和交易商品的痕迹数据，特别是10亿人口个人交易行为的大数据，是网购对传统实体商业形成竞争优势的关键要素。对照数字经济的数据类型经验，政府现存数据主要是四类，第一类是政府的统计数据，第二类是设施运行的生产数据，第三类是数字城管、创文创卫等政府活动主动搜集的数据，第四类是市民诉求数据。前三类数据都是以主观目的为依据的定制数据，体现政府的秩序管控和公共服务供给的主观意志。第四类数据是非定制、自然、客观的社会化数据，体现群众在日常生活中的现实诉求。

算法驱动是转型与否的试金石。如今数字经济摧枯拉朽地深刻影响经济生活、社会生活的澎湃态势，算法遇到大数据至功至伟。参考数字经济的转型经验，数字商业之所以逐渐对实体商业处于支配地位，本质上是数字商业新添大数据+算法模型的数字化利器。所以，衡量城市管理数字化转型成功与否的标志是，能否像数字经济一样，掌握大数据+算法模型的数字化利器，或者说，是否形成以数字化模式牵引实体模式的城市治理新能力。政府管理数字化基于前三类数据已经与数字经济并行发展20年到今天，与数字经济对经济和社会的深刻影响相比落差明显，其根源是政府数字化习惯于体现行政意志，因而重视政府内部定制化数据的利用，不习惯于体现政府外部市民意愿，进而忽视非定制市民诉求意愿数据的存在。虽然政府一直以热线方式收集非定制、自然、客观反映群众诉求的社会化大数据，但是长期没有像北京、上海一样纳入政府考核依据数据范畴。

算法模型背后的利益机制。平台的搜索算法模型由隐藏在模型后面的利益平衡机制所驱动。中间商为了购物平台利益最大化，需要不断刺激买卖双方提高交易效率和扩张交易规模。为此，购物平台提供以精准匹配买卖双方供需为核心诉求的搜索算法模型。通过搜索算法模型，不仅购物平台获得了更好的收益，客观上也帮助买卖双方不断提高交易收益。

在网购平台发展的初中期，三方在搜索算法模型上比较容易形成一致的利益关系。后期,随着平台间竞争激烈,买卖双方人口红利摊薄等,网购平台通过搜索算法模型对不购买流量的卖方施以盈利空间垄断性压制,破坏三方利益平衡,阻碍平台经济健康发展。于是,近几年国家对平台经济出台反垄断措施,特别是要求平台纠正算法模型的垄断性,旨在破除搜索算法模型对卖方的行为制约,维护平台经济健康发展。

综上,利益追求是平台经济算法模型的根本动因,在利益机制驱使下,算法模型帮助平台占据利益调整的主导地位,算法模型使得买卖双方越来越处于利益调整的从属地位。由此,我们正在遭遇一个现象级的历史事实,数字商业借助算法模型对实体商业取得支配性地位,反之,实体商业正被算法模型重塑为从属地位,算法模型已经成为数字商业治理实体商业体系的主要工具。在数字经济大发展背景下,数字商业居优势、实体商业居劣势的并存竞争模式将会长期存在。

我们需要思考,数字经济出现的算法模型重塑实体商业业态,会不会出现在政府数字化转型中。如果会出现,数字政府的算法模型背后的动力机制怎么发挥作用,数字政府又如何借助算法模型重塑实体政府。

政府的主要算法模型体现在考核算法模型,也是由隐藏在模型后面的利益平衡机制所驱动。政府为了实现城市管理效果最大化,需要不断刺激城市管理公共服务供需双方提高供需匹配度。为此,政府提供以匹配双方供需为核心诉求的考核算法模型。期望通过考核算法模型,提高供需匹配效率,提高供给服务水平。政府算法模型背后的动力机制,从起点上就与数字经济动力机制发展特点有很大区别。

城市市民、城市政府、处置机构是城市考核算法模型的三个行为主体,市民是需求主体,机构是供给主体,政府是考核主体。在考核算法模型设计的利益格局中,市民和政府的利益一致,但是与机构的利益相矛盾。市民需求越旺盛,政府派遣越精准,机构的供给压力越大。考核算法模型形成两方受益、一方吃力的基本矛盾,一直是政府考核算法模型的基本矛盾。

第8章 智慧社区

8.1 概述

8.1.1 智慧社区的概念

社区是城市的基本单位，是聚居在一定地域范围内的人们所组成的社会生活共同体，是居民生活和发展的载体，承载着居民的物质与情感。科学技术的不断发展与革新，正潜移默化地改变着人们的生活方式和需求。智慧社区是当前信息时代下的必然产物，是新时代社区发展的必然方向与重要趋势。

智慧社区利用区块链、城市信息模型（CIM）、社区消费等新一代信息技术和服务，集社区政务服务、公共服务、生活服务于一体，以"业务驱动、数据赋能"为支撑，打造可信可视可持续的新生态。智慧社区建设应坚持以人民为中心的发展思想，扎实有序推动社区基本单元建设，支撑新型城市基础设施建设和城市更新行动，加快发展线上线下生活服务，以可信、可视、可持续的生态体系建设为方向，促进人民群众物质生活和精神生活都富裕。

充分运用可信基础设施为社区赋能减负，提升服务品质和效能。加强信用信息归集、共享、公开和应用，创新惠民便企信用产品与服务。建立社区公共信用信息和商业消费信息的共享机制，发动群众"共谋、共建、共管、共评、共享"，激发居民的积极性、主动性、创造性，凝聚住区共识，塑造共同精神。

"智慧社区"内连"智慧家庭"，外连"智慧城市"，智慧社区的建设目标就是为了满足居民生活中多样化的需求。智慧社区的建设一般分为面向政府、物业、居民及商家的三种建设模式。社区往科学化、智能化、精细化的发展，无论是对于任何一方，都是一种创新的模式。

1）面对政府：社区综合治理

融合社区场景多维度数据，重点聚焦社区综合治理，提升社区管理与服务的智能化水平，实现共建、共治、共享的管理新模式。实现房产综合管理、流动人口分析、重点人员和场所监管、矛盾纠纷排查等。

2）面对物业：智慧物业服务

一方面以提升房产附加值为需求，提升楼盘品质及产品细节等方面，提供个性化、完善贴心的物业服务与生活增值服务；另一方面是以物业需求为导向，减少物业管理成本，实现物业增值收益，倒逼物业公司加速推进市场化改革。

3）面对居民：智慧家居服务

面向社区内部的居民，整合政府、物业、周边商家等服务资源，打造一个多维度融合的社区公共服务平台,面向小区居民,将居民、住户关心的小区相关的信息,通过微信公众号、电视盒子、智慧终端进行发布,让居民参与小区管理互动,整合小区周边商圈为小区居民提供一体化服务。

8.1.2 智慧社区建设基础

自原建设部提出"全国住宅小区智能化系统示范工程"的要求以来,智慧社区经过了20多年的漫长摸索阶段。根据公开数据,我国智慧社区行业相关政策整理如表8-1所示:

我国智慧社区行业相关政策整理　　　　表8-1

日期	政策名称	制定部门	主要内容
2014年8月	《关于促进智慧城市健康发展的指导意见》	国家发改委等八部委	面向公众实际需要,重点在交通运输联程联运、城市共同配送、灾害防范与应急处理、家居智能管理、居家看护与健康管理、集中养老与远程医疗、智能建筑与智慧社区、室内外统一位置服务、旅游娱乐消费等领域,加强移动互联网、遥感监测、北斗导航、地理信息等技术的集成应用,创新服务模式,为城市居民提供方便、实用的新型服务
2016年10月	《城乡社区服务体系建设规划(2016—2020年)》	民政部等十六部门	到2020年基本公共服务、便民利民服务、志愿服务有效衔接的城乡社区服务机制更加成熟,社区综合服务设施为主体、专项服务设施为配套、服务网点为补充的城乡社区服务设施布局更加完善,网络连通、应用融合、信息共享、响应迅速的城乡社区服务信息化发展格局基本形成等发展目标
2016年12月	《关于印发"十三五"国家信息化规划的通知》	国务院	提出"推进智慧社区建设,完善城乡社区公共服务综合信息平台,建设网上社区居委会,发展线上线下结合的社区服务新模式,提高社区治理和服务水平。"
2017年6月	《关于加强和完善城乡社区治理的意见》	中共中央、国务院	按照分级分类推进新型智慧城市建设要求,务实推进智慧社区信息系统建设,积极开发智慧社区移动客户端,实现服务项目、资源和信息的多平台交互和多终端同步
2020年3月	《新冠肺炎疫情社区防控工作信息化建设和应用指引》的通知	民政部等四部门	发挥互联网、大数据、人工智能等信息技术优势,依托各类现有信息平台特别是社区信息平台,开发适用于社区防控工作全流程和各环节的功能应用,有效支撑社区疫情监测、信息报送、宣传教育、环境整治、困难帮扶等防控任务,统筹发挥城乡社区组织、社区工作者的动员优势和信息化、智能化手段的技术优势,有效支撑省、市、县、乡四级数据联通,构筑起人防、物防、技防、智防相结合的社区防线,形成立体式社区防控数据链路和闭环,提升城乡社区疫情防控工作成效
2020年4月	《2020年新型城镇化建设和城乡融合发展重点任务》的通知	国家发展改革委	推动城市政府向服务型转变、治理方式向精细化转型、配套资源向街道社区下沉。加强和创新社区治理,引导社会组织、社会工作者和志愿者等参与,大幅提高城市社区综合服务设施覆盖率。提高国土空间规划水平,顺应城市发展逻辑和文化传承,落实适用、经济、绿色、美观的新时期建筑方针,加强建筑设计和城市风貌管理,提高城市绿色建筑占新建建筑比重
2020年7月	《智慧社区建设规范(征求意见稿)》	住房和城乡建设部	对智慧社区系统的建设,包括基础设施、综合服务平台、社区应用、社区治理与公共服务、安全与运维保障等方面,提出了相应的规范和要求

"十四五"时期,党中央、国务院将加强城乡社区服务摆在更加突出的位置,首次将城乡社区服务体系建设规划列为"十四五"时期重点专项规划之一。按照党的十九届五中全会和国家"十四五"规划纲要确定的框架,《"十四五"城乡社区服务体系建设规划》从完善服务格局、增强服务供给、提升服务效能、加快数字化建设、加强人才队伍建设等方面作出安排部署,明确了城乡社区综合服务设施覆盖率等7个方面的主要指标,确定了新时代新社区新生活服务质量提升行动等4项行动计划,以及服务设施补短板的重大工程。

根据中国民政部最新的统计数据显示,2021年第二季度全国拥有11.5万个社区,全国居住小区大约为50万个,有数据显示2020年我国智慧社区规模为5405亿元,同比增长约19%。自2021年起,预计未来五年智慧社区市场每年或以8%左右增幅稳步增长。

2015年以前,我国智慧社区主要功能为记录数据,从此物业管理进入信息化、数字化时代。2015年之后,我国智慧社区建立了人与物的联结能力,完成了数字化的产品,其中NB-IoT技术已有了较为广泛的应用,例如小区安防系统、出入口管理系统、入侵报警系统、远程抄表系统、智慧垃圾桶、智慧井盖等;同时,智慧社区处于AI初级阶段,人脸识别、车牌识别等AI技术广泛应用,行业进一步发展。

智慧社区建设主要运用的技术有:5G(高清直播、远程教育、视频监控等);区块链(区块链数字身份、食品溯源、健康数据等);互联网(互联网+服务、互联网+党务、互联网+议事等);大数据(社区大脑、特殊人员监测统计、态势研判和预警等);人工智能(人脸门禁/梯控/访客、犬脸识别、智能语音等);物联物(智慧消防、智能家居、智能物业、个人健康等);数字孪生(全要素虚拟管理、未来发展推演、运行态势实时感知、预警演习等)。

8.1.3 智慧社区现状

1) 国外智慧社区

智慧社区概念源起于西方发达国家。2009年,IBM公司提出了"智慧城市"的概念,"智慧社区"(Smart Community)的概念也随之衍生而来。

学术界对智慧社区概念的界定大多沿两条线展开,一是把智慧社区看作是"智慧城市"的细胞,从智慧城市组成部分的角度探讨智慧社区的构成要素、运行模式及其与智慧商务、智慧政务等模块的衔接交互,并最终落脚到社区生态的改善和居民需要的满足。S. Skrzeszewski(2000)指出,智慧社区是对因信息通信技术急剧发展而引起的社会、经济变化的创新性回应,借助内生的合作和知识共享的力量,智慧社区能够提高居民生活质量和地区竞争力。值得注意的是,在国外研究中,智慧社区与智慧城市两个概念并无明显区别,"Community"既可以是一个乡镇、市区,也可以是省、城市或其他更大的区域。智慧社区论坛(ICF)指出智慧社区并不必要是大城市或著名的技术中心,既可以坐落于发展中国家,也可以位于工业化国家,郊区或者城市、内陆或者海岸;二是把智慧社区看作是"智能建筑"或"智慧家庭"的延伸,从微观的、技术的层面向外辐射出覆盖范围更广且包含社会关系的智慧社区。20世纪80年代,美国总统宣布成立"智能化住宅技术合作联盟"。随后,智慧社区在欧洲、东南亚等地区也应运而生,如英国的《规划和监管在线服务建设控制服务发布标准》,日本的超级家庭总线技术标准(HBS或S-HBS,Super-Home和BUS System)。X. Li等(2011)指出,智慧社区是一个涉及协作对象的网络物理系统的聚合类，例如智慧家庭。

通过梳理国内外学者对智慧社区的解读可以发现，"智慧的"（Smart）还有很多可以替换的近义词，比如智能的（Intelligent）、智慧互联的（Smart and Connected）、可持续的（Sustainable）、数字的（Digital）、电子的（Electronic）等，但它们与"社区"的组合让这一新概念更加明确的同时，也削弱了其丰富性和层次性。智慧社区的技术应用本身不是目的，它仅仅是为创造具有明确和令人信服的社区利益实体的手段。换言之，智慧社区不只有精准灵活的机器运作，更强调环境、知识、创新、参与和公平等要素，是以上界定的集合与升华。

国外智慧社区是随着全球信息化的发展而兴起的。20 世纪 90 年代，智慧社区已经成为世界各国信息化发展目标。一些国家将电子政府、电子商务向社区集聚。政府倡导从"以信息技术为中心"转变到"以公民为中心"的战略，这种转变不仅成为建设电子政府的基础，而且也在政府与社区的关系上创造了新型模式。但各个国家和地区在智慧社区发展上呈现出不平衡态势，欧洲、北美和新加坡等国家智慧社区建设已经比较成熟。国外智慧社区的基本运作方式归纳起来主要是：政府主导，社区主管，企业、非营利部门及居民参与；政府出台建设指南，社区制定建设纲领与建设方案，对社区资源的组织、管理、有效利用进行评估；多渠道的融资及对资金的管理，并向社区成员报告使用情况；政府引导下优化建设效率、效益的有序竞争。

国外智慧社区应用的形式较为普遍的有：社区网站、电子商城、远程教学、在线公共服务、电子商务等。智慧社区建设必要的硬件条件是宽带基础设施，在保障企业组织和一般居民都能公平享用宽带设施的前提下，智慧社区的规划才能铺开。

目前，国外在建设智慧社区方面采用最为直接而有效的方法，便是建立社区门户网站。该网站的功能是实现社区自治管理、政府公共服务，以及参与商务贸易等，旨在提高市民的社区意识，繁荣社区的先进文化。较多国家实行由点及面地开展建设，即由州政府或省政府规划框架，落实到各个社区来具体操作。如澳大利亚维多利亚省政府规划了"连接维多利亚"这个项目，设立了六个发展主题："建立学习社区、发展未来产业、繁荣电子商务、连接各个社区、改善设施及通路、促成新型政府。"再如美国弗吉尼亚州政府规划了"弗吉尼亚州智慧社区建设指导纲要"，为各个社区提供了总体思路，它将"政府、社区、商业、教育"这四块内容定为建立社区门户网站的基本框架。各个社区在执行的过程中，围绕基本框架展开，力图在共性中体现个性，展示各自不同的优势。这种优势体现在社区文化和价值观上，但归根结底，其实施原则是"促进就业和改善生活质量"，如表 8-2 所示。

智慧社区发展历程 表 8-2

年代	历程	主要特征
20 世纪 80—90 年代	楼宇对讲诞生	简单的呼叫通话以及遥控开锁等
20 世纪 90 年代	联网,可视的楼宇对讲系统	分机联网,可视化应用,社区的概念
2000—2010 年	智能化小区	安防建设、监控、门禁、周届防范等
2010—2015 年	数字化小区	消费电子化,计算机管理、通信一体化向数字化发展
2015—2020 年	"六化"发展	构建智慧社区,集成化、网络化、数字化、无线化、智能化、模块化

2) 国内智慧社区

我国智慧社区建设起步较晚,经历了从"信息惠民",到"智慧城市",再到"智慧社区"的发展历程,完成了"以信息技术为中心"向"为市民服务为中心"的转变,这种转变成为建设新型数字政府的基础,也创建了政府、社区、为民服务的新型关系模式。在建设方式上,经历了政府投资,到 PPP 模式,再到现在的政府指导,共建共享共治的新模式。由政府主管部门、企业、非营利部门及居民共同参与,政府出台建设指南和建设纲领,政府投资或企业带资建设、政府购买服务,统一标准和发展路径,借助企业在资源的组织、管理、运行维护上的优势,高质量、集约化地共同完成社区美丽家园的建设。但在整体上来说,我国智慧社区目前处于初级发展阶段,智慧程度普遍不高。

现阶段智慧社区的问题主要有:

一是各地政府难以贯彻智慧社区建设落实。目前,大多数地方政府为响应国家号召,开展智慧社区、智慧城市的建设活动。智慧社区建设的根本目的是让居民享受到更好的服务,体会科技带来的方便快捷的生活方式。但是在落实中,某些地区的智慧社区项目高开低走,开始时高调宣传,最后却低调收场。还有些地区只是为了建设而使用,并没有考虑到社区居民的实际需求和后期运营维护问题,以致后期需要大量的人力、物力进行维护,造成资源的浪费。一般而言,智慧社区的发展纳入地方发展规划中的,都会有比较好的运作,但是总体上还处于发展的初期,各个不同服务模块之间的衔接和有效运营尚待提高。

二是社区内的资源、服务整合困难。智慧社区的理想状态,是让社区内的闲置资源、劳动,均能有效地被利用。但是在现实情况中,社区的人员虽然居住较集中,但是要将社区内的各种资源整合在一起是有难度的。首先,社区内的闲散人员可能经常居家不外出,或不经常接触社区的信息。要统计这类人群的信息是有难度;其次,社区居民基数庞大,有技术、有服务能力的人群隐藏在社区居民中,挖掘起来有一定困难,将其整合起来更是一项复杂的工作。

三是社区化服务无法形成差异性。当前各个城市的智慧社区服务主要类型有物业管理公司的服务、社区行政管理中提供的公共服务以及一些社区 O2O 产品提供的专项到家服务。这些智慧社区服务都打着智慧社区的旗号,但是在社区居民眼中却没有很大的吸引力。特别是一些社区社交产品,想通过线上的社交圈子吸引用户,试图在社区内做一个圈,类似通信分享工具。但是,微信、微博这些已经深入市场的环境下,社区社交产品注定会失败。社区化的服务要突出差异性,更多的还是要在如何提供优质的服务。针对社区居民不同的需求,提供差异化、个性化的服务。

8.2 智慧社区标准体系

8.2.1 智慧社区标准化现状

1) 国外标准化情况

目前,关注住区、社区国际标准化工作的主要在 ISO/TC 268(城市与社区可持续发展技术委员会)。2012 年,ISO 响应各方需求建立了 ISO/TC 268,Sustainable Development in Communities（社区可持续发展技术委员会），下设 4 个标准工作组，1 个分技术委员会，发布了 8 项国际标准，在研 14 项。主要涉及社区可持续发展需求和架构、可持续发展目标、技术工具支持等方面的标准化工作。主要发布的国际标准如下：

（1）Sustainable cities and communities-Vocabulary（ISO 37100：2016）《城市与社区可持续 术语》

（2）Sustainable development in communities-Management system for sustainable development-Requirements with guidance for use（ISO 37101：2016）《社区可持续发展 可持续发展管理系统 使用指导要求》

（3）Sustainable development of communities-Indicators for city services and quality of life（ISO 37120：2014）《社区可持续发展 城市服务和生活质量指标》

（4）Sustainable development in communities-Inventory of existing guidelines and approaches on sustainable development and resilience in cities（ISO/TR 37121：2017）《社区可持续发展 城市可持续发展及扩展方法指导目录》

关于智能建筑的国际标准，主要由 ISO/TC 205 负责，具体由建筑物环境设计技术委员会建筑物控制系统设计工作组归口管理。包括了建筑环境设计、能效评估、通信协议等方面的要求，具体如表 8-3 所示。

智能建筑的国际标准 表 8-3

序号	标准号	标准阶段	标准英文名称	标准中文名称
1	ISO 16484-1：2010	出版阶段	Building automation and control systems（BACS）—Project specification and implementation	《建筑自动化和控制系统 工程规范及实现》
2	ISO 16484-2：2004	出版阶段	Building automation and control systems（BACS）—Hardware	《建筑自动化和控制系统 硬件》
3	ISO 16484-3：2005	出版阶段	Building automation and control systems（BACS）—Functions	《建筑自动化和控制系统 功能》
4	ISO 16484-4	预备阶段	Building automation and control systems（BACS）—Applications	《建筑自动化和控制系统 应用》
5	ISO 16484-5：2012	出版阶段	Building automation and control systems（BACS）—Data communication-Protocol	《建筑自动化和控制系统 数据通信协议》
6	ISO 16484-6：2005	出版阶段	Building automation and control systems（BACS）—Data communication - Conformance testing	《建筑自动化和控制系统 数据通信一致性测试》
7	ISO 16484-7	预备阶段	Building automation and control systems（BACS）—Impact on energy performance of buildings	《建筑自动化和控制系统 建筑能效》

2）国内标准化情况

在我国，智慧社区作为城镇化发展的新战略及社区管理服务的新模式，伴随着智慧城

8.2 智慧社区标准体系

市概念的提出应运而生。新城建时期中国智慧社区的深度发展应密切结合国家"十四五"规划,全面贯彻落实"创新、协调、绿色、开放、共享"的国家发展理念,提出新一代智慧社区的新内涵、新模式,厘清并确定新一代智慧社区的主要目标是实现标准统筹指导的顶层设计和落地实施体系。

目前,与智慧社区相关的标准比较多,根据住房和城乡建设部标准定额研究所编写《智慧住区及智能建筑产品系列标准应用实施指南》中的梳理,智慧社区和智能建筑已经颁布的相关标准有194项,其中国家标准101项(强制标准71项,推荐标准40项)、行业标准73项、地方标准3项、团体标准2项、国际标准15项。其中,代表性的标准如表8-4所示。

智慧社区和智能建筑的国内标准　　　　表8-4

序号	标准名称	标准性质	标准号/计划号
1	《建筑及居住区数字化技术应用第1部分:系统通用要求》	国家标准	GB/T 20299.1—2006
2	《建筑及居住区数字化技术应用第2部分:检测验收》	国家标准	GB/T 20299.2—2006
3	《建筑及居住区数字化技术应用第3部分:物业管理》	国家标准	GB/T 20299.3—2006
4	《建筑及居住区数字化技术应用第4部分:控制网络通信协议应用要求》	国家标准	GB/T 20299.4—2006
5	《住宅用综合信息箱技术要求》	国家标准	GB/T 37142—2018
6	《社区基础数据元》	国家标准	GB/T 29854—2013
7	《社区信息化术语》	国家标准	GB/T 29855—2013
8	《社区信息化 第1部分:总则》	国家标准	GB/T 31490.1—2015
9	《社区信息化 第4部分:数据元素字典》	国家标准	GB/T 31490.4—2015
10	《社区信息化 第7部分:信息系统技术要求》	国家标准	GB/T 31490.7—2015
11	《建筑及居住区数字化技术应用 家庭网络信息化平台》	国家标准	GB/T 38321—2019
12	《建筑及居住区数字化技术应用 家居物联网协同管理协议》	国家标准	GB/T 38323—2019
13	《建筑及居住区数字化技术应用智能硬件技术要求》	国家标准	GB/T 38319—2019
14	《智慧城市 建筑及居住区综合服务平台通用技术要求》	国家标准	GB/T 38237—2019
15	《建筑及居住区数字化技术应用 基础数据元》	国家标准	GB/T 38840—2020
16	《绿色建筑评价标准》	国家标准	GB/T 50378—2019
17	《建筑工程绿色施工评价标准》	国家标准	GB/T 50640—2010
18	《城市居住区规划设计标准》	国家标准	GB 50180—2018
19	《声环境质量标准》	国家标准	GB 3096—2008
20	《物联网总体技术 智能传感器接口规范》	国家标准	GB/T 34068—2017

在国家层面大力支持智慧社区建设的宏观背景下,各地方、行业组织根据国务院的指导意见,陆续出台适合本地区、本行业发展的指导建设方针、建设指南、指导标准、评价标准,为当地绿色和智慧社区、住区、小区的建设和评定提供指导,推动区域发展,如表8-5所示。

地方及行业智慧社区建设标准　　　表 8-5

地区/组织	时间	标准规范名称
上海市	2013 年	《上海市智慧社区建设指南(试行)》
北京市	2013 年	《北京市智慧社区指导标准》
深圳市	2014 年	《深圳市智慧社区建设导则(试行)》
陕西省	2014 年	《绿色生态居住小区建设评价标准》
内蒙古	2016 年	《智慧小区设计标准》
贵州省	2017 年	《贵州省绿色生态小区评价标准》
重庆市	2018 年	《重庆市智慧小区评价标准》
海南省	2018 年	《海南省绿色生态小区技术标准》
山东省	2018 年	《山东省绿色智慧住区建设指南》
中国工程建设标准化协会	2019 年	《绿色住区标准》

总体上来说，现阶段我国还处于智慧社区应用和发展的初级阶段，存在着缺乏智慧社区顶层规划，未形成可持续的建设运营模式。基于此，住房和城乡建设部正在开展"智慧住区建设标准研究"项目，其中指引智慧住区长效发展的建设模式研究和试点工作是重要研究内容之一。

8.2.2　智慧社区标准体系研究

1）标准体系框架

根据智慧社区的业务范围，结合目前各行业形成的有关智慧社区标准情况，梳理智慧社区标准体系框架如图 8-1 所示。

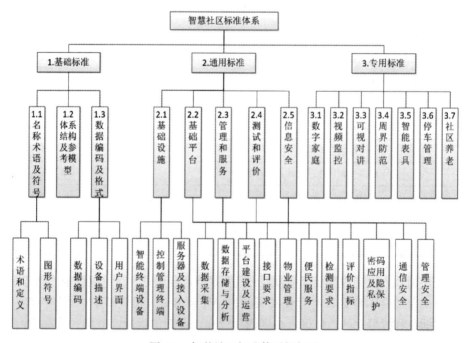

图 8-1　智慧社区标准体系框架图

2）标准明细表（表8-6）

标准明细表　　　　表8-6

1、基础标准

标准号	标准名称	级别	标准状态
GB/T 30246.1—2013	家庭网络 第1部分:系统体系结构及参考模型	推荐国标	现行
GB/T 34043—2017	物联网智能家居图形符号	推荐国标	现行
GB/T 35143—2017	物联网智能家居数据和设备编码	推荐国标	现行
GB/T 36432—2018	智能家用电器系统架构和参考模型	推荐国标	现行
GB/T 36528—2018	数字家庭服务资源分类与代码	推荐国标	现行
GB/T 37044—2018	信息安全技术 物联网信息安全参考模型及通用要求	推荐国标	现行
GB/T 38052.1—2019	智能家用电器系统互操作 第1部分:术语	推荐国标	现行
GB/T 38840—2020	建筑及居住区数字化技术应用 基础数据元	推荐国标	现行
GB/T 39189—2020	物联网智能家居用户界面描述方法	推荐国标	现行
GB/T 51212—2016	建筑工程信息模型应用统一标准	推荐国标	现行
JG/T 198—2007	建筑对象数字化定义	行标	现行
JGJ/T 313—2013	建设领域信息技术应用基本术语标准	行标	现行

2、基础设施通用标准

标准号	标准名称	级别	标准状态
GB 4717—2005	火灾报警控制器	强制国标	现行
GB 10408.1—2000	入侵探测器 第1部分:通用要求	强制国标	现行
GB 10408.2—2000	入侵探测器 第2部分:室内用超声波多普勒探测器	强制国标	现行
GB 10408.3—2000	入侵探测器 第3部分:室内用微波多普勒探测器	强制国标	现行
GB 10408.4—2000	入侵探测器 第4部分:主动红外入侵探测器	强制国标	现行
GB 10408.5—2000	入侵探测器 第5部分:室内用被动红外探测器	强制国标	现行
GB 10408.6—2009	微波和被动红外复合入侵探测器	强制国标	现行
GB 14287.1—2014	电气火灾监控系统 第1部分:电气火灾监控设备	强制国标	现行
GB 14287.2—2014	电气火灾监控系统 第2部分:剩余电流式电气火灾监控探测器	强制国标	现行
GB 14287.3—2014	电气火灾监控系统 第3部分:测温式电气火灾监控探测器	强制国标	现行
GB 14287.4—2014	电气火灾监控系统 第4部分:故障电弧探测器	强制国标	现行
GB 20815—2006	视频安防监控数字录像设备	强制国标	现行
GB 22134—2008	火灾自动报警系统组件兼容性要求	强制国标	现行
GB 50348—2018	安全防范工程技术标准	强制国标	现行
GB/T 7946—2015	脉冲电子围栏及其安装和安全运行	推荐国标	现行
GB/T 10408.8—2008	振动入侵探测器	推荐国标	现行
GB/T 20299.2—2006	建筑及居住区数字化技术应用 第2部分:检测验收	推荐国标	现行
GB/T 24363—2009	信息安全技术信息安全应急响应计划规范	推荐国标	现行

续表

2、基础设施通用标准			
标准号	标准名称	级别	标准状态
GB/T 28181—2016	公共安全视频监控联网系统 信息传输、交换、控制技术要求	推荐国标	现行
GB/T 30147—2013	安防监控视频实时智能分析设备技术要求	推荐国标	现行
GB/T 31070.1—2014	楼寓对讲系统 第1部分:通用技术要求	推荐国标	现行
GB/T 37142—2018	住宅用综合信息箱技术要求	推荐国标	现行
GB/T 38323—2019	建筑及居住区数字化技术应用 家居物联网协同管理协议	推荐国标	现行
GB/T 50312—2016	综合布线系统工程验收规范	推荐国标	现行
GA 701—2007	指纹防盗锁通用技术条件	行标	现行
GA/T 72—2013	楼寓对讲电控安全门通用技术条件	行标	现行
GA/T 367—2001	视频安防监控系统技术要求	行标	现行
GA/T 394—2002	出入口控制系统技术要求	行标	现行
GA/T 644—2006	电子巡查系统技术要求	行标	现行
GA/T 645—2014	安全防范监控变速球型摄像机	行标	现行
GA/T 646—2016	安全防范视频监控矩阵设备通用技术要求	行标	现行
GA/T 678—2007	联网型可视对讲系统技术要求	行标	现行
GA/T 761—2008	停车库(场)安全管理系统技术要求	行标	现行
GA/T 938—2012	安防指静脉识别应用系统设备通用技术要求	行标	现行
GA/T 992—2012	停车库(场)出入口控制设备技术要求	行标	现行
GA/T 1093—2013	出入口控制人脸识别系统技术要求	行标	现行
GA/T 1127—2013	安全防范视频监控摄像机通用技术要求	行标	现行
GA/T 1132—2014	车辆出入口电动栏杆机技术要求	行标	现行
GA/T 1216—2015	安全防范监控网络视音频编解码设备	行标	现行
GA/T 1260—2016	人行出入口电控通道闸通用技术要求	行标	现行
GA/T 1302—2016	停车服务与管理信息系统通用技术条件	行标	现行
GY/T 106—1999	有线电视广播系统技术规范	行标	现行
CJ/T 333—2010	城市公用事业互联互通卡密钥及安全技术要求	行标	现行
JG/T 162—2017	民用建筑远传抄表系统	行标	现行
JGJ/T 285—2014	公共建筑能耗远程监测系统技术规程	行标	现行
JGJ/T 334—2014	建筑设备监控系统工程技术规范	行标	现行
JGJ/T 417—2017	建筑智能化系统运行维护技术规范	行标	现行
3、基础平台通用标准			
标准号	标准名称	级别	标准状态
GB 16806—2006	消防联动控制系统	强制国标	现行

8.2 智慧社区标准体系

续表

3、基础平台通用标准

标准号	标准名称	级别	标准状态
GB/T 50200—2018	有线电视网络工程设计标准	强制国标	现行
GB 50343—2012	建筑物电子信息系统防雷技术规范	强制国标	现行
GB 50464—2008	视频显示系统工程技术规范	强制国标	现行
GB/T 50526—2021	公共广播系统工程技术标准	强制国标	现行
GB 50898—2013	细水雾灭火系统技术规范	强制国标	现行
GB 50918—2013	城镇建设智能卡系统工程技术规范	强制国标	现行
GB/T 15566.1—2020	公共信息导向系统 设置原则与要求 第1部分:总则	推荐国标	现行
GB/T 15566.11—2012	公共信息导向系统 设置原则与要求 第11部分:机动车停车场	推荐国标	现行
GB/T 38237—2019	智慧城市 建筑及居住区综合服务平台通用技术要求	推荐国标	现行
GB/T 38321—2019	建筑及居住区数字化技术应用 家庭网络信息化平台	推荐国标	现行
20181894-T-333	门窗智能控制系统通用技术要求	推荐国标	报批

4、管理和服务通用标准

标准号	标准名称	级别	标准状态
GB/T 20647.9—2006	社区服务指南 第9部分:物业服务	推荐国标	现行
GB/T 20299.3—2006	建筑及居住区数字化技术应用 第3部分:物业管理	推荐国标	现行

5、测试与评价通用标准

标准号	标准名称	级别	标准状态
GB/T 20299.2—2006	建筑及居住区数字化技术应用 第2部分:检测验收	推荐国标	现行
GB/T 33778—2017	视频监控系统无线传输设备射频技术指标与测试方法	推荐国标	现行
GB/T 38047.1—2019	智能家用电器可靠性评价方法 第一部分:通用要求	推荐国标	现行
GB/T 40657—2021	公众电信网智能家居应用测试方法	推荐国标	现行
20213549-T-333	智慧城市 建筑及居住区 第2部分:智慧社区评价	推荐国标	在编

6、信息安全通用标准

标准号	标准名称	级别	标准状态
GB 4943.1—2011	信息技术设备安全 第1部分:通用要求	强制国标	现行
GB/T 18336—2015	信息安全 信息技术安全评估准则	推荐国标	现行
GB/T 20271—2006	信息安全技术 信息系统安全通用技术要求	推荐国标	现行
GB/T 31507—2015	信息安全技术 智能卡通用安全检测指南	推荐国标	现行
GB/T 36951—2018	信息安全技术物联网感知终端应用安全技术要求	推荐国标	现行
GB/T 37024—2018	信息安全技术 物联网感知层网关安全技术要求	推荐国标	现行
GB/T 37025—2018	信息安全技术 物联网数据传输安全技术要求	推荐国标	现行
GB/T 40979—2021	智能家用电器个人信息保护要求和测评方法	推荐国标	现行

续表

| 7、专用标准 ||||
标准号	标准名称	级别	标准状态
GB/T 20299.4—2006	建筑及居住区数字化技术应用 第4部分:控制网络通信协议应用要求	推荐国标	现行
GB/T 28219—2018	智能家用电器通用技术要求	推荐国标	现行
GB/T 30246.3—2013	家庭网络 第3部分:内部网络网关规范	推荐国标	现行
GB/T 30246.4—2013	家庭网络 第4部分:终端设备规范 音视频及多媒体设备	推荐国标	现行
GB/T 30246.5—2014	家庭网络 第5部分:终端设备规范 家用和类似用途电器	推荐国标	现行
GB/T 30246.6—2013	家庭网络 第6部分:多媒体与数据网络通信协议	推荐国标	现行
GB/T 30246.7—2013	家庭网络 第7部分:控制网络通信协议	推荐国标	现行
GB/T 30246.8—2013	家庭网络 第8部分:设备描述文件规范 XML格式	推荐国标	现行
GB/T 30246.9—2013	家庭网络 第9部分:设备描述文件规范二进制格式	推荐国标	现行
GB/T 34004—2017	家用和小型餐饮厨房用燃气报警器及传感器	推荐国标	现行
GB/T 35134—2017	物联网智能家居设备描述方法	推荐国标	现行
GB/T 35136—2017	智能家居自动控制设备通用技术要求	推荐国标	现行
GB/T 36423—2018	智能家用电器操作有效性通用要求	推荐国标	现行
GB/T 36426—2018	智能家用电器服务平台通用要求	推荐国标	现行
GB/T 36464.2—2018	信息技术智能语音交互系统第2部分:智能家居	推荐国标	现行
GB/T 37142—2018	住宅用综合信息箱技术要求	推荐国标	现行
GB/T 37877—2019	智能家用电器的智能化技术 电冰箱的特殊要求	推荐国标	现行
GB/T 37879—2019	智能家用电器的智能化技术 空调器的特殊要求	推荐国标	现行
GB/T 38041—2019	智能家用电器的智能化技术 电热水器的特殊要求	推荐国标	现行
GB/T 38052.3—2019	智能家用电器系统互操作 第3部分:服务平台间接口规范	推荐国标	现行
GB/T 38052.4—2019	智能家用电器系统互操作 第4部分:控制终端接口规范	推荐国标	现行
GB/T 38052.5—2019	智能家用电器系统互操作 第5部分:智能家用电器接口规范	推荐国标	现行
GB/T 38321—2019	建筑及居住区数字化技术应用 家庭网络信息化平台	推荐国标	现行
GB/T 39044—2020	政务服务平台接入规范	推荐国标	现行
GB/T 39377—2020	智能家用电器的智能化技术 葡萄酒储藏柜的特殊要求	推荐国标	现行
GB/T 39384—2020	智能家用电器的智能化技术 洗衣机的特殊要求	推荐国标	现行
GB/T 39579—2020	公众电信网智能家居应用技术要求	推荐国标	现行

3)下一步标准化工作展望

(1)急需重点开展的标准

结合目前智慧社区发展现状及需求,梳理了急需制定标准及修订的标准共3项,名单如表8-7所示:

急需制定标准明细表　　　　　　　　　　表 8-7

序号	标准名称	技术内容和适用范围
1	智慧社区基础平台技术规范	主要内容：本标准拟规定智慧社区基础平台的术语和定义、体系架构及功能要求、系统配置要求和安全要求等。 适用范围：本标准适用于智慧社区基础平台的设计、建设和运营
2	智慧社区基础平台数据规范	主要内容：本标准拟规定智慧社区基础平台数据范围、分类、汇聚与共享要求等。 适用范围：本标准适用于智慧社区数据收集与管理

（2）主要措施

提升建筑及居住区标准化水平。提升建筑及居住区设备、系统、平台、场景之间的互联互通，需要统一智能建筑及居住区有关设计、建设、运维标准体系，对基础标准、通用标准、专用标准、安全运维标准进行完善，对建筑涉及通信协议、数据编码、平台接口进行规范。

建设可信数据基础网络，挖掘数据价值。立足住房和城乡建设领域，当前对于智慧住区建设的数据应用尚存在短板，数据要素价值潜力尚未有效激发。数据的可信性、真实性是数据研究、数据利用的第一要素。区块链技术的应用保障了智慧住区数据的真实性与可信性。此外，区块链技术还具有开放性、独立性、安全性、匿名性、自治性的特点，这些特点均为智慧住区数据的价值发掘与利用提供了技术保障与加持。区块链技术在智慧住区的应用，为智慧住区的发展奠定了坚实的可信基础，可以实现设备与设备、设备与平台、平台与平台间的数据可信交互，做到政府、物业、商户、居民等多方主体间的信息可信传输。

建设应用可视数据基础平台，实现多源数据的汇聚、融合和共享。依托住建领域业务数据、空间数据、物联网感知数据，各级住建主管部门要引导相关单位建设基于 CIM 的可视数据基础平台，将智慧住区环境卫生、公共场所安全、设施设备运行状态和建筑能耗等物联网感知数据，融入基于 CIM 的可视数据基础平台，建立智慧住区全域全量数据的实时可视汇入与可视联动。利用 CIM 的可视数据基础平台，构建业务应用数据与可信数据枢纽的融合，建立基于 CIM 的住区数据分发与共享机制，支撑住区业务系统协同处置。实现业务数据在 CIM 平台中的汇聚与联动，形成业务与数据双轮驱动模式。通过基于 CIM 的可视数据基础平台建设，为民政、卫健、应急、综治、执法等相关业务提供接入与服务，实现多源数据的汇聚、融合和共享，赋能智慧住区政务服务、公共服务与生活服务的可视交互。

建设住区消费与服务设施，推动智慧住区生态可持续发展。智慧住区建设应坚持以人民为中心的发展思想，加快发展线上线下生活服务，通过建设支持多种商务模式的住区消费基础服务平台，支持链接各类应用场景、支付渠道、支付工具。实现多种商务模式应用场景的价值发现和分配，激活社区经济活力，构建以数据为关键要素的数字经济，打造智慧共享的新型数字生活。在智慧住区建设中应依托可信基础设施，利用区块链技术打造行业电子凭证体系，扩大在各类政务服务、便民服务的应用。通过线上流转、线下出示等方式，为公众在涉房业务办理中提供身份和权益证明，可通过二维码、RFID 等标识的应用，打造一网通办、一码通办等便民惠民应用场景。以楼盘大数据为基础提供二手房价格评估服务，衡量抵押担保价值，协助买卖双方达成更加合理、可信的成交价格。在房产估值和信用评级的基础上，引入保险机制，鼓励保险机构围绕房产、业主、从业主体等各方关切点，开发房产保险、财产保险、公共责任保险、意外伤害保险及健康人寿保险等创新险种。实现房产价值有提升、财产安全有保障、潜在风险有化解。

推动国产密码应用。随着物联网、云计算、大数据等信息化技术与建筑及居住区的融合发展，越来越多的设备、系统、平台在建筑及居住区中应用，快速、高效地连接与互通，也为信息传输带来了更大的安全隐患。密码算法和密码产品的自主可控是确保我国信息安全的重中之重，随着《密码法》的正式实施，商用密码的使用有了法律保障。在智能建筑领域，尤其是商业建筑、公共建筑中，针对建筑网络信息安全，要加快推动国产密码算法在智能建筑领域的应用，通过软加密、芯片加密、网闸加密等多种方式提高建筑信息、数据的安全、自主、可控、可信。

加快产学研用相结合。目前智能建筑及居住区领域存在巨大的人才缺口，首先需要高等院校开设相关专业，其次要培育专业技术类院校发展，建立校企联合办学机制，行业协会要搭建在校学生实习平台，畅通产学通道，技术标准组织要依托标准内容举办宣贯会、培训会，组织行业交流会议，促进行业技术、理念交流。

开展试点示范项目，推动技术应用落地。通过开展标准应用试点示范，推动新型城市基础设施建设的落地应用，以需求为导向，支持新模式、技术、新产品的应用示范和市场推广。为新型城市基础设施建设提供有力支撑，形成技术创新、标准研制、市场应用的良性发展局面。

8.3 智慧社区关键技术

8.3.1 智慧社区物联网技术

1) 物联网的定义

"物联网"概念自1995年首次出现在比尔·盖茨撰写的《未来之路》（The Road of Ahead）以来，随着科学技术和行业应用的不断发展，物联网的内涵已发生了很大的变化。业界最普遍引用的物联网定义是"通过智能传感设备，按照约定的协议，把任何物品与互联网连接起来，进行信息交换和通信，以实现智能化识别、定位、跟踪、监控和管理的一种网络"。狭义上是指物品与物品之间的连接，实现物品的智能识别和智能管理。广义上可以视为信息空间与物理空间的融合，将各种感知技术、现代网络技术、人工智能与自动化技术聚合与集成应用，实现信息的高效交互，促使信息技术融入社会行为，为人类社会综合应用服务。

2) 智慧社区物联网的基本特征

智慧社区本质上是通过各类物联网设备将社区场景下的人、事、地、物、情、组织等多种数据、信息快速传递和整合，进行数据监测、收集、整理、分析，之后再通过大数据、人工智能等前沿技术对社区运营管控提出合理化、科学化的响应，向上服务政府治理，提升基层治理和服务水平，向下服务居民/家庭日常，增强生活幸福感。从通信对象和过程视角来看，智慧社区物联网的核心是实现物与物、人与物之间的信息交互。

除具备全面感知、可靠传送、智能处理等基本特征之外，智慧社区物联网的主要特点可归纳如下：

（1）感知识别普适化。广泛覆盖的信息感知网络是智慧社区的基础。为了更及时全面地获取社区信息，更准确地判断社区状况，信息感知网络应覆盖社区的时间、空间、对象等各个维度，能够采集不同属性、不同形式、不同密度的信息。

（2）异构设备互联化。社区硬件和软件平台千差万别，各种异构设备可能具有不同的无线通信模块和通信协议。运行不同协议的异构设备需要通过物联网开放接入平台实现信息的互通访问和接入设备的相互调度操作。

（3）管理调控智能化。物联网将社区的海量数据高效、可靠地组织起来，为上层智慧社区应用提供智能的设备管理和应用支撑服务。要实现真正的"智慧"，社区管理平台需要表现出具有对海量数据进行智能处理的能力，根据各种社区需求对数据进行分析，提炼所需知识，自主地进行判断和预测，从而实现智能决策，是社区具备"感知-认知-决策"全链条的智能化能力。

3）物联网体系架构

目前，业内在描述物联网的体系架构时，多以国际电信联盟电信标准分局在 Y.2002 国际标准建议中描述的泛在传感器网络（Ubiquitous Sensor Network，USN）为基础。参考 USN 体系架构，依据信息生成、传输、处理和应用的原则，自下而上可将物联网分为感知层、网络层、应用层 3 层，如图 8-2 所示。

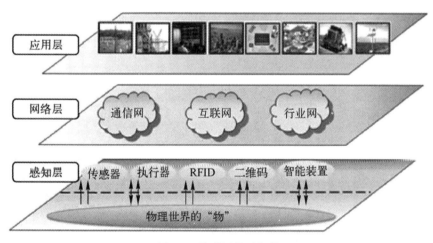

图 8-2　物联网体系架构

感知层的核心技术是感知识别，由传感网及各类传感器组成，主要完成数据采集、传输及转换等功能。通过各类传感器对外部物理世界的物质属性、行为模式、环境状态等信息进行规模的、长期的、实时的获取与状态辨识，采用协同处理的方式，对多种采集数据进行在线处理与控制，传递到网络层。传感网主要包括以 NB-IoT 和 LoRa 等为代表的低功耗广域网（LPWAN），以及 RFID 标签、传感器和二维码等。

网络层的核心技术包括有线、无线、卫星（空间）、互联网、LPWAN（低功耗）专网等数据网络，主要是实现信息的传递、路由和控制等通信功能，解决感知层获取的相关数据信息的数据传输问题,通常以解决长距离传输问题为主。从接入方式上看,可分为有线接入和无线接入;从传输距离上看,可分为短距离传输和长距离传输;从依托方式上看,可依托公众网络,也可以依托行业专用网络。公众网络主要包括移动通信网、互联网、有线电视网等,专用网络主要包括卫星网、局域网、企业专网等。

应用层位于架构的顶层,主要是完成数据的管理和处理,并与各垂直行业的专业应用相结合,为客户提供丰富的、特定的应用服务和解决方案。例如,在智慧社区行业中常见的高空抛物应用,可将部署在小区中的高空抛物专用摄像头视为感知层中传感器,这些传感器对高楼整体状况进行全画面动态监测,一旦在相机视野中发现有从高处坠落的物品,摄像头能在第一时间进行捕捉,并对抛物的移动轨迹进行跟踪,同时将报警信号传递到监控中心的软件平台,平台实时视频中出现弹窗并在视频预览窗口中显示抛物的坠落轨迹,实现高空抛物从实时监测到报警处理形成全闭环管理。

4)物联网操作系统

物联网操作系统就是运行在感知层的智能硬件终端上,对终端进行控制和管理,并提供统一编程接口的系统软件。业界对物联网操作系统的定义是:提供物物相连能力的操作系统,其核心在于"能够将各种物体连接到互联网,并为各种物体提供通过互联网进行数据通信的能力"。

物联网操作系统通常采用分层设计,主体由驱动、内核、组件、安全框架组成,采用一个轻量级内核加多个系统组件的模式,加上海量硬件的适配支持,使的整个系统具备极高的可伸缩性与易用性。典型的物联网操作系统整体架构如图 8-3 所示。

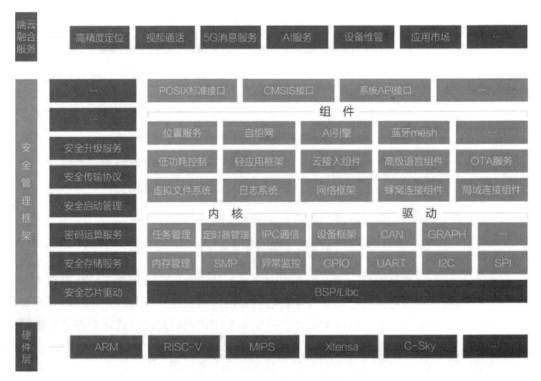

图 8-3 物联网操作系统整体架构

在内核方面，采用极简的设计思路，在减少资源开销的情况下兼具优秀的实时响应特征，支持多任务管理调度，提供丰富的 IPC 策略，如信号量、互斥量、消息队列、邮箱等，提供了高效可靠的 RTOS 内核支撑。

在驱动方面，提供丰富的 BSP 板级支撑，适配超千款 MCU，支持 ARM、RISC-V、MIPS、Xtensa、C-Sky 等主流架构，通过抽象设计，将所有外设以设备方式进行管理，极大提升了应用开发的便利性。

在组件方面，提供包括网络协议、云平台接入、远程升级、文件系统、日志系统、测试框架、调试工具等众多通用服务能力，也包括高精度定位等专业应用领域的完整解决方案。由于采用模块化的设计，因此各个组件相互独立，耦合性低，易于灵活裁剪。

在安全管理框架方面，终端侧基于信任根实现轻量级的主动检测和可信度量，提供轻量级的密码算法库及轻量级密钥管理与密钥协商机制，实现端到端安全通信。平台侧基于大数据态势感知技术，帮助用户建立端侧安全画像，根据应用场景制定不同的安全管理策略。

5）物联网开放平台

物联网开放平台主要是面向物联网领域中的个人/团队开发者、终端设备商、系统集成商、应用提供商、能力提供商、个人/家庭/中小企业用户，提供开放的物联网应用快速开发、应用部署、能力开放、营销渠道、计费结算、订购使用、运营管理等方面的一整套服务，平台基于物联网技术和产业特点，通过适配各种网络环境和协议类型，支持各类传感器和智能硬件的快速接入和大数据服务，并通过提供丰富的 API 和应用模板以支持各类行业应用和智能硬件的开发，能够有效降低物联网应用开发和部署成本，满足物联网领域设备连接、协议适配、数据存储、数据安全、大数据分析等平台级服务需求。典型的物联网开放平台功能架构如图 8-4 所示。

在设备域，支持传感器、边缘网关、行业终端、智能设备、DTU、模组固件等各类终端设备的快速接入，提供 MQTT、NB-IoT（LwM2M）、HTTP（S）等多种协议的设备端 SDK，既可以满足长连接的实时性需求，也满足短连接的低功耗需求，并且提供 OTA 固件升级服务。支持 LWM2M（NB-IoT）、MQTT、视频等多种传输协议。设备接入兼容各种网络环境，包括但不限于 Wi-Fi、ZigBee、蓝牙、2G、3G、4G 等。支持多种工业现场总线和工业以太网协议，包括但不限于 OPC、Modbus、BACnet 等。

在边缘计算方面，边缘计算节点灵活轻量的架构使其可以部署在小到网关大到服务器等资源中。边缘计算节点提供多协议接入、数据暂存、数据路由与转发、规则引擎、场景联动等物联网功能。平台可以对边缘计算节点以及连接到边缘计算节点的相关设备和设备数据进行管理。同时，边缘计算平台还可以与其部署在一起的云端代理协同工作，提供云边协同场景的相关功能。例如，平台可以将规则引擎等配置下发到边缘计算节点，并由边缘计算节点进行实时计算。

在设备管理方面，平台提供多协议设备接入、设备管理、数据转发、数据存储、规则引擎、开放 API 等服务。平台通过分布式消息处理和数据存储机制实现对数据的并发接入、路由分发以及逻辑处理等功能，支持海量数据的存储和转发。数据根据类型的不同分别存储在不同的数据库中，保证了数据的存储和读写效率。通过对外提供应用开放 API 接口的方式实现物联网应用的规范化接入。平台提供了 WEB 控制台，方便用户通过 WEB

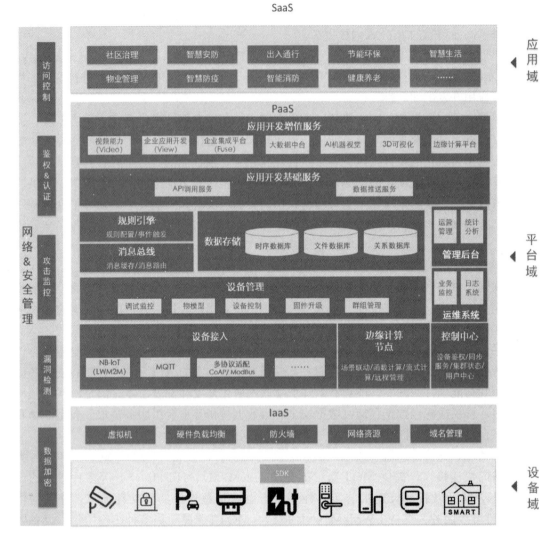

图 8-4 物联网开放平台功能架构

页面方式进行平台的操作和使用,从而降低终端和应用的接入门槛和成本。

在应用使能方面,平台提供视频能力、企业应用开发平台、企业集成、AI 机器视觉、大数据中台、3D 可视化等面向应用开发的功能,支撑上层社区行业具体应用的快速开发。例如针对社区视频监控场景,可提供端到端的视频接入功能;针对流式数据分析和传统机器学习算法推理需求,平台可提供大数据中台服务,客户不需要编写代码即可实现一个简单的数据分析和智能应用的开发。

6)智慧社区物联网系统功能典型设计

智慧社区作为智慧城市的基本组成单元,针对居民的实际需求和社区管理的工作内容,依托各种传感与通信终端设备感知信息,利用有线与无线通信网络传输信息,运用智能化处理平台挖掘整合信息,实现信息的采集、传输、处理和应用的智能化,使社区管理更加精细化、社区服务更加人性化,从而建立现代化的社区服务和全面化的社区管理系统。而物联网系统是智慧社区的重要基础设施，没有一个性能良好、安全的物联网系统作为支撑，智慧社区将只能停留在概念阶段，难以实现规模落地。常见的智慧社区物联网系统包括智能门禁系统、智慧停车系统、智慧安防系统、智慧防疫系统、智慧消防系统、智能充电系统等。

(1) 社区智能门禁系统

依托智能人脸识别设备应用于小区各个单元门口及小区出入口，对出入人员进行人脸识别认证，比对面部信息库数据库，实现只允许本单元的业主进入本单元楼梯或电梯；实现对住户、访客进行精确识别及管理，并且能全面记录保存来访人员的证件信息、图像信息以及进出信息，来访数据支持实时查询，并可形成报表，达到"数字化登记、安全化管理"的效果，不但大幅提升社区安保工作效率、还可提高物业服务品质，让小区住户及访客享受更便捷更舒心的服务。

(2) 社区智慧停车系统

通过打造社区停车一体化智慧综合管理平台，整合社区停车资源，消除信息孤岛，对停车资源进行集中管理，形成社区停车一张网，汇聚停车数据，建立基础数据库，构建社区静态交通大数据中心。平台通过交通诱导屏、APP客户端、微信公众号、移动互联网等多种媒介向公众发布停车信息，引导车主快速寻找停车位，盘活停车资源，提高社区停车资源整体利用率，以有限的资源最大限度满足停车需求。

出入口系统支持蓝牙、IC卡、射频卡、车牌识别、车型识别等多种配置方式。适应各类出入口场景，实现了出入口控制管理高度智能化。业界常用抓拍设备对出入场车辆进行抓拍识别，并将车牌作为车辆出入及缴费的凭证，可以进行准确的车辆管理，大大提高出入口的运行效率。

将视频识别技术应用于出入口管理，自动识别车牌信息，改善传统票箱管理方式车辆通过缓慢、驾驶者体验差、操作危险等问题；可通过采用场内扫码预付、出口支付和无感支付等多渠道的线上支付方式，分散停车场出口的支付压力，提高出口通行效率；以中心值守方式替代原有岗亭收费模式，通过视频监控、语音对讲处理异常情况，真正实现停车场收费管理无人化，提升车主停车体验，降低运营成本投入。

(3) 社区智慧安防系统

通过社区内的视频监控实现社区事件的全面感知，有利于形成公安、综治、街道、物业多方联合的立体化社区防控体系，可有效提升对特殊人群、重点关注、涉案等人员的管理能力，不断提高预测预警和研判能力、动态管理能力，提升社区防控智能化水平，提升居民居住安全指数。

依托监控摄像头及人脸抓拍设备，对社区进行 7×24 小时不间断监控，并对关键信息进行抓拍和AI分析，生成异常安防告警信息，通知安保人员及时处理；利用人工智能技术，对出入口进行人脸抓拍识别人员的出入情况，形成出入记录。

该系统主要由前端摄像机设备、视频显示设备、控制键盘、视频存储设备、相关应用软件以及其他传输、辅助类设备组成，采用数字化采集、全网络传输、集中存储、控制及显示的方式，具有智能化、高效率等特点。

(4) 社区智慧防疫系统

伴随新型冠状病毒肺炎在全球的蔓延，新冠肺炎疫情防控已成为我国当前及今后的常态化工作。社区作为疫情防控的主要战场之一,疫情防控责任重大,而智慧社区作为社区管理和服务的一种新模式,尤其是各种基于门禁、门磁、视频监控等物联网设备的各类防疫系统的应用,如人流监控、重点人员隔离、车辆管控、环境监测、风险预警等多方面的精细化管理,将有效提高社区的基层治理能力、疫情防控能力。

(5) 社区智慧消防系统

立足社区的消防管理需求,以"多维感知、数据共享、业务联动"为理念,综合利用物联网、人工智能、移动互联网等技术手段,不断提升消防管理水平,为社区单位解决消防安全隐患提供服务。

用户信息传输装置通过 RS232/RS485/CAN 等方式对接火灾报警控制器,及时获取联网单位火灾自动报警系统的报警信息及运行状态信息,把相关数据实时上传至社区管理运营平台,并通知联网单位的消防责任人。上级单位也可以通过客户端及时掌握联网单位的消防安全状况。从而实现对火灾报警信息进行集中的监督、管理、统计、分析及展示。

(6) 社区智慧充电系统

通过打造智慧充电系统,提升社区的电动自行车充电治理能力,消除充电安全隐患,汇聚社区充电数据,构建一体化智慧充电综合管理平台。可广泛适用于社区的智慧充电场景,为广大电动车主提供更安全、更智能、更便捷的充电服务。

智慧充电系统集智能充电终端、物联网专网、充电运营管理云平台、用户端小程序为一体。用户电动自行车的充电数据通过智能充电终端进行采集,并通过物联网专网实时上传至运营管理云平台,商户和用户分别通过管家小程序、用户小程序与运营管理云平台进行数据传输及交互指令下发。智慧充电系统具备智能化、可运营的特点。

8.3.2 区块链

1) 技术概述

区块链技术可保障住区服务数据信息的真实性和可追溯性,并公证信息的时效性。应用区块链节点存证居民自治、政务办理、市场服务等业务信息的真实内容。确保信息严格不可篡改,并可在因信息发生纠纷时,提供真实可信的裁定证据,降低索证成本。信息在建立过程中涉及多方主权,区块链可保障各方主权不受侵害,有效划清数据上的权属界线。区块链网络由区块链节点、智能合约和节点通道组成。区块链使用时间戳和数字加密技术,把数据信息记载在按时间序列组成的数据区块中,并使用共识机制把数据存储到分布式数据库中,从而生成永久保存、不可篡改的唯一数据记录。

区块链节点,用于对元数据、字段、哈希值等结构化数据进行存证。在业务执行过程中对传输的数据利用区块链进行存证,利用区块链高可信难篡改的特性,对数据资产的产生、供应、需求、应用、对应业务、业务中出现的关联数据与该业务衍生的时间和用户等信息进行存证。后续业务需要调用可信数据时,通过调用记录的元信息确定数据真实性。

智能合约,是一套以数字形式定义的承诺,允许在没有第三方的情况下进行可信交易,这些交易可追踪且不可逆转,具备集体共识、自动执行的特点。智能合约可以更好地结合区块链与业务流程。应用智能合约,对节点记录内容、节点记录流程进行管控,根据不同的业务类型调用不同的合约以实现业务的标准化执行。

节点通道,对区块链网络中特定的节点和应用系统间的可交互性进行了规定。通过设立不同的通道,可建立应用系统间的群组关系,并配置不同的智能合约,实现对通道中各系统间业务深度协同的规范。

区块链的分布式存储,是把全部记录分布式保存在整个网络的多个节点上。单个节点的损害或劫持,并不会对其他节点造成影响。单个节点的数据错误或者系统故障并不会对整体的数据产生破坏,也不会对智慧社区的业务造成故障影响。存储在不同节点的数据和业务信息受到密码技术保护。只有获得认证授权后,才能访问其中的数据信息,获得智慧社区的业务服务。

基于区块链的数据中枢是智慧社区建设的核心工作,以区块链技术为基础,在各方独立自主平等自愿的基础上,实现数据资源整合共享,为深化公共数据资源开发利用提供支撑。搭建智慧社区区块链网络,建设分属不同主体的区块链节点,以区块链节点间的对等关系保障建设主体间的对等关系。建设代理节点以实现和应用系统的对接,并通过代理节点向区块链提交业务发起交易,构建政府单位、市场企业、居民群众各主体间业务协同关系。通过区块链加密算法技术,保障可验证业务、服务有效性的前提下,隐藏业务、服务的具体信息,满足各住区主体个人和组织的隐私与保密要求。利用非对称加密、哈希加密技术有效保障数据安全,防止泄露。

2) 区块链在智慧社区中的应用

政府部门:存证房屋交易网签备案、不动产登记、房产预售现售许可审批、市场监督管理等审批监管、监督执法、帮扶援助的政务服务信息。有序公开提供数据资源信息服务,为基层部门、市场企业和社区居民提供数据资源服务支撑。应用智能合约,实现社会治理和政务服务业务的标准化执行,确保业务执行的规范性和可信性。

市场企业:存证物管、物流、能源、供水、文娱、房地产、房建等商业服务信息。对接社区居民需求,匹配需求和服务,开拓市场。应用智能合约,依自动执行规范为居民提供便捷高效安全的服务,塑造企业形象。更为便利地获取政府服务同时为政府监管提供真实可靠信息。

社区居民:存证社区自治、小区自治、邻里协定等居民自治信息。区块链为居民提供更为安全便捷的智慧社区生活,获得更为安全可靠的商业服务与更为便利的政务服务。有效保护社区居民的权利,让实居民自治决策的真实性,明确居民自治的合法性。

多主体融合:以各主体可信数据的流通应用为核心,构建跨层级、跨主体、跨场景、跨业务的多跨融合智慧社区数字生态,赋能实际社区生活服务,构建多主体同步协同场景,将虚拟数字生态照进社区生活,以社区主体间的应用互通培育优化数字生态,实现虚拟空间、社会空间和物理空间的三元融合。

8.3.3 智慧社区综合服务平台

智慧社区综合服务平台是管理和调度社区各类服务资源与智能化应用系统的支撑平台,以社区居民需求为导向推动政府及社会资源整合的集成平台,平台以社区为主要服务对象,提供全面的社区信息化的解决方案,满足社区政务、社区管理、社区服务等多种信息化需求,以"资源共享、协同服务、便民利民"为核心理念,消除社区条线分割的弊端,打造"一站式"社区管理与服务体系,满足居民多元的服务需求。在建设过程中,综合服务平台可为社区管理和服务提供标准化的接口，并集社区政务、公共服务、商业及生活服务等多平台为一体，实现用户一站式服务。

1）平台架构

智慧社区综合服务平台的功能框架由数据层、支撑层、应用层，以及统一的支撑保障构成，如图 8-5 所示。

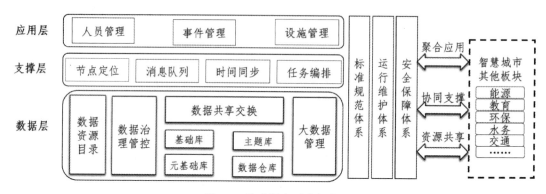

图 8-5 综合服务平台架构

数据层是针对整个社区信息资源实现对数据的服务。在数据资源目录下，通过对基础数据和业务数据的清理转换进行整合处理，建立多个主题数据库和数据仓库，实现全局统一的数据资源视图，并依托数据治理管控为绿色智慧社区的应用建设提供一个高质量、可靠的数据基础。大数据管理则提供统一的数据访问接口，实现对海量数据高效的存储处理、灵活的查询分析、多维的挖掘分析等功能，为各类业务系统和各级人员提供全面及时、准确多样的数据服务。

支撑层主要为综合服务平台提供基础性的软件框架与平台服务，为业务系统提供包括消息通信、地理信息、工作流管理、作业调度、时钟同步等功能，通过对数据按照面向分析应用的方式进行组织和重构，实现用户管理、消息管理、流程自定义、报表分析等功能的业务支撑环境。

应用层将基于数据层所提供的数据资源和数据服务，以及支撑层所提供的各种工具、方法、流程，设计针对不同人群、不同事件、不同设施的业务系统。基于应用层，综合服务平台可为社区居委会、政府等管理部门，以及业委会、居民、商户企业等普通用户提供多种访问方式，包括 Web 端、移动终端、智能终端，以及通过向第三方平台开放接口的方式，与外部系统，如智慧能源、智慧教育、数字环保等平台对接，实现信息共享和业务协同。

标准规范体系、安全保障体系和运行维护体系共同为整个综合服务平台的稳定运行提供必要的支撑保障。

2）平台功能

（1）系统集成

平台架构以物联网技术为基础，满足应用系统云端、本地部署方式的要求。平台具备集成智能硬件、服务软件等系统的能力，包括但不限于综合安防系统、建筑设备管理、物业管理与服务、第三方生活服务软件等。

(2) 物联网接入

智能化设备是建设智慧住区的重要部分，平台支持社区各类智能化设备通过 TCP/IP 或 MQTT 等通用协议接入，并对接入设备分权限管理。同时，为了保障设备接入的安全性，平台具备设备接入鉴权等功能。

(3) 数据平台

① 平台具有统一的数据管理，实现信息汇聚、数据处理、协同运行、优化管控等功能，支持 Web 客户端和手机 APP 等访问。

② 平台建立统一的数据库，实现人员、房屋、车辆等住区全量信息的汇聚和统一管理，可通过终端软件或智能硬件自动采集、人工录入、第三方平台接入等方式采集数据。

③ 平台数据满足移动办公的访问需求，包括但不限 Web 客户端、手机 APP 等多种访问方式。

④ 平台数据支持本地存储或云端存储，且具备长期存储的能力。

⑤ 平台数据具备多维度查询和分析的能力，满足大数据分析和前端展示的需求。

⑥ 平台数据的访问设置权限等级，不同权限的访问用户可以根据等级对数据进行查看和操作。

(4) 数据分析

① 平台具有数据实时展示、历史数据分析、智慧决策服务等功能。

② 数据展示可通过各类图示、表格、仪表盘及动画等可视化形式展现设备、环境、能耗、人员等各类信息和数据分析结果。

③ 数据分析构建服务分析、能耗分析、设备运行分析、物业管理分析等多个数据分析主题，进行数据分析和利用。

④ 物业数据分析：具有对物业人员信息的查看和管理功能；具有发送和管理社区通知和活动的功能；具有居民提报报事报修给物业的功能。对收集到物业缴费情况的数据进行统计。

(5) 报警处置

① 平台支持对住区各类报警事件的实时响应，并以醒目的方式进行提示。报警事件发生后，可以在 Web 端或移动 APP 端通知相关人员进行处理，直到报警消除。

② 对于产生的各类报警事件，平台可以长期存储，支持对报警事件的多维度统计分析和快速查询。

(6) BIM、GIS 应用

建筑信息模型（BIM）是新基建的重要内容，综合服务平台基于建筑信息模型（BIM）、地理信息系统（GIS）实现社区设备、环境等全生命周期的监测和管理。实现设备工艺、空间画面等三维展示，三维画面与现实场景的设备运行参数、环境参数等信息真实对应、显示直观。

3）信息安全

建立完备的数据安全保障机制，保护业主隐私，符合相关法律法规与标准。具有数据安全的技术保障，关键数据加密存储，网络安全符合相关等级要求。通过设置多级访问权限和统一身份认证进行平台访问。实现业务接入、系统集成接入和信息共享的统一安全认证和监控。

信息安全符合《信息安全技术　信息系统通用安全技术要求》GB/T 20271等现行国家标准的规定。

涉及公民个人信息的，依法依规进行采集、保存和使用。隐私保护符合《信息安全技术　个人信息安全规范》GB/T 35273的规定。

安全保障的建设遵循以下几点：

（1）统一身份认证。由身份数据库、身份管理与数据服务、资源管理与访问控制PKI基础设施、电子签章及其应用等组成，能够向区域范围内所有系统提供用户身份数据服务，认证技术包含但不限于用户密码、专用设备、生物特征等。

（2）密钥管理。密钥管理提供信息安全加密传输的功能，通过密钥管理可进行公钥和密钥的查询、添加修改和删除，从而确保数据传输过程的安全性。平台向其他管理平台传输小区基础信息、个人信息等信息时，通过国家密码管理局认证的密码算法对信息进行加密。

（3）数据安全保密授权管理。数据只有经授权才可使用，需要设置数据管理的分级权限。访问平台需通过身份认证，面向管理人员、运维人员、物业人员、个人用户等提供分级权限。

4）平台互联

综合服务平台具备高度开放的架构，与子系统连接采用标准的接口和国际通用的通信协议。

综合服务平台具备与各级城市管理部门平台接入的能力，结合目前城市精细化管理的实际需求，社区需与城市综合管理、城市体检等业务平台进行对接关联；具有整合物业、商业、便民服务的能力，具有集成社区内各智能化应用子系统，实现集中、高效的管理与资源共享，提高社区综合服务能力，实现多平台间数据共享、互联互通。

平台的建设考虑互联要求，平台的数据、功能根据社区业务属性抽象形成高内聚低耦合的组件，使其具备良好的复用性，并使用软件开发技术将组件封装成符合标准的接口。

8.3.4　智慧社区信息安全

信息安全建设是对基础设施与信息系统进行整体、系统的安全性建设，应遵循国家现有且适合于社区规划、设计、建设、运维、服务等各个环节的国家和行业安全技术和安全管理相关标准规范。产品应符合《信息安全技术　网络安全等级保护基本要求》GB/T 22239—2019相应等级的防护和《网络安全法》要求。不断提升硬件设备的抗干扰破坏等级和强化软件平台的信息数据防护。确保智慧社区体系安全稳定运行，为用户提供安全、便捷、绿色、舒适、稳定的智慧生态居住环境。

1）安全要求

针对社区信息安全各种风险，应制定对应的应急预案，保证各种故障或者突发情况下，保障社区居住生活稳定。

2）物理安全

安全物理环境主要针对环境安全防范与物理环境相关的威胁，保护系统、建筑以及相关的基础设施。包括物理位置的选择、物理访问控制、防盗窃和防破坏、防雷击、防火、防水和防潮、防静电、温湿度控制、电力供应、电磁防护等。

3）网络安全

智慧社区中各个场景的设备和网络，有不同的安全要求，因此需要在网络上进行一定逻辑隔离和安全域的划分等。将各场景系统划分为不同网络、不同的安全域，并进行网络的逻辑隔离和访问控制。保障满足业务高峰期流量需要，关键节点设备及主要链路需要冗余，避免单点故障对业务造成影响。数据传输过程中，应采用校验技术或者密码技术对数据进行加密，保障数据通信的安全性。

4）边界访问控制

基本要求。各个安全域边界有效隔离采用防火墙系统进行访问控制。利用防火墙的三、四层访问控制技术，实现各个安全域边界的安全隔离，对访问的IP地址、端口、流量、行为等进行控制。

边界恶意代码防护。系统内外部网络边界安全性至关重要，外部网络系统的恶意代码通过这些边界很容易进入内部网络，恶意代码防范不仅仅是在内部主机系统上进行检测与防范，而且要在整个网络的边界从网络层次上进行防护，构建一个立体的恶意代码防护体系。

边界流量及拒绝服务攻击控制。由于来自互联网的访问流量及可能面临的恶意流量都非常大，流量及拒绝服务攻击将造成数据中心网络公共资源不能正常访问，严重时可能造成内部网络无法正常运转。采用流量控制系统对互联网络边界流量进行控制。

边界入侵行为控制。在网络中最为常见的网络入侵行为包括木马、攻击、病毒入侵等行为，特别是一个较为封闭的内部网络系统与外部网络连接时，外部网络由于不具有可控性、未知性，各种入侵行为都有可能发生，在与外部网络互联的边界处部署入侵防御系统，对来自外部网络系统的各种攻击、入侵行为进行检测与阻断。

5）计算环境安全

终端（包括系统终端和物联网终端）安全。系统终端安全首先要对终端操作系统进行安全防护，提高系统的安全认证功能，操作系统内核进行安全加固，防止由于操作系统自身的脆弱点引发安全问题。采用终端安全防护系统对终端操作系统进行安全增强，提高终端操作系统的安全防护能力；物联网终端的信息安全按照《密码法》和国家密码管理局等10部委联合发布《关于印发〈促进商用密码产业高质量发展的若干措施〉的通知》要求，应保证重要领域基础设施信息安全"自主可信、安全可控"，使用国产密码算法和住建领域行业密钥是保障社区物联网基础信息安全的有效手段，包括社区出入口（门禁、门锁）、水气热计量仪表、智能建筑、智能家居等关键点位设备加装安全模块，通过与运营方业务平台对接，形成从密钥发行到密钥认证的全流程操作。

服务器安全。服务器作为整个应用的服务载体，其安全性、可用性十分重要。因此有必要对服务器操作系统进行安全增强，实现服务器操作系统安全认证、安全访问控制、安全审计等功能。

平台安全。平台安全应包括云安全、联接层安全和使能层安全。云安全主要考虑社区私有云的安全保障，联接层各类平台也应考虑平台自身安全，使能层为业务应用层的具体应用提供支撑，例如：程序部署、设备管理、数据分析、AI算法等，要重点考虑数据采集安全、编码安全、存储安全、使用安全、接口安全等。

移动介质安全。采用移动介质管理系统对计算机的 USB 接口进行控制，对合法使用的移动介质进行认证、审计管理，防止外业移动介质接入内部系统。

6）应用安全

应用层业务应从业务特点的角度考虑安全问题，除了业务应用系统安全，也要考虑业务安全。

应用层访问从机房外发起，访问终端和机房网络节点之间通过传输通道进行信息交互，信息在传输过程中面临窃听、篡改、复制重传等安全风险。传输加密技术通常包括通信对端认证、密钥协商、数据压缩加密等环节，可有效认证通信对端，保证信息传输安全性并防止数据被破坏。社区应用安全需要采用传输加密技术，防范主动攻击和病毒感染。

在应用安全的建设中，应使用商用密码安全证书和 USB-Key 实现对接入系统进行授权，识别接入单位、操作人员、系统模块的真实身份，保证系统的权责一致性，对于系统操作行为进行认证和追溯，形成不可抵赖性证明。同时应辅助管辖区域内各单位和个人接入系统规范管理。

7）数据安全

为了确保数据完整性、保密性，应采用有效校验方法对数据进行完整性校验，同时使用密钥对重要传输数据进行加密处理。智慧社区综合信息服务系统的海量数据宜按照安全需求进行细粒度分类，对于公开信息可直接传输存储至平台，对于保密信息通过签名、认证密钥、权限设置等方式进行存储与访问，从而降低对计算和通信的庞大需求，实现对社区的信息保护。此外，还应通过磁盘阵列、数据备份、双机容错、数据迁移、异地容灾等手段进行数据安全防护。

同时，完善安全管理制度，建设、落实网络和信息安全的管理制度，包括用户安全、数据安全、设备和资产管理、信息发布保密审核等，规划数据合理使用，对涉及敏感信息的工作人员加强管理和培训同样对提升数据安全保护起着重要作用。

8）隐私保护

通过对封锁设备、路径、端口、其他形式的存取访问以及对设备、介质和接连的大规模加密，同时实时监测内容以确定所选信息、状况、人员、权限和操作，从而对数据进行封锁、隔离、加密、登录、报警或净化。

8.4 智慧社区建设运营模式

政府是现阶段智慧社区建设的主导者，不仅是相关政策制定者，也是建设资金主要出资方。政府在智慧社区建设中最大的诉求在于通过推动住区"智慧"，打通基层治理"最后一公里"。企业是智慧社区的具体建设者以及后期运维者，一方面希望通过智慧社区的建设运营获取利润，另一方面希望将社区作为技术应用场景，不断地实现技术打磨和迭代升级。金融机构是智慧社区建设的重要参与方，银行参与智慧社区建设，一是可以加强对建设的资金监管；二是可以提供后续资金保障；三是可以开展智慧社区相关缴费与金融服务，赋能物业管理。

政府、企业、银行等多方参与的智慧社区建设，当前主要分为三种模式，一是政府组织、规划建设、全程监管的"政府建设运营模式";二是以政府政策为导向,企业技术能力和服务体系为支撑,充分发挥政企双方优势,突出智慧社区在政府城市治理与基层服务之间纽带作用的"政企合作建设运营模式";三是通过政府、企业和金融机构合作,发挥三方优势、共同分担风险的"政企银合作建设运营模式"。

8.4.1 政府建设运营

在 5G 网络、大数据、物联网和人工智能等信息技术的支持下,社会信息化、生活智能化得到了前所未有的发展,数字社会、数字政府、城市大脑、城市信息模型建设兴起并蓬勃发展,政府对于智慧社区的建设越来越重视,智慧社区成为推进国家治理体系和治理能力现代化实现的重要途径之一。社区是社会的基本单元,社区治理是社会治理的重要基础,是政府的行政职能之一,政府将其作为基层单元和城市治理的神经末梢,以打通城市精细化治理的"最后一公里"。

政府在智慧社区建设中扮演着十分重要的角色,起到核心引领作用,在推动智慧社区的发展过程中主要发挥着四点作用:

一是主导编制规划、制定标准规范,出台相关的法律法规和政策文件,完善智慧社区运行保障机制,为智慧社区的建设给予政策引导,完成顶层政策设计,提供重要的实施路径;

二是资金投入,智慧社区作为一项系统性工程,需要政府在社区基础设施建设投入大量资金和资源,为智慧社区建设提供必要的经济与技术支持;

三是提供基础服务和公共资源,提供基本公共服务是政府的职责,政府配置资源以提升社区功能,优化社区服务,对智慧社区进行统筹管理;

四是引导推进,监督规范,政府承担着监督管理的责任,制定评价指标体系对智慧社区的建设运营水平与效果进行监督评价,引导智慧社区建设有效推进和维持服务的持续提供。

"政府运营"具体是指由政府组织、规划建设、全程监管,对各类资源与应用进行优化整合,整体调配从而形成行业一体发展的合力[1]。政府建设运营模式由政府主导智慧社区建设,政府负责投资建设并进行统一的统筹安排,该模式主要以智慧社区建设中公益性质的服务为导向,通过政府运营,解决基本公共服务和社会治理问题。政府投资的资金来源有智慧社区专项资金、城市更新专项资金、老旧小区改造补助资金等[2,3]。政府建设运营模式允许企业参与,通过公开招投标的形式借助政府来购买服务,确定承建方开展智慧社区平台建设,提供运营保障、服务拓展工作,但项目的建设整体还是由政府主导统筹部署,市场企业为辅。政府是社区治理和公共服务的重要主体,承担着主要的管理责任,在政府运营模式下,政府不仅要对项目建设进行宏观把控和整体谋划,还要供应具体的公共产品和基本公共服务。政府联合相关部门制定智慧社区建设标准规范与构建评价指标体系,规划智慧社区的建设环境,保障服务质量。通过政府统一规划部署,建设社区治理与基础公共服务平台,在智慧社区平台上实现信息的梳理整合和统一管理,政府建设运营的智慧社区主要应用内容包括智慧党建、智慧安防、政务服务等基础性的公益服务。

政府投资建设运营需要政府投入大量的资金进行公益性的服务供给,只能满足基本的需求,无法支撑更加精细化、个性化的服务;其次,这种模式虽然可以在短期内集中资源对社区基础设施进行建设，但是会造成政府财政压力过大的问题，缺乏可持续的发展动力，智慧社区建设在这一模式下进程缓慢[4]。

8.4.2 政企合作建设运营

政企合作建设模式是新基建和数字经济大背景下的必然产物，在解决"最后一公里"服务管理问题上具有显著优势。该模式以政府政策为导向，企业技术能力和服务体系为支撑，充分发挥政企双方优势，突出智慧社区在政府城市治理与基层服务之间纽带作用，淡化居民社区内外生活的边界感，将智慧社区建设融入智慧城市基体。依照政府下发指导政策要求，如公安部门"雪亮工程"、房管局"老旧小区改造"、卫健局"常态化疫情防控"、大数据局"城市一码通"等政府需求，智慧社区平台厂商依托自身技术能力与政府合作共建，为居民提供更为便捷、智慧、安全的生活体验。

在政企合作建设运营主要分为以下几部分：

1）政企协同的社区综治一体化解决方案

以兼顾政府社会服务与社区物业服务为目标，制定社区综治一体化解决方案。面向政府，依托中国移动智慧社区政府综治平台功能，为政府提供智慧化管理平台或完成与现有政府平台的功能对接、数据流转，并重点针对政府的痛点难点问题定制个性化功能。面向小区，依托中国移动智慧社区物业管理平台功能，在满足政府基层治理需求的同时，充分考量物业和业主需求选配智能设备，提供软硬一体化的综合解决方案，为居民提供更加便捷、安全的生活环境。

2）政企双方共投共建的高效协同落地模式

以政府补贴和移动专项补贴共同投资建设，由中国移动负责整体落地建设工作，同时中国移动具有相应的运营权，政府协同建设、共同运营。由于智慧社区建设是以小区为单位开展建设工作的，需政府通过公文下达至街道/社区/小区物业等相关单位，搭建好移动公司与小区物业之间合作沟通的桥梁。小区物业负责建设场地等小区内部资源的协调工作，以保障入驻小区建设流程的顺利进行。

3）政府级标准、企业级服务的交付使用品质

政府作为建设合作方和主要的需求提出方，对智慧社区整体建设标准进行把关，以高标准进行验收，确保高质量建设。作为主要承建方，中国移动依托中移铁通的自有装维能力与合作专业集成商的双倍能力支撑，统一业务的勘察设计、安装调试、验收要点、售后维保等标准装维流程，统一实施认证、培训、考核管理，建立售后服务保障，确保项目交付全流程标准化可管可控。中国移动提供专业的培训服务，全套软硬件操作使用手册，专业培训与远程问答，确保一线人员能用、会用、用好平台，切实体验智慧社区为工作和生活带来实质性便捷。

4）互利共赢的联合服务运营模式

政企共建智慧社区模式下社区居民可便捷享受到物业、政府和社会企业的综合服务，以智慧社区无感通行服务的人脸录入阶段为例，在移动营销人力资源的支撑下，可线下摆摊为老人等线上操作不便的用户提供面对面服务，也可在物业管家协同下为特殊用户提供上门服务，同时也可结合政府需求同步开展反诈宣传、城市一码通等宣传活动。后期运营中，由移动提供整体运营策划与资源调配，物业解决场地和通知准备，通过联合运营活动

为政府与一线群众的密切交流提供平台,为物业服务提质,为移动运营发展增收,实现政府、企业、物业、居民四方互利共赢的良好运营模式。

8.4.3 政企银合作建设运营

1) 智慧社区运营的内涵

智慧社区是城市精细化治理的"最后一公里",是智慧城市的基本单元,是为居民提供精准化服务的基础性工程,直接影响人民群众的安全感、体验感和获得感。《中华人民共和国国民经济和社会发展第十四个五年规划和2035年远景目标纲要》明确提出,推进智慧社区建设,依托社区数字化平台和线下社区服务机构,建设便民惠民智慧服务圈,提供线上线下融合的社区生活服务、社区治理及公共服务、智能小区等服务。

建立智慧社区的运营机制是智慧社区乃至智慧城市可持续发展的重要基础。推动智慧社区发展从以建设为主转向长效运营,有效市场和服务型政府有机结合,构建多元参与的建设运营生态,成为智慧社区可持续发展的必然选择。

2) 传统政府融资模式存在的问题

纵观国际国内政府和社会发展历程,社会上正面外部效应明显、具有重要公益性质的项目,政府通常可以通过融资、扩大财政赤字、透支未来税收进行投资建设。在我国,"大政府"经济模式蔚然成风,大多是出于对考核目标、财政收入、政府荣誉的追求,这使得各地政府不惜扩大赤字,也要融资建设。

然而,自2020年以来,受全世界新冠肺炎疫情反复、地缘冲突不断加剧等复杂国际形势,全国各地经济社会发展面临着前所未有的挑战和困难,在财政收紧的情况下,政府财政资金难以独立支撑各类公益性质的项目建设,其中就包括智慧社区的建设。因此,创新智慧社区建设运营模式,探索长效的社区建设运营道路势在必行。"政企银"合作模式的应用可以有效缓解这一局面。

3) "政企银"合作模式的内涵

"政企银"合作即对涉及公共服务、公共安全或公共利益方面的部分,通过政府、企业和金融机构合作,发挥三方优势、共同分担风险。主要是指政府为增强公共产品和服务供给能力、提高供给效率,通过特许经营、购买服务、股权合作等方式与社会资本建立的利益共享、风险分担及长期合作关系,是政府治理的一种创新方式。

在"政企银"合作模式下,政府将一部分公共服务相关职能剥离给社会服务组织和企业来承担,同时给予企业一定的经营许可,使得企业能够以商业化服务创造商业价值来反哺公共服务;金融机构则为社区的总体发展和建设提供融资,并以贷款利息、投资收益等形式获取利益;政府保持对社会服务组织和企业的宏观管理和有效监督,以保障服务质量和服务均等性。其优势在于:一方面可以节约政府部门财力,使其将财政收入应用于更需要资金支持的医疗、教育、养老、卫生、环保、新能源开发等关乎国计民生的大事情上;另一方面还能够合理应用社会资本,降低社会资本的投资风险,提升其投资报酬率;同时,还能提升社区服务能力,满足广大人民群众日益增长的物质文化需求。因此,促进政企银三方合作,是实现经济社会共建共赢的必然要求。

采取"政企银"合作模式时,智慧社区的发展是由社会资本承担设计、建设、运营、维护基础设施的大部分工作,并通过"使用者付费"及必要的"政府付费"获得合理投资回报；政府部门负责基础设施及公共服务价格和质量监管，以保证公共利益最大化。当前，我国正在实施新型城镇化发展战略。城镇化是现代化的要求，也是稳增长、促改革、调结构、惠民生的重要抓手。立足国内实践，借鉴国际成功经验，推广运用政府和社会资本合作模式，是国家确定的重大经济改革任务，对于加快新型城镇化建设、提升国家治理能力、构建现代财政制度具有重要意义。

4)"政企银"合作模式的三方共赢

在"政企银"合作模式下，智慧社区建设运营参与主体包括政府、建设运营企业（开发商和物业）、金融机构。各方发挥各自优势，分享项目收益。

政府推进智慧社区发展主要追求的是社会效益。提升居民生活便捷度与社区安全，提升政府行政效率，通过推动政府转型、社区治理体系现代化来降低行政管理成本，提升行政运行效能。

建设运营企业主要追求经济效益。随着智慧社区的不断发展，运营企业也在转型升级，扩大竞争力；与此同时，智慧社区运营管理的盈利模式逐渐成熟，主要包括周边电商生态系统收费盈利、合作广告媒体实现盈利、社区O2O服务收费盈利、电信运营商等合作收费、医疗服务等项目收费和物业服务盈利等方式。

金融机构主要追求投资回报。金融机构通过向企业提供多种形式的融资服务，为项目短期建设提供资金支持，在长期的运营过程中，金融机构通过项目投资分红、贷款利率等形式产生持续性的收益。

在"政企银"合作模式中，各方分享收益并不是简单分享利润，还需要控制运营企业过度攫取高额利润或形成垄断。其主要原因在于，适用"政企银"合作的项目都是带有公益性的项目，不应以利润最大化为目的。因此，共享利益除了共享智慧社区建设运营带来的社会成果，还包括使作为参与者的企业、金融机构取得相对平和、长期稳定的投资回报。

5)"政企银"合作模式在实际应用中存在的问题

尽管"政企银"合作模式拥有诸多优势，但在实际运作过程中也存在以下缺点：私营机构融资成本较高、特许经营导致的垄断、复杂的交易结构带来的低效率、长期合同缺乏灵活性、成本和服务之间的两难选择等。

(1)"政企银"合作模式导致私营机构融资成本较高。与公共部门相比，金融市场对私营机构信用水平的认可度通常略低，导致私营机构的融资成本通常要高于公共机构的融资成本。当然，在评价社会资本的融资成本时，除了考虑利率之外，还需要考虑项目所转移的风险、社会资本的创新能力，以及项目总体绩效的提升等，从社会整体的功效考虑项目价值。此外，社会资本和公共机构的融资成本也在进一步接近，虽然融资成本的差异不可能完全消除，但这方面的影响在逐渐降低。

(2)"政企银"合作模式普遍采用的特许经营制度可能导致垄断。在"政企银"合作模式下，居高不下的项目实施成本和资金运转的压力，导致很多规模较小的智慧社区建设运营商望而却步，这也减少了政府部门的选择空间。另一方面，该模式普遍采用的特许经营制度，实际上使中标的建设运营商获得了一定程度的垄断能力，这种缺乏竞争的环境在某些情况下会减弱私营机构降低成本、提高服务品质的动力。

(3)社会公众接受公共服务的成本可能提高。当公共服务由政府部门提供时，由于其非营利性和不按全成本核算定价的特点，公众所付出的直接使用费用较低。这种低收费最终会表现为地方政府债务的累积或公共机构的亏损，也会通过其他渠道由公众承担相关成本，甚至潜在成本可能更高。在"政企银"合作模式的定价机制下，私营机构需要补偿项目相关的全部成本并获得合理水平的投资收益，对产品或服务进行市场化的定价，可能增加公众的直接使用成本。

6) "政企银"合作模式发展展望

应用"政企银"合作模式开展智慧社区的建设与运营尚处于起步阶段，各方面依旧不成熟，还应探索性地寻找建设路径，具有一定的必要性与可行性。

（1）发挥"政企银"合作的主要优势，将民间资本的力量发挥到最大化。政府作为公共服务事业的主导者，应当用积极鼓励的态度对待参与智慧社区建设的民间资本。适当放宽相应的准入门槛，并给予一定的政策上的便利。

（2）在保证项目的公益属性的前提下，建立稳定的项目回报机制，激励社会资本参与。由于智慧社区项目运营具有盈利性低、投资周期长等特点，使得社会资本参与融资与建设的积极性不够。因此，政府可通过创新智慧社区项目盈利模式，建立长效回报机制，以激励社会资本参与。

（3）优化智慧社区项目的财税政策支持体系，创造良好营商环境。政府的支持为智慧社区的发展和建设提供了强有力的保障，还应制定针对"政企银"合作建设运营的智慧社区项目的具体财税政策，为社会资本的参与创造良好的营商环境。

总体来说，以"政企银"合作模式进行项目的建设运营，在公共服务领域特别是智慧社区建设运营领域的应用尚未成熟，但该模式的优势是传统的政府融资模式所无法比拟的。健全法制机制，有效规避项目风险，确保资金流顺畅，以试点先行的方式保证智慧社区项目顺利实施、推广。

8.5 智慧社区案例

8.5.1 嘉兴市智慧社区项目

2020年12月，嘉兴市被住房和城乡建设部列为智慧社区（物业）建设试点城市，所谋划的"浙里物业服务监管（智慧物业）"场景应用被省委改革办列为数字化改革多跨场景重大应用"一本账"S1目录、省建设厅数字化应用场景第一批试点项目目录。场景聚焦物业服务监管多跨应用、制度重塑，初步形成"物业服务应用＋行业管理"的智慧社区（物业）应用模式，为全国智慧社区建设实践探路，也为浙江省共同富裕示范区现代化基本单元建设探路。

目前，嘉兴市智慧社区（物业）平台总体框架和九大应用场景60个模块功能已搭建完成，全市268家物业服务企业、2249个物业服务项目的数据完成采集录入，55个物业小区的智能化改造基本完成，接入智慧社区（物业）云平台。

1) 定义内涵

我们认为，智慧社区就是充分利用大数据、云计算、互联网、物联网、人工智能等新一代信息技术的集成应用，融合社区人、事、物等各类管理服务资源，为社区居民提供一个安全、舒适、便利的现代化、智慧化的生活和发展环境，是基于信息化、智能化社会管理与服务的一种新的管理形态的社区。

智慧社区主要体现两个基本属性：第一个是服务属性，就是围绕社区居民这个核心，以智慧化服务来满足社区居民对物业服务、生活服务、公共服务的需求，提高居民生活品质；第二个是管理属性，就是围绕社会管理这个重点，以智慧化管理来满足政府对社区管理、社会治理的需要，提高社会管理效能。

因此，智慧社区是新时代背景下社区管理服务的一种新理念，社会管理的一种新模式，是城市现代化的重要组成部分，也是共同富裕现代化基本单元。

2）平台建设

嘉兴智慧社区系统平台由基础环境体系、数据资源体系、平台支撑体系、业务应用体系、应用服务体系和运行保障体系六个方面构成。这六大体系是智慧社区建设的重点内容，如图8-6所示。

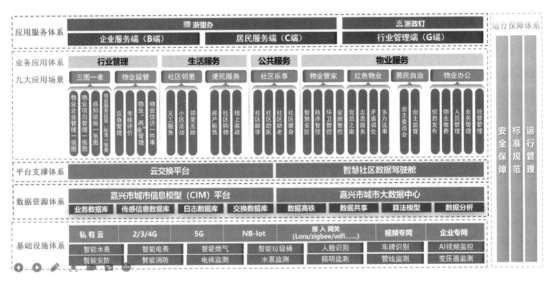

图 8-6　嘉兴市智慧社区总体架构图

（1）第一是基础环境体系

这是智慧社区的基础层，主要包括全部硬件环境，如用于通信的宽带，光纤等网络硬件，用于视频监控的摄像头，用于物联感应的各类智能终端设备，老人测量身体状况的仪器等，构成满足智慧社区运行要求的基础环境。

（2）第二是数据资源体系

这是智慧社区的底座，主要包括业务数据库、传感信息数据库、日志数据库和交换数据库等四大数据库。

在数据资源体系建设方面，着力解决数据采集难题，推进数据整合和共享，目前，嘉兴市智慧社区平台已与13个部门的业务应用平台实现打通。另一方面，依托全市统一的公共数据平台，整合建设部门的物业企业、物业项目、维修资金等物业管理数据，资规部门的房产登记数据、公安部门的人口数据、民政部门的社区、养老数据，以及教育、文化、卫生、体育等部门的公共服务数据，采用统一数据标准，通过数据清洗，搭建满足智慧社区需求的 AI 结构化解析、融合数据存储的一体化基础数据底座。目前，已经整合相关数据资源 10 多万条。

(3) 第三是平台支撑体系

这是智慧社区的支撑，主要包括云交换平台和数据驾驶舱，实现各种数据交换和计算，保障各类应用数据共享。

整合相关信息平台和资源，集成智慧社区场景应用，由政府主导，按照统一规划、统一支撑、统一构架、统一平台、统一标准、统一建设、统一管理、统一运维的要求，搭建全市域一体化的智慧社区数据驾驶舱，做到系统集成、业务协同、整体智治，实现管理一屏掌控、服务一网通办。

(4) 第四是业务应用体系

业务应用是智慧社区的核心。我们根据政府、企业、居民的不同需求，运用"V 字模型"，对社区物业服务、生活服务、公共服务和行业管理的核心业务拆解细分为 90 多项业务单元，厘清业务链、数据链，在此基础上进行综合集成，确定业务协同流程和数据集成流程，集成 9 大应用场景、34 个子场景、91 个应用模块，满足社区管理服务的智慧化应用，如图 8-7 所示。

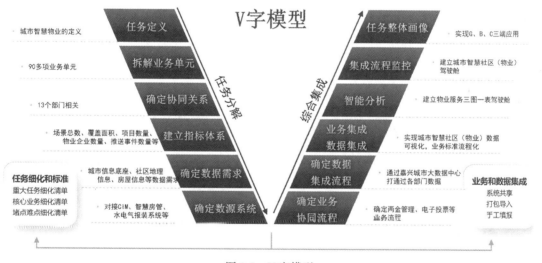

图 8-7 V 字模型

(5) 第五是应用服务体系

应用服务体系主要是满足不同使用主体对智慧社区平台的业务应用需求，包括行业管理、企业服务、居民服务三大应用端：

① 行业管理端（G 端）。通过整合区域信息，建设综合管理服务应用功能，聚合数据提升行业管理效率。主要开发电脑 PC 端和手机 APP 端（同步接入"浙政钉"），涵盖物业服务、公共服务、行业管理等内容的综合管理服务应用。

② 企业服务端（B 端）。通过融合物联感知、信息通信等技术，建设物业管理服务应用功能，赋能物业企业。主要开发电脑 PC 端和手机 APP 端（同步接入"浙里办"），涵盖物业管家、物业办公等内容的物业管理服务应用。

③ 居民服务端（C 端）。通过服务数字化，融合线上线下服务，建设居民服务应用功能，让居民生活更智慧。主要开发手机 APP 端（同步接入"浙里办"），涵盖物业服务、生活服务、公共服务等内容的居民服务应用。

（6）第六是运行保障体系

运行保障体系主要包括安全保障体系、标准规范体系和运行管理体系三个方面，确保基础平台及各个应用系统的完整性、保密性、可控性和可持续性。

在安全保障方面，我们采用先进的安全技术，如防火墙、加密技术，配置网络防病毒软件、入侵检测系统，建立安全认证系统，落实信息安全管理制度等，确保智慧社区网络安全、数据安全和运行安全。

在标准规范方面，编制了智慧社区数据标准、"温暖嘉"社区建设技术指南、物业企业考核评分标准等，同时，专门颁布了《嘉兴市住宅物业管理条例》，配套制定或修订了《嘉兴市物业专项维修资金管理办法》《嘉兴市物业管理实施意见》《业主规约》等政策措施，形成了智慧社区建设的标准规范体系。

在运行管理方面，坚持建管运统筹研究、一体推进，专门成立了由国资企业主导的智慧社区运营中心，负责智慧社区平台的运维、社区智能设备的维护等任务，做好生活服务项目的拓展，以及与其他公共服务平台、电子商务平台的对接，组织开展智慧社区应用的宣传推广，实现智慧社区平台可持续运行。

3）场景开发

嘉兴智慧社区依托城市三维模型（CIM）平台及数字孪生技术，构建红色物业、物业管家、三图一表、物业办公、居民自治、社区邻里、社区乐享、便民服务和物业监管 9 大应用场景的多跨应用，实现整体智治，如图 8-8 所示。

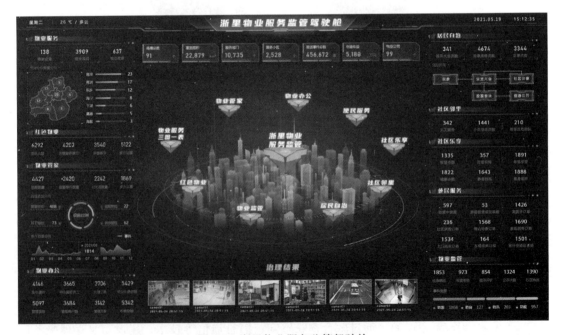

图 8-8　浙里物业服务监管驾驶舱

(1)"红色物业"应用场景,融合"党员之家""志愿服务""多方议事""矛盾调处"等功能应用,发挥社区党组织、社区党员在物业管理、基层治理中的党建引领。

比如,南湖区穆湖社区在既有住宅加装电梯中,部分底层住户普遍不同意,造成楼上楼下住户矛盾较大,社区将这一问题通过智慧社区平台发布,社区党员线上认领,通过线上线下开展邻里"矛盾调处",最终 10 个单元 100 户居民同意率达到 100%。

(2)"物业管家"应用场景,针对物业管理核心业务,融合可视对讲、视频监控、门禁控制、疫情防控、消安管控、车辆管理、电梯管理、垃圾分类、内涝防控等功能应用,实现"四保"从传统管理向智慧管理转变,从而赋能物业管理。

比如,"疫情防控"应用。在小区主要出入口加装人脸识别智能终端,对接相关平台,进入小区人员通过扫脸就能在线识别健康码、行程码和测量体温,发现异常,平台自动预警并发送信息给管理人员进行处置。在疫情防控常态化形势下,智能疫情防控起到了重要作用。

(3)"社区乐享"应用场景,对接教育、卫生、文化、体育、民政等公共服务应用平台,实现社区助学、社区助医、社区助老、社区运动的智慧化应用,满足居民家门口的公共服务需求。

比如,在社区建设"健康小屋",设立"5G 云诊室",智慧社区平台与"健康嘉兴"平台打通,病患者可与当值医生进行远程视频就诊,并实现线上购药,社保账户支付,药品配送到家。社区居民还可以线上预约护士,实现医疗护理上门服务。

(4)"三图一表""物业监管"应用场景,通过数字化改革,实现行业管理数字赋能。如图 8-9 所示。

图 8-9 物业三图一表

以"物业项目管理一张图"为例,界面全景呈现小区所处地理位置、楼盘三维立体影像、四至边界,以及与之相关联的物业服务企业信息,小区楼盘信息,楼幢分户分层等相关信息，实现物业项目数字化管理。

4）改革突破

通过理念重塑、制度变革、流程再造、推进物业服务监管的全过程全方位数字化改革，实现数字赋能。

（1）创新物业服务监管机制。打通住建、市场监管、自然资源规划等多部门数据，实现业务协同，并充分利用新城建试点成果 CIM 平台和数字孪生技术，全景式展现物业企业、物业项目、感知设备的分布，实现物业服务监管"一屏掌控"。建立物业企业评价体系和数据模型，通过大数据分析，实现精准评价、动态评价，形成激励和约束机制，倒逼物业企业规范服务管理行为，净化物业服务市场环境。

（2）创新基层社会治理模式。通过数字化"红色物业"，发挥社区党员在社区议事、社区管理、矛盾调处等方面的作用；搭建物业信访平台，解决居民反映诉求渠道不畅问题，最大限度减少社区矛盾纠纷，努力实现矛盾调处不出小区。

（3）创新体制机制建设

一是制度保障机制。加强立法工作，颁布了《嘉兴市住宅物业管理条例》，将物业智慧化建设以法律条文形式予以明确；制定《嘉兴市浙里物业服务监管多跨场景（智慧物业）建设试点实施方案》，编制智慧物业（社区）建设数据标准规范，为智慧物业（社区）工作的顺利推进夯实基础。

二是建立专班运作机制。建立工作专班，梳理应用场景，编制任务清单、责任清单、时间清单，通过专班运作，有力有序实施智慧物业（社区）建设。注重资源整合，将各部门既有应用场景整合到智慧物业（社区）平台上，做到系统集成、业务协同、整体智治。

三是技术支撑机制。依托中电科南湖研究院等机构，设立智慧社区实验室，集聚人才、技术、管理、资金等资源，聘请院士担任首席科学家，承担重点课题研究，包括标准体系、新技术应用、应用场景研发等，为智慧物业（社区）建设试点提供技术支撑。

四是探索可持续运营机制。建立政府投入为主、社会资本参与的多元化投融资机制，以国资企业为依托，加强与国内知名技术公司（中电科、海康威视）合作，合资成立技术公司，承担智慧物业（社区）建设、运营，实现可持续发展。政府资金主要保障基础数据建设、运行平台搭建和公共服务类应用子系统建设；经营服务类应用子系统建设，由市场主体投入，通过市场化运作，实现持续运营。

8.5.2 湖南长沙"跃进未来"智慧社区项目

1）项目概况

为认真贯彻国家十四五规划战略部署，2020 年 10 月，长沙市人民政府印发《关于加快建设新型智慧城市示范城市的决定》，明确指出将加快完善智慧社区服务体系，推进部门业务系统与街道、社区实现数据互联互通，促进街道和社区管理现代化、精细化，为社区居民提供多场景、一站式综合服务。

长沙市芙蓉区湘湖街道跃进湖社区紧抓政策落实，聚焦于"人民日益增长的美好生活需要"，积极探索新形势下社区治理工作，通过与中国移动湖南省公司合作共同打造基于中移物联网有限公司 OneZone 智慧社区平台的"跃进未来"智慧社区项目。通过该项目将社区党建工作运行、社区吹哨机制、特殊人群管理与服务、社区服务和物业服务、党群服务、"小区党组织、业委会、物业服务企业"新三方治理、居民睦邻家园文化提升等有机地融合在一个平台，应用于跃进湖社区在邻里、服务和治理三个场景，从而实现社区工作的降本、增效、智治。

2）平台简介

"跃进未来"智慧社区项目依托于物联网、5G技术、大数据、人工智能等新兴技术，采用基于中国移动OneZone智慧社区的"云边端"一体化数字化社区框架，打造"跃进未来"智慧社区信息化平台，平台集成人脸门禁系统、安全充电系统、应急广播系统和一体化路灯信息发布和环境参数采集等系统，系统间通过接口交互数据，实现大屏应用系统与各个子系统间的互动，可以全局掌握社区智慧要素和运行数据。同时，平台运用人脸门禁、AI摄像头采集的大数据，对社区内空巢老人、失独家庭、幼儿防拐等重点关注人员信息即时更新，结合公共区域采集到的出现频次及轨迹等信息判断异常情况，助力工作人员及时识别、快速响应，提升社区特殊人群的关注、管控和服务效率。如图8-10所示。

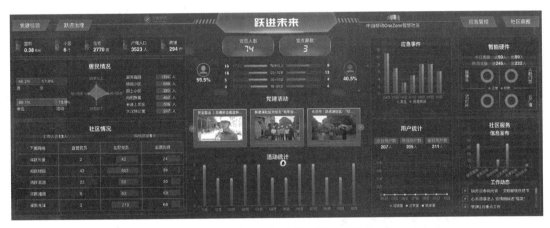

图8-10 "跃进未来"智慧社区平台可视化大屏

在管理端，为进一步提升社区治理数据分析应用能力，通过一块电子大屏将社区6个小区，2770套住宅，294户商户，以及应急事件、社区工作的情况进行可视化呈现，帮助社区按需实时掌握管理要求。平台管理端可提供"党建引领、跃进治理、应急处置、社区商圈"四人板块功能：

（1）党建引领板块，一是实时更新分析党员的构成要素，根据年龄、学历、身份等不同特征信息有效开展党建活动；二是将辖区党建共同体"跃联盟"开展的各类党建特色工作进行线上发布、实时共享，激发成员单位的党建活动热情，引领社区工作。三是不断丰富"跃联盟"成员单位的"资源、需求、项目"清单，辖区党员、居民可根据自身需求在平台上实现在线预约辖区体育活动场馆、在线课程、特色党建教育等服务。

（2）跃进治理板块，一是关注经济社会发展，打造经济共享圈，在线发布辖区商业楼宇、门店的招商（就业）信息，楼宇空置信息、群租出租情况，即时掌握经济增长、指标完成情况。二是服务民生，探索将小区业委会、物业公司的通知公告进行网上公示，痕迹化管理，后期将引入实名制，实现对业委会选举投票等重大事项的推进公开透明的监督，消除部分潜在的物业矛盾；通过人脸识别配合后台智能分析，及时精确地了解各物业小区外来人口的异常波动，及时了解空巢老人、社区矫正人员的信息，同时通过人员数据变动精准掌握可能存在的传销窝点、非法宗教场所等异常情况。

（3）应急处置板块，开通线上举报业务，依托"跃进群众"，发动居民通过小程序"随手拍"功能，共建共治，及时消除安全、电信诈骗、应急事故、生态污染等隐患，实现群防群治，精准处置。

（4）社区商圈板块，项目后期将打造十五分钟智慧便民生活圈，及时汇总辖区商圈信息，公益发布优惠商讯、社区团购，引入社区银行，打造便民经济优质服务平台，如图8-11所示。

图 8-11 "跃进未来"智慧社区平台入口端示例

在入口端，推出面向社区居民的"跃进未来"微信小程序，一站式提供党建工作、基础政务、报事报修、活动报名、调查反馈、邻里交流等功能，并整合辖区内的单位资源、商家服务，为践行"共建共治共享"的治理新模式打下了良好的基础，如图8-12所示。

在基础硬件智能化改造方面，"跃进未来"智慧社区一期项目围绕辖区6个小区进行智能化改造，打造基于人脸识别应用的通行、防疫、安防等场景，覆盖应急广播服务，构建各小区智能电动车摩托车充电场景，同时基于重点出入口的AI视频监控大数据分析，为社区安防、人员关怀提供决策分析，如图8-13所示。

3) 应用效果

一是让疫情防控更智慧。针对疫情防控需求，在小区出入口安装人脸识别自动测温系统，并配置口罩佩戴识别提醒。对于小区外来人员、陌生访客、体温异常人员，智能门禁

图 8-12 "跃进未来"智慧社区人脸识别门禁

图 8-13 "跃进未来"智慧社区智慧灯杆

将立即触发系统报警,主动将可疑人员拦截在外,在筑严筑牢社区防线的同时,将传统以人工为主的防疫工作进行数字化赋能,从而大大提升效率与效能。

针对社区居家隔离的重点关注人员,社区为其安装入户门"技防"装置——防疫门磁,以"无形之手"限定居家隔离人员活动范围。住户一旦开门,工作人员会在手机上接收到短信和电话提示。与疫情防控初期社区工作人员全员出动,早晚接班上门管控监测对象形成鲜明对比的是,跃进湖社区运用智能门磁对居家隔离、监测对象进行 24 小时远程"云监督",不仅大大提高管控效率和精准度,也减少了社区人员交叉感染的风险。

二是社区治理更科学。防疫政策随着疫情的波动实时调整，部分社区经常混淆，同时，疫情期间网络诈骗呈现上升态势。为此，跃进湖社区在各小区安装智能灯杆、配备云喇叭，及时播报疫情防控、防电信诈骗最新动态，无论高层住户、流动人口或老人儿童，都能通过云喇叭足不出户就能"一听即明"，实现2021年下半年电诈等各类治安案件清零，成为街域内发案率最少的社区。智能灯杆还能检测环境和空气质量，并将实时数据显示在电子屏幕上，为小区居民外出活动锻炼提供参考。

4）特色亮点

（1）创新打造物联网云平台，社区服务便捷化

区别于传统设备对线路布设、施工及空间方面的要求，"跃进未来"智慧社区项目依托物联网、5G技术、人工智能、图像识别等新兴技术，运用于社区治理的各个方面：人脸识别与自动测温一体机加强小区人员管理，5G云广播即时播报社区重要通知，智能灯杆增强安全出行指数，无线门磁智能管控检测对象，社区服务在创新科技中更加便捷高效。

（2）创新人机协同机制，社区治理立体化

通过"跃进未来"的"志愿1+1"人工上报和AI分析算法自动发现，与社区现有网格工作协同，可及早发现、全面记录、有效处理、分析统计社区中需要解决的问题。同时，结合为社区居民提供的"两代表一委员"、党员的"小区正能量"、居民的"议事大厅"等栏目，使得每一位居民可以便捷地参与到社区的治理工作中来，从而完善共建共治和常态化运行机制。

5）项目价值

"跃进未来"智慧社区项目是在2020年10月长沙市委、市政府关于建设"新型智慧城市示范城市"的战略部署工作前提下具有代表性的智慧社区项目，也是中国移动通信集团湖南省公司首个智慧5G产品应用、互联网+智慧党建的智慧社区项目。项目通过探索基层社会治理"智治之路"，初步形成了共建共治共享的社会治理新格局。

8.5.3 苏州市吴江区智慧房产监管平台

1）建设背景

当前，我国城市建设总体上还处在高速发展期，在房屋建设及使用过程中，"重建设、轻运营管理"的现象十分突出。在我国的房地产市场中，交易监管主要是通过法律、行政的手段对市场进行监管，其主旨之一就是通过政府的监管，维护市场秩序，促进市场健康稳定发展，保护权利人的合法权益，让买卖双方处于相对平等的地位。

房产监管领域的信息化虽然起步很早，但是以管理、审批、备案等行政管理方式为主，信息系统分散，单个系统数据不能有效发挥大数据分析解决问题的作用。大部分数据分析应用只满足于单一的政务业务需要，局限于基本汇总、分类、简单计算基础之上的报表浏览、简单查询、数据比对等，仅是对原始数据的"复制式"展现和对现象的"陈列式"描述。对于政务服务数据和用户行为数据的利用程度不高，不能从区域、行业、个人等深层次角度进行数据动态分析和对比，为领导提供决策的作用不明显。

2015年，住房和城乡建设部出台《房屋交易与产权管理工作导则》，要求"各地要加快推进信息平台建设，逐步实现房屋全生命周期管理。"《房屋交易与产权管理工作导则》

中明确提出了"房屋全生命周期"这一概念。如果用生命的角度来考虑交易管理，监管对象和目标也就明确了，监管也就找准定位了。把房屋拟人化，监管实质是"房屋全生命周期的管理"，即以过程管理为主，以商品房为例，从房地产开发企业的资质、从业人员管理、商品房预售许可到商品房预售合同网签、备案、预售资金的监管以及房屋竣工后的交付、办理产权证以及后期的物业管理等，实际就是对房屋的生老病死全程管理。

房地产业既是国民经济的基础性和先导性产业，也是支柱性产业，在整个国民经济中的地位和作用尤为重要。房地产业是指从事房地产开发、经营、管理和服务的产业。在目前的政策引导下，政府根据当地实际情况对房地产市场实施有效的宏观调控手段，保障房地产市场平稳健康发展是工作的重中之重。智慧房产监管平台基于对政策的理解，对市场的摸排，以信息为基石，通过先进的信息和通信技术手段，分析、整合房产市场的各项关键信息，从而对市场调控、行为监管、政策导向、政府决策做出智能的响应，实现房产市场智慧式管理和运行，进而为城市中的人创造更美好的生活，也是当今房产监管发展的新目标和新模式。智慧房产监管平台的建设，最终目的为惠及广大民众，提供领导决策的信息支持体系，并与苏州市吴江区范围内其他智慧项目建设成果形成信息共享生态圈，建立城市的信息仓库，为公共服务体系服务，最终输出科学精准的分析决策数据提供高层决策，让智慧理念名符其实。

2）平台介绍

（1）建立 CIM＋房屋安全管理场景应用

综合运用大数据＋CIM 技术，利用城市建筑模型信息、房屋基础数据，结合房屋普查、房屋安全巡查、安全评估、隐患房屋治理等房屋动态业务数据，建立房屋安全管理指标体系，通过时间序列分析、聚类分析、分类分析等数据分析方法，打造 CIM＋房屋安全管理可视化。

图 8-14　苏州市吴江区智慧房产监管平台-房地产市场综合分析

(2) 建立城市既有建筑地址标准库及可信资产链

对城市既有建筑地址进行实地调查、对无人机绘制的建筑图斑进行点面匹配、与公安局数据库进行分析比对、GIS纠偏、降噪等综合数据治理，对历史存在的各类非标地址进行标准化治理，与公安地址统一，与标准坐标系统一，并建立唯一关系。融合城市既有建筑的房屋属性、安全属性、管理属性等数字化档案，运用区块链技术建立可信建筑资产库，为数字社会的建设以及数字政府的共享机制建立和推广打下坚实的底层基座。

(3) 搭建地图平台推动数据"一网集成"

建设区级数字城市地图平台，建立数据统一标准，建设大数据分析决策模型，并将动态数据对接地图平台，全面汇聚数据池的"质"与"量"。

一是综合吴江区地理信息、楼盘信息、房产信息、个人信息等做大数据分析，并进行多维度统计分析，以图形化的方式展现，为领导提供分析决策支持。

二是以图管房，提供公开的房产公共查询平台，为市民提供房产类综合信息服务，同时深度挖掘信息背后的价值，发挥信息共享支撑多部门协同服务的作用，并以合作开放的心态与其他平台、部门建立信息共享，共赢互利的应用生态圈。逐步探索在房产交易过程中，把分布式、去中心化思维应用在房产民生领域，使市场更加规范、透明、公正。

三是稳步推进"保交楼、稳民生"工作，对辖属范围内房地产企业在建工程进行资金监管，因地制宜用足用好政策工具箱，支持刚性和改善性住房需求，管控重点风险，缓解市场观望情绪，保障房地产市场平稳健康发展，保持房地产市场调控政策连续性和稳定性，有效防控房地产领域风险，防范社会矛盾。

(4) 打造基于房产管理的智慧社区服务

通过接入社区房屋BIM数据、社区智能基础设施的IoT数据等，具备对社区基础信息和设施设备的动态管理，同时引入贷款和保险等盘活社区中的资产，实现基于房产管理的可信可视可持续的智慧社区建设模式。依照权限向居民、物业和政府部门提供智慧社区相关数据，并提供增值服务。通过社区层面的数据收集，实现以区县为单位的智慧社区建设情况统计分析，为主管部门决策提供数据支撑。

3）建设内容

智慧房产监管平台是在原有各自独立的房产管理系统的基础上，整合业务信息，在保证个人信息安全的基础上，开放公众对个人房产信息的查询，并补充基础地理信息，与智慧城市基础图库相结合，叠加上房产信息图层，以GIS形式展现区域房屋情况，结合基础信息，通过大数据分析，以智能化算法，对吴江区范围内的房产市场做有效监管。

项目建设内容构建"一张图、多平台、立体化、中心化"的一体化总体布局，其中：

(1) 一张图：以吴江区域图为基础，以图形化管理为切入口，更直观、形象地展现房屋在区域中的分布，准确定位房屋所在小区的位置，并以平面图、三维图等多视角展现，在图形空间基础上叠加房屋属性。

(2) 多平台：综合大数据平台信息、房产信息管理平台、房产测绘管理平台、资金监管平台、智慧吴江APP、吴江住建微信平台等多个系统平台，开发房产公共查询平台；形成分析决策支持中心。

(3) 立体化：引入空间管理，以立体化空间思路对房产进行全生命周期管理，包括空间管理与属性管理。空间管理实现楼盘场景和楼宇、房屋的定位和浏览。属性管理实现对房屋楼盘管理、交易监管、区域统计等。

（4）中心化：开发地图中心、数据中心、分析决策中心，通过大数据分析，对平台数据进行多维度统计分析，以科学合理的算法支持领导做出应急和重要决策。

决策支持中心在房产监管领域内的应用能辅助决策者通过数据、模型和知识，以人机交互方式进行半结构化或非结构化选择。为决策者提供分析问题、建立模型、模拟决策过程和方案，调用各种信息资源和分析工具，帮助决策者提高决策水平和质量。

8.5.4 鸡西鸡冠区智慧社区项目

1）项目概况

鸡西市政府要全面贯彻新发展理念，抢抓新发展机遇，加快数字政府建设，培育壮大数字经济，为助推鸡西全面振兴注入新动能、提供新支撑。

要提升治理能力，全面推动市场监管、生态治理、社会治理等重点领域数字化建设。

要提升监管能力，加快建立公平公正的智慧监管体系，减少人为干预，压缩自由裁量空间。要提升服务能力，依托一体化政务服务平台，加快提升政务服务标准化和便利化水平。要提升共享能力，加快消除"数据孤岛"、打破"信息壁垒"，推进"一朵云""一张网"全覆盖，实现公共数据资源有序开放、有效共享。

要加快数据资源普查，进一步摸清现有政务信息系统和政务数据资源底数，形成统一清单，实现全程管理。

要加快数据平台建设，增强数据共享、数据治理、数据管理、数据分析等公共支撑能力，为数字政府、数字鸡西建设提供数据保障。要加快数据资源共享，强化统筹协调，加强服务管理，推进数据跨层级、跨地域、跨系统、跨部门、跨业务有序共享。

要加快数据价值挖掘，优先推动对于民生服务、社会治理和产业发展具有重要价值的政务数据向社会开放。

2）应用软件、平台简介。如图8-15所示。

智慧社区基于标准规范体系、信息安全保障体系，架构五层内容。

第一层为基础建设层，包含：GPS、大数据存储、云计算中心。

第二层为网络传输层，包含：5G、互联网、光纤、专网、NB-loT、LoRa。

第三层为数据资源层，包含：全量人口数据库、地理空间数据库、结构化存储数据库。

第四层为平台能力层，包含：社区融合服务、空间地理平台、大数据资源中心。

第五层为业务应用层，包含：服务对象、应用功能。服务对象分为平台应用人员与平台服务人员。应用人员包括：社区治理方面的市、区县、街道/乡镇，以及社区管理方面的居委、村委、物业、业委；服务人员包括：社区居民方面的业主、租户、社区党员、特殊人员。应用功能（PC管理端）分为基础数据管理、社区业务管理、社区决策分析、社区综治、社区党建、疫情防控等。

3）应用内容

在充分运用移动互联网、物联网、大数据、云计算等现代科学技术的基础上，整合社区人、地、房、物、事、情、组织等信息，统筹社会治理社区服务和商业服务等资源，以智慧社区治理与公共服务平台为载体，实现新型、智慧的社区治理和社区服务创新模式。

第8章 智慧社区

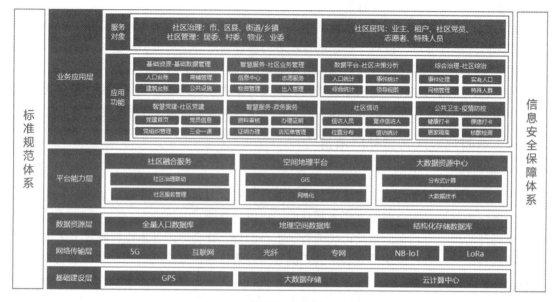

图 8-15 智慧社区项目框架图

智慧社区平台通过建立民政局、街道、社区的三层社区管理标准，以提升社区管理水平为核心，为社区在日常工作中提供便利，同时针对街道及民政局等部门，可以了解社区运行状态，掌握街道及社区的人口数据情况，为相关部门及领导的决策起到数据支撑作用。

智慧社区系统为社区工作提供全方位的日常管理支持。针对社区基础台账管理的痛点问题，通过信息化、智能化手段改善传统管理方式存在的不足，提高管理效率；在社区治理方面，通过建立完整的社区事件处理流程，规范社区事件处理机制，提高突发情况和社区日常问题的响应能力；在社区考核层面，针对社区人员、物业等部门建立多维度考核模型，通过客观数据统计量化社区工作，进一步监督社区工作。

4）应用效益

鸡冠区智慧社区累计开通 7 个街道 2 个乡、21 个社区、16 个村，360 个实有小区，400 余个网格，近千名网格员，累计录入实有人口 40 余万人，建筑 3000 余栋、实有住宅 20 万户，企业商户 4 千余个。上线不到一个月，处理事件总数 1843 件，彻底解决老百姓上报难，基层治理人员权责不清晰、管理层家底不清、监管难度大等问题，事件处理效率提升了 45%，事件好评率提升 32.97%。

智慧社区产品为鸡西鸡冠区政府，提升社区基层网格化治理能力、行政执行能力、为民服务能力、平安建设能力，实现了基层治理体系和治理能力现代化的新格局。

8.5.5 陕西｜5G移动通信技术赋能新型社区

1）项目概况

2022 年 2 月 23 日，渭南移动初步建设完成渭南市首个"5G＋智慧社区"项目。该项目充分利用中国移动智慧社区物业管理平台，将 5G 作为整个智慧社区的粘合剂，基于爱家社区平台，以实现智慧社区包括：网络资源、计算资源、社区管理系统等横向能力打通,再辅之以创新应用和社区的深度融合,完成小区业主人脸识别登入,人行、车行的后台数据智能化管理,社区服务实现统一管理,更高效、更便捷,推动社区智慧建设突破传统模式下的技术瓶颈并继续向智能化智慧化方向转型。

2)平台介绍

爱家社区平台可提供社区所需的全套 PSaaS 服务,包括物业对社区智能化管理的需求;给住户提供丰富的线上社区服务,包括报事报修、安防布控等;提供政府综治的相关内容,面向街道、社区公安提供监管协同的能力;面向网格人员提供网格化营销运营利器,实现网格价值运营,助力社区全面智能化,如图 8-16 所示。

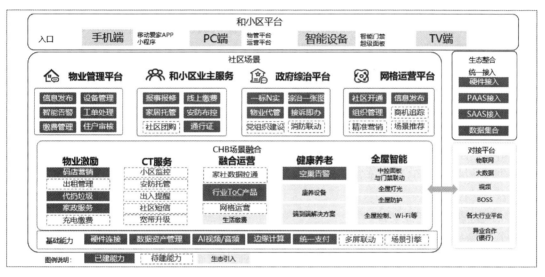

图 8-16 基于 5G 的社区 PSaaS 整体架构图

3)应用内容

陕西 5G+新型智慧社区工程,从满足群众美好智慧生活体验需求出发,涉及社区通行、云上安防、物业智管、智能设备、数智防疫、增值创新六大场景,可对全方位数据及周边环境进行实时跟踪、监测,让小区管理进入数智化时代。

通过对智慧礼区的场景功能分类,规划打造了小区入口、高空抛物、单元入口、智慧充电桩、智慧中控室、智慧家庭六类监测点,实现了小区业主人脸识别登入,人行、车行的后台数据智能化管理,社区服务实现统一管理,更高效、更便捷。

(1)场景一:社区通行

① 人脸识别赋能无感通行

在人员管理方面采用人脸门禁系统。本系统通过人脸采集的方式形成社区人脸库,通过 SaaS 管理平台可以实现对人脸功能的下发、管理、查询等管理功能,授权后的人脸可以灵活应用于各业务子系统中。业主回家可通过人脸识别,访客可通过业主授权的临时二维码、人脸等方式进出,未预约访客,可通过云对讲的方式,由业主通话确认后进行开门。

② 智慧车行"0"排队

社区停车场应用充分考虑了端到端的停车场应用场景,提高停车场的信息化、智能化管理水平，实现停车场运行的高效化、节能化、环保化，降低管理人员成本、节省停车时间，提升社区的消费层次以及顾客的使用体验。车辆出入口控制系统由前端系统、传输系统、中心系统组成，实现对车辆的全天候 24 小时监控覆盖，记录所有通行车辆，自动抓拍、记录、传输和处理，同时系统还具有车牌与车主信息管理等功能。

(2) 场景二：云上安防

云上安防聚焦人民对生活安防、老幼关爱刚需，综合运用机器视觉能力，人脸识别、视频分类、视频结构化分析等算法，通过摄像头采集数据，实现重点人员布控、周界报警、智能巡更、安防联动，全面升级社区综合治安能力，解决社区安全隐患。

主要是利用前端设备包括摄像头及传感器，实现对空间下的烟、水、电、可燃气体、温度、报警、视频等多种多样数据的采集，通过图像识别、报警联动等功能，实现风险预警及事件处理，构建立体的社区整体安防保障体系。

(3) 场景三：家庭智能

面向社区居民智能、美好生活的需求，提供"一体化"服务体系，融合小区、家庭、周边应用，联动家庭一步走进智能生活。结合移动用户权益，打造更贴心、更智能、更全面的线上社区生活圈。面向业主提供便捷生活工具。"和小区"APP 为集小区、家庭、周边应用为一体的服务型 APP，增加智慧家庭控制模块，实现在同一 APP 进行社区爱家庭智能"双升级"。APP 功能丰富、体验优质，涵盖社区生活服务缴费、报修、安防、管家等内容。

(4) 场景四：智能硬件

① 智慧梯控

智能呼梯应用是指已获得物业授权的楼层，业主可通过手机 APP 进行呼梯和点亮的操作，同时支持联动室内设备。多种鉴权机制保障电梯楼层权限控制，严格限定业主或者访客的出入。

② 共享充电桩

提供智能化、可运营的电动自行车安全充电解决方案，根据小区非机动车地下停车库的实际情况进行设计，建设智能充电系统，通过物联网技术实现消防异常事件的实时发现，以及电气线路和充电设备安全隐患的排查，并可通过后台向相关管理人员发送预警信息，达到"防范于未然"的目的。

③ 垃圾分类

在社区设置智慧垃圾分类点，并通过刷脸、手机二维码、NFC 等方式投放、语音提醒、积分兑换等方式来引导居民正确进行垃圾分类。实际案例可以根据小区地下室面积及小区人口配置垃圾集中投放地点，实现无人看管定时定点投放，管理平台实现垃圾桶投放量的统计、清理转运工单记录管理、使用人数统计量等功能。

④ 智能机器人服务套装

智慧社区智能机器人解决方案在遏制疫情发展、做好社区安防、提供智能服务方面发挥巨大作用。安防机器人承担社区巡更重担，进行黑名单告警、外来人员筛查、异常状态提示、防护知识实时提醒等；载货机器人可为隔离人员送餐、送生活必需品、送药品等，减少与病毒源接触机会；无人机实时巡逻，提醒不戴口罩外出的住户，提高大家的防疫意识。

(5) 场景五：数智防疫

① 工具升级，发挥数智抗疫战力

软件侧，聚焦两大基层防疫工具打造，实现数智化防控管理，助力基层社区防疫人员快速摸排。

一是利用防疫信息采集码，解决居民聚集排队采集信息，带来的病毒二次传播问题。居民扫码录入个人防疫信息，防疫人员在综治防疫平台查看和确认居民健康信息，出行时物业扫码核销，全程无接触抗疫的同时助力基层减负。二是以轻量化方案推出"电子通行证"，响应政府政策要求，以家庭为单位有效控制住户出入频次，联动健康码实现安全、高效、精准的社区出入管理。

② 人码合一，打造家门口的"防疫哨兵"

基于智慧小区人脸门禁与健康码大数据平台的打通，实现以人脸识别门禁为载体，集成居民身份识别、健康码核验与出入管控等功能，根据数据判断结果自动管理门禁，绿码通行，黄码和红码则由保安人员核验后通行；搭配无线测温仪，将社区防疫落到实处。

(6) 场景六：增值创新

① 创新一：超级 SIM 卡、一卡走三门

推动 USIM 卡识别能力服务场景智联，依托 USIM 卡身份认证能力，制定"智慧社区平台＋门禁/门锁＋USIM"综合解决方案，实现以 USIM 卡为"钥匙"，刷手机出入社区门禁、单元门禁、家庭门锁的智能交互方式，为客户提供家社联动新体验。

② 创新二：三屏互动、智能顺振

延伸 VOLTE 技术、OTT 技术等移动音视频能力应用场景，赋能智能门禁屏、家庭中控屏、业主手机屏等带屏设备，实现可通话、会开门的多终端互联互通互动，打造"多屏共振"新体验，延伸智慧社区服务场景。

③ 创新三：云报表＋AI 语音，赋能社区智慧通知

以智慧社区平台为切入，实现"一户一档"助力物业信息统一收集，将住户、车辆、访客、房屋结构等信息汇总，实时查询，方便小区的治安管理及数据收集。

特色推出"云报表＋AI 语音通知"系列智慧通知产品，打造省级标杆应用，依托平台问卷设计功能，集成语音通知、模板共享、任务共享与综治发布等功能，支持多样化、自定义模板设计。基于"一社区一报表""一村委一报表"，实现社区居民无接触、高效率、强触达型信息同步，助力社区基层管理提质增效。

4) 应用效益

截至 4 月底，陕西全省发展爱家社区 1500＋，覆盖 39 万＋陕西省用户，提供 1000＋项 SaaS 服务。已开通 1765 台门禁设备，服务 5.2 万个家庭智慧通行，智慧小区防疫平台落地小区 1553 个，为数字城市建设打下坚实基础。

(1) 助力"共同富裕"建设目标

面向爱家社区试点单位想居民提供集家庭、社区、周边服务为一体的智慧生活解决方案，以改造带动全面提升，实现基础设施完善、居住环境整洁、社区服务配套、管理机制长效、小区文化彰显、邻里关系和谐，提高人民群众幸福感、获得感。

(2) 促进政务数字化升级

建立省、市、区、街道、社区五级管理模式，拉通上传下达通路，协助政府政务数字

化升级。解决社区工作涉及面广，工作繁琐等问题。通过便捷、易用、灵活配置的政府综治平台协助政府进行精细化管理，提升街道服务水平。依托信息化手段和标准化建设，整合多部门系统，统一办事流程、统一标准规范、统一监督反馈，面向公众提供多跨场景联动的基本未来社区综合服务，百姓满意、社会和谐。

（3）提升疫情等公共事务应急防控效力

以智慧社区建设项目为切入点，打造"平台＋硬件＋服务"一体化解决方案，创新推出六大系列抗疫产品，依托人脸识别门禁，集成居民身份识别、健康码核验与出入管控等功能，实现社区居民无障碍、高效率通行、居家安全隔离，助力社区防疫管理提质增效。

参 考 文 献

[1] 宋航．万物互联：物联网核心技术与安全[M]．北京：清华大学出版社，2019．
[2] 丛北华．智慧社区物联网系统[M]．上海：上海科学技术出版社，2022．
[3] 王春莲．智慧城市中物联网及云计算技术的应用[J]．电子技术与软件工程，2018(13)：2．
[4] 王洁，王春茹．基于物联网的智慧社区管理系统的研究与设计[J]．山西师范大学学报：自然科学版，2019．
[5] 刘恬．物联网智慧小区安防技防系统建设分析[J]．科技创新与应用，2020(8)：2．
[6] 辜应勇．物联网技术在平安智慧社区中的应用及未来展望[J]．中国安全防范技术与应用，2019(3)：5．
[7] 张建鑫，杨柳，韩麟之．我国智慧社区的发展现状及功能设计[J]．河南科技，2021，40(4)：3．
[8] 张靓，李嘉诚．智慧社区综合设计方案与研究[J]．现代工业经济和信息化，2021，11(6)：4．
[9] 丁丹阳．5G＋AIoT 趋势下 智慧社区的发展机遇与趋势[J]．中国安防，2020(1)：4．
[10] 智慧社区建设运营指南报告[R]．北京：国家信息中心智慧城市发展研究中心，2021．
[11] 张国强，李君兰，马军亮，等．智慧社区建设运营模式研究[J]．未来城市设计与运营，2022(1)：86-88．
[12] 孙轩．中国的智慧社区建设：背景、内涵与实践[J]．城市观察，2020(6)：128-137．

第9章 智能建造与建筑工业化协同发展

9.1 概述

2021年，我国以装配式建筑为载体，以新型建筑工业化为抓手，以数字化、智能化为驱动，加大智能建造新技术、新产品在工程建设领域应用，大力培育全产业链融合一体的智能建造产业体系，不断提升工程质量安全水平，进而为建筑业转型升级聚势赋能。为实现建筑工业化工程项目短周期、减能耗、少污染和建筑高品质、高效益的目标，全产业链不断加强智能建造关键性技术在设计、工厂加工、施工装配、运行维护、行业监管场景融合创新与深化应用，推动科技成果转化、重大产品集成创新和示范应用。

9.2 智能设计

9.2.1 定义

通过可视化、数字化、精细化、智能化技术手段，提升设计企业基于BIM的一体化集成设计、协同设计、专项设计和综合管理能力，解放全要素生产力，输出高价值智力型服务，强化企业核心竞争力；从应用软件、协同设计、智能设计、专项设计、标准体系、数据管理、共享资源、合规审查、质量保障、培训认证、系统集成、科研开发等多方面为设计企业数字化、智能化转型提供整体解决方案，为设计企业赋予高质量的技术、管理、服务、人才支撑，提升综合效益，实现可持续高质量发展。

9.2.2 应用场景

1）基于BIM的多专业协同设计

采用基于自主BIM平台的多专业、多参与方的数字化协同设计技术，搭建BIM协同设计平台，提供构件级协同能力，实现以BIM数据交换为核心的协作方式；通过BIM协同平台集成各专业设计成果，提供模型参照、互提资料、碰撞检查、差异比对等多专业协同设计方式，消除各专业设计中的冲突；通过基于云服务的多端（PC端、WEB端、移动端）协同平台，集成云存储、图档管理、模型共享与批注等功能，提供跨企业和跨地域的协同应用模式，满足不同场景下的多类型协同工作需要。

2）基于BIM模型的智能化设计

将BIM技术与人工智能技术相结合，利用数字化模型智能化完成建筑方案优化、结构优化设计、机电管线智能设计、多专业管线综合、建筑性能分析、精细化统计算量、自动出图等设计任务；基于人工智能技术的施工图纸识别技术，以 PDF 图纸格式为输入，智能识别施工图中的各类构件、封闭空间、构件编号、表格及标注信息等，形成具备完整信息的 BIM 模型。

3）基于 BIM 的一体化集成设计

针对建筑工程体量大、专业多的特点，将 BIM 技术与专业技术深度融合，扩展自主 BIM 技术应用领域，使数字化设计覆盖建筑设计全要素和全流程，实现全专业一体化集成设计，提升 BIM 技术应用效果和价值；通过 BIM 设计模型质量验证，实现伴随设计过程的规范检查；从建筑项目全生命期数字化角度提升 BIM 设计品质，结合生产、施工和运维阶段应用需求，完善各阶段 BIM 模型交付标准，使设计 BIM 模型达到后期应用的交付要求，实现设计-施工-运维一体化。

4）基于 BIM 的专项设计

提供装配式 PC 结构设计、装配式钢结构设计、复杂结构分析设计、绿色建筑分析设计工具，使企业具备专项设计能力，提升业务竞争力。

(1) 装配式 PC 结构设计：按照装配式建筑精细化、一体化、多专业集成设计要求，快速完成装配式建筑全流程设计，包括方案、拆分、计算、统计、深化、施工图和加工图，可实现智能拆分、智能统计、智能查找钢筋碰撞点、智能开设备洞和预埋管线、构件智能归并，即时统计预制率和装配率，自动生成各类施工图和构件详图，自动生成构件材料清单；设计数据可直接接力到生产加工设备。

(2) 装配式钢结构设计：针对 100 米以下多高层以及大于 100 米的规则高层钢框架结构，对钢结构构件及节点进行设计分析，完成钢结构主体设计和图纸深化设计。提供丰富的标准化构件、零件库、装配式构件库以及标准化节点库，支持用户自定义构件；可实现"三板体系（屋面板、楼面板、墙板）"的自动排板；可接力结构分析软件的模型数据和计算结果，自动生成钢结构布置图、节点详图、零件安装图、加工图和材料统计报表。

(3) 复杂结构分析设计：大跨度钢结构、复杂高层结构等在全生命周期中多种灾害作用下的智能设计，包含复杂多高层结构在爆炸、冲击等偶然荷载作用下的抗连续倒塌实用设计方法；大跨度、长悬臂钢结构或钢与混凝土组合结构在人群荷载下的舒适度设计；大跨度钢结构在火灾荷载下的承载力设计方法；超高层结构在台风作用下的减振设计方法；设置调谐质量阻尼器等减振装置结构的优化设计方法。

(4) 绿色建筑分析设计：按照绿色建筑与建筑节能相关规范要求，在全专业 BIM 模型上将建筑环境、空间、材料、功能及设备数据集成管理，直接进行绿色建筑方案设计、建筑节能计算，同时实现绿色建筑评价所需的室外风环境与室内自然通风、建筑日照与室内天然采光、室外噪声与室内背景噪声构件隔声、建筑能耗提升与热岛温度模拟等方面的生态技术指标分析与评估，提出降低能耗与合理有效利用自然能源的整体解决方案。

5）基于云服务的设计资源共享

基于云服务建立设计共享 BIM 资源库，如标准构件库、设备库、做法库、户型库等，提供统一的共享 BIM 资源，并使标准部品部件成为贯穿建筑设计全流程的基础单元，提升设计标准化程度；建立基于公有云的设计共享资源库管理平台，以标准化产品数据表达方式及开放的数据接口，提供审批分级、入库存储、模型下载、统计分析、完善更新等功能，实现跨专业、多用户互操作及数据集成更新，提供标准化的构件模型数据服务，保证模型信息的准确性和唯一性；研究设计软件与共享资源库链接技术，实现设计软件中自动调用库资源，完成装配式预制构件拆分、户型组合等功能，提高设计效率和精细化程度。

9.2.3 应用价值

1) 创新设计模式，形成核心竞争力

企业通过对国产平台及软件工具的学习与使用，逐步掌握BIM技术应用能力，探索以BIM正向设计为核心的设计模式，并扩大到全员、全专业和全流程应用。通过BIM技术梳理创新领先的协同设计工作流程，并利用模型数据优势合理解决设计环节各专业业务痛点，高质、高效完成设计项目交付，提升企业核心竞争力，打造优质品牌。

2) 降本增效，提升设计质量，创造综合效益

BIM模型的数据价值相比二维设计的图形价值更具有效益优势，形成以数据为中心的智能化建模、智能化设计与分析以及智能化出图的工作模式，可有效降低设计人员的脑力和体力劳动。同时，利用BIM技术解决跨专业模型信息的一致性问题以及模型数据转化应用问题，既可以有效提高设计效率，又可以大幅提升设计质量，减少设计错误。通过自主软件和平台的使用，提升建模效率的同时保证模型质量，降低模型返工导致的重复建模成本、沟通成本等，从而减少设计企业人力成本；高质量报审模型，将减少模型的重复审查流程，减少问题反馈成本和数据质量检查成本、物料办公成本等，提升工程项目设计方案质量。

3) 加强进程管控，提升管理水平

通过项目管理系统，及时跟进模型数字化设计进度，提升各环节的融合度，合理调配设计资源，有效地解决了信息交互问题，各专业高效沟通与配合，使得工程的进程监督变得更加便捷高效，确保项目按计划进度有序开展。同时，通过对已交付项目BIM模型的数据积累与合理分析，为项目管理过程改进提供决策基础，优化完善管理方式与管理水平。

通过EPC项目综合管理平台对设计、采购、施工全流程业务管理，打通各阶段数据，保证工程建设的连续性，各方沟通更畅通，解决项目设计与施工不协调问题，减少责任盲区，有利于整体项目的进度、质量、成本管控，保证经济效益。

4) 建立企业数据资产，打下可持续发展基础

通过多个BIM项目积累逐步建立企业标准资源库，包括通用构件库、材料做法库、标准户型库、标准造价库等BIM资源，为实现设计模型的标准化应用提供基础。同时，针对以BIM模型的工作模式建立企业工作标准以及技术应用标准，为企业规范化生产提供依据。此外，在日常生产中形成的数据资产可以更好地为企业发展提供有利条件，挖掘BIM模型的数据价值，拓宽市场覆盖领域和阶段，并创造更多价值。设计院的数据资产积累和沉淀，也将有效降低人员变动带来的核心技术转移风险。

9.3 智能生产

9.3.1 定义

智能工厂生产系统参考、借鉴生产制造业的先进技术与标准，以需求为导向、以数据

为驱动,将互联网、物联网、人工智能、大数据等新兴技术与机械化、智能化制造工艺深度融合,实现厂内销售采购、生产制造、经营管理等环节的高度协同。系统识别、对接BIM设计信息,完成生产设备的数控驱动,极大解放生产企业中的人工劳动力,减少人工干预,实现工厂排产、采购、加工、生产、运输、库存等阶段的信息化管理,科学提升生产标准化程度与工作品质,降低传统湿法作业带来的能源消耗与污染排放。

1) 项目管理

项目立项,维护项目基础信息,支持项目状态、编码规则和标签模板设置及项目楼层、楼栋、整体进度查看。

2) 设计-生产数据对接

从设计端自动接收 BIM 深化设计数据,同生产线或生产设备直接对接。导出生产数据至 MES 系统,免除数据的二次录入,实现钢筋自动化加工、混凝土自动浇筑、工厂排产优化与堆放,强化数据流转与共享,提升生产效率。

3) 智能排产

接收深化设计数据,完成项目总生产计划、工厂月生产计划、周生产计划的制定。同时系统根据 BOM 信息计算出计划内构件生产所需的原材料用量,指导仓库备料;生产计划完成情况实时更新。

4) 钢筋智能加工管理

根据构架生产计划制定钢筋加工计划、钢筋下料任务单,对钢筋加工、钢筋笼入库、钢筋笼报废等业务环节进行管理,同时提供钢筋生产统计、钢筋笼查询、钢筋笼库存、入出库明细查询、下料提醒等功能。

5) 搅拌站管理

云生产管理系统与工厂搅拌站对接,实现数据自动传输,根据搅拌站原材耗用情况,自动生成混凝土原材出库单,扣减相应库存。

6) 生产过程管理、质量管理可追溯

建立建筑构件编码体系,将构件系列码与 BIM 模型、构件数据库相关联,在构件生产过程中通过二维码或 RFID 电子标签对构件全生命期进行管理。针对隐检、成品检、入库、装车、卸车、安装等核心环节进行全程跟踪记录与管控,实现构件全生命期追溯性质量管理。

7) 质量管理

原材检、构件隐蔽验收、成品质量检、构件修补记录、构件报废、质量问题台账、合格证、构件成品合格查询;质检员通过手持终端完成质量检查,拍照上传至系统。

8) 智能堆场管理

构件入库、发货计划、构件出库统计、构件盘存、库位变更、库位/构件定位查询、电子仿真地图高亮显示构件存放位置;根据构件信息、堆场情况等因素实现构件入、出库引导,建立构件堆场 BIM 模型,实现等比例实时堆场展示。

9) 驾驶舱

查阅各工厂基本信息与生产、经营统计数据,辅助完成决策分析。项目管理驾驶舱以图表的方式直观显示各项指标,实现对指标的逐层细化、深化分析。实现灵活配置,根据不同项目特点,设置不同的图表数据,展示项目不同指标信息。

10）决策支撑

多维度、多类型项目数据统计分析，为决策者提供及时准确的数据依据，便于管理者时刻掌握项目情况，即时决策、即时发现风险，总结经验优化管理。

9.3.2 应用场景

1) 生产执行

设备运行监控：创建生产企业数字资产库，完成重要设备的BIM建模，在模型中真实复现设备外观、结构、运转详情；支持设备运行、能耗、故障数据实时接入与可视化展示，并能对突发情况及时报警，联动现场周边摄像头，快速报备周围信息。针对异常报警事件，管理者可根据设备具体情况及系统同步数据，实现快速响应与人员调度指挥，大大提高突发事件的响应速度与处置效率。

仓储监控：采用高精度定位技术，实现对仓库信息可视化规划、库房物资的出入库管理、自动生成报表等智能化仓储管理功能，提高库房管理的工作效率，降低人员成本。支持管理者对货物编号、进入时间、库存余量等详细信息进行实时查询，辅助其提高对物料堆存场地监管力度，降低物料管理成本。

2) 过程控制

生产监控：无缝对接企业CRM/ERP/MES等系统数据，对工单完成情况、今日交付工单、工单生产进度、工单完成率、产品直通率及生产效率等数据进行追踪，整合工厂信息系统数据，清晰掌控工单进度及产品质量指数，辅助管理者实时掌握生产数据，把握生产进度，产能监控，提高生产效率，按时按量完成生产计划。

物流监控：基于车联网、大数据技术定位物流车辆，实时监控车辆轨迹，对行驶异常现象实时警示，情节严重者及时报警。异常订单追溯运输车辆的行驶记录，实现物流各环节可视化、动态化管理，辅助生产企业、运输企业的管理者完成对物流任务的智能化决策分析与应急处理，提升运作效率与自动化、智能化执行能力。

工程监管：(1) 客户对生产过程的监管：生产企业通过微服务技术提取生产过程数据与作业视频，连同重要指标分析开放给客户查阅，响应客户对生产过程监管、远程查验的项目需求，使生产细节更为透明化，提升客户对生产企业、生产构件的品牌信任度。(2) 生产企业对供应商的监管：读取生产设备数据，掌握供应物品生产过程中的相关参数，过程留痕、后期追溯；读取生产监控视频，实现对生产作业的远程监管；按权限读入供应商生产作业共享信息，掌握供货订单的执行状态与品质，预估风险、及时止损。

质量追溯：定制质量监管制度与工作计划。为每项设备配备唯一标识码，各项工作完成后，及时记录生产、物流环节重要信息，将检验者、检验时间、检验地点、检验过程、检验结果等数据关联各设备，完成企业对设备生产、采购、销售全过程的信息追溯。发现问题，及时预警，同步通知责任人处理突发事件。创建并维护质量问题数据档案库，形成来源可溯、去向可查、责任可追的质量闭环管控系统。

3) 经营管理

供应链协同优化：将原料采购、生产、市场需求有机结合，科学排布运营规划。

综合态势监控：创建生产工厂的数字孪生模型，全景展示生产作业监控区建筑分布、功能分区、边界等要素。高度融合工厂现有数据资源，对工单管理、产能监管、设备监管、仓储管理等领域的关键指标进行综合监测分析,辅助生产企业管理者全面掌控厂区运行态势。

厂区监控:利用传感器技术实现动态捕捉、热成像报警、人脸识别、温湿度感应,利用 OA 或报表系统实现在线巡检、信息发布、会议室线上预约、访客线上登记,将系统数据和传感器数据利用微服务接口进行调用,形成厂区全貌管理指标,经由驾驶舱实现对厂区资源的统一高效管理,打造绿色、高效、安全的智慧园区。

9.3.3 应用价值

智能工厂,以数据为基础激发生产企业数字化、智慧化转型进程,利用 BIM、AI、物联网、设备监控等技术强化企业信息管理力度,清晰掌控产销流程,大幅降低生产线上的人为干预,提升生产过程的可控性。生产系统对全程数据的采集记录与查询监管精准、及时,利于管理者科学化定制生产计划。

1) 内部优化

企业通过生产云系统梳理并促进内部流程优化,建立工厂敏捷反应与协作监控机制,实现销售、采购、生产、财务多领域一体化成本管控,增强工厂核心竞争力,达到"信息可视化、操作透明化、流程标准化、管理精细化",从而实现企业利润最大化。

2) 产业链整合

生产云系统以工厂生产管理为重点,向上下游整合设计、材料、生产、施工等环节,通过"建筑+互联网"的形式助推产业链条内部资源的优化配置,为建筑业技术与经济和市场的结合提供了公共平台。

3) 转型升级

生产云系统有助于推动一个高度灵活的数字化和协同化的建筑产品与服务的生产模式。BIM 技术、MES & PCS(生产工控系统)与生产设备的高度融合,为工业化中的重要环节-加工工厂的自动化、协同化、智能化生产提供了技术保障。同时 BIM 技术将关联环节一一打通,加速促进建筑行业全过程、全产业链的工业化、信息化、协同化的转型升级。

4) 市场反馈(表 9-1)

智能生产系统市场应用反馈 表 9-1

模块名称	主要功能	与前期模式对比投入	与前期模式对比收益
企业基础信息	1. 建立统一的材料、构件信息 2. 建立统一的客户、供应商信息,进行客户、供应商管理	工作量相同 可减少部门间的重复工作	1. 厂内材料、构件信息统一,避免各部门信息差异 2. 信息统一便于提高物料管理工作效率,电子化管理 3. 信息透明化,便于日常统计
工厂管理	1. 工厂管理,监控各分厂生产报表 2. 车间管理,建立车间档案,进行派工统计 3. 劳务队管理,建立外包队档案,进行派工统计 4. 生产线管理,建立生产线档案,统计生产任务数据 5. 模台管理,建立模台档案,编制、统计模台生产记录	编制信息的工作量相同 公司可根据自身管理需要决定是否使用本功能	1. 减少人工统计生产数据的差错率 2. 方便计算各项目成本分摊 3. 方便统计外包工作数据 4. 方便追溯产品生产信息 5. 方便制定详细的生产计划

9.3 智能生产

续表

模块名称	主要功能	与前期模式对比投入	与前期模式对比收益
项目管理	1. 项目立项,统一项目总体数据 2. 工厂项目管理,项目分解,建立生产数据	项目初期录入工作量较大	1. 统一归口项目生产数据 2. 系统自动更新生产进度
合同管理	记录项目合同、原材料采购合同、设备采购合同、模具加工合同、物流运输合同	工作量相同	1. 将公司所有合同归口管理 2. 记录合同明细、收款、结算,便于查询
模具管理	1. 项目模具管理 2. 模具加工计划 3. 模具维修、统计、报废	工作量减少,效率提高	1. 系统记录项目专用模具,便于追溯管理 2. 记录模具加工、外采计划,确保账实相符 3. 模具维修登记 4. 模具报废、盘点 解决模具台账、盘点、报废、维修的记录
生产管理	1. 生产数据,根据项目构件总量制定物料总计划 2. 制定生产计划:项目总计划、月计划、周计划、日计划 3. 统计项目物料总需求、月度物料需求、周物料需求 4. 生产任务管理:钢筋笼生产、构件生产 5. 生产进度统计	工作量相同,效率提高	1. 统一平台记录生产计划 2. 系统控制物料消耗 3. 生产过程实时记录 4. 生产数据实时查询
质量管理	质量异常统计	工作量相同,效率提高,无纸化	1. 减少人工纸质记录 2. 系统实时记录质检过程 3. 便于统计质量管理数据 4. 便于追溯,跟进异常构件处理进度
成品、原材料管理	记录成品、原材料出入库	工作量相同,效率提高,数据精准	1. 实时记录库存数据,实时查询 2. 货位管理,及时准确找到货物 3. 跟进异常物料、构件库存处理进度,便于财务核算
物流、施工管理	记录构件出货运输数据、现场施工安装数据	工作量减少,效率提高,数据精准	1. 出货数据记录,便于查询出货进度 2. 运输数据记录,物流公司结账核对 3. 施工现场记录,确认交货、退货明细,便于跟进处理
设备管理	记录厂内固定资产、重要设备、工具	工作量减少,效率提高,数据精准	1. 设备的入库、出库、报废、维修记录 2. 便于设备的盘点、成本核算

注:表内数据来自于北京构力科技有限公司数字建造事业部客户调研反馈。

9.4 智能施工

9.4.1 定义

立足新发展阶段，数字经济、碳达峰碳中和已上升为国家战略。建筑业作为我国超大规模经济体量的重要组成部分，是构建新发展格局的重要阵地。加快推动建筑业数字化、智能化发展是落实我国数字经济、碳达峰碳中和整体发展战略的重要举措之一。施工是建筑业工程项目建造全过程中最重要、最主要的核心环节，所谓建筑业的复杂性、发展的粗放性、生产力的低效性，主要表现在施工环节的各相关方面，所以加快推动施工的数字化、智能化发展是实现建筑业数字化及智能建造的关键。

智能施工是指，通过综合运用BIM、云计算、大数据、物联网、移动互联网、人工智能等技术手段，以智能化设备设施辅助或替代相关施工作业模式，对工地人员、机械设备、物资材料、场地环境、技术、质量、安全、进度、成本等要素在施工过程中产生的数据进行全面采集，并进行数据的治理、分析、共享和协同应用，最终实现智能作业、全面感知、互联协同、辅助决策、科学管理的一种新型施工生产和管理模式。

数字孪生是智能施工总体实现过程所依赖的核心理念，通过将施工过程中各种实体的、实际的信息数据映射到智能施工管理平台，辅助管理者进行科学决策和指挥调度，再经由智能施工管理平台及相关移动终端设备，使决策指令即时下达到作业一线。如此往复，持续优化迭代、高效推进施工生产，将极大提升施工质量、降低施工成本、提高总体施工管理效益。

智能施工的主要应用场景包括生产管理、成本管理、技术管理、劳务管理、物料管理、进度管理、质量管理、安全管理、文档管理、施工BIM应用、安全文明施工、绿色文明施工、建筑机器人应用、网络部署等方面。

9.4.2 应用场景

1) 生产管理

生产管理主要是对施工过程进行施工策划、施工组织、计划协同、任务分配、任务跟踪、指挥调度等综合管理。合理科学的生产管理，可以有效促进项目在进度、质量和安全等方面的全面达标甚至实现创优。

生产管理系统主要用于实现项目多专业、多参与方的施工任务协同，并通过移动端的信息反馈，动态化呈现施工现场的生产状态，辅助项目管控和高效决策。同时，过程资料完整保存，并自动输出相关数据报表，减轻现场施工人员的工作负担。持续积累项目数据作为企业的数字资产，进而助力实现企业管理的数字化转型，实现企业对项目的全面动态管控。

（1）统筹计划管理

生产管理系统支持总月周计划联动，以周任务的分派、执行和反馈为核心流程，通过将周任务的完成时间逐级向月计划和总计划返回，从而达到总体计划及进度的动态掌控。

9.4 智能施工

通过计划工期与实际工期对比，实时显示项目进度情况，系统精准分析项目延期原因，智能辅助项目管理人员进行统筹决策，如图9-1所示。

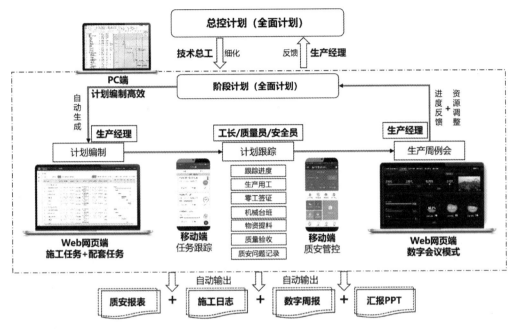

图 9-1 统筹计划管理典型应用

（2）计划责任到人

通过在系统中按照拆分的周计划及组织内部的管理责任划分，将相关任务项和周计划任务关联到对应的责任人，系统即会自动分发任务到关联责任人的手机端应用。后续系统会根据实际情况自动向相关责任人发送督促完成任务提醒和风险预警。同时，责任人收到的生产任务，均会关联相应施工图纸、技术交底等内容，便于指导现场作业，如图9-2所示。

图 9-2 计划责任到人管理

429

(3) 现场任务跟踪

通过手机端应用,任务责任人每天就计划任务完成情况、人材机资源消耗、安全、质量、分包零工管理等信息及时进行记录反馈,形成对应施工日志。实现现场生产信息及时同步共享,确保任务跟踪过程全面、准确、及时,如图 9-3 所示。

图 9-3 现场任务跟踪管理

(4) 施工日志管理

系统内置各省统计报表模板,基于责任人每天现场反馈的记录,系统可以自动生成施工日志并自动存档,日志包含文本、图片、影像等相关内容资料。

(5) 生产例会管理

系统能自动形成月度及周例会汇报材料(PPT/Word 格式),无需单独组织例会材料编写;随时可以基于系统召开项目部的月度及周例会,并在必要的情况下展示当前项目总体进度情况、关键节点进展情况、风险预警等,使与会人员共享统一资讯,辅助提高会议沟通效率和效果。

2) 成本管理

成本管理主要是对施工生产过程中所消耗的人力资源、物质资源和其他费用开支,进行策划、监督、调节和控制,贯穿从工程投标到施工准备、施工、竣工结算的全过程。成本管理主要包括两个层次,一是企业层的成本管理,企业层负责项目成本管理的决策,根据合同价剔除经营性利润等,确定成本目标并下达到施工项目部;二是项目层的成本管理,项目层负责项目成本的实施及控制,以确保实际成本控制在目标成本范围内。

成本管理系统主要以施工总包的成本业务为核心,结合 BIM 模型与生产进度,以目标责任成本为切入点,从源头和过程把控风险,积累项目数据,完善企业成本数据库,指导项目成本管理规范化、精细化、科学化,如图 9-4 所示。

(1) 成本数据库管理

系统内置一套成本规则,含成本科目字典、非实体费用模板、费用汇总模板等,同时这些规则均可由企业自定义调整。成本科目字典可根据企业管理精细度确定分析维度和内

9.4 智能施工

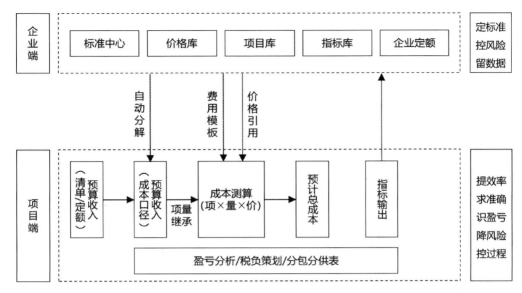

图 9-4 智能成本管理典型应用

容，定义企业成本费用项标准；非实体费用模板可根据施工组织设计和企业的投入标准，针对周转材料、租赁机械、现场管理经费及其他费用等非实体费用，按照企业自有标准配置费用模板；通过基于系统积累企业内部人工、材料、机械等价格信息，可辅助企业建立自己的成本价格管理库。

(2) 预算分解

系统可快速、准确、精细地完成从收入预算口径向消耗成本口径的转化。可无缝对接各类计价文件数据，确保拆分文件完整性。针对群体工程包含多楼栋的情况，可一键按照专业合并单体，减少重复工作量，也可针对不同业态分包的方式单独处理个性问题。同时，内置包含一键过滤、自动反查等诸多功能，辅助快速、精准完成预算分解。

(3) 成本编制

沿用预算拆分的结果，项和量主要包括人工费、材料费，其中机械费可根据实际情况进行详细编制。系统内置非实体费用模板，企业也可根据自身情况进行自定义调整，其中支持大型机械进出场费、周转材料费、安全文明费、临时设施费等更细的分类标准。成本编制价格可调用企业定额或价格库数据，也可从同类型历史项目价格中引用，完成批量刷价。

(4) 成本策划

按照成本测算结果，自动输出分包分供控制量和费用管理目标，进行分包分供规划。系统可自动生成收入与目标成本两算对比，全面识别项目盈亏点。盈亏偏差超出控制范围的费用项，系统将自动预警，并支持对偏差原因进行追溯，辅助成本测算人员及时制定增收止损方案。根据营改增后税负的计算方式，系统可自动统计销项税和进项税在直接费界面以及非实体界面测算出来的税金之和，进行税负策划。

(5) 成本核算分析

结合项目生产进度，系统可快速高效地统计过程产值。通过系统可生成基于成本科目、统计周期和工程阶段的预算收入、目标成本和实际成本的三算对比，实现项目成本动态管控。

3）技术管理

技术管理主要是对构成施工技术的各项要素和活动，运用科学方法，进行计划与决策、组织与指挥、控制与调节，贯穿施工准备阶段、施工阶段、竣工后阶段的工程项目施工生产全过程。技术管理是从技术保证角度实现对项目进度、质量、成本等的有效控制，良好的技术管理能促进项目总体管理目标的实现。

技术管理系统主要通过集成方案管理、图纸变更管理及 BIM 应用等的施工技术策划和执行管理功能模块，实现提升现场技术管理水平，减少技术问题导致的返工及各种项目风险，提升企业与项目整体收益，如图 9-5 所示。

图 9-5　技术管理系统业务架构

（1）方案管理

可对施工组织方案、专项技术方案等进行统一管理，对项目方案编制和执行情况进行全过程监督。基于系统可进行方案审批，审批过程允许多人同时会签，提升方案审批效率。

（2）技术交底

通过将技术方案用 BIM 模型挂接相关信息数据的方式，以可视化的方式进行展示和交底，可以极大地提高技术交底的质量和效率。基于生产计划，系统可以自动将相关技术方案 BIM 模型和资料，提前推送到对应劳务人员的手机 APP 中。劳务人员可随时随地查看和学习相关技术方案内容，并进行线上考核、签字，由后台统计监控，保障交底传达到位，提升交底效果。同时，可在现场重要施工区域或设备上粘贴相关数字技术方案二维码，通过扫描识别二维码，使劳务人员快速查询了解施工工艺标准、技术方案和施工注意事项等。

（3）变更管理

通过将变更、洽商等文件与相关图纸关联，可实现快速定位、对照查看，方便现场管理和施工人员高效准确掌握变更情况。系统可根据工程进度及时推送变更文件和未执行预

9.4 智能施工

警,并通过拍照留痕的方式进行变更执行销项跟踪,避免变更执行遗漏。基于系统,可将变更文件进行电子化存档,支撑结算,避免结算损失。

(4) 构件跟踪管理

根据业务需求配置相关的跟踪流程,对装配式工程的各个环节进行构件级跟踪管控,实现进度可控,质量稳定,管理留痕。

4) 劳务管理

劳务队伍一般具有人员数量庞大、流动性大、组织结构松散、专业复杂多样、技能水平参差不齐等特点,传统方式下,劳务管理比较粗放,规范化、精细化管理存在一定的难度。企业常常由于劳务管理的不到位,造成大量用工安全、影响施工质量和效率等风险问题。劳务管理是建筑企业施工过程中一项重要的管理工作,通过数字化手段提升劳务管理水平,对整体工程质量及企业效益和形象至关重要。

劳务管理系统主要通过依托物联网、大数据、云服务等多种技术组合封装形成闭环产品,响应行业政策在劳务管理相关要求的基础上,应用物联网和云计算技术,构建工人大数据库,为工程项目提供一个全面用工记录、实时动态监控的劳务管理平台,可对现场劳务人员实现从实名登记、安全教育、出勤管理、人员定位、用工评价等全方面的管理,赋能企业规范化、精细化开展劳务管理,提升劳务管理水平,为项目履约保驾护航,为企业劳务管理提供切实帮助,如图 9-6 所示。

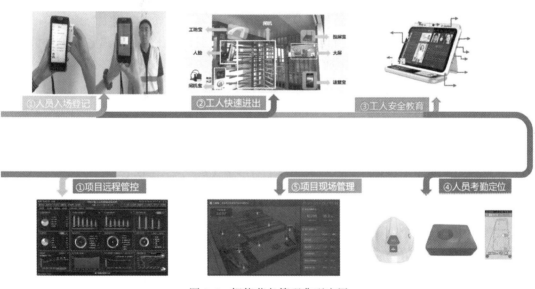

图 9-6 智能劳务管理典型应用

(1) 实名制登记

劳务人员可使用便携式设备,随时随地(办公区、生活区、现场区)通过扫描身份证或者拍照识别的方式,进行快速、准确、便捷地注册登记。系统可在 15 秒内一次性完成劳动合同、资格证书、安全教育、银行卡号等资料的登记与上传。系统通过与公安联网,可实现拍照人证自动对比,从源头控制用工风险。登记时,有关黑名单、年龄超标、不良记录等情况将由系统自动发出提醒并拦截。

(2) 安全教育

通过与多媒体安全教育箱相结合的方式实现项目部对劳务人员的安全教育管理。多媒体安全教育箱内置海量的教育短片，可供劳务人员随时随地查看学习，并提供丰富的安全考题，可使学员直接完成受训后考核测评。体验式安全教育系统基于 BIM 技术及 VR 技术，在虚拟环境中创建出逼真的安全事故场景。让劳务人员在虚拟的场景中通过沉浸式和互动式体验，给予视觉、听觉、触觉全方位刺激，使其切身感受到安全事故危害的严重性，并辅以正确应对安全事故操作的教学教育，从而提升劳务人员的安全生产意识和安全应对技能。通过安全教育多媒体箱和体验式安全教育系统，可使参加安全教育的人员信息、学习内容、学习日期、学习时长等信息均可在劳务管理系统记录可查，便于规范化、精细化管理现场劳务人员安全教育受训情况。

(3) 现场管理

通过智能人脸识别门禁，可对进场劳务人员快速进行人脸识别、精准红外测温和健康码核验，从而进行高效的综合考勤管理；基于智能安全帽，可实现对进场劳务人员进行全程定位跟踪管理，管理人员通过手机端应用可以随时掌握用工情况；结合现场智能视频监控，对进入危险区域或存在违规、危险行为的劳务人员进行精准预警提示，提升对现场劳务人员活动管理的精细化水平。

(4) 劳务评价

通过系统对劳务队伍及人员进行全流程、全方位的管理，建立劳务数据库，实时掌握用工情况；系统内置劳务用工评价规则及全自动评价体系，规范劳务用工管理风险；系统提供综合分包分供评价看板，支持评价结果公示展示，通过评比得分倒逼各分包分供提高服务能力，从而提高项目整体履约水平。

5) 物料管理

物料管理主要是对施工过程中需要使用到的各种物资材料的进场检验、入库保管、供应领发、生产耗用、回收利用等过程进行闭环管理，目标是降低现场物资材料的浪费和周转频次，提高物料的供应和使用效率。物料成本占到了项目直接成本的 50% 以上，做好物料管理是助力企业精细化管理，提高企业竞争力的重中之重。

物料管理系统通过智能硬件精准采集基础数据，包括材料编码、材料数量、供应商编码等，支撑现场材料收发、生产耗用等环节的节本增效；通过建立企业层分析中心、管控中心、规则中心实现企业对项目的集约管控；通过将过程采集数据进行深度分析应用，可助力决策层由被动式依赖经验进行决策向主动式基于数据驱动决策转变，实现决策智能化，如图 9-7 所示。

(1) 物料进场验收

系统运用物联网技术，可自动精准采集进场物料数据，并基于地磅周边相关硬件设施，进行物料进场流程的智能化监控，防止作弊行为。系统通过数据集成和云计算，可有效积累、保值、增值物料数据资产，可实现对收发明细汇总分析，并即时更新以真实反映收发料情况；可实现按时间、材料、供应商、来源、偏差等多维视角及组合分析。支撑采购计划、资金计划、用料安排、工程进度等项目管理过程。

(2) 物料使用管理

通过对批次或单体物资唯一标识的信息加密携带，打通从订单开始直至实体消耗的闭

9.4 智能施工

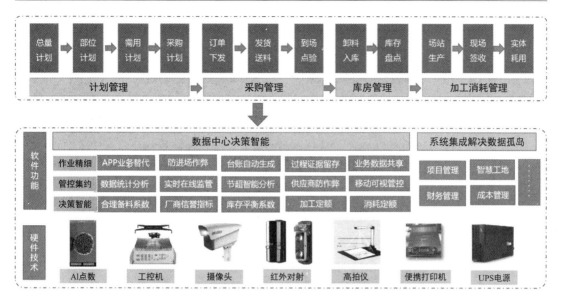

图 9-7 智能物料管理典型应用

环管理。采购环节可通过移动 APP 精准采集数据，耗用环节基于部位提量，核算并监控应耗与实耗情况，以二维码为载体，实现物料数据全链条流转与追溯管理。变结果监管为过程监管，变事后分析为事中控制、事前预控，高效高质量地实现物料使用精细化管理。

（3）用料分析与监控

通过业务数据深度分析和算法的优化，系统可实现对物料采购成本、库房成本及消耗成本的统计分析及跟踪定位，主动识别非正常情况，推送至相关管理人员，便于及时排查和追溯存在问题，实现从被动管控到主动管控、智能管控的改进。

6）进度管理

进度管理主要是根据项目实际情况，编制经济合理的进度计划、对计划实际执行情况实时监控，并对存在问题进行及时纠偏调整的过程，目标是实现工程项目工期最优，多快好省地完成项目履约。

进度管理系统可以辅助管理人员在项目施工前快速制定合理的进度计划，在施工过程中实时计算关键线路变化，及时准确地预警风险，指导纠偏，最终达到有效缩短工期、节约施工成本、降低履约风险、增强企业和项目竞争力的目的，如图9-8所示。

（1）进度编制

通过直接在系统中绘制双代号网络图或横道图，进行进度计划编制，也可将用其他软件如 Excel 或 Project 等编制的进度计划文件导入，以自动同步生成双代号网络图和横道图，通过双代号网络计划保证计划逻辑关系和关键线路的完整性和正确性，辅助项目管理人员时刻抓住进度管理的主要矛盾。系统可自动检查关键路径和工期的合理性，提高进度计划编制的质量。通过时间＋空间＋逻辑关系三位一体的呈现方式，可高效实现多方案比选。

（2）进度监控

随着项目生产推进，系统可围绕计划进行持续的 PDCA 循环优化，解决计划与变化之间的动态平衡。通过将任务实际情况反馈到期间计划，形成前锋线向上层层反馈，全面打

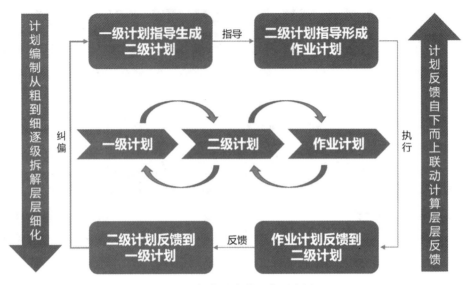

图 9-8 智能进度管理典型应用

通项目多级计划联动管理,解决总、月、周计划脱节以及计划和生产脱节等问题。系统通过将生产进度与人、材、机等资源联动计算,可直观发现资源占用高峰和低谷,辅助管理人员高效调整优化进度计划方案。通过对比实际资源和计划资源的偏差,随时了解资源变化对工程进度的影响。结合项目综合管理系统,使管理者足不出户即可实时掌握项目进度情况。

7) 质量管理

质量管理是为保证和提高工程质量,运用一整套质量管理体系、手段和方法所进行的系统管理活动。主要是对构成工程项目实体或生产措施的各项生产活动,开展事前质量计划、事中质量监控及事后质量验收的一系列组织管理工作。

质量管理系统通过帮助企业搭建体系化质量管理平台,可实现多项目施工质量的全方位监管,辅助企业质量管理标准有效落地,通过软硬件结合的方式提高现场质量检查管理效率,保障工程项目高质量交付,如图 9-9 所示。

(1) 质量巡检

现场质量管理人员在例行检查过程中,可直接通过手机对质量问题进行拍照,并填报质量问题描述、问题区域、责任人、整改要求等信息,系统将自动推送给相关责任人督促整改。责任人接到质量整改通知后,对相关问题进行整改,并将整改后情况拍照上传至系统,系统即自动推送给检查人进行复查。检查人在收到系统的复查提醒后,对现场相关问题进行复查,复查合格后经由系统确认即形成工作闭合管理。当复查不合格时,可再次将整改任务推送给责任人督促整改。当现场发生重大质量问题时,通过系统可直接推送到项目经理及公司相关领导,及时协调高层统筹处理。

(2) 质量验收

质量验收人员可通过手机端应用快捷发起验收任务,通过消息通知等方式及时告知相关干系人,使现场人员可以随时随地开展验收工作,项目管理人员可通过系统随时查看项目验收任务的执行情况。系统对每一次验收任务资料和情况均会进行实时记录并存储,方

9.4 智能施工

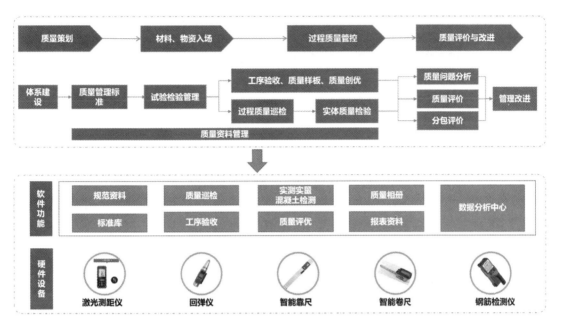

图 9-9 智能质量管理典型应用

便后续对相关数据进行调查或统计分析。

(3) 检验试验管理

结合硬件设备,对检验试验的取样、养护、送检及报告提取等环节进行在线化管控,确保检验试验的过程标准化、规范化,避免漏送、送检滞后、送检造假等问题,保证施工全过程工程质量可控,达到施工规范标准要求。

(4) 大体积混凝土温度监测

通过加装传感器,全过程实时监测混凝土各个测温点内部、表面和环境温度,以及温差数据对比,并将数据回传至项目管理平台,自动生成降温速率曲线。方便现场施工人员及时了解混凝土浇筑体内各部位温度变化情况,以控制混凝土结构自身与外界条件产生的温差及收缩应力引起结构性裂缝,提高大体积混凝土施工质量。

8) 安全管理

安全管理主要是对施工过程中涉及的相关安全策划、安全技术、安全实施、安全行为等方面进行系统化管理和监控,其目的就是要保证生产过程处于最佳安全状态。确保施工现场安全是保障一切施工生产顺利开展的基本前提,对提高工程项目质量和提升企业信誉起着至关重要的作用。

安全管理系统主要采用大数据+移动应用的模式,通过隐患排查与治理、危险源管理、危大工程专项管控等,为管理人员提供安全管理抓手,将简单应用、高效管理的手段深入到现场一线,确保各项安全管理措施及制度落地。基于大数据分析与精准指标,可实现过程可预警、结果可分析,最终达到施工现场"零"安全事故的目标,如图 9-10 所示。

(1) 风险分级管控

系统能够实现从风险辨识、风险评价、风险管控到风险告知的全流程风险管控,并在相应的管控步骤中可自动生成表单资料。管理人员可从系统内置的风险清单数据库中根据

第9章 智能建造与建筑工业化协同发展

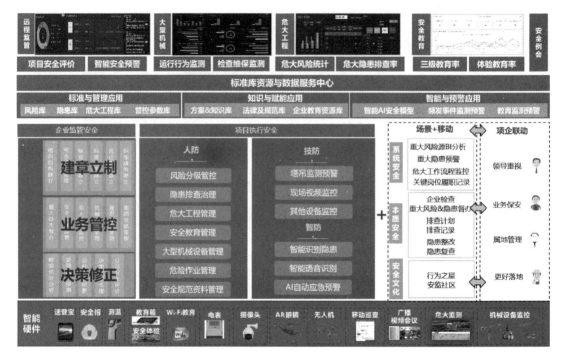

图 9-10 智能安全管理典型应用

项目实际情况，一键确定本项目存在的风险点，并实现对各风险点的危险源辨识与分析，自动生成风险四色图、风险告知卡，实现风险告知。根据重大、较大、一般、低风险等级对应不同管控级别，系统内置数据库可对每条风险自动生成对应的管控措施，实现对项目风险源的精准、高效管理。

（2）隐患排查治理

系统内置丰富的安全隐患清单库，并按专业和工序进行结构化梳理，每一条隐患条目关联相关法规规范、标准图册、整改要求等相关内容，可作为安全管理人员高效进行隐患排查和处置的依据。系统固化排查-整改-复查的闭环流程，可全程基于手机端应用自动流转，快速高效完成隐患销项。随着新工艺新技术的发展，安全隐患清单内容可根据施工企业或项目实际情况进行不断完善和丰富，以实现对企业或项目安全管理的全面支撑。

（3）危大工程管理

系统提供完善的危大工程管控任务库，可基于移动端应用对项目危大工程的全过程进行管理，包括对危大工程的方案及交底资料查看、进度记录、旁站监督、安全检查、管控要点执行、验收等业务动作全流程线上管控。并可自动生成危大工程台账，快速归集旁站记录、检查记录、验收结果等相关资料。

（4）安全资料管理

系统内置涵盖国家标准、行业标准及地方标准在内的各种施工质量安全标准和规范，方便现场管理人员随时随地查阅，高效开展安全管理工作。安全整改单、通知单、检查台账、风险分级管控清单、风险评价记录表、重大风险管控记录表、危大工程管理台账等各类安全管理过程信息数据及资料均永久存储在系统中，随时可进行查询调阅或打印。

9.4 智能施工

9）文档管理

文档管理主要是对围绕工程项目建造全过程中产生的各类真实记录文件的统筹管理，主要包括对工程设计文件、施工技术资料、施工记录资料、工程验收文件、试验报告等多方面内容的收集、归类和归档工作。良好的文档管理对工程项目施工过程、竣工后质保维修以及后续的运营维护都具有重要的使用和参考价值。

文档管理系统主要通过对各类业务在系统流转过程中附带或产生的文件进行留存，根据文件类型自动在后台结构化存储归档，可实现图纸、文档、BIM 模型、视频、音频等各类档案数据的检索、查询、审批、借阅、采集、统计，加强公司及项目部档案管理，规范档案使用，优化档案数据来源，增强档案利用效能，如图 9-11 所示。

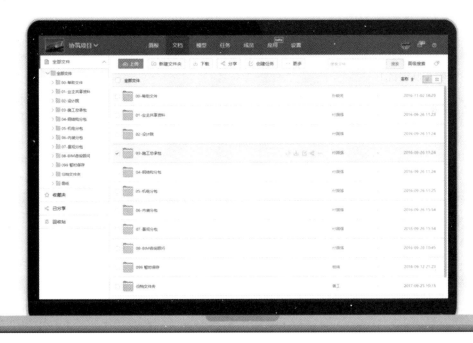

图 9-11 智能文档管理典型应用

10）施工 BIM 应用

BIM 作为工程项目数字化表达的核心载体，是智能施工过程中各业务进行信息交换的枢纽。各业务开展过程中均应在涉及有关项目主体数据和信息方面与 BIM 进行集成化应用，最大化提高各业务开展和协同的效率与质量，提升整体施工生产的效益与品质，如图 9-12 所示。

（1）深化设计

基于 BIM 可视化的优势，在三维环境下进行施工图深化设计，可以最大程度提高深化设计的效率和质量。基于 BIM 深化设计软件，可以将上游各类格式各专业的 BIM 模型或图纸导入，软件通过高效识别导入模型元素和基于导入图纸生成相关模型的方式，可快速将土建、钢构、机电等专业 BIM 模型集成在统一协同平台下，直观发现各专业及专业间的"错漏碰缺"等问题，并基于软件提供的相关深化设计功能进行快速优化调整，实现管线路径经济、安装施工便利、安全及检修空间合理、空间净高最优、土建预埋件及洞口

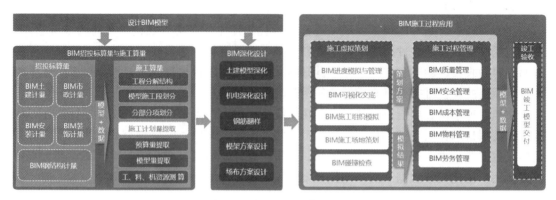

图 9-12 施工 BIM 典型应用

预留准确等深化设计目标。

(2) 场地布置优化

施工场地布置在整个施工生产过程中具有非常重要的作用，良好的施工场地布置是保障施工生产实现节本、提效、提质的重要基础之一。场地布置软件内置丰富的施工场地设施构件及相关布置规范和要求等，通过 AI 技术，在充分结合场地地形、施工组织、施工进度等因素，综合考虑塔吊、堆场、加工场及各种临设等的合理布置的情况下，可以快速实现多方案迭代、比选，高效输出满足符合规范、经济合理、安全施工要求的场地布置方案，节约初步方案的推敲时间，降低对技术人员的经验依赖，提高场地布置设计及优化的效率和质量。

(3) 施工模拟

基于施工模拟软件，将 BIM 模型与项目进度、预算、资源、施工组织等关键数据集成，对施工过程进行模拟，直观展示特定施工组织方案下相关物资、商务、进度等情况，对不同方案进行预演和论证，达到优化施工方案，合理配置施工资源，节省施工成本，加快施工进度，控制施工质量，提高施工效率、效益和品质的目的。

11) 安全文明施工

(1) 智能视频监控

通过在施工现场布设高速球机/枪机和无线传输设备等智能硬件，打造现场智能视频监控系统，实现现场实时视频数据的收集和传输，通过网页端和移动端即可使管理人员实时掌握项目现场生产情况。通过 AR 全景监控，可在高点全局画面中，以画中画的方式查看各类低点画面，形成立体化监控体系；结合 AI 技术，通过十余种算法对视频图像进行识别，自动识别并抓拍现场安全隐患以及人员违规行为，方便安全管理人员及时发现并处置安全隐患。

(2) 塔机及吊钩监测

塔机监测系统，可数字化显示现场塔机的幅度、高度、重量、倾角等运行数据；当监测到塔机操作过程中发生不安全行为，可实时进行预警，为塔机提供安全运行的保障。通过在吊钩上安装摄像头，可实时跟踪显示吊钩下方吊物的情况，并根据吊钩位置，摄像头可自动调整拍摄倍率，保障驾驶员全程清晰地看到吊钩吊载运行的情况。通过在塔机小车上安装激光发射器，辅助驾驶员在夜间施工环境下也可准确定位吊钩位置，保障塔机安全规范作业。

(3) 升降机监控

升降机监测系统,可实时监测升降电梯的载重、轿厢倾斜度、起升高度、运行速度等参数;当监测到发生超载、保护功能异常、接近上下限位等风险时,系统会立即自动发出声光报警,并实现危险行为的自动控制,限制升降机向上和向下运动。同时,系统可通过人脸识别、虹膜验证等方式进行升降机司机身份确认,确保专人操作,保障升降机运行安全。

(4) 卸料平台监控

卸料平台监测系统内设置重量传感器,传感器与显示器及声光报警装置数据联通。当作业人员在装料过程中超过额定重量时,系统会自动发出声光报警,及时提示现场作业人员立即纠正;如持续报警,系统将自动记录违章信息,并通过项目管理平台和移动端应用发送至相关责任人和管理人员。通过卸料平台监测系统,可有效杜绝卸料平台超重堆码材料的违章行为,避免因超载而引起坍塌事故。

(5) 高支模监测

通过在高支模相应位置加装无线倾角、无线位移、无线压力等传感器,自动采集相关数据,实时监测高支模支撑系统的变化情况。当系统监测到在相关作业过程中发生高支模变形、受力状态异常等情况时,在现场作业区内即时发出声光报警,提醒作业人员紧急补救或撤离;同时,系统会向项目管理平台和相关负责人发出报警信息,使相关人员第一时间掌握现场情况,并进行快速处置。

(6) 深基坑监测

深基坑支护变形监测系统,通过布置投入式水位计、轴力计、全自动全站仪、固定测斜仪等智能传感设备,可实时监测在基坑开挖阶段、支护施工阶段、地下建筑施工阶段及竣工后周边相邻建筑物、附属设施的稳定情况,包括对地下水位、支撑应力、水平位移等的监测。系统可实现对现场监测数据的采集、复核、汇总、整理、分析,并对超警戒数据进行报警,及时提示现场人员进行相应整改或撤离,为基坑安全施工提供可靠保障。

(7) 临边/周界防护监测

通过在临边防护网或周界设施上加装传感器,可实时监测现场临边防护网或周界状态,当监测到防护网遭到破坏或有人擅自闯入周界范围,系统可持续发出声光报警,提示靠近人员提高警惕加强防护或及时远离,并联动附近摄像头进行抓拍,推送报警信息至相关责任人及管理人员,提醒跟进处置,及时解决潜在风险,避免发生安全事故。

(8) 外墙脚手架监测

通过加装传感器,实时监测架体的水平位移、倾斜数据,避免超出规范要求的水平位移、倾斜而发生坍塌事故,当监测数据超过阈值时,系统会通过手机推送预警信息,智能化辅助相关人员及时、精准处置危险源,保证架体的安全稳固。

(9) 钢结构安全监测

钢结构安全监测系统,可实时监测钢结构施工过程中的应力变化数据,准确掌握构件在施工过程中的应力变化规律,通过应力变化的差异、不均匀性了解核心构件的真实施工应力积累,监测钢结构内部应变量、变形及支座位移等数据。自动生成各种报表、趋势曲线、图片资料等,智能辅助全面掌握钢结构施工安全状态。

12）绿色文明施工

(1) 环境监测

系统可实现采集风速、温度、噪声、颗粒物等，并上传至智慧工地系统，以丰富的图表、曲线等形式呈现项目月度、24小时、实时的环境监测数据，当监测数值超过设定阈值时，系统可自动推送报警信息，辅助管理人员对恶劣天气（如大风）做出应急措施（如塔机停止运行），避免安全事故发生，并可联动喷淋设备，实现自动降尘等操作。根据系统监测数据，可多维度分析超标原因，辨别是否为经常性发生事件，辅助制定整改措施。

(2) 智能水电表及临电箱监测

通过加装智能水电表，远程自动采集用水用电数据，可对办公区、生活区、施工区等分区的水电用量按日、周、月、季度进行精准统计，辅助后续项目施工成本核算。可根据项目要求设定各施工阶段的目标值，当水电用量超过目标值时进行预警，提醒施工人员节约用水用电。通过加装漏电传感器、温度传感器、烟雾传感器、开关状态传感器等，智能识别漏电、过载、着火等风险，将监测到的异常情况信息及时推动至相关管理人员，并附带检修人员信息，辅助管理人员对现场用电风险快速处置。

(3) 车辆未清洗监测

通过高清摄像头和水流传感器，智能判断出入车辆是否清洗，并对车辆进行抓拍。如果监测到离场车辆未清洗，将自动生成报警信息，督促相关人员及时整改。基于监测数据，可生成趋势图，以对发展情况做出预判，辅助预防项目施工对城市道路造成污染。

(4) 污水监测

通过集成多种工业级、高精度传感器，实时采集建筑工地沉降池浊度、pH值等水质情况，系统可根据工程特点及区域要求设置污水水质报警阈值，当监测到运行参数异常时，系统将自动将报警信息推送至相关负责人，以便快速做出应对措施。

13）建筑机器人应用

(1) BIM放样机器人

机器人基于内置BIM模型数据和算法，通过自动照准或跟踪、导向光指示等功能，实现自动测点和放样，可极大提高测点和放样的工作效率和精度，提高施工质量。通过将机器人实测实量数据与BIM模型数据进行对比分析，可高效开展相关验收工作。

(2) 四足机器人

基于先进控制算法和仿生机理设计的四足机器人，具有身形小巧、动作灵敏、感知丰富等优势，以及自主定位、智能导航、智能识别、语音交互及安全防跌撞特点能力，可实现行走、溜步、跳跃、跑动等多种运动模态。通过搭载不同业务模块功能，可高效完成现场各类施工任务，如通过搭载三维激光扫描机器人可提高测量效率与准确度，进行实测实量和逆向建模，通过搭载移动摄像头进行巡检等。

(3) 激光地面整平机

激光地面整平机是主要应用于混凝土浇筑后，对地面进行高精度整平施工的设备，可使施工地面表面更光滑、更平整，可提高混凝土表面的密实性及耐磨性，节省后续工序、提高效率、降低成本。

(4) 自适应螺丝锁附工作站

对于同一装配体上有多种规格螺丝时，可以直接基于自适应螺丝锁附工作站调取不同程序，自动化实现对多种规格螺丝的上料和智能锁附，从而减少人工成本，提高工作效率和质量。系统附带有多样反馈系统，对螺丝锁附情况可以及时反馈和监控。

(5) 码垛工作站

码垛工作站模仿人体关节活动原理，采用六轴机械臂，可以在空间任意工作面内进行作业操作。整个系统完全自动循环作业，无需人为干预。利用内置人工智能算法，可实现多种垛形的码垛和拆垛任务作业，可用于对预制构件、架料等的转移和码放。

14) 网络部署

部署可靠、适用、安全的网络系统是实现智能施工各项业务的重要基础。工地的施工安全、环境监测、智能巡检等不同类型的业务和多样化的通信场景，对网络提出了更高的性能需求。5G 网络所具备的切片能力，可使每个网络切片能够适配不同的业务和通信场景，以及其高速率、大连接、低功耗、低时延、高可靠等特点，可对现场各类场景业务提供合理的网络控制和高效的资源利用管理。与 4G、Wi-Fi 6、光纤等相比，5G 网络具有以下综合优势：上行带宽能够满足更高质量回传的要求，时延及抖动能够满足对设备远程操控的要求，网络稳定抗干扰，组网灵活可移动，尤其是能够随着结构施工的进度灵活调整网络覆盖。5G 是部署智能施工底层网络的最优承载方案，利用 5G 技术优势，结合 MEC、物联网等现代科技，可以实现现场施工线上线下实时协同联动，最大化发挥智能施工的价值。

9.4.3 应用价值

施工是工程项目建造过程中业务最繁杂、风险最集中、管控最困难的关键环节，从某种程度上讲，建造的智能化，主要就是要实现施工的智能化。智能施工是整体智能建造体系最核心的重要组成部分之一，是智能建造主体价值落地实现的关键。

智能施工通过将 BIM 技术与构成智慧工地的各项软硬件系统充分结合应用，可使施工现场的各项业务和管理过程实现数字化、在线化，并基于对大量集成数据进行分析、处理、模拟等，可实现管控的智能化，最终提高施工过程中各项业务的高效协同、各项风险的智能识别与预防，以及对项目整体质量、成本、进度、安全等的高效管控。具体而言，智能施工主要具有以下几方面的应用价值：

(1) 提高工程施工质量。一般工程项目施工周期较长，施工过程涉及的专业及工种既多且杂，施工质量会受到诸多因素的影响，工程质量往往很难保障。智能施工可以通过对施工过程进行全方位的监控和管理，进而从根本上提高整体工程质量。首先，在施工前，可以基于 BIM 技术及相关系统，对施工组织策划和技术交底等施工准备工作进行准确、精细化的模拟和展示，使得施工组织、施工工艺等方案更科学合理，工人对相关作业技术要求更充分全面掌握；其次，在施工过程中，现场管理人员可以基于 BIM 模型对照实际施工成果进行高效验收，并将验收结果实时反馈到相关系统，可有效督促对存在质量问题的施工成品完成整改，从而实现对施工过程质量监控的闭环管理；在施工后，可以将施工过程中沉淀下来的相关先进技术方案和高质量施工成品进行数字化存档积累，方便跨项目、跨团队的经验分享和复用，使得工程施工质量水平不断得以改进和提高。

(2) 降低工程施工成本。传统工作模式下，施工作业和管理的粗放性，往往会造成很多不必要的成本浪费。在智能施工模式下，通过借助系统化的技术和工具，可最大限度地实现施工的精益化作业和管理，从而降低总体工程施工成本。如在项目前期，通过对施工场地布置进行优化设计，可有效避免大量二次搬运、机具闲置、工序交接不顺等情况，从而降低无效施工成本的浪费；通过基于BIM技术进行高质量的深化设计，可最大限度地提高后续施工工序安排的合理性和施工质量，可有效减少大量变更、返工、拆改等情况的发生，从而减少因此造成的巨大成本浪费；通过对现场各类材料的采购、库存、领用和消耗等环节进行全流程、精细化的管理，可避免因材料供应不足导致工期延误而造成的成本增加，也可避免因材料过剩导致储备资源占用过多和损坏增加等造成的成本增加，还可避免一线施工人员因粗放作业导致材料大量浪费造成的成本增加。通过诸如此类全方位的精细化、高质量管理，可有效降低工程施工成本。

（3）加快工程施工进度。通过将进度数据、成本数据与工程BIM模型结合，使进度计划、成本费用关联到每个构件上，可对进度方案进行可视化模拟，经过一定的迭代优化，即可编制科学合理的进度计划，指导后续施工有序开展。在进度监控方面，可以通过智能终端自动采集实际进度数据，基于BIM模型，可实现可视化地展示和分析计划进度与实际进度的偏差，并进行纠偏优化。如此往复闭环管理，可有效控制施工进度。同时，由于工程项目的复杂性，工程进度的超期通常会受到多方面因素的影响，如施工方案不合理、工序衔接不顺畅、返工拆改太频繁、资金安排不到位、安全管理有漏洞等。因此，施工进度的控制，除了对进度本身要加以关注和优化以外，更多是需要通过对其他相关方面的有效控制才能得以实现。基于智能施工模式，通过对工程施工质量、成本和安全等的高质量管控，均有助于对施工进度的有效控制。

（4）保障工程施工安全。智能施工模式下，可对施工现场的安全保障提供全方位的支撑。在人员安全教育和安全意识培养方面，通过建立虚拟现实安全体验馆，基于BIM模型呈现逼真的虚拟现实环境，在其中模拟安全事故的情景，并展示安全事故中错误和正确的操作，使施工人员身临其境地感受安全事故的危害，帮助施工人员规避安全风险，提高安全生产和自我保护的意识。在安全管理方面，基于相关智能终端，通过人工智能技术，对现场各类安全风险进行精准识别并发出警告提示，可有效防范各类安全隐患，将安全风险扼杀于端倪，从根本上避免现场安全事故的发生，保障安全生产。

9.5 智能建筑维保

9.5.1 定义

1）建筑维保定义是针对建筑物、构筑物、设备、设施等进行安全检查、维修维护，确保硬件设施和软件系统正常运行，支撑建筑可持续运行，为人类提供舒适、环保、经济的生活或生产环境。建筑维保属于建筑运维管理的重要物理基础。运维管理指建筑在竣工验收完成并投入使用后，整合建筑内人员、设施及技术等关键资源，通过运营充分提高建筑的使用率，降低它的经营成本，增加投资收益，并通过维护尽可能延长建筑的使用周期而进行的综合管理。

2）随着信息化技术发展，BIM、VR、IoT、AI、大数据技术等广泛应用建筑信息化，传统的楼宇自控系统也在迈向数字化、可视化，而硬件智能化程度和数据通信接口标准开放程度不断提高，也促进了智能建筑维保的发展。建筑物95%的时间都是在运维阶段度过的，运维管理被认为是最能表现建筑物可持续发展的一个阶段。运维管理作为一种经常不断的工作，旨在维持一种设备持续地发挥其原来应有的功能，进而改善该种设备的能力，使其更具竞争力和可靠性。因此从对象而言，运维管理的具体目标就是实现设施、设备减少故障造成的损失及改造设备提升功能，延长设施寿命。

3）运维管理落地的关键是建设符合管理需要的智慧运维管理平台，平台建设需要建设单位的大力支持，以及实施单位的多种技术融合应用能力。就实施过程来讲，实施单位应该具备七个方面的技术能力，包括场景模型重构能力、智能化咨询服务能力、多图形引擎技术调用能力、物联网数据集成能力、业务应用研究能力、可视化能力、人工智能应用能力。

9.5.2 应用场景

1）按场景：运维管理的场景基本以办公楼宇为主，可按照建筑物、构筑物用途细分为智慧园区、智慧社区、智慧商场、智慧校园、智慧医院、智慧景区、智慧路桥、智慧水厂等。按场景建设的运维系统通常是并入弱电系统作为软件采购清单内容，在同类型场景下新项目实施周期较短、系统模块功能复用性高。

2）按系统：运维管理的系统模块基本以楼宇弱电系统为主，在特殊场所中，还要按需布设智能设备及系统，具体可按照硬件范围划分为暖通空调系统、冷机群控系统、给水排水系统、电梯系统、变配电系统、智能照明系统、巡更系统、门禁系统、访客系统、防盗报警系统、视频监控系统、停车管理系统、车位引导系统、背景音乐系统、信息发布系统、智能抄表系统、能耗控制管理系统、客流统计系统、智慧消防报警系统、机房动环系统、会议管理系统、一卡通系统、数字哨兵系统等。按系统模块建设的运维系统，通常单个系统的软件业务功能完善，内部可形成独立闭环，适合独立提供外部服务，运维平台建设过程较依赖软件与硬件整打包采购，实施周期较短、硬件通信接口可靠性高。

3）按业态：除了居民生活和生产的场所之外，在城市宏观层面，供水、排水、燃气、热力、供电、通信、消防依附于城市道路的各种管线、杆线、井盖等设施，以及城市生态环保、自然灾害监测的各类业态，都是运维管理的对象范畴，称之为基于CIM的城市运维管理。按业态建设的运维系统，通常投资额巨大，相关设备点位数量众多、地理分布广泛，通常由政府或相关管理部门提出信息化统筹建设需求，由运营方组织建设。

9.5.3 应用价值

1）科技性。运用了物联网、大数据、AI等新技术，充分发挥智能设施设备的物联特性，为运维管理方与用户提供高科技、超便捷的体验感。

2）经济性。以绿色建筑技术应用为导向，根据感知数据，优化公共区域能源使用策略，低碳节能。

3）安全性。通过AI算法识别警报点，为隐患排查提供决策参考，特别是在应急管理中通过联动机制、及时有效地控制安全事态发展。

4）可持续。资产数字化、所有设施设备资产设计、建造、维保阶段的基本信息、更新记录等,全部可查询。每一处空间的设备维保维修自动化提醒,都可以做到无纸化,信息流程全程贯通。某种程度上可以将建筑使用价值持续保持在一个较高水平。

5)可视化。基于三维可视化的运维,有利于使用方与后勤人员点对点方式提交工单,也对设施设备日常维保的点位路线起到指引作用。

6)助力卫生管控。健康管理会成为建筑维保的重要内容,特别是门禁、新风、数字哨兵三个子系统。运维系统实时监测异常出入事件和空气的质量情况,在疫情事件突发后可立即远程操控处理,这一点将会在办公建筑中,得到充分运用。

9.6 智能监管

9.6.1 定义

智能监管即结合以5G、物联网为代表的网络通信能力和以大数据、云计算、AI、区块链、BIM为代表的信息技术手段,通过构建感知、传输、平台、应用的层级结构,基于文字、视频、语音等多样的方式辅助监管人员实施监管工作。

9.6.2 应用场景

1)施工场景

智慧工地应用层级包括项目级、企业级、政府级三种,每种工地在建设过程中侧重点有些许差距,整体来说就是利用人工智能、AI识别、传感器物联网等先进技术及智能装备,对现场进行智能化管理。同时利用云计算、大数据等对管辖的项目数据、业务流数据进行挖掘分析,为管理者提供决策依据。在安全、稳定和创新的基础上,对辖区内所有工程上报的物联网和业务数据进行接收和分析,提高政府监管的便捷性和实效性。

(1)人员

在智慧工地现场施工中,由于劳务人员种类多、人员结构复杂,如何对现场人员进行有效的管理,同时加强施工人员安全、降低事故发生率和不文明施工、提高建筑工程质量,是智慧工地的一项重要任务。结合移动互联网、AI、智能安全帽、定位等技术,实现劳务人员从业信息登记、劳务人员进出场、人员定位、安全教育、考勤统计及工资结算;利用VR安全教育、Wi-Fi安全教育对进厂人员进行安全培训;为保障工人人身安全,在工地设健康亭,可以对工人的体温、血压、血脂等健康指数进行采集和监测。

通过劳务实名制管理工具,降低项目管理负担,提高项目管理水平,建议构建企业级劳务实名管理平台,获取真实的项目用工数据,对不满足要求的用工行为进行预警和干预、积累劳务班组和建筑工人数据,形成企业"劳动力资源库",提高企业资源整合能力;大量的用工数据储备,可为企业大数据决策和智能化管理提供支撑,为"企业定额"的制定提供数据基础;最终实现企业后台大数据分析,实现企业精细化管理。

疫情防控管理。在人员进场记录清单基础上,增加统计体温、健康码、核酸持续时间、疫苗接种数量、14日行程信息等自动记录功能。内部人员健康码异常的,自动设置为禁止进场状态,并按照预案分级推送责任人进行预警和闭环处理,待闭环处理结束且异

9.6 智能监管

常人员线下满足重新进场条件后,管理人员在线人工解除禁止进场状态为允许进场,系统自动记录所有操作。外来人员健康码异常的,自动增加人员劝返状态,并按照预案分级推送责任人进行预警督导。外来人员二次进场时重新核验,核验通过即可进场,并自动提醒最近一次异常劝返记录。根据人脸采集、热成像无感测温、口罩等 AI 识别、实名制管理数据、疫情防控措施预案,对进出场工地人员进行体温分析情况、口罩佩戴情况、人员异常报警等数据进行统计分析,不再使用人工登记、纸质填报等复杂低效方式,系统自动识别并完整记录进出场人员身份信息、体温数据、健康情况,真正做到疫情防控实时监控以及溯源可控,如图 9-13 所示。

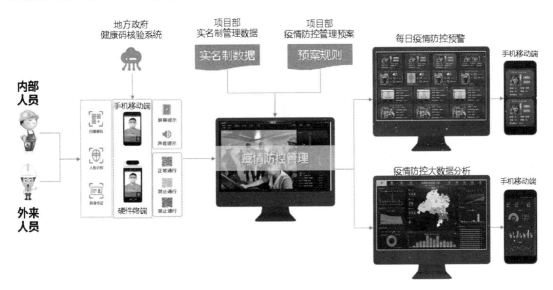

图 9-13 疫情防控管理平台

(2) 机械

对工地涉及的塔吊、电梯、升降机等大型机械综合运用物联网、云计算、大数据、移动计算和智能设备等软硬件信息技术,与施工生产过程相融合,对工程质量、安全等生产过程以及商务、技术等管理过程加以改造,提高工地现场的生产效率、管理效率和决策能力等,实现工地的数字化、精细化、智慧化生产和管理。

塔吊。通过在塔吊大臂的小车上安装摄像头,跟随吊钩的上下移动进行变焦,实时回传垂直视角画面;实时回传辅吊工人水平视角画面,使塔司及时了解起吊物件周边情况,彻底解决塔吊作业视野盲区,如图 9-14 所示。

塔吊上的塔机设置防止塔群碰撞参数,对于将要发生碰撞的情况,给予预警,有效减少事故的发生,如图 9-15 所示。

升降机。基于传感器技术、嵌入式技术、数据采集技术与远程数据通信技术,实现施工升降机运行实时动态的远程监控、远程报警和远程告知等。通过技术手段保障对升降机使用过程和行为的及时监管,切实预警、控制设备运行过程中的危险因素和安全隐患,如图 9-16 所示。

卸料平台。基于物联网、嵌入式、数据采集、数据融合处理与远程数据通信技术,实时监测载重数据,并上传云平台,具有随时查看卸料平台当前状态、查询历史记录、声光

第9章 智能建造与建筑工业化协同发展

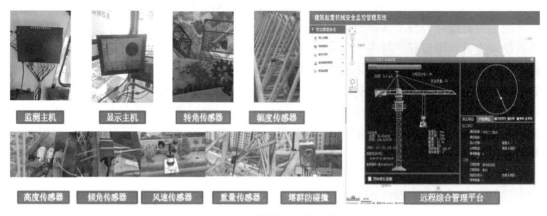

图 9-14　塔吊防碰撞系统

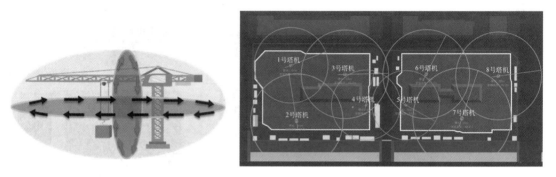

图 9-15　720°塔吊防碰撞

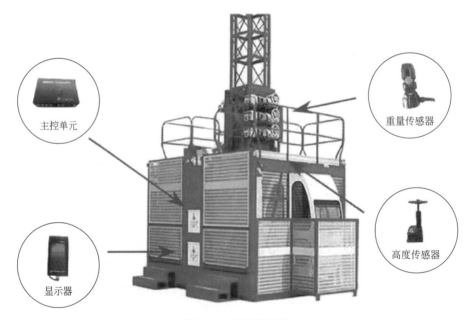

图 9-16　升降机监测

预警报警等功能，辅助操作员及时采取正确的处理措施，如图 9-17 所示。

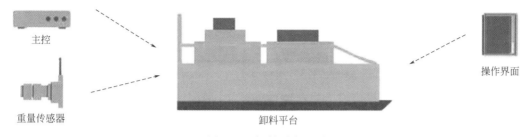

图 9-17 卸料平台监测

（3）物料

物料管理是每个建筑项目的复杂而关键的部分，从规划和采购一直到废物管理和处置都需要管理，执行良好的物料管理策略可以显著节省成本并提高项目效率。

建筑物料管理的整个项目生命周期包括物联计划和采购、调度和运输、接受和质量控制、存储和库存管理、现场运输、废物管理。在物料订货通知、发货、物流、现场验收、发料环节的单据中增加二维码来实现全方位电子化管控，提高采购方、供货方、收验方、协作队伍多方协作效率，监控物料物流状态，堵塞物料验收环节漏洞，防范弄虚作假，减少手工操作带来的繁琐及出错现象，如图 9-18 所示。

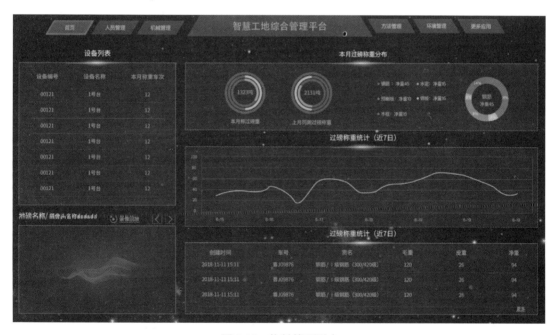

图 9-18 物料管理平台

无人值守地磅，当卡车通过自动道闸系统时会控制地磅处的交通流量，一旦车辆驶上地磅桥，就会识别车牌。通过自动化智能解决方案，提高了过磅作业中的服务水平。采用射频识别设备自动识别过磅车辆，视频监控系统配合计算机自动完成称重、放行过程的智能化称重系统，规范称重流程，提高作业效率，且能有效避免人为作弊情况的发生，如图 9-19 所示。

图 9-19 智能地磅监测

(4) 方法

数字化交付实现覆盖工地项目全生命周期的数字档案管理,从大量的数据中提取出最有归档价值的数字化资产,在项目结束后生成离线档案库,方便数据溯源与交接,完成项目的数字化交付,已归档档案均可继续留存并进行查询检索。

数字化交付是一个数字档案馆,它通过 BIM 模型与生产进度信息、日志信息、过程视频监控信息及其他文字图片等进行关联,按照生产实际需要,实现重点环节、关键部位工程质量影像的留存与查看,如图 9-20 所示。

5G+BIM 数字化孪生。通过实时获取物理摄像头空间定位、角度与焦距信息,映射至 BIM 模型,实现真实场景与 BIM 模型视角重合,便于虚实对比。实现在同一个角度,

9.6 智能监管

图 9-20 数字化交付平台

摄像头抓取和 BIM 模型显示一致，用相同视角查看 BIM 与视频，同步调整角度、缩放；将真实视频、图片、部件质量、安全问题与构件组进行关联显示，统一留存，后期有效溯源；在画面中施工 BIM 进度与真实场景比对，支持在 BIM 模型中同步显示进度，对于进度拖后或超前的项目进行预警，如图 9-21 所示。

图 9-21 5G+BIM 数字化孪生

远程协作系统。利用 VR 眼睛、四足机器人、履带机器人，实现远程巡检（危险狭窄区域巡检、预检）、远程调度、远程协作，使管理人员的工作不受时间地域的限制，随时随地查看项目现场状况,极大地提高了作业效率,如图 9-22 所示。

图 9-22 四足机器人(左)、履带机器人(右)

AI 安全行为监管。云端视频 AI 分析平台,搭载敏捷、精确、全面的 AI 视频分析能力,对工地情况进行实时的 AI 分析预警,对火焰、烟雾、安全帽、反光衣、周界、口罩等全方位实时监控,变被动通知为主动预警,强化工地智能监控和防范体系,如图 9-23 所示。

图 9-23 AI 视频分析报警及趋势

AI 智能巡航。基于 5G 高清视频的智能巡检,定时定点视频巡检、画面 AI 分析,替代人工巡检,变被动通知为主动预警。设置定时定点巡航,留存巡检记录,根据巡检需求,选择巡检点位和巡检时间,进行定时定点巡航设置,留存巡检路线录像;自动光学变焦,设置重点关注,自主选择巡检路线、重点巡检内容,全景巡检、细节巡检模式切换,重点问题重点跟踪;AI 干预巡检过程,自动识别隐患;对于隐患进行视频留存,做到隐患可追溯。

(5)环境

智慧工地是建筑业信息化与工业化融合的有效载体,绿色施工强调的是对原生态的保护,要求在施工过程中保护生态环境,关注节约与资源充分利用,全面贯彻以人为本的理念,保证建筑业可持续发展,如图 9-24 所示。

扬尘监测。借助智能传感器对现场环境参数 PM2.5、PM10、TSP、温度、湿度、噪声、气压、风速进行监测,支持自动联动雾炮、喷淋开启/关闭,有效降低尘埃污染,可实时查看项目环境监测数据、超标预警记录,满足监管要求。设定报警阈值,超过阈值时现场实时声光报警提醒,如图 9-25 所示。

9.6 智能监管

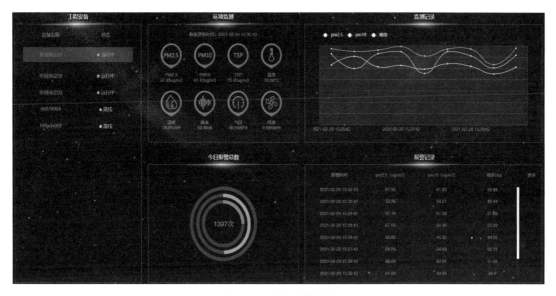

图 9-24 扬尘监测系统

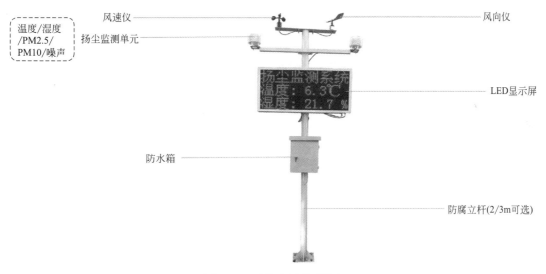

图 9-25 环境监测传感设备

水表监测。实时监控项目现场用水成本，借助智能水表实时记录累计用水量及瞬时流量，进行实时用水成本监测和统计分析，支持远程控制开关。记录用水流量，并对顺势流量进行趋势分析，对用水量进行统计，统计本月水量、上月同期用水量、累计用水量，可以形成用水记录台账，方便查询。通过对项目工地用水成本及趋势进行智能分析，合理节约用水，如图 9-26、图 9-27 所示。

用电监测。实时监测项目现场用电情况，合理控制用电成本、预防火灾。借助智能电表实时记录当月、今日、昨日用电量，进行实时用电成本监测和统计分析，同时对线缆温度、线圈温度及漏电电流进行监测并报警提醒，防止用电安全事故发生，支持远程控制开关。对电路上的剩余电路进行监测，当线路上的剩余电路超过设定阈值时，系统会自动报

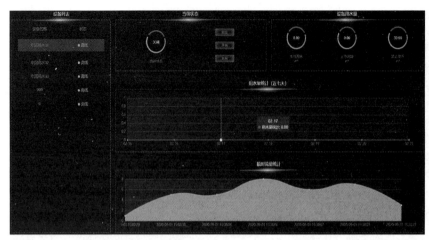

图 9-26 用水监测系统

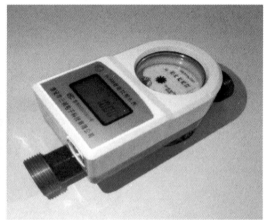

图 9-27 智能水表

警,如图 9-28 所示。

烟感监测。对烟雾浓度进行实时监测,避免引发火灾。通过烟感探测器实时监测宿舍、办公区的日常消防安全状况,一旦工人违规行为产生大量烟雾,探测器立即报警,同时烟感报警信息会推送给平台和对应的负责人,及时跟进处理,避免引发火灾。

有害气体监测。实时监测甲烷、一氧化碳、硫化氢等有害气体浓度,超限自动预警。主要针对隧道和地铁施工项目。通过智能设备对甲烷、一氧化碳、硫化氢等有害气体浓度进行实时监测,数据超过设定阈值时及时预警,从而避免安全事故的发生,如图 9-29 所示。

(6) 质量

高清视频监控。现阶段,智慧监控技术已经逐步得到推广和应用,有了 5G 网络的支撑,智慧监控可以更好地通过图像处理、模式识别、计算机视觉等技术,融合视频监控与智能 AI 视频分析,借助计算机强大的数据处理能力,对视频画面进行过滤和筛选,自动识别工地中涉及的人、物、危险源等,抽取视频中关键有用信息,快速准确地定位现场,

9.6 智能监管

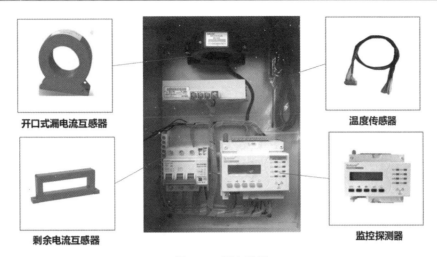

图 9-28 用电监测

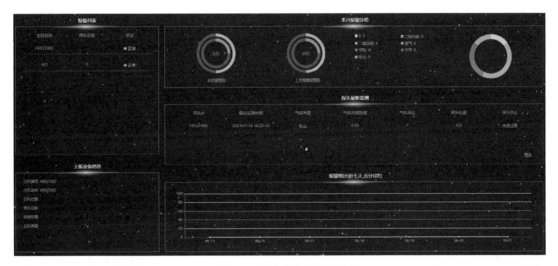

图 9-29 有毒有害气体监测

判断监控中画面异常情况，将报警信息和触发监管动作的信息进行上报，从而有效地进行事前预警、事中处理、事后及时取证的全自动实时监控。依托于 5G 技术，智慧监控可以真正实现智能识别，支持 1080P、2K/4K/8K 高清视频，保障视频数据质量，优化存储视频。

BIM 模型管理。采用 WebGL 轻量化转换引擎技术，无需安装插件，支持多终端进行预览。支持上传 BIM 模型至系统，可通过电脑、手机、PAD 进行预览。采用 WebGL 轻量化转换引擎技术，无需安装插件，支持大模型加载，多种通用文件格式，兼容性强，如图 9-30 所示。

脚手架安全监测。脚手架倾角、位移实时监测，及时预警。主要采用倾角计、位移计对杆件的倾角、位移进行实时监测。一旦发现支架的倾斜过大，则产生预警信息，提示采取措施，避免安全事故。设备主要由一个无线数据基站以及若干无线倾角计组成，如图 9-31 所示。

第9章 智能建造与建筑工业化协同发展

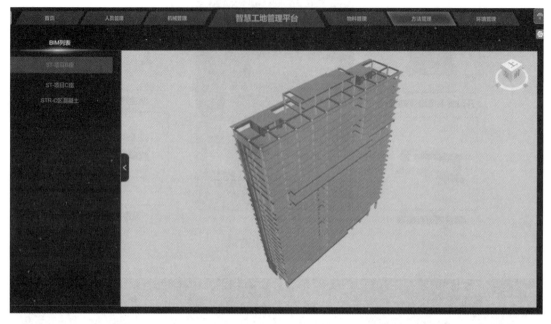

图 9-30 脚手架安全监测系统

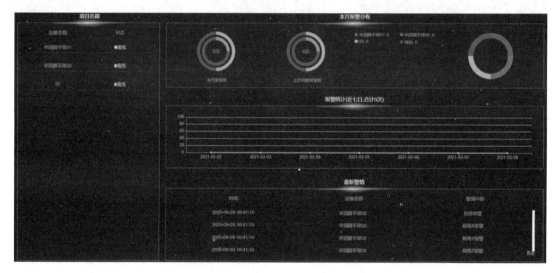

图 9-31 脚手架安全监测报警统计分析

深基坑安全监测。实时监测深基坑各项数据变化,预防深基坑垮塌。通过传感器技术对围护墙顶水平位移及沉降、围护墙身深层水平位移、支撑轴力、立柱沉降、基坑外水位、周边建筑物沉降、裂缝、倾斜监测、周边地下管线沉降、位移等进行实时在线监测和统计分析,防止安全事故发生,支持手机 APP、PC 在线查看监测数据,联动现场声控系统,如图 9-32 所示。

高支模安全监测。实时监测高支模各项数据变化,预防高支模坍塌。利用传感器技术和物联网技术实时监测高支模的水平位移、模板沉降、立杆轴力、杆件倾角等状态。通过

9.6 智能监管

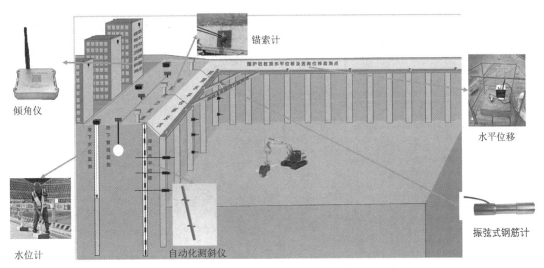

图 9-32 深基坑监测系统

数据分析和判断，预警危险状态，及时排查危险原因，避免安全事故的发生，如图 9-33 所示。

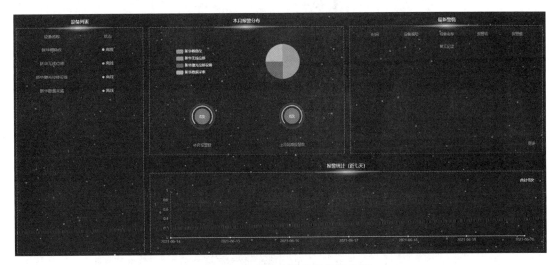

图 9-33 高支模监测数据统计分析

混凝土测温。防止混凝土温差过大，产生裂缝。实时监测混凝土结构表层、中心、底层温度变化，通过智慧工地平台了解混凝土温度数据与变化曲线，超过预警温差值时，及时报警，避免出现结构质量事故。适用于桥梁、桥墩、低基承台和框架浇筑等领域，如图 9-34 所示。

标养室管理。实时监测标养室温湿度，及时预警。通过温湿度传感器和无线传输技术对标养室温湿度进行实时监测，数据异常及时预警。系统自动生成监测记录、预警记录等信息，支持数据大屏、PC 端、手机 APP 多端查看，如图 9-35 所示。

实测实量验收管理。验收整改复验闭环管理流程。自定义设置检查位置及各分部分项工程验收标准。通过手机 APP 进行实测实量验收，系统自动根据测量数据判断是否合格。

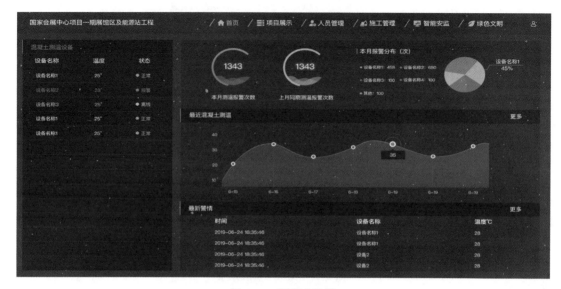

图 9-34 混凝土监测

图 9-35 标养室监测

如不合格，则自动生成整改通知，整改后通知复验。系统自动生成检查记录台账、整改记录台账。

（7）安全

AI 隐患识别。借助智慧监控技术，对于施工区域内画面的火焰、烟火及工人违规吸烟等进行识别与报警，同时将报警信息快照和报警视频存档。通过 AI 视频分析能及时发现现场灾情隐患，对于异常情况，相关工作人员收到报警会立即采取相应措施，做到未雨绸缪，防患于未然。为配合疫情防控，对反光衣、安全帽、口罩等进行自动识别，如未穿戴会进行报警提示。

危险区域防护。利用传感器等智慧监控技术对工地各区的关键要害部位、重点区域等现场情况进行 24 小时实时监控。对于进入、离开、滞留监控区域人员的情况，能够快速识别并预警，会有清晰的显示；对于现场周界入侵，能够进行自动识别分析，并通过声光传感器实时发出预警警报，可有效避免施工人员进入危险区域造成人身伤害。

安全巡检。系统自动提醒巡更，自动校验是否规定的人员、时间等信息。自定义设置参与巡更的人员、部位、事项、时间班次，提醒巡更人员待巡更事项。巡更人员通过扫描二维码提交巡更情况，系统自动配对校验是否规定的人员、时间、地点巡更，支持上传巡更照片。形成巡更台账，考核巡更人员是否按时按部位巡更，如图 9-36 所示。

图 9-36 安全巡检系统

2）管理场景

（1）施工单位项目级、企业级监管：单一项目的智慧监管能力向企业级监管拓展，包括施工现场人机料法环状态可视；施工进度、质量、安全数字化管控；施工过程资料留存，支撑后期运维。

智慧工地企业级监管平台利用视频监控系统满足施工企业对施工现场的安全和管理需求，采用先进的 5G、云计算、移动互联网和物联网等技术，管理者可以通过视频监控系统实时查看施工现场状况，一旦发现异常，系统就可以自动开启预警，让现场工作人员及时解除故障，减少工程事故的发生。

利用监管平台可以对企业中所负责的多个项目或项目中的多个监控画面进行查看和控制，做到远程＋现场监管到位。

（2）政府级监管：政府监管能力的应用

政府级安全智慧工地管理平台以"安全、科技、智慧、环保"为核心理念，5G、物联网、大数据和云计算技术为手段，将科技力量与安全监管制度紧密结合。

数据指挥中心作为政府级安全智慧工地管理平台的"大脑"，通过"一张图管理"清晰直观地展现当前辖区内所有在建工地的整体情况，并将项目端收集来的各类数据汇总分析，以看板的形式进行动态展示，为监管部门开展工作、制定决策提供了有力的数据支持。

针对施工现场可能引发安全事故的人为因素，例如不佩戴防护用品、违章操作等行为，通过全景视频监控可对现场进行 24 小时远程监管（参照火神山、雷神山云监工）；实名制考勤管理，可帮助住建局随时了解关键人员及劳务人员在岗状况，同时杜绝因外来人员随意进出施工现场而造成的安全隐患。

在生产过程中，物的不安全状态极易出现，尤其是施工现场的各类大型机械设备，往往是引发大型事故的直接原因。智能终端设备和智能传感器可对现场高危设备（塔吊、升降机、龙门吊等）进行远程操作实时监控，达到运行数据的自动采集和危险状态的实时报警等效果，防事故隐患于未然。

通过部署在现场的环境监测设备和相关传感器，可实时监测施工项目的环境状况：一是自然地质条件的安全隐患（如滑坡沉降、恶劣天气等）；二是施工作业环境的安全隐患（如混凝土浇筑不达标等），从而有效保障现场作业人员的人身安全，如图 9-37、图 9-38 所示。

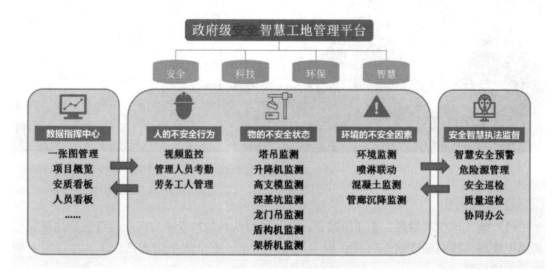

图 9-37　政府级监管平台

9.6.3　应用价值

1）降低成本：人员、机械、物料

智慧建造围绕人机料法环等主要要素进行延伸拓展，从以人为本的角度出发，保障人员安全，通过先进的智能可穿戴设备，保障人员作业安全，提升作业协同效能，降低人员使用成本；对于机械，智慧建造侧重监测机械的运行状态，保障作业平稳安全运行，降低机械维修养护成本；对于物料，智慧建造可通过区块链为主要手段，对过程参与方进行认证，保证责任追查溯源，为应用单位降低材料成本。

2）提升效能：人员、工作进度

基于目前施工单位小组作业的模式，智慧建造以作业人员为切入点，通过智能可穿戴设备以语音、文字、视频影像为表现形式，提升作业人员作业协同效能；在工程进度方

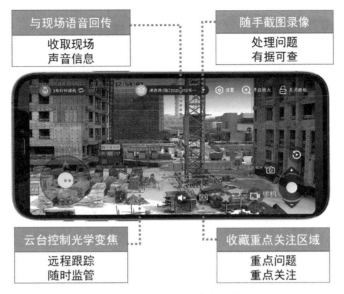

图 9-38 匠 talk 移动巡检

面,智慧建造基于 5G 网络可以实现 BIM 模型作业面实时加载,通过 BIM 模型与现实视频画面同位置同角度虚实结合展示,将有利于直观感知当前施工进度以及当日实际工程量,将进度转化为可视化成果,提升工作效能。

3) 疫情环境下复产复工:工程建设进度

智慧建造面向施工监管,以施工质量、安全、环境、视频、施工人员实名制等功能模块为基础,持续深化响应功能建设及系统能力搭建,这对智能建造行业的高质量发展起到了推动作用。标准从以人为本的角度出发,注重保障施工人员的作业安全及人身权益,智慧建造行业近年来坚持贯彻这一理念,相继推出无感门禁、建筑职业健康亭、智能施工穿戴设备等典型应用。在疫情环境下,相应的智能建造产品及功能有效提升了施工现场进行防疫的水平,为建筑行业在疫情环境下快速复产复工提供保障。

4) 数字化增量价值:建筑企业集团级管控能力提升、政府管控、对智慧城市贡献、行业数字化发展等

智慧建造有关产品面向建设单位、施工单位、政府监管部门等多层级客户,将着力于在多个层面实现建筑施工数字化、5G 高清视频可追溯系统以增强监管能力,5G+MEC+切片视频辅助塔吊远程操控降低劳动强度、提升人员安全,同时实现轻量化 BIM 模型数字孪生协同溯源和劳务实名制管理,从安全、进度、质量、成本等多个方面提升建筑施工阶段数字化发展,同时在建筑行业为碳中和目标的实现奠定基础。

智慧建造在提升施工过程溯源能力、数字监管旁站、远程实时监管能力、隐患自动预警能力、标准化施工日志、规范质量检查过程、物料全产业链监管、环境能耗数据监测、机器人巡检及检测等方面,全方位地支撑建筑行业绿色发展、监管部门甚至是业主人员远程监管,助力实现全民监管生产施工,提升中国建造质量水平。

5) 产业带动作用:对通信行业、智能制造产业、工业产业的带动作用

智慧建造融合建筑业需求和 ICT 行业技术,智慧建造作为智慧城市建设的重要一环,

有效促进国家新基建政策推进；产品融合 5G 网络建设，落地的项目加快 5G 通信基础设施建设的步伐，加快推进新型基础设施建设。同时，智慧建造是通信行业与建筑行业深度协同的产物，5G、AI、大数据、区块链等大量新技术的融合应用，将加快建筑行业的数字化进程。5G 为建筑工地解决了通信痛点难点问题，也为其他技术研究发展和应用落地奠定了坚实基础，在此带动作用下，有望推动各个智慧建造相关产品大批量应用落地，促进智慧建造行业蓬勃发展。

9.7 应用案例

9.7.1 中建科技智慧建造平台在长圳项目的应用

1）项目概况

深圳市长圳公共住房及其附属工程总承包（EPC）项目综合应用绿色、智慧、科技的装配式建筑技术，秉持"以人为本的高质量发展"新理念，打造建设领域新时代践行发展新理念的城市建设新标杆。本项目位于深圳市光明区凤凰城，南临光侨路，西临科裕路，紧邻六号线长圳站。项目总用地面积 20.61 万 m^2，总建筑面积约 115 万 m^2，规定建筑面积 85.7 万 m^2，其中住宅建筑面积 76 万 m^2（不少于 9500 套），商业建筑面积 6.5 万 m^2，公共配套设施 3.2 万 m^2。

通过智慧建造平台在深圳市长圳公共住房及其附属工程总承包（EPC）项目的应用，在招标投标阶段通过 BIM 模型自动生成 4 万页工程量及造价清单，节约人工，提高工作效率。在实施阶段拟通过该平台打造"公共住房项目优质精品标杆""高效推进标杆""装配式建造标杆""全生命周期应用 BIM 标杆""人文社区标杆""智慧社区标杆""科技社区标杆"和"城市建设领域标准化管理标杆"，树立建设科技跨越式发展里程碑。

2）应用平台简介

智慧建造平台整合上下游产业链资源，积累数据资产，以 BIM 标准化正向设计为主导，推进基于一体化数据源的全要素、全生命周期的数据建设，实现多方参与、协同联动的一体化管理。该平台由数字设计、云筑网购、智能工厂、智慧工地、幸福空间五大部分组成，分别对应于 REMPC 全过程管理中的设计、采购、生产、施工和运维环节。实现了建筑全生命周期线上数据同步线下流程的全过程打通及交互式应用。打破了建造模式产业链中条块分割的信息化壁垒，整合了传统产业中各板块间的离散数据，融合了设计、生产、施工、管理和控制等要素，通过工业化、信息化、数字化和智慧化的集成建造和数据互通，辅助智能建造。实现虚拟数字建造与现实建筑建造虚实结合，形成建筑数字孪生数据资产。

3）应用内容

（1）设计阶段

长圳项目以标准化、数字化设计为基础，通过 BIM 轻量化技术的应用，设计成果得以完成从知识到数字的转换。在设计阶段利用智慧建造平台进行各专业协同建模、预制构件三维拆分设计、深化设计、三维出图、各专业模型碰撞检查、设计优化及精装设计等。

在设计阶段实现生产、施工、运维的前置参与,生产阶段、施工阶段、运维阶段各参与方的需求与要求前置,即在设计阶段就可以进行全过程的模拟预演,生产、施工、运维阶段通过 BIM 信息化模型实现信息交互。实现"全员、全专业、全过程"的三全 BIM 信息化应用,如图 9-39 所示。

图 9-39　长圳项目标准化设计

(2) 采购阶段

智慧建造平台在采购阶段以各专业协同完成的全专业 BIM 模型为基础,在云端根据算量规则、企业清单及定额库逻辑结构进行数据提取和数据加工,自动生成工程量及造价清单,并将工程量结果对接到云筑网完成在线采购,实现了算量和采购的无缝对接,保证了算量准确、采购及时,如图 9-40 所示。

图 9-40　自动生成工程量及造价清单

在长圳项目投标阶段,项目中标单位通过正向设计的 BIM 自动生成 4 万页工程量清单,以一体化思维将"三全"因素融入商务招采的管理范畴,提高了招标单位评标工作的效率,提高了项目造价控制的精准性。

(3) 生产阶段

基于智慧建造平台的智能生产以 BIM 模型为信息驱动,以物联网技术为依托,结合建筑机器人工作站,实现从设计到工厂的"一键回车式"生产。长圳项目中使用的预制构件由自有构件工厂生产,利用 BIM 信息驱动工厂自动生产线及工业化机器人设备智能化生产,实现从设计、排产、品控到物流的全链条自动化并实现云端可追溯,从而实现设计信息对生产环节的自动管控,对生产进度、质量和成本的精准控制,保障构件高质高效生产，如图 9-41 所示。

图 9-41 智能化生产

（4）施工阶段

基于智慧建造平台的施工管理通过跨专业的技术整合，以数字孪生建筑作为数据支撑，基于物联网、大数据、人工智能、VR 等技术，实现人、机、材和建造过程控制的互联网化和物联网化，从而为建筑全生命周期数据交互式赋能，细化项目过程管理，实现对项目施工现场的智能化监控和智慧化管理。

智慧建造平台为长圳项目提供智能视频监控服务，结合 AI（Artificial Intelligence，人工智能）自主学习技术和机器视觉技术，捕获现场工人动作和工人穿戴图像，对现场工人不安全行为进行实时识别和预警，从而规范现场工人作业行为。智能视频监控设备采集到的异常图像在云端进行留档记录，目前已采集安全隐患问题图像 4 万余张，AI 图像识别准确率达到 95% 以上，如图 9-42 所示。

图 9-42 智慧建造平台智能远程监控服务

智慧建造平台为长圳项目提供构件追溯服务，以 BIM 轻量化模型为数据载体，利用移动端 APP 对构件的不同阶段进行扫码，记录构件从设计、生产、验收、吊装的全过程信息，达到信息在建筑全生命周期的生长和记录，实现对构件的全生命周期追溯。基于构件全生命周期追溯数据，在云端建立以实际建造数据为基础的数字孪生建筑，如图 9-43 所示。

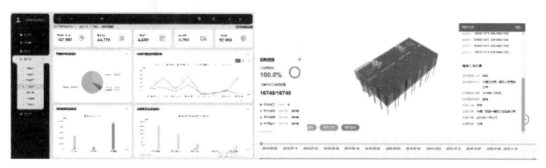

图 9-43　智慧建造平台构件追溯服务

智慧建造平台为长圳项目提供无人机自动巡检与建模服务。可以根据现场拍摄需求，自动智能规划飞行航线，执行航拍任务，并依照预设的飞行轨迹，完成全自动巡航飞行及图像采集。智慧建造平台可以根据飞行拍摄的图片及影像，通过边界重叠算法生成现场三维模型，直观地反应现场形象进度，如图 9-44 所示。

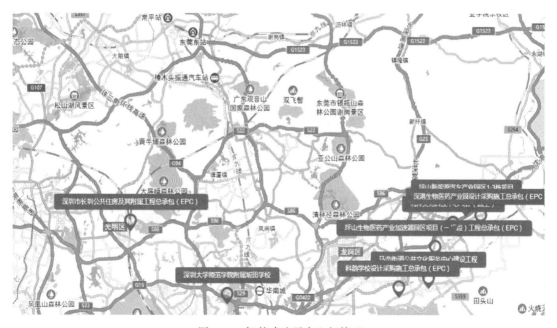

图 9-44　智慧建造平台飞行管理

在项目验收阶段，智慧建造平台为长圳项目提供点云扫描服务，通过将点云扫描技术与智能巡检载具相配合，利用三维点云扫描技术具有高精度和高效率的特点及优势，对复杂的工地环境进行全方位扫描，生成点云模型，并与 BIM 轻量化模型进行比对。现场质量检测自动化设备数据自动对接至智慧建造平台，结合设计信息，生成施工偏差报告，为建筑施工质量报告提供数据依据，如图 9-45 所示。

图 9-45　智慧建造平台点云扫描服务

（5）运维阶段

在项目交付阶段，基于多维度的智造体系 BIM 数据模型，模拟室内视觉穿透，透视管线排布、强弱电设备排布，提供建造接驳节点、隐蔽施工等信息；运用扩展现实技术，提供基于智慧物联网技术的智联空间云端服务，控制智能终端设备；整合设计、采购、生产、施工、运维数据形成建筑建造全生命周期数据池，实现工程信息全记录、管理行为留痕，将数据对接多方线上服务，从而打造以工程项目为主体的数据资产，为城市级管理提供各工程项目全过程数据信息，为智慧城市提供基础数据支撑，如图 9-46 所示。

图 9-46　智慧运维

4）应用效益

（1）解决的实际问题

目前我国建筑业的生产模式还是沿袭了多年传统建筑行业的设计、采购、施工三段割裂的运作模式，在智能建造发展过程中还存在诸多问题：一是建筑、结构、机电设备、装饰装修等各个专业体系缺乏协同；二是条块分割的建造模式造成了产业链中的信息化壁垒；三是传统的施工总承包模式下，产业链碎片化割裂严重，生产关系不能适应产业健康发展的需要，没有实现技术、管理、市场的有效整合。

中建科技创新研发的智慧建造平台全面配合装配式建筑研发、设计、采购、生产、施工、运维中的应用点和标准流程,从前期策划、组织架构、应用流程、人员配置、网络和软硬件配置、技术标准等方面形成装配式建筑标准化应用方案,彻底破除"碎片化元素"与"系统性产业"的矛盾关系,为智能建造发展提供解决思路。

(2)应用效果

通过该平台的应用,长圳公共住房项目预计累计节约6891万元。其中人员减少的直接经济收益预计约192万元;节约会议成本预计约50万元;预计节约变更成本约1489万元;软件费用节约直接经济收益预计约50万元。

该平台已在中建科技集团有限公司117个装配式建筑项目中全面应用,在4年的时间里覆盖全国9个装配式建筑预制构件生产厂,全过程追溯装配式建筑预制构件39万个,使预制构件厂效率提高3倍,实现构件品控98%的优质率。节约了30%的招投时间和25%的管理人员,减少8%~10%的施工工期。共计为企业经济创效15%,提升利润20%,支持超过50%的线下业务流程在线上流转操作,大幅提高了EPC工程管理效率。

(3)应用价值

该平台通过打破建造模式产业链中条块分割的信息化壁垒,整合传统产业中各板块间的离散数据,融合设计、生产、施工、管理和控制等要素,通过工业化、信息化、数字化和智慧化的集成建造和数据互通,辅助装配式建筑项目全生命周期的管理决策。可以解决建筑企业项目各阶段信息不畅、效率较低、资源浪费等问题,经过综合测算得出可以给项目带来五个方面的经济效益,分别为:管理人员减少、工效提升、工期节约、资源节约及软件费用节约。

9.7.2 泰州市住建局项目全过程协同平台

1)项目概况

泰州市委市政府高度重视BIM技术的发展,2019年3月,研究出台《关于印发泰州市推进建筑信息模型技术应用的实施意见》(泰政办发〔2019〕26号),意见中提到,以BIM技术为核心,以BIM建模软件和BIM应用平台为工具,以物联网和地理信息系统(GIS)为基础,以模型信息的创建、传递、使用为基本内容,运用大数据和云计算技术,探索建立基于BIM应用的建设工程全生命期大数据中心,提高建筑信息共享和建设工程管理水平,并逐步与工程建设其他信息平台整合。通过泰州市住建局BIM协同平台建设,加强对现有数据的整理和挖掘,逐步将现有二维的工程档案转化成BIM档案,实现数据集成和共享。

2)应用平台简介

整合住建业务领域现有信息化系统,利用BIM、物联网、大数据等先进技术,在统一数据标准的基础上,深化覆盖项目立项阶段、设计审查阶段、招标投标阶段、施工阶段、竣工阶段的项目全生命周期监管。

3)应用内容

(1)BIM概估算系统

基于BIM的概估算,是以概念设计模型作为分析对象,以历史工程的造价信息作为参考依据,得出有理有据的项目概算结果。

(2) 施工图 BIM 辅助审查系统

用户在进行图纸审查时,BIM 辅助审图能够将普通的二维图片和三维模型进行联动,方便用户更直观地进行审查,并且此功能能够确保图模一致性。各专业图纸审查人员在线对 BIM 模型进行阅览、审查,对发现的问题进行批注,批注结果及对应视角会自动保存并同步给设计人员。

(3) BIM 招标投标系统

设计 BIM 辅助评标,通过 BIM 技术手段,展现项目资料的方式主要体现在 3D 演示和形象展示,具体直观地了解项目信息,进行项目成本估算。

施工 BIM 辅助评标,基于 BIM 的招标投标业务流程中包含了与 BIM 管理相关的 BIM 模型设计与 BIM 数据管理。招标方在建设项目报建时,已完成了该建筑物的 BIM 模型,并作为招标文件的一部分提供给投标方。在投标前期过程中,投标单位针对已获得的模型进行审查并提出疑问,招标方负责答疑以及模型的修改,最终确定多方认可的模型版本,并基于该模型进行工程量的汇总统计。投标过程中,施工单位在最终版本的 BIM 模型基础上,一是针对招标工程量清单进行组价及调价,二是基于招标模型扩展二次结果和措施模型,并对该部分新增模型进行计量与计价后汇入总价,三是利用模型进行技术标的制作,比如基于模型的场地布置、进度计划、施工工艺展示等。

(4) BIM 项目管理系统

建立基于 BIM 技术的项目管理系统,主要是实现围绕建设项目的各方协同应用平台,管理的内容包括项目的组织架构管理、施工图管理、模型管理、进度管理、进度款管理、质量管理和安全管理。

(5) 建设项目监管一张图

依托数据中心,采用大数据统计分析技术,实现各类数据的多维度分类分析,为项目管理人员和各级领导提供丰富的统计分析图表,从多个角度全面展示项目成本信息、资金使用信息、施工进度状态以及质量安全信息,并以丰富多彩的图表曲线直观清晰地展现,辅助领导决策。

4) 应用效益

通过本项目建设,一方面,打破原工程管理各系统间"信息孤岛"的现状,促进项目数据的整合共享,实现数据交换;另一方面,利用 BIM 技术可以升级项目在概算阶段、审图阶段、招标投标阶段,以及施工实施阶段的管理和应用能力,引导泰州 BIM 技术在用好各阶段的基础上,贯穿全过程,最终实现泰州市建筑行业基于 BIM 技术全过程管理的全国领先模式。通过应用本项目建设内容中各阶段的子系统,可以明确项目 BIM 技术应用内容,以及企业 BIM 技术的发展方向,避免企业盲目发展所引起的资源浪费。

9.7.3 钢结构加工企业全生命周期管理实践

1) 项目概况

钢结构加工企业传统工作模式成本过高、管理混乱,依据企业规划需在现有的生产线及设备的基础上实现生产管理信息化,将信息化技术、BIM 技术、物联网技术、GIS 技术、集成技术等融入到钢结构项目生命周期管理中,从而实现项目降本增效、缩短工期的管理目标与数字化交付需求。

钢结构全生命周期管理平台项目根据生产企业现有生产流程与管理方式展开业务分析，围绕设计-计划-材料-生产-质量-安全-运输-现场的业务流程进行管理系统的开发，实现钢构件全生命周期管理。

2）应用平台简介

（1）设计理念（表9-2）

基于BIM的钢结构全生命周期管理平台设计理念　　　　表9-2

1. 标准化	平台研发将严格遵循国内外有关数据设计、数据结构的相关行业标准；数据模型设计和系统接口设计参考国家导则标准的思想；数据网络通信采用TCP/IP协议，商用数据库访问遵循ANSISQL标准等
2. 一体化	系统遵循一体化设计思想，采用分布式结构，基于统一的支撑平台，可灵活扩展、集成和整合各种应用功能；各种应用功能的实现和使用具有统一的数据库模型、人机交互界面，并能进行统一维护
3. 可靠性	系统的重要单元或单元的重要部件为冗余配置，保证整个系统功能的使用不受单个故障的影响。系统能够隔离故障，切除故障不影响其他各节点的正常运行，保证故障恢复过程快速且平稳
4. 可扩展性	系统采用灵活的软件架构，具有良好的扩展性，在管理范围、系统功能、数据管理对象等方面提供灵活多样的扩展能力，后期可对管理策略、数据关联、报警方式、报表生成、信息展示、管理流程等进行扩展
5. 开放性	在实用可靠的前提下，尽可能跟踪国内外先进的计算机软硬件技术、信息技术及网络通信技术，使系统具有较高的性能价格比。技术上立足于长远发展，坚持选用开放性系统
6. 安全性	系统具有高度的安全保障特性，能保证数据的安全和具备一定的保密措施，执行重要功能的设备应具有冗余备份

（2）框架设计（图9-47）

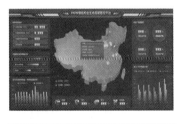

图9-47　平台功能架构

钢结构全生命周期管理平台是PKPM为适应钢结构项目管理难点和痛点而打造的设计、生产、施工一体化全生命周期管理平台，将信息化、BIM、物联网、GIS、移动应用等技术融入其中，实现了项目的提质增效、节约成本、缩短工期、数字化交付等项目管理目标，系统已在多个钢结构实际项目中实践。

平台分为驾驶舱、业务中心、移动端、权限平台四部分，如图9-48所示。

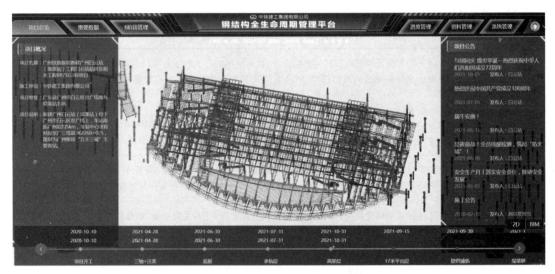

图9-48 钢结构全生命周期大屏展示平台

驾驶舱：对项目数据进行整合、分析，以图表形式直观展示。项目管理人员可以通过展示平台，便捷、直观地查看项目各级的施工进度、安全、质量等信息，减少了管理数据收集的时间，增加了数据的及时性、全面性、准确性，实现多个不同层级的高效协同和可视化管理，提高公司多层级管理能力，为项目更好地管理决策提供了良好的支撑。

业务中心：聚焦项目业务管理，对钢结构项目的设计和深化、生产、装配施工、进度、质量、安全等进行规范化管理，采用信息管理平台进行流程优化和固化，提升项目管理和业务管理成熟度。针对工厂的生产加工过程进行流程化管理，通过管理平台解决库存控制、生产过程物料控制、进度控制、质量管控和成本管控，提升工厂精细化管理水平。可以与第三方平台对接。

移动端：生产工序管理、质检管理等功能的移动端数据录入与查询浏览，项目信息即时响应。

权限平台：组织架构、权限角色、流程管理、基础数据等平台基本信息维护。

3）应用内容

（1）生产管理

① 设计管理

无缝衔接PKPM-DetailWorks、Tekla、Revit等主流钢结构设计软件模型，模型数据可直接导入钢结构全生命周期数字建造平台，使生产管理数据与BIM模型交互融合，达到管理的可视化、标准化、规范化、信息化。自深化设计模型直接获取生产构件的构件模型、构件详图、零件图、构件类型、现场安装零件等信息，可直接指导构件生产过程，如

图 9-49 所示。

图 9-49 设计数据无缝对接

② 构件生产管理

根据构件类型自定义构件工艺流程、工序班组、质检模式；

动态调整工艺流程，单构件类型对应多种工艺流程；

根据生产任务单，确定构件批次生产计划，确定每道生产工序的计划日期和班组；

根据构件批次生产计划，确定工厂的月计划、周计划、日计划；

自动推送生产任务给设定的计划工序班组；

系统支持生产现场班组利用 PDA、PAD、手机等移动端工具。

③ 构件质检管理

基于国标或公司管理制度，管理生产过程质量监管工作。完成材料入场、材料检测并与仓储部完成材料验收。根据工艺参数、质量限定参数控制产品质量，在萌芽阶段消灭质量问题。执行成品检验：手工检测产品过程重要节点质量并录入系统。

④ 构件材料管理

管理项目材料的备料、采购、出入库情况。完成项目材料实际采购量与计划量的差异对比，统计项目材料的已发生成本信息，随时了解各类库房的库存材料信息，管理材料采购、库存、领用的统计分析数据，如图 9-50 所示。

图 9-50 材料管理

⑤ 构件运输管理

钢结构构件运输管理包含项目管理、发货地址管理、电子围栏管理、车辆管理、运输公司管理、运输管理等功能。通过车辆、构件实时定位,降低构件运输全过程的信息管控成本,提高项目综合效益,如图 9-51 所示。

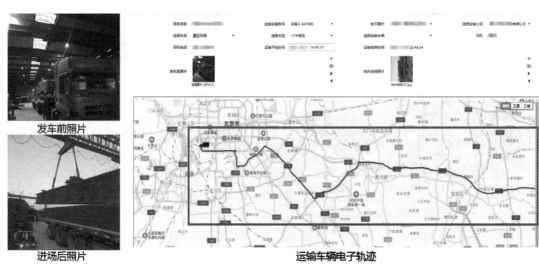

图 9-51 构件运输管理

(2) 现场管理

① 构件进场管理

构件进场是钢结构现场管理的第一站,工作内容主要包含两部分:一是进场构件的验收,不合格构件进入"当前不合格构件"库,同步生成构件问题记录,处理合格后进入"进场合格构件"库,留存验收记录;二是堆场管理,实现基于 BIM 模型、现场平面图的堆场内堆放构件数据的查看,堆场内构件的二次倒运。

② 构件吊装管理

吊装管理包含主要构件吊装完成、吊装测量复验两部分。"吊装完成"记录构件的吊装负责人、吊装时间、复测需求。"吊装测量复验"记录复验数据,拍照留痕,复验不合格构件将返至上一道工序。

③ 构件焊接管理

构件焊接管理主要包含现场焊缝管理、焊缝焊接管理、焊缝探伤管理、焊缝补漆管理与班组维护管理。现场焊缝管理是构件焊接管理的起点,按构件创建需要管理的构件焊缝信息,如焊缝等级、编号等。焊缝焊接管理用于记录焊接完成时间、焊接班组、焊接人员、焊缝完成照片等焊接完成数据。焊缝探伤管理主要针对现场焊缝的探伤信息,包括探伤时间、探伤人员、探伤完成照片等数据管理。焊缝补漆管理旨在管理现场焊缝的补漆信息,包括补漆时间、补漆班组、补漆人员、补漆完成照片等。班组维护管理则主要为对现场焊接班组、补漆班组人员进行管理。

④ 构件竣工管理

构件竣工管理包括构件预验收和构件检验批交付验收管理。构件预验收是单个构件安装、焊接等工序全部完成后的内部验收管理,管理内容包括构件照片留痕、确认人员、相关备注等信息。检验批交付验收管理是按照区域对已经预验收完成的构件进行统一检验批验收管理。

(3) 全生命周期管理数据分析

① 多项目数据统计分析

对于多个项目的管理数据，可以以项目为主维度展开对经营数据、钢结构吨位总量、构件数量等的对比分析。

② 构件数据统计分析

对于构件设计清单、构件生产计划、构件生产过程、构件运输、构件进场安装等构件全过程管理数据，可以进行构件类型的分类统计、构件状态动态查询、构件生产工序统计分析、构件生产工序的计划实际对比分析、构件成品率分析等。

③ 材料数据统计分析

对于材料备料计划、采购计划、材料进场验收、材料入库、材料出库、材料库存等数据，可以进行项目材料计划用量统计、材料出入库对比分析、项目材料动态库存统计、多项目主材用量对比分析、多项目材料实际消耗对比分析等。

4) 应用效益

以"钢结构全生命周期管理平台"为核心的智能建造体系，为钢结构生产企业提供了具有自主知识产权的智能建造系统解决方案，强化了钢结构项目产业链上下游间的协同工作力度，开拓了"平台＋服务"的工程建造新模式。

(1) 核心业务价值

① 设计、生产一体化管理

将信息化、BIM、物联网、GIS、移动应用等技术融入其中，实现了设计、生产、施工一体化全生命周期管理，实现节约成本、缩短工期的管理目标，如图9-52所示。

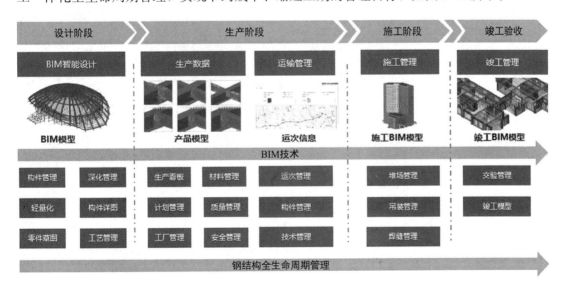

图9-52 钢结构全生命周期一体化管理

② 二维码技术贯穿业务流程管理

利用BIM技术打通钢结构全生命周期管控数据，将二维码与构件一一对应，一物一码，完成 BIM 模型与管理数据的双向互通，建立新型协同管理模式，实现钢结构构件可追溯性质量管控，如图 9-53 所示。

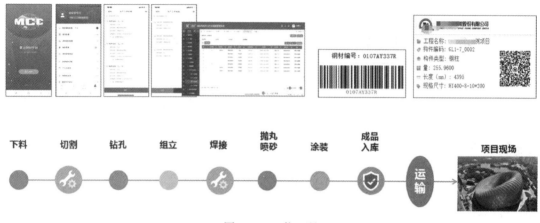

图 9-53 一物一码

③ 生产制作工艺流程化管理

对钢结构构件的加工制作工序进行字典化管理，通过构件类型的工序设置来完成工艺设置，实现构件生产的流程化管理。

④ 构件现场可视化、精细化管理

实现钢结构构件设计、生产、运输、安装、交验全生命周期管理。点击构件即可查询构件的可视化信息。采用 BIM、物联网等技术实现构件质量监管和追溯，构件信息动态实时查询，如图 9-54 所示。

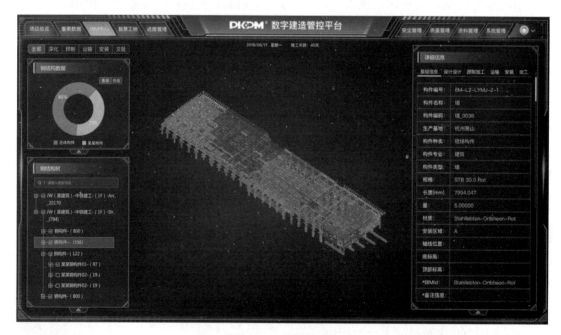

图 9-54 构件管理

⑤ 集成GIS和智慧工地，透明施工、提质增效

平台集成BIM技术、GIS技术，建立通用数据接口标准，实现劳务管理、安全施工、环境监测的智能化和互联网化，采用集成化技术，实现全新的大数据集成管理模式，如图9-55所示。

图9-55 钢结构智慧工地管控平台

⑥ 云部署

该平台后续计划采用公有云＋私有云相结合的部署模式提供服务。公有云模式相较于传统的OA、CRM、ERP等系统部署方式风险低，部署时间短，且客户无需在软件和硬件方面进行投资，无空间和地点的限制，可以在任何可接入Internet的地方使用。相对于传统软件而言，SaaS模式在软件的升级、服务、数据安全传输等各方面都有很大的优势。届时，将平台部署至公有云，按照客户的差异化需求，建立相应的账号直接进行使用。

(2) 应用推广

① 基于BIM＋GIS丰台火车站钢结构全生命周期监管项目

丰台站钢结构项目管理中应用了BIM技术、GIS技术、信息化管理等技术，包括展示平台、业务平台、移动端三部分，组成应用重点如下：

基于BIM模型查看任意构件设计管理、深化设计、预制加工、物流运输、现场管理、交验管理构件的全生命周期信息。

GIS技术、BIM技术与智慧工地相互融合，在GIS＋BIM场景中随时随地查看现场设备、环境、劳务、塔吊、基坑、大体积混凝土等监控数据。

智慧工厂数据与项目系统数据无缝衔接，平台通过接口成功获取了两家钢结构工厂供

应商生产阶段数据，实现数据同步。

② 中国二十二冶钢结构项目

中国二十二冶集团金属结构工程分公司是一家集设计、制作、安装、检测于一体的钢结构全产业链企业。该公司在 2020 年上线使用钢结构全生命周期管理系统，实现了深化设计、构件生产、施工安装一体化的数据管控。

建立钢结构构件编码体系，实现构件生产、运输、到场、吊装等核心环节信息的跟踪记录与数字化管控，达成构件全生命周期追溯性质量管理。

推进构件数据协同、业务协同、流程协同，提升生产质量、降低成本、提高企业综合效益，为企业提升生产质量、降低成本、提高企业综合效益保驾护航。

③ 东南网架钢结构项目

东南网架 BIM 工程项目管理平台以信息化、BIM、云计算、物联网，决策支持和大数据为技术支撑，搭建东南网架 BIM 工程项目管理平台，对成品入库、出厂、进场、安装完成四个构件管理的重点环节进行管控。从计划出发精确到每个构件成品入库计划、构件出厂计划、构件进场计划、安装完成计划，在实际管理过程中通过二维码扫描确认构件的实际完成时间，全程无需录入。整体完成情况利用 BIM 技术进行可视化展示，形象直观，如图 9-56 所示。

图 9-56 东南网架钢结构项目移动端

（3）经济效益

节约人员成本，提高工作效率：钢结构制造厂采用业务流程化管理，可减少工序之间的构件运送人员、构件发送人员的时间成本。材料管理实现现场物资集中配送，提高配送效率，减少出库人员作业，降低人员、设备成本。

降低库存水平，减少资金成本：钢结构全生命周期管理平台的搭建使用，可加速钢材周转，降低钢材库存积压，减少积压钢材资金成本。

减少现场物资浪费：使用二维码标签，对主材、辅材、油漆等进行全程可追溯管理，提高此类物资的使用效率，降低物资报废率。

增值服务收益：项目施工期间形成的信息资源，可以有偿提供给业主单位，形成一次收益或长期收益。

(4) 社会效益

提升钢结构制造基地整体管理水平及形象,进一步稳固公司在钢结构行业中的地位,形成核心竞争力;完善公司现有技术体系,填补公司钢结构管理中的技术空白;培养公司信息化管理人才,较大地提升了信息化管理人员素养。

9.7.4 北京安贞医院通州院区智慧建造项目

1) 项目概况

北京安贞医院通州院区位于通州区宋庄镇六合村区域,距离北京城市副中心行政办公区北侧约5公里,东临通州六合村东路、西临宋庄文化区西路、南临宋庄文化区中街(京榆旧线)。本工程总建筑面积34万平方米,建筑高度49米,地下室整体二层,局部一层,地上最高10层。工程地上主要分两个区域,北区医疗综合楼,包含门诊、医技、住院、急诊、感染等功能区域;南区分为教学宿舍楼、会议中心、科研楼、动物实验楼四个单体,同时配套有污水处理站、液氧站、急救站等附属建筑。总床位数为1300张,项目建成后,将为患者提供预防、治疗、康复为一体的覆盖疾病全过程的医疗服务,如图9-57所示。

图9-57 北京安贞医院通州院区项目

2) 应用平台简介

本项目采用广联达BIM+智慧工地数据决策系统集成平台,对以BIM为载体的项目进度、成本、质量、安全、技术等数据,和以智能终端为载体产生的"人、机、料、法、环、测"六大生产要素的监控数据进行集成化管理。综合利用物联网、BIM、大数据、AI

等核心技术，实时采集并汇聚施工现场各类数据，有效支撑项目进行精准分析、智能决策和科学管理，形成了一套数据驱动的新型智慧工地管理模式，实现了建筑实体、生产要素、管理过程的全面数字化，达到了生产提效、管理有序、成本节约、风险可控的目的，如图 9-58 所示。

图 9-58　BIM＋智慧工地数据决策系统集成平台

3）应用内容

（1）智慧管理-可视化管理

通过安装 8 台球机以及百余台枪机，对现场大门、加工区、办公区、生活区、施工现场等进行全方位监控，同时部分摄像头支持手机端、电脑远程实时查看和回放，即使不在现场，也可以通过在线监控，实现可视化管理，如图 9-59 所示。

图 9-59　远程监控

9.7 应用案例

（2）智慧管理-AI 智能监控

项目为 12 个摄像头加持 AI 技术，实现隐患自动识别，减轻项目安全人员巡检压力。主要支持自动识别现场人员安全帽佩戴情况、反光衣穿着情况、人员抽烟情况、现场明火隐患等，如图 9-60 所示。

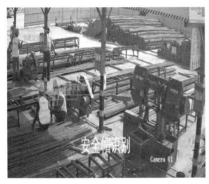

图 9-60　AI 智能监控

（3）智慧管理-物料验收管理

通过安装智慧物料系统，将车辆进出场重量进行自动计算，数据回传到物料管理系统，对现场进场称重材料进行实际重量与运单重量对比分析，同时汇总各项数据后得出各供应商供货偏差分析，可提供有效的结算依据，不仅提升物资物料的验收效率，还为项目节约了成本。在本项目结构施工期间，累计浇筑混凝土约 20 万立方米，通过此系统，杜绝了搅拌站亏方、虚假小票、罐车带灰出场等现象，减少至少 2.5% 的浪费，节约混凝土约 5000 立方米，节省约 200 万元，如图 9-61 所示。

图 9-61　车辆进场留痕

（4）智慧管理-劳务管理

通过劳务管理系统，对现场人员进行实名制管理，基于闸机＋人脸识别设备实现人员快速进场、多门区封闭管控、考勤自动记录等功能，所有劳务数据集成到平台内，形成劳务数据库，使管理人员实时掌握用工情况，规范劳务用工管理，风险控制关口前移，贯穿劳务管理全流程，大幅提升了现场劳务管理的效率和质量，如图9-62所示。

图9-62 人员通过人脸识别闸机

（5）智慧创安-安全管理

通过安全管理系统，实现了对隐患排查、风险辨识、动火作业等进行线上管理，安全管理人员在手机端即可对相关隐患发起整改，并可随时查看整改情况，第一时间进行隐患复查，精准、高效掌握分包安全管理情况。动火作业可基于线上操作完成审批流程，提高安全管理效率，如图9-63所示。

图9-63 隐患排查流程

9.7 应用案例

(6) 智慧创安-配电箱安全监测

利用漏电、温度、开关状态监测、烟雾监测传感器、电能监测传感器等将施工用电过程的各种数据收集到终端主机中，实时监测临电箱中电流、电压、功率、频率情况，监测是否有漏电发生，并将数据通过云服务器实时上传到平台中，如有异常即可自动启动平台预警，便于管理人员实时掌握配电箱安全情况，如图 9-64 所示。

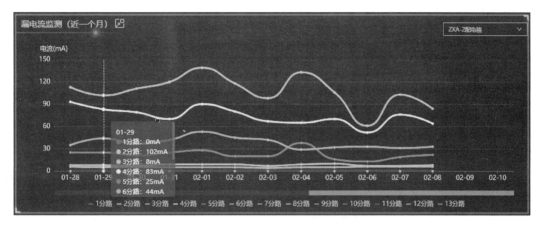

图 9-64　漏电电流分析

(7) 智慧创安-塔吊安全监控

通过塔吊安全监测系统，可数字化显示现场塔吊的幅度、高度、重量、倾角等运行数据，一旦塔吊操作过程中发生不安全行为，可实时预警，运行记录和报警信息实时上传到平台，便于远程监管和信息留存。系统通过对塔吊运行记录进行自动分析，辅助管理人员进行塔司工作强度判别、设备维修保养期限判别，确保塔吊始终保持安全运行状态，从根源上避免塔吊安全事故的发生，如图 9-65 所示。

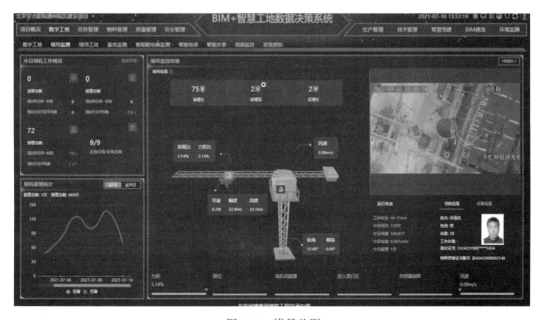

图 9-65　塔吊监测

(8) 智慧创安-基坑监测

本项目基坑监测采用自动化监测设备,在基坑开挖及地下工程施工过程中,对基坑岩土性状、支护结构变位和周围环境条件的变化,进行全面监测及分析,监测数据实时传送到平台,智能预测进一步开挖施工后将导致的变形及稳定状态的发展,根据预测判定施工对周围环境造成影响的程度,指导现场施工安全实施;对超出预警值的数据发出警报,提示现场管理人员及时干预,确保安全施工,如图 9-66 所示。

图 9-66 基坑监测

(9) 智慧提质-质量管理

基于后台云平台统计,对质量隐患情况进行数据分析,包含未整改质量隐患数量、未销项隐患按责任人分析、未销项隐患按分包单位分析、质量隐患趋势分析,提供分包商、整改人员、隐患类型等多维度数据分析,辅助决策,如图 9-67 所示。

(10) 智慧提质-塔吊工效监测

通过在塔吊上安装的传感器、摄像头等末端设备,将塔吊相关运行数据实时传输至平台,基于数据分析,可辅助提高塔吊工效。在本项目结构施工期间共布置了 9 台塔吊,通过平台对每台塔吊每天的吊次都进行了精准统计和综合分析,有力支撑了结构施工期间对吊装效率的优化改进,极大节约了项目成本。单台塔吊租赁期从合同约定的 10 个月压缩到了 8 个月,9 台塔吊累计节约了 18 个月的租赁费用,按照 9 万元每台每月综合租金计算,共计节约租赁费约 162 万元,如图 9-68 所示。

(11) 智慧提质-临建布置优化

通过 BIM 的可视化方式快速对施工场地布置进行协调管理,检查施工场地布置合理性,优化场地布置。BIM 三维模型能直观展现项目临建规划完成后真实的空间形态,实现多方无障碍信息共享,让不同人员在同一环境下工作,全面评估临建工程,使管理更科

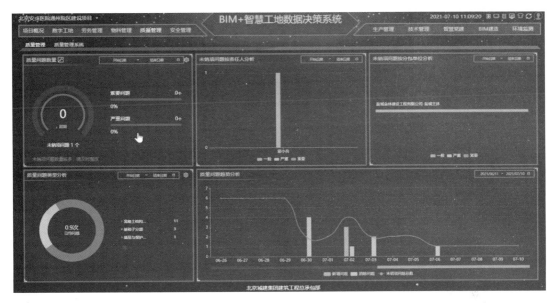

图 9-67 质量管理

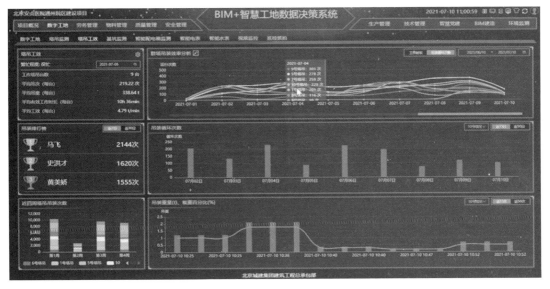

图 9-68 塔吊工效监测

学、措施更有效,如图 9-69 所示。

(12) 智慧提质-BIM 深化设计

基于 BIM 进行可视化施工深化设计,通过 BIM 模型进行管线综合调整,对于现场实施方案进行预演,及时发现实施重难点。通过模型确定各专业设备路由位置,确保安装与检修空间,高效输出各专业平面图、剖面图等二维图纸,智能标注各系统管线、设备等的定位、标高等信息,指导控制施工实施安装次序,辅助现场安装施工作业。实现 BIM 技术的实施落地,从而降低施工难度,提高施工质量,如图 9-70 所示。

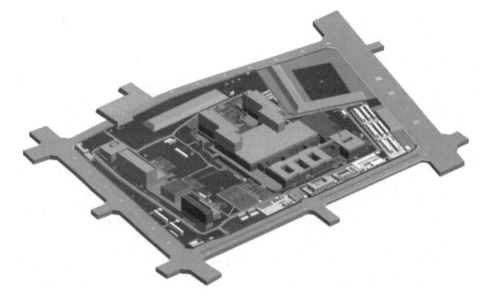

图 9-69 临建模型

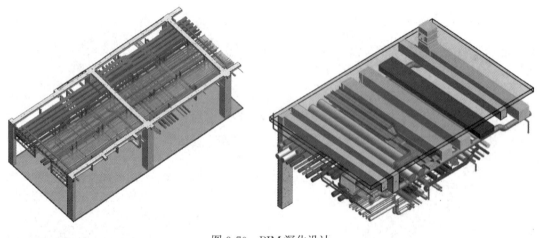

图 9-70 BIM深化设计

(13) 智慧提质-BIM净高优化

本项目梁板结构复杂，降板种类较多，机电管线排布复杂，通过BIM模拟建造，对空间狭小、管线密集或净高要求严格的区域进行净高（空）分析，提前发现不满足净高要求的区域，基于可视化模式下协同各方高效解决相关重难点区域净高问题，如图9-71所示。

(14) 智慧提质-BIM洞口优化

通过机电综合深化设计，确定及复核主体结构的预留预埋孔洞，及时调整管线走向；随项目施工进度，配合确定二次结构和预留预埋孔洞位置，并生成清单报告；对现场预留预埋工作中产生的误差要及时调整管线，并反映在施工图与BIM模型中。利用BIM模型导出预留孔洞定位图指导现场施工，如图9-72所示。

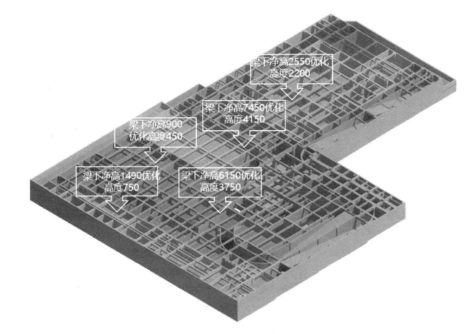

图 9-71 BIM 净高优化

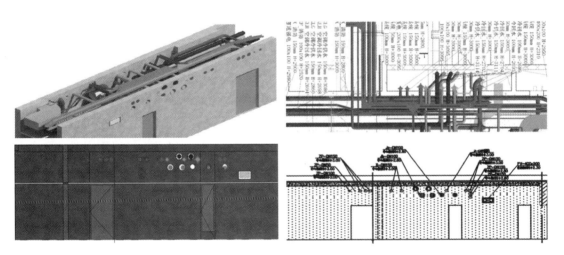

图 9-72 管线洞口复查及优化

（15）智慧增绿-自动喷淋控制系统

安装在施工现场围挡上方，由水箱、增压泵以及水流通的管路组成，实时采集现场风速、温度、颗粒物等参数，并上传至平台，当监测数值超过设定阈值时，系统会自动报警，并联动自动喷淋控制系统，实现自动降尘操作，达到绿色施工的效果。系统支持按键控制、遥控控制和远程控制方式，灵活支撑现场环境管理，如图 9-73 所示。

（16）智慧增绿-智能水电监测系统

项目采用 NB-IoT 技术，实时监测办公区、生活区、施工区用水量、用电量，同时按日、周、月、季度等区间统计，通过与计划值对比分析现场用水量、用电量是否超标，为

图 9-73　自动喷淋控制系统

项目节水、节电管理提供数据支撑,如图 9-74 所示。

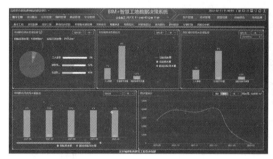
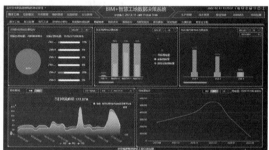

图 9-74　智能电表水表数据分析

4）应用效益

(1) 通过充分利用 BIM＋智慧工地数据决策系统集成平台,以物联网、人工智能、大数据等技术对各业务线的具体工作以数字化手段形成业务替代或辅助,从而积累了庞大的生产作业数据。经过平台系统化的集成和智能化的分析,呈现出可视化数据图表,极大地提升了项目建造效率、质量和安全水平,降低了整体建造成本,支撑项目管理人员做出科学合理的决策,为本项目开展智慧建造提供了先进可靠的技术保障。

(2) 通过合理利用 BIM 技术,高效解决现场各类实际问题,极大地提升了整体施工质量和效率。如在基础施工阶段,由于项目设计复杂,垫层形成了众多大坑套小坑形式的集水坑,传统 CAD 绘图难以表达清楚。项目充分利用 BIM 技术进行空间模拟施工开挖,从视觉上更直观,相互关系一目了然,使得技术交底简洁直观、易于理解,极大地提高了工作效率,也保证了施工相关技术参数的准确性和工程质量。另外,本项目地上结构为钢结构,施工中针对劲性柱与混凝土梁节点钢筋密集的难点,项目团队借助 BIM 技术虚拟建造,运用三维动画模拟复杂节点的施工工序,提前预判此类碰撞问题,采取优化措施,不仅使该节点施工易于操作,而且节约了人力成本,加快了施工进度。

(3) 本工程是北京市重点工程,从工程策划初期就开始应用智慧化管理手段,对劳务人员、施工质量、施工安全、施工进度等进行智慧化管理,得到了施工各参与单位的高度认可及积极参与,打造了良好的智慧工地建设效果。在各方单位的努力和支持下,本项目顺利协办了"北京市安全质量及智慧管理标杆工地施工现场观摩交流会"活动,不仅提升了项目品质形象，同时也为北京市智慧工地建设树立了标杆，起到了示范作用，创造了良好的社会效益。

9.7.5 基于 CIM 的信息化资产运营平台

1）项目概况

目前数字经济和实体经济融合发展，多数企业资产密集程度高、数量大、种类多以及分布地点相对分散，用户不仅需要能够快速地对资产进行查阅以及数据交互等操作，而且要求资产的相关台账业务信息能与资产的地理空间信息进行有机地关联结合，以便企业的资产管理者能够迅速地获取此资产实物位置，实时掌握资产的相关信息及空间分布情况。

中国铁工投资建设集团基于 CIM 的信息化资产运营平台项目秉承科学规划、统筹协调、创新应用、分步实施的原则开展，重点是围绕集团现有信息资产实现数字化与可视化，着力打造基于 CIM 的信息化资产运营平台，实现集团办公楼宇、水务运营与项目群监控三个场景的信息化资产数据的可视化集成管理。

2）应用平台简介

中国铁工投资建设集团总部楼宇运维项目，以 BIM 模型静态数据为载体，关联了资产、设施、资料等信息，围绕运营维护阶段的需要，实现了楼宇运维资产与设施设备的运维监测及维护管理的三维可视化、信息化、无纸化、智能化、集成化管理，如图 9-75、图 9-76 所示。

图 9-75 园区白模及道路、交通、绿化植被等数据采集

水务运营平台，融合集成 GIS＋BIM＋IoT 等多元异构数据，支持已建成的项目运营数据接入进行集中运营管理。支持构建集感知、分析、服务、指挥、监察为一体的智能化运行管理体系。通过 BIM 模型对应 IoT 数据，集团总部可全面掌握各地水厂实时的生产过程和经济管理的运营数据，进行运营情况对比分析，如图 9-77 所示。

第 9 章 智能建造与建筑工业化协同发展

图 9-76 楼栋管理

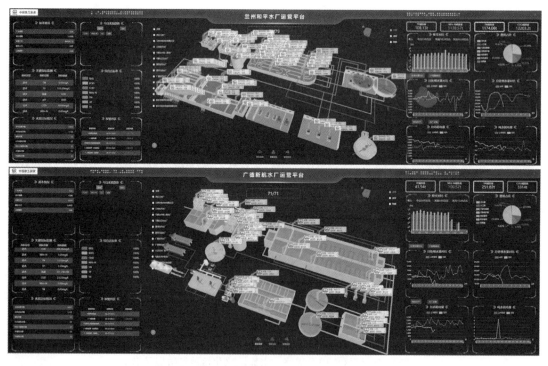

图 9-77 基于 CIM 的可视化运维平台-单水厂集成

一网统管远程监控平台,克服了工地数量多、分布广泛、监管检查存在不足的情况,支持上千个项目定位和数万个监控点位接入,解决了集团级多项目工地群监测三维数字底板,形成"集团(全国)-分子公司(区域)-项目"三级数据管理构架,保证了施工质量、施工人员的人身安全和工地的建筑材料及设备的财产安全,如图 9-78 所示。

图 9-78 基于 CIM 的可视化运维平台-工地群集成

平台建设充分利用了 GIS、BIM、物联网等新兴技术手段,突破多项技术难题,实现了表达和展示城市实景三维空间的 CIM 平台功能,开展基于 CIM 平台的规划建设、运行管理、产业经济等典型应用。该项目汇集了中国铁工投资建设集团下属全部在建和已建成项目的基础设施模型信息与实时监测状态,具有良好的时空数据基础,构建了数字化、全维度的信息化管理系统。

(1) GIS 技术

基于 GIS 技术可以有效进行空间处理、快速提取空间信息以及数据的可视化。通过聚合和叠加将各类资源数据整合在一张地图上,可以实现系统的空间查询定位能力、空间统计分析能力和直观生动的信息展现能力。

(2) BIM 技术

通过集成中国铁工投资建设集团总部大楼各专业 BIM 模型,形成数字化资产,接入可视化运维平台,用于园区内建筑、道路、综合管线等设施的三维可视化运营管理。

(3) 物联网感知技术

物联网通过射频识别、红外感应器等信息传感设备,将物品与互联网连接,进行信息交换与通信,以实现智能化识别、定位、跟踪、监控和管理。

3) 应用内容

(1) 资产可视化

利用 BIM 技术构建建筑物、设备设施、管线、固定资产等数字化资产模型,录入资产对象从采购到安装的过程信息,并接入必要的实时业务数据,实现项目总览、动态观察、可视化展示、定位及信息查询与分析等功能。在单个项目内,支持空间定位,进行分层、分区、分专业浏览,查看区域的附属设备信息等,如图 9-79~图 9-81 所示。

(2) 设施运维管理

基于三维可视化模型,综合统计显示设备设施使用情况,实现对基础设施及设备等资产全生命周期、精细化、可视化管理,及时发现问题,消除风险,确保资产稳定运行。包括设备运行管理、工单派发、维保计划、备品备件记录等功能。

设备运行管理:系统根据建筑内所有的设备进行不同类型预划分,并定位查看设备相关信息、设备运行状态、设备运行参数,一旦接收到设备异常信号时,立刻生成报警提醒。工单派发:设备异常时,填写设备工单,在线派发指定工程人员去现场维修,维修完

图 9-79 BIM 数据资产模型根据场景还原

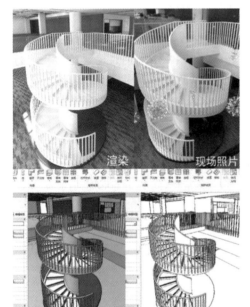

图 9-80 资产对象 BIM 构件精度与现场保持一致

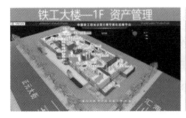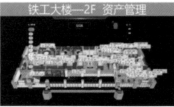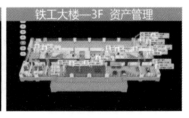

图 9-81 分层查看

毕填写维保记录直接提交确认。维保（检修、巡更、保洁）计划：对重点对象设备或空间，支持计划维保与实际维保执行记录对比查看，对于延误的维保可自动提醒。备品备件记录：记录重点对象设备，支持在运维平台记录备品备件更换记录，可追溯查询历史记录，如图 9-82 所示。

图 9-82 设备运行管理

（3）会议室资源管理

会议管理模块用于会议室的会议预定、参会签到、会议场地预约、会议日程安排及通知，以减少会议室资源空置浪费为目的，高效协同不同部门、不同区域人员组织参与会议，并及时提醒和杜绝日程冲突，如图 9-83 所示。

图 9-83 会议管理

（4）能耗管理

利用基于 CIM 的信息化运营平台，实现三维可视化能耗动态监控，实时掌握能耗状况；根据能耗趋势分析，有效追溯用能过程，优化整合总部大楼内设备资源，实现节能减排，如图 9-84 所示。

图 9-84 能耗管理

(5) 设备台账

对于建（构）筑物内的设备依据分类进行登记操作，也可以通过批量导入的功能，批量登记设备的名称、位置、编号、启用日期、使用年限、品牌型号等信息，登记完成后，可以对这些资产进行修改、删除、批量删除以及批量导出等操作。

同时，设备台账模块可显示出某类别所有设备的详细数据以及使用状态、使用部门等信息。点击相应设备记录可在三维可视化界面中快速定位至该设备模型，并高亮显示。

在设备登记列表中，用户对设备信息进行修改操作后，系统都会自动生成一条记录，记录下该资产在修改之前的信息，当该设备信息出现问题时，可以通过查看设备修改历史来跟踪数据的形成过程，如图 9-85、图 9-86 所示。

图 9-85　资产档案管理

图 9-86　工程验收资料存档

(6) 视频安防

视频监控模块保证监控系统具有的开放性，设备优良，功能先进，可以把符合标准的各个类型、不同厂家的各种设备集成为一个完整的智能化系统；同时，该系统具有较高的信息传输速度，使管理者能以最快的速度获得准确、完整的图像信息，并进行分析与管理，使管理者可以通过便捷的通信网络，充分实现综合管理，如图 9-87 所示。

通过工地群监测平台，可在总部运营中心大屏查看全国项目现场主体工程进度与安全措施情况，为集团对工程施工过程可视化监管提供可靠抓手。

(7) 巡更巡检

本模块提供巡检信息管理、巡检路线管理、巡检班次管理等功能。用户能够直观地观察巡检路线，管理巡检计划，通过接入巡检软件数据，能够读取到巡检员巡检经过的巡检

图 9-87 监控大屏

点,将事先设定的巡检计划同实际的巡检记录进行比较,就可得出巡检漏检、误点等统计信息报表,通过这些报表可以真实地反映巡检工作的实际完成情况。巡更管理系统是保安人员在规定的巡逻路线上,在指定的时间和地点向中央监控站发回信号以表示正常。如果在指定的时间内,信号没有发到中央监控站,或不按规定的次序出现信号,系统将视为异常,如图 9-88 所示。

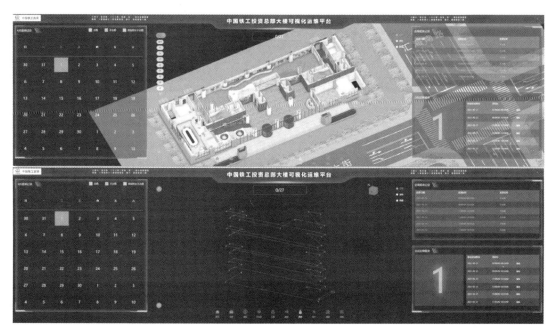

图 9-88 巡更路线和巡更点位

(8) 门禁管理

门禁管理系统可以控制人员的出入，保证授权人员自由出入，限制未授权人员进入，除此之外还可以控制人员在楼内及敏感区域的行为并准确记录和统计管理数据，如图9-89所示。通过门禁管理，可以实现以下功能：远程开关门禁、获取所有的门禁实时运行信息、调用最近的摄像头对现场情况进行观察。当发生非法入侵时，系统能够快速准确地显示报警位置信息，并以光或电的形式发出报警信息。用户在系统上设置紧急情况位置和监控距离，系统会以紧急位置为圆心，监控距离为半径画圆，调取最近的摄像头画面，以便管理者迅速组织人员与物资，采取相应的措施。

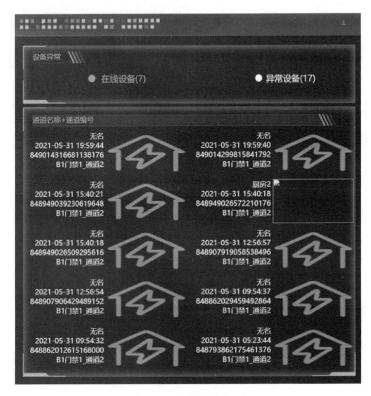

图9-89 门禁刷卡记录

(9) 安全警告

平台提供报警监测功能，所有被集成进来的其他系统只要发出报警信息，平台都会弹出报警处理页面及发送短消息到相关责任人，显示发出报警信息设备的基础信息，三维窗口也会高亮并闪烁设备模型，并且根据预定义的处理流程，提示下一步操作。对不同的监测设备，可接收其主动推送的报警信息，或可设定报警阈值，根据实时信息实现分级报警。在报警事件发生后，系统将自动定位到报警设备所在位置，相关设备高亮显示，单击后显示报警设备的基本信息、历史维护维修信息、处置预案信息等，方便工作人员高效地进行事故处理，如图9-90所示。

4) 应用效益

(1) 将建筑本体和资产信息有机结合，形成建筑全生命周期大数据，在繁多、冗余的海量信息中，结构化存储和对象化检索关键性信息，帮助使用者用最少的时间，获取日常

9.7 应用案例

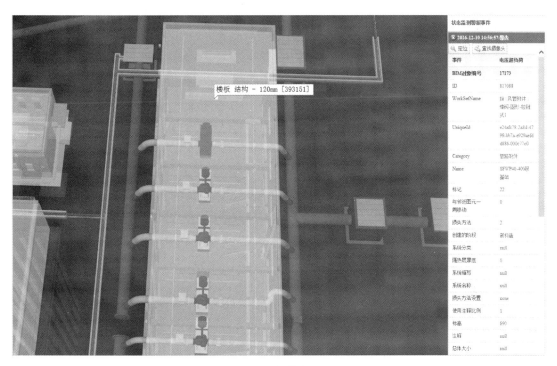

图 9-90 报警点监测

所需信息,一屏即得。

(2) 打破传统信息化资产监控模式,整体采用物联网架构体系设计,保证系统和数据具有稳定性与集成性、联动性与联通性、易维护性、安全性。基于 BIM 技术实现了空间管理、机电设备运行管理、视频安防管理等模块集成,在可视化和高集成度前提下,数据全面且支持远程操控,数字化运维管理水平和运维响应效率极大提升。

(3) 基于物联网国际通用 MQTT 协议连接,全面打通系统之间的隔阂,实现场景的联动,可面向其他第三方提供标准的数据接口。设备运行状态通过云端同步实时监测和预警,定期启动设备健康和链路配置的自检程序,可减少系统故障概率。

(4) 提高应急管理处置响应效率,基于 BIM 技术的运维管理对突发事件管理,包括预防、警报和处理。在发生消防报警事件时,系统立即定位着火区域,控制中心可及时查询周围环境、人员与设备情况,及时组织疏散,并为救援工作提供三维的空间参照信息。

(5) 节能减排管理,基于 BIM+物联网技术应用,使能源用量监控十分便捷。系统结合室内温度传感器,按照预定策略配合节能运行。同时,对能源消耗情况进行自动统计分析,通过与正常区间数据比对,自动预警能源使用过量、过低等异常情况,提醒降低资源浪费或检修表具故障。